André Kleinfeld

Menschenorientiertes Krankenhausmanagement

WIRTSCHAFTSWISSENSCHAFT

 **Forschung**

Schriftenreihe der
EUROPEAN BUSINESS SCHOOL
Schloß Reichartshausen

Band 37

André Kleinfeld

Menschenorientiertes Krankenhausmanagement

Mit einem Geleitwort von Prof. Dr. Roswitha Meyer

Deutscher Universitäts-Verlag

Die Deutsche Bibliothek – CIP-Einheitsaufnahme
Ein Titeldatensatz für diese Publikation ist bei
Der Deutschen Bibliothek erhältlich

Dissertation European Business School Oestrich-Winkel, 2002

1. Auflage Mai 2002

Alle Rechte vorbehalten
© Deutscher Universitäts-Verlag GmbH, Wiesbaden, 2002

Lektorat: Ute Wrasmann / Britta Göhrisch-Radmacher

Der Deutsche Universitäts-Verlag ist ein Unternehmen der
Fachverlagsgruppe BertelsmannSpringer.
www.duv.de

Das Werk einschließlich aller seiner Teile ist urheberrechtlich geschützt.
Jede Verwertung außerhalb der engen Grenzen des Urheberrechtsgesetzes
ist ohne Zustimmung des Verlags unzulässig und strafbar. Das gilt insbesondere für Vervielfältigungen, Übersetzungen, Mikroverfilmungen und die
Einspeicherung und Verarbeitung in elektronischen Systemen.

Die Wiedergabe von Gebrauchsnamen, Handelsnamen, Warenbezeichnungen usw. in diesem
Werk berechtigt auch ohne besondere Kennzeichnung nicht zu der Annahme, dass solche
Namen im Sinne der Warenzeichen- und Markenschutz-Gesetzgebung als frei zu betrachten
wären und daher von jedermann benutzt werden dürften.

Umschlaggestaltung: Regine Zimmer, Dipl.-Designerin, Frankfurt/Main

Gedruckt auf säurefreiem und chlorfrei gebleichtem Papier

ISBN 978-3-8244-0647-0   ISBN 978-3-322-81060-1 (eBook)
DOI 10.1007/978-3-322-81060-1

Geleitwort

In den letzten Jahren gewann der Krankenhaussektor als Forschungsgegenstand ökonomischer respektive betriebswirtschaftlicher Fragestellungen immer mehr an Bedeutung. So hat man u. a. erkannt, dass Krankenhäuser trotz oder gerade wegen des engen Korsetts aus gesetzlichen Regelungen und finanziellen Restriktionen nicht mehr nur verwaltet, sondern vielmehr gemanagt werden müssen. Dabei ist an eine Managementausrichtung zu denken, in der die Erwartungen aller Anspruchsgruppen angemessen berücksichtigt werden.

Zwar haben mittlerweile einige Krankenhäuser – private wie öffentliche – verinnerlicht, dass ein Patient als Kunde zu betrachten ist, den man (unter veränderten Bedingungen) gewinnen kann oder sogar muss, der mit der erbrachten Leistung im weitesten Sinne zufrieden sein sollte, der als Informationsmultiplikator seine Zufriedenheit auch anderen potenziellen Patienten/Kunden des Krankenhauses kommuniziert und der somit eine (von vielen) Marketingaktivität(en) übernimmt. Doch sollten darüber hinaus auch die Interessen der Mitarbeiter, der niedergelassenen Ärzte, der Krankenversicherungen, des Staates und weiterer Anspruchsgruppen in die Entscheidungsfindung von Krankenhäusern einbezogen werden.

Ein Krankenhausmanagementkonzept ist demnach gefragt, das eine Beachtung der Bedürfnisse aller vom Krankenhaushandeln Betroffenen ermöglicht. Diese Lücke wird mit der vorliegenden Arbeit geschlossen.

Auf der Grundlage des St. Galler Management-Konzepts entwickelt Herr Kleinfeld ein in sich geschlossenes Managementkonzept für bedarfsorientierte Krankenhäuser, das alle agierenden Menschen berücksichtigt: Patienten, Ärzte, Pflegekräfte, Laborpersonal sowie das nichtmedizinische Personal von der Verwaltung, über die Küche, bis zum Pförtner. Aufgrund ihrer Komplexität ringt die vorliegende Arbeit dem Leser einiges an Konzentrationsvermögen ab. Allerdings wird dieses Konzept (in seiner ganzen Komplexität) so klar dargestellt und von erstklassigen grafischen Darstellungen so nachhaltig unterstützt, dass das Lesen wirklich Freude macht, vor allem, weil eine ausgefeilte logische Struktur erkennbar wird und man begreift, dass aus diesem theoretischen Konzept auch praktischer Nutzen zu ziehen sein wird.

Zudem zeigt Herr Kleinfeld auf, welche Möglichkeiten und Grenzen er für die Umsetzung seines (theoretischen) Konzepts sieht – insgesamt eine enorme konzeptionelle und zugleich kritisch relativierende Arbeit, die jedem Leser Respekt abringen dürfte.

Ich bin sicher, dass die vorliegende Arbeit für Wissenschaftler wie auch für Krankenhausmanager eine überaus spannende Lektüre ist, die allerdings im besten Sinne des Wortes „anspruchsvoll" ist.

Prof. Dr. Roswitha Meyer

Vorwort

Die vorliegende Arbeit wurde im August 2001 als Dissertation eingereicht. Sie ist entstanden während meiner Tätigkeit als wissenschaftlicher Assistent von Frau Prof. Dr. Roswitha MEYER am Lehrstuhl für Allgemeine Betriebswirtschaftslehre, insbesondere Entscheidungstheorie der EUROPEAN BUSINESS SCHOOL (ebs), Oestrich-Winkel.

Es ist mir ein besonderes Anliegen, an dieser Stelle all denen meinen Dank auszusprechen, ohne deren Unterstützung das Gelingen dieser Arbeit nicht denkbar gewesen wäre.

An erster Stelle möchte ich mich ganz herzlich bei meiner Doktormutter, Frau Prof. Dr. Roswitha MEYER, bedanken. Sie hat mir die Teilnahme am Kontaktstudium Gesundheitsökonomie der ebs Gesundheitsakademie ermöglicht und damit den wesentlichen Grundstein für diese Arbeit gelegt. Frau Prof. MEYER ist für mich in den letzten Jahren nicht nur stets wertvoller Ansprechpartner gewesen, sondern hat mir auch den nötigen fachlichen wie persönlichen Freiraum gewährt. Ihr großes Engagement für die ebs und den Lehrstuhl, ihre liebenswürdige Art sowie ihr menschenorientierter Führungsstil haben sie zu einem großen Vorbild für mich werden lassen. Herrn Prof. Dr. Ulrich GRIMM danke ich für die schnelle und unkomplizierte Übernahme des Zweitgutachtens.

Bei den Personen, die die Arbeit Korrektur gelesen haben, möchte ich mich für ihr überaus großes Engagement sowie ihre äußerst hilfreichen Anmerkungen und Anregungen bedanken, zugleich aber auch für die Anzahl zu lesender Seiten entschuldigen:

- So hoffe ich, dass mein bester Freund und schärfster Kritiker Oliver GNAD, M. A. meine Entschuldigung dafür annimmt, dass ich ihm selbst zu seinen Forschungsaufenthalten in Frankreich und den USA noch Manuskriptseiten zugesandt habe.
- Meinen ehemaligen Kollegen Dr. Christian KLAS bitte ich um Nachsicht dafür, dass ich – trotz unseres freundschaftlichen Verhältnisses – hinsichtlich des Umfangs meiner Arbeit keine Rücksicht auf seine Doppelbelastung als Unternehmensberater und zweifacher Vater genommen habe.
- Des Weiteren hoffe ich, dass mein Kollege Dr. Michael BEHNAM mir verzeiht, dass ich häufig nicht nur in die Breite, sondern auch in die Tiefe gegangen bin, was nicht gerade zu einer Reduzierung der Seitenzahl geführt hat.
- Überdies möchte ich mich bei Birgit LANG-EITNER dafür entschuldigen, dass die Beschäftigung mit dem Gesundheitsbegriff auch noch ihre Expertise erforderlich machte.

Bedanken möchte ich mich zudem bei

- Herrn Prof. Dr. Dres. h. c. Knut BLEICHER für die wertvollen Hinweise, die er mir in einem Briefwechsel gegeben hat,
- meinem Kollegen Dr. Dirk Ulrich GILBERT für seine mehrfach spontane Bereitschaft, mit mir über meine Arbeit zu diskutieren,
- den Teilnehmern des Kontaktstudiums Gesundheitsökonomie für die fruchtbaren Diskussionen, die nicht zuletzt auch zu dem Titel der Arbeit führten,
- Klaudia KIRSCH, die mir immer wieder den Rücken frei gehalten hat,
- unseren Bibliothekarinnen, die bei keiner noch so langen Fernleihliste gezuckt haben,
- allen Personen, die mir bei meinen zahlreichen PC- und Druckerproblemen weitergeholfen haben, und
- meinen Freunden für ihre Ablenkungsversuche, die nicht selten auch erfolgreich waren.

Zu sehr großem Dank bin ich meiner Familie verpflichtet, die stets großes Vertrauen in mich gesetzt, mich bei all meinem Tun und Handeln liebevoll sowie tatkräftig unterstützt und somit auch den Weg für dieses Promotionsvorhaben bereitet hat. Dabei möchte ich insbesondere meiner Mutter danken für die vielen kleinen Erledigungen, die sie für mich übernommen hat, die kulinarischen Verköstigungen und ihre stete Bemühung, mich – in welcher Weise auch immer – zu entlasten.

Der größte Dank gilt meinem Lieblingsmenschen Angelika. Durch ihre unendliche Liebe, ihre verständnisvolle Geduld und ihr zuverlässiges Gespür, mich zur richtigen Zeit vom Schreibtisch wegzuholen, hat sie mir den nötigen Ausgleich geschaffen. Für dies und alles, was hier nicht erwähnt werden kann, danke ich dir, Angelika, von ganzem Herzen!

André Kleinfeld

Inhaltsübersicht

Geleitwort V
Vorwort VII
Inhaltsverzeichnis XI
Abbildungsverzeichnis XV
Abkürzungsverzeichnis XIX
Lesehinweise XXI

Teil A: Grundlagen 1
1 Einleitung 1
2 Managementtheoretischer Bezugsrahmen 17

Teil B: Die Gesundheitsorganisation Krankenhaus 35
3 Gesundheit und Krankheit als konstitutive Begriffe 35
4 Gesamtgesellschaftlicher Rahmen:
   das Krankenhaus als Element des Gesundheitssystems 47
5 Einzelwirtschaftliche Besonderheiten:
   das Krankenhaus als soziotechnisches System 107

Teil C: Das Konzept „Menschenorientiertes Krankenhausmanagement" ... 131
6 Menschenorientierung in Gesundheitsorganisationen: ein ganzheitlicher Ansatz 131
7 Theoretische Gestaltung des Krankenhausmanagementkonzeptes 165
8 Praktische Anwendung des Konzeptes „Menschenorientiertes Krankenhausmanagement" 319
9 Schlussbetrachtung 399

Literaturverzeichnis 405
Stichwortverzeichnis 459

Inhaltsverzeichnis

Geleitwort V
Vorwort VII
Inhaltsübersicht IX
Abbildungsverzeichnis XV
Abkürzungsverzeichnis XIX
Lesehinweise XXI

Teil A: Grundlagen 1
1 Einleitung 1
1.1 Problemstellung 1
1.2 Forschungskonzept 3
    1.2.1 Forschungsobjekt: Management bedarfsorientierter Krankenhäuser 3
    1.2.2 Forschungsziel: Entwicklung eines Konzeptes menschenorientierten
        Krankenhausmanagements 5
    1.2.3 Forschungsmethodik: ganzheitlicher Ansatz 7
1.3 Aufbau der Arbeit 12
2 Managementtheoretischer Bezugsrahmen 17
2.1 Krankenhausmanagement 17
    2.1.1 Zum Begriff des Krankenhausmanagements 17
    2.1.2 Anforderungen an ein Managementkonzept für bedarfsorientierte
        Krankenhäuser 19
2.2 St. Galler Management-Konzept 22
    2.2.1 Grundsätze des St. Galler Management-Konzeptes 22
    2.2.2 Formaler Ordnungsrahmen des St. Galler Management-Konzeptes 23
    2.2.3 Vorgehensmuster des St. Galler Management-Konzeptes 30

Teil B: Die Gesundheitsorganisation Krankenhaus 35
3 Gesundheit und Krankheit als konstitutive Begriffe 35
3.1 Zur Bedeutung des Gesundheits- und Krankheitsbegriffes im Rahmen des
Krankenhausmanagements 35
3.2 Definition der Begriffe Gesundheit und Krankheit 37
3.3 Gesundheits- versus Krankheitsorientierung 41
3.4 Abgrenzung und Definition der Begriffe Gesundheitsorganisation und
Krankenhaus 44
4 Gesamtgesellschaftlicher Rahmen: das Krankenhaus als Element des
Gesundheitssystems 47
4.1 Abgrenzung und Definition des Begriffes Gesundheitssystem 47
4.2 Historische Entwicklung des deutschen Gesundheitssystems unter
besonderer Berücksichtigung des Krankenhauses 48
    4.2.1 Intention des historischen Rückblicks 48
    4.2.2 Entwicklung bis Ende 19. Jahrhundert 50

4.2.3 Entwicklung ab Ende 19. Jahrhundert 57
    4.2.3.1 Die rechtlich-politische Entwicklung des deutschen
    Gesundheitssystems von 1883 bis 1972 57
    4.2.3.2 Die rechtlich-politische Entwicklung des deutschen
    Gesundheitssystems von 1972 bis 2000 61
    4.2.3.3 Weitere Entwicklungslinien des deutschen Gesundheitssystems 78
4.2.4 Zusammenfassung: der historische Einfluss auf das Gesundheitssystem von heute 80
4.3 Status quo und Entwicklungstendenzen der Krankenhausumwelt im Rahmen des deutschen Gesundheitssystems 81
  4.3.1 Die Umweltanalyse als Strukturierungshilfe 81
  4.3.2 Faktoren der allgemeinen Krankenhausumwelt 83
    4.3.2.1 Segmentierung der allgemeinen Umweltfaktoren 83
    4.3.2.2 Ökologische Umwelt 84
    4.3.2.3 Soziokulturelle Umwelt 86
    4.3.2.4 Rechtlich-politische Umwelt 88
    4.3.2.5 Ökonomische Umwelt 90
    4.3.2.6 Technologische Umwelt 91
    4.3.2.7 Zusammenfassung der allgemeinen Umweltfaktoren 93
  4.3.3 Faktoren der krankenhausspezifischen Umwelt 95
    4.3.3.1 Segmentierung der krankenhausspezifischen Umweltfaktoren 95
    4.3.3.2 Potenzielle Patienten 96
    4.3.3.3 Potenzielle Mitarbeiter 98
    4.3.3.4 Staat, Krankenversicherungen und Verbände 100
    4.3.3.5 Andere Anbieter von Gesundheitsleistungen 101
    4.3.3.6 Zulieferer, Fremdkapitalgeber und Versicherungen 103
    4.3.3.7 Öffentlichkeit 104
    4.3.3.8 Zusammenfassung der krankenhausspezifischen Umweltfaktoren ... 104

5 Einzelwirtschaftliche Besonderheiten: das Krankenhaus als soziotechnisches System 107

5.1 Typologie von Krankenhäusern 107
5.2 Planung, Finanzierung und Rechnungswesen in Krankenhäusern 111
5.3 Leistungserstellung in Krankenhäusern 115
  5.3.1 Zweck der Leistungserstellung 115
  5.3.2 Spezifische Merkmale der Leistungserstellung 116
  5.3.3 Beteiligte des Leistungserstellungsprozesses 121
5.4 Zusammenfassung der wesentlichen Merkmale von Krankenhäusern 128

Teil C: Das Konzept „Menschenorientiertes Krankenhausmanagement" ... 131

6 Menschenorientierung in Gesundheitsorganisationen: ein ganzheitlicher Ansatz 131

6.1 Dimensionen der Menschenorientierung 131
6.2 Ausrichtung an einem ganzheitlichen Menschenbildkonzept 132
  6.2.1 Bedeutung und Begriff des Menschenbildes 132
  6.2.2 Menschenbilder in der Managementtheorie 136
  6.2.3 Das ganzheitliche Menschenbildkonzept für Gesundheitsorganisationen 139
6.3 Umfassendes gesellschaftliches Verantwortungsbewusstsein in Gesundheitsorganisationen 142
  6.3.1 Zum Begriff gesellschaftlicher Verantwortung in Gesundheitsorganisationen 142

6.3.2 Verantwortung gegenüber Patienten.. 145
6.3.3 Verantwortung gegenüber Mitarbeitern 153
6.3.4 Verantwortung gegenüber sonstigen Anspruchsgruppen 161
6.4 Zur Integration des Ansatzes einer Menschenorientierung in ein Krankenhausmanagementkonzept... 162

7 Theoretische Gestaltung des Krankenhausmanagementkonzeptes 165

7.1 Einführung in das Krankenhausmanagementkonzept................................... 165
    7.1.1 Grundsätze des Krankenhausmanagementkonzeptes 165
    7.1.2 Formaler Ordnungsrahmen des Krankenhausmanagementkonzeptes 167
    7.1.3 Vorgehensmuster des Krankenhausmanagementkonzeptes 168
7.2 Normatives Krankenhausmanagement 171
    7.2.1 Die vier Module der normativen Managementebene 171
    7.2.2 Krankenhausphilosophie.. 172
        7.2.2.1 Aspekte der Krankenhausphilosophie................................. 172
        7.2.2.2 Profilierung einer Krankenhausphilosophie 174
        7.2.2.3 Gesamtzusammenhang der Profilierung der Krankenhausphilosophie 187
    7.2.3 Krankenhauspolitik... 189
        7.2.3.1 Aspekte der Krankenhauspolitik... 189
        7.2.3.2 Profilierung einer Krankenhauspolitik 191
        7.2.3.3 Gesamtzusammenhang der Profilierung der Krankenhauspolitik 206
    7.2.4 Krankenhausverfassung.. 207
        7.2.4.1 Aspekte der Krankenhausverfassung.................................... 207
        7.2.4.2 Profilierung einer Krankenhausverfassung 211
        7.2.4.3 Gesamtzusammenhang der Profilierung der Krankenhausverfassung... 221
    7.2.5 Krankenhauskultur.. 223
        7.2.5.1 Aspekte der Krankenhauskultur... 223
        7.2.5.2 Profilierung einer Krankenhauskultur.................................. 230
        7.2.5.3 Gesamtzusammenhang der Profilierung der Krankenhauskultur.......... 241
7.3 Strategisches Krankenhausmanagement 243
    7.3.1 Die vier Module der strategischen Managementebene......................... 243
    7.3.2 Strategische Programme im Krankenhaus.. 244
        7.3.2.1 Aspekte strategischer Programme.. 244
        7.3.2.2 Profilierung strategischer Programme 247
        7.3.2.3 Gesamtzusammenhang der Profilierung strategischer Programme........ 256
    7.3.3 Organisationsstrukturen im Krankenhaus... 258
        7.3.3.1 Organisationsstrukturelle Aspekte 258
        7.3.3.2 Profilierung von Organisationsstrukturen 260
        7.3.3.3 Gesamtzusammenhang der Profilierung von Organisationsstrukturen... 272
    7.3.4 Strategische Managementsysteme im Krankenhaus............................. 274
        7.3.4.1 Aspekte strategischer Managementsysteme 274
        7.3.4.2 Profilierung strategischer Managementsysteme.................. 275
        7.3.4.3 Gesamtzusammenhang der Profilierung strategischer Managementsysteme.. 289
    7.3.5 Strategisches Problemlösungsverhalten im Krankenhaus 291
        7.3.5.1 Aspekte strategischen Problemlösungsverhaltens............... 291
        7.3.5.2 Profilierung strategischen Problemlösungsverhaltens 293
        7.3.5.3 Gesamtzusammenhang der Profilierung strategischen Problemlösungsverhaltens 300

7.4 Operatives Krankenhausmanagement 302
    7.4.1 Die drei Module der operativen Managementebene 302
    7.4.2 Aufträge im Krankenhaus 304
    7.4.3 Prozessstrukturen und Dispositionssysteme im Krankenhaus 306
    7.4.4 Leistungs- und Kooperationsverhalten im Krankenhaus 308
7.5 Krankenhausentwicklung 309
    7.5.1 Grundlagen der Krankenhausentwicklung 309
    7.5.2 Zum Nutzen von Lebenszyklusbetrachtungen im Rahmen des Krankenhausmanagementkonzeptes 310
    7.5.3 Profilierung in Abhängigkeit der Lebenszyklen von Nutzenpotenzialen im Krankenhaus 314
7.6 Integration der einzelnen Dimensionen zu einem Krankenhausmanagementkonzept 316

8 Praktische Anwendung des Konzeptes „Menschenorientiertes Krankenhausmanagement" 319

8.1 Methodische Unterstützung der Anwendung des Konzeptes „Menschenorientiertes Krankenhausmanagement" 319
    8.1.1 Ausgangspunkt: eine konzeptspezifische Problemlösungsmethodik 319
    8.1.2 Schritt 1: Problemabgrenzung und Zielbestimmung 323
    8.1.3 Schritt 2: Analyse und Diagnose der Problemsituation 327
    8.1.4 Schritt 3: Erarbeitung der Gestaltungs- und Lenkungsmöglichkeiten 342
    8.1.5 Schritt 4: Entwicklung, Beurteilung und Auswahl von Problemlösungsalternativen 347
    8.1.6 Schritt 5: Umsetzung und Überwachung der Problemlösung 359
    8.1.7 Kritische Beurteilung der konzeptspezifischen Problemlösungsmethodik 364
8.2 Leitbildentwicklung als Beispiel einer Anwendung des Konzeptes „Menschenorientiertes Krankenhausmanagement" 369
    8.2.1 Zum Begriff des Leitbildes 369
    8.2.2 Funktionen von Leitbildern 371
    8.2.3 Voraussetzungen einer Leitbildentwicklung 374
    8.2.4 Prozess der Leitbildentwicklung in Krankenhäusern 376
        8.2.4.1 Leitbildentwicklung anhand der konzeptspezifischen Problemlösungsmethodik 376
        8.2.4.2 Schritt 1: Zielbestimmung der Leitbilderarbeitung 379
        8.2.4.3 Schritt 2: Analyse und Diagnose der Ausgangslage 383
        8.2.4.4 Schritt 3: Festlegung des inhaltlichen und strukturellen Rahmens des Leitbildes 385
        8.2.4.5 Schritt 4: Erarbeitung der Leitsätze und Verabschiedung des Leitbildes 388
        8.2.4.6 Schritt 5: Umsetzung und Überwachung des Leitbildes 392
    8.2.5 Kritische Beurteilung einer konzeptbezogenen Leitbildentwicklung in Krankenhäusern 396

9 Schlussbetrachtung 399

Literaturverzeichnis 405
Stichwortverzeichnis 459

Abbildungsverzeichnis

Abbildung 1-1:	Aufbau der Arbeit	13
Abbildung 2-1:	Zusammenhang der Managementdimensionen im St. Galler Management-Konzept	23
Abbildung 2-2:	Erfolgskriterien und Bezugsgrößen in den Managementebenen	28
Abbildung 2-3:	Gesamtzusammenhang unternehmenspolitischer Dimensionierung im Spannungsfeld von Opportunität und Verpflichtung	31
Abbildung 2-4:	Zielausrichtung der Unternehmenspolitik auf Anspruchsgruppen	32
Abbildung 3-1:	Abgrenzung der Begriffe Gesundheitsgut, Gesundheitsleistung und Gesundheit	38
Abbildung 4-1:	Entwicklung des deutschen Krankenhausfinanzierungssystems	76
Abbildung 4-2:	Allgemeine Umwelt des Krankenhauses	84
Abbildung 4-3:	Altersaufbau der Bevölkerung in Deutschland	86
Abbildung 4-4:	Einflüsse der allgemeinen Umweltfaktoren auf das Krankenhaus	94
Abbildung 4-5:	Krankenhausspezifische Umwelt	96
Abbildung 4-6:	Einflüsse der krankenhausspezifischen Umweltfaktoren	105
Abbildung 5-1:	Anteile der drei Krankenhausträgerarten an der Gesamtzahl der Krankenhäuser in Deutschland 1999	107
Abbildung 5-2:	Heterogenität des Krankenhaussektors	111
Abbildung 5-3:	Interne Anspruchsgruppen des Krankenhauses	122
Abbildung 5-4:	Krankenhauspersonal nach Berufsgruppen	125
Abbildung 5-5:	Entwicklung der durchschnittlichen Krankenhausverweildauer und der Anzahl an Krankenhausfällen	128
Abbildung 5-6:	Einzelwirtschaftliche Besonderheiten des Krankenhauses und seiner internen Anspruchsgruppen	129
Abbildung 6-1:	Managementstrategien unterschiedlicher Menschenbilder nach SCHEIN	138
Abbildung 6-2:	Zusammenhang zwischen ganzheitlichem Menschenbildkonzept und systemischem Gesundheitsverständnis	140
Abbildung 6-3:	Monologischer vs. dialogischer Verantwortungsbegriff	143
Abbildung 7-1:	Zusammenhang der Managementdimensionen im Krankenhausmanagementkonzept	167
Abbildung 7-2:	Vorwiegend relevanter Profilierungsbereich der Dimensionen des Krankenhausmanagementkonzeptes	171
Abbildung 7-3:	Die normative Ebene des Krankenhausmanagementkonzeptes	172
Abbildung 7-4:	Zusammenhang der Dimensionen der Krankenhausphilosophie	174
Abbildung 7-5:	Selbstverständnis des Krankenhauses in der Gesellschaft	177
Abbildung 7-6:	Selbstverständnis des Krankenhauses als organisatorische Einheit	179
Abbildung 7-7:	Rollenverständnis von Mitarbeitern, Managern und Trägerorganen	182
Abbildung 7-8:	Gesundheits- und Patientenverständnis	184

Abbildung 7-9:	Handhabung von Macht und Konflikten	187
Abbildung 7-10:	Profil der Krankenhausphilosophie	188
Abbildung 7-11:	Zusammenhang der Dimensionen der Krankenhauspolitik	191
Abbildung 7-12:	Grundlegende Ziel- und Zeitorientierung	194
Abbildung 7-13:	Entwicklungsorientierung	197
Abbildung 7-14:	Ökonomische Zielausrichtung	200
Abbildung 7-15:	Soziale Zielausrichtung	202
Abbildung 7-16:	Ökologische Zielausrichtung	205
Abbildung 7-17:	Profil der Krankenhauspolitik	207
Abbildung 7-18:	Zusammenhang der Dimensionen der Krankenhausverfassung	210
Abbildung 7-19:	Umfang und Art der Einbindung von Interessenvertretern	213
Abbildung 7-20:	Kompetenzordnung zwischen Krankenhausträger und -leitung	216
Abbildung 7-21:	Ausgestaltung interner Kooperationsbeziehungen	218
Abbildung 7-22:	Ausgestaltung externer Kooperationsbeziehungen	221
Abbildung 7-23:	Profil der Krankenhausverfassung	222
Abbildung 7-24:	Die drei Ebenen der Unternehmenskultur	225
Abbildung 7-25:	Dimensionen zur Beurteilung der Stärke einer Kultur in unterschiedlichen Ansätzen	227
Abbildung 7-26:	Zusammenhang der Dimensionen der Krankenhauskultur	230
Abbildung 7-27:	Orientierungsmuster der Krankenhauskultur	232
Abbildung 7-28:	Umgang mit Wertepluralität	235
Abbildung 7-29:	Stärke der Krankenhauskultur	237
Abbildung 7-30:	Art der Kulturprägung	240
Abbildung 7-31:	Profil der Krankenhauskultur	242
Abbildung 7-32:	Die strategische Ebene im Krankenhausmanagementkonzept	244
Abbildung 7-33:	Zusammenhang der Dimensionen strategischer Programme	247
Abbildung 7-34:	„Neue" medizinisch-pflegerische Geschäftsfelder im Krankenhaus	248
Abbildung 7-35:	„Neue" nichtmedizinische Geschäftsfelder im Krankenhausbereich	248
Abbildung 7-36:	Strategien des Leistungsangebotes	250
Abbildung 7-37:	Strategien des Wettbewerbsverhaltens	253
Abbildung 7-38:	Wertschöpfungsstrategien	256
Abbildung 7-39:	Profil der strategischen Programme	257
Abbildung 7-40:	Interdependenzen zwischen Aufbau- und Ablauforganisation	259
Abbildung 7-41:	Zusammenhang der Dimensionen strategischer Organisationsstrukturen	260
Abbildung 7-42:	Ausrichtung und Gestaltungsart der Organisation	262
Abbildung 7-43:	Regelungscharakter der Organisation	266
Abbildung 7-44:	Konfiguration der Organisation	269

Abbildung 7-45:	Strukturierungsrichtung der Organisation	271
Abbildung 7-46:	Organisationsstrukturelles Profil	273
Abbildung 7-47:	Zusammenhang der Dimensionen strategischer Managementsysteme	275
Abbildung 7-48:	Zielfindungs-, Planungs- und Kontrollsysteme	278
Abbildung 7-49:	Informationssysteme	282
Abbildung 7-50:	Personalmanagementsysteme	286
Abbildung 7-51:	Wertmanagementsysteme	289
Abbildung 7-52:	Profil der Managementsysteme	290
Abbildung 7-53:	Zusammenhang der Dimensionen strategischen Problemlösungsverhaltens	293
Abbildung 7-54:	Führungsverhalten	295
Abbildung 7-55:	Lernverhalten	297
Abbildung 7-56:	Verhaltensbegründung	300
Abbildung 7-57:	Profil des strategischen Problemlösungsverhaltens	301
Abbildung 7-58:	Die operative Ebene im Krankenhausmanagementkonzept	303
Abbildung 7-59:	Auftragsarten und strukturelle Möglichkeiten	307
Abbildung 7-60:	Realisierte und intendierte Krankenhausentwicklung	309
Abbildung 7-61:	Gesamtzusammenhang des Managements der Potenzialentwicklung	312
Abbildung 7-62:	Lebenszyklus von Nutzenpotenzialen	313
Abbildung 7-63:	Beispielhafte Entwicklungsverläufe von Nutzenpotenzialen	314
Abbildung 7-64:	Wechselbeziehungen im Krankenhausmanagementkonzept	317
Abbildung 8-1:	Schritte der konzeptspezifischen Problemlösungsmethodik	321
Abbildung 8-2:	Feinstruktur der konzeptspezifischen Problemlösungsmethodik	323
Abbildung 8-3:	Schritt 1: Problemabgrenzung und Zielbestimmung	324
Abbildung 8-4:	Schritt 2: Analyse und Diagnose der Problemsituation	328
Abbildung 8-5:	Netzwerk eines Krankenhauses	329
Abbildung 8-6:	Ausschnitt einer Einflussmatrix	330
Abbildung 8-7:	Kategorisierung von Einflussfaktoren	331
Abbildung 8-8:	Beispiel für eine mögliche Istskalierung des krankenhauspolitischen Aspektes „Grundlegende Zielorientierung"	335
Abbildung 8-9:	Bestimmung des Istprofils am Beispiel der krankenhauspolitischen Dimension „Grundlegende Ziel- und Zeitorientierung"	336
Abbildung 8-10:	Vergleich des Istprofils mit dem vorhergehenden Ist- und Sollprofil am Beispiel der krankenhauspolitischen Dimension „Grundlegende Ziel- und Zeitorientierung"	337
Abbildung 8-11:	„Dimensionbezogenes" Istprofil eines Moduls am Beispiel der Krankenhauspolitik	338
Abbildung 8-12:	„Aspektbezogenes" Istprofil eines Moduls am Beispiel der Krankenhauspolitik	339

Abbildung 8-13: Tatsächliche vs. bislang angestrebte Entwicklung eines Nutzenpotenzials.... 340
Abbildung 8-14: Schritt 3: Erarbeitung der Gestaltungs- und Lenkungsmöglichkeiten 342
Abbildung 8-15: Ist- und Sollprofil am Beispiel der krankenhauspolitischen Dimension „Grundlegende Ziel- und Zeitorientierung".. 344
Abbildung 8-16: Ist- und Sollprofil eines Moduls am Beispiel der Krankenhauspolitik 346
Abbildung 8-17: Bisherige und angestrebte Entwicklung eines Nutzenpotenzials.................... 347
Abbildung 8-18: Schritt 4: Entwicklung, Beurteilung und Auswahl von Problemlösungsalternativen 348
Abbildung 8-19: Konzeptspezifische Beurteilung von Problemlösungsalternativen................ 351
Abbildung 8-20: Beispiel einer konzeptspezifischen Beurteilung von Problemlösungsalternativen 355
Abbildung 8-21: Beispiel zweier Nutzenpotenzialentwicklungen 357
Abbildung 8-22: Schritt 5: Umsetzung und Überwachung der Problemlösung 359
Abbildung 8-23: Überarbeitung des Ist- und Sollprofils am Beispiel der krankenhauspolitischen Dimension „Grundlegende Ziel- und Zeitorientierung" 361
Abbildung 8-24: Überarbeitung des Ist- und Sollprofils eines Moduls am Beispiel der Krankenhauspolitik 363
Abbildung 8-25: Leitbilddefinitionen 369
Abbildung 8-26: Anforderungen an Leitbilder.. 375
Abbildung 8-27: Schritte eines idealtypischen Leitbilderstellungsprozesses bei Anwendung der konzeptspezifischen Problemlösungsmethodik 377
Abbildung 8-28: Idealtypischer Prozess zur Entwicklung eines Krankenhausleitbildes anhand der konzeptspezifischen Problemlösungsmethodik.......................... 378
Abbildung 8-29: Schritt 1: Zielbestimmung der Leitbilderarbeitung.. 379
Abbildung 8-30: Schritt 2: Analyse und Diagnose der Ausgangslage 384
Abbildung 8-31: Schritt 3: Festlegung des inhaltlichen und strukturellen Rahmens des Leitbildes... 385
Abbildung 8-32: Schritt 4: Erarbeitung der Leitsätze und Verabschiedung des Leitbildes 388
Abbildung 8-33: Beispielhafte Bewertung normativer Aspektprofile hinsichtlich der Entwicklung eines Krankenhausleitbildes 391
Abbildung 8-34: Schritt 5: Umsetzung und Überwachung des Leitbildes................................ 392
Abbildung 8-35: Leitbildentwicklungsprozess.. 396

Abkürzungsverzeichnis

1. NOG	–	1. GKV-Neuordnungsgesetz
2. GKV-NOG	–	2. GKV-Neuordnungsgesetz
AOK	–	Allgemeine Ortskrankenkasse
AR-DRG	–	Australian Refined Diagnosis Related Groups
BAT	–	Bundesangestelltentarif(vertrag)
BFuP	–	Betriebswirtschaftliche Forschung und Praxis *(Fachzeitschrift)*
BGBl. I	–	Bundesgesetzblatt, Teil I
BPflV	–	Bundespflegesatzverordnung
DBW	–	Die Betriebswirtschaft *(Fachzeitschrift)*
Diss.	–	Dissertation
DKG	–	Deutsche Krankenhausgesellschaft
DRG	–	Diagnosis Related Groups
EKG	–	Elektrokardiogramm
F&E	–	Forschung und Entwicklung
f&w	–	führen und wirtschaften im Krankenhaus *(Fachzeitschrift)*
FAZ	–	Frankfurter Allgemeine Zeitung
FK	–	Fremdkapital
GDK	–	Gesellschaft Deutscher Krankenhaustag GmbH, Düsseldorf
GenG	–	Genossenschaftsgesetz
gGmbH	–	gemeinnützige Gesellschaft mit beschränkter Haftung
GKV	–	gesetzliche Krankenversicherung
GKV-SolG	–	GKV-Solidaritätsstärkungsgesetz
GmbHG	–	Gesetz betreffend die Gesellschaften mit beschränkter Haftung
GR-DRG	–	German Refined Diagnosis Related Groups
GRG	–	Gesundheits-Reformgesetz
GSG	–	Gesundheitsstrukturgesetz
Habil.-Schr.	–	Habilitationsschrift
HGB	–	Handelsgesetzbuch
HKHG	–	Hessisches Krankenhausgesetz
i. d. F.	–	in der Fassung
IGEL	–	Individuelle Gesundheitsleistungen
IT	–	Informationstechnologie
KAGes	–	Steiermärkische Krankenanstaltengesellschaft mbH
KAiG	–	Konzertierte Aktion im Gesundheitswesen
KHG	–	Krankenhausfinanzierungsgesetz

KHNG	– Krankenhaus-Neuordnungsgesetz
KrW-/AbfG	– Kreislaufwirtschafts- und Abfallgesetz
ku	– krankenhaus umschau *(Fachzeitschrift)*
KV	– Kassenärztliche Vereinigung
KVÄG	– Krankenversicherungsänderungsgesetz
LKG	– Landeskrankenhausgesetz
OP	– Operationssaal, -bereich
Pharm. Ind.	– die pharmazeutische Industrie *(Fachzeitschrift)*
PPR	– Pflege-Personalregelung
PR	– Public Relations
QZ	– Qualität und Zuverlässigkeit *(Fachzeitschrift)*
RGBl.	– Reichsgesetzblatt
RSA	– Risikostrukturausgleich
RVO	– Reichsversicherungsordnung
SGB	– Sozialgesetzbuch
UE	– Unternehmensentwicklung
VKD	– Verband der Krankenhausdirektoren Deutschlands e. V.
WHO	– World Health Organization (Weltgesundheitsorganisation)
WiSt	– Wirtschaftswissenschaftliches Studium *(Fachzeitschrift)*
wisu	– das wirtschaftsstudium *(Fachzeitschrift)*
ZfB	– Zeitschrift für Betriebswirtschaft *(Fachzeitschrift)*
zfbf	– Zeitschrift für betriebswirtschaftliche Forschung *(Fachzeitschrift)*
zfo	– Zeitschrift für Führung und Organisation *(Fachzeitschrift)*
ZfU	– Zeitschrift für Umweltpolitik *(Fachzeitschrift)*
ZO	– Zeitschrift für Organisation *(Vorgänger der zfo) (Fachzeitschrift)*
ZögU	– Zeitschrift für öffentliche und gemeinwirtschaftliche Unternehmen *(Fachzeitschrift)*

Lesehinweise

Menschenorientierung heißt auch Leserorientierung

Zur Steigerung des Lesekomforts werden die Fußnotenzahlen im Text dann *kursiv* gedruckt, wenn in der jeweiligen Fußnote nicht nur Literaturverweise, sondern *zusätzliche Informationen* oder *Querverweise* auf einen früheren oder späteren Teil der Arbeit untergebracht sind.

Damit sich die Zusammenhänge in und zwischen den Kapiteln besser nachvollziehen lassen, werden (in den Fußnoten) Querverweise auf einen späteren Teil der Arbeit mit einem Vorwärtspfeil „⇨" eingeleitet, Querverweise auf einen früheren Teil mit einem Rückwärtspfeil „⇦".

Bei Verweisen auf Gesetzestexte wird auf den Zusatz „i. d. F. (in der Fassung) vom ..." verzichtet, wenn der Gesetzestext mit dem aktuellen wortwörtlich übereinstimmt. Berücksichtigt wurden alle Gesetzesänderungen bis einschließlich Juli 2001.

Wenn in dieser Arbeit als Oberbegriff für die Gesamtheit eines Berufsfeldes oder einer sonstigen sozialen Gruppe in der Regel die (kürzere) männliche Bezeichnung gewählt wird, so geschieht dies ausschließlich aus Gründen der leichteren Lesbarkeit. Ist also z. B. von den Ärzten bzw. dem Arzt die Rede, so sind damit immer auch die Ärztinnen bzw. die Ärztin inbegriffen. Ebenfalls aus Gründen der leichteren Lesbarkeit wird das Krankenhaus hier als Leistungserbringer definiert, wobei damit alle am Leistungsprozess beteiligten Personen inbegriffen sind.

Die vorliegende Arbeit wurde nach den neuen (seit 1. August 1998 gültigen) Rechtschreibregeln verfasst. Wörtliche Zitate von Autoren, die nach den alten oder schweizerischen Regeln schreiben, werden – mit einem entsprechenden Vermerk in der Fußnote – an die neue Rechtschreibung der deutschen Standardsprache angepasst. Der Grund für diese Vorgehensweise, die auch der Dudenverlag für Arbeiten im nicht sprachwissenschaftlichen Bereich empfiehlt, liegt darin, dass unterschiedliche Schreibweisen den Lesefluss negativ beeinflussen können.

Teil A: Grundlagen

1 Einleitung

1.1 Problemstellung

Das Krankenhaus gilt als die zentrale Einrichtung der modernen Medizin und des Gesundheitswesens sowie als bedeutender Wirtschaftsfaktor.[1] In Deutschland gibt es zurzeit 2 252 Krankenhäuser, in denen über 1,1 Mio. Menschen beschäftigt sind.[2] Die jährlichen Krankenhausausgaben in Höhe von knapp 61 Mrd. € machen ca. 28,8 % der Gesamtausgaben des Gesundheitswesens und 3,1 % des Bruttoinlandsproduktes aus.[3] Darüber hinaus kommt dem Krankenhaus als Ort existenzieller Erfahrungen menschlichen Daseins eine hohe Bedeutung zu: In Deutschland werden jährlich über 16 Mio., häufig schwer kranke, Patienten in Krankenhäusern behandelt[4], über 90 % aller Kinder werden im Krankenhaus geboren, und mehr als 60 % aller Menschen sterben dort.[5] Damit steht das Krankenhaus nicht nur im Blickpunkt gesellschaftlicher, politischer sowie ökonomischer Interessen, sondern ist insbesondere Bezugsobjekt ethischer Fragestellungen.

Zurzeit befindet sich das deutsche Krankenhauswesen – ebenso wie das gesamte Gesundheitssystem – in einem dynamischen Wandlungsprozess, der von demografischen und rechtlichen Veränderungen, gesellschaftlichem Wertewandel, medizinischem und technologischem Fortschritt, zunehmendem Wettbewerbsdruck sowie steigenden Erwartungen verschiedener Anspruchsgruppen geprägt ist.[6] Dabei sind Krankenhäuser vielseitiger Kritik ausgesetzt: Neben der Beanstandung zu hoher Kosten bei zugleich unzureichender Qualitätssicherung wird Krankenhäusern häufig ineffiziente Ressourcenverwendung, ineffektive Leistungserbringung, fehlende strategische Ausrichtung und Inhumanität aufgrund mangelnder Zuwendung vorgehalten.[7] Wenngleich die einzelnen Kritikpunkte nicht immer und auf alle Krankenhäuser zutreffen, so zeigen die diversen Vorwürfe doch die Krise des deutschen Krankenhauswesens auf, der es aktiv entgegenzusteuern gilt.

Zur Beseitigung der Defizite kann und sollte auf verschiedenen Ebenen nach Lösungsmöglichkeiten gesucht werden. In der Sozialpolitik kann beispielsweise eine verbesserte Abstimmung der Sozialversicherungssysteme angestrebt werden. Im gesundheitspolitischen Bereich ist an eine Reform des Krankenversicherungssystems zu denken, um eine effiziente Allokation der finanziellen Mittel zu erreichen und/oder mehr finanzielle Mittel zu generieren. Hinsichtlich der Krankenhausfinanzierung kann das Ziel einer leistungsgerechteren Bezahlung verfolgt werden.

---

[1] Vgl. FEUERSTEIN, Günter/ BADURA, Bernhard (1991), S. 12; PELIKAN, Jürgen M./ KRAJIC, Karl (1993), S. 87, 93.
[2] Vgl. STATISTISCHES BUNDESAMT (2001a), S. 14, 16. Die Daten beziehen sich auf das Jahr 1999.
[3] Vgl. STATISTISCHES BUNDESAMT (2001d), o. S.; STATISTISCHES BUNDESAMT (2001e), o. S. Die Daten beziehen sich auf das Jahr 1998.
[4] Vgl. STATISTISCHES BUNDESAMT (2001a), S. 14. Die Daten beziehen sich auf das Jahr 1999.
[5] Vgl. DULLINGER, Florian (1996), S. 2.
[6] ⇨ Zur Entwicklung der gesellschaftlichen Rahmenbedingungen des Krankenhauses vgl. vertiefend *Kapitel 4*.
[7] Vgl. etwa ARNOLD, Michael (2001), S. 6-8; FEUERSTEIN, Günter/ BADURA, Bernhard (1991), S. 7-10; GORSCHLÜTER, Petra (1999), S. 1-2, 23-24; PELIKAN, Jürgen M./ KRAJIC, Karl (1993), S. 87.

Die medizinische und gesundheitswissenschaftliche Forschung könnte – insbesondere im präventiven und therapeutischen Bereich – stärker gefördert werden, um den Gesundheitszustand der Bevölkerung zu verbessern und/oder langfristig Kosten einzusparen.

Eine Veränderung des Krankenhausumfeldes ist allein jedoch nicht ausreichend, um die Missstände in Krankenhäusern zu beseitigen. Hierzu sind zudem Instrumentarien zu entwickeln, die – unter Beachtung aktueller und zukünftig erwarteter Rahmenbedingungen – auf betriebswirtschaftlicher Ebene ansetzen. Die Betriebswirtschaftslehre hat jedoch das Krankenhaus als Forschungsobjekt lange Zeit vernachlässigt.[8] Erst zu Beginn der 1970er Jahre – ausgehend von der so genannten „Kostenexplosion" im Gesundheitswesen[9] – stießen neben der schon länger anhaltenden Beschäftigung mit Problemen aus dem Bereich des Rechnungswesens im Krankenhaus auch Fragen zum Management auf breiteres Interesse. Den Ausgangspunkt einer vertieften betriebswirtschaftlichen Auseinandersetzung mit der Institution Krankenhaus bildete dabei der 1979 erschienene Beitrag von Siegfried EICHHORN „Betriebswirtschaftliche Ansätze zu einer Theorie des Krankenhauses"[10]. Doch – wie HELMIG/ TSCHEULIN in ihrer Untersuchung zum „Krankenhausmanagement in der deutschsprachigen betriebswirtschaftlichen Forschung im internationalen Vergleich" aus dem Jahre 1997 zeigen – fristet der Krankenhaussektor „gemessen an seiner Größe (Beschäftigtenanzahl), seinem Transaktionsvolumen (Kostenhöhe) und seiner großen gesundheitlich-gesellschaftlichen sowie volkswirtschaftlichen Bedeutung (Volksgesundheit) in der betriebswirtschaftlichen Forschung ein ‚stiefmütterliches Dasein'"[11]. Diese Feststellung trifft wohl auch noch auf das Jahr 2001 zu.[12] Dabei bestehen nicht nur Forschungslücken

---

[8] „Recht spät erst hat man erkannt, dass man auch im Bereich des Krankenhauses nicht nur nach maximaler Realisierung des Sachzieles der Patientenversorgung streben kann und darf, sondern gleichrangig daneben auch das Formalziel des ökonomischen Handelns [...] beachten muss." EICHHORN, Siegfried (1979), S. 173 [Zitat angepasst an die neue deutsche Rechtschreibung].

[9] ⇨ Vgl. hierzu *Abschnitt 4.2.3.2.*

[10] Vgl. EICHHORN, Siegfried (1979). „Auch wenn es bereits davor vereinzelte Arbeiten zu ausgewählten Aspekten des Krankenhausmanagements gab, so hat der Artikel von EICHHORN den Startpunkt zu einer etwas intensiveren wissenschaftlichen Auseinandersetzung in den einschlägigen [deutschsprachigen] Fachzeitschriften der betriebswirtschaftlichen Forschung markiert." HELMIG, Bernd/ TSCHEULIN, Dieter K. (1998), S. 85.

[11] HELMIG, Bernd/ TSCHEULIN, Dieter K. (1998), S. 94-95. Allerdings gibt es im deutschsprachigen Raum mehrere Fachzeitschriften, die sich explizit an Führungskräfte stationärer Gesundheitseinrichtungen wenden. Die drei bedeutendsten sind hierbei „*f&w* – führen und wirtschaften im Krankenhaus: Ein Magazin für Krankenhäuser, Vorsorge- und Rehabilitationseinrichtungen" (offizielles Organ des Bundesverbandes Deutscher Privatkrankenanstalten e. V. und des Vereins der Leitenden Ärzte Deutscher Privatkrankenanstalten e. V., Bonn), „*das Krankenhaus*" (herausgegeben von der Deutschen Krankenhausgesellschaft) und „*ku* – krankenhaus umschau: Das Hospital Management Magazin" (Organ des Verbandes der Krankenhausdirektoren Deutschlands e. V. – VKD). Darüber hinaus ist die Anzahl an Studiengängen für Interessierte an Führungsfragen in Krankenhäusern oder im Gesundheitswesen in den letzten Jahren stark gestiegen. Vgl. KU (2001), o. S.

[12] Die Anzahl an Publikationen in den vier führenden deutschsprachigen Zeitschriften im betriebswirtschaftlichen Bereich – BFuP, DBW, ZfB und zfbf – hat auch seit Januar 1997 nicht deutlich zugenommen. So kamen zu den von 1976 bis 1996 insgesamt 35 erschienenen Beiträgen (vgl. HELMIG, Bernd/ TSCHEULIN, Dieter K. (1998), S. 89, 92) – außer dem zitierten Beitrag von HELMIG/ TSCHEULIN – bis einschließlich August 2001 lediglich acht weitere Beiträge hinzu: BIETA, Volker (2000); HELMIG, Bernd/ DIETRICH, Martin (2001); KRÖGER, Joachim (1999); LÜNGEN, Markus (1999); SCHMITZ, Harald (1999); SCHMITZ, Harald/ GREIBINGER, Peter (1998); SCHRAPPE, Matthias (1999); STEFFEN, Antje/ KUNTZ, Ludwig (1997). Allerdings sind 1999 und 2000 jeweils ein ZfB-Ergänzungsheft mit dem Schwerpunktthema „Krankenhausmanagement" (mit elf bzw. acht Beiträgen) erschienen.

hinsichtlich der Beschäftigung mit funktionalen Problemen des Krankenhausmanagements (beispielsweise im Bereich des Marketings oder Personalwesens)[13], sondern es fehlt auch ein Konzept, das eine Integration der breiten Palette unterschiedlicher Managementaspekte im Krankenhaus ermöglicht.[14] Hier nun setzt die vorliegende Arbeit an, deren Forschungskonzept im folgenden Abschnitt dargelegt wird.

1.2 Forschungskonzept

1.2.1 Forschungsobjekt: Management bedarfsorientierter Krankenhäuser

Wissenschaftliche Forschung kann allgemein als *systematische* Gewinnung von Erkenntnis bezeichnet werden.[15] Am Anfang einer wissenschaftlichen Arbeit erscheint es daher sinnvoll, systematisch zu klären, *was* (welcher Untersuchungsgegenstand), *wozu* (zu welchem Ziel), *wie* (mit welchen Mitteln) untersucht wird.[16] Im Folgenden werden die Elemente der Wissenschaftstrinität Forschungsobjekt, -ziel und -methodik nacheinander erläutert, ohne dabei zu verkennen, dass sich die drei Elemente aufeinander beziehen und sich somit gegenseitig beeinflussen (müssen).

In der Wissenschaftstheorie wird häufig eine Unterteilung des Forschungsobjektes in Erfahrungs- und Erkenntnisobjekt vorgenommen. Das *Erfahrungsobjekt* wird als eine in der Realität vorkommende Erscheinung definiert, die in der Betriebswirtschafts- resp. Managementlehre[17] als Wirtschaftseinheit oder Institution präzisiert werden kann. Aus dem Erfahrungsobjekt kann durch gedankliche Isolierung, die aufgrund bestimmter Abgrenzungskriterien erfolgt, das jeweils

---

[13] Es werden vor allem Teilaspekte der Krankenhausbetriebslehre im Bereich Rechnungswesen und Controlling bearbeitet. Vgl. HELMIG, Bernd/ TSCHEULIN, Dieter K. (1998), S. 88-95.

[14] Dies wurde bereits von einigen Autoren erkannt und auf unterschiedliche Art und Weise angegangen. Zumeist wurde dabei jedoch *ein Aspekt* in den Vordergrund gestellt, z. B. eine Funktion, wie *Controlling* (vgl. BRETTEL, Malte (1997)), ein Faktor, wie *Qualität* (vgl. EICHHORN, Siegfried (1997); GORSCHLÜTER, Petra (1999)), ein Umweltfaktor, wie das *Krankenhausfinanzierungssystem* (vgl. MORRA, Francesco (1996)), oder ein Kriterium, wie die *Eigenständigkeit* der Krankenhausbetriebe und des Krankenhausmanagements (vgl. SACHS, Ilsabe (1994)). Eine Ausnahme bildet das von SIDAMGROTZKI (1994) in einer Diplomarbeit entwickelte Kompendium, das einen umfassenden Überblick über die verschiedenen Facetten des Krankenhausmanagements liefert. Es wurde allerdings vorrangig als „Lehrbuch für die Aus- und Weiterbildung im Krankenhausmanagement [sowie] als Nachschlagewerk für den Praktiker der Spitalführung" (TIMMERMANN, Manfred (1994), S. 14) konzipiert und nicht als *wissenschaftliche* Auseinandersetzung mit dem Thema „Krankenhausmanagement".

[15] Vgl. RAFFÉE, Hans (1974), S. 13.

[16] Vgl. THOMMEN, Jean-Paul (1996b), S. 161.

[17] In dieser Arbeit werden Betriebswirtschaftslehre und Managementlehre (sowie auch Managementtheorie) synonym verwandt, da eine klare Zuordnung aufgrund der unterschiedlichen Begriffsauffassungen in der Literatur (vgl. hierzu vor allem Teil III des Sammelwerkes von WUNDERER, Rolf (1994)) nicht möglich erscheint. Der Titel der vorliegenden Untersuchung würde eine Zuordnung zur Managementlehre nahe legen. Allerdings bestehen im Rahmen der wissenschaftstheoretischen Diskussion differierende Auffassungen bezüglich der Unterscheidung von Betriebswirtschafts- und Managementlehre. So wird die Managementlehre von einigen als jener Teil der Betriebswirtschaftslehre aufgefasst, der sich mit Führungsfragen beschäftigt. Für andere stellen die klassischen Bereiche der Betriebswirtschaftslehre nur eine Dimension der (mehrdimensionalen Interdisziplin) Managementlehre dar. Wieder andere sehen die Betriebswirtschaftslehre *als* (sozialökonomische) Managementlehre. Vgl. hierzu vor allem folgende Beiträge des Sammelwerkes von WUNDERER: BLEICHER, Knut (1994c); GAUGLER, Eduard (1994); HILL, Wilhelm (1994); RÜHLI, Edwin (1994); ULRICH, Hans (1994); ULRICH, Peter (1994); WILD, Jürgen (1994).

interessierende *Erkenntnisobjekt* gewonnen werden.[18] Als Abgrenzungskriterium für die Betriebswirtschaftslehre wird häufig das Wirtschaftlichkeitsprinzip genannt.[19] Eine reine Orientierung am Wirtschaftlichkeitsprinzip, ohne die kritische Auseinandersetzung mit ethischen Fragestellungen, würde jedoch den Menschen als das eigentliche Erkenntnisobjekt der Betriebswirtschaftslehre (wie auch aller anderen Sozialwissenschaften) übergehen.[20] Das Wirtschaftlichkeitsprinzip stellt zwar ein wichtiges, aber letztlich nur *ein* Prinzip menschlichen Handelns unter vielen dar.[21] So sind beispielsweise ULRICH/ KRIEG/ MALIK der Auffassung, dass „bestenfalls ein Problem, Problembereich oder eine Kategorie von Problemen" als Erkenntnisobjekt einer (anwendungsorientierten) Wissenschaft dargestellt werden kann.[22] RAFFÉE plädiert sogar für eine reine Erfahrungsobjektorientierung. Sie habe den Vorteil, dass der „empirische Gehalt allgemeiner Gesetzesaussagen [...] durch die Berücksichtigung *aller* Dimensionen eines Erfahrungsobjektes erhöht" wird.[23]

Der Nutzen einer gedanklichen Aufspaltung des Forschungsobjektes in Erfahrungs- und Erkenntnisobjekt ist demnach im Rahmen *einer wissenschaftlichen Disziplin* infrage zu stellen. Für einzelne Forschungsvorhaben erscheint diese Differenzierung jedoch sinnvoll, da das Erfahrungsobjekt auf jenen Teil (nämlich das Erkenntnisobjekt) eingegrenzt werden kann, der für die jeweilige Untersuchung von ausschlaggebendem Interesse ist.

Das *Erfahrungsobjekt* dieser Arbeit ist das *Krankenhaus*.[24] Je nach Zweck der betrieblichen Betätigung können gemeinwirtschaftliche (bedarfsorientierte) und erwerbswirtschaftliche (gewinnorientierte) Krankenhäuser unterschieden werden.[25] Da der jeweils dominante Zweck (Bedarfsdeckung vs. Gewinnerzielung) das gesamte Zielsystem und damit auch die betrieblichen Entscheidungen beeinflusst, soll das Erfahrungsobjekt hier insofern weiter eingegrenzt werden, als dass von einem einheitlichen Zweck krankenhausbetrieblicher Betätigung ausgegangen wird. Die vorliegende Untersuchung beschränkt sich nun weitgehend auf *bedarfsorientierte Krankenhäuser*, weil deren Anteil in Deutschland 78,7 % ausmacht und sie 92,9 % aller Krankenhausbetten stellen[26]. Bedarfsorientierte Krankenhäuser können nach ihrer Trägerschaft in *öffentliche* und

---

[18] Vgl. RAFFÉE, Hans (1974), S. 55; THOMMEN, Jean-Paul (1996b), S. 161.
[19] Vgl. etwa WÖHE, Günter (1996), S. 1-2.
[20] Vgl. sinngemäß ULRICH, Hans (1984), S. 159.
[21] „Eine Gesellschaft, die das ökonomische Prinzip vernachlässigt, wird vielleicht sogar untergehen, aber dieses Prinzip reicht gleichwohl nicht aus, die Gesellschaft insgesamt zu erklären [...]." SCHLÖSSER, Hans Jürgen (1992), S. 33. Vgl. hierzu auch BLEICHER, Knut (1999), S. 26, 30.
[22] Vgl. ULRICH, Hans/ KRIEG, Walter/ MALIK, Fredmund (1976), S. 140.
[23] Vgl. RAFFÉE, Hans (1974), S. 56-58, Zitat auf S. 57. Zu einer *negativen Kritik* an der (ursprünglichen) Differenzierungsintention vgl. weiterhin THOMMEN, Jean-Paul (1996b), S. 162-163; zu einer *positiven Kritik* vgl. beispielsweise WÖHE, Günter (1996), S. 23-26.
[24] Nach dem Krankenhausfinanzierungsgesetz (KHG) sind Krankenhäuser „Einrichtungen, in denen durch ärztliche und pflegerische Hilfeleistung Krankheiten, Leiden oder Körperschäden festgestellt, geheilt oder gelindert werden sollen oder Geburtshilfe geleistet wird und in denen die zu versorgenden Personen untergebracht und verpflegt werden können". Siehe § 2 Nr. 1 KHG. ⇨ Eine kritische Auseinandersetzung mit diesem Begriffsverständnis erfolgt aus methodischen Gründen erst nach der Definition von Gesundheit und Krankheit in *Abschnitt 3.4*.
[25] ⇨ Auf weitere Unterscheidungskriterien wird in *Abschnitt 5.1* eingegangen.
[26] Vgl. STATISTISCHES BUNDESAMT (2001a), S. 40.

freigemeinnützige Krankenhäuser unterteilt werden. Die privaten bedarfsorientierten Krankenhäuser werden hier stets als freigemeinnützig bezeichnet, da der Begriff „private Krankenhäuser" sowohl im umgangs- als auch im fachsprachlichen Verständnis in der Regel für die privaten erwerbsorientierten Krankenhäuser reserviert ist.[27] Bezüglich des Sachzieles – der Deckung des Bedarfs an (spezifischen) Krankenhausleistungen – unterscheiden sich erwerbs- und bedarfsorientierte Krankenhäuser kaum.[28] Aus diesem Grund können einige der in dieser Arbeit getroffenen Aussagen auch auf private gewinnorientierte Krankenhäuser übertragen werden.

Das *Erkenntnisobjekt* der vorliegenden Untersuchung bezieht sich auf einen gesamten Problembereich, nämlich das *Management von (bedarfsorientierten) Krankenhäusern.*[29] Allgemeiner Zweck des Krankenhausmanagements ist es, interne und externe Interessen an der krankenhausbetrieblichen Leistungserstellung zu befriedigen.[30] Der Managementbegriff kann dabei in (zumindest) zwei Bedeutungsvarianten benutzt werden: Im *funktionellen* Sinn stellt Management die Summe aller zur Leitung einer Institution notwendigen Funktionen dar.[31] Im *institutionellen* Sinn sind mit Management die Personen oder Personengruppen gemeint, die Managementfunktionen ausüben und entsprechende Stellen im oberen, mittleren oder unteren Management bekleiden.[32] Der Begriff wird hier in beiden Varianten verwandt, wobei sich die konkrete Verwendungsweise jeweils aus dem Zusammenhang ergibt.

Nachdem das Forschungsobjekt ausgewählt und abgegrenzt worden ist, wird nun der Frage nachgegangen, welche wissenschaftlichen Ziele mit dieser Arbeit verfolgt werden sollen.

1.2.2 Forschungsziel: Entwicklung eines Konzeptes menschenorientierten Krankenhausmanagements

Das wesentliche Ziel der vorliegenden Arbeit besteht darin, ein *Managementkonzept für bedarfsorientierte Krankenhäuser* zu entwickeln. Dieses Konzept soll als Orientierungsraster für die Praxis dienen, mit dessen Hilfe managementbezogene Sachverhalte und Problemsituationen kontextspezifisch lokalisiert und in einen Gesamtzusammenhang gebracht werden können. Darüber hinaus soll für die betriebswirtschaftliche Forschung und Lehre ein Beitrag zu einer systema-

---

[27] ⇨ Vgl. auch hierzu *Abschnitt 5.1.*

[28] Die öffentlichen und freigemeinnützigen Krankenhäuser können auch als nonprofitorientiert bezeichnet werden. Allerdings ist die Bezeichnung „Nonprofit-Organisation" umstritten, da schließlich nicht die Gewinn*erzielung*, sondern die Gewinn*verteilung* ausgeschlossen ist. Der deutlichere Begriff der Not-for-Profit-Organisation oder auch der Not-Profit-Distributing-Organisation hat sich in der Literatur jedoch nicht durchgesetzt. Vgl. HORAK, Christian (1995), S. 17; SCHWARTZ, Andrea (1997), S. 10. Zu einer ausführlichen Auseinandersetzung mit dem Begriff der Nonprofit-Organisation vgl. SCHULZE, Marion (1997), insbesondere S. 26-59.

[29] Auf medizinische, medizintechnische und pflegerische Fragestellungen wird weniger eingegangen. Dies schließt aber eine mehrdimensionale Betrachtung nicht aus, im Gegenteil: Die Interdisziplinarität wird hier als eine *Conditio sine qua non* der Managementlehre verstanden. ⇨ Das der Untersuchung inhärente Managementverständnis wird in *Abschnitt 2.1.1* noch konkretisiert.

[30] Vgl. BLEICHER, Knut (1994a), S. 33.

[31] ULRICH und FLURI nennen beispielsweise folgende vier Grundfunktionen: (1) Unternehmensphilosophie, -ethik und -politik, (2) Planung und Kontrolle, (3) Organisation und Führung, (4) Führungskräfteentwicklung. Vgl. ULRICH, Peter/ FLURI, Edgar (1995), S. 17-18.

[32] Vgl. STAEHLE, Wolfgang H. (1994a), S. 69, 87.

tischen Auseinandersetzung mit dem Erkenntnisobjekt „Krankenhausmanagement" geleistet werden.

Um das zu entwickelnde Krankenhausmanagementkonzept praktisch anwenden zu können, soll zudem eine *konzeptspezifische Problemlösungsmethodik* entwickelt werden. Im Gegensatz zum Managementkonzept, das prinzipiell für jedes bedarfsorientierte Krankenhaus – unabhängig vom situationsspezifischen Kontext und jeweiligen Managementverständnis – anwendbar sein soll, sind methodische Empfehlungen zwangsläufig mit einem bestimmten Managementverständnis verbunden.[33] Daher stellt ein weiteres Ziel dieser Arbeit die Darlegung des Verständnisses dar, dass Krankenhausmanagement menschenorientiert auszugestalten ist. Diese noch vage erscheinende Intention soll im Rahmen eines zu entwickelnden *Ansatzes einer Menschenorientierung in Gesundheitsorganisationen* konkretisiert werden.

Schließlich ist das Erfahrungsobjekt „bedarfsorientiertes Krankenhaus" inklusive seiner Umwelt eingehend darzustellen. Diese Darstellung ist nicht nur als Mittel zum Zweck, das heißt als notwendige Bedingung für die Entwicklung eines Krankenhausmanagementkonzeptes zu verstehen; sie soll darüber hinaus die *Komplexität und Dynamik des Systems Krankenhaus* und seiner *Umwelt* anhand von Daten und Fakten verdeutlichen. Zudem soll anhand eines *historischen Abrisses zur Entwicklung des deutschen Gesundheitssystems* gezeigt werden, dass die Anforderungen an das Krankenhausmanagement durch Veränderungen des Krankenversicherungssystems, der Finanzierungsformen, der Organisationsmodelle und anderer Faktoren in der Vergangenheit stetig gestiegen sind und voraussichtlich weiter steigen werden.

Der Neuigkeitsgehalt der vorliegenden Untersuchung besteht in erster Linie in einer neuen Verknüpfung bekannter Forschungsresultate. Diese Intention steht im Einklang mit der systemtheoretischen These, dass Verknüpfungen der Elemente Priorität gegenüber den Elementen als solchen genießen. So beruhen nach SCHWANINGER substanzielle Innovationen meist auf dem Herstellen von vorher nicht vorhandenen Zusammenhängen oder auf einer Reorganisation vorhandenen Wissens aus einer neuen Perspektive.[34] Durch die neuartigen Verknüpfungen, bei denen vor allem allgemeine managementtheoretische Aussagen an die Spezifika des Erfahrungsobjektes „bedarfsorientiertes Krankenhaus" angepasst werden sollen, kann der hohe Abstraktionsgrad gesenkt, mithin die Bestimmtheit der Aussagen erhöht werden. Dies ist zwar mit einer Einschränkung der Allgemeinheit der Aussagen verbunden[35], erleichtert aber eine praktische Umsetzung der Erkenntnisse.[36]

---

[33] Ausgenommen hiervon sind Methodiken, die auf einem Abstraktionsgrad entwickelt werden, der kaum mehr eine Unterstützungsfunktion für die Praxis bieten kann.
[34] Vgl. SCHWANINGER, Markus (1989), S. 19.
[35] Vgl. POPPER, Karl R. (1994), S. 85-86, 313-314; vgl. auch CHMIELEWICZ, Klaus (1994), S. 124-129.
[36] Eine empirische Überprüfung der so gewonnenen Erkenntnisse kann im Rahmen dieser Arbeit allerdings nicht mehr geleistet werden.

1.2.3 Forschungsmethodik: ganzheitlicher Ansatz

Es stellt sich nun die Frage, *wie* – mit welchen Methoden und welchen Mitteln – die Forschungsziele unter besonderer Berücksichtigung der spezifischen Charakteristika des Forschungsobjektes erreicht werden sollen. Dabei wird allgemein von dem Verständnis ausgegangen, dass die Managementlehre eine anwendungsorientierte Wissenschaft ist.[37] Ihre Ansatzpunkte sind somit real existierende Probleme handelnder Menschen, die sich (in der Regel) nicht den verschiedenen Disziplinen, in die die Grundlagenwissenschaften eingeteilt sind, zuordnen lassen.[38] Aus diesem Grund muss der zu verfolgende methodische Ansatz *interdisziplinär* sein.

Aus der Problemstellung in *Abschnitt 1.1* geht hervor, dass diverse, zum großen Teil sich gegenseitig beeinflussende Faktoren zum momentanen Zustand der Krankenhäuser geführt haben. Zur Problemlösung scheint daher ein Denken in Interdependenzen, ein *vernetztes* Denken angebracht.[39]

Mit der rasanten Veränderung des Gesundheitssystems in den letzten Jahrzehnten wird zudem die Notwendigkeit eines zukunftsgerichteten und an zusammenhängenden Prozessen orientierten Denkens deutlich. Statt (vermeintlich) statische Zustände zu analysieren, muss zunehmend *dynamisch* gedacht und gehandelt werden.

Allein diese Aspekte legen einen so genannten *ganzheitlichen Ansatz* nahe. Damit soll aber nicht ein Anspruch auf eine „Kompetenz für alles" verbunden sein, vielmehr gilt es, „aus der eigenen Kompetenz heraus auf das Ganze [zu] blicken, ohne dabei die Grenzen [der] eigenen Perspektive aus dem Bewusstsein zu verdrängen."[40] Die Systemtheorie bzw. der aus ihr für die Managementlehre abgeleitete *systemorientierte Ansatz* stellen eine Möglichkeit dar, diesem ganzheitlichen Konzept gerecht zu werden.[41] So stellt der systemorientierte Ansatz u. a. „ein abstraktes, *inter-*

---

[37] Die anwendungsorientierte Wissenschaft wird häufig der Kritik ausgesetzt, dass sie „die theoretisch unendlich vielen Konsequenzen [einer einzelnen Theorie] auf solche reduziert, die gerade – mehr oder weniger zufällig – praktisch relevant erscheinen", und somit übrige, „möglicherweise äußerst fruchtbare Folgerungen" außer Acht lässt. Vgl. SCHANZ, Günther (1973), S. 150. Wenngleich es das Ziel der anwendungsorientierten Wissenschaft ist, einen Beitrag zur Daseinsbewältigung des Menschen zu leisten (vgl. RAFFÉE, Hans (1993), S. 3), so schließt dieses Wissenschaftsverständnis doch nicht allgemein den Nutzen der so genannten *Grundlagenforschung* (auch *reine Wissenschaft* genannt) aus. Letztere ist ausschließlich theorieorientiert und damit zunächst nicht auf die Lösung real existierender Probleme ausgerichtet. Vgl. beispielsweise BUSCH, Rainer/ DÖGL, Rudolf/ UNGER, Fritz (1997), S. 42. Einen Beitrag zur Daseinsbewältigung des Menschen (und nicht nur für die des jeweiligen „Grundlagenforschers") leisten die Aussagen der reinen Wissenschaft allerdings erst dann, wenn sie für bestimmte praktische Zwecke nutzbar gemacht werden. Da dieser Zeitpunkt nicht antizipierbar ist, kann kaum beurteilt werden, inwieweit nur *l'art pour l'art* betrieben wird oder reine Wissenschaft verknüpft mit der Hoffnung, dass eines Tages aus allgemeinen Aussagen ein praktischer Nutzen gewonnen werden kann.

[38] Vgl. CHMIELEWICZ, Klaus (1994), S. 21; THOMMEN, Jean-Paul (1996b), S. 175; ULRICH, Hans (1994), S. 166, 168.

[39] Die partielle Erfordernis einer analytischen Vorgehensweise wird dabei jedoch nicht verkannt. Analytisches Denken soll also nicht durch systemisches Denken ersetzt, sondern *erweitert* werden. Vgl. hierzu BLEICHER, Knut (1999), S. 47-48; CAPRA, Fritjof (1996a), S. 10-11; ULRICH, Hans (1984), S. 53.

[40] FEUERSTEIN, Günter/ BADURA, Bernhard (1991), S. 3 [Zitat angepasst an die neue deutsche Rechtschreibung]. Ähnlich argumentiert auch Werner ULRICH: „Ganzheitliches Denken muss offensichtlich schon deshalb ein bloßes Ideal bleiben, weil alles menschliche Denken standpunktbedingt und also perspektivisch, selektiv, wertgeladen ist." ULRICH, Werner (1981), S. 29 [Zitat angepasst an die neue deutsche Rechtschreibung].

[41] Dies schließt nicht aus, dass auch andere Ansätze diese Anforderungen erfüllen können.

disziplinäres Begriffssystem zur Verfügung, [...] erlaubt die *gleichzeitige Beachtung* verschiedenster Einflussfaktoren und Variablen, so vor allem von psychologischen, soziologischen, ökonomischen und technologischen Aspekten"[42], und führt zu einer „stärkere[n] Betonung von *dynamischen* gegenüber statischen Aspekten."[43] Aus diesem Grunde findet heute der systemorientierte Ansatz in Managementtheorie sowie -praxis hohe Beachtung[44] und wird auch als Rahmenkonzept dieser Arbeit verwendet.

Nach LUHMANN ist die Systemtheorie „ein Sammelbegriff für sehr verschiedene Bedeutungen und sehr verschiedene Analyseebenen."[45] Im Folgenden wird jedoch nicht auf diese mannigfaltigen Ausprägungen eingegangen.[46] Es sollen vielmehr nur solche systemtheoretischen Aspekte erläutert werden, die für die Entwicklung eines ganzheitlichen Managementkonzeptes und einer ganzheitlichen Problemlösungsmethodik notwendig sind. ULRICH/ PROBST/ GOMEZ unterscheiden in diesem Zusammenhang sieben Bausteine, auf denen das systemische bzw. ganzheitliche Denken aufbaut[47]:

Baustein 1: Das Ganze und die Teile

Im Mittelpunkt systemischen Denkens steht der Begriff „System". Darunter ist eine Ganzheit zu verstehen, die aus unterschiedlichen Teilen oder Elementen besteht und gegenüber der Umwelt abgrenzbar ist. Systeme sind jedoch nicht objektiv gegeben, ihre Abgrenzungen sind von den Wahrnehmungen des Beobachters und dem Zweck der Beobachtung abhängig.[48] So kann beispielsweise ein Krankenhaus als Element des Gesundheitssystems oder als eigenständiges System betrachtet werden. Das Gleiche gilt für die einzelne Station, das einzelne Behandlungsteam und den einzelnen Mitarbeiter des Krankenhauses. Was als System und was als Element eines Systems bezeichnet wird, ist demnach abhängig von der Betrachtungsebene oder dem zu lösenden Problem.

Ein wesentliches Merkmal sozialer Systeme ist die *Dynamik*[49]; ein System ist danach nicht als Zustand, sondern als Vorgang zu betrachten.[50] Dies geht auch aus der folgenden Definition von ULRICH/ PROBST hervor: „Ein System ist ein dynamisches Ganzes, das als solches bestimmte Eigenschaften und Verhaltensweisen besitzt. Es besteht aus Teilen, die so miteinander verknüpft

---

[42] ULRICH, Peter/ HILL, Wilhelm (1976), S. 308 [Zitat angepasst an die neue deutsche Rechtschreibung; Hervorhebungen nicht im Original].

[43] ULRICH, Peter/ HILL, Wilhelm (1976), S. 308 [Hervorhebung nicht im Original].

[44] Vgl. etwa GOMEZ, Peter/ PROBST, Gilbert J. B. (1997), S. 9; MACHARZINA, Klaus (1999), S. 60-61; STAEHLE, Wolfgang H. (1994a), S. 40-46.

[45] LUHMANN, Niklas (1996), S. 15.

[46] Vgl. hierzu MÜLLER, Klaus (1996); vgl. auch LUHMANN, Niklas (1996), S. 15-29; STAEHLE, Wolfgang H. (1994a), S. 40-46.

[47] Der Begriff „systemisch" ist deutlich vom Ausdruck „systematisch" abzugrenzen, weil Letzterer „in der klassischen Denkweise dazu verwendet wird, ein konsequentes linearanalytisches Vorgehen zu bezeichnen." ULRICH, Hans/ PROBST, Gilbert J. B. (1995), S. 20.

[48] Vgl. PROBST, Gilbert J. B./ GOMEZ, Peter (1989), S. 5; ULRICH, Hans/ PROBST, Gilbert J. B. (1995), S. 27-28.

[49] Die *Dynamik* eines Systems wird bestimmt durch die Häufigkeit von Veränderungen der einzelnen Elemente des Systems, die Stärke sowie die Regelmäßigkeit und damit Prognostizierbarkeit der Veränderungen. Vgl. MARR, Rainer (1993), S. 74.

[50] Vgl. PERICH, Robert (1993), S. 93.

sind, dass kein Teil unabhängig ist von andern Teilen und das Verhalten des Ganzen beeinflusst wird vom Zusammenwirken aller Teile."[51] Demnach hat das System Eigenschaften, die die Teile nicht aufweisen, und umgekehrt besitzen die Teile Eigenschaften, die ihnen bei einer Abtrennung vom System verloren gehen.[52]

Baustein 2: Vernetztheit

Die Beziehungen zwischen den Teilen eines sozialen Systems sind in der Regel wechselseitig, sodass für eine adäquate Betrachtung der Verbindungen kein monokausales, sondern ein vernetztes Denken angebracht ist. Um ein System zu verstehen, ist es notwendig, neben den Verbindungen auch Art, Richtung und zeitlichen Verlauf der Wirkungen zu erkennen. Aufgrund der Vielzahl von Wechselwirkungen und der sich im Zeitablauf verändernden Wirkungsverläufe sind jedoch die Folgen, die sich aus den Veränderungen einzelner Teile des Systems ergeben, nur schwer antizipierbar.[53]

Baustein 3: Offenheit

Für jedes System existiert eine Außenwelt, gegenüber der es sich nicht vollständig verschließen kann. Diese Offenheit hat zur Folge, dass wechselseitige Wirkungsbeziehungen nicht nur innerhalb des Systems, sondern auch zwischen dem System und seiner Umwelt bestehen.[54] Ein soziales System, wie das Krankenhaus, ist also stets selbst Teil einer größeren Ganzheit, wie dem Gesundheitswesen oder der Gesellschaft. Daher ist es auch nur beschränkt autonom, wenngleich es die Fähigkeit besitzt, sich selbst Ziele zu setzen, zielorientiert zu handeln und bewusst die eigene Struktur zu verändern.[55]

Baustein 4: Komplexität

Ein *kompliziertes* System setzt sich – im Gegensatz zu einem einfachen System – aus einer großen Anzahl verschiedener Elemente zusammen, zwischen denen eine Vielzahl unterschiedlicher Beziehungen besteht. Es wird aber erst dann zu einem *komplexen* System, wenn es eine Eigendynamik entwickelt.[56] So lässt sich *Komplexität* als die Eigenschaft eines Systems definieren, in einem bestimmten Zeitraum eine Vielzahl verschiedener Zustände annehmen zu können.[57] Während diese Eigenschaft einerseits den Beobachter des Systems in einen Zustand der Ungewissheit versetzt, stellt sie andererseits eine Grundvoraussetzung für die Lebensfähigkeit eines Systems in einer dynamischen Umwelt dar. Dies ist stets zu beachten, wenn die Komplexität eines Systems beeinflusst werden soll. So kann über den Erlass von Regeln, die das Systemverhalten in einer präferierten Weise kanalisieren sollen, Komplexität reduziert werden. Bei einer Überreglementierung besteht jedoch die Gefahr, dass das System seine Fähigkeit verliert, sich verändernden

---

[51] ULRICH, Hans/ PROBST, Gilbert J. B. (1995), S. 30.
[52] Vgl. ULRICH, Hans/ PROBST, Gilbert J. B. (1995), S. 30-31.
[53] Vgl. ULRICH, Hans/ PROBST, Gilbert J. B. (1995), S. 36-49.
[54] Vgl. PROBST, Gilbert J. B./ GOMEZ, Peter (1989), S. 5; ULRICH, Hans/ PROBST, Gilbert J. B. (1995), S. 50-52.
[55] Vgl. ULRICH, Hans/ PROBST, Gilbert J. B. (1995), S. 53-55.
[56] Vgl. ULRICH, Hans/ PROBST, Gilbert J. B. (1995), S. 57-61.
[57] Vgl. BLEICHER, Knut (1999), S. 49; MARR, Rainer (1993), S. 74; SCHWANINGER, Markus (1994), S. 18.

Verhältnissen anzupassen. Daher wird es in bestimmten Situationen notwendig, Regelungen abzubauen und damit die Komplexität zu erhöhen.[58]

Baustein 5: Ordnung

Trotz der hohen Komplexität sind bei sozialen Systemen stets Ordnungsmuster zu erkennen.[59] Ordnung beruht auf der Wirksamkeit von Regeln, die Verhaltensmöglichkeiten innerhalb des Systems begrenzen und Regelmäßigkeiten im Verhalten entstehen lassen. Letztlich ermöglichen solche bewusst formulierten oder unbewusst befolgten Regeln, dass der Mensch von seiner Umwelt eine bestimmte Bandbreite von Verhaltensweisen erwarten kann.[60]

Baustein 6: Lenkung

Unter Lenkung wird die Fähigkeit eines Systems verstanden, sich selbst unter Kontrolle halten zu können.[61] Sowohl in technischen und ökologischen als auch in sozialen Systemen „finden ständig Lenkungsvorgänge statt, die es ihnen ermöglichen, bestimmte Vorzugszustände anzustreben, bestimmte Verhaltensrichtungen einzuschlagen und sich dadurch in mehr oder weniger beschränktem Maße einer veränderlichen Umwelt anzupassen."[62] Im Gegensatz zu technischen und ökologischen Systemen können soziale Systeme aber prinzipiell aus eigenem freien Willen gestaltet und gelenkt werden. Sie werden zur Befriedigung menschlicher Bedürfnisse und zur Verwirklichung von Wertvorstellungen geschaffen und sind auf die Erfüllung spezifischer menschlicher Zwecke gerichtet.[63]

Baustein 7: Entwicklung

Soziale Systeme sind entwicklungsfähig. Entwicklung umfasst die bewusste und unbewusste Erweiterung des Verhaltenspotenzials sowie eine Veränderung der Zwecke und Werte. So haben soziale Systeme die Fähigkeit, sich selbst infrage zu stellen, sich neues Wissen und Können anzueignen und neue Bedürfnisse zu entdecken. Entwicklungsprozesse sind daher Lernprozesse, die auch eine Verbesserung der Lernfähigkeit, eine Erleichterung im Verlernen nicht mehr benötigter Wissensbestände und kritisches Reflektieren beinhalten.[64]

Die sieben Bausteine systemischen Denkens weisen auf den interdisziplinären Charakter der Systemtheorie hin. Möchte man eine Problemsituation aus ganzheitlicher Perspektive erfassen, so erfordert dies eine konsequente Einbeziehung von Lösungsbeiträgen aus verschiedenen Disziplinen. Die *Managementlehre* als Wissenschaft vom Management zweckorientierter sozialer Systeme stellt nun die „Ausgangsdisziplin" der vorliegenden Untersuchung dar. Daneben kommen in dieser Arbeit vor allem der Gesundheitsökonomie, der Gesundheitswissenschaft, der Psychologie, der Soziologie und der Führungsethik besondere Bedeutung zu. Die *Gesundheitsöko-*

---

[58] Vgl. ULRICH, Hans/ PROBST, Gilbert J. B. (1995), S. 60-64.
[59] Vgl. PROBST, Gilbert J. B./ GOMEZ, Peter (1989), S. 5.
[60] Vgl. ULRICH, Hans/ PROBST, Gilbert J. B. (1995), S. 66, 70, 75-77, 98.
[61] Vgl. PROBST, Gilbert J. B./ GOMEZ, Peter (1989), S. 5.
[62] ULRICH, Hans/ PROBST, Gilbert J. B. (1995), S. 85 [Zitat angepasst an die neue deutsche Rechtschreibung].
[63] Vgl. ULRICH, Hans/ PROBST, Gilbert J. B. (1995), S. 86-89.
[64] Vgl. ULRICH, Hans/ PROBST, Gilbert J. B. (1995), S. 90-94; THOMMEN, Jean-Paul (1996d), S. 253-254.

Einleitung 11

nomie befasst sich im weitesten Sinne mit dem rationalen Umgang mit knappen Ressourcen im Gesundheitswesen.[65] Wissenschaftliche Erkenntnisse in diesem Bereich können über gesundheitspolitische Maßnahmen starke Auswirkungen auf das einzelne Krankenhaus haben. Die *Gesundheitswissenschaft* beschäftigt sich mit der Gesundheitsförderung (als der Bewahrung, Verbesserung und Wiederherstellung der Gesundheit) und dem Gesundheitsschutz (als dem Schutz der Gesamtbevölkerung vor Gesundheitsschädigungen durch die Gesellschaft und die Umwelt).[66] Beide Aspekte spielen in der aktuellen wissenschaftlichen Diskussion gerade im Bereich der Organisationsgestaltung im Krankenhaus eine herausragende Rolle.[67] Die *Psychologie* als die „Wissenschaft vom menschlichen Verhalten und Erleben"[68] und die *Soziologie* als die „Wissenschaft vom sozialen Handeln, als Lehre von der Gesellschaft"[69] dienen hier der Erklärung des individuellen Verhaltens von Krankenhausmitarbeitern und -patienten sowie des Gesamtverhaltens des Krankenhauses als soziales System. Eine auf das Erfahrungsobjekt „Krankenhaus" bezogene *Führungsethik* befasst sich schließlich mit ethischen Fragen der Legitimation, Begrenzung und verantwortungsvollen Ausübung der Weisungsbefugnisse von Krankenhausführungskräften gegenüber ihren Mitarbeitern.[70]

Durch Integration von Erkenntnissen dieser wissenschaftlichen Disziplinen können im Rahmen einer managementorientierten Untersuchung des Systems Krankenhaus Erkenntnisfortschritte erwartet werden. Neben dieser Chance dürfen aber auch die Risiken einer disziplinübergreifenden Abhandlung nicht übersehen werden. So sollten zur Umgehung der latenten Gefahr des interdisziplinären, theorielosen Sammelns[71] nur gesicherte Forschungsergebnisse der Nachbardisziplinen in das Gesamtkonzept integriert werden. Zudem sollte man sich der semantischen Barrieren bewusst sein, die es bei der Zusammenführung verschiedener Theorien zu überwinden gilt. Da jede Wissenschaft ihre eigene Sprache entwickelt und über unterschiedliche Interpretationsmuster verfügt, bedarf es einer angemessenen Übersetzung in die jeweils andere Fachsprache. Die interdisziplinären Begrifflichkeiten der Systemtheorie[72] können dabei eine unterstützende Rolle spielen.

---

[65] Vgl. RYCHLIK, Reinhard (1999), S. 15.
[66] Vgl. SCHELL, Werner (1995), S. 95-96, 99, 103.
[67] Vgl. beispielsweise BADURA, Bernhard/ FEUERSTEIN, Günter/ SCHOTT, Thomas (Hrsg.) (1993); BELLABARBA, Julia/ SCHNAPPAUF, Delf (Hrsg.) (1996); BORSI, Gabriele M. (1994); FEUERSTEIN, Günter/ BADURA, Bernhard (1991); GRUNDBÖCK, Alice/ NOWAK, Peter/ PELIKAN, Jürgen M. (Hrsg.) (1997); MÜLLER, Brigitte/ MÜNCH, Eckhard/ BADURA, Bernhard (1997); PELIKAN, Jürgen M./ DEMMER, Hildegard/ HURRELMANN, Klaus (Hrsg.) (1993).
[68] STAEHLE, Wolfgang H. (1994a), S. 138.
[69] STAEHLE, Wolfgang H. (1994a), S. 138.
[70] Vgl. ULRICH, Peter (1995), S. 522.
[71] Vgl. ULRICH, Peter/ HILL, Wilhelm (1976), S. 308.
[72] Vgl. SCHWANINGER, Markus (1989), S. 17-18, 61. Die „Allgemeine Systemtheorie", die von BERTALANFFY begründet wurde, ist interdisziplinär angelegt und beschäftigt sich mit allgemeinen Eigenschaften und Verhaltensweisen von Systemen, unabhängig von der Natur ihrer Komponenten. Vgl. MEINBERG, Eckhard (1988), S. 202-203. „Auf dieser disziplinenübergreifenden Ebene entwickelt sich ein begriffliches Instrumentarium zur Bezeichnung solcher Phänomene", das von den einzelnen Disziplinen weitgehend übernommen wird. Vgl. ULRICH, Hans/ PROBST, Gilbert J. B. (1995), S. 19.

Schließlich muss die unterschiedliche Wahrnehmung realer Sachverhalte berücksichtigt werden, denn schon die Beobachtungen, die den Theorien in der Regel vorausgehen, sind theorieabhängig.[73] Das Problem der unterschiedlichen Perzeption besteht allerdings auch innerhalb einer Wissenschaftsdisziplin. Demzufolge bleiben die Folgerungen jeglichen wissenschaftlichen Arbeitens stets subjektiv, da „jede Art, etwas zu sehen, auch eine Art ist, etwas nicht zu sehen"[74]. Diese Einstellung entspricht einer *radikal-konstruktivistischen Wissenschaftsauffassung*, die davon ausgeht, dass Wissen von Menschen auf der Basis subjektiver Wahrnehmungen erzeugt und somit nicht aus einer absoluten Wirklichkeit abgeleitet wird.[75] Es gibt danach also kein objektives Wissen von der „wirklichen Welt", da die Wirklichkeit stets subjektiv konstruiert wird. Solche Wirklichkeitskonstruktionen können nun höchstens auf die Realität „passen", in dem Sinne, dass sie geeignet sind, Wege aufzuzeigen, mit denen die Ziele des Systems erreicht werden, ohne an der Realität zu scheitern. VON GLASERSFELD sieht in dem Verhältnis von Wissen und Wirklichkeit eine Analogie zu dem Verhältnis von Schlüssel und Schloss. Danach weiß man, wenn ein Schlüssel passt, noch nicht, wie das Schloss konstruiert ist. Zudem gibt es stets auch andere Schlüssel, die passen können.[76] Auf das auch dieser Arbeit zugrunde liegende radikal-konstruktivistische Wissenschaftsverständnis wird in *Teil C* noch näher einzugehen sein.

1.3 Aufbau der Arbeit

Die Umsetzung des Forschungskonzeptes erfolgt, wie aus *Abbildung 1-1* zu entnehmen, in drei unterschiedlich gewichteten Teilen. Zunächst wird in *Teil A* der managementtheoretische Bezugsrahmen erarbeitet. Danach findet in *Teil B* eine allgemeine Analyse und Diagnose der Problemsituation von Krankenhäusern in Deutschland statt. Aufbauend auf den managementtheoretischen Grundlagen und krankenhausspezifischen Ausführungen wird schließlich in *Teil C* das Konzept „Menschenorientiertes Krankenhausmanagement" entwickelt. Im Folgenden wird der Gang der Untersuchung näher erläutert und begründet.

---

[73] Vgl. CHALMERS, Alan F. (1994), S. 33, 41, 138; GLASERSFELD, Ernst von (1999), S. 32-33.
[74] HILL, Wilhelm (1994), S. 122.
[75] Der *radikale Konstruktivismus* ist deutlich von einem „konstruktivistischen" Führungsverständnis abzugrenzen, nach dem das Management von einer unbegrenzten Mach- bzw. Beherrschbarkeit überzeugt ist. Vgl. BLEICHER, Knut (1999), S. 323; SCHWANINGER, Markus (1994), S. 112.
[76] Vgl. GLASERSFELD, Ernst von (1999), S. 19-23; KOLBECK, Christoph/ NICOLAI, Alexander (1996), S. 51, 54-55.

Einleitung 13

Abbildung 1-1: Aufbau der Arbeit

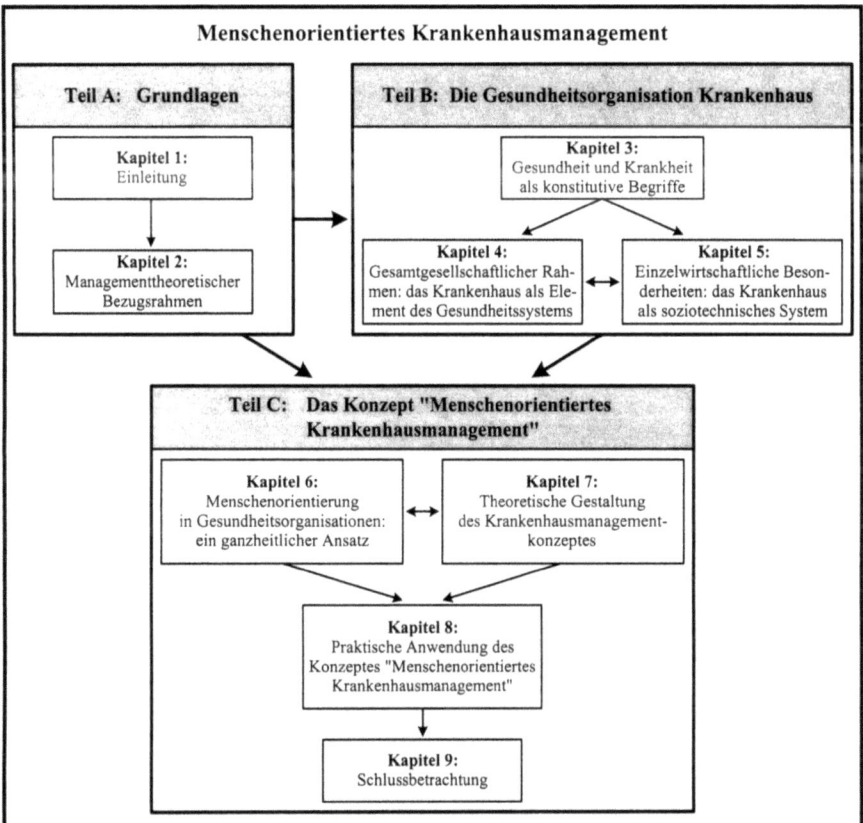

Eigene Darstellung.

Teil A: Grundlagen

Im Anschluss an die Einleitung wird im **zweiten Kapitel** der theoretische Bezugsrahmen für das zu entwickelnde Krankenhausmanagementkonzept erarbeitet. Hierfür wird zunächst in *Abschnitt 2.1* der Begriff des Krankenhausmanagements näher untersucht und im Rahmen einer Gegenüberstellung mit dem Verwaltungsbegriff überprüft, inwieweit das systemische Managementverständnis auf den Krankenhausbereich übertragbar ist. Daraufhin werden die Anforderungen formuliert, die auf der Grundlage der forschungskonzeptionellen Überlegungen dieser Arbeit an ein Krankenhausmanagementkonzept zu stellen sind. Das St. Galler Management-Konzept erfüllt diese Voraussetzungen. Da es den Rahmen dieser Arbeit sprengen würde, weitere Managementkonzepte umfassend hinsichtlich ihrer Eignung für die hier verfolgte Zielsetzung zu überprüfen, wird das St. Galler Management-Konzept als Bezugsrahmen ausgewählt und in *Abschnitt 2.2* in seinen Grundzügen erläutert. Konkrete Anpassungen dieses Konzeptes auf den Krankenhaussektor erfolgen in Teil C, nachdem die Spezifika von Krankenhäusern und ihrer Umwelt in Teil B erarbeitet wurden.

Teil B: Die Gesundheitsorganisation Krankenhaus

Zu Anfang des *dritten Kapitels* wird auf die Bedeutung eingegangen, die im Rahmen des Krankenhausmanagements den Begriffen „Gesundheit" und „Krankheit" zukommt *(Abschnitt 3.1)*. Hieran schließt sich in *Abschnitt 3.2* eine Definition und Abgrenzung dieser beiden Termini sowie weiterer verwandter Begriffe an. Auf dieser Basis kann dann in *Abschnitt 3.3* die Entwicklung des Gesundheitsverständnisses in Deutschland und dessen Bedeutung für die zukünftige Stellung von Krankenhäusern innerhalb des Gesundheitssystems aufgezeigt werden. Bevor im darauf folgenden Kapitel weitere Rahmenbedingungen der Gesundheitsorganisation Krankenhaus erörtert werden, soll in *Abschnitt 3.4* eine Definition des häufig benutzten, aber nur selten klar abgegrenzten Begriffs „Gesundheitsorganisation" vorgeschlagen sowie die Angemessenheit des Begriffes „Krankenhaus" kritisch beleuchtet werden.

Das *vierte Kapitel* ist einer Darstellung der gesamtgesellschaftlichen Umwelt des Krankenhauses gewidmet. Dabei wird ein Schwerpunkt auf das Gesundheitssystem gelegt, das zunächst in *Abschnitt 4.1* definiert wird. Um die heutige Struktur des deutschen Gesundheitssystems und seines stationären Sektors sowie deren zukünftige Entwicklungsmöglichkeiten besser einordnen und verstehen zu können, werden in *Abschnitt 4.2* historische Entwicklungslinien des Gesundheitssystems dargestellt. Im Mittelpunkt steht hierbei die Entwicklung im letzten Jahrhundert, da dieser Zeitabschnitt den größten Einfluss auf das heutige Krankenhauswesen ausübt. Im Anschluss an den historischen Abriss beschäftigt sich *Abschnitt 4.3* mit dem Status quo und den Entwicklungstendenzen allgemeiner und krankenhausspezifischer Umweltfaktoren. Im Rahmen einer Umweltanalyse werden die einzelnen Faktoren nacheinander vorgestellt und miteinander verknüpft, um die Komplexität und Dynamik der Rahmenbedingungen, in die Krankenhäuser eingebettet sind, zu verdeutlichen.

Nachdem das Krankenhaus im vierten Kapitel als *Element* des übergeordneten Gesundheitssystems betrachtet wurde, wird im *fünften Kapitel* die Perspektive gewechselt und auf ausgewählte einzelwirtschaftliche Besonderheiten des *Systems* Krankenhaus eingegangen. Dabei wird zunächst in *Abschnitt 5.1* anhand einer Typologie die Heterogenität des Krankenhaussektors dargestellt. Die speziellen Anforderungen an Planung, Finanzierung und Rechnungswesen von Krankenhäusern sind dann Gegenstand des *Abschnittes 5.2*. Da sich das Krankenhaus nicht nur im Bereich der Rechnungssysteme von anderen Institutionen unterscheidet, sondern vor allem im Bereich der Leistungserstellung, wird hierauf in *Abschnitt 5.3* ein besonderes Augenmerk gerichtet. Dabei werden Zweck und Spezifika der Leistungserstellung im Krankenhaus sowie die Beteiligten des Leistungserstellungsprozesses näher untersucht. Mit einer Zusammenfassung der wesentlichen Merkmale von Krankenhäusern wird in *Abschnitt 5.4* zum letzten und größten Teil der Arbeit übergeleitet.

Einleitung 15

Teil C: Das Konzept "Menschenorientiertes Krankenhausmanagement"
Auf der Basis der vornehmlich deskriptiven Darstellungen des komplexen Systems Krankenhaus und seiner dynamischen Umwelt auf der einen sowie des St. Galler Management-Konzeptes auf der anderen Seite wird in *Teil C* ein eigenes Krankenhausmanagementkonzept entwickelt. Dieses Konzept besteht aus drei Bausteinen: dem Ansatz einer Menschenorientierung, der theoretischen Gestaltung des Krankenhausmanagementkonzeptes und der praktischen Anwendung dieses Konzeptes unter Berücksichtigung des menschenorientierten Ansatzes.

Im *sechsten Kapitel* wird unter Berücksichtigung der vielfältigen Interaktionsbeziehungen in Gesundheitsorganisationen die Vorstellung eines „menschenorientierten Managements" mit Inhalten gefüllt. Hierzu wird der „Ansatz einer Menschenorientierung in Gesundheitsorganisationen" entwickelt. Dieser Ansatz wird bewusst nicht auf Krankenhäuser eingeschränkt, da die Konsequenzen, die sich aus der besonderen Stellung des Patienten – als Objekt, Konsument und Koproduzent der Gesundheitsleistung – ergeben, auch für andere Gesundheitsorganisationen, wie z. B. Rehabilitationseinrichtungen und Pflegeheime, relevant sind. In *Abschnitt 6.1* werden die Grundzüge dieses auf zwei Dimensionen beruhenden Ansatzes dargelegt. Die erste Dimension, „die Ausrichtung an einem ganzheitlichen Menschenbildkonzept", ist Gegenstand des *Abschnittes 6.2*. Hierfür werden zunächst Bedeutung und Begriff des Menschenbildes näher erläutert und ausgewählte Menschenbilder der Managementtheorie vorgestellt. Auf der Basis dieser Menschenbilder sowie des radikal-konstruktivistischen Gedankengutes wird schließlich ein eigenes Menschenbildkonzept für Gesundheitsorganisationen entwickelt. Ausgehend von diesem Konzept wird in *Abschnitt 6.3* die zweite Dimension des Ansatzes vorgestellt: „das gesellschaftliche Verantwortungsbewusstsein in Gesundheitsorganisationen". Nach einer Begriffsklärung wird auf die verschiedenen Anspruchsgruppen eingegangen, gegenüber denen die Gesundheitsorganisation eine Verantwortung zu übernehmen hat. Dabei wird ein Schwerpunkt auf Patienten und Mitarbeiter gelegt, da sich deren Beziehungen maßgeblich von den Mitarbeiter-Kunden-Beziehungen anderer Institutionen unterscheiden. Hierbei werden vor allem gesundheitswissenschaftliche und führungsethische Erkenntnisse herangezogen. Nach der Präsentation des Ansatzes einer Menschenorientierung in Gesundheitsorganisationen wird in *Abschnitt 6.4* der Frage nachgegangen, wie dieser Ansatz in das im Folgenden zu entwickelnde Managementkonzept zu integrieren ist.

Im *siebten Kapitel* wird der Fokus wieder auf bedarforientierte Krankenhäuser gerichtet, da davon auszugehen ist, dass bei der theoretischen Gestaltung eines Managementkonzeptes die Bestimmtheit der Aussagen erhöht werden kann, wenn das Bezugsobjekt stärker eingegrenzt wird. In *Abschnitt 7.1* wird das Krankenhausmanagementkonzept zunächst in seinen Grundzügen dargestellt. Als Basis dienen die Ausführungen zum St. Galler Management-Konzept im zweiten Kapitel, wobei bereits erste Modifikationen vorgenommen werden, die nicht auf einer krankenhausspezifischen, sondern auf einer branchenunabhängigen Kritik am formalen Aufbau und an der Vorgehensweise des St. Galler Ansatzes beruhen. In den folgenden *Abschnitten 7.2, 7.3* und *7.4* werden die Ebenen des *normativen, strategischen* und *operativen Krankenhausmanagements* eingehend erläutert. Hierbei werden – analog zum St. Galler Management-Konzept – jeweils zunächst die einzelnen Module der Managementebenen vorgestellt und in einer spezifischeren Betrachtung die jeweiligen Aspekte eines Managementmoduls näher untersucht und mit ihren Interdependenzen dargestellt. Der Schwerpunkt liegt in dieser Arbeit klar auf der normativen und der strategischen Ebene, weil diese in der Krankenhauspraxis häufig vernachlässigt werden. In *Abschnitt 7.5* wird dann die *Krankenhausentwicklung* thematisiert und eine grafische Darstellungsform zur Veranschaulichung dynamischer Aspekte vorgestellt. *Abschnitt 7.6* zeigt schließlich auf, wie die einzelnen Managementdimensionen zu einem Krankenhausmanagementkonzept integriert werden können.

Im *achten Kapitel* wird – als dritter Baustein des Konzeptes „Menschenorientiertes Krankenhausmanagement" – eine Heuristik erarbeitet, die Führungskräfte eines Krankenhauses bei der Entwicklung und Einführung eines Managementkonzeptes unterstützen soll *(Abschnitt 8.1)*. Da die Inhalte einer solchen Methodik zwangsläufig mit einem bestimmten Managementverständnis verbunden sind, müssen zunächst die Voraussetzungen für deren sinnvollen Einsatz formuliert werden. Hierfür können bestimmte Aspekte des Ansatzes einer Menschenorientierung in Gesundheitsorganisationen herangezogen werden. Der Aufbau einer spezifischen Heuristik wird daraufhin aus verschiedenen systemischen Problemlösungsmethodiken abgeleitet und an das Krankenhausmanagementkonzept angepasst. Die daraus entstehenden Schritte einer „*konzeptspezifischen Problemlösungsmethodik*" werden dann sukzessive erläutert und einer kritischen Beurteilung unterzogen. In *Abschnitt 8.2* soll die Anwendung des Konzeptes „Menschenorientiertes Krankenhausmanagement" anhand der *Entwicklung eines Leitbildes* exemplarisch erläutert werden. Hierfür werden zunächst begriffliche Klärungen vorgenommen, mögliche Funktionen von Leitbildern vorgestellt und notwendige Voraussetzungen einer Leitbildentwicklung erarbeitet. Im Anschluss daran wird der Prozess einer Leitbildentwicklung in Krankenhäusern analog zu den Schritten der konzeptspezifischen Problemlösungsmethodik beschrieben und kritisch beurteilt.

Das *neunte Kapitel* beendet die Arbeit mit einigen Schlussfolgerungen, die sich aus den Erkenntnissen dieser Arbeit für Theorie und Praxis des Krankenhausmanagements ableiten lassen.

2 Managementtheoretischer Bezugsrahmen

2.1 Krankenhausmanagement

2.1.1 Zum Begriff des Krankenhausmanagements

Da bis heute keine allgemein akzeptierte Definition für Krankenhausmanagement existiert, sollen im Folgenden zunächst der Managementbegriff näher definiert und das „Spezielle" des *Krankenhaus*managements bestimmt werden.

Wie in *Abschnitt 1.2.1* erwähnt, versteht man unter Management im institutionellen Sinn die Personen oder Personengruppen, die Managementaufgaben wahrnehmen. Ausgehend von dem Zweck des Managements – der Befriedigung interner und externer Interessen an der Leistungserstellung der Institution – soll an dieser Stelle auf diese Aufgaben näher eingegangen werden. In *sachbezogener* Hinsicht geht es beim Managerhandeln um die Ausübung der sich aus den obersten Zielen der Institution ableitenden Aufgaben, in *personenbezogener* Sicht um kommunikative, interpersonale Aktivitäten, d. h. um einen angemessenen Umgang mit allen am Managementprozess beteiligten und vom Managementprozess betroffenen Menschen.[1] Das Grundproblem jedes Managements ist es, auf unterschiedliche und variierende Interessen unter ständig wechselnden und nie gänzlich vorhersehbaren Umständen sowie unter angemessener Berücksichtigung der verschiedenen Dimensionen der Institution situationsadäquat zu handeln. Aus diesen kurzen Ausführungen geht hervor, dass der Bewältigung der Komplexität und Dynamik des Systems und seiner Umwelt eine entscheidende Rolle im Rahmen des Managements zukommt.

Hans ULRICH[2] und seine Schüler begreifen *Management* als Beitrag zur Komplexitätsbewältigung und verstehen darunter die *Gestaltung, Lenkung und Entwicklung zweckgerichteter soziotechnischer Systeme.*[3] Dieses abstrakte systemische Begriffsverständnis soll im Folgenden konkretisiert werden.

Mit *Gestaltung* ist das gedankliche Entwerfen eines Modells der Institution auf der Basis angestrebter Eigenschaften gemeint, also sowohl die Schaffung einer Institution als auch deren Aufrechterhaltung als zweckgerichtete, handlungsfähige Ganzheit. Wegen der hohen Komplexität soziotechnischer Systeme und ihrer Umwelten soll im Rahmen des Gestaltungsprozesses idealerweise eine Ordnung entworfen werden, mit deren Hilfe die potenziell große Verhaltensvielfalt eines Systems auf zweckgerichtete Verhaltensweisen reduziert wird. Die *Lenkung* bewirkt, dass die Institution mittels spezieller Lenkungssysteme aus dem durch die Gestaltung festgelegten Verhaltensfeld bestimmte Verhaltensweisen auswählt und verwirklicht. Die *Entwicklung* beinhaltet als Führungsfunktion das ständige Verbessern und qualitative Lernen der Institution und weist darauf hin, dass die Fähigkeit zur Selbstentwicklung der Institution gefördert werden

---

[1] Vgl. STAEHLE, Wolfgang H. (1994a), S. 80-83; ULRICH, Peter/ FLURI, Edgar (1995), S. 13.
[2] Hans ULRICH hat im deutschsprachigen Raum 1968 mit seiner Monografie „Die Unternehmung als produktives soziales System" den Grundstein für eine systemische Orientierung der Managementlehre gelegt. Vgl. SCHWANINGER, Markus (1994), S. 29-30.
[3] Vgl. beispielsweise BLEICHER, Knut (1999), S. 30-35; ULRICH, Hans/ PROBST, Gilbert J. B. (1995), S. 265-276.

muss.⁴ Darüber hinaus kann eine Institution auch umfassendere Systeme, deren Teil sie ist, in einem Prozess der Koevolution mitentwickeln.⁵

Inwieweit dieses Managementverständnis auch für den Krankenhaussektor von Bedeutung ist, der im Vergleich zu anderen Branchen äußerst restriktiven Vorgaben ausgesetzt ist und somit geringere Entscheidungsspielräume zulässt, soll zunächst mittels einer Gegenüberstellung der Termini Administration bzw. Verwaltung⁶ und Management erörtert werden. Dies erscheint insofern sinnvoll, als in vielen Beiträgen gefordert wird, dass Krankenhäuser nicht verwaltet, sondern gemanagt werden müssen⁷, eine klare Abgrenzung zwischen den beiden Begriffen in der Regel aber nicht vorgenommen wird.

Teilweise werden Administration und Management synonym verwandt⁸; teilweise wurde und wird noch heute „Administration" öffentlichen Betrieben sowie Nonprofit-Organisationen und „Management" erwerbswirtschaftlichen Unternehmen zugeordnet.⁹ Die Inhalte der jeweiligen Funktionen bleiben dabei aber weiterhin unklar. Des Weiteren kann – und soll auch in dieser Arbeit – Administration bzw. Verwaltung als Subfunktion des Managements definiert werden. Die Verwaltung hat danach keine Entscheidungskompetenz, sondern befasst sich ausschließlich mit der Ausführung vorgegebener Richtlinien und der Umsetzung bereits beschlossener Maßnahmen.¹⁰

Da durch gesetzliche Bestimmungen in den letzten Jahren eine Vielzahl marktwirtschaftlicher Elemente in das Gesundheits- und somit auch Krankenhauswesen eingeführt worden ist¹¹, und schon seit einiger Zeit im Krankenhausbereich eine Verlagerung des Gewichts an Einfluss und Macht von der Träger- zur Geschäftsführungsseite zu konstatieren ist¹², kann ein Krankenhaus nicht mehr nur verwaltet werden. Das oben aufgeführte Managementverständnis ist somit auch auf den bedarfswirtschaftlich orientierten Krankenhaussektor übertragbar, da Krankenhäuser stets zumindest teilautonom über ihre Ziele und Verhaltensweisen befinden. Schließlich müssen die Funktionen der Gestaltung, Lenkung und Entwicklung unabhängig von der jeweiligen Zielsetzung durch jede autonome Institution bewusst ausgeübt werden, um die Lebensfähigkeit in einer dynamischen Umwelt sicherstellen zu können.¹³

---

⁴   Vgl. ULRICH, Hans/ PROBST, Gilbert J. B. (1995), S. 271-274.
⁵   Vgl. SCHWANINGER, Markus (1994), S. 17; vgl. auch PERICH, Robert (1993), S. 330; ULRICH, Hans/ PROBST, Gilbert J. B. (1995), S. 247-251.
⁶   Administration und Verwaltung werden hier synonym verwandt.
⁷   Vgl. beispielsweise EICHHORN, Siegfried (1991), S. 458-459; EIFF, Wilfried von (1995a), S. 190; JESCHKE, Horst A./ GLIEMANN, Marlies (1993), S. 38-47; MEYER-PRIES, Dierk (1992), S. 91, 93; RÜCK, Reinhard/ LESSACHER, Martin (1997), S. 583-585; SCHIRMER, Herbert (1995), S. 19.
⁸   Der Ursprung dieser Gleichsetzung ist wohl auf die unterschiedliche Übersetzung der FAYOLschen „opérations administratives", speziell des Adjektivs „administratif" zurückzuführen. Vgl. hierzu STAEHLE, Wolfgang H. (1994a), S. 97.
⁹   Vgl. STAEHLE, Wolfgang H. (1994a), S. 97.
¹⁰ Vgl. NEUBAUER, Günter (1991), S. 678; STAEHLE, Wolfgang H. (1994a), S. 97.
¹¹ ⇨ Vgl. hierzu insbesondere die *Abschnitte 4.2.3.2* und *4.3.2.4*.
¹² Vgl. BRAUN, Günther E. (1999a), S. VII.
¹³ Vgl. ULRICH, Hans/ PROBST, Gilbert J. B. (1995), S. 250-251, 274-275.

Wenngleich kein neuer Begriff – wie etwa Sozial- oder bedarfswirtschaftliches Management – eingeführt werden muss, so sind doch bei einer anwendungsorientierten Auseinandersetzung mit Führungsproblemen die typischen Besonderheiten des Erfahrungsobjektes zu beachten[14]. So wird auch in der Literatur zum Krankenhauswesen immer wieder darauf hingewiesen, dass Managementmethoden der Industrie nicht unreflektiert übernommen werden sollten[15], weil Krankenhäuser wesentlich stärker in das Spannungsfeld organisatorisch-wirtschaftlicher und rechtlich-gesellschaftlicher Anforderungen eingebunden sind und folglich dem Management nicht der gesamte Spielraum unternehmerischer Entscheidungen zur Verfügung steht. Daraus folgt nun aber nicht, dass dem Management in bedarfsorientierten Krankenhäusern eine geringere Bedeutung zukommt als dem Management in erwerbswirtschaftlichen Unternehmen. Einige Autoren sind sogar der Auffassung, dass gerade wegen des eingeschränkten Entscheidungsspielraumes in öffentlichen und freigemeinnützigen Krankenhäusern ein besonders qualifiziertes Management notwendig ist.[16]

Die Frage, welche Erkenntnisse und Problemlösungsmöglichkeiten aus dem erwerbswirtschaftlichen Bereich vom Krankenhaussektor übernommen werden können bzw. sollen, bezieht sich nicht nur auf Führungstechniken (wie die „Management by"-Techniken)[17] oder Managementsysteme (wie Controlling), sondern auch auf (integrierte) Managementkonzepte. Da gerade zu Managementsystemen und -konzepten eine Vielzahl unterschiedlicher Definitionsansätze existiert[18], wird im folgenden Abschnitt auch auf diese Termini eingegangen.

2.1.2 Anforderungen an ein Managementkonzept für bedarfsorientierte Krankenhäuser

An dieser Stelle sollen die Voraussetzungen erläutert werden, die ein Managementkonzept für bedarfsorientierte Krankenhäuser zu erfüllen hat:

(I) Zunächst muss für diese Arbeit begriffliche Klarheit geschaffen werden, da in der Literatur der Terminus Managementkonzept nicht einheitlich definiert wird.[19] Unter einem *Managementkonzept* wird hier ein Ansatz verstanden, der eine strukturierte Erfassung und effektive Koordination aller relevanten Aspekte des Managements unterstützt. Damit werden rein faktorspezifische Konzepte zum Qualitäts-, Zeit-, Service- oder Kostenmanagement genauso ausgeschlossen wie rein funktionsorientierte Konzepte (z. B. zu Marketing, Logistik oder Produktion). Ziel eines Managementkonzeptes muss es vielmehr sein, diese verschiedenen Teilkonzepte sowie unterschiedliche Managementsysteme innerhalb eines Ordnungs-

---

[14] Vgl. GAUGLER, Eduard (1994), S. 255.
[15] Vgl. beispielsweise DAMKOWSKI, Wulf/ PRECHT, Claus (1996), S. 611; EIFF, Wilfried von (1995a), S. 190; HOEFERT, Hans-Wolfgang (1996), S. 7; MALIK, Fredmund (1994), S. 3-10; WESTPHAL, Eckhardt (1994), S. 74.
[16] Vgl. beispielsweise MALIK, Fredmund (1994), S. 3; TRILL, Roland (2000), S. 73.
[17] Zu *Führungstechniken* vgl. allgemein RÜHLI, Edwin (1995b), Sp. 839-846; zu *Management by-Techniken* vgl. RÜHLI, Edwin (1995a), Sp. 762-763; STAEHLE, Wolfgang H. (1994a), S. 818.
[18] Vgl. SCHWANINGER, Markus (1994), S. 33.
[19] Vgl. SCHWANINGER, Markus (1994), S. 33.

rahmens zu integrieren.[20] *Managementsysteme* werden in dieser Arbeit als Hilfsinstrumente zur Verstärkung der unternehmerischen Fähigkeiten im Rahmen der Strategiefindung und -realisierung definiert – wie beispielsweise Controlling oder Anreizsysteme.[21]

„Da die Betriebswirtschaftslehre nie alle praktisch auftretenden Probleme lösen kann, muss sie in erster Linie eine Problemlösungsmethodik bereitstellen."[22] So soll ein Managementkonzept in dem hier verstandenen Sinne helfen, Lösungs*wege*, nicht aber spezifische Lösungen von Problemen aufzuzeigen.

(II) In *Abschnitt 1.2.1* wurde das *bedarfsorientierte Krankenhaus* als Erfahrungsobjekt dieser Arbeit formuliert und von gewinnorientierten Krankenhäusern abgegrenzt. Ein infrage kommendes Managementkonzept muss daher einerseits zumindest potenziell auf bedarfsorientierte Institutionen übertragbar sein. Dies ist nicht selbstverständlich, da sich das Gros managementtheoretischer Beiträge vorrangig auf erwerbswirtschaftliche Unternehmen bezieht. Andererseits muss es sich an die Spezifika des Krankenhaussektors anpassen lassen. Hierbei ist insbesondere an die besondere Funktion und Situation des Hauptkunden des Krankenhauses zu denken: den Patienten.

(III) Auf die Notwendigkeit einer *menschenorientierten Ausgestaltung* des Krankenhausmanagements wurde in *Abschnitt 1.2.2* hingewiesen. Daher muss ein Managementkonzept eine solche Ausgestaltung ermöglichen können.

(IV) Wie in *Abschnitt 1.2.3* erläutert, liegt dieser Arbeit ein *ganzheitlicher Ansatz* zugrunde. Dementsprechend sollte der verwendete Managementansatz ebenfalls ganzheitlich ausgerichtet sein. Dies bedeutet insbesondere, dass er vernetztes und dynamisches Denken unterstützen sowie interdisziplinär sein muss.

Es stellt sich nun die Frage, inwiefern bestehende Ansätze diesen Anforderungen gerecht werden. Ließe sich kein entsprechender Ansatz finden, dann bestünde die Möglichkeit, aus den bestehenden Ansätzen eklektisch einen eigenen Ansatz zu entwickeln. Es könnte dann mithilfe eines solchen Entwurfes versucht werden, die jeweiligen Vorzüge der verschiedenen Ansätze zu verbinden. Da mit dem *St. Galler Management-Konzept* aber ein Ansatz existiert, der die oben aufgeführten Voraussetzungen erfüllt, muss diese Möglichkeit nicht in Betracht gezogen werden.

Das St. Galler Management-Konzept ist ein integriertes Managementkonzept und zudem ein ganzheitlicher, systemorientierter Ansatz.[23] Die Aussagen des St. Galler Ansatzes beanspruchen

---

[20] Vgl. SEGHEZZI, Hans Dieter (1994), S. 65, 67-68.
[21] Vgl. SCHWANINGER, Markus (1994), S. 15-16.
[22] WERHAHN, Peter H. (1989), S. 276.
[23] Vgl. BLEICHER, Knut (1999), S. 16-17.

prinzipiell für alle soziotechnischen Systeme Geltung[24], wenngleich der Ansatz vorrangig auf erwerbswirtschaftliche Unternehmen zugeschnitten wurde.[25] Mithilfe der Profilmethodik, die ein wesentliches Charakteristikum des St. Galler Management-Konzeptes darstellt[26], können unterschiedliche Ausprägungen von Managementaspekten abgebildet werden. Daher besteht auch prinzipiell die Möglichkeit, eine menschenorientierte Ausgestaltung vorzunehmen.[27]

Mit der Wahl des St. Galler Management-Konzeptes als Bezugsrahmen wird jedoch nicht ausgeschlossen, dass es weitere Ansätze gibt, die den vier genannten Anforderungen gerecht werden. Ein Großteil der Ansätze scheitert allerdings schon an der Forderung nach einem integrierten Managementkonzept, sei es, dass diese Intention erst gar nicht verfolgt wird, sei es, dass ein anderes Begriffsverständnis vorliegt. Zumeist wird, wie in den drei folgenden exemplarisch angeführten Ansätzen, ein bestimmter Aspekt in den Vordergrund gestellt:

- Beim *Harzburger Modell*[28] werden beispielsweise die sachbezogenen Aufgaben des Managements von den personenbezogenen klar dominiert und statt eines Bezugsrahmens inhaltliche Verhaltensregeln aufgestellt.[29]
- Das *7-S-Modell* kann höchstens als konzeptionelle Grundlage aufgefasst werden, genügt aber wegen seiner fehlenden inhaltlichen Konkretisierung und Abstimmung nicht den weiter greifenden Anforderungen an ein Managementkonzept.[30]
- Beim *PuK-Modell* von HAHN[31] werden, wie die Bezeichnung „PuK" schon suggeriert, die Planungs- und Kontrollsysteme in den Mittelpunkt gestellt, mit der Folge, dass das abgedeckte Spektrum an Managementaspekten „als eher schmal zu bezeichnen" ist.[32]

---

[24] So haben auch bereits zumindest drei Autoren versucht, das St. Galler Management-Konzept (in unterschiedlichem Umfang) auf den Krankenhausbereich zu übertragen. Vgl. BRAUN, Günther E. (1999b), S. 6-14; MORRA, Francesco (1996), S. 184-189; SIDAMGROTZKI, Edgar (1994), S. 43-337. Die Adaptationen beschränken sich allerdings in allen Arbeiten auf den *formalen Ordnungsrahmen* des St. Galler Management-Konzeptes und lassen die *Profilmethodik*, die eine Hilfe bei der integrativen Konzipierung von Lösungsansätzen darstellen soll, außen vor. Dadurch kann zwar eine *systematische*, aber keine *systemische* Unterstützung für die Führungskräfte eines Krankenhauses gegeben werden. ⇨ Zum formalen Ordnungsrahmen und zur Profilmethodik des St. Galler Management-Konzeptes vgl. die *Abschnitte 2.2.2 und 2.2.3*.

[25] Diese Spezifizierung wird zwar – außer dem häufig verwendeten, jedoch nicht näher definierten Begriff „Unternehmung" – *explizit* nicht geäußert, ist aber aus dem Zusammenhang klar zu erkennen. Vgl. beispielsweise BLEICHER, Knut (1994a), Abschnitt VI.1 des dritten Teils „Die Entwicklung eines normativen Konzeptes der Unternehmungsverfassung", in dem er die Ausgestaltung der Spitzenorgane am Beispiel der Aktiengesellschaft näher erläutert.

[26] Vgl. SCHWANINGER, Markus (1994), S. 62.

[27] Allerdings sollen in dieser Arbeit die Vorstellungen einer menschenorientierten Ausgestaltung des Krankenhausmanagements in einem eigenen Ansatz konkretisiert werden. ⇨ Vgl. hierzu *Kapitel 6*.

[28] Vgl. HÖHN, Reinhard (1986).

[29] Vgl. GUSERL, Richard/ HOFMANN, Michael (1976), S. 53-57, 118-128; ULRICH, Hans (1984), S. 274; ULRICH, Hans (1994), S. 176. Zu einer umfassenden Kritik am Harzburger Modell vgl. GUSERL, Richard/ HOFMANN, Michael (1976); vgl. auch GAUGLER, Eduard (1994), S. 257; KIESER, Alfred (1995), S. 87-89. KIESER bezeichnet das Harzburger Modell allerdings – entgegen dem hier erläuterten Begriffsverständnis – als umfassendes Managementkonzept.

[30] Vgl. MACHARZINA, Klaus (1999), S. 743; STAEHLE, Wolfgang H. (1994a), S. 481-483.

[31] Vgl. HAHN, Dietger (1996).

[32] Vgl. JESCHKE, Wolfgang (1992), S. 134-135, 152, Zitat auf S. 135.

Potenzielle Ansätze, die ebenfalls als Basis für ein umfassendes Krankenhausmanagementkonzept dienen könnten, wären beispielsweise der *Ansatz von* KIRSCH[33] und der *Zürcher-Ansatz* von RÜHLI[34]. Diese müssten allerdings noch auf ihre Eignung hin überprüft werden.

Im folgenden Abschnitt werden die Grundsätze, der formale Ordnungsrahmen sowie die wesentlichen Bestandteile des Vorgehensmusters des St. Galler Management-Konzeptes vorgestellt. Nach einer Erarbeitung der Spezifika des Krankenhauses und seiner Umwelt in *Teil B* können dann in *Teil C* konkrete Anpassungen dieses Managementkonzeptes auf den Krankenhaussektor erfolgen.

2.2 St. Galler Management-Konzept

2.2.1 Grundsätze des St. Galler Management-Konzeptes

Das St. Galler Management-Konzept von Knut BLEICHER et al.[35] baut auf dem *Systemansatz* auf, wie er von Hans ULRICH und seinen Schülern an der Hochschule St. Gallen erarbeitet und zu dem „St. Galler Management-Modell" (1972)[36] sowie einer „Anleitung zum ganzheitlichen Denken und Handeln" (1988)[37] ausgebaut wurde. Weil sich unternehmerisches Umfeld sowie Theorie und Praxis des Managements in den letzten zwei bis drei Jahrzehnten erheblich verändert haben, sah BLEICHER die Notwendigkeit, das St. Galler Management-Modell weiterzuentwickeln.[38] Das darauf basierende „neue" Führungsverständnis befasst sich nun explizit mit der „Bewältigung einer stark gestiegenen *Komplexität* vor dem Hintergrund einer sich weiter beschleunigenden *Dynamik* der Veränderung."[39] Es zeichnet sich durch eine ganzheitliche Betrachtung aus, bei der vielfältige Einflüsse in einem Netzwerk von Beziehungen integriert werden.[40] Das St. Galler Management-Konzept fungiert dabei als „*Denkmuster für den Umgang mit Systemen* […], das es der Führungskraft erleichtern soll, den Weg zu einer veränderten Managementphilosophie zu finden und die vielfältigen Gestaltungsprobleme bei deren Umsetzung zu meistern"[41].

---

[33] Vgl. KIRSCH, Werner (1997).

[34] Vgl. RÜHLI, Edwin (1996); RÜHLI, Edwin (1988); RÜHLI, Edwin (1993).

[35] BLEICHERs Werk ist unter dem Titel „Das Konzept Integriertes Management" erschienen und ist der erste Band der bislang fünfbändigen, weiter fortzusetzenden Reihe „St. Galler Management-Konzept". Während dieser erste Band einen generellen Überblick über das St. Galler Management-Konzept geben soll, widmen sich die folgenden Bände einer näheren Darstellung einzelner Module des Konzeptes. Vgl. BLEICHER, Knut (1999); PÜMPIN, Cuno/ PRANGE, Jürgen (1991); GOMEZ, Peter/ ZIMMERMANN, Tim (1997); SCHWANINGER, Markus (1994); BLEICHER, Knut (1994a). Vgl. auch folgende Beiträge zum St. Galler Management-Konzept, die nicht explizit zu der Reihe gehören: BLEICHER, Knut (1994b); SEGHEZZI, Hans Dieter (1994).

[36] Vgl. ULRICH, Hans/ KRIEG, Walter (1974). Hierbei handelt es sich um die dritte Auflage. Zu einer Kurzdarstellung des St. Galler Management-Modells vgl. ULRICH, Hans/ KRIEG, Walter (1973), S. 68-89.

[37] Vgl. ULRICH, Hans/ PROBST, Gilbert J. B. (1995). Hierbei handelt es sich um die vierte Auflage.

[38] Der Zusatz „Modell" wurde wohl gegen den Zusatz „Konzept" ausgetauscht, da Letzterer wissenschaftstheoretisch weniger vorbelastet ist. Modelle als vereinfachte Abbilder der Wirklichkeit haben in den Wirtschaftswissenschaften häufig zu dem Vorwurf geführt, dass sie keinen Bezug zur Realität mehr hätten und somit eine Falsifizierung a priori ausschließen. Vgl. CHMIELEWICZ, Klaus (1994), S. 122.

[39] BLEICHER, Knut (1999), S. 28; vgl. auch BLEICHER, Knut (1999), S. 16, 71.

[40] Vgl. BLEICHER, Knut (1999), S. 71.

[41] BLEICHER, Knut (1999), S. 71.

Zielsetzung des St. Galler Management-Konzeptes ist die Bereitstellung eines gedanklichen Bezugs- bzw. *Ordnungsrahmens* für Entscheidungsprobleme des Managements. Ferner stellt es ein *Vorgehensmuster* zur integrativen Konzipierung von Lösungsansätzen unter Beachtung der situativen Bedingungen der Unternehmensentwicklung zur Verfügung. Der Ordnungsrahmen und das Vorgehensmuster sollen dabei in konzeptioneller Hinsicht helfen, das eigene Managementhandeln zu reflektieren, zu diskutieren und zu positionieren.[42]

2.2.2 Formaler Ordnungsrahmen des St. Galler Management-Konzeptes

Der formale Ordnungsrahmen des St. Galler Management-Konzeptes, der in *Abbildung 2-1* dargestellt ist, besteht aus einem vierdimensionalen Gebilde mit

- den drei Ebenen des normativen, strategischen und operativen Managements,
- den drei Säulen Strukturen, Aktivitäten und Verhalten,
- der den dynamischen Aspekt betonenden Unternehmensentwicklung sowie
- der – die drei ersten Dimensionen integrierenden – Managementphilosophie.

Im Sinne einer integrierten Managementbetrachtung ist von der *gegenseitigen Durchdringung* aller Dimensionen auszugehen.[43] Hierauf wird im Folgenden eingegangen.

Abbildung 2-1: **Zusammenhang der Managementdimensionen im St. Galler Management-Konzept**

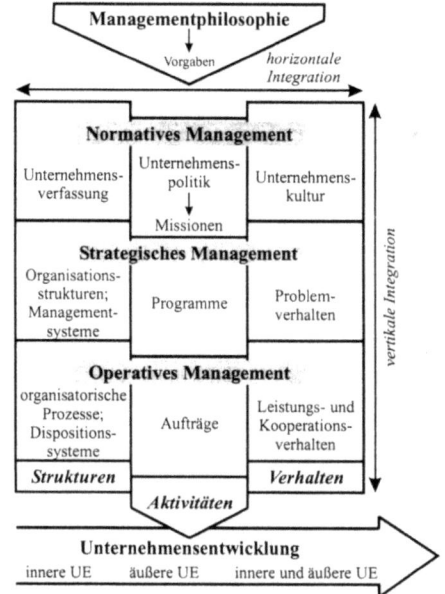

Quelle: BLEICHER, Knut (1999), S. 77, 82.

---

[42] Vgl. BLEICHER, Knut (1999), S. 73; GOMEZ, Peter/ ZIMMERMANN, Tim (1997), S. 21.
[43] Vgl. BLEICHER, Knut (1999), S. 71-72.

Nach BLEICHER hat die wachsende Komplexität und Entwicklungsdynamik von sozialen Systemen und ihrer Umwelt zu einer Orientierungslosigkeit und Unsicherheit im Management und bei den Mitarbeitern geführt. Die Folge sei ein erhöhter Bedarf an Fixpunkten, die Orientierung und Sicherheit versprechen. Diese sind nun in erster Linie in den konstitutiven Grundlagen der Unternehmenstätigkeit zu finden, also im normativen Management und in der alle Dimensionen integrierenden *Managementphilosophie*.[44] Die Managementphilosophie zielt auf ein gemeinsames Grundverständnis über die Rolle und das Verhalten des Unternehmens in der Gesellschaft sowie die daraus abzuleitende Rolle des Managements im Kooperationszusammenhang des Unternehmens.[45] Hiermit verbinden sich Fragen zur gesellschaftlichen Verantwortung und zum ethischen Verhalten des Unternehmens sowie zu den Menschenbildern und verfolgten Wertstrukturen des Managements. Die Managementphilosophie verkörpert damit eine systemumgreifende Sinnhaftigkeit, die den internen wie den externen Anspruchsgruppen des Unternehmens[46] eine Orientierung bieten und darüber hinaus eine Sinnfindung der Mitarbeiter ermöglichen soll.[47]

Ausgehend von diesem philosophischen Überbau und der unternehmerischen Vision, die weit in die Zukunft reichende Vorstellungen der Positionierung eines Unternehmens in Wirtschaft und Gesellschaft ausdrückt, können die drei Ebenen des normativen, strategischen und operativen Managements unterschieden werden. Diese Ebenen akzentuieren logisch voneinander abgrenzbare Problemfelder, die durch das Management zu bearbeiten sind.[48]

Das *normative Management* „beschäftigt sich mit den generellen Zielen des Unternehmens, mit Prinzipien, Normen und Spielregeln, die darauf ausgerichtet sind, die *Lebens- und Entwicklungsfähigkeit* des Unternehmens zu ermöglichen"[49]. Die Fähigkeit zur Unternehmensentwicklung impliziert dabei „eine qualifizierte Veränderung in Richtung eines positiven, sinnvollen Wandels"[50]. Das normative Management wirkt in seiner konstitutiven Rolle *begründend* für alle Aktivitäten des Unternehmens. Damit wird die *Legitimität* des unternehmerischen Handelns zum

---

[44] BLEICHER differenziert weiter zwischen einer Unternehmens- und einer Managementphilosophie. Vgl. BLEICHER, Knut (1994a), S. 57-58. ⇨ Auf diese Unterscheidung wird in *Teil C, Abschnitt 7.2.2* Bezug genommen. An dieser Stelle wird zunächst von einem beide Begriffe umfassenden Verständnis ausgegangen, wie es in der Literatur auch häufig vorzufinden ist. Vgl. beispielsweise KREIKEBAUM, Hartmut (1997), S. 54; ULRICH, Peter/ FLURI, Edgar (1995), S. 53.

[45] Vgl. BLEICHER, Knut (1994a), S. 20, 25-26.

[46] Als *Anspruchsgruppen* einer Organisation werden hier die Personen(gruppen) bezeichnet, die direkt oder indirekt von den Entscheidungen der Organisation betroffen sind und/oder diese beeinflussen können. Zu den *internen* Anspruchsgruppen werden in der Regel die Eigentümer, das Management und die Mitarbeiter der Organisation gezählt, zu den *externen* die Fremdkapitalgeber, Zulieferer, Kunden, Konkurrenten sowie Staat und Gesellschaft. Vgl. ULRICH, Peter/ FLURI, Edgar (1995), S. 77-79. Der von BLEICHER vorgenommenen, recht unklaren Differenzierung der Begriffe Einfluss-, Bezugs- und Anspruchsgruppe wird in dieser Arbeit bewusst *nicht* gefolgt. Vgl. hierzu insbesondere die engen Definitionen von Bezugs- und Anspruchsgruppe zusammen mit der Gleichsetzung von Anspruchsgruppe und der weiten Definition des englischen Begriffes „Stakeholder" in: BLEICHER, Knut (1994a), S. 160-161. In dieser Arbeit werden die Begriffe Bezugsgruppe, Anspruchsgruppe und Stakeholder – analog dem Begriffsverständnis in der deutschsprachigen Literatur – synonym verwandt. Vgl. ULRICH, Peter/ FLURI, Edgar (1995), S. 77.

[47] Vgl. BLEICHER, Knut (1994a), S. 57-79.

[48] Vgl. BLEICHER, Knut (1999), S. 70, 103.

[49] BLEICHER, Knut (1999), S. 74.

[50] BLEICHER, Knut (1994a), S. 75.

Maßstab für das Management auf der normativen Ebene. Zentraler Inhalt ist das unternehmenspolitische Handeln und Verhalten, welches durch einen „harten" Gestaltungsaspekt in Form der Unternehmensverfassung und einen „weichen" Verhaltensaspekt in Form der Unternehmenskultur getragen wird.[51]

Ergebnisse des *unternehmenspolitischen* Prozesses sind Missionen, die eine generelle Zielausrichtung und eine Grundorientierung für das strategische und operative Management vermitteln sollen. Sie „sollten sich auf das wirklich Wesentliche beschränken und bewusst allgemein gehalten, d. h. auf eine Vielzahl von konkreten zukünftigen Führungssituationen anwendbar und auf das Unternehmen als Ganzes bezogen bleiben"[52]. Dabei spielt die Abstimmung der anvisierten Ziele mit der zukünftigen Umweltentwicklung und den unternehmenseigenen (vorhandenen bzw. aufzubauenden) Potenzialen eine wesentliche Rolle.[53] Eine Um- und Inweltanalyse des Unternehmens wird damit zur Grundlage der Unternehmenspolitik.[54]

Die *Unternehmensverfassung* liefert für die Unternehmenspolitik einen strukturierten, generell zu respektierenden Verhaltensrahmen, in dem die unterschiedlichen Interessen der Anspruchsgruppen eingebunden werden können. Sie stellt eine rechtliche Grundordnung dar, die zum einen – nach der Wahl der Rechtsform, des Standortes und Ähnlichem – durch Handels-, Gesellschafts- und Mitbestimmungsrecht von außen vorgegeben und zum anderen um eigene Regelungen – wie Statute, Geschäftsordnung und Geschäftsverteilungsplan – ergänzt und konkretisiert wird. Durch die in ihrem Autonomiebereich liegende Festlegung der Gestaltungsfreiräume und -grenzen stellt die Unternehmensverfassung die grundlegende Determinante der Machtstruktur des Unternehmens dar, schafft sie doch Kompetenzen und Legitimation für Organe und Personen. Sie regelt die Rechte und Beziehungen der einzelnen Anspruchsgruppen des Unternehmens sowie die Art und Weise, wie Anspruchsgruppen eingebunden, Konflikte gelöst sowie externe und interne Kooperationsverhältnisse gestaltet werden.[55]

Die *Unternehmenskultur* als Verhaltensdimension des normativen Managements wird durch Werte, Normen, Denkhaltungen und soziale Traditionen der Organisationsmitglieder geprägt. Zur Vermeidung von Akzeptanzwiderständen müssen unternehmenspolitische Missionen daher mit der Kultur des Unternehmens vereinbar sein. Unter Unternehmenskultur werden allgemein das Wissen und die Fähigkeiten eines Unternehmens sowie die Einstellungen der Mitarbeiter zur Aufgabe, zu anderen Organisationsmitgliedern und zum Unternehmen verstanden. Während mit der Unternehmensverfassung ein expliziter Rahmen definiert wird, erfolgt die Verhaltenssteuerung implizit über unternehmenskulturelle Werte und ist damit auch wesentlich schwieriger und zumeist nur langfristig durch das Management beeinflussbar.[56]

---

[51] Vgl. BLEICHER, Knut (1999), S. 74-75, 147-149.
[52] PÜMPIN, Cuno/ PRANGE, Jürgen (1991), S. 17.
[53] Vgl. BLEICHER, Knut (1999), S. 159-160; PÜMPIN, Cuno/ PRANGE, Jürgen (1991), S. 17-18.
[54] Vgl. BLEICHER, Knut (1994a), S. 156.
[55] Vgl. BLEICHER, Knut (1994a), S. 292-296; BLEICHER, Knut (1999), S. 182-185.
[56] Vgl. BLEICHER, Knut (1999), S. 226-229, 235; GOMEZ, Peter/ ZIMMERMANN, Tim (1997), S. 23-24.

Das *strategische Management* befasst sich mit dem Aufbau zukünftiger sowie der Pflege und Ausnutzung vorhandener *Erfolgspositionen* bzw. *-potenziale*[57] und der Bereitstellung der hierfür erforderlichen Ressourcen. Während das normative Management für alle Handlungen des Unternehmens *begründend* wirkt, ist es Aufgabe des strategischen Managements, *ausrichtend* auf Aktivitäten einzuwirken. Damit wird die *Effektivität* im Sinne der Wettbewerbs- und Kooperationsfähigkeit zum Maßstab für das strategische Management.[58] Im Mittelpunkt strategischer Überlegungen stehen neben zu verfolgenden Programmen die grundsätzliche Auslegung von Strukturen und Systemen sowie das Problemlösungsverhalten ihrer Träger.[59]

Strategische Programme konkretisieren die vom normativen Management langfristig vorgegebenen generellen Ziele und Grundorientierungen. Unter gezielter Nutzung von Ressourcen führen sie zur Entwicklung von strategischen Erfolgspositionen. Dabei sind folgende Prinzipien zu beachten: Das Unternehmen sollte

- seine Kräfte auf Erfolg versprechende Aktivitäten konzentrieren,
- sich in seinem (dynamischen) Wettbewerbsumfeld relativ positionieren,
- sich durch neue Geschäftssysteme mit veränderten Wettbewerbsregeln profilieren,
- durch Partnerschaften seinen Aktionsbereich erweitern und
- wegen der stets vorhandenen Ungewissheit der Entwicklung einen Risikoausgleich bei der Leistungsprogrammkonzeption anstreben.[60]

Organisationsstrukturen bilden einen Rahmen für die strategischen Programme und das Mitarbeiterverhalten. Mit ihrer Hilfe sollen soziale Systeme so gestaltet werden, dass sie durch eine arbeitsteilige Gliederung der Begrenztheit menschlicher Komplexitätsverarbeitung gerecht werden und dabei eine von allen Organisationsmitgliedern getragene Zielverfolgung ermöglichen. Zudem müssen Organisationsstrukturen mit der Um- und Inweltentwicklung von Unternehmen harmonieren, das heißt, flexibel an Veränderungen angepasst werden können.[61]

Die organisatorische Strukturierung wird durch *Managementsysteme* unterstützt. Diese dienen
- der Zielfindung, Planung und Kontrolle,
- der Informationsgewinnung, -verarbeitung und -verteilung,
- der Motivationssteigerung, Personalbeurteilung und -entwicklung,

---

[57] Als *strategische Erfolgspositionen* bezeichnen PÜMPIN und PRANGE „die spezifischen *und* wettbewerbsrelevanten Fähigkeiten eines Unternehmens, die von der Konkurrenz im Markt nur schwierig und allenfalls über längerfristigen, massiven Mitteleinsatz kopiert werden können." PÜMPIN, Cuno/ PRANGE, Jürgen (1991), S. 19. Diese Definition stellt eine Erweiterung des auf GÄLWEILER zurückgehenden Begriffes der „*Erfolgpotenziale*" dar. Erfolgspotenziale umfassen „das gesamte Gefüge aller jeweils produkt- und marktspezifischen erfolgsrelevanten Voraussetzungen, die spätestens dann bestehen müssen, wenn es um die Erfolgsrealisierung geht". GÄLWEILER, Aloys (1987), S. 26. Nach dieser Terminologie stellen die strategischen Erfolgs*potenziale* eine Bedingung dafür dar, dass strategische Erfolgs*positionen* gegenüber dem Wettbewerb erzielt werden können. Vgl. BLEICHER, Knut (1999), S. 279-280.
[58] Vgl. SCHWANINGER, Markus (1994), S. 51.
[59] Vgl. BLEICHER, Knut (1999), S. 75-76.
[60] Vgl. BLEICHER, Knut (1999), S. 276, 278-293.
[61] Vgl. BLEICHER, Knut (1999), S. 318-319; GOMEZ, Peter/ ZIMMERMANN, Tim (1997), S. 17-19, 25.

- der Ausgestaltung des internen und externen Rechnungswesens sowie des Investitions- und Finanzmanagements.

Als Hilfsinstrumente sollen Managementsysteme die Fähigkeiten des Unternehmens – wie Lern-, Reaktions- und Anpassungsfähigkeit – auf allen Managementebenen verstärken helfen.[62]

Die Entwicklung des *strategischen Problemverhaltens* der Organisationsmitglieder findet auf Basis der strategischen Programme innerhalb der durch die Organisationsstrukturen und Managementsysteme vorgegebenen Rahmenbedingungen statt. Das Problemverhalten wird vor allem durch die Unternehmenskultur sowie die individuellen Wahrnehmungen und Präferenzen der Entscheidungsträger bestimmt. Doch auch hier herrscht eine rekursive Beziehung zwischen den einzelnen Dimensionen.[63] So werden strategische Programme von Menschen konzipiert und realisiert, was wiederum nur unter entsprechenden Rahmenbedingungen effektiv geschehen kann. Zudem kann das Problemverhalten langfristig auch die Werte und Normen der Unternehmenskultur verändern.[64]

Das *operative Management* sorgt dafür, dass die normativen und strategischen Rahmenvorgaben unter Berücksichtigung situativer Momente in leistungs-, finanz- und informationswirtschaftliche Prozesse des Tagesgeschäftes umgesetzt werden. Die Bezeichnung Management-*Konzept* gilt insofern nur bedingt für das operative Management, da es hier um den (konzeptgeleiteten) *Vollzug* der normativen und strategischen Vorgaben geht. Wenngleich auf die Vollzugsdimensionen (organisatorische Prozesse und Dispositionssysteme, Aufträge sowie Leistungs- und Kooperationsverhalten) im Rahmen des St. Galler Management-Konzeptes nicht explizit eingegangen wird[65], so wird doch auf die wichtige Rolle der Beziehungen zwischen den genannten Managementebenen hingewiesen. Unter ökonomischen Aspekten geht es innerhalb des operativen Managements um eine möglichst *effiziente* Ausführung der Aktivitäten, um die Liquidität sicherstellen und einen ausreichenden Gewinn erzielen zu können. Unter sozialen Aspekten steht die Herstellung einer angemessenen Kooperation und Kommunikation zwischen allen Organisationsmitgliedern bzw. -einheiten sowie mit den externen Anspruchsgruppen im Vordergrund.[66] Als schwierig stellt sich jedoch die Formulierung eines Anspruchsniveaus heraus; welche Gewinnhöhe als ausreichend und welche Art der Kooperation als angemessen zu bezeichnen ist, wird sich von Unternehmen zu Unternehmen unterscheiden.

Zwischen den einzelnen Managementebenen herrscht ein interdependentes Verhältnis. So sind einerseits die konzeptionellen normativen und strategischen Vorgaben richtungsweisend für das operative Management. Wird deren Umsetzung aber aufgrund ungeplanter oder nicht planbarer Ereignisse unmöglich, so müssen andererseits auf der Basis operativer Probleme die Strategien

---

[62] Vgl. SCHWANINGER, Markus (1994), S. 15, 17, 43-45.
[63] Von einer *rekursiven Beziehung* kann dann gesprochen werden, „wenn die zwei Seiten eines Verhältnisses einander *wechselseitig* Grundlage und Resultat sind." ORTMANN, Günther (1995), S. 81-82.
[64] Vgl. BLEICHER, Knut (1999), S. 375-376.
[65] BLEICHER stellt die einzelnen operativen Managementmodule nicht *separat* vor. Vgl. BLEICHER, Knut (1999), S. 74, 435-454.
[66] Vgl. BLEICHER, Knut (1999), S. 74, 76, 78; PÜMPIN, Cuno/ PRANGE, Jürgen (1991), S. 19-20.

und Missionen überarbeitet werden.[67] Dabei ist zu beachten, dass jeder Vorgang in einem System vernetzter Beziehungen in jeder Managementebene eine andere Bedeutung hat und jeweils spezifische Steuerungsgrößen benötigt. Zudem können – wie in *Abbildung 2-2* illustriert – jeder Ebene eigenständige sozialökonomische Erfolgskriterien zugeordnet werden: Auf der operativen Ebene ist es die *Effizienz*, auf der strategischen Ebene die *Effektivität* im Sinne der Wettbewerbs- und Kooperationsfähigkeit und auf normativer Ebene die *Legitimität*.[68]

Abbildung 2-2: Erfolgskriterien und Bezugsgrößen in den Managementebenen

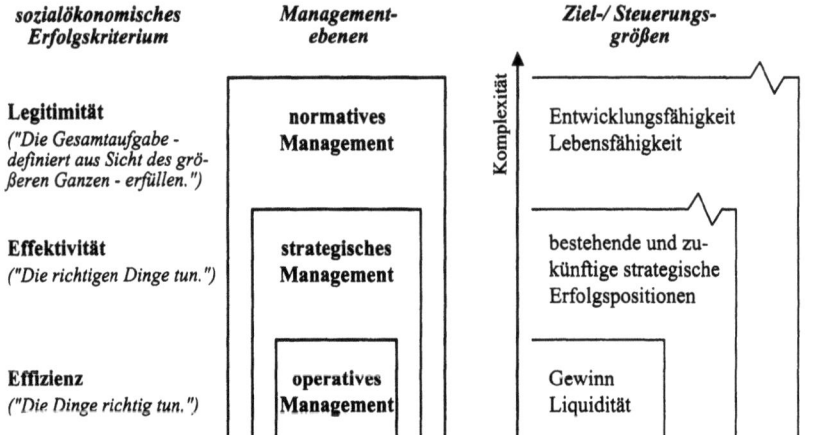

Eigene Darstellung in Anlehnung an PÜMPIN, Cuno/ PRANGE, Jürgen (1991), S. 20; SCHWANINGER, Markus (1994), S. 51.

Die Zielgrößen innerhalb der einzelnen Managementebenen beeinflussen sich gegenseitig. So ist zum einen permanente Liquidität eine Konsequenz dauerhaft erzielten Gewinns (wenngleich dabei die Möglichkeit eines temporären Liquiditätsengpasses nicht ausgeschlossen ist). Gewinne sind ihrerseits nur dann anhaltend zu erzielen, wenn rechtzeitig strategische Erfolgspositionen aufgebaut worden sind. Zum anderen können liquide Mittel in den Ausbau bestehender und den Aufbau zukünftiger Erfolgspositionen in neuen Geschäftsfeldern investiert werden. Zudem stellen permanente Liquidität und dauerhafter Gewinn Voraussetzungen für die Wahrung der Autonomie und Entwicklungsfähigkeit des Unternehmens dar. Bei der Beurteilung konkreter Aktivitäten können sich die Ziele in den verschiedenen Managementebenen allerdings auch widersprechen. So geht die *kurzfristige* Gewinnmaximierung in der Regel nicht konform mit dem Mit-

---

[67] Vgl. BLEICHER, Knut (1999), S. 74.
[68] Vgl. SCHWANINGER, Markus (1994), S. 49-51. Eine ähnliche Auf- und Einteilung der Managementebenen findet sich auch in anderen Ansätzen wieder. Vgl. beispielsweise ULRICH, Peter (1994), S. 192.

teleinsatz für den Aufbau neuer Erfolgspositionen oder der Verfolgung freiwilliger Umweltschutzziele.[69]

Neben diesen Faktoren durchdringen aktivitäts-, struktur- und verhaltensbezogene Aspekte die drei Managementebenen in vertikaler Sicht.

Die Säule der *Aktivitäten* ist unter dem Aspekt der Handlungsaufforderung zu sehen. Im Rahmen der Unternehmenspolitik werden Missionen als langfristig vorgegebene Leitlinien für das strategische und operative Vorgehen entwickelt. Diese werden zunächst durch strategische Programme konkretisiert, die unter gezielter Nutzung von Ressourcen zur Entwicklung von Erfolgspositionen führen. Die Programme werden dann weiter zu operativen Aufträgen ausgearbeitet. Die Realisierbarkeit der Aufträge bzw. die Effizienz der Auftragsausführung wirken wiederum zurück auf die Programme und Missionen.[70]

Die „harten" Gestaltungsaspekte des Managements werden von der Säule der *Strukturen* erfasst. Die Unternehmensverfassung legitimiert das Managementhandeln. Dieser Aspekt wird auf strategischer Ebene in der Gestaltung der Organisationsstrukturen und Managementsysteme konkretisiert. Im Rahmen des operativen Managements drückt sich der strukturelle Aspekt im Ablauf organisatorischer Prozesse aus, die durch Dispositionssysteme gesteuert werden. Auch bei diesen Managementmodulen kann von einer rekursiven Beziehung gesprochen werden.[71]

Die Säule des *Verhaltens* führt die „weichen" Entwicklungsaspekte des Managements auf. Die Unternehmenskultur prägt das zukünftige Verhalten der Mitarbeiter auf strategischer und operativer Ebene. Allerdings wird die Unternehmenskultur umgekehrt durch das Verhalten der Organisationsmitglieder beeinflusst. Im Rahmen des strategischen Managements soll richtungsweisend auf das Problemverhalten der Mitarbeiter eingewirkt werden. Auf operativer Ebene ist schließlich das Leistungs- und Kooperationsverhalten im Arbeitsprozess zu fördern.[72]

Auch die vertikalen Dimensionen bedingen sich gegenseitig: Aktivitäten werden getragen von sich verändernden Strukturen, die wiederum eine Veränderung verhaltensbezogener Aspekte herbeiführen können. Das effektive Verhalten der Organisationsmitglieder ist Voraussetzung für den effizienten Vollzug der Aktivitäten unter den gegebenen strukturellen Bedingungen.[73] Hieraus wird die wesentliche Bedeutung einer permanenten Beachtung der situativen Bedingungen der Unternehmensentwicklung ersichtlich.

Die *Unternehmensentwicklung* kann als Veränderung der unternehmerischen Potenziale verstanden werden, die dazu dienen soll, den Bezugsgruppen kontinuierlich einen Nutzen zu stiften. Hierzu ist nicht eine absolute Zunahme der Potenziale entscheidend, sondern ihre Qualifizierung gegenüber den Anforderungen der Umwelt und den Potenzialen, die die Konkurrenz zur Prob-

---

[69] Vgl. PÜMPIN, Cuno/ PRANGE, Jürgen (1991), S. 20-21.
[70] Vgl. BLEICHER, Knut (1999), S. 81.
[71] Vgl. BLEICHER, Knut (1999), S. 81, 83.
[72] Vgl. BLEICHER, Knut (1999), S. 83, 376.
[73] Vgl. BLEICHER, Knut (1999), S. 81.

lemlösung einsetzen kann. Die spezifischen Kontexte in der jeweiligen Entwicklungsphase eines Unternehmens beeinflussen das Management in allen Dimensionen. Dies erfordert eine phasenspezifische Profilierung des Managementhandelns auf normativer, strategischer und operativer Ebene, um effektiv Einfluss auf die zukünftige Entwicklung des Unternehmens ausüben zu können.[74] Dabei ist jedoch zu beachten, dass Unternehmensentwicklung nur begrenzt „machbar" ist, da stets nicht steuerbare, eigenevolutorische Kräfte wirken, die – abhängig von den jeweiligen situativen Bedingungen – die Entwicklung des Unternehmens mehr oder weniger stark beeinflussen.[75]

Im folgenden Abschnitt soll die *Profilmethodik*, mit deren Hilfe jedes Unternehmen sein eigenes Ist- und Sollprofil erarbeiten kann, kurz erläutert werden.

2.2.3 Vorgehensmuster des St. Galler Management-Konzeptes

Im Rahmen des St. Galler Management-Konzeptes wird für jedes Modul der strategischen und normativen Ebene – einschließlich der Managementphilosophie – ein Klassifikationsraster erstellt, das in vier Quadrate mit jeweils zwei Einflussgrößen unterteilt ist. Die acht Eckpunkte geben dabei extreme Ausprägungen wieder, zwischen denen eine Positionierung realer Unternehmen stattfinden kann. Damit soll es den Organisationsmitgliedern erleichtert werden, eine *gemeinsame Grundlage für ihr Handeln* zu finden. *Abbildung 2-3* zeigt als Beispiel ein solches Klassifikationsraster für das Modul „Unternehmenspolitik". Die Bearbeiter eines Managementkonzeptes können darin sowohl das wahrgenommene *Istprofil* als auch das anvisierte *Sollprofil* des Unternehmens darstellen. Wird hierüber im Dialog ein Konsens gefunden, so zeigen die Soll-Ist-Abweichungen einen von allen Beteiligten akzeptierten Handlungsbedarf für die Unternehmensentwicklung auf, der zusammen mit den Positionierungen in den anderen Managementmodulen und unter Berücksichtigung der jeweiligen Entwicklungsphase des Unternehmens die Suche nach Problemlösungsansätzen einleitet.[76]

---

[74] Vgl. BLEICHER, Knut (1999), S. 83-85, 484-486; PÜMPIN, Cuno/ PRANGE, Jürgen (1991), S. 15, 22-23. BLEICHER unterscheidet sechs verschiedene Phasen einer idealtypischen Unternehmensentwicklung: Pionier-, Markterschließungs-, Diversifikations-, Akquisitions-, Kooperations- und Restrukturierungsphase. Wie aus *Abbildung 2-1* hervorgeht, teilt er diese Phasen weiter in drei Entwicklungsstadien ein: Die Entwicklung in den ersten drei Phasen erfolgt aus eigener Kraft *(innere Unternehmensentwicklung)*, die Entwicklung in der vierten und fünften Phase resultiert aus Kooperationen und Zusammenschlüssen mit anderen Unternehmen *(äußere Unternehmensentwicklung)*, und die Restrukturierung in der letzten Phase kann sowohl durch eine *innere* als auch eine *äußere Unternehmensentwicklung* ausgelöst werden. Vgl. BLEICHER, Knut (1999), S. 516, 522, 551.

[75] Vgl. BLEICHER, Knut (1999), S. 485.

[76] Vgl. BLEICHER, Knut (1994a), S. 80-81.

Abbildung 2-3: Gesamtzusammenhang unternehmenspolitischer Dimensionierung im Spannungsfeld von Opportunität und Verpflichtung

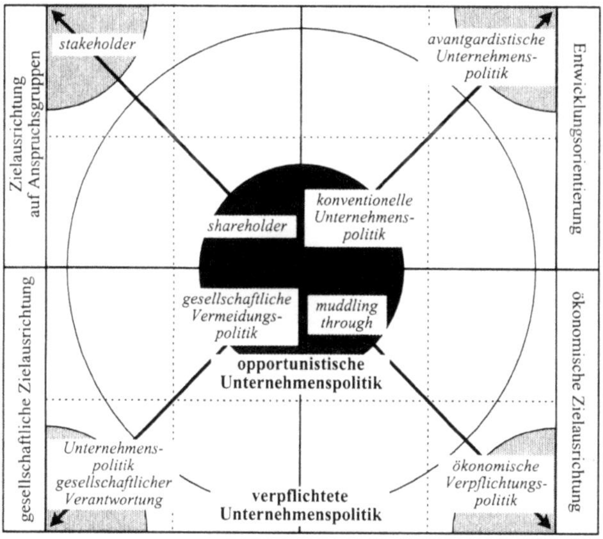

Quelle: BLEICHER, Knut (1994a), S. 270.

Bei der Darstellung des Gesamtzusammenhangs der jeweiligen Moduldimensionen gilt prinzipiell: Je näher sich die Merkmalsausprägungen eines Unternehmens am Zentrum des Klassifikationsrasters befinden, desto mehr ist das Unternehmen im normativen Bereich auf *opportunistisches* und im strategischen Bereich auf *stabilisierendes* Verhalten ausgerichtet. Merkmalsausprägungen in der Nähe des äußeren Randes kennzeichnen dagegen auf normativer Ebene eine *verpflichtende* und auf strategischer Ebene eine *veränderungsorientierte* Grundhaltung.[77]

Am Beispiel des linken oberen Quadrates von *Abbildung 2-3* soll nun gezeigt werden, wie die Entwicklung solcher Unternehmensprofile durch das St. Galler Management-Konzept unterstützt wird. Der Aspekt der *Zielausrichtung auf Anspruchsgruppen* wird – wie alle weiteren Dimensionen – mithilfe zweier Skalen behandelt, die in extremer Ausprägung jeweils ein typisches Muster verkörpern. Diese Idealtypen werden im Dienste der Anschaulichkeit jeweils durch einprägsame kurze Begriffe oder Metaphern gekennzeichnet.[78] Zum einen geht es um die Frage, für welche Anspruchsgruppen eine Nutzenstiftung erfolgen soll, zum anderen darum, ob das Erreichen kurzfristiger Ergebnisziele oder die Generierung eines langfristigen Nutzens im Vordergrund steht.[79] *Abbildung 2-4* zeigt die Möglichkeiten unterschiedlicher Profilierungen in diesen beiden Spannungsfeldern unternehmenspolitischer Missionen.

---

[77] Vgl. BLEICHER, Knut (1999), S. 589-590.
[78] Vgl. SCHWANINGER, Markus (1994), S. 63.
[79] Vgl. BLEICHER, Knut (1994a), S. 255-258.

Abbildung 2-4: Zielausrichtung der Unternehmenspolitik auf Anspruchsgruppen

- Ziele werden im Diskurs zwischen Anspruchsgruppen ausgehandelt
- mehrdimensionale Lenkung durch Markt, Politik und Moral
- gesellschaftliche Akzeptanz wird aufgrund der sozialen Verantwortung des Kapitals angestrebt

- einseitige Ausrichtung der unternehmenspolitischen Ziele am kapitalisierten Mehrwert
- das Denken in Amortisationszeiten des eingesetzten Kapitals bestimmt das unternehmenspolitische Handeln
- man versucht, durch Erfüllen der gesetzlichen Mindestanforderungen die gesellschaftliche Akzeptanz zu sichern

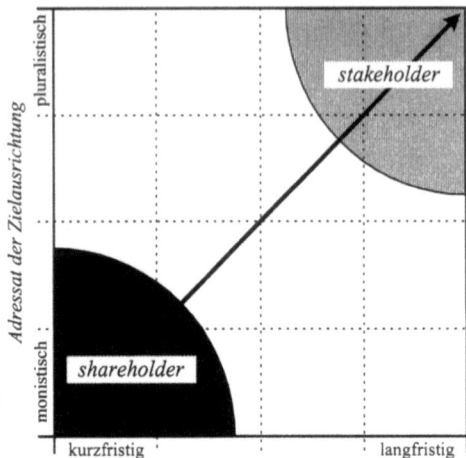

- Ausbeutung von Nutzen- und Erfolgspotenzialen
- quartalsbezogene, extrapolative Planung
- ausgehend von den vorhandenen Potenzialen werden die unternehmenspolitischen Möglichkeiten bestimmt

- Aufbau von Nutzen- und Erfolgspotenzialen
- visionäre, missionarische Planung
- ausgehend von den angestrebten Zielen werden die erforderlichen Potenziale abgeleitet

Quelle: BLEICHER, Knut (1994a), S. 259 [angepasst an die neue deutsche Rechtschreibung].

Prinzipiell besteht hierbei die Möglichkeit der Ist- oder auch Sollprofilierung links ober- oder rechts unterhalb der eingezeichneten Diagonale, sodass sich ein Unternehmen im Extremfall auch in den beiden anderen Ecken positionieren könnte. Allerdings ist nach BLEICHER eine Kombination der Skalenpositionen, die stark von der Diagonalen abweicht, im Ist wie auch im Soll nicht in sich plausibel.[80] In dieser Arbeit wird diesbezüglich eine andere Meinung vertreten, da zum einen Ist- und Sollzustand unterschiedlich wahrgenommen und zum anderen die Formulierung der Skalierungen unterschiedlich interpretiert werden können. So würden dann ungleiche Perzeptionen eines Kontextes, die abweichende Profilierungen zur Folge haben, *zwangsläufig* zu unterschiedlichen Empfehlungen hinsichtlich der Unternehmensentwicklung führen. Aus radikal-konstruktivistischer Sicht ist hierbei nicht zu kritisieren, dass unterschiedliche Wahrnehmun-

---

[80] Vgl. BLEICHER, Knut (1999), S. 586.

gen und damit auch Positionierungen zu unterschiedlichen Maßnahmen führen, sondern die von BLEICHER geäußerte Zwangsläufigkeit dieser Folgerung.[81] Auf diese und weitere Abweichungen von der Vorgehensweise des St. Galler Management-Konzeptes wird in *Abschnitt 7.1* vertieft eingegangen.

Wie aus *Abbildung 2-4* ersichtlich, lassen sich bei Verbindung der Extremausprägungen der zwei Aspekte die beiden idealtypischen Muster „Shareholder approach" und „Stakeholder approach" unterscheiden[82], die BLEICHER wie folgt kennzeichnet:

- „Eine *monistische* Ausrichtung an ökonomischen Zielen, verbunden mit einer Kurzfristorientierung, die [...] gesellschaftliche Anliegen auf die Erhaltung gesetzlicher Vorschriften reduziert und dem (vor allem in den USA bemerkbaren) Streben der Aktionäre nach einer kurzfristigen Realisierung von Erfolgen entgegenkommt. Sie lässt sich als ‚*Shareholder approach'* einer generellen Zielausrichtung des Managements kennzeichnen.

- Eine Hinwendung zu einer *pluralistischen*, gesellschaftsorientierten Zielausrichtung bedingt zugleich eine langfristige Zeitperspektive, die Entwicklungsaspekte betont. Sie ist gleichsam das Idealbild eines voll entfalteten ‚*Stakeholder approach'*, bei dem an wirtschaftlichen Leistungen der Unternehmung Interessierte neben andere gesellschaftliche Anspruchsgruppen treten, die von ihr eine Nutzenstiftung erwarten, die sich nur selten in kurzer Frist entwickeln lässt."[83]

Der Extremtyp des Shareholder-Ansatzes kann in der Praxis bedarfsorientierter Krankenhäuser nicht auftreten, da alleine schon die Gewinnorientierung *per definitionem* ausgeschlossen ist. Dies trifft auch auf andere Extremtypen der einzelnen Moduldimensionen des St. Galler Management-Konzeptes zu. Von daher sollten für den Krankenhausbereich zum Teil andere Skalierungen gewählt und/oder zusätzliche eingeführt werden. Dies rät auch BLEICHER den Bearbeitern von *unternehmens*spezifischen Managementkonzepten.[84] In dieser Arbeit wird davon ausgegangen, dass durch die Entwicklung eines *branchen*spezifischen Managementkonzeptes eine wichtige und hilfreiche Vorarbeit geleistet wird. Neben den krankenhausspezifischen Modifikationen werden dabei aber auch einige weitere Änderungen im Rahmen der einzelnen Managementmodule vorgenommen.[85]

---

[81] BLEICHER relativiert diese Zwangsläufigkeit, indem er auf die Möglichkeit hinweist, dass „im Konsensprozess, der zur Skalierung führte, eine fehlerhafte Interpretation oder Wertung" zu der jeweiligen Profilierung führen kann. Vgl. BLEICHER, Knut (1999), S. 587-588. Hierbei unterstellt er jedoch implizit, dass es *eine* „richtige" Interpretation gäbe. Die Kategorisierung in richtige und falsche Perzeptionen widerspricht nun aber wieder dem radikal-konstruktivistischen Ansatz.

[82] Hierbei muss jedoch betont werden, dass der „Stakeholder approach" eine Ausrichtung (auch) an den Interessen der „Shareholder" nicht ausschließt. Anhand dieser beiden Begriffe wird deutlich, dass die Verkürzung typischer Ausprägungsmuster auf „einprägsame kurze Begriffe oder Metaphern" irreleitend sein kann, wenn Termini aus dem Zusammenhang gerissen werden.

[83] BLEICHER, Knut (1994a), S. 258-259.

[84] Vgl. BLEICHER, Knut (1999), S. 583.

[85] ⇨ Vgl. hierzu *Abschnitt 7.1.*

Vor einer Erarbeitung dieser Skalierungen und weiterer konkreter Ausgestaltungen eines Krankenhausmanagementkonzeptes sollen im folgenden *Teil B* zunächst Begriff, Umwelt und Spezifika der Gesundheitsorganisation Krankenhaus näher erläutert werden.

Teil B: Die Gesundheitsorganisation Krankenhaus

3 Gesundheit und Krankheit als konstitutive Begriffe

3.1 Zur Bedeutung des Gesundheits- und Krankheitsbegriffes im Rahmen des Krankenhausmanagements

Die Beurteilung des Gesundheitszustandes der Bevölkerung sowie einzelner Personen und mithin die Definition des Gesundheitsbegriffes stehen im Mittelpunkt der Gesundheitswissenschaft, geht es doch hierbei u. a. um die Erforschung der Effektivität gesundheitsfördernder Maßnahmen bzw. allgemein um die Evaluation von Gesundheitsleistungen.[1] In der wissenschaftlichen Auseinandersetzung mit dem Management von Krankenhäusern wurde dem Gesundheits- und Krankheitsbegriff jedoch bislang wenig Aufmerksamkeit geschenkt. Dass dies nicht nur sinnvoll, sondern notwendig ist, soll im Folgenden gezeigt werden.

Zweck und Aufgaben von Institutionen des Gesundheitswesens[2] erklären sich u. a. über das Begriffsverständnis von Gesundheit und Krankheit. Dies zeigt sich z. B. daran, dass die beiden Begriffe in Gesetzestexten zur Beschreibung der Aufgaben der jeweiligen Institution oder des jeweiligen Berufsbildes[3] und in Leitbildern zur Darstellung der Unternehmens- und Managementphilosophie[4] dienen. Daraus folgt jedoch nicht, dass eine allgemeingültige Definition von Gesundheit und Krankheit existiert.

Auf der Suche nach einem weithin akzeptablen Krankheits- und Gesundheitsbegriff stößt man auf die Schwierigkeit, dass das wissenschaftliche wie auch umgangssprachliche Verständnis von Gesundheit kultur- bzw. gesellschaftsabhängig ist, sich im Laufe der Zeit verändert und zudem von Person zu Person variiert.[5] Das bedeutet, dass es keine objektive, d. h. von Werturteilen freie Definition von Gesundheit gibt.

---

[1] ⇨ Auf die Unterscheidung zwischen Gesundheit und Gesundheitsleistung wird in *Abschnitt 3.2* eingegangen.

[2] ⇨ Zur Abgrenzung des Begriffes Gesundheitswesen vgl. *Abschnitt 4.1*.

[3] Siehe etwa § 1 Satz 1 SGB V: „Die Krankenversicherung [...] hat die Aufgabe, die Gesundheit der Versicherten zu erhalten, wiederherzustellen oder ihren Gesundheitszustand zu bessern."; § 1 Abs. 1 Bundesärzteordnung: „Der Arzt dient der Gesundheit des einzelnen Menschen und des gesamten Volkes."; § 2 Ziffer 1 KHG: „Krankenhäuser [sind] Einrichtungen, in denen [...] Krankheiten, Leiden oder Körperschäden festgestellt, geheilt oder gelindert werden sollen [...]".

[4] Siehe etwa Leitlinie 1 der KRANKENHAUSGEMEINSCHAFT DES KIRCHENKREISES HERNE (2001): „Die Kranken stehen im Mittelpunkt unserer Arbeit. Wir alle wollen dazu beitragen, ihre Krankheiten zu heilen, ihre Leiden zu lindern und den Sterbenden beizustehen."; erster Satz der Philosophie des BETHLEHEM GESUNDHEITSZENTRUMS (2001): „Als höchstes Gut des Menschen steht die Gesundheit stets im Mittelpunkt unseres Denkens und Handelns. [...]". ⇨ Zu Leitbildern vgl. vertiefend *Abschnitt 8.2*.

[5] Beispielhaft kann hier angeführt werden, dass das Niveau der Behandlungsbedürftigkeit in der Regel mit dem Entwicklungsgrad der Gesundheitsversorgung einer Bevölkerung steigt und dass Beschwerden, die früher als normal galten, heute als behandlungsbedürftig und damit als krankhaft angesehen werden (sinkende Symptom- und Schmerztoleranz). Zudem stellt Gesundheit immer einen subjektiv empfundenen Zustand dar, der kaum objektiv festgestellt werden kann. Vgl. CAPRA, Fritjof (1996a), S. 132-144, 358-359; DEPPE, Hans-Ulrich (1987), S. 154; KRÄMER, Walter (1989), S. 186-190; RICHARD, Sabine (1993), S. 32, 42; SIDAMGROTZKI, Edgar (1994), S. 59; ZWEIFEL, Peter/ ZYSSET-PEDRONI, Gabriella (1992), S. 41. Daneben stellt der historisch sich verändernde Krankheitsbegriff oft eine Beschreibung von gesellschaftlichen Seinsvorstellungen dar. Dies wird rückblickend besonders deutlich an der Zeit des Dritten Reiches, als alles, was nicht den ideologischen Ansichten der Nationalsozialisten entsprach, als krank galt. Vgl. MEIER, Jürgen (1997), S. 39.

Auch das Angebot an Gesundheitsleistungen ist u. a. abhängig von dem Verständnis über Gesundheit und Krankheit der jeweiligen Institution des Gesundheitswesens. Es stellt sich die Frage, welche Gesundheitsgüter (beispielsweise welche Behandlungsmethoden) jeweils angeboten werden sollen, und damit auch das Problem, was unter einem Gesundheitsgut – besonders in Abgrenzung zu den Begriffen Gesundheitsleistung und Gesundheitszustand – zu verstehen ist.

Des Weiteren besteht ein Zusammenhang zwischen dem Gesundheits- und Krankheitsverständnis einer Institution und ihrer Arbeits- und Organisationsstruktur. Dies zeigt sich zum einen in der Anzahl und Qualität der Maßnahmen zur betrieblichen Gesundheitsförderung. Seit Anfang der neunziger Jahre haben sich Gesundheits- und Wirtschaftswissenschaftler verstärkt darum bemüht, die Bereiche Gesundheitsförderung und Personal- und Organisationsentwicklung auch für Krankenhäuser in einem Konzept zusammenzuführen.[6] Zum anderen stellen die Arbeits- und Organisationsstrukturen eines Krankenhauses eine Rahmenbedingung für die Umsetzung des vom Gesundheitsbegriff abhängigen Medizin- und Pflegeverständnisses dar.[7] So schließt beispielsweise eine funktionale Arbeitsorganisation eine ganzheitliche Behandlung und Betreuung des Patienten aus.[8]

Schließlich konnte während der letzten Jahre in der Bevölkerung der westlichen Industrienationen eine Entwicklung von einer Krankheits- zu einer Gesundheitsorientierung beobachtet werden.[9] Da die Gesundheitseinstellung der Bevölkerung eine wesentliche Rahmenbedingung für die Institutionen des Gesundheitswesens darstellt, sollte die Entwicklung zum „neuen Gesundheitsdenken" auch eine entsprechende Reaktion im Rahmen der strategischen Ausrichtung von Krankenhäusern und anderen Gesundheitsorganisationen hervorrufen.

Diese schlaglichtartigen Erläuterungen legen eine tiefer gehende Auseinandersetzung mit den Begriffen Gesundheit und Krankheit im Rahmen des Krankenhausmanagements nahe.

---

[6] Bis Ende der 1980er Jahre wurden im deutschsprachigen Raum theoretische Konzepte zur Gesundheitsförderung in der Arbeitswelt nur außerhalb des Krankenhaussektors entwickelt, und auch die praktische Umsetzung der Idee der Gesundheitsförderung fand lediglich in einem einzigen österreichischen Krankenhaus statt. Vgl. FEUERSTEIN, Günter/ BADURA, Bernhard (1991), S. 103. Die American Hospital Association hatte allerdings bereits im Jahre 1979 eine Grundsatzerklärung abgegeben, die dazu aufforderte, „Health Promoting Services" durch Krankenhäuser anzubieten. Schon 1985 boten zwei Drittel aller amerikanischen Krankenhäuser neben ihrem Normalbetrieb neue gesundheitsfördernde Leistungen an. Vgl. PELIKAN, Jürgen M./ KRAJIC, Karl (1993), S. 90. Zu wissenschaftlichen Arbeiten, die sich mit der Thematik der Gesundheitsförderung im Zusammenhang mit Personal- und Organisationsentwicklung von Krankenhäusern auseinandersetzen, vgl. FEUERSTEIN, Günter/ BADURA, Bernhard (1991); MÜLLER, Brigitte/ MÜNCH, Eckhard/ BADURA, Bernhard (1997); PELIKAN, Jürgen M./ DEMMER, Hildegard/ HURRELMANN, Klaus (Hrsg.) (1993).

[7] Vgl. hierzu EICHHORN, Siegfried (1993a), S. 244-245; GÄRTNER, Heribert W. (1994), S. 49-51, 69-70.

[8] ⇨ Vgl. *Abschnitt 6.3.3.*

[9] ⇨ Vgl. hierzu *Abschnitt 3.3*

3.2 Definition der Begriffe Gesundheit und Krankheit

Wenngleich sowohl in der Umgangssprache als auch im wissenschaftlichen Bereich eine große Vielfalt an Vorstellungen darüber herrscht, was unter Gesundheit zu verstehen sei, so wird doch die Bedeutung von Gesundheit für den Menschen weitgehend einheitlich beurteilt: Gesundheit genießt in der Wertschätzung der Bevölkerung (vor allem westlicher Industrienationen) einen sehr hohen Stellenwert, da sie eine wesentliche Voraussetzung für eine selbstständige Lebensgestaltung, den Erwerb von Einkommen sowie andere Aktivitäten darstellt.[10] Des Öfteren wird Gesundheit auch als „höchstes Gut" des Menschen bezeichnet.[11] Hierbei muss jedoch gefragt werden, ob Gesundheit überhaupt ein *(wirtschaftliches) Gut* darstellt.

Definiert man Gut als Mittel zur Bedürfnisbefriedigung, so kann Gesundheit – verstanden als notwendige Bedingung für viele menschliche Bestrebungen[12] – ein (indirektes) Mittel zur Befriedigung bestimmter Bedürfnisse sein. Somit könnte Gesundheit als Gut bezeichnet werden. Folgt man aber der gängigen Unterteilung von wirtschaftlichen Gütern in Produkte (materielle Güter) und Dienstleistungen (immaterielle Güter), so kann Gesundheit keinem der Gütertypen zugeordnet werden. Gesundheit ist demnach kein wirtschaftliches, d. h. handelbares Gut[13], sondern ein *individuelles Gut* jedes Menschen, das von unterschiedlichen Faktoren wie genetischer Veranlagung und Lebensweise beeinflusst wird. Die Gesundheits*leistung* stellt dagegen ein wirtschaftliches Gut dar.

Gesundheitsleistungen umfassen alle Produkte und Dienstleistungen, die primär eingesetzt werden, um den Gesundheitszustand von Menschen festzustellen oder positiv zu beeinflussen.[14] Demzufolge werden Gesundheitsleistungen nicht um ihrer selbst nachgefragt, sondern wegen ihres Beitrages zur Gesundheit der Nachfrager.[15] Zu Gesundheitsleistungen zählen beispielswei-

---

[10] Vgl. BREYER, Friedrich/ ZWEIFEL, Peter (1997), S. 1, 5-6, 61; HAUBROCK, Manfred/ PETERS, Sönke H. F. (1994), S. 19-20; HAUBROCK, Manfred/ SCHÄR, Walter (1992b), S. 20; SASS, Hans-Martin (1992), S. 56; WASEM, Jürgen/ GÜTHER, Bernd (1998), S. 6; ZSCHACHE, Ralf (1990), S. 102; ZWEIFEL, Peter/ ZYSSET-PEDRONI, Gabriella (1992), S. 41. In einer Umfrage in Deutschland nannten 81 % der Befragten Gesundheit als wichtigste Voraussetzung für ein glückliches und erfülltes Leben. Vgl. BANK, Barbara/ KAHLEN, Rudolf/ STOLL, Thomas (1996), S. 156. Allerdings muss darauf hingewiesen werden, dass es gerade in ärmeren Staaten auch Menschen gibt, die für Geld bereit sind, höhere Krankheitsrisiken in Kauf zu nehmen. Als Beispiel kann hier der „freiwillige Verkauf" einer Niere von einer lebenden Person genannt werden.

[11] Vgl. beispielsweise BREYER, Friedrich/ ZWEIFEL, Peter (1997), S. 1; HAUBROCK, Manfred/ PETERS, Sönke H. F. (1994), S. 13; OBERENDER, Peter/ HEBBORN, Ansgar (1994), S. 21; ZWEIFEL, Peter/ ZYSSET-PEDRONI, Gabriella (1992), S. 41. SCHOPENHAUER drückt dies so aus: „Ohne die Gesundheit ist alles nichts." SCHOPENHAUER, Arthur, zitiert nach MURKEN, Axel Hinrich (1988), S. 12.

[12] Diese Sichtweise schließt nicht aus, dass Menschen in speziellen Situationen (wie z. B. einer Prüfung) auch ein Bedürfnis oder einen Wunsch nach *Krankheit* hegen können, um sich einem negativen Gefühl (wie der Prüfungsangst) und somit einer unangenehmen Situation zu entziehen. Der Wunsch nach Krankheit kann dann sogar zu einer tatsächlichen Erkrankung führen. Vgl. DÉZSY, Josef/ SCHWANZER, Hans (1993), S. 10.

[13] Hierbei sei von der Möglichkeit abgesehen, gesundheitsschädigende Leistungen zu verkaufen.

[14] In diesem Sinne zählt beispielsweise die Bereitstellung von Lebensmitteln und Kleidung nicht zu den Gesundheitsleistungen, auch wenn diese Produkte einen Beitrag zur Verbesserung oder Erhaltung des Gesundheitszustandes darstellen.

[15] Vgl. KRÄMER, Walter (1992), S. 68; NEUFFER, Andreas B. (1997), S. 25-27; RICHARD, Sabine (1993), S. 32.

se medizinische Untersuchungen (auch zur Prophylaxe), Operationen, pflegerische Maßnahmen sowie Arznei-, Verband-, Heil- und Hilfsmittel.[16]

Die folgende *Abbildung 3-1* soll das Verständnis des Begriffs „Gesundheitsgut" in dieser Arbeit nochmals verdeutlichen.

Abbildung 3-1: **Abgrenzung der Begriffe Gesundheitsgut, Gesundheitsleistung und Gesundheit**

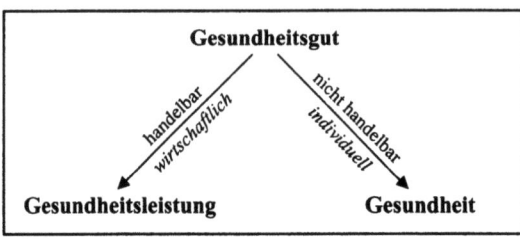

Eigene Darstellung.

Nach Abgrenzung obiger Termini muss nun eine Arbeitsdefinition von Gesundheit gefunden werden. Je nach Perspektive bzw. Wissenschaftsrichtung und Einstellung haben sich mehrere Gesundheitsbegriffe entwickelt. Hierbei kann eine grobe Unterscheidung in funktionale, d. h. an die Bedürfnisse bestimmter Wissenschafts- oder Wirtschaftsbereiche angepasste, und nach Ganzheitlichkeit strebende Gesundheitsdefinitionen vorgenommen werden. Für *funktionale* Definitionen seien hier beispielhaft der Gesundheitsbegriff der Schulmedizin angeführt, der als „die Summe aller funktionstüchtigen Organe und so genannter ‚normaler' physiologischer Werte"[17] beschrieben wird, und der soziologische Gesundheitsbegriff, unter dem das Vermögen eines Menschen verstanden werden kann, „gegenwärtig und zukünftig diejenigen Funktionen störungsfrei zu erfüllen, die ihm im Rahmen seiner gesellschaftlichen Bezüge zukommen."[18]

Im Gegensatz zu diesen funktionalen Definitionen stellte die Weltgesundheitsorganisation (WHO) bereits 1946 einen *umfassenderen* Gesundheitsbegriff vor, der in der Folgezeit wohl zur am häufigsten zitierten Gesundheitsdefinition wurde. Gesundheit ist danach „a state of complete physical, mental, and social well-being and not merely the absence of disease or infirmity."[19]

---

[16] „*Arznei- und Verbandmittel* sind alle ärztlich verordneten, zur ärztlichen oder zahnärztlichen Behandlung erforderlichen Mittel." Siehe § 29 Abs. 1 Satz 1 SGB VII. „*Heilmittel* sind alle ärztlich verordneten Dienstleistungen, die einem Heilzweck dienen oder einen Heilerfolg sichern und nur von entsprechend ausgebildeten Personen erbracht werden dürfen. Hierzu gehören insbesondere Maßnahmen der physikalischen Therapie sowie der Sprach- und Beschäftigungstherapie." Siehe § 30 SGB VII. „*Hilfsmittel* sind alle ärztlich verordneten Sachen, die den Erfolg der Heilbehandlung sichern oder die Folgen von Gesundheitsschäden mildern oder ausgleichen. Dazu gehören insbesondere Körperersatzstücke, orthopädische und andere Hilfsmittel einschließlich der notwendigen Änderung, Instandsetzung und Ersatzbeschaffung sowie der Ausbildung im Gebrauch der Hilfsmittel. [...]" Siehe § 31 Abs. 1 SGB VII. ⇨ Auf die Besonderheiten von Gesundheits- und speziell Krankenhausleistungen im Vergleich zu anderen Gütern sowie die damit verbundenen betriebswirtschaftlichen Auswirkungen wird in *Abschnitt 5.3.2* näher eingegangen.

[17] STROTZKA, Hans (1990), S. 4 [Zitat angepasst an die neue deutsche Rechtschreibung].

[18] JAHN, Erwin et al. (1973), S. 10.

[19] WHO (2000), o. S.

Dieses Begriffsverständnis wurde vielfach kritisiert. So wird beanstandet, dass es utopisch sei, da es unerfüllbare Erwartungen in menschliches, besonders ärztliches Handeln setze, und damit auch gefährlich, weil diese Erwartungen in Anforderungen und Ansprüche an das Gesundheitswesen umgesetzt werden könnten.[20] Doch geht diese Kritik an der Intention der WHO-Gesundheitsdefinition vorbei. Danach sollte mit dem Begriff wohl eher ein ideelles Ziel einer patientenorientierten Medizin beschrieben werden, dessen Realisation zwar anzustreben ist[21], aber ohne dass sämtliche Leistungen zur Gesundheitsvorsorge, -erhaltung und -wiederherstellung von den gesetzlichen Krankenversicherungen getragen werden sollen.

Des Weiteren wird an dem WHO-Begriff kritisiert, dass er statisch und individualistisch sei, weil er lediglich einen Zustand beschreibe sowie gesellschaftliche Belange nicht ausreichend berücksichtige.[22] Um neben den physischen, psychischen und sozialen auch die dynamischen und gesellschaftlichen Aspekte von Gesundheit in einer Definition zu integrieren, bietet es sich an, dieser Arbeit einen systemischen Gesundheitsbegriff zugrunde zu legen.

Aus diesem Grund folgt die hier vorgenommene Argumentationslinie der Definition des Systemtheoretikers CAPRA. Danach ist Gesundheit „ein Gefühl des Wohlbefindens als Ergebnis dynamischer Ausgeglichenheit der physischen und psychischen Aspekte des Organismus sowie seines Zusammenwirkens mit seiner natürlichen und gesellschaftlichen Umwelt"[23]. Gesundheit wird also nicht mehr als Zustand, sondern als ein fortlaufendes Geschehen betrachtet, in dem der Mensch in seiner soziopsychosomatischen Ganzheit von seiner Umwelt beeinflusst wird und auf seine Umwelt selbst bestimmt Einfluss nimmt.[24] Unter *Gesundheit* kann also die Fähigkeit eines Menschen verstanden werden, eigenständig und angemessen auf Störungen zu reagieren bzw. diese Störungen zu beseitigen, zu kompensieren oder gar nicht erst aufkommen zu lassen.[25]

Wegen ihrer Mehrdimensionalität und subjektiven Komponente birgt die Definition den Nachteil in sich, dass dieser *weite* Gesundheitsbegriff nicht operationalisierbar und damit nicht brauchbar für spezielle, besonders evaluationstheoretische Fragestellungen ist. In der vorliegenden Arbeit geht es aber weder um pharmakoökonomische Fragestellungen noch um gesundheitsökonomische Analysen bezüglich der effektivsten Ressourcenzuteilung oder der Abwägung alternativer

---

[20] So wird hierzu des Öfteren angeführt, dass eine Anwendung des WHO-Begriffes für das deutsche Krankenversicherungssystem eine erhebliche Leistungsausweitung in Richtung einer allgemeinen Daseinsfürsorge zur Folge hätte. Vgl. DEPPE, Hans-Ulrich (1987), S. 153; FUCHS, Christoph (1992), S. 71; HAUBROCK, Manfred/ PETERS, Sönke H. F. (1994), S. 18-19; HAUBROCK, Manfred/ SCHÄR, Walter (1992a), S. 17-18.
[21] Vgl. auch SCHELL, Werner (1995), S. 86.
[22] Vgl. CAPRA, Fritjof (1996a), S. 361; ROSENBERG, Peter (1975), S. 5. Unter Einbeziehung „gesellschaftlicher Belange" ist u. a. der Tatbestand zu verstehen, dass Gesundheit und Krankheit nicht nur durch naturwissenschaftliche Befunde und subjektives Empfinden, sondern auch durch Normen und Einstellungen gesellschaftlicher Gruppen bzw. der Gesellschaft insgesamt bestimmt werden. Vgl. ROSENBERG, Peter (1975), S. 6.
[23] CAPRA, Fritjof (1996a), S. 361.
[24] Vgl. BADURA, Bernhard (1993a), S. 22; CAPRA, Fritjof (1996a), S. 358-371.
[25] Vgl. BADURA, Bernhard (1993a), S. 24-25; BADURA, Bernhard/ MÜNCH, Eckhard/ RITTER, Wolfgang (1997), S. 11; FUCHS, Christoph (1992), S. 71; SCHELL, Werner (1995), S. 86.

Therapien.²⁶ Daher wird hier auch nicht der Versuch unternommen, ein Maß für Gesundheit und somit eine Gesundheitsdefinition *im engeren Sinne* zu finden.²⁷

Es stellt sich nun die Frage nach der Abgrenzung der Begriffe Gesundheit und Krankheit. Da Gesundheit hier als multidimensionales Phänomen mit den sich gegenseitig beeinflussenden physischen, psychischen und sozialen Aspekten verstanden wird²⁸, kann keine klare Trennlinie zwischen den beiden Begriffen gezogen werden. Das Gefühl des gesundheitlichen Wohlbefindens hängt z. B. davon ab, inwieweit eine körperliche Krankheit durch eine positive psychische Einstellung zur Umwelt ausgeglichen werden kann.²⁹ Andererseits kann die gesellschaftliche Isolierung eine Person trotz physischer Fitness sich krank fühlen lassen.³⁰ Entscheidend ist demnach, wie der Mensch mit seiner jeweiligen Veranlagung sowie mit bestimmten potenziell krank machenden Situationen umgeht.

Das dieser Arbeit zugrunde liegende *systemische* Krankheitsverständnis wird zur besseren gedanklichen Trennung von *funktionalen* Krankheitsinterpretationen³¹ mit dem subjektorientierten Begriff Erkrankung gleichgesetzt. Eine *Erkrankung* – als Pendant zum systemischen Gesundheitsbegriff – ist ein Lebensvorgang jenseits der Grenze individuell möglicher Anpassungen an Störungen.³² Im Gegensatz dazu geht die Schulmedizin – als das in der westlichen Welt überwiegend anerkannte Regelwerk der ärztlichen Wissenschaft³³ – von einem naturwissenschaftlichen Verständnis von Krankheit aus. *Krankheit* ist danach eine klassifizierbare biochemische

---

[26] Zur *Pharmakoökonomie* vgl. vertiefend EISENBERG, John M./ GLICK, Henry/ KOFFER, Harris (o. J.), S. 325-350; RYCHLIK, Reinhard (1995), S. 274-277. Zu *gesundheitsökonomischen* Untersuchungen vgl. vertiefend RIED, Walter/ WILLE, Eberhard (1997), S. 123-142; ZWEIFEL, Peter/ ZYSSET-PEDRONI, Gabriella (1992), S. 47-48.

[27] Die Unterscheidung einer Gesundheitsdefinition im engeren Sinne von obiger Gesundheitsdefinition im weiteren Sinne kann jedoch bei anderen Problemstellungen von hoher Relevanz sein.

[28] Die Unterscheidung zwischen physischer, psychischer und sozialer Gesundheit, die sich in der heutigen Forschung weitgehend durchgesetzt hat, geht nach ZDROWOMYSLAW und DÜRIG auf das WHO-Konzept von 1946 zurück. Vgl. ZDROWOMYSLAW, Norbert/ DÜRIG, Wolfgang (1997), S. 3.

[29] So muss beispielsweise eine körperliche Behinderung nicht notwendigerweise als Erkrankung angesehen werden. Schafft es eine Person, sich nach einem Unfall *mit Erfolg* auf ein Leben mit körperlicher Behinderung umzustellen und neu zu orientieren, so ist sie im hier verstandenen Sinne nicht krank. Vgl. PETER, Kurt Friedrich (1993), S. 116, 119.

[30] Vgl. CAPRA, Fritjof (1996a), S. 360.

[31] ⇨ Das Gegensatzpaar systemischer Gesundheits- und funktionaler Krankheitsvorstellung wird im folgenden *Abschnitt 3.4* näher beleuchtet.

[32] Vgl. FUCHS, Christoph (1992), S. 71; KOLBECK, Christoph/ NICOLAI, Alexander (1996), S. 179. Nach einer „ökonomischen Interpretation" dieser Definition kann eine Person dann als krank bezeichnet werden, wenn sie ein subjektives Bedürfnis nach Gesundheit hat, aus dem eine Nachfrage nach Gesundheitsleistungen erwächst. Vgl. HERDER-DORNEICH, Philipp (1994), S. 627.

[33] Vgl. SCHELL, Werner (1995), S. 218.

Regelwidrigkeit bzw. Abweichung von der Norm.³⁴ Wenn im Folgenden also von Krankheit die Rede ist, so ist damit dieses naturwissenschaftliche Verständnis gemeint.

3.3 Gesundheits- versus Krankheitsorientierung

Nachdem die Arbeitsdefinitionen festgelegt sind, kann auf die Entwicklung des Gesundheitsverständnisses der Bevölkerung – d. h. der Anbieter und der (potenziellen) Nachfrager von Gesundheitsleistungen – eingegangen werden. Schon die den Begriffen Gesundheit und Erkrankung inhärente subjektive Komponente schließt aber eine Bestimmung *des* Gesundheitsverständnisses einer ganzen Bevölkerung aus. Von daher soll hier lediglich versucht werden, einen Trend zu erfassen, der sich in den letzten Jahren entwickelt hat und der voraussichtlich auch noch weiter anhält.

In einigen gesundheitswissenschaftlichen Beiträgen wird festgehalten, dass das (so genannte) Gesundheitsbewusstsein in den westlichen Industrienationen während der letzten zwei Jahrzehnte gestiegen sei.³⁵ Betrachtet man die Anbieterseite, so ist allerdings kein klarer Trend zu erkennen. Durch die sich immer stärker entwickelnde Medizintechnik wird nach Ansicht mancher Autoren die krankheitsorientierte medizinische Denkweise zunehmend gefördert, da der Fokus mehr auf technische Lösungen als auf die Bewältigung seelischer und sozialer Folgen von Krankheiten oder Therapien gerichtet wird.³⁶ Andererseits verlagern aber auch immer mehr Leistungserbringer ihre Tätigkeitsschwerpunkte in die präventive Medizin.³⁷

Bezüglich der (potenziellen) Nachfrager von Gesundheitsleistungen ist nach Ansicht vieler Autoren hingegen ein klarer Trend zu einem erhöhten Gesundheitsbewusstsein zu beobachten. Allerdings wird oft nicht weiter präzisiert, was unter dem *„Anstieg des Gesundheitsbewusstseins"*

---

[34] Vgl. ATTESLANDER, Peter (1996), S. 17; SCHELL, Werner (1995), S. 153. Während sich Krankheit auf den Zustand eines bestimmten Körperteils bezieht, betrifft Erkrankung den Zustand des ganzen Menschen. Vgl. CAPRA, Fritjof (1996a), S. 164. Für die *Psychiatrie* ist das naturwissenschaftliche Begriffsverständnis wenig hilfreich, da dort „die Pathologie als bekannt angenommen [wird], die Normalität dagegen als schwer, wenn überhaupt definierbar." WATZLAWICK, Paul (1999b), S. 101. Zu einer kritischen Stellungnahme zu diesem biomedizinischen Krankheitsverständnis vgl. weiter ATTESLANDER, Peter (1995), S. 139-140; CAPRA, Fritjof (1996a), S. 131-175; HOFER, Marianne (1987), S. 13-14. Als ein weiteres Beispiel für ein funktionales Krankheitsverständnis kann der für das Gesundheitssystem Deutschlands maßgebliche *Krankheitsbegriff der gesetzlichen Krankenversicherung (GKV)*, der auf die Finanzierung des Gesundheitssystems abzielt, genannt werden. Danach ist Krankheit ein regelwidriger Körper- und Geisteszustand, der Behandlungsbedürftigkeit und/oder Arbeitsunfähigkeit zur Folge hat, ohne dass Beschwerden vorhanden sein müssen. Hierbei handelt es sich um die begriffliche Krankheitsbestimmung des Bundessozialgerichts vom 16. Mai 1972. Vgl. HAUBROCK, Manfred/ PETERS, Sönke H. F. (1994), S. 18; HAUBROCK, Manfred/ SCHÄR, Walter (1992a), S. 17; SCHELL, Werner (1995), S. 153.

[35] Vgl. beispielsweise NEUFFER, Andreas B. (1997), S. 27; OBERENDER, Peter/ HEBBORN, Ansgar (1994), S. 18-21; SCHMIDT, Klaus W. (1996), S. B10; WASEM, Jürgen/ GÜTHER, Bernd (1998), S. 40-41, 47-48.

[36] Vgl. BADURA, Bernhard (1994), S. 98-99; BLECH, Jörg (1996), S. 33; DÉZSY, Josef (1987), S. 19; FEUERSTEIN, Günter (1993), S. 45; MANNEBACH, Hermann (1993), S. 185-190.

[37] Vgl. OBERENDER, Peter/ HEBBORN, Ansgar (1994), S. 19-20; SACHVERSTÄNDIGENRAT FÜR DIE KONZERTIERTE AKTION IM GESUNDHEITSWESEN (2000), Kap. 2, insbesondere Ziffer 22, 39. ⇨ Zur Gesundheitsorientierung in Krankenhäusern vgl. *Abschnitt 3.4*.

zu verstehen sei.[38] Es können zumindest drei Interpretationsmöglichkeiten aufgezeigt werden:

1. Das *Interesse* an Gesundheitsthemen hat zugenommen, mit der Folge, dass viele Bürger aufgeklärter über die medizinischen und pflegerischen Möglichkeiten sind.
2. Die *Einstellung* zum Thema Gesundheit hat sich insofern gewandelt, als die Bevölkerung einen höheren Grad an Eigenverantwortung für die Gesundheit akzeptiert.
3. Das tatsächliche *Verhalten* der Bürger in Bezug auf die eigene Gesundheit hat sich geändert – sei es, dass sie ihrem „Gesundheitsideal" durch erhöhte Nachfrage nach Gesundheitsleistungen näher zu kommen versuchen, sei es, dass sie „bewusster" leben, indem sie sich z. B. gesünder ernähren oder sportlichen Aktivitäten nachgehen.

Für den *ersten* Punkt – dem gestiegenen Interesse an Gesundheitsthemen – spricht der während der letzten Jahre zu verzeichnende Anstieg an gesundheitsorientierten Informationen in den Medien[39], der wohl auf einer gegenseitigen Beeinflussung des Angebots der Medien und der Erwartungen der Zielgruppen beruht. Eine Schlussfolgerung über das Gesundheits*verhalten* ist daraus allerdings kaum abzuleiten, da sich ein höherer Informationsstand unterschiedlich auf die Nachfrage nach Gesundheitsleistungen auswirken kann: Geht man von der Annahme aus, dass die Erwartungen der Versicherten zeitversetzt mit den Fortschritten in der medizinischen und technischen Entwicklung steigen, dann würde ein verbesserter Informationsstand der Bevölkerung vermutlich eine schnellere Ausweitung der Nachfrage nach Gesundheitsleistungen auslösen. Nimmt man dagegen an, dass ein höherer Informationsstand vor allem zu einer kritischeren Einstellung zum Gesundheitswesen und somit zu den Anbietern von Gesundheitsleistungen führt, wäre eine reduzierte Nachfrage nach Gesundheitsleistungen eine mögliche Folge.[40]

Bezüglich des *zweiten* Punktes – der gewandelten Einstellung zum Thema Gesundheit – lässt sich festhalten, dass die Mehrheit der Bevölkerung die Forderung nach mehr Eigenverantwortung für Gesundheit zwar gutheißt, jedoch persönlich kaum zu Einschnitten bereit ist. So wird die Ausweitung von Zuzahlungen überwiegend abgelehnt.[41] Das Meinungsbild zur Tarifierung risikoträchtigen Verhaltens (beispielsweise durch Ausübung von Risikosportarten oder durch Zigaretten- und Alkoholkonsum) ist dagegen uneinheitlich.[42]

---

[38] Vgl. NEUFFER, Andreas B. (1997), S. 27; SCHMIDT, Klaus W. (1996), S. B10.

[39] Vgl. WASEM, Jürgen/ GÜTHER, Bernd (1998), S. 25-26. Zur steigenden Bedeutung der sog. *Gesundheitsportale* im Internet vgl. BLUM, Wolfgang (2000), S. 43. Zu erwähnen sind hierbei auch die ständigen Meldungen von Umweltgefährdungen (Stichwort „Ozonalarm"), die die Sensibilität der Bevölkerung für eventuell daraus folgende Gesundheitsbeeinträchtigungen erhöht haben. Vgl. PATT, Claudia (1996), S. 52.

[40] Allerdings kann der patientenseitige Versuch, Informationsasymmetrien auszugleichen, auch dazu führen, dass nicht weniger, sondern höherwertige Gesundheitsleistungen nachgefragt werden. ⇨ Zur Informationsasymmetrie vgl. *Abschnitt 5.3.2*.

[41] Lediglich in den Bereichen „Arzneimittel gegen geringfügige Gesundheitsstörungen", „Massagen" und „Krankengymnastik" wird eine höhere Selbstbeteiligung von über 25 % akzeptiert. Vgl. WASEM, Jürgen/ GÜTHER, Bernd (1998), S. 66.

[42] Beitragsrückerstattungen zur Belohnung gesunder Lebensführung finden mehr Anklang. Eine ähnlich hohe Zustimmung erfährt die Einführung von Wahltarifen, allerdings unter der Voraussetzung eines gleich bleibenden Leistungsumfangs zu konstanten Beiträgen. Zu der Problematik „Solidarität und Eigenverantwortung" vgl. vertiefend WASEM, Jürgen/ GÜTHER, Bernd (1998), S. 61-71.

Der *dritte* Punkt – das geänderte Verhalten in Bezug auf die eigene Gesundheit – kann bislang wissenschaftlich kaum bestätigt werden. Zwar ist in den letzten Jahrzehnten im deutschen Gesundheitswesen ein permanenter Anstieg der erbrachten Gesundheitsleistungen zu verzeichnen, doch kann dies nicht nur auf das veränderte, mit dem Gesundheitsbewusstsein verbundene Nachfrageverhalten der Bürger bzw. Patienten zurückgeführt werden. Mindestens ebenso ausschlaggebend ist dabei das veränderte Verschreibungsverhalten der Ärzte sowie die Medizinprodukte- und Pharmaindustrie, die mittels Werbung teilweise erst latente Bedürfnisse geweckt hat.[43] Dass ein Großteil der Bevölkerung „gesundheitsbewusster lebt", kann bislang ebenfalls kaum nachgewiesen werden. Zwar deuten z. B. eine wachsende Mitwirkung in Selbsthilfegruppen und -organisationen[44] sowie die permanent steigende Nachfrage nach Bioprodukten darauf hin, doch kann noch kein bevölkerungsübergreifender Trend ausgemacht werden, zumal bislang kein Rückgang jener Krankheiten festzustellen ist, die durch verhaltensbedingte Risikofaktoren – wie Überernährung, Bewegungsmangel, Tabak- und Alkoholkonsum – ausgelöst werden[45].

Aus dem allgemein gestiegenen Interesse an Gesundheitsthemen, der langsam steigenden Akzeptanz eines höheren Grades an Eigenverantwortung für die Gesundheit und den ersten Anzeichen eines sich verändernden Gesundheitsverhaltens kann innerhalb der deutschen Bevölkerung auf ein – wenn auch nur geringfügig – stärker gesundheitsorientiertes Denken geschlossen werden, das die Idee der Prävention in sich trägt. Inwieweit sich dieser bislang noch „schwache Trend" von einer Krankheits- zu einer Gesundheitsorientierung in Zukunft fortsetzen wird, ist umstritten. Sicher scheint nur, dass die Gesundheitsorganisationen sowie der politisch-rechtliche Bereich des Gesundheitssystems maßgeblich an der Trendentwicklung beteiligt sein werden. In den letzten Jahren wurden schon gesundheitserhaltende oder präventive Maßnahmen stärker gefördert, was nach den Vorgaben der Gesundheitspolitik fortgesetzt werden soll.[46]

Je nachdem, wie sich die Entwicklung des Gesundheitsverständnisses zukünftig gestalten wird, müssen die Krankenhäuser ihre Aufgaben und ihre Stellung innerhalb des Gesundheitssystems überdenken. Da diese Entwicklung aber nur *eine* Variable des gesamtgesellschaftlichen Rahmens von Krankenhäusern darstellt, wird in *Kapitel 4* auf weitere Rahmenbedingungen eingegangen. Zuvor soll jedoch erörtert werden, inwieweit die vorgestellten Gesundheits- und Krankheitsdefinitionen sowie die Entwicklung des Gesundheitsverständnisses die Verwendung der Begriffe Gesundheitsorganisation und Krankenhaus beeinflussen (können).

---

[43] Beispielhaft stellt KRÄMER dar, dass der Auslöser für die Entwicklung künstlicher Hüftgelenke nicht das öffentliche Verlangen danach war, sondern die Erfolge der medizintechnischen Forschung in diesem Bereich. Vgl. KRÄMER, Walter (1992), S. 78-79.

[44] Vgl. WASEM, Jürgen/ GÜTHER, Bernd (1998), S. 47.

[45] Vgl. ANDREAS, Heike (1994), S. 49.

[46] Vgl. beispielsweise SACHVERSTÄNDIGENRAT FÜR DIE KONZERTIERTE AKTION IM GESUNDHEITSWESEN (1995), Kap. 3, Ziffer 24-27; SACHVERSTÄNDIGENRAT FÜR DIE KONZERTIERTE AKTION IM GESUNDHEITSWESEN (1996), Vorwort, Ziffer 2; SACHVERSTÄNDIGENRAT FÜR DIE KONZERTIERTE AKTION IM GESUNDHEITSWESEN (2000), Kap. 2. Ein wesentlicher Grund der Förderung präventiver Maßnahmen ist sicherlich die Hoffnung auf finanzielle Einsparungen. Allerdings ist es umstritten, ob eine verstärkte Unterstützung des präventiven Bereichs zu einer allgemeinen Kostensenkung im Gesundheitswesen führen wird. Vgl. vor allem KRÄMER, Walter (1989), S. 94-122. Bis heute liegt noch keine *umfassende* Studie zum Kosten-Nutzen-Verhältnis von Präventionsmaßnahmen vor.

3.4 Abgrenzung und Definition der Begriffe Gesundheitsorganisation und Krankenhaus

In wissenschaftlichen Abhandlungen wird der Terminus Gesundheitsorganisation in der Regel nicht näher definiert[47], obgleich er weite Interpretationsmöglichkeiten bietet. So stellt sich beispielsweise die Frage, ob neben den – in der Regel als Gesundheitsorganisationen bezeichneten – Krankenhäusern auch Arztpraxen und Krankenversicherungen unter den Begriff zu subsumieren sind.

In dieser Arbeit wird folgende Definition vorgeschlagen: Eine *Gesundheitsorganisation* ist ein von Menschen geschaffenes und getragenes soziotechnisches System, das in den gesamtgesellschaftlichen Rahmen eingebunden ist und der *unmittelbaren* Befriedigung menschlicher Gesundheitsbedürfnisse dient.[48] Nach diesem Begriffsverständnis sind Krankenhäuser, Vorsorge- und Rehabilitationseinrichtungen, Arztpraxen sowie Pflegedienste als Gesundheitsorganisationen zu bezeichnen, nicht aber Krankenversicherungen oder Pharmaunternehmen.[49] Letztere dienen nur *indirekt* der Befriedigung von Gesundheitsbedürfnissen; dem Patienten kommt hierbei also keine aktive Rolle im Rahmen des Dienstleistungsprozesses zu. Die typischen Leistungen einer Gesundheitsorganisation (im Sinne obiger Definition) erfordern dagegen sowohl die Präsenz des Arztes, Pflegers oder Heilmittelerbringers als auch die des Patienten.[50]

Diese zentrale Position des *Menschen* als Leistungserbringer, vor allem aber als Leistungsempfänger in der Gesundheitsorganisation Krankenhaus geht nicht aus den gesetzlichen Definitionen hervor, die den meisten krankenhausbetrieblichen Abhandlungen zugrunde gelegt werden.[51] So definiert das KHG *Krankenhäuser* als „Einrichtungen, in denen durch ärztliche und pflegerische Hilfeleistung Krankheiten, Leiden oder Körperschäden festgestellt, geheilt oder gelindert werden sollen oder Geburtshilfe geleistet wird und in denen die zu versorgenden Personen untergebracht und verpflegt werden können"[52]. Hiernach steht nicht der erkrankte Mensch, sondern die Krankheit im Vordergrund. Zudem ist das tatsächliche Leistungsprofil von Krankenhäusern zumeist größer als das im Gesetzestext beschriebene (Diagnose, Therapie, Pflege, Unterbringung und

---

[47] So wird auf den Terminus Gesundheitsorganisation selbst in den beiden einzigen deutschsprachigen Büchern, in deren Titel dieser Begriff vorkommt, nicht explizit eingegangen. Vgl. HEIMERL-WAGNER, Peter/ KÖCK, Christian (Hrsg.) (1996); PIETSCH-BREITFELD, Barbara (1999).

[48] Vgl. z. B. STAEHLE, Wolfgang H. (1994a), S. 389-390; ULRICH, Hans/ PROBST, Gilbert J. B. (1995), S. 240. Diese *institutionale* Sichtweise (das Krankenhaus *ist* eine (Gesundheits-)Organisation) schließt aber nicht die Berücksichtigung der *instrumentalen* (das Krankenhaus *hat* eine Organisation) und *funktionalen* Perspektive (das Krankenhaus *wird* organisiert) aus. Vgl. vertiefend GOMEZ, Peter/ ZIMMERMANN, Tim (1997), S. 15-19. Eine mehrdimensionale Sichtweise des Phänomens Organisation liegt auch dieser Arbeit zugrunde. ⇨ Vgl. hierzu insbesondere *Abschnitt 7.3.3*.

[49] Gleichwohl zählen auch Pharmaunternehmen und Krankenversicherungen zum Gesundheitswesen, sodass nach dem Begriffsverständnis dieser Arbeit das Gesundheitswesen nicht (nur) die Summe aller Gesundheitsorganisationen darstellt. ⇨ Zur Abgrenzung des Gesundheitswesens vgl. *Abschnitt 4.1*.

[50] ⇨ Zu den typischen Leistungen von Krankenhäusern vgl. *Abschnitt 5.3.2*.

[51] Folgende Dissertationen bauen beispielsweise auf § 2 Nr. 1 KHG oder § 107 Abs. 1 SGB V auf: BRETTEL, Malte (1997), S. 102-103; NAEGLER, Heinz (1992), S. 7; PREUß, Olaf Friedrich (1996), S. 11; ZELLE, Barbara (1998), S. 9.

[52] Siehe § 2 Nr. 1 KHG. Eine ähnliche, aber etwas präzisere Definition von Krankenhäusern findet sich in § 107 Abs. 1 SGB V.

Verpflegung). So bieten Krankenhäuser immer häufiger auch präventive Gesundheitsleistungen (wie Gesundheitsaufklärungen, Rückenschulkurse und Aqua-Training) an[53], was bedeutet, dass sich ihr Angebot nicht nur an den Bedürfnissen *kranker* Menschen orientiert. Damit stellt sich die Frage nach der Adäquanz des Begriffes „*Kranken*-Haus". Auch aus medizinischer und gesundheitswissenschaftlicher Sicht ist dieser Begriff nicht uneingeschränkt gerechtfertigt, da aufgrund der Geburtshilfe, die in Krankenhäusern geleistet wird, Schwangerschaft und Entbindung als Krankheitsprozess (miss-)interpretiert werden könnten.

Wohl u. a. aus diesen Gründen taucht in der Literatur wie auch in der Namengebung stationärer Einrichtungen in den letzten Jahren zunehmend der Terminus *Gesundheitszentrum* auf.[54] Allerdings ist auch die Verwendung dieses Begriffes nicht unproblematisch, weil damit unterschiedliche Konzepte verbunden sind. So werden teilweise „interdisziplinäre [...] Zusammenschlüsse von Ärzten verschiedener Fachrichtungen, medizinischen Assistenzberufen und nichtmedizinischen, psychosozialen Helferberufen" als Gesundheitszentren bezeichnet.[55] Zudem wird der Ausdruck für Organisationen im Fitness- und Wellness-Bereich, für Apotheken oder für Sanitätshäuser mit einem umfangreichen Angebot an Dienstleistungen, Hilfsmitteln und medizintechnischen Produkten verwandt.[56] Aber auch wenn der Begriff Gesundheitszentrum als „Weiterentwicklung eines Krankenhauses" interpretiert wird, sind damit nicht zwangsläufig einheitliche Vorstellungen zu beispielsweise Leistungsspektrum und Kooperationsintensität der „neuen" Institution verbunden.[57]

Die verschiedenen Grundideen, die hinter den Konzepten einer Weiterentwicklung des Krankenhauses zum Gesundheitszentrum stehen, ergeben sich u. a. aus einer unterschiedlichen Interpretation der beiden Wortbestandteile: Wenngleich *Gesundheit* stets in den Vordergrund der Tätigkeiten gestellt wird, sodass neben krankheitsbewältigenden verstärkt gesundheitserhaltende und -fördernde Leistungen angeboten werden, ist nicht einheitlich geklärt, welches Spektrum an Gesundheits- und sonstigen Dienstleistungen wie und für welche Personen erbracht werden soll. Beispielsweise wird die Gesundheitsförderung der *Mitarbeiter* nicht in allen Konzeptionen als wesentlicher Bestandteil des Gesundheitszentrums angesprochen.[58]

---

[53] Vgl. z. B. SCHÜLKE, Konrad/ REUTER-HERKNER, Christiane/ BARTKOWSKI, Alexander (2001), S. 460; SCHÜLLI, Rolf (1996), S. 65; STOLTENBERG, Gabi/ ZASTRAU, Ralf (2001), S. 450-451.
[54] Vgl. beispielsweise KOOPERATIONSSTELLE HOCHSCHULEN/ GEWERKSCHAFTEN AN DER CARL VON OSSIETZKY-UNIVERSITÄT OLDENBURG (1998); ku-Special: Das Krankenhaus als Gesundheitszentrum, Nr. 10 – 5/1997; VKD (1996). Zu *Praxisbeispielen* vgl. etwa BETHLEHEM GESUNDHEITSZENTRUM (2001); BÜCHNER, Johannes-Jürgen (1996), S. 66-71; GESUNDHEITSZENTRUM EVANGELISCHES STIFT ST. MARTIN, Koblenz (2001); SPIRA, Volkmar (1995), S. 260-266.
[55] Vgl. HOFFMANN, Ute et al. (1982), Zitat auf S. 16; vgl. auch REICHELT, Monika (1981), S. 26.
[56] Zu den drei Bereichen vgl. beispielsweise FITNESS2000 OPTIFIT-CENTRUM (2001); MEIN-GESUNDHEITSZENTRUM (2001); GESUNDHEITSZENTRUM HÖFTMANN (2001).
[57] EICHHORN weist darauf hin, dass die Idee des Gesundheitszentrums nicht neu ist. Bereits „1974 stand bei der Planung des Südkrankenhauses der Stadt Nürnberg ein Allgemeinkrankenhaus mit 500 Betten im Sinne eines Integrierten Gesundheitszentrums zur Diskussion." EICHHORN, Siegfried (1996), S. 201.
[58] Vgl. BÜCHNER, Johannes-Jürgen (1996), S. 67-69; BÜHLER, Silvia (1998), S. 23; MÜLLER, Hubertus (1996), S. 150; SCHELLHOFF, Thomas (1996), S. 162; SCHOTT, Thomas (1997), S. 97-98; SPIRA, Volkmar (1995), S. 262-265; WISCHER, Robert (1996), S. 122-123.

Der Begriff des *Zentrums* wird weniger kontrovers diskutiert. In der Regel wird vorgeschlagen, dass das Krankenhaus als Zentrum eines *regionalen Gesundheitsnetzwerkes*, in dem ein großer Teil der gesamten Gesundheitsleistungen angeboten wird, fungieren soll. Die stationären und ambulanten, diagnostischen und therapeutischen, präventiven, kurativen und rehabilitativen Gesundheitsleistungen sowie darüber hinausgehende Service- und Beratungsleistungen sollen also nicht zwangsläufig „unter einem Dach", sondern in Kooperation mit anderen Institutionen erbracht werden. Es bestehen jedoch unterschiedliche Auffassungen darüber, in welchem Ausmaß und welcher Intensität dabei Kooperationen einzugehen sind.[59]

Unabhängig von der unterschiedlichen Begriffsinterpretation verfolgt nicht jede stationäre Einrichtung eine solche Strategie zusätzlicher Leistungen und verstärkter Kooperationen, weshalb der Begriff des Krankenhauses nicht generell durch „Gesundheitszentrum" ersetzt werden kann.[60] Daher wird der Terminus Krankenhaus – trotz seiner oben aufgezeigten Schwächen – hier weiterhin verwandt; schließlich ist er auch der dominante Begriff im fachlichen, rechtlichen und umgangssprachlichen Bereich. Der Terminus Gesundheitszentrum wird in dieser Arbeit herangezogen, um der Entwicklung von einer Krankheits- zu einer Gesundheitsorientierung auch im institutionellen Sinn Ausdruck zu verleihen. Dabei können zwei Pole unterschieden werden:

- Das krankheitsorientierte *Krankenhaus* unterstützt *Patienten* bei der Bekämpfung ihrer *Krankheiten* und Linderung ihrer Beschwerden.
- Das gesundheitsorientierte *Gesundheitszentrum* unterstützt *Menschen* (Patienten, Mitarbeiter und andere Personen) bei der Erhaltung, Wiederherstellung und Förderung ihrer *Gesundheit*.

Der Oberbegriff *Gesundheitsorganisation* wird vor allem dann benutzt, wenn es sinnvoll erscheint, bestimmte Aussagen (beispielsweise zur Patientenbehandlung und -betreuung) nicht ausschließlich auf den Krankenhaussektor einzuschränken.[61]

Nach der Klärung des Begriffsverständnisses von Gesundheit und Krankheit sowie der Darstellung ihres auch für das Krankenhausmanagement konstitutiven Charakters soll im folgenden Kapitel auf die wesentlichen exogenen Determinanten von Krankenhäusern eingegangen werden. Damit wird zum einen die eingangs beschriebene Problemstellung verdeutlicht und weiter ausgeführt, zum anderen werden die allgemeinen Rahmenbedingungen für Krankenhäuser als wichtige Informationsquellen des Managements beschrieben.

---

[59] Vgl. beispielsweise BÜCHNER, Johannes-Jürgen (1996), S. 69-71; EICHHORN, Siegfried (1996), S. 202; EIFF, Wilfried von (1997), S. 2-3; GARBRECHT, Manfred/ GREINER, Manfred/ WIRNITZER, Bruno (1997), S. 19; GRAF, Volker (1998), S. 47-53; MOSER, Gerhard (1994), S. 20-22; MUTTER, Christof/ MORAR, Rene/ KELLER, Christian (2001), S. 442-447; PIKSA, Rudolf (1997), S. 13-14; SCHELLHOFF, Thomas (1997), S. 11-12; SCHWARZ, Christoph (1998), S. 34-35.

[60] Vgl. BÜCHNER, Johannes-Jürgen (1996), S. 67; VEHLING, Rudolf (1996), S. 132.

[61] ⇨ Siehe hierzu vor allem *Kapitel 6*.

4 Gesamtgesellschaftlicher Rahmen: das Krankenhaus als Element des Gesundheitssystems

4.1 Abgrenzung und Definition des Begriffes Gesundheitssystem

Das Krankenhaus kann als ein Element des Gesundheitssystems aufgefasst werden. Nun bestehen zwischen den einzelnen Elementen dieses Systems Wechselbeziehungen, und zudem beeinflussen sich Teile und Ganzes gegenseitig. Daher ist eine Darstellung des Gesundheitssystems als Obersystem des (offenen) Systems Krankenhaus für eine betriebswirtschaftliche Fundierung des Managements von Krankenhäusern sowie zur Einordnung der Aufgaben des Krankenhausmanagements unerlässlich. Dies ist umso mehr der Fall, weil – gerade im Gesundheitswesen – „wesentliche Fragen der einzelwirtschaftlichen Organisation auf der Makroebene (bzw. auch auf der Mesoebene) determiniert werden"[1].

Es stellt sich jedoch die Frage, welche Bereiche unter den Begriff des Gesundheitssystems fallen. Neben der unterschiedlichen Interpretation des Gesundheitsbegriffes kommt erschwerend hinzu, dass der Systembegriff lediglich eine Form der individuellen, situativen und teleologischen Wahrnehmung ausdrückt. Außerdem ändern die Elemente sowie die Umwelt eines Systems ständig ihren Zustand. Aus diesen Gründen stellt die Systemabgrenzung ein größeres Problem dar.[2] Diese Problematik spiegelt sich wider in einer Vielzahl unterschiedlicher expliziter Definitionen bzw. impliziter Begriffsvorstellungen von Gesundheitssystem innerhalb der Fachliteratur[3]: „Eine Definition und inhaltliche Abgrenzung des Gesundheitssystems, die allgemein anerkannt ist, gibt es nicht."[4]

Im weitesten Sinne kann unter Gesundheitssystem die Gesamtheit an Personen, Einrichtungen und Maßnahmen verstanden werden, die der gesundheitlichen Versorgung der Bevölkerung dienen – einschließlich der Bevölkerung selbst.[5] Da unter diese Begriffsauffassung auch der Versorgungsbereich von Lebensnotwendigkeiten wie Nahrung, Kleidung und Unterkunft fällt, scheint es für eine Analyse der Umwelt von Krankenhäusern angebracht, eine spezifischere Systemebene zu definieren. Ein solches Subsystem stellt z. B. das *Gesundheitswesen* dar, welches hier gekennzeichnet sein soll[6] durch die Gesamtheit an Personen und Einrichtungen, die sich *primär* mit der Bereitstellung von Gesundheitsleistungen für die Bevölkerung beschäftigen – sei

---

[1] THEURL, Engelbert (1986), S. 245.
[2] Vgl. ULRICH, Hans/ PROBST, Gilbert J. B. (1995), S. 30, 33-34.
[3] Vgl. exemplarisch STILLFRIED, Dominik Graf von (1996), S. 51-58; ZDROWOMYSLAW, Norbert/ DÜRIG, Wolfgang (1997), S. 135-139.
[4] HENKE, Klaus-Dirk/ GÖPFFARTH, Dirk (1997), S. 1.
[5] Vgl. INGRUBER, Horst (1994), S. 15-16.
[6] Auch für den Begriff Gesundheitswesen existiert keine einheitliche Definition. Vgl. ROSENBERG, Peter (1975), S. 9-12.

es, dass sie sie selbst bereitstellen oder die Voraussetzungen dafür schaffen.[7] Für die ökonomische Analyse dieser Arbeit ist eine weitere Abgrenzung davon notwendig, da den Patienten, die *per definitionem* nicht zum Gesundheitswesen zählen, in dem hier vorzustellenden Managementkonzept eine wesentliche Rolle zukommt. Des Weiteren kann die Berücksichtigung von Personen und Einrichtungen, die neben anderen Leistungen *auch* Gesundheitsleistungen anbieten, von Interesse für die weitere Untersuchung sein. Im Folgenden soll daher der Begriff des *Gesundheitsmarktes*[8] eingeführt werden, der hier als die Gesamtheit der wirtschaftlichen Beziehungen zwischen (tatsächlichen und potenziellen) Anbietern und Nachfragern von Gesundheitsleistungen definiert wird. Der Terminus *Gesundheitssystem* wird in dieser Arbeit als Oberbegriff für Gesundheitswesen und Gesundheitsmarkt gebraucht.

Den Ausgangspunkt bei der Entwicklung eines Managementkonzeptes für Krankenhäuser bildet die Kenntnis der historischen Genese bzw. der gegenwärtigen Situation der Institution Krankenhaus und ihres Umfelds. Aus diesem Grunde soll zunächst die historische Entwicklung des deutschen Gesundheitssystems unter besonderer Berücksichtigung des Krankenhauses näher beleuchtet werden *(Abschnitt 4.2)*. Im darauf folgenden *Abschnitt 4.3* werden dann die wesentlichen aktuellen und zukünftig zu erwartenden Faktoren der Krankenhausumwelt systematisch geordnet sowie kurz erläutert.

4.2 Historische Entwicklung des deutschen Gesundheitssystems unter besonderer Berücksichtigung des Krankenhauses

4.2.1 Intention des historischen Rückblicks

*"Zwar liegt die Zukunft nicht in der Vergangenheit,
aber das, was war, ist auch bedeutsam für das, was ist und sein wird."*[9]

In diesem Abschnitt wird in groben Zügen die Entwicklung des deutschen Gesundheitssystems bis zum heutigen Tage dargestellt, wobei der Schwerpunkt auf der Entwicklung der stationären

---

[7] Danach zählen zum Gesundheitswesen neben Versorgungs- und Selbsthilfeeinrichtungen (wie Krankenhäuser, Arztpraxen, Apotheken, Heil- und Hilfsmittelbringer, ambulante Pflegedienste, Selbsthilfegruppen etc.) auch öffentliche und private Versicherungseinrichtungen (wie die gesetzliche und private Krankenversicherung), berufliche Einrichtungen (wie die Deutsche Krankenhausgesellschaft und die Kassenärztlichen Vereinigungen) sowie internationale Einrichtungen (wie die WHO). Vgl. ROSENBERG, Peter (1975), S. 12; SCHELL, Werner (1995), S. 102. In einem noch weiteren Begriffsverständnis könnten auch die Bezugspersonen eines kranken Menschen im Rahmen der Selbsthilfe in das Gesundheitswesen einbezogen werden, allerdings unter der Voraussetzung, dass die Krankenpflege ihre Haupttätigkeit darstellt.

[8] Die Verwendung des *Marktbegriffes* im Zusammenhang mit dem staatlich regulierten Gesundheitssystem wird teilweise als problematisch angesehen. So ist dieser Terminus z. B. aus neoklassischer Sicht mit der Vorstellung eines modellanalytisch perfekten Marktes verbunden. Vgl. beispielsweise ZDROWOMYSLAW, Norbert/ DÜRIG, Wolfgang (1997), S. 137. Dem steht aber das hier zugrunde liegende weite Verständnis des Marktbegriffes entgegen. Vgl. z. B. BEA, Franz Xaver/ HAAS, Jürgen (1995), S. 77.

[9] MEINBERG, Eckhard (1988), S. 311.

Gesundheitsversorgungsbetriebe liegt.[10] Hierbei sollen zum einen jene Prozesse skizziert werden, die die heutige Struktur des deutschen Gesundheitswesens und seines stationären Sektors maßgeblich beeinflusst haben[11], sowie jene, aus denen man eventuell Rückschlüsse für die zukünftige Entwicklung ziehen kann. Zum anderen soll die in der Vergangenheit stetig gestiegene Komplexität und Dynamik des Gesundheitssystems verdeutlicht werden, da damit veränderte Anforderungen an das heutige Krankenhausmanagement verbunden sind.

Die Unterteilung dieses Abschnittes orientiert sich an den Meilensteinen der Geschichte des Krankenhauses: Bis zur Spät*antike* kann nur von hospitalähnlichen Einrichtungen gesprochen werden. Mit dem Beginn des *Mittelalters* setzt die Geschichte des Hospitals – als Fremdenherberge zur unentgeltlichen Aufnahme und Betreuung Reisender, Armer und Kranker – ein, deren relativ kontinuierliche Weiterentwicklung im *16. Jahrhundert* vorerst unterbrochen wurde. Nachdem sich das Hospitalwesen nach einer jahrzehntelangen Stagnation langsam wieder aufbaute, wurde das Hospital dann gegen *Ende des 18. Jahrhunderts* vom Krankenhaus – als eine Institution zur ausschließlichen Pflege und medizinischen Behandlung von *Kranken* – abgelöst.[12] *Ende des 19. Jahrhunderts* setzte im Deutschen Reich ein rapider Wachstum an Krankenhausneubauten ein. Die zunehmende Bedeutung des Krankenhaussektors setzt sich bis zum heutigen Tag fort, auch wenn einige Autoren das *Ende des 20. Jahrhunderts* schon als Übergangszeit „vom Krankenhaus zum Gesundheitszentrum" bezeichnen.[13]

Diese einzelnen Perioden sollen jeweils hinsichtlich der Entwicklungslinien

- der *Motive* zur Errichtung und Vorhaltung von Krankenpflegeeinrichtungen sowie damit zusammenhängend
- der *Trägerstruktur* und
- der *Finanzierungsformen* der Institutionen,
- der *Organisationsmodelle* in den Krankenpflegeeinrichtungen,
- der *Medizin* sowie
- des *Krankenversicherungssystems*

charakterisiert werden. Daher kann innerhalb der Darstellung der einzelnen Zeitabschnitte nicht *rein* chronologisch vorgegangen werden.

---

[10] Für einen detaillierteren Überblick seien folgende Literaturhinweise gegeben: Die Entstehung und Entwicklung von Hospitälern und *Krankenhäusern* in Europa bis 1800 ist ausführlich von JETTER, Dieter (1986) analysiert worden. MURKEN, Axel Hinrich (1988) hat sich eingehend mit der Geschichte des Krankenhauses seit dem 18. Jahrhundert beschäftigt. Einen Überblick über die historische Entwicklung des deutschen *Krankenversicherungssystems* bietet HERDER-DORNEICH, Philipp (1994), S. 33-173. Die „Geschichte der *Medizin*" ist der Titel des nunmehr in der 7. Auflage erschienenen Buches von ACKERKNECHT, Erwin H. (1992). Die Geschichte der *Krankenpflege* bis 1965 hat BAUER, Franz (1965) recht umfangreich dokumentiert. FISCHER hat schließlich versucht, die wesentlichen Grundzüge der *gesamten* Entwicklung des deutschen *Gesundheitswesens* bis 1900 darzustellen. Vgl. FISCHER, Alfons (1965a, 1965b).

[11] Damit können eventuell auch „historisch entstandene Eigentümlichkeiten" des Gesundheitssystems (wie die bis vor einigen Jahren noch scharfe Trennung von ambulantem und stationärem Sektor) erklärt werden. Vgl. ARNOLD, Michael (1998), S. 253.

[12] ⇨ Auf die unterschiedlichen Begrifflichkeiten wird im Zuge der Darstellung der historischen Entwicklung noch näher eingegangen.

[13] Vgl. etwa BÜHLER, Silvia (1998), S. 23; EIFF, Wilfried von (1997), S. 3.

4.2.2 Entwicklung bis Ende 19. Jahrhundert

Antike

Erste Ansätze von sozialen Einrichtungen zur Gesundheitssicherung können bereits im 6. Jahrhundert v. Chr. mit der öffentlichen Berufung von Stadt- oder Gemeindeärzten in einzelnen Städten Griechenlands festgestellt werden. Dies war zu der Zeit, als sich die Griechen langsam von einem Bauern- zu einem Handelsvolk entwickelten, aus dem ein heimatloses Proletariat hervorging, für das bei (unverschuldeter) Notlage eine wirtschaftliche Hilfe erforderlich wurde. Allerdings war die Unterstützung nicht mit einem Rechtsanspruch verbunden. Zu großer und nachhaltiger Bekanntheit brachte es unter den noch recht unstrukturierten Versorgungssystemen der so genannte *Asklepioskult*, in dessen Rahmen ab 420 v. Chr. Ärzte und Priester angestellt wurden, die sich in den Tempeln des Asklepios[14] medizinisch bzw. psychologisch mit der Heilung der – zumeist in Hallen untergebrachten – Patienten beschäftigten.[15] Etwa zur gleichen Zeit entstanden auch die Schriften des großen griechischen Mediziners *Hippokrates*, mit denen sich die Medizin als eigenständiges Fach zu etablieren begann.[16]

In Rom und den römischen Kolonien wurde später der Asklepioskult fortgesetzt.[17] Daneben bildeten sich dort im ersten Jahrhundert nach Christus so genannte *Valetudinarien* – von reichen Römern für die arme Bevölkerung zur Verfügung gestellte Pflege- und Krankenzimmer, in denen medizinisch ausgebildete Sklaven die Patienten behandelten.[18] Die Valetudinarien wie auch die römischen Militärlazarette, die kurz vor der christlichen Zeitrechnung aufkamen, können allerdings höchstens als „hospitalähnliche Vorläufer" bezeichnet werden.[19] Stationäre Behandlungsformen waren in der Antike noch weitgehend unbekannt.[20]

Die Motive zur Bereitstellung der unterschiedlichen Heilstätten in der Antike waren weder barmherziger noch sozialer Natur, sondern gründeten in „der recht nüchternen Erwägung, dass es politisch klug und notwendig sei, den hungernden und darbenden Volkskreisen eine Unterstützung zu gewähren, gerade hoch genug, um die davon Betroffenen von Gewalttätigkeiten abzuhalten"[21]. Schon diese kurzen Darstellungen zeigen, dass gewisse Grundformen von Gesund-

---

[14] Äskulap (griechisch *Asklepios*) ist der griechische Gott der Heilkunde. Sein Kennzeichen ist ein von der heiligen Schlange umringelter Wanderstab (Äskulapstab), der zum Sinnbild für den Heilberuf wurde. Vgl. ACKERKNECHT, Erwin H. (1992), S. 36.

[15] Vgl. HERDER-DORNEICH, Philipp (1994), S. 33-35; JETTER, Dieter (1986), S. 18-19; SCHIECKEL, Horst (1946), S. 11.

[16] Vgl. ACKERKNECHT, Erwin H. (1992), S. 40-41; siehe dort auch den Wortlaut des berühmten „Eids des Hippokrates".

[17] Vgl. ACKERKNECHT, Erwin H. (1992), S. 36.

[18] Die reichen Patienten hatten entweder eigene Ärzte oder konnten berühmte Ärzte konsultieren. Vgl. HERDER-DORNEICH, Philipp (1994), S. 34, 38.

[19] „So wie sich das Krankenhaus aus dem Hospital herausgebildet hat, so entwickelte sich in noch früherer Zeit das Spital aus kleinen, provisorischen Einrichtungen." JETTER, Dieter (1986), S. 18.

[20] Selbst die Fortschritte der Alexandrinischen Heilkunde um 300 v. Chr. wurden allesamt an Krankenbetten (der Wohlhabenden) gemacht, die in zahllosen Wohnhäusern verteilt waren. Vgl. JETTER, Dieter (1986), S. 22-23, 28; RAUSCH, Roland (1984), S. 37; WALTER, Beowulf (1996), S. 227.

[21] SCHIECKEL, Horst (1946), S. 11 [Zitat angepasst an die neue deutsche Rechtschreibung].

heitssystemen spontan entstanden sind, d. h. ohne die aktive Einwirkung ihrer späteren Nutznießer, den (zumeist mittellosen) Kranken.

Mittelalter

Im 4. Jahrhundert nach Christus – mit der Erklärung des Christentums zur römischen Staatsreligion – wurde die Armen- und Krankenfürsorge nahezu ausschließlich von der Kirche übernommen, die hierfür reichliche freiwillige Spenden erhielt. Die Fürsorgeleistungen wurden aber des Öfteren ausgenutzt[22], sodass die Kirche dazu überging, statt Geld- nur noch Sachleistungen zu gewähren – und das nur noch für wirklich Bedürftige. Dies geschah durch Gründung von Fremdenherbergen, in denen Kranke, Arme sowie reisende Glaubensgenossen unentgeltlich aufgenommen und betreut wurden.[23] Diese Institutionen wurden als *Hospitäler* bezeichnet und können als die ersten Vorläufer des heutigen (deutschen) Krankenhauses angesehen werden.[24]

Ab dem 6. Jahrhundert waren es im Wesentlichen die Mönchsorden[25], die sich – meist auf Eigeninitiative, d. h. ohne Druck der Kirche – um die Nichtsesshaften und mittellosen Kranken kümmerten. Schon ab dem 9. Jahrhundert befand sich in nahezu jedem Kloster ein „Kranken-Haus", in dem medizinisch ausgebildete Mönche der Krankenpflege nachgingen. Die klösterliche Fürsorgetätigkeit ist mit dem Begriff der *Caritas* eng verbunden. Sie erhielt besonderen Auftrieb durch die Kreuzzüge (1096-1270), aus denen die Ritterorden (Johanniter, Tempelherren und Deutscher Orden) hervorgingen, die sich nunmehr vornehmlich der Krankenpflege widmeten. Vor allem diese Orden, die aus ihnen entstammenden Spital-Bruderschaften und der bürgerliche Orden der Brüder vom heiligen Geist haben vom 12. bis 16. Jahrhundert zahlreiche Hospitäler in ganz Europa gegründet.[26]

Ab dem 12. Jahrhundert übernahmen oder errichteten auch vereinzelte Städte Hospitäler.[27] Diese Entwicklung wurde noch verstärkt durch eine Vielzahl von Epidemien, die Europa seit der ersten großen Pestseuche von 1346 heimsuchten. Dabei bildeten sich gesonderte, außerhalb der Städte

---

[22] Diese Ineffektivität des Einsatzes der Spenden wird teilweise dem *gesamten* mittelalterlichen Wohltätigkeitswesen vorgeworfen. Vgl. STARKE, Marie-Theres (1962), S. 24.
[23] Vgl. INGRUBER, Horst (1994), S. 32; JETTER, Dieter (1986), S. 34; SCHIECKEL, Horst (1946), S. 12.
[24] Vgl. beispielsweise FISCHER, Alfons (1965a), S. 134; JETTER, Dieter (1986), S. 11, 17. Die Hospitäler des Islam hatten nach JETTER – wenn überhaupt – nur einen geringen Einfluss auf die Gründung der (christlichen) Hospitäler in Mittel- und Westeuropa. Vgl. JETTER, Dieter (1986), S. 12.
[25] Allen voran ist hier der Benediktiner-Orden zu nennen, der sich von einem süditalienischen Kloster aus seit 529 in ganz Europa ausbreitete. Die Klöster dieses Ordens zeichneten sich dadurch aus, dass sie schon eine abgesonderte Krankenbehandlungsstätte vorwiesen. Außerdem hatten die Mönche die Kranken nach vorgeschriebenen Regeln zu pflegen. Vgl. MURKEN, Axel Hinrich (1988), S. 13.
[26] Vgl. MURKEN, Axel Hinrich (1988), S. 13-15; RAUSCH, Roland (1984), S. 43; SCHIECKEL, Horst (1946), S. 14.
[27] Damit war aber „keine Ersetzung christlicher Motivation für armenpflegerisches Engagement durch andere Weltanschauungen verbunden" (RAUSCH, Roland (1984), S. 44) – wie dies z. B. in Folge der Französischen Revolution der Fall war. ⇨ Zu den Auswirkungen der Französischen Revolution auf das Gesundheitssystem vgl. *S. 55* dieser Arbeit.

errichtete Anstalten für die von der Seuche Heimgesuchten heraus. Allerdings dienten diese Einrichtungen weniger der Heilung der Kranken als vielmehr deren Isolierung von den Gesunden.[28]
Bei der Betrachtung des mittelalterlichen Hospitalwesens lässt sich festhalten, dass die Motivation zur Hilfe nicht mehr (nur) sachlich-politischer, sondern vorrangig karitativer oder sozialer Natur gewesen ist. Dies blieb auch mit der pluralen Hospitalträgerstruktur erhalten, die sich im späteren Mittelalter entwickelte. Neben Kirche und Klöstern traten Städte und berufliche Vereinigungen (wie Zünfte und Knappschaften) als Träger auf; für alle stellte die Hospitalführung aber lediglich eine von vielen Aufgaben dar. Anders verhielt es sich bei den neuen Trägern der ritterlichen und bürgerlichen Orden, deren Hauptzweck die Krankenpflege und Unterhaltung von Hospitälern war. Nahezu alle Hospitäler wurden entweder staatlich bezuschusst oder basierten auf der Stiftung eines wohlhabenden Bürgers. Auch wenn im Spätmittelalter schon einige Orden und Städte in ihren Hospitälern Ärzte beschäftigten[29] und eigene Apotheken besaßen, so wurde den Kranken neben Unterbringung und Verpflegung nur selten auch eine angemessene ärztliche Betreuung geboten. Die stationäre für- und seelsorgerische Pflege der Armen und Kranken begann sich dagegen langsam zu „professionalisieren". Die reichere Bevölkerung ließ sich aber bei Krankheit weiterhin im eigenen Hause von Ärzten behandeln und von der eigenen Familie pflegen.[30]

Das medizinische Wissen hat sich im Mittelalter kaum weiterentwickelt, was darauf zurückzuführen ist, dass sich die Ärzte bezüglich ihrer Untersuchungs- und Behandlungsmethoden – in dieser so genannten Phase der *Bibliotheksmedizin* – nahezu ausschließlich auf schriftliche Überlieferungen aus der Antike stützten.[31] Von einem Krankenversicherungs*system* kann im Mittelalter noch nicht gesprochen werden, wenngleich man sich in einzelnen Hospitälern als Pfründner einkaufen konnte und somit „pflegeberechtigt" wurde bzw. man als zahlendes Mitglied einer Vereinigung Anspruch auf ein Krankenhausbett hatte. Der Großteil der Bevölkerung konnte aber immer noch keinen Rechtsanspruch auf Pflege geltend machen.[32]

Anfang 16. bis Ende 18. Jahrhundert

Auch wenn sich Anfang bis Mitte des 16. Jahrhunderts in manchen Regionen (vor allem in Hessen) Ansätze eines Krankenversicherungssystems erkennen ließen – nicht zuletzt, weil die Hospitäler allmählich von den Ordensgemeinschaften in die Aufsicht der Kommunen übergingen –, so erlitt das jahrhundertealte Hospitalsystem während der darauf folgenden 250 Jahre in vielen

---

[28] Vgl. HERDER-DORNEICH, Philipp (1994), S. 54; MURKEN, Axel Hinrich (1988), S. 15; RAUSCH, Roland (1984), S. 45.

[29] Allerdings erteilten erst im 14. Jahrhundert einige Stadtverwaltungen ihren Stadtärzten den Auftrag, sich um die Spitalkranken zu kümmern. Der erste Spitalarzt wurde dank einer Bürgerstiftung 1486 in Nürnberg eingesetzt. Vgl. FISCHER, Alfons (1965a), S. 139.

[30] Vgl. HERDER-DORNEICH, Philipp (1994), S. 42, 54-55; INGRUBER, Horst (1994), S. 33; MUGGLER, Paul (1988), S. 37; STARKE, Marie-Theres (1962), S. 19, 23.

[31] Vgl. ACKERKNECHT, Erwin H. (1992), S. 103.

[32] Vgl. JETTER, Dieter (1976), S. 319; RAUSCH, Roland (1984), S. 46; STARKE, Marie-Theres (1962), S. 23.

Ländern einen dramatischen Rückschlag.³³ Mit der Auflösung vieler Orden infolge der Reformation offenbarte sich zum einen ein großer Pflegenotstand³⁴, wurde doch das Krankenpflegepersonal im Mittelalter hauptsächlich von Mönchs- und Nonnenorden gestellt.³⁵ Zum anderen ließ die Hilfsbereitschaft der Bevölkerung – mit dem Verfall christlicher Grundwerte – immer mehr nach. Die Folgen dieser Entwicklung wurden durch die zunehmende Verarmung breiter Bevölkerungsschichten noch wesentlich verschärft.³⁶

Nahezu parallel zu dieser „dunklen Zeit der Krankenpflege"³⁷ begann sich der ärztliche Dienst in den Hospitälern zu etablieren. Mit den Bemühungen einzelner Städte, das Hospitalwesen zu reformieren, was sich vor allem in den Neubauten von Krankenanstalten äußerte, und der Gründung des Ordens der Barmherzigen Brüder im Jahre 1534³⁸ wurde der geordnete Dienst des Arztes zur Selbstverständlichkeit. Zu den Aufgaben des Arztes gehörte z. B. die Überprüfung der Hilfsbedürftigkeit des Aufnahmesuchenden. Im 17. Jahrhundert wurde zudem der medizinische Unterricht am Bett eingeführt³⁹ und damit die Phase der so genannten *Krankenbettmedizin* eingeleitet⁴⁰. Die ersten Operationssäle wurden Mitte des 18. Jahrhunderts eingerichtet.⁴¹ Gleichwohl galten sorgfältige Pflege und gute Kost weiterhin als die wertvollsten Heilmittel.⁴²

Hinsichtlich der Entwicklung des Hospitalwesens vom Anfang des 16. bis Ende des 18. Jahrhunderts lässt sich festhalten, dass durch die aufkommende Säkularisierung der Kirche ein Rückgang karitativer Tätigkeiten zu verzeichnen war. Das Verhältnis zwischen kirchlichen bzw. klösterli-

---

³³ Vgl. JETTER, Dieter (1976), S. 319; MURKEN, Axel Hinrich (1988), S. 15. Während die kirchliche Armen- und Krankenhilfe erst zu Beginn des 19. Jahrhunderts einen neuen Aufschwung erfuhr, wurde das öffentliche Sozialwesen ab Mitte des 16. Jahrhunderts – wenngleich regional sehr unterschiedlich – langsam ausgebaut. Allerdings kamen auch diese Aktivitäten während des Dreißigjährigen Krieges (1618-1648) weitgehend zum Erliegen. Vgl. RAUSCH, Roland (1984), S. 55; STARKE, Marie-Theres (1962), S. 23.

³⁴ Die Reformation hat die Aktivitäten in der öffentlichen Armenhilfe anfangs zwar verstärkt, doch waren die Erfolge nur von kurzer Dauer. Vgl. RAUSCH, Roland (1984), S. 50.

³⁵ Bis ins 19. Jahrhundert hinein war es dann üblich, dass die nicht bettlägerigen Patienten bei der Pflege der Schwerkranken und bei hauswirtschaftlichen Aktivitäten mithalfen. Vgl. HERDER-DORNEICH, Philipp (1994), S. 55-56.

³⁶ Vgl. RAUSCH, Roland (1984), S. 49-50; STARKE, Marie-Theres (1962), S. 24. Lediglich die Fürsorgeeinrichtungen der Bergleute und einiger Handwerksbetriebe blieben von der Reformation unangetastet. Vgl. SCHIECKEL, Horst (1946), S. 14-17.

³⁷ HERDER-DORNEICH, Philipp (1994), S. 66.

³⁸ Die *Barmherzigen Brüder* stellten die Krankenpflege in den Mittelpunkt ihres Wirkens und versuchten u. a. der – teilweise bis ins 19. Jahrhundert anhaltenden – gleichzeitigen Belegung von Betten mit mehreren Kranken entgegenzusteuern. Durch Gründung bedeutsamer Hospitäler und ihre für die damalige Zeit recht fortschrittlichen medizinisch-pflegerischen Ordensregeln beeinflussten sie das Hospitalwesen maßgeblich. Den Nachteil der ausschließlichen Aufnahme männlicher Kranker glichen bald klösterliche Frauengemeinschaften und vor allem die 1617 begründete, nicht an ein Kloster gebundene Krankenpflegekongregation „*Barmherzige Schwestern*" aus. Die genossenschaftliche Organisationsform der Barmherzigen Schwestern galt noch im 19. Jahrhundert als Vorbild für die Neugründung von Krankenpflegegemeinschaften. Vgl. vertiefend MURKEN, Axel Hinrich (1988), S. 19-21; RAUSCH, Roland (1984), S. 51-55, 59-60.

³⁹ Dieser sog. *klinische Unterricht* setzte sich an den deutschen Universitäten nur langsam durch. Erst 1792 wurde in einem Tübinger Krankenhaus versuchsweise ein Zimmer mit zwölf Betten für den Unterricht eingerichtet. Vgl. STILLFRIED, Dominik Graf von/ JELASTOPULU, Eleni (1997), S. 24.

⁴⁰ Vgl. ACKERKNECHT, Erwin H. (1992), S. 107.

⁴¹ Vgl. GÄRTNER, Heribert W. (1994), S. 96.

⁴² Vgl. ACKERKNECHT, Erwin H. (1992), S. 70; FISCHER, Alfons (1965a), S. 140-141, 321; MURKEN, Axel Hinrich (1988), S. 15-19; RAUSCH, Roland (1984), S. 51-52.

chen und städtischen Krankenhäusern hat sich damit immer mehr zugunsten der Letztgenannten verschoben – mit der Folge, dass sich die Gesundheitsversorgung der Bevölkerung *insgesamt* immer weiter verschlechterte. Daran änderte auch die zunehmend wichtiger werdende Rolle der medizinischen Versorgung sowie des Arztes in den Hospitälern nichts. Neben dem Rückzug der Kirche[43] war wohl das Hauptproblem, dass sich noch immer kein Krankenversicherungssystem entwickelt hatte.

Ende 18. bis Ende 19. Jahrhundert

Den Übergang vom Hospitalwesen in das „Zeitalter der *Krankenhäuser*" datieren einige Autoren auf das Jahr 1784, in dem das über 2 000 Betten umfassende Allgemeine Krankenhaus in Wien erbaut wurde.[44] Von da an wurden immer mehr Institutionen zur Pflege und medizinischen Behandlung von Kranken errichtet und nicht mehr zur Unterbringung armer und nichtsesshafter Personen. Die Spezialisierung bzw. ausschließliche Ausrichtung auf die Krankenversorgung wird in der Regel als das Charakteristikum für Krankenhäuser (im Unterschied zu Hospitälern) angesehen.[45]

Ein Grund für die vielen Krankenhausneubauten war sicherlich die zunehmende Industrialisierung, die gemeinsam mit dem starken Bevölkerungsanstieg dieser Zeit zu einem schnellen Wachstum der urbanen Zentren führte. Merkantilistischen Interessen zufolge sollte zum einen die Gesundheit und damit Produktivkraft der Arbeiter und Soldaten wiederhergestellt werden; zum anderen waren solche Maßnahmen sozialpolitischer Art erforderlich, um einer Radikalisierung der Arbeiterschaft auf politischer Ebene[46] zu begegnen.[47]

Der Prozess der Verbesserung der Krankenhausverhältnisse wurde außerdem durch die medizinischen Fortschritte (wie den Einsatz von Narkotika seit 1846[48] und die um 1867 erstmals praktizierte Antisepsis[49]) sowie die damit einhergehenden fachlichen Forderungen der Ärzte beschleunigt.[50] Noch 1865, also zwei Jahre vor Einführung der Antisepsis, warnte der Direktor der Chirurgischen Universitätsklinik in Zürich vor den Gefahren eines Krankenhausaufenthaltes:

---

[43] Im 17. und 18. Jahrhundert ist ein nahezu *völliger* Niedergang der kirchlichen und klösterlichen Krankenpflege zu verzeichnen. Vgl. RAUSCH, Roland (1984), S. 55.

[44] Vgl. beispielsweise INGRUBER, Horst (1994), S. 34; JETTER, Dieter (1976), S. 321.

[45] Vgl. insbesondere GÄRTNER, Heribert W. (1994), S. 89; MURKEN, Axel Hinrich (1988), S. 10, 27. Teilweise wird die Bezeichnung Krankenhaus auch mit dem Auftauchen architektonischer Besonderheiten verknüpft. Vgl. dazu beispielsweise BAUER, Franz (1965), insbesondere S. 146-158, 273; JETTER, Dieter (1986), insbesondere S. 199-219. Zur Entwicklung der baulichen Gestaltung von Krankenhäusern seit Ende des 18. Jahrhunderts vgl. MURKEN, Axel Hinrich (1974), S. 300-313.

[46] Einzelne einsichtige und/oder vorausschauende Arbeitgeber – wie beispielsweise der Stahlfabrikant Krupp – hatten bereits Hilfseinrichtungen gegründet. Vgl. HERDER-DORNEICH, Philipp (1994), S. 61; SCHIECKEL, Horst (1946), S. 19.

[47] Vgl. JETTER, Dieter (1976), S. 321; JETTER, Dieter (1986), S. 199.

[48] Zur Geschichte der Anästhesie vgl. GERSTE, Ronald D. (1996), S. 17-20.

[49] Unter *Antisepsis* versteht man die Gesamtheit an „Maßnahmen zur Erzielung eines Zustandes bedingter Keimfreiheit (,Keimmutʻ) an Körperteilen, z. B. im Operationsgebiet, an Händen des Operationsteams." Wörterbuch der Medizin (1995), S. 37.

[50] Vgl. FISCHER, Alfons (1965b), S. 73.

„Ein Spital wird man nur dann wählen, wenn die Verhältnisse es durchaus nicht anders gestatten. Selbst ein abgesondertes Zimmer im Spital ist nicht so gut wie ein Zimmer in einem beliebigen Privathaus."[51]

Als ein weiterer Grund für die verbesserte Situation des Krankenhauswesens wird die Verkündung der Menschen- und Bürgerrechte während der Französischen Revolution genannt, die u. a. zu einem neuen Verständnis der Fürsorge geführt haben soll: So wurde die Krankenversorgung danach nicht mehr (nur) als Ausdruck der Caritas, sondern als sittliche Pflicht des Staates zur Betreuung der notleidenden Bürger angesehen.[52]

Relativ unabhängig von dem Kulturwandel, der durch die Französische Revolution angestoßen wurde, und dem Strukturwandel, der durch die Industrielle Revolution ausgelöst wurde, bildeten sich im 19. Jahrhundert wieder pflegerische Ordensgemeinschaften. Neben konfessionellen Mutterhäusern und Vereinen wurden seit Mitte des 19. Jahrhunderts auch weltliche Verbände gegründet, wie beispielsweise das Rote Kreuz. Dennoch zählten im Jahre 1877 83,6 % aller Krankenhausbetten zu öffentlichen Einrichtungen.[53]

Im 19. Jahrhundert fing man zudem an, die Kranken aus hygienischen und medizinischen Gründen mehr und mehr nach Krankheitsarten und Behandlungsmaßnahmen aufzuteilen. Parallel hierzu differenzierte sich die Medizin in verschiedene Fachgebiete, was zu einer zunehmenden Spezialisierung der Ärzte führte.[54] Auf institutioneller Ebene entwickelten sich dabei nach 1830 die ersten hoch spezialisierten Krankenhäuser und Universitätskliniken. Diese Entwicklungen waren jedoch nicht von der Ausbildung eines Krankenversicherungssystems begleitet, sodass der Patient noch immer keinen Rechtsanspruch auf Hilfe hatte.[55]

Seit Mitte des 19. Jahrhunderts wird auch zunehmend der betriebswirtschaftlichen Seite des Krankenhauses Aufmerksamkeit geschenkt – häufig mit der Forderung verbunden, einen Verwaltungsbeamten anstelle eines Arztes zum Direktor eines (größeren) Krankenhauses zu ernennen.[56]

Die Entwicklung des Krankenhauswesens von Mitte des 18. bis Ende des 19. Jahrhunderts zeichnet sich insbesondere durch die vielen Krankenhausneubauten aus. Die Motive zur Gründung von Krankenhäusern waren vielfältiger Natur. Zum einen sind die Verbesserungen auf dem

---

[51] BILLROTH, Theodor, zitiert nach SCHADEWALDT, Hans (1971), S. 289. MURKEN führt hierzu an, dass 1856 die Wahrscheinlichkeit für eine Wöchnerin, am Kindbettfieber zu sterben, in einer Entbindungsanstalt dreimal so groß war wie zu Hause. Vgl. MURKEN, Axel Hinrich (1971), S. 292.

[52] Vgl. MURKEN, Axel Hinrich (1988), S. 10; SCHIECKEL, Horst (1946), S. 17-19.

[53] Vgl. HERDER-DORNEICH, Philipp (1994), S. 66-67, 71; MURKEN, Axel Hinrich (1988), S. 113; RAUSCH, Roland (1984), S. 67-69; STARKE, Marie-Theres (1962), S. 23-24.

[54] Hierbei ist zu bemerken, dass schon zu Beginn des 19. Jahrhunderts jedes große Krankenhaus Ärzte anstellte.

[55] Vgl. ACKERKNECHT, Erwin H. (1992), S. 140; FISCHER, Alfons (1965b), S. 82, 309, 393; JETTER, Dieter (1976), S. 321-322; MURKEN, Axel Hinrich (1988), S. 10-11, 77.

[56] Vgl. FISCHER, Alfons (1965b), S. 388, 394.

stationären Sektor maßgeblich auf die medizinischen Fortschritte[57] dieser Zeit zurückzuführen[58], wobei diese wiederum von der Möglichkeit beschleunigt wurden, in den Krankenhäusern über einen längeren Zeitraum Krankheitsprozesse besser kennen zu lernen. Daher kann diese Phase auch als die Ära der *Krankenhausmedizin* bezeichnet werden.[59] Zum anderen standen – verstärkt durch die Industrialisierung – sozialpolitische Überlegungen den Krankenhausbauten Pate.[60] Humanitäre Beweggründe flossen insofern mit ein, als kranke Menschen aller Bevölkerungsschichten aufgenommen wurden.[61] Beachtenswert ist die Trägervielfalt Ende des 19. Jahrhunderts: Neben staatlich verwalteten und städtischen bzw. kommunalen Krankenhäusern etablierten sich immer mehr kirchliche und besonders private Einrichtungen. Sie standen in einer „heilsamen Konkurrenz" zueinander, da sich die öffentliche Hand bemühte, ihre Einrichtungen auf den Stand der privaten Krankenhäuser zu bringen. Die zumeist von namhaften Ärzten gegründeten Privatkliniken trugen innerhalb kürzester Zeit dazu bei, die medizinischen Standards der Krankenhäuser zu heben, indem sie den neuesten medizinischen Erkenntnissen zu breiter Anwendung verhalfen. Dies ist aus den Hauptmotiven von Privatgründungen zu erklären: Neben wirtschaftlichen Erwägungen und der sozialen Einstellung der Ärzte war in erster Linie der Wunsch ausschlaggebend, neuartige medizinische Methoden besser erlernen und anwenden zu können.[62] Um die leitenden Krankenhausärzte nicht an die lukrativeren Privatkliniken zu verlieren, richteten die öffentlichen Krankenhausträger daraufhin des Öfteren Privatzimmer und -stationen ein, in denen zahlungskräftige Patienten behandelt werden konnten. Die dadurch gesteigerte Rentabilität wirkte sich positiv auf den Versorgungsprozess aus und ließ die Krankenhausärzte finanziell unabhängiger sowie selbstständiger werden, sodass eigene Forschung ermöglicht und die Umsetzung neuer medizinischer Erkenntnisse schneller vorangetrieben werden konnte. Ein bislang unbekannter Wettbewerb um Patienten und qualifiziertes Personal setzte ein.[63]

Bemerkenswert hierbei ist, dass bis zum Ende des 19. Jahrhunderts die Krankenhausplanung nahezu gänzlich unkoordiniert verlief. Staatliche, städtische, freigemeinnützige (vor allem kirchliche) sowie private Krankenhäuser wurden aus sozialen, karitativen, wissenschaftlichen und ökonomischen Motiven, letztlich also aus eigenem Antrieb, d. h. ohne gesetzliche Verpflichtung, gegründet und agierten nahezu unabhängig voneinander. So kann die Komplexität des Systems

---

[57] Unter *medizinischem Fortschritt* wird im Folgenden der medizinwissenschaftliche und der medizintechnische Fortschritt subsumiert. Zu den medizinischen Fortschritten werden neue Erkenntnisse und Maßnahmen sowie Geräte und Medikamente gezählt, mit denen verbesserte Diagnose- und Behandlungsmöglichkeiten verbunden sind.

[58] SCHADEWALDT ist sogar der Auffassung, dass die „moderne Entwicklung der Medizin [...] der eigentliche Grund für den Abbau der Vorstellungen [ist], dass das Krankenhaus als ein Armenasyl zu gelten habe, und für die Einsicht, dass im Gegenteil bei bestimmten, vor allem lebensbedrohenden Krankheiten das Heil nur und ausschließlich im Krankenhaus gefunden werden könne." SCHADEWALDT, Hans (1971), S. 290 [Zitat angepasst an die neue deutsche Rechtschreibung].

[59] Die Krankenhausmedizin wird – nach ACKERKNECHT – im Laufe des 19. Jahrhunderts von der sog. *Labormedizin* abgelöst. Vgl. ACKERKNECHT, Erwin H. (1992), S. 103, 105-107.

[60] ⇨ Dieser Effekt wurde mit der BISMARCKschen Reform und dem daraus hervorgehenden Krankenversicherungsgesetz von 1883 noch verstärkt. Vgl. dazu *Abschnitt 4.2.3.1*.

[61] Vgl. MURKEN, Axel Hinrich (1988), S. 10-11.

[62] Vgl. MURKEN, Axel Hinrich (1974), S. 300; SCHADEWALDT, Hans (1971), S. 289-290.

[63] Vgl. FISCHER, Dieter (1988), S. 19-20; MURKEN, Axel Hinrich (1971), S. 293.

„Krankenhaus" und seines Umsystems zum Ende des 19. Jahrhunderts als verhältnismäßig gering eingestuft werden.

Da der größte Einfluss auf den Status quo des deutschen Gesundheitssystems im Verlauf des 20. Jahrhunderts ausgeübt wurde, wird auf diese Periode ausführlicher eingegangen. Der rechtlich-politischen Entwicklung des Gesundheitssystems kommt hierbei eine besondere Bedeutung zu. Daher wird zunächst diese Entwicklung in zwei Zeitabschnitten – von 1883 bis 1972[64] und von 1972 bis 2000 – dargestellt, bevor weitere Entwicklungslinien, wie die medizinische Entwicklung, aufgezeigt werden.

4.2.3 Entwicklung ab Ende 19. Jahrhundert

4.2.3.1 Die rechtlich-politische Entwicklung des deutschen Gesundheitssystems von 1883 bis 1972

Das im Rahmen der BISMARCKschen Sozialreform 1883 erlassene Krankenversicherungsgesetz[65] trug zur qualitativen und quantitativen Weiterentwicklung des Krankenhauses, aber auch zur Verbesserung seiner finanziellen Grundlage in entscheidendem Maße bei. Schwerpunkt dieses Gesetzes war die Einführung einer – nicht mehr auf einzelne Regionen begrenzten – *allgemeinen Krankenversicherungspflicht* für Arbeiter bestimmter Branchen.[66] Den Versicherten wurde danach die Bereitstellung ärztlicher Leistungen – durch die per Gesetz verpflichteten Krankenkassen – garantiert. Die einzelnen Krankenkassen schlossen im ambulanten Bereich mit den Ärzten Einzeldienstverträge ab[67] und legten im stationären Bereich tagesgleiche Pflegesätze fest, die sowohl die Investitions- als auch die Betriebskosten der Krankenhäuser decken sollten.[68] Tat-

---

[64] Das Jahr 1972 kann als ein weiterer Meilenstein der Geschichte des deutschen Krankenhauswesens bezeichnet werden, da in diesem Jahr das noch nachhaltig wirkende Krankenhausfinanzierungsgesetz erlassen wurde.

[65] Zu dem „Reformpaket" zählten neben dem „Gesetz betreffend die Krankenversicherung der Arbeiter" noch die Unfall-, Alters- und Invaliditätsversicherung. Vgl. HERDER-DORNEICH, Philipp (1994), S. 80; TUSCHEN, Karl Heinz/ QUAAS, Michael (2001), S. 2.

[66] Vgl. vertiefend HERDER-DORNEICH, Philipp (1994), S. 77-85. Die Bemühungen einzelner Regionen sowie einzelner Berufsgruppen in den vorangegangenen 150 Jahren, eine Versicherungspflicht einzuführen, führten zwar schon zu einem recht umfangreichen Netz von Versorgungs- und Vorsorgeeinrichtungen, doch war dieses bei weitem noch nicht flächendeckend. Auch mit dem Erlass der „Preußischen Allgemeinen Gewerbeordnung" von 1845, nach der die Städte und Gemeinden ermächtigt wurden, einen Versicherungszwang (für die gewerblichen Arbeiter) einzuführen, sowie ihrer Folgeverordnungen und -gesetze gelang es nicht, ein überregionales soziales Netz aufzubauen. Vgl. hierzu HERDER-DORNEICH, Philipp (1994), S. 71-77. Erst mit der BISMARCKschen Reform wurde die systematische Gesundheitsversorgung der Bevölkerung etabliert, auch wenn noch längst nicht alle Berufsgruppen dem Versicherungszwang unterlagen. 1885 waren nur etwa zehn Prozent der 50 Mio. Bürger des Deutschen Reiches versichert. Vgl. NEUFFER, Andreas B. (1997), S. 59-60.

[67] Die Vertragsbedingungen konnten die Krankenkassen aufgrund der großen Zahl verfügbarer Ärzte vorgeben. Die zunehmende finanzielle Abhängigkeit von den Krankenkassen führte im Jahre 1900 20 Ärzte zu der Gründung eines „ärztlichen Kampfverbandes" (erst Leipziger Verband, dann 1903 „Verband der Ärzte Deutschlands zur Wahrung ihrer wirtschaftlichen Interessen", später – nach seinem Begründer – Hartmannbund genannt), mittels deren sie ihre wirtschaftlichen Rechte gegenüber den Krankenkassen besser durchzusetzen erhofften. Schon 1904 vereinigte der Verband über die Hälfte aller Ärzte in Deutschland und erlangte mit dem „Berliner Abkommen" von 1913 wesentliche Mitspracherechte. Vgl. hierzu HERDER-DORNEICH, Philipp (1994), S. 90-92; HESS, Rainer/ QUASDORF, Ingrid (2001), S. 10, 48.

[68] Die Vertragsparteien waren dabei frei von staatlichen Eingriffen. Vgl. TUSCHEN, Karl Heinz/ QUAAS, Michael (2001), S. 2.

sächlich war eine Vorhaltung der Krankenhäuser ohne die finanzielle Hilfe ihrer Träger (weiterhin) nicht möglich. Kostendeckende Pflegesätze sollten den Krankenhäusern noch lange verwehrt bleiben.[69]

Trotz Ausdehnung des Versicherungszwanges auf weitere Berufsgruppen in den ersten Jahren nach Verabschiedung des Krankenversicherungsgesetzes waren zur Jahrhundertwende nur 18 % der Bevölkerung in den Versicherungsschutz einbezogen. Dieses Manko, die hohe Zahl an Zwangskrankenkassen (22 000), von denen einige nur etwa ein Dutzend Mitglieder hatten, sowie weiterer Reformbedarf auch in anderen Pfeilern der BISMARCKschen Sozialgesetzgebung führten 1911 zur *Reichsversicherungsordnung* (RVO), in der die gesetzlichen Bestimmungen der einzelnen Versicherungszweige zusammengefasst wurden.[70] Neben der – sich aus dem „Gesetz der großen Zahl"[71] nahezu erzwingenden – Verringerung der Kassenzahl (auf 8 500) und der Festlegung einer Mindestkassengröße wurde der Versichertenkreis erheblich ausgeweitet.[72] So waren 1914 rund 25 % der Bevölkerung gesetzlich krankenversichert, 1929 bereits ca. 60 %.[73]

Wegen ihrer bis heute anhaltenden Wirkung auf die Struktur des deutschen Gesundheitswesens kommt der Gründung der *Kassenärztlichen Vereinigungen* als Körperschaften des öffentlichen Rechts im Jahre 1931 eine besondere Bedeutung zu.[74] Jeder Arzt, der an der ambulanten Versorgung gesetzlich versicherter Patienten teilhaben wollte, musste Mitglied in der Kassenärztlichen Vereinigung (KV) seines Landes werden.[75] Damit ging der ursprünglich bei den Krankenkassen angesiedelte Sicherstellungsauftrag auf die Kassenärzteschaft über, die nun als gleichberechtigte Gegenmacht die Kollektivverträge aushandelte. Nach dem Prinzip des Kollektivvertrags zahlten die Krankenkassen eine Gesamtvergütung an die Kassenärztlichen Vereinigungen, die sich damit verpflichteten, die medizinische Versorgung durch niedergelassene Ärzte zu sichern.[76] Im Ge-

---

[69] Vgl. ROBERT BOSCH STIFTUNG (1987), S. 38; TUSCHEN, Karl Heinz/ QUAAS, Michael (2001), S. 2.

[70] Vgl. HERDER-DORNEICH, Philipp (1994), S. 85-89.

[71] Unter dem „Gesetz der großen Zahl" wird in diesem Zusammenhang verstanden, dass zur Reduzierung des Risikos des Versicherers eine hinreichend große Anzahl von Versicherten notwendig ist. Bei einer überdurchschnittlichen Häufung von (teuren) Schadensfällen läuft die Versicherung ansonsten Gefahr, illiquide zu werden. Vgl. hierzu auch HERDER-DORNEICH, Philipp/ WASEM, Jürgen (1986), S. 120-122.

[72] Weitere Berufsgruppen wurden dem Versicherungszwang unterlegt, die Versicherungspflichtgrenze drastisch erhöht und – in einigen relativ mitgliederstarken Kassen – der Versicherungsschutz auf Familienangehörige ausgedehnt. Vgl. HERDER-DORNEICH, Philipp (1994), S. 86-87, 97-98.

[73] Vgl. AOK-BUNDESVERBAND (1994), S. 27.

[74] Die Kassenärztlichen Vereinigungen übernahmen nun die Wahrung der Rechte der Kassenärzte gegenüber den Krankenkassen auf öffentlich-rechtlicher Basis – eine Funktion, die zuvor der Hartmannbund als zivilrechtliche Vereinigung mit freiwilliger Mitgliedschaft wahrgenommen hatte. Der Hartmannbund, dessen regionale Vorsitzende fast durchweg auch den Vorsitz in den jeweiligen Kassenärztlichen Vereinigungen übernahmen, wurde anfangs noch weitergeführt, ist dann aber 1935 verboten worden. Damit ging – bis zu seiner Neugründung im Jahre 1948 – seine Aktivität vollständig in den Kassenärztlichen Vereinigungen auf. Vgl. HERDER-DORNEICH, Philipp (1994), S. 92; HESS, Rainer/ QUASDORF, Ingrid (2001), S. 10.

[75] Heute gibt es in Deutschland 23 Kassenärztliche Vereinigungen, davon vier in Baden-Württemberg, drei in Rheinland-Pfalz, zwei in Nordrhein-Westfalen und in den restlichen Bundesländern jeweils eine KV. Dass die Zuständigkeitsbereiche der Kassenärztlichen Vereinigungen nicht immer mit den Grenzen der Bundesländer übereinstimmen, ist auf die Grenzziehung der Besatzungszonen von 1945 bis 1949 zurückzuführen. Vgl. HESS, Rainer/ QUASDORF, Ingrid (2001), S. 29-30.

[76] Vgl. STILLFRIED, Dominik Graf von/ JELASTOPULU, Eleni (1997), S. 28-29.

gensatz zum ambulanten Sektor entwickelte sich im stationären Bereich keine der Kassenärztlichen Vereinigung vergleichbare Körperschaft.[77] Die Bereitstellung stationärer Leistungen war immer noch weitgehend in das Ermessen der Krankenkassen gestellt. Da die Kassenärztlichen Vereinigungen die wirtschaftlichen Interessen der *freiberuflichen* Ärzte vertraten, waren sie aufgrund der Budgetierung der Honorarsumme daran interessiert, die in Krankenhäusern angestellten Ärzte von der ambulanten Versorgung weitgehend auszuschließen.[78] Damit kann das Jahr 1931 als Beginn der strikten Trennung der ambulanten und stationären Versorgung angesehen werden.[79]

Trotz der Änderungen, die u. a. mit der Gründung der Kassenärztlichen Vereinigungen verbunden waren[80], bewies die *RVO* (2. Buch – Krankenversicherung) „ihre ausgezeichnete Systematik und Anpassungsfähigkeit damit, dass sie [...] bis 1. 1. 1989 mit ihren wesentlichen Vorschriften bestehen blieb [... und] erst mit der Einführung des Sozialgesetzbuches [...] schrittweise außer Kraft gesetzt"[81] wurde. Während des Ersten Weltkrieges und während der Weltwirtschaftskrise Ende der zwanziger Jahre sorgten viele Übergangsverordnungen sowie kleine Teilreformen zur Abschwächung der Folgen der Inflation[82] dafür, dass das Krankenversicherungssystem auf Basis der RVO nicht vollständig zusammenbrach, wenngleich natürlich auch die Einrichtungen der Gesundheitsversorgung unter der wirtschaftlichen Situation zu leiden hatten. Die Zeit des Nationalsozialismus hinterließ fast keine Spuren im Systemaufbau der gesetzlichen Krankenversicherung (GKV), da in dieser Periode die Versorgungseinrichtungen und -strukturen zum größten Teil beibehalten und in den Folgejahren nationalsozialistische Umstrukturierungsmaßnahmen weitgehend zurückgenommen wurden.[83]

Eine Ausnahme bildet die *Preisstoppverordnung* vom November 1936, mit der zum einen die Preisgestaltung der Krankenhäuser erstmals staatlich beeinflusst und zum anderen die bis dahin

---

[77] Bis heute gibt es eine solche Körperschaft des öffentlichen Rechts im stationären Bereich nicht. Allerdings wurde 1947 der *Marburger Bund* als ein parteipolitisch und konfessionell unabhängiger Zusammenschluss der angestellten und beamteten Ärzte in Deutschland gegründet. Er versteht sich als politischer Ärzteverband, tariffähige Gewerkschaft und Vertretung in den ärztlichen Körperschaften. Vgl. MARBURGER BUND (1994), S. 38.

[78] Krankenhausärzte nahmen für ihre am Krankenhaus ambulant erbrachten Leistungen auch am Honorarsystem der Kassenärztlichen Vereinigungen teil. Ob die Beteiligung eines Krankenhausarztes an der kassenärztlichen Versorgung notwendig war, legte die jeweilige KV situativ fest. Vgl. STILLFRIED, Dominik Graf von/ JELASTOPULU, Eleni (1997), S. 30.

[79] Vgl. HERDER-DORNEICH, Philipp (1994), S. 101-103; STILLFRIED, Dominik Graf von/ JELASTOPULU, Eleni (1997), S. 29-30. Das Prinzip der Kollektivverträge wurde 1955 durch das Gesetz über das Kassenarztrecht bestätigt, das die Grundlage für die Ausbildung der unterschiedlichen Rechtsbeziehungen zwischen den Krankenkassen und den einzelnen Leistungsanbietergruppen bildete. Damit leitete dieses Gesetz die bis heute anhaltende „sektorale Zersplitterung der Versorgungsabläufe durch separate institutionelle Zuständigkeiten und Finanzierungsformen" ein. Vgl. STILLFRIED, Dominik Graf von/ JELASTOPULU, Eleni (1997), S. 30-31; vgl. auch DAUB, Dieter (1999), S. 271-272.

[80] Zu den Änderungen vgl. vertiefend HERDER-DORNEICH, Philipp (1994), S. 87-159.

[81] KRAUSKOPF, Dieter (1995), S. IX [Zitat angepasst an die neue deutsche Rechtschreibung]. ⇨ Zur RVO vgl. auch *Fußnote 143* auf *S. 67.*

[82] So wurden beispielsweise die Versicherungsbeiträge und -leistungen an den Verfall der Währung angepasst. Vgl. HERDER-DORNEICH, Philipp (1994), S. 98.

[83] Zur Zeit zwischen 1911 und 1945 vgl. vertiefend HERDER-DORNEICH, Philipp (1994), S. 97-109; vgl. auch NEUFFER, Andreas B. (1997), S. 63.

geltende Vertragsfreiheit bezüglich der Rechtsbeziehungen zwischen Krankenkassen und Krankenhäusern aufgehoben wurde. Der Preisstopp, d. h. die weitgehende Festschreibung der im November 1936 gültigen Pflegesätze[84], hielt für die Krankenhäuser bis zum Erlass der Preisfreigabeanordnung im Juni 1948 an. Die Preisfreigabe, die zu einer Erhöhung der Pflegesätze um 30 bis 40 Prozent führte[85], wurde aber bereits im Dezember des gleichen Jahres durch eine Anordnung wieder aufgehoben, nach der Pflegesatzerhöhungen einem speziellen Verfahren zu folgen haben.[86] Diese innerhalb eines halben Jahres eingeleitete und wieder beendete Unterbrechung der staatlichen Einflussnahme deutete den damals vorherrschenden Konflikt an: Zum einen bestand in den Krankenhäusern ein erheblicher Bedarf an Pflegesatzerhöhungen[87], zum anderen war dieser nicht – zumindest nicht in vollem Umfang – zu finanzieren.

Da die Kosten für die Beseitigung der Kriegsschäden an Krankenhäusern sowie die ständig steigenden Betriebskosten durch die nur zögerlich angehobenen Pflegesätze und die nur äußerst spärlichen staatlichen Finanzierungshilfen nicht gedeckt werden konnten, wurde eine Änderung der preisrechtlichen Bestimmungen unumgänglich. Diese wurde mit der 1954 erlassenen *Bundespflegesatzverordnung* angegangen, nach der die Pflegesätze – auf der Basis von bei sparsamer Wirtschaftsführung entstehenden Selbstkosten – von den Preisbildungsstellen der Länder festgesetzt wurden. Da die Selbstkostendefinition aber nicht den tatsächlichen Güterverbrauch widerspiegelte[88], konnten von den Kosten für die stationäre Behandlung im Akutbereich bis 1959 jährlich rund 480 Mio. DM und von 1960 bis 1965 sogar jährlich ca. 800 Mio. DM nicht durch den Pflegesatz gedeckt werden. Die Träger hatten demnach die Defizite auszugleichen.[89] Diese unbefriedigende, weil uneinheitliche Finanzierungsregelung, welche Finanzierungsnöte, bauliche und apparative Mängel sowie ein Absinken des Versorgungsniveaus der Krankenhäuser zur Folge

---

[84] Neben den Investitions- und Betriebskosten umfassten die Pflegesätze auch die Verzinsung des betriebsnotwendigen Kapitals. Eine *rein* monistische Finanzierung lag allerdings nicht vor, da die Städte es als vertretbar erachteten, die öffentlichen Krankenhäuser in dem Umfang zu subventionieren, wie nach Einführung der GKV Einsparungen bei der öffentlichen Armenpflege zu erzielen waren. Vgl. FISCHER, Dieter (1988), S. 23.

[85] Vgl. HOLLER, Albert (1985), S. 157.

[86] Vgl. FISCHER, Dieter (1988), S. 24-25; ROBERT BOSCH STIFTUNG (1987), S. 40; VKD (1993), S. 11.

[87] Vgl. KÖHRER, Dietmar (1991), S. 63.

[88] So waren z. B. die durchschnittlich geleisteten Zuschüsse der öffentlichen Krankenhausträger von den Selbstkosten abzuziehen. Außerdem durften bestimmte Kostenarten – wie die kalkulatorischen Eigenkapitalzinsen – nicht in die Kalkulation aufgenommen werden, und die zulässige Abschreibung blieb unterhalb der Substanzerhaltung. Vgl. FISCHER, Dieter (1988), S. 23-26; ROBERT BOSCH STIFTUNG (1987), S. 40-41; TUSCHEN, Karl Heinz/ QUAAS, Michael (2001), S. 4; VKD (1993), S. 11-12.

[89] Vgl. FISCHER, Dieter (1988), S. 26; HERDER-DORNEICH, Philipp/ WASEM, Jürgen (1986), S. 140; ROBERT BOSCH STIFTUNG (1987), S. 41; SIEBIG, Josef (1999), S. 37.

hatte, zwang den Gesetzgeber zu reagieren.[90] Der Deutsche Bundestag berief 1966 eine Enquête-Kommission ein, die 1969 mit ihrem „Bericht über die finanzielle Lage der Krankenanstalten" die entscheidende Grundlage zur (noch im gleichen Jahr vorgenommenen) *Änderung des Grundgesetzes* lieferte[91]: Wegen der mittlerweile jährlichen Unterdeckung von knapp zwei Mrd. DM sollte der Bund eine konkurrierende Gesetzgebungskompetenz für „die wirtschaftliche Sicherung der Krankenhäuser und die Regelung der Krankenhauspflegesätze"[92] erhalten. Zuvor lag die Zuständigkeit für die Krankenhausversorgung ausschließlich bei den Ländern. Damit war der Weg frei für eine grundlegende Neuordnung der Krankenhausfinanzierung durch ein Bundesgesetz.[93]

4.2.3.2 Die rechtlich-politische Entwicklung des deutschen Gesundheitssystems von 1972 bis 2000

Das im Rahmen der Grundgesetzänderung 1969 anvisierte *Krankenhausfinanzierungsgesetz* (KHG)[94] wurde erst 1972 erlassen. Zweck dieses Gesetzes war „die wirtschaftliche Sicherung der Krankenhäuser, um eine bedarfsgerechte Versorgung der Bevölkerung mit leistungsfähigen Krankenhäusern zu gewährleisten und zu sozial tragbaren Pflegesätzen beizutragen."[95] Die Vorhaltung der Krankenhäuser wurde nunmehr als öffentliche Aufgabe angesehen, wobei sich Bund und Länder an der Finanzierung der Investitionskosten im Rahmen einer Mischfinanzierung be-

---

[90] Neben den im Folgenden aufzuzeigenden rechtlichen Veränderungen im Krankenhausbereich sind in den Jahren von 1957 bis 1970 allerdings auch noch einige Neuerungen innerhalb der strukturellen Gegebenheiten des Gesundheitswesens vorgenommen worden: So wurde von 1957 bis 1969 der letzte tief greifende Unterschied in der *krankenversicherungsrechtlichen Behandlung unterschiedlicher Berufsgruppen* – nämlich der zwischen Arbeitern und Angestellten – schrittweise aufgehoben. Außerdem wurde mit dem Zweiten Krankenversicherungsänderungsgesetz von 1971 die Erhöhung der *Versicherungspflicht- und Beitragsbemessungsgrenze der GKV* automatisiert – und zwar durch Koppelung an die Beitragsbemessungsgrenze der gesetzlichen Rentenversicherung, die sich entsprechend der Entwicklung der durchschnittlichen Bruttolöhne und -gehälter verändert. Sowohl die Versicherungspflicht- als auch die Beitragsbemessungsgrenze der GKV betragen seitdem 75 % der Beitragsbemessungsgrenze der gesetzlichen Rentenversicherung. Siehe § 6 Abs. 1 Nr. 1 SGB V. (Die Beitragsbemessungsgrenze der Rentenversicherung orientiert sich wiederum an den Einkommen der Versicherten: Sie wird auf das Doppelte des durchschnittlichen Bruttoarbeitsverdienstes aller Versicherten festgesetzt. Vgl. REBSCHER, Herbert/ WALZIK, Eva (1998), S. 50.) Bis 1971 erfolgten die Erhöhungen jeweils durch Beschluss eigener Gesetze. Ablauf und Bemessung der Höhe der Beitragszahlung der *freiwillig* Versicherten der GKV (und ihrer Arbeitgeber) wurden im gleichen Gesetz an die Beitragszahlung der Pflichtversicherten angepasst. Siehe „Gesetz zur Weiterentwicklung des Rechts der gesetzlichen Krankenversicherung (Zweites Krankenversicherungsänderungsgesetz – 2. KVÄG)" vom 21. Dezember 1970 (in: BGBl. I, S. 1770-1773), das am 1. Januar 1971 in Kraft trat. Vgl. vertiefend HERDER-DORNEICH, Philipp (1994), S. 114-117, 131-134.

[91] Siehe „22. Gesetz zur Änderung des Grundgesetzes" vom 12. Mai 1969 (in: BGBl. I, S. 363), das am 22. Mai 1969 in Kraft trat.

[92] Siehe Art. 74 Ziffer 19 a GG.

[93] Vgl. SIEBIG, Josef (1999), S. 38; TUSCHEN, Karl Heinz/ QUAAS, Michael (2001), S. 5.

[94] Siehe „Gesetz zur wirtschaftlichen Sicherung der Krankenhäuser und zur Regelung der Krankenhauspflegesätze – KHG" vom 29. Juni 1972 (in: BGBl. I, S. 1009-1017), das am 1. Juli 1972 in Kraft trat. Die Kurzbezeichnung „Krankenhausfinanzierungsgesetz" ist von rechtlicher Seite her allerdings erst mit dem Krankenhaus-Kostendämpfungsgesetz von 1982 eingeführt worden (⇨ vgl. *Fußnote 121* auf *S. 64*).

[95] Siehe § 1 Abs. 1 KHG i. d. F. vom 29. Juni 1972. Der Wortlaut wurde nur einmal in der seit 1984 geltenden Fassung des § 1 Abs. 1 KHG insoweit geändert, als die Versorgung „mit leistungsfähigen, *eigenverantwortlich wirtschaftenden* Krankenhäusern zu gewährleisten" ist.

teiligten.[96] Die Patienten bzw. deren Krankenversicherungen bezahlten dagegen (über den Pflegesatz) nur noch die laufenden Betriebskosten. Mithilfe dieser *dualen Finanzierung*, mit der die bislang vorherrschende monistische Krankenhausfinanzierung abgelöst wurde, sollten den Krankenhäusern die notwendigen Investitionsmittel zur Verfügung gestellt und die Pflegesätze auf einer sozial tragbaren Höhe gehalten werden.[97] Die Durchführung des Gesetzes oblag den Ländern, weshalb auch sie die Krankenhausbedarfspläne aufzustellen hatten, die die Grundlage für die Programme zur Durchführung des Krankenhausbaues und deren Finanzierung bildeten.[98] Das neben dem System der dualen Finanzierung durch das KHG eingeführte *Selbstkostendeckungsprinzip* sollte die Grundlage für die wirtschaftliche Sicherung der Krankenhäuser darstellen. Danach wurde sparsam wirtschaftenden, leistungsfähigen Krankenhäusern eine retrospektive Erstattung ihrer Selbstkosten zugesichert.[99] Die Vorschriften über die Krankenhauspflegesätze sind im KHG von 1972 und in der 1973 novellierten Bundespflegesatzverordnung (BPflV)[100] enthalten. Welche Kosten über die Pflegesätze und welche über die öffentlichen Fördermittel finanziert werden, wurde anfangs ausschließlich im KHG festgelegt[101]; seit 1978 wird dies im Rahmen der Vorgaben des KHG durch die Abgrenzungsverordnung (AbgrV)[102] vorgeschrieben. Auch im Pflegesatzbereich führten die Länder das Gesetz aus, indem sie die krankenhausindividuellen Pflegesätze auf der Grundlage von Einigungsverhandlungen zwischen Krankenkassen und Krankenhäusern festsetzten.[103] Als Pflegesatzform setzte sich der vollpauschalierte, tagesgleiche

---

[96] Nach der politischen Geschäftsgrundlage sollte sich die Finanzierung der Investitionskosten zwischen Bund und Ländern im Verhältnis eins zu zwei aufteilen. Dieser Regelung wurde durch das Gesetz allerdings nicht in vollem Umfang gefolgt, sodass der Bund von 1972 bis 1984 insgesamt nur 23,12 % der Investitionsförderungssumme von ca. 46 Mrd. DM übernehmen musste. Vgl. TUSCHEN, Karl Heinz/ QUAAS, Michael (2001), S. 6-7, 10.

[97] Siehe § 1 und § 4 Abs. 1 Satz 1 HGB i. d. F. vom 29. Juni 1972. Vgl. auch TUSCHEN, Karl Heinz/ QUAAS, Michael (2001), S. 5-6.

[98] Siehe § 6 Abs. 1 KHG i. d. F. vom 29. Juni 1972. Die Aufnahme eines Krankenhauses in den Krankenhausbedarfsplan eines Landes war (und ist) die Voraussetzung für seine öffentliche Förderung; siehe § 8 Abs. 1 KHG. Bei der Aufstellung der Krankenhausbedarfspläne und der Programme zur Durchführung des Krankenhausbaues waren die Deutsche Krankenhausgesellschaft, die Spitzenverbände der GKV und sonstige Beteiligte im Land anzuhören; siehe § 6 Abs. 3 KHG i. d. F. vom 29. Juni 1972. Hierzu und zum Ablauf der Vergabe von Investitionsmitteln vgl. TUSCHEN, Karl Heinz/ QUAAS, Michael (2001), S. 6-7.

[99] Siehe § 4 Abs. 1 Satz 2 KHG i. d. F. vom 29. Juni 1972. Vgl. auch TUSCHEN, Karl Heinz/ QUAAS, Michael (2001), S. 5-6.

[100] Siehe „Verordnung zur Regelung der Krankenhauspflegesätze (Bundespflegesatzverordnung – BPflV)" vom 25. April 1973 (in: BGBl. I, S. 333-356), die größtenteils am 1. Januar 1974 in Kraft trat. Einige Paragrafen traten schon am 4. Mai 1973 in Kraft. In der Bundespflegesatzverordnung wurden vor allem Art und Umfang der Betriebskostenerstattung festgelegt.

[101] Siehe § 17 Abs. 2 bis 4 KHG i. d. F. vom 29. Juni 1972.

[102] Siehe „Verordnung über die Abgrenzung und die durchschnittliche Nutzungsdauer von Wirtschaftsgütern in Krankenhäusern (Abgrenzungsverordnung – AbgrV)" vom 5. Dezember 1977 (in: BGBl. I, S. 2355-2359), die am 1. Januar 1978 in Kraft trat. Zu den Inhalten der Abgrenzungsverordnungen von 1978, 1986 und 1997 vgl. vertiefend TUSCHEN, Karl Heinz/ QUAAS, Michael (2001), S. 41-50. Seit dem 12. Dezember 1985 wird die Abgrenzungsverordnung im Bundesgesetzblatt unter der Bezeichnung „Verordnung über die Abgrenzung der im Pflegesatz nicht zu berücksichtigenden Investitionskosten von den pflegesatzfähigen Kosten der Krankenhäuser (Abgrenzungsverordnung – AbgrV)" geführt (siehe BGBl. I, S. 2255-2257).

[103] Siehe §§ 15, 16 BPflV i. d. F. vom 25. April 1973. Vgl. auch ROBERT BOSCH STIFTUNG (1987), S. 42; TUSCHEN, Karl Heinz/ QUAAS, Michael (2001), S. 7-8.

Pflegesatz durch[104] „durch den alle unter Berücksichtigung der Leistungsfähigkeit des Krankenhauses medizinisch zweckmäßigen und ausreichenden Krankenhausleistungen [...] abgegolten werden"[105]. Außerdem wurde ein rückwirkender Gewinn- und Verlustausgleich eingeführt, nach dem Überschüsse nachträglich eingezogen und Unterdeckungen ausgeglichen wurden.[106] Damit wurde eine wirtschaftliche Führung des Krankenhausbetriebes nicht belohnt.[107] Die Krankenhäuser waren – aus einzelwirtschaftlicher Sicht – an einem hohen Belegungsgrad bei wenigstens gleich bleibender Bettenanzahl interessiert, da die Höhe öffentlicher Investitionsförderung im Wesentlichen von diesen beiden Determinanten bestimmt wurde.[108]

In den Folgejahren verbesserten zwar diese Neuregelungen die finanzielle Lage der Krankenhäuser[109], jedoch nicht die des Gesundheitswesens insgesamt.[110] Eine oft als „Kostenexplosion"[111] bezeichnete Entwicklung der Gesundheitsausgaben bahnte sich an. So stiegen beispielsweise die Krankenhausausgaben der GKV von 6 Mrd. DM im Jahre 1970 auf 17,5 Mrd. DM im Jahre 1975.[112] Zu diesem extremen Anstieg der Gesundheitsausgaben trugen vor allem der verstärkte Einsatz teurer Medizintechnologie[113] sowie die Ausweitungen des Leistungskataloges in den vergangenen Jahren bei.[114] Die Ausgabensteigerung wurde von einer Reduzierung der Einkommen vieler Beschäftigter und somit auch des Prämienaufkommens der GKV begleitet, was eine indirekte Folge der schlechten wirtschaftlichen Lage war, die vor allem durch die Ölkrise 1973 aus-

---

[104] Die Pflegesatzform wurde im Gesetzestext nicht explizit vorgeschrieben; in der Praxis hatte sich der vollpauschalierte, tagesgleiche Pflegesatz allerdings als allein übliche Pflegesatzform durchgesetzt. Vgl. TUSCHEN, Karl Heinz/ QUAAS, Michael (2001), S. 8. Dass die Tagespauschale immer noch die vorherrschende Entgeltform im Krankenhaus darstellte, war gerade aufgrund der steigenden Anzahl an teuren operativen Leistungen verwunderlich. 1883 machte eine Vergütung als Tagespauschale für die Pflege noch Sinn, da die Pflege damals auch den weitaus größten Teil der Kosten in Anspruch nahm. Vgl. BRETTEL, Malte (1997), S. 95.

[105] Siehe § 3 Abs. 1 BPflV i. d. F. vom 25. April 1973.

[106] Siehe § 17 Abs. 1 BPflV i. d. F. vom 25. April 1973.

[107] Dies war wohl auch der Grund, weshalb der Ausgleich nicht in allen Ländern angewandt wurde. Vgl. TUSCHEN, Karl Heinz/ QUAAS, Michael (2001), S. 8.

[108] Vgl. ANDREAS, Heike (1994), S. 90-91.

[109] Durch das Selbstkostendeckungsprinzip versuchten die Krankenhäuser ihren Nachholbedarf an Investitions- und Instandhaltungsmaßnahmen zu befriedigen.

[110] So vergingen nur drei Jahre bis zur ersten Änderung des KHG, und bis 1984 folgten elf weitere Änderungen. Vgl. die Aufzählung der berücksichtigten Gesetze und Verordnungen der „Bekanntmachung der Neufassung des Krankenhausfinanzierungsgesetzes" vom 23. Dezember 1985 (in: BGBl. I, S. 33).

[111] Der Begriff *Kostenexplosion* wurde um das Jahr 1970 geprägt (vgl. ALLEKOTTE, Heinz (1970), S. 12) und hat sich in den Folgejahren zu einem weit verbreiteten Schlagwort entwickelt. Der Terminus wurde später aber stark kritisiert, da weniger die Kosten bzw. Preise der einzelnen Gesundheitsleistungen angestiegen sind, als vielmehr die Anzahl der Leistungen angewachsen ist. Vgl. hierzu z. B. KRÄMER, Walter (1989), S. 197-201 oder ausführlicher BRAUN, Bernhard/ KÜHN, Hagen/ REINERS, Hartmut (1998): „Das Märchen von der Kostenexplosion". Der Begriff der *Leistungsexplosion* setzt sich seitdem immer mehr durch. Die Debatte um die sog. Kostenexplosion wird als eigentlicher Ausgangspunkt für die Entwicklung der Disziplin „Gesundheitsökonomie" gesehen, begründeten die Begriffe „Kostenexplosion" und „Kostendämpfung" doch die Beschäftigung mit ökonomischen Analysen des Gesundheitswesens. Vgl. ANDERSEN, Hanfried H. (1992), S. 15.

[112] Vgl. TUSCHEN, Karl Heinz/ QUAAS, Michael (2001), S. 9. Laut Angaben der Krankenkassenverbände sind ihre Gesamtausgaben von 1965 bis 1975 um 400 % gestiegen. Vgl. RIEGE, Fritz (1993), S. 194.

[113] ⇨ Zum medizintechnischen Fortschritt vgl. *Abschnitt 4.2.3.3, S. 78*.

[114] Vgl. HERDER-DORNEICH, Philipp (1994), S. 136-137. Aber auch schon früher – besonders in den sechziger Jahren – ist der Leistungskatalog stetig ausgebaut worden. Vgl. hierzu STILLFRIED, Dominik Graf von (1996), S. 85.

gelöst wurde.[115] Sinkende Einnahmen und steigende Ausgaben hatten eine spürbare Erhöhung der Beitragssätze der GKV zur Folge: von 8,1 % im Jahre 1970 auf 11,3 % im Jahre 1976.[116] Dieser Anstieg der Beitragssätze veranlasste den Gesetzgeber im Juni 1977 zur Verabschiedung des *Krankenversicherungs-Kostendämpfungsgesetzes*[117], mit dem u. a. die „Konzertierte Aktion im Gesundheitswesen" (KAiG) begründet wurde.*[118]* Die KAiG wurde in Analogie zur Konzertierten Aktion für die Gesamtwirtschaft im Rahmen des Stabilitätsgesetzes von 1967[119] geschaffen. Grundgedanke einer konzertierten Aktion ist ein Zusammenwirken des Staates mit Verbänden und privaten Unternehmen. Ziel der KAiG war, dass die an der gesundheitlichen Versorgung der Bevölkerung Beteiligten *gemeinsam* medizinische und wirtschaftliche Orientierungsdaten sowie Vorschläge zur Rationalisierung, Erhöhung der Effektivität und Wirtschaftlichkeit im Gesundheitswesen entwickeln und jährliche Empfehlungen abgeben. Allerdings wurden die Krankenhausvertreter bei der Festlegung der Empfehlungen zur Ausgabenentwicklung nicht einbezogen. Das Krankenversicherungs-Kostendämpfungsgesetz stellte den Anfang einer langen Reihe von Kostendämpfungsmaßnahmen dar, mit denen vor allem die Stabilisierung der Beitragssätze angestrebt wurde – durch Anpassung der Ausgabenentwicklung der GKV an die Einkommensentwicklung der Versicherten.[120]

Rechtliche Änderungen für den *stationären* Sektor waren vor allem mit dem *Krankenhaus-Kostendämpfungsgesetz* von 1982 verbunden, in dem das KHG novelliert wurde.[121] Es zielte in erster Linie auf einen Abbau „überflüssiger" Betten sowie die Schließung „überflüssiger" Krankenhäuser. Des Weiteren wurden mit diesem Gesetz auch die Krankenhäuser de facto in die Konzertierte Aktion im Gesundheitswesen einbezogen. Danach haben die Deutsche Krankenhausgesellschaft und die Spitzenverbände der GKV gemeinsam Empfehlungen über die Wirt-

---

[115] Vgl. NEUFFER, Andreas B. (1997), S. 64.
[116] Vgl. HERDER-DORNEICH, Philipp (1994), S. 138.
[117] Siehe „Gesetz zur Dämpfung der Ausgabenentwicklung und zur Strukturverbesserung in der gesetzlichen Krankenversicherung (Krankenversicherungs-Kostendämpfungsgesetz – KVKG)" vom 27. Juni 1977 (in: BGBl. I, S. 1069-1085), das am 1. Juli 1977 in Kraft trat.
[118] Vgl. ANDREAS, Heike (1994), S. 73-76; AOK-BUNDESVERBAND (1994), S. 30; HERDER-DORNEICH, Philipp (1994), S. 150. Die Einzelheiten für die Arbeit der KAiG werden seit 1989 in den §§ 141, 142 SGB V geregelt; davor wurden sie im § 405 a RVO geregelt.
[119] Siehe „Gesetz zur Förderung der Stabilität und des Wachstums der Wirtschaft" vom 8. Juni 1967 (in: BGBl. I, S. 582-589), das am Tage seiner Verkündung in Kraft trat.
[120] Vgl. hierzu vertiefend HERDER-DORNEICH, Philipp (1994), S. 141-159.
[121] Siehe Artikel 1 des „Gesetzes zur Änderung des Gesetzes zur wirtschaftlichen Sicherung der Krankenhäuser und zur Regelung der Krankenhauspflegesätze (Krankenhaus-Kostendämpfungsgesetz)" vom 22. Dezember 1981 (in: BGBl. I, S. 1568-1577, hier: S. 1568-1573), das größtenteils am 1. Juli 1982 in Kraft trat.

schaftlichkeitsgrundsätze der Krankenhäuser abzugeben.[122] Außerdem wurden Krankenkassen und Krankenhäuser an der Bedarfsplanung des Landes in Form einer engeren Zusammenarbeit stärker beteiligt. Schließlich teilte man die Krankenhäuser im Zuge dieses Gesetzes nach ihrer Versorgungsfunktion in vier Versorgungsstufen ein[123], nach denen sich dann auch die jeweilige Investitionsförderung richtete.[124]

Eine *umfassende* Novellierung der Krankenhausfinanzierung wurde allerdings erst 1985, also drei Jahre später, mit dem *Gesetz zur Neuordnung der Krankenhausfinanzierung* (Krankenhaus-Neuordnungsgesetz – KHNG) vorgenommen.[125] Ziel des KHNG war die Beseitigung der Ursachen für die Kosten- und Finanzierungsprobleme im Krankenhaussektor. Danach sollte zum einen der in den vergangenen Jahren aufgelaufene Investitionsstau für notwendige Rationalisierungs- und Sanierungsmaßnahmen abgebaut und zum anderen ein ausreichendes Finanzierungsvolumen für die Zukunft zur Verfügung gestellt werden.[126] Außerdem sollten mit dem KHNG die Ausgaben der GKV für den stationären Sektor (gleichgewichtig mit den anderen Bereichen des Gesundheitswesens) in die Kostendämpfung eingebunden werden. Ziel dieser Maßnahmen war es, nicht nur die Gesamtausgaben der Krankenkassen, sondern auch die Aufwendungen für die einzelnen Leistungsbereiche im Rahmen der Grundlohnsummenentwicklung[127] zu halten. Um dieses Ziel erreichen zu können, mussten im Krankenhausbereich Anreize für eine wirtschaftliche Leistungserbringung geschaffen werden. Hierfür wurden die Einflussmöglichkeiten der Krankenkassen gestärkt, indem diese nach Inkrafttreten des KHNG die Pflegesätze gemeinsam mit dem jeweiligen Krankenhausträger festzulegen hatten. Dies war zuvor Aufgabe der jeweiligen Landesbehörde gewesen, die nun nur noch die Pflegesätze genehmigen musste, die von den Selbstverwaltungspartnern vereinbart oder – bei Nichteinigung – von der Schiedsstelle fest-

---

[122] Im Dezember 1985 wurde zusätzlich ein *Sachverständigenrat* für die Konzertierte Aktion im Gesundheitswesen einberufen, der mit der Aufgabe betraut wurde, die KAiG bei der Entwicklung medizinischer und ökonomischer Orientierungsdaten zu unterstützen. Am 10. Februar 1987 legte der Sachverständigenrat ein erstes Gutachten vor. Vgl. AOK-BUNDESVERBAND (1994), S. 31; HERDER-DORNEICH, Philipp (1994), S. 154-155. Von 1987 bis 1992 wurde jährlich ein Gutachten verfasst, 1994 ein Sachstandsbericht und 1995 bis 1997 jeweils ein Sondergutachten. Vgl. SACHVERSTÄNDIGENRAT FÜR DIE KONZERTIERTE AKTION IM GESUNDHEITSWESEN (2001), o. S. Nach einer „Pause" von 1998 bis 2000 legte der Sachverständigenrat im Jahre 2001 wieder ein Gutachten vor. Der Sachverständigenrat ist damit erstmalig seiner jetzt gesetzlich geregelten Verpflichtung nachgekommen, alle zwei Jahren ein „Gutachten zur Entwicklung der Versorgung in der gesetzlichen Krankenversicherung zu erstellen [... und] dabei im Hinblick auf eine bedarfsgerechte Versorgung Bereiche mit Über-, Unter- und Fehlversorgungen und Möglichkeiten zur Ausschöpfung von Wirtschaftlichkeitsreserven aufzuzeigen und zu bewerten." Siehe § 142 Abs. 2 SGB V.
[123] ⇨ Zu den Versorgungsstufen vgl. *Abschnitt 5.1.*
[124] Zuvor orientierte sich die Vergabe der öffentlichen Fördermittelpauschalen nach der Anzahl der Betten des Krankenhauses. Vgl. ROBERT BOSCH STIFTUNG (1987), S. 42; TUSCHEN, Karl Heinz/ QUAAS, Michael (2001), S. 12.
[125] Siehe Artikel 1 des „Gesetzes zur Neuordnung der Krankenhausfinanzierung (Krankenhaus-Neuordnungsgesetz – KHNG)" vom 20. Dezember 1984 (in: BGBl. I, S. 1716-1722, hier: S. 1716-1721), das größtenteils am 1. Januar 1985 in Kraft trat.
[126] Vgl. HERDER-DORNEICH, Philipp (1994), S. 156.
[127] Der *Grundlohn* entspricht dem beitragspflichtigen Bruttoeinkommen eines GKV-Versicherten. Die *Grundlohnsumme* als Gesamtheit der Grundlöhne aller GKV-Versicherten spielt im Rahmen der Gesundheitspolitik eine entscheidende Rolle, da das Ziel der Beitragssatzstabilität nur durch eine einnahmenorientierte Ausgabenpolitik erreicht werden kann. Vgl. HAUBROCK, Manfred/ PETERS, Sönke H. F. (1994), S. 22.

gesetzt wurden.[128] Den Ländern wurde aber die alleinige Verantwortung für die investive Förderung der Krankenhäuser übertragen. Diese Aufhebung der Mischfinanzierung sollte zu einer klaren Aufgabentrennung zwischen Bund und Ländern führen.[129]

Mit der Novellierung der *Bundespflegesatzverordnung* im Jahre 1986[130] sollten auch die Krankenhäuser selbst zum wirtschaftlichen Handeln angehalten werden. So wurde das Selbstkostendeckungsprinzip insofern modifiziert, als die öffentlichen Fördermittel und die Erlöse aus den Pflegesätzen nun die *prospektiv* (für den nächsten Pflegesatzzeitraum) vereinbarten Selbstkosten eines sparsam wirtschaftenden und leistungsfähigen Krankenhauses decken mussten.[131] Der Kalkulation wurde hierfür die voraussichtliche Belegung im Pflegesatzzeitraum zugrunde gelegt. Wich die tatsächliche Belegung von der vorauskalkulierten ab, wurde das Budget flexibilisiert, indem belegungsabhängige Kosten bzw. (Minder-)Erlöse ausgeglichen wurden.[132] Mit Einführung dieser so genannten *flexiblen Budgetierung*[133] hatte ein Krankenhaus kein unmittelbares Interesse mehr an einer Verweildauerverlängerung. Bislang hatte der tagesbezogene Pflegesatz die Erlöse des Krankenhauses proportional zur tatsächlichen Verweildauer steigen oder sinken lassen; nun hatte er nur noch die Bedeutung einer Abschlagszahlung auf das Budget. Seither sind grundsätzlich Gewinn- und Verlustmöglichkeiten gegeben.[134]

Da die individuellen Kosten eines Krankenhauses aber immer noch als Bemessungsgrundlage der Vergütung dienten, bestand weiterhin kaum Anreiz zu sparsamer Betriebsführung. Das Interesse der Krankenhäuser richtete sich weniger auf die Vermeidung als auf den Nachweis und die

---

[128] Siehe § 18 KHG i. d. F. vom 20. Dezember 1984.

[129] Damit entfielen die den Ländern für die Krankenhausfinanzierung gewährten Finanzhilfen des Bundes in Höhe von knapp 1 Mrd. DM jährlich. Zum Ausgleich wurden die Länder im Bereich des Wohnungsbaues, des Wohngeldes und der Sozialversicherung Behinderter in entsprechender Höhe entlastet. Dabei ging der Bund davon aus, dass die Länder diese Mittel auch weiterhin für Krankenhausinvestitionen einsetzen würden. Siehe Art. 2 KHNG „Ablösung der Mischfinanzierung" (in: BGBl. I, S. 1716-1722, hier S. 1721). Vgl. auch HERDER-DORNEICH, Philipp (1994), S. 156; TUSCHEN, Karl Heinz/ QUAAS, Michael (2001), S. 7, 14. Außerdem erhielten die Länder bei der Krankenhausförderung mehr Gestaltungsfreiheit; auf die bundesweite Festlegung der Fördermittelpauschalen wurde verzichtet, dafür aber ein Rechtsanspruch der Krankenhäuser auf Förderung eingeführt. Siehe § 8 Abs. 1 KHG i. d. F. vom 20. Dezember 1984. Seitdem sollen die Selbstverwaltungspartner bei der Durchführung des KHG eng mit den Landesbehörden zusammenarbeiten. Siehe § 7 Abs. 1 KHG.

[130] Siehe „Verordnung zur Regelung der Krankenhauspflegesätze (Bundespflegesatzverordnung – BPflV)" vom 21. August 1985 (in: BGBl. I, S. 1666-1694), die am 1. Januar 1986 in Kraft trat.

[131] Siehe § 4 KHG i. d. F. vom 20. Dezember 1984. Durch die vorgeschriebene Vorauskalkulation der Selbstkosten kannte das Krankenhaus bereits vor Beginn einer Wirtschaftsperiode eine wesentliche Rahmenbedingung, unter der es wirtschaften musste, und sollte somit in die Lage versetzt werden, rechtzeitig notwendige Entscheidungen zu treffen. Vgl. TUSCHEN, Karl Heinz/ QUAAS, Michael (2001), S. 70.

[132] Die Budgetanpassung erfolgte unter der Annahme, dass ein Viertel der Kosten variabel ist. Damit verblieben einem Krankenhaus bei einer höheren Belegungsrate nur 25 % der zusätzlich erzielten Erlöse (75 % der Mehreinnahmen mussten also an die Krankenkassen zurückerstattet werden). Bei einer niedrigeren Belegungsrate wurden 75 % der Mindererlöse von den Krankenkassen ausgeglichen. Die Vertragsparteien konnten im Voraus auch andere Prozentsätze vereinbaren, wenn dies der tatsächlichen oder zu erwartenden Fixkostenstruktur besser entsprach. Siehe § 4 Abs. 1 BPflV i. d. F. vom 21. August 1985. Vgl. auch TUSCHEN, Karl Heinz/ QUAAS, Michael (2001), S. 75.

[133] Der Ausdruck „flexible Budgetierung" entstammt dem Gesetzestext. Siehe § 4 Abs. 1 Satz 2 BPflV i. d. F. vom 21. August 1985.

[134] Siehe § 17 Abs. 1 Satz 4 KHG i. d. F. vom 20. Dezember 1984 und § 4 Abs. 4 BPflV i. d. F. vom 21. August 1985. Vgl. auch TUSCHEN, Karl Heinz/ QUAAS, Michael (2001), S. 72-73.

Rechtfertigung von Kosten.[135] Allerdings hat die flexible Budgetierung dazu geführt, dass viele Krankenhäuser die Einführung neuer, teurer Leistungsangebote seither im Vorhinein mit den Krankenkassen absprechen.[136] Anstelle des allgemeinen Pflegesatzes konnten im Rahmen der flexiblen Budgetierung spezielle Abteilungspflegesätze, Pflegesätze für besondere Einrichtungen sowie teilstationäre Pflegesätze vereinbart werden[137] und außerhalb des Budgets – also ohne die oben dargestellte Ausgleichsregelung – so genannte Sonderentgelte[138]. *Sonderentgelte waren nach der BPflV von 1986 auf Selbstkostenbasis vereinbarte Entgelte für einzelne besonders teure, zumeist chirurgische Leistungen oder Leistungskomplexe.*[139] Durch Einführung der Sonderentgelte sollten zum einen Risiken aufgefangen werden, die innerhalb des Budgetrahmens nicht getragen werden konnten, und zum anderen sollte ein erster Schritt zur Umstellung auf leistungsbezogene, differenzierte Entgelte getan werden. Insgesamt wurden zu diesem Zeitpunkt allerdings nur etwa vier Prozent der Kosten des Krankenhaussektors über Sonderentgelte abgerechnet.[140]

Da jedoch alle Kostendämpfungsbemühungen keinen längerfristigen Erfolg zeitigten, wurde immer intensiver über eine grundlegende „Strukturreform" diskutiert. Ein Ergebnis dieser Diskussionen stellte schließlich das am 1. Januar 1989 in Kraft getretene *Gesundheits-Reformgesetz* (GRG)[141] dar, mit dem das seit 1975 bestehende Sozialgesetzbuch um das Fünfte Buch (SGB V – Gesetzliche Krankenversicherung) erweitert wurde[142], das seinerseits das Zweite Buch der RVO größtenteils ablöste[143]. Es wurde später als die *erste Stufe* der Gesundheitsreform bezeichnet, die sich bis 1998 fortsetzte. Ziele des GRG waren eine Neudefinition des Solidaritätsprinzips, eine Stärkung der Eigenverantwortung der Versicherten, eine Erhöhung der Wirtschaftlich-

---

[135] Vgl. ANDREAS, Heike (1994), S. 90.
[136] Vgl. TUSCHEN, Karl Heinz/ QUAAS, Michael (2001), S. 75-76.
[137] Siehe § 5 Abs. 2 und Abs. 3 BPflV i. d. F. vom 21. August 1985.
[138] Siehe § 6 BPflV i. d. F. vom 21. August 1985.
[139] Sonderentgelte wurden für 16 verschiedene Leistungen, z. B. für Herzoperationen und Transplantationen vereinbart. Siehe § 6 Abs. 1 BPflV i. d. F. vom 21. August 1985. Die den Sonderentgelten zuzurechnenden Selbstkosten waren im Rahmen einer sog. Kostenausgliederung bei der Budgetermittlung abzuziehen. Siehe § 13 Abs. 4 BPflV i. d. F. vom 21. August 1985. Vgl. auch TUSCHEN, Karl Heinz/ QUAAS, Michael (2001), S. 76-77.
[140] Vgl. TUSCHEN, Karl Heinz/ QUAAS, Michael (2001), S. 14-15, 70-72, 76-77.
[141] Siehe „Gesetz zur Strukturreform im Gesundheitswesen (Gesundheits-Reformgesetz – GRG)" vom 20. Dezember 1988 (in: BGBl. I, S. 2477-2597), das größtenteils am 1. Januar 1989 in Kraft trat.
[142] Dem SGB V gingen das *SGB I (Allgemeiner Teil)* vom 11. Dezember 1975 (in: BGBl. I, S. 3015-3029), das *SGB IV (Gemeinsame Vorschriften für die Sozialversicherung)* vom 23. Dezember 1976 (in: BGBl. I, S. 3845-3870) und das *SGB X (Verwaltungsverfahren)* vom 18. August 1980 (mit einer Berichtigung vom 3. Dezember 1980 und einer Erweiterung vom 4. November 1982) (in: BGBl. I, S. 1469-1502, 2218, erw. 1982 BGBl. I, S. 1450-1455) voraus. Ihm folgten dann am 18. Dezember 1989 (mit einer Berichtigung vom 27. Juni 1990) das *SGB VI (Gesetzliche Rentenversicherung)* (in: BGBl. I, S. 2261-2353, ber. 1990 BGBl. I, S. 1337), am 26. Juni 1990 das *SGB VIII (Kinder- und Jugendhilfe)* (in: BGBl. I, S. 1163-1195), am 26. Mai 1994 (mit einer Berichtigung vom 23. September 1994) das *SGB XI (Soziale Pflegeversicherung)* (in: BGBl. I, S. 1014-1071, 2797), am 20. August 1996 das *SGB VII (Gesetzliche Unfallversicherung)* (in: BGBl. I, S. 1254-1317) und am 24. März 1997 das *SGB III (Arbeitsförderung)* (in: BGBl. I, S. 594-721).
[143] Einige Vorschriften des Zweiten Buches der RVO galten jedoch weiter. So werden die „Leistungen bei Schwangerschaft und Mutterschaft nach wie vor – völlig systemwidrig – in der RVO geregelt". SCHULIN, Bertram (1999), S. XXX. Siehe hierzu §§ 179 Nr. 3, 195-200, 200 b RVO. Daneben gelten weiterhin die §§ 349-358, 360, 407, 409, 411-413, 414 b RVO.

keit, eine höhere Transparenz der Leistungserbringung sowie eine Modernisierung der Strukturen der Krankenversicherungen. Zu einer wirklichen Struktur- und Organisations*reform* kam es – entgegen der Bezeichnung des Gesetzes – aber nicht. Das Gesetz stellte vielmehr eine erneute Kostendämpfungsmaßnahme dar, die sich nicht einmal auf alle Leistungsbereiche der GKV erstreckte. So gelang es dem Gesetzgeber z. B. nicht, stärker auf die Einhaltung von Sparsamkeit und Wirtschaftlichkeit im Krankenhaussektor hinzuwirken.[144] Die Steuerungswirkungen des GRG ließen schnell nach, nicht zuletzt aufgrund der Veränderungen infolge der Wiedervereinigung der beiden deutschen Staaten.[145] Nachdem die Einnahmen der GKV ihre Ausgaben 1989 noch um über 9,75 Mrd. DM und 1990 um ca. 6,1 Mrd. DM überstiegen, verzeichnete die GKV 1991 in den alten Bundesländern einen Negativsaldo von knapp 5,6 Mrd. DM.[146] Die Konsequenz war, dass weitere Reformgesetze folgen mussten. Die gesundheitspolitischen Aktivitäten und Konsensgespräche der Fraktionen wurden daraufhin besonders 1992 stark forciert, da das Ausmaß der Finanzkrise der GKV immer deutlicher wurde: 1992 wurde ein Defizit von knapp 9,4 Mrd. DM verbucht.[147]

Zum 1. Januar 1993 trat das *Gesundheitsstrukturgesetz* (GSG)[148] als zweite Stufe der Gesundheitsreform in Kraft, das wesentliche Änderungen des SGB V und weiterer Gesetze und Verordnungen (wie dem Krankenhausfinanzierungsgesetz und der Bundespflegesatzverordnung) brachte.[149] Wiederum wurden – wie beim GRG von 1989 – die gesetzlich fixierten Leistungen vermindert.[150] Daneben kam es aber auch zu einer umfassenden Organisationsreform der GKV, die Krankenkassenfusionen erleichterte und sich durch die Einführung weitgehend gleicher Wahl-

---

[144] Zu den wenigen krankenhausrelevanten Änderungen des GRG vgl. KÖHRER, Dietmar (1991), S. 65.
[145] Zum 1. Januar 1991 trat das in der Bundesrepublik geltende Krankenversicherungsrecht mit einer Reihe von Überleitungsregelungen (siehe §§ 308-314 SGB V i. d. F. vom 31. August 1990) auch für die neuen Bundesländer in Kraft. Doch waren für eine Übergangszeit von mehreren Jahren Abweichungen zu beachten, die das Beitrags- und Leistungsrecht sowie die Beziehungen zu den Leistungserbringern betrafen. Vgl. KRAUSKOPF, Dieter (1995), S. XVI.
[146] Vgl. DER BUNDESMINISTER FÜR GESUNDHEIT (1997), S. 314. Die Daten für 1989 und 1990 beziehen sich nur auf die alten Bundesländer, da das im SGB V kodifizierte Krankenversicherungsrecht bis dahin nur für diesen Teil Deutschlands Gültigkeit besaß.
[147] Vgl. AOK-BUNDESVERBAND (1994), S. 31-32; DER BUNDESMINISTER FÜR GESUNDHEIT (1997), S. 314; KRAUSKOPF, Dieter (1995), S. XI-XIII, XVI-XVII; TUSCHEN, Karl Heinz/ QUAAS, Michael (2001), S. 15-16; WASSENER, Dietmar (1995), S. 46-47.
[148] Siehe „Gesetz zur Sicherung und Strukturverbesserung der gesetzlichen Krankenversicherung (Gesundheitsstrukturgesetz)" vom 21. Dezember 1992 (in: BGBl. I, S. 2266-2334), das größtenteils am 1. Januar 1993 in Kraft trat.
[149] Das GSG stellt nach Meinung vieler Fachleute „die grundlegendste Änderung des Krankenversicherungssystems in den letzten 50 Jahren dar". TUSCHEN, Karl Heinz/ QUAAS, Michael (2001), S. 19. Alleine im SGB V wurden durch das GSG 171 Vorschriften geändert oder neu aufgenommen. Vgl. SCHELLHOFF, Thomas (1995), S. 44.
[150] Allerdings wurden diese Leistungsverminderungen durch die Ausdehnung des Leistungskataloges schon in den Folgejahren wieder kompensiert. Vgl. NEUFFER, Andreas B. (1997), S. 66.

rechte für die Versicherten zwischen allen Krankenkassen[151] und die Implementierung eines kassenartenübergreifenden Risikostrukturausgleiches (RSA) auszeichnete.[152]

Mit dem GSG wurde außerdem als ausgabendämpfende Sofortmaßnahme eine Budgetierung der wesentlichen Leistungsbereiche des Gesundheitswesens beschlossen. Da im stationären Sektor die Einführung eines Budgets für den Gesamtbereich nicht möglich war[153], wurde für die Jahre 1993 bis 1995 die zulässige Steigerungsrate der Krankenhausbudgets auf die Steigerungsrate der beitragspflichtigen Einnahmen aller GKV-Mitglieder (Grundlohnrate) begrenzt.[154] Die Basis für die Budgetfortschreibung bildete das jeweilige Budget von 1992.[155] Diese so genannte „Deckelung" der Krankenhausbudgets enthielt allerdings einige Ausnahmeregelungen. So hatten z. B. die Krankenkassen aufgrund von Neuregelungen der Personalbemessung im Pflegedienst über die vorgegebene Begrenzung hinaus Stellenplanerweiterungen zu finanzieren.[156] Darüber hinaus mussten tatsächliche Personalkostensteigerungen aufgrund von Tariferhöhungen erstattet[157] und Veränderungen des Leistungsangebotes bei der Budgetberechnung berücksichtigt werden[158]. Diese und weitere Ausnahmeregelungen führten dazu, dass die Krankenhausausgaben weitaus stärker stiegen als sie sollten. Für 1993 wurde vom Bundesministerium für Gesundheit ein Anstieg der beitragspflichtigen Einnahmen der GKV-Mitglieder in den alten Bundesländern in Höhe von 3,1 % vorauskalkuliert[159]; die Krankenhausbudgets stiegen in diesem Jahr jedoch um durchschnittlich 5,3 %.[160] Mit der Deckelung für die Jahre 1993 bis 1995 wurde das Selbstkostendeckungsprinzip bei flexiblem Budget durch das so genannte *Selbstkostenanpassungsprinzip*

---

[151] Damit wurden per 1. Januar 1996 die seit 1993 geltenden Mitgliedschaftsregelungen der einzelnen Krankenkassen aufgehoben. Der auf Versicherungspflichtige bezogene Kontrahierungszwang der Kassen blieb erhalten. Bis 1993 galt für Versicherungspflichtige der Pflichtkassen (Orts-, Betriebs-, Innungs- und landwirtschaftliche Krankenkassen, See-Krankenkasse und Bundesknappschaft) eine wohnort- oder arbeitsplatzbezogene Pflichtmitgliedschaft in der zuständigen Krankenkasse. Vgl. STILLFRIED, Dominik Graf von (1997), S. 88.

[152] Mit der Einführung der Kassenwahlfreiheit sollte der Wettbewerb zwischen den Krankenversicherungen forciert werden. Damit trotz der unterschiedlichen Versichertenstruktur in den einzelnen Kassen noch ein fairer Wettbewerb gewährleistet bleibt, wurde der RSA mit Wirkung zum 1. Januar 1994 in der allgemeinen Krankenversicherung und zum 1. Januar 1995 in der Krankenversicherung der Rentner eingeführt. Siehe § 266 SGB V in Verbindung mit Artikel 34 § 2 GSG vom 21. Dezember 1992. Durch den RSA erhalten diejenigen Krankenkassen, die aufgrund der Höhe der beitragspflichtigen Einnahmen ihrer Mitglieder, der Zahl der beitragsfrei mitversicherten Familienangehörigen sowie des Alters und Geschlechts ihrer Versicherten ungünstige Risikostrukturen haben, Ausgleichszahlungen von Kassen mit besseren Risikostrukturen. Siehe § 266 SGB V.

[153] Hierfür gab es keinen geeigneten Verrechnungsmechanismus. Vgl. TUSCHEN, Karl Heinz/ QUAAS, Michael (2001), S. 20.

[154] Geringere Budgetsteigerungen für das Folgejahr durften die Krankenkassen nur dann vereinbaren, wenn mit einer wesentlichen Verringerung der Krankenhausleistungen zu rechnen war. Siehe § 4 Abs. 4 Satz 4 BPflV i. d. F. des GSG vom 21. Dezember 1992.

[155] Siehe § 4 BPflV i. d. F. des GSG vom 21. Dezember 1992.

[156] Siehe § 4 Abs. 3 Nr. 2 b BPflV i. d. F. des GSG vom 21. Dezember 1992 in Verbindung mit der Pflege-Personalregelung und der Psychiatrie-Personalverordnung. Damit sollte – trotz der bedenklichen Lage der GKV – die Pflegepersonalausstattung verbessert und somit die Leistungsfähigkeit der Krankenhäuser gesichert werden. Vgl. TUSCHEN, Karl Heinz/ QUAAS, Michael (2001), S. 21, 67-69.

[157] Siehe § 4 a BPflV i. d. F. des GSG vom 21. Dezember 1992.

[158] Siehe § 4 Abs. 3 Nr. 2 f BPflV i. d. F. des GSG vom 21. Dezember 1992.

[159] Die tatsächliche für 1993 zugrunde zu legende Steigerungsrate der beitragspflichtigen Einnahmen betrug 3,9 %; sie wurde allerdings erst im Juli 1994 vorgelegt. Danach konnte die Differenz in Höhe von 0,8 % erst dem Budget für 1995 zugeschlagen werden. Vgl. SIMON, Michael (1998), S. 11.

[160] Vgl. SIMON, Michael (1998), S. 12.

bei *starrem Budget* ersetzt.[161] Es bestand also kein Anspruch mehr auf Deckung der vorauskalkulierten Selbstkosten, sondern ein Anspruch auf medizinisch leistungsgerechte Pflegesätze, die es „einem Krankenhaus bei wirtschaftlicher Betriebsführung ermöglichen [müssen], den Versorgungsauftrag zu erfüllen."[162]

Zur weiteren Kostenreduzierung sah das GSG erste entscheidende Schritte zur besseren Verzahnung der ambulanten und stationären Versorgung vor. So wurden beispielsweise im Krankenhaussektor *neue Behandlungsformen* eingeführt: Die voll- und teilstationäre Versorgung wurde um die vor- und nachstationäre Behandlung[163] sowie das ambulante Operieren[164] ergänzt.[165] Eine vollstationäre Krankenhausaufnahme sollte daraufhin nur noch dann erfolgen, wenn das Behandlungsziel nicht durch ambulante, vor-, nach- oder teilstationäre Behandlung (einschließlich häuslicher Krankenpflege) zu erreichen war.[166] Des Weiteren wurde mit dem GSG ein neues Entgeltsystem für die Krankenhäuser initiiert[167], das mit der *Bundespflegesatzverordnung*[168] am 1. Januar 1995 eingeführt wurde.

Nach diesem leistungsorientierteren Entgeltsystem bestand das Krankenhausbudget aus unterschiedlichen Entgeltformen, deren Höhe auf verschiedenen Ebenen zu verhandeln war:

- Auf der einen Seite standen die *pauschalierten Entgelte*, bestehend aus Sonderentgelten und so genannten Fallpauschalen, mit denen die gesamten Leistungen eines Krankenhauses für einen bestimmten Behandlungsfall vergütet wurden[169]. Die Höhe der Sonderentgelte und Fallpauschalen wurde *auf Landesebene* von den Selbstverwaltungspartnern festgesetzt.[170]

---

[161] Vgl. MIS, Ulrich (1996), S. 172; TUSCHEN, Karl Heinz/ QUAAS, Michael (2001), S. 23. Das starre Budget wird im Gegensatz zum flexiblen Budget nicht an Belegungsschwankungen angepasst.

[162] Siehe § 17 Abs. 1 Satz 3 KHG. Der Anspruch auf länderfinanzierte Fördermittel blieb bestehen. Siehe § 11 KHG.

[163] Siehe § 115 a SGB V i. d. F. des GSG vom 21. Dezember 1992.

[164] Siehe § 115 b SGB V i. d. F. des GSG vom 21. Dezember 1992.

[165] Da das Budget bei Verweildauerverkürzungen nur in eng begrenzten Ausnahmefällen verringert werden durfte (siehe § 4 Abs. 4 Satz 4 BPflV i. d. F. des GSG vom 21. Dezember 1992), wurde den Krankenhäusern eine Möglichkeit der Kostenreduzierung an die Hand gegeben. Allerdings führten bis 1996 nur 44 % der deutschen Krankenhäuser ambulante Operationen und nur 58 % vor- und nachstationäre Behandlungen ein. Vgl. O. V. (1997), S. 153.

[166] Siehe § 39 Abs. 1 Satz 2 SGB V. Außerdem können nach dem GSG Krankenhausärzte unter bestimmten Voraussetzungen zur Teilnahme an der vertragsärztlichen Versorgung der Versicherten ermächtigt werden. Siehe § 116 SGB V in Verbindung mit § 96 SGB V. Zudem können poliklinische und psychiatrische Institutsambulanzen sowie sozialpädiatrische Zentren zur ambulanten Behandlung zugelassen werden. Siehe §§ 117-119 SGB V i. d. F. des GSG vom 21. Dezember 1992 in Verbindung mit § 96 SGB V.

[167] Siehe § 17 Abs. 2 a KHG i. d. F. des GSG vom 21. Dezember 1992.

[168] Siehe Artikel 1 der „Verordnung zur Neuordnung des Pflegesatzrechts": „Verordnung zur Regelung der Krankenhauspflegesätze (Bundespflegesatzverordnung – BPflV)" vom 26. September 1994 (in: BGBl. I, S. 2750-2765, hier: S. 2750-2762), die größtenteils am 1. Januar 1995 in Kraft trat.

[169] Siehe § 17 Abs. 2 a KHG.

[170] Die Relationen der Entgelte zueinander (Bewertungsrelationen) wurden in den bundes- oder landesweit gültigen Entgeltkatalogen vorgegeben. Vgl. TUSCHEN, Karl Heinz/ QUAAS, Michael (2001), S. 83.

- Auf der anderen Seite waren für das *Restbudget* Abteilungspflegesätze für „medizinische Kosten" und ein Basispflegesatz für „nichtmedizinische Kosten" (Unterbringung und Verpflegung) *krankenhausindividuell* zu vereinbaren.[171]

Während der Phase der Budgetbegrenzung von 1993 bis 1995 konnten neue Fallpauschalen und Sonderentgelte nur innerhalb des Budgets vereinbart werden.[172] Lediglich solche Krankenhäuser, die schon 1995 freiwillig in das – ab 1996 dann verbindlich geltende – leistungsorientierte Entgeltsystem eingestiegen waren[173], wurden vorzeitig aus der Budgetbegrenzung entlassen.[174] Sie verfügten nunmehr wieder (wie in den Jahren 1985/86 bis 1992) über ein flexibles Budget.[175] Die Ausgabenentwicklung der Krankenhäuser blieb zwar weiterhin an die Grundlohnsummenentwicklung gekoppelt, jedoch konnte im Falle einer Veränderung des Versorgungsauftrages, der Leistungsstruktur oder des Leistungsauftrages des Krankenhauses auch eine darüber liegende Budgetanpassung vorgenommen werden. Daher kann hierbei auch von einem *leistungsorientierten Selbstkostenanpassungsprinzip* gesprochen werden.[176]

In Verbindung mit der BPflV von 1995 hatte das GSG von 1993 schwerwiegende Veränderungen für die Krankenhäuser zur Folge, da sie nun zu einer wirtschaftlicheren Betriebsführung gezwungen waren. Aufgrund der immer noch sehr hohen staatlichen Regulierung (besonders im stationären Sektor) war aber ein wesentliches Ziel der Gesundheitspolitik noch nicht erreicht: der Aufbau eines sich selbst steuernden Systems, das keiner ständigen staatlichen Eingriffe oder Nachbesserungen bedarf.[177]

Das GSG führte des Weiteren zu verstärkten Zusammenschlüssen der Krankenkassen innerhalb der Kassenarten[178] sowie zu einem Überschuss der GKV im Jahre 1993 von über 10,4 Mrd. DM, der durch die Budgetierung der Leistungsbereiche und die erhöhte Selbstbeteiligung der Versicherten herbeigeführt wurde. Allerdings hatte die GKV bereits 1995 wieder einen Negativsaldo von fast 7 Mrd. DM zu verbuchen.[179] Da aufgrund der Ausnahmeregelungen in der Budgetbe-

---

[171] Siehe § 13 BPflV. Vgl. auch TUSCHEN, Karl Heinz/ QUAAS, Michael (2001), S. 18.
[172] Siehe § 4 Abs. 1 und § 6 Abs. 3 und 4 BPflV i. d. F. des GSG vom 21. Dezember 1992.
[173] Diese Krankenhäuser rechneten damit also nicht mehr nach dem tagesgleichen, pauschalierten Pflegesatz ab.
[174] Von dieser Möglichkeit machten allerdings nur ca. drei Prozent der Krankenhäuser Gebrauch. Vgl. TRILL, Roland (2000), S. 46-47; TUSCHEN, Karl Heinz/ QUAAS, Michael (2001), S. 79.
[175] ⇔ Zur grundsätzlichen Funktionsweise des flexiblen Budgets vgl. S. 66-67. Mit der BPflV von 1995 wurden jedoch die Ausgleichssätze teilweise verändert: Wichen die Erlöse aus Fallpauschalen und Sonderentgelten um mehr als 15 % von den vorauskalkulierten Erlösen ab, so wurden die darüber hinausgehenden Mehr- oder Mindererlöse zu 50 % ausgeglichen. Mehr- oder Mindererlöse des Restbudgets wurden weiterhin zu 75 % ausgeglichen. Siehe § 11 Abs. 8 und § 12 Abs. 4 BPflV i. d. F. vom 26. September 1994.
[176] Vgl. MIS, Ulrich (1996), S. 172.
[177] Vgl. ZIPPERER, Manfred (1998), S. 321.
[178] Von 1 221 Krankenkassen im Jahre 1993 blieben im Jahre 1996 642 übrig. Die Zahl der Allgemeinen Ortskrankenkassen verringerte sich im gleichen Zeitraum sogar von 269 auf 20. (Die Zahlen beziehen sich auf das gesamte Bundesgebiet.) Vgl. DER BUNDESMINISTER FÜR GESUNDHEIT (1997), S. 294. Die Verwaltungskosten der Krankenkassen sanken aber trotz der zu erwartenden Verbund- und Größenvorteile nicht merklich. Vgl. MÜHLENKAMP, Holger (1995), S. 302.
[179] Vgl. DER BUNDESMINISTER FÜR GESUNDHEIT (1997), S. 314; EBERLE, Gudrun (1997), S. 84-88.

grenzung die Krankenhausbudgets weiter stiegen (1993 um 6,6 % und 1994 um 8,8 %[180]), wurde die Budgetbegrenzung in modifizierter Form mit dem *Gesetz zur Stabilisierung der Krankenhausausgaben*[181] auch auf das Jahr 1996 ausgedehnt. Die zulässige Steigerungsrate der Krankenhausbudgets von 1995 auf 1996 wurde nicht mehr – wie von 1993 bis 1995 – auf die Steigerungsrate der beitragspflichtigen Einnahmen aller GKV-Mitglieder (Grundlohnrate) begrenzt, sondern auf die Steigerungsrate der Gehälter im öffentlichen Dienst (prozentuale BAT-Erhöhung). Zudem galt diese Steigerungsrate nicht mehr als Fixum, sondern konnte bei Krankenhäusern, deren Budgets überhöht oder deren Leistungen in den letzten Jahren zurückgegangen waren, auch *unterschritten* werden.[182]

Um den Abbau von Fehlbelegungen voranzutreiben, verpflichtete der Gesetzgeber die Vertragsparteien mit Artikel 3 des *Beitragsentlastungsgesetzes* von 1997[183], die Krankenhausbudgets für die Jahre 1997 bis 1999 um mindestens ein Prozent pauschal zu senken.[184] Dies geschah unabhängig davon, ob bei einem bestimmten Krankenhaus tatsächlich Fehlbelegungen vorlagen.[185]

Mitte 1997 wurde die *dritte Stufe der Gesundheitsreform* durch das 1. und 2. GKV-Neuordnungsgesetz (1. NOG und 2. GKV-NOG)[186] eingeleitet. Während das 1. NOG den Schwerpunkt auf die Finanzverantwortung der GKV legte[187], sah das 2. GKV-NOG in erster Linie strukturelle Maßnahmen vor, die den Krankenkassen die Wahrnehmung dieser Finanzverantwortung erleichtern sollten.[188] So wurde die Zuzahlung bei Krankenhausaufenthalten erhöht[189] sowie die Pflege

---

[180] Die Angaben beziehen sich auf das gesamte Bundesgebiet. Vgl. DER BUNDESMINISTER FÜR GESUNDHEIT (1997), S. 321.

[181] Siehe „Gesetz zur Stabilisierung der Krankenhausausgaben 1996" vom 29. April 1996 (in: BGBl. I, S. 654-655). Das Gesetz trat rückwirkend zum 1. Januar 1996 in Kraft und mit Ablauf des 31. Dezember 1996 außer Kraft (siehe § 4 Gesetz zur Stabilisierung der Krankenhausausgaben 1996). Am 23. Juni 1997 wurden in Artikel 10 des 2. GKV-Neuordnungsgesetzes (in: BGBl. I, S. 1532-1533) weitere „Maßgaben zur Anwendung des Gesetzes zur Stabilisierung der Krankenhausausgaben 1996" verkündet, die ebenfalls rückwirkend zum 1. Januar 1996 in Kraft traten.

[182] Vgl. TUSCHEN, Karl Heinz/ QUAAS, Michael (2001), S. 26-28; WASSENER, Dietmar (1995), S. 47-52.

[183] Siehe „Gesetz zur Entlastung der Beiträge in der gesetzlichen Krankenversicherung (Beitragsentlastungsgesetz – BeitrEntlG)" vom 1. November 1996 (in: BGBl. I, S. 1631-1633), das größtenteils am 1. Januar 1997 in Kraft trat.

[184] Siehe § 17 a Abs. 3 KHG i. d. F. des BeitrEntlG vom 1. November 1996.

[185] Zum Beitragsentlastungsgesetz vgl. auch TUSCHEN, Karl Heinz/ QUAAS, Michael (2001), S. 30-31.

[186] Siehe „Erstes Gesetz zur Neuordnung von Selbstverwaltung und Eigenverantwortung in der gesetzlichen Krankenversicherung (1. GKV-Neuordnungsgesetz – 1. NOG)" vom 23. Juni 1997 (in: BGBl. I, S. 1518-1519) und „Zweites Gesetz zur Neuordnung von Selbstverwaltung und Eigenverantwortung in der gesetzlichen Krankenversicherung (2. GKV-Neuordnungsgesetz – 2. GKV-NOG)" vom 23. Juni 1997 (in: BGBl. I, S. 1520-1536), die beide größtenteils am 1. Juli 1997 in Kraft traten. Die krankenhausrelevanten Änderungen traten allerdings rückwirkend zum 1. Januar 1997 in Kraft.

[187] Eventuelle Beitragssatzerhöhungen einer Krankenkasse waren an Erhöhungen von Zuzahlungen gekoppelt, die von den Versicherten dieser Krankenkasse zu leisten waren. Siehe § 221 Abs. 1 SGB V i. d. F. des 1. NOG vom 23. Juni 1997. In Verbindung mit der Möglichkeit eines kurzfristigen Kassenwechsels sollte diese Regelung verhindern, dass die Krankenkassen ihre Beitragssätze, die zum 1. Januar 1997 durch das Beitragsentlastungsgesetz um 0,4 % gesenkt werden mussten, nahezu problemlos wieder erhöhen konnten. Siehe Art. 1 Beitragsentlastungsgesetz. Zum 1. NOG vgl. auch ZIPPERER, Manfred (1997), S. 245-247.

[188] So wurden beispielsweise die Möglichkeiten zur Vertragsgestaltung mit den Leistungserbringern erweitert. Siehe §§ 63-65 SGB V. Vgl. auch TUSCHEN, Karl Heinz/ QUAAS, Michael (2001), S. 31-32; ZIPPERER, Manfred (1997), S. 245, 247-248.

[189] Siehe § 39 Abs. 4 SGB V.

und Weiterentwicklung der Entgeltkataloge mit Wirkung zum 1. Januar 1998 den Selbstverwaltungspartnern übertragen.[190] Zudem wurde beschlossen, dass Instandhaltungskosten im Pflegesatz zu berücksichtigen sind, wofür die Krankenhäuser seitdem eine Instandhaltungspauschale in Höhe von 1,1 % ihres Umsatzes erhalten.[191]

Zur Umsetzung des Grundsatzes der Beitragssatzstabilität wurde mit dem 2. GKV-NOG wieder eine Begrenzung der Budgetsteigerung beschlossen. Statt staatlicher Budgetierungsvorgaben wurden diesmal die Selbstverwaltungspartner beauftragt, die Grundlohnrate zu schätzen, die als rechnerische Grundlage zur Erhöhung der Fallpauschalen bzw. Sonderentgelte wie auch der Restbudgets dienen sollte.[192] Allerdings wurden die Budgets wieder für zusätzliche Leistungen geöffnet, sofern dies „Veränderungen der medizinischen Leistungsstruktur oder der Fallzahlen, zusätzliche Kapazitäten für medizinische Leistungen aufgrund der Krankenhausplanung oder des Investitionsprogramms des Landes oder die Finanzierung von Rationalisierungsmaßnahmen"[193] erforderlich machten. Damit konnten, nachdem die Krankenhausbudgets in den Jahren 1993 bis 1996 ohne Leistungsbezug „gedeckelt" worden waren, einzelne Krankenhäuser wieder prozentuale Budgetsteigerungen verbuchen, die höher waren als die Grundlohnrate. Andere Krankenhäuser, die weniger Leistungen erbracht haben oder deren Budgets im Vergleich zu anderen Krankenhäusern zu hoch waren, mussten aufgrund der leistungsbezogenen Vergütung mit niedrigeren Budgets rechnen.[194] Da zusätzlich die Ausgleichssätze bei Minder- und Mehrerlösen zuungunsten der Krankenhäuser verändert wurden[195], machte es für Krankenhäuser auch wenig Sinn, in die Budgetverhandlungen Leistungserhöhungen einzubringen, die sie selbst nicht erwarteten. Eine Folge dieser gesetzlichen Regelungen bestand vielmehr darin, dass sich die Krankenhäuser verstärkt bemühen mussten, ihre Wirtschaftlichkeit zu verbessern, um höhere Kostenentwicklungen auffangen zu können.[196]

Nach der Bundestagswahl vom 27. September 1998, die eine neue Regierungskoalition aus SPD und Bündnis 90/ Die Grünen hervorbrachte, wurden zum 1. Januar 1999 mit dem *GKV-*

---

[190] Die Selbstverwaltungspartner setzen sich aus der Deutschen Krankenhausgesellschaft (DKG), den Spitzenverbänden der Krankenkassen und dem Verband der privaten Krankenversicherung zusammen. Siehe § 6 Abs. 1 BPflV i. d. F. des 2. GKV-NOG vom 23. Juni 1997. Siehe § 15 BPflV. Durch die Aufhebung der Pflege-Personalregelung und der Großgeräteplanung wurde die Selbstverwaltung zusätzlich gestärkt. Ihre Aufgabe ist es nun, die Personalbesetzung im Pflegebereich zu vereinbaren und den wirtschaftlichen Einsatz von medizinisch-technischen Großgeräten sicherzustellen. Vgl. TUSCHEN, Karl Heinz/ QUAAS, Michael (2001), S. 32-33.

[191] Siehe § 4 Abs. 2 AbgrV in Verbindung mit § 17 Abs. 4 b KHG i. d. F. des 2. GKV-NOG vom 23. Juni 1997. Diese Regelung war zunächst auf die Jahre 1997 bis 1999 begrenzt; die Befristung wurde aber mit dem GKV-Gesundheitsreformgesetz 2000 (⇨ siehe hierzu S. 74) aufgehoben. Vgl. TUSCHEN, Karl Heinz/ QUAAS, Michael (2001), S. 49.

[192] Siehe § 6 BPflV.

[193] Siehe § 6 Abs. 3 Satz 1 BPflV i. d. F. des 2. GKV-NOG vom 23. Juni 1997.

[194] Vgl. TUSCHEN, Karl Heinz/ QUAAS, Michael (2001), S. 33.

[195] Der Mehrerlösausgleich des Restbudgets wurde von 75 % auf 85 % und bei über fünfprozentiger Budgetüberschreitung auf 90 % heraufgesetzt, der Mehrerlösausgleich der pauschalierten Entgelte von 50 % auf 75 %. Der Mindererlösausgleich des Restbudgets wurde von 75 % auf 50 % herabgesetzt; lediglich der Mindererlösausgleich der pauschalierten Entgelte blieb bei 50 %. Siehe § 11 Abs. 8 und § 12 Abs. 4 BPflV.

[196] Vgl. TUSCHEN, Karl Heinz/ QUAAS, Michael (2001), S. 209.

Solidaritätsstärkungsgesetz (GKV-SolG)[197] Teile der Gesundheitsreform zurückgenommen sowie eine „neue Gesundheitsreform" eingeleitet. Das GKV-SolG schrieb eine gesetzliche Begrenzung der Erlöse für stationäre Krankenhausleistungen vor.[198] Dabei wurde – abweichend von KHG und BPflV – für das Jahr 1999 bestimmt, dass ein *Gesamtbetrag* zu vereinbaren ist, der neben den tagesgleichen Pflegesätzen auch die Fallpauschalen und Sonderentgelte einbezog. Dieser Gesamtbetrag durfte nicht höher sein als der entsprechende Betrag von 1998 zuzüglich der Grundlohnrate.[199] Ziel des GKV-SolG war eine strikte Begrenzung der Krankenhausausgaben, um Beitragssatzerhöhungen in der GKV zu vermeiden. „Die Krankenhäuser sollten dazu veranlasst werden, die Notwendigkeit von Krankenhausaufnahmen verstärkt zu prüfen, die Verweildauern zu verkürzen und sog. Wirtschaftlichkeitsreserven auszuschöpfen."[200]

Das GKV-SolG wurde als eine Art „Vorschaltgesetz" erlassen, um Zeit für die Vorbereitung der angestrebten Gesundheitsreform zu gewinnen. Mit dem Gesetzentwurf zur Gesundheitsreform 2000 wurden dementsprechend weitgehende Zielsetzungen verfolgt, die sich aber im Bundesrat nicht durchsetzen konnten. So lag letztlich mit dem *GKV-Gesundheitsreformgesetz 2000*[201] nur ein inhaltlich reduzierter Entwurf vor, der der Zustimmung des Bundesrates nicht bedurfte.[202] Dennoch gab es einige wesentliche Veränderungen in den Bestimmungen zu Qualitätsmanagement, integrierter Versorgung und leistungsabhängigem Vergütungssystem, die insbesondere die Selbstverwaltung vor große Aufgaben stellt.[203]

Wie die Vertragsärzte und Erbringer von Vorsorgeleistungen oder Rehabilitationsmaßnahmen werden auch die Krankenhäuser verpflichtet, die Qualität der von ihnen erbrachten Leistungen zu sichern und weiterzuentwickeln sowie sich an einrichtungsübergreifenden Maßnahmen der Qualitätssicherung zu beteiligen.[204] „Die Spitzenverbände der Krankenkassen und der Verband der privaten Krankenversicherung vereinbaren mit der Deutschen Krankenhausgesellschaft unter Beteiligung der Bundesärztekammer sowie der Berufsorganisationen der Krankenpflegeberufe Maßnahmen der Qualitätssicherung [...]."[205] Werden die Verpflichtungen zur Qualitätssicherung von einem Krankenhaus nicht eingehalten, dann sind Abschläge von den Pflegesätzen vorzunehmen.[206]

---

[197] Siehe „Gesetz zur Stärkung der Solidarität in der gesetzlichen Krankenversicherung (GKV-Solidaritätsstärkungsgesetz – GKV-SolG)", vom 19. Dezember 1998 (in: BGBl. I, S. 3853-3863), das größtenteils am 1. Januar 1999 in Kraft trat.
[198] Siehe Artikel 7 GKV-SolG.
[199] Siehe § 1 Abs. 1 und § 2 Gesetz zur Begrenzung der Erlöse für stationäre Krankenhausleistungen im Jahr 1999 (Artikel 7 des GKV- SolG).
[200] Vgl. TUSCHEN, Karl Heinz/ QUAAS, Michael (2001), S. 34-36, Zitat auf S. 35.
[201] Siehe „Gesetz zur Reform der gesetzlichen Krankenversicherung ab dem Jahr 2000 (GKV-Gesundheitsreform 2000)" vom 22. Dezember 1999 (in: BGBl. I, S. 2626-2656), das größtenteils am 1. Januar 2000 in Kraft trat.
[202] Hierzu und zu den nicht durchgesetzten Vorhaben vgl. TUSCHEN, Karl Heinz (2000), S. 6-8; TUSCHEN, Karl Heinz/ QUAAS, Michael (2001), S. 36-37.
[203] Vgl. TUSCHEN, Karl Heinz (2000), S. 6.
[204] Siehe § 135 a SGB V.
[205] Siehe § 137 Abs. 1 Satz 1 SGB V.
[206] Siehe § 14 Abs. 13 BPflV.

„Als zusätzliche Form der Regelversorgung soll die neue ‚integrierte Versorgung' nach den §§ 140 a bis h SGB V eine qualitativ bessere und/oder preiswertere Behandlung der Patienten, insbesondere über verschiedene Leistungssektoren (ambulante Versorgung, Krankenhaus, Rehabilitation) hinweg, fördern."[207] Die Leistungen der integrierten Versorgung werden außerhalb des Krankenhausfinanzierungsrechts (KHG, BPflV) und der dort geltenden Begrenzungen erbracht, sodass sich damit nicht nur Möglichkeiten einer besseren Verzahnung zwischen ambulanter und stationärer Versorgung ergeben, sondern auch neue Einnahmemöglichkeiten für Krankenhäuser. Dies wird zusätzlich durch die Erweiterung des Kataloges ambulanter Operationen gefördert.[208]

Die Erlöse aus Fallpauschalen, Sonderentgelten und Restbudget werden zu einem krankenhausindividuellen Gesamtbetrag zusammengefasst, dessen Grundlage der Gesamtbetrag für das Jahr 1999 nach dem GKV-SolG ist[209] und dessen Zuwachs durch die Grundlohnrate begrenzt wird.[210] Damit werden die einzelnen Krankenhausbudgets an die Entwicklung der GKV-Einnahmen gebunden. Allerdings haben die Krankenhäuser keinen Anspruch auf Ausschöpfung der Obergrenze.[211] Eine Durchbrechung der Obergrenze ist nur noch in Ausnahmefällen möglich, beispielsweise wenn Veränderungen der medizinischen Leistungsstruktur oder der Fallzahlen mit den Krankenkassen im Rahmen der Budgetverhandlungen vereinbart werden.[212]

Neben diesen Regelungen, die zunächst eine Fortsetzung des stark reglementierten Krankenhausfinanzierungssystems darstellten, wurde mit der GKV-Gesundheitsreform 2000 auch eine grundlegende Reformierung des Entgeltsystems eingeleitet. So soll für „die Vergütung der allgemeinen Krankenhausleistungen [...] ein durchgängiges, leistungsorientiertes und pauschalierendes Vergütungssystem [...]"[213] eingeführt werden. Die Spitzenverbände der Krankenkassen, der Verband der privaten Krankenversicherung und die Deutsche Krankenhausgesellschaft wurden beauftragt, dieses System zu entwickeln, „das sich an einem international bereits eingesetzten Vergütungssystem auf der Grundlage der Diagnosis Related Groups (DRG) [orientieren sollte], einschließlich der Punktwerte sowie seine Weiterentwicklung und Anpassung an die medizinische Entwicklung und an Kostenentwicklungen."[214] Fristgerecht zum 30. Juni 2000 haben sich die Vertragsparteien geeinigt, das australische Fallpauschalensystem „Australian Refined Diagnosis Related Groups" (AR-DRG) als Grundlage für das deutsche DRG-System zu benutzen.[215] Die Selbstverwaltung hat nun bis zum 31. Dezember 2001 den Entgeltkatalog und die Bewertungsre-

---

[207] TUSCHEN, Karl Heinz/ QUAAS, Michael (2001), S. 38.
[208] Vgl. TUSCHEN, Karl Heinz (2000), S. 8; TUSCHEN, Karl Heinz/ QUAAS, Michael (2001), S. 38.
[209] Siehe § 6 Abs. 4 BPflV.
[210] Siehe § 6 Abs. 1 BPflV.
[211] Siehe § 6 Abs. 1 Satz 2 BPflV.
[212] Siehe § 6 Abs. 1 Satz 4 BPflV. Des Weiteren wurde die Quote für Mindererlösausgleiche nach § 11 Abs. 8 und § 12 Abs. 4 BPflV von 50 auf 40 % gesenkt. Siehe § 11 Abs. 8 BPflV.
[213] Siehe § 17 b Abs. 1 Satz 1 KHG.
[214] Siehe § 17 b Abs. 2 KHG.
[215] Zum AR-DRG-System vgl. beispielsweise DUCKETT, Stephen J. (2001), S. 67-74. Zu der „Vereinbarung über die Einführung eines pauschalierenden Entgeltsystems nach § 17 b KHG" vgl. den Abdruck in der f&w, 17. Jg., Nr. 4/2000, S. 348-349.

lationen zu vereinbaren. Zum 1. Januar 2003 soll schließlich das neue Vergütungssystem („German Refined Diagnosis Related Groups" – GR-DRG) budgetneutral eingeführt werden.[216] Nach Verhandlungen zwischen den Selbstverwaltungspartnern und dem Bundesministerium für Gesundheit hat man sich am 22. Mai 2001 darauf verständigt, dass die Krankenhäuser im Jahr 2003 zunächst freiwillig in das neue Vergütungssystem einsteigen können, und eine verbindliche Einführung erst 2004 erfolgt.[217]

In *Abbildung 4-1* soll die historische Entwicklung des deutschen Krankenhausfinanzierungssystems noch einmal zusammenfassend dargestellt werden.

Abbildung 4-1: Entwicklung des deutschen Krankenhausfinanzierungssystems

Zeitabschnitt	Form der Krankenhausfinanzierung	Prinzip der Kostenerstattung	Pflegesätze und Entgelte
1883-1936	freie (monistische) **Krankenhausfinanzierung:** Finanzierung durch Pflegesätze, die zwischen Krankenhäusern und Krankenkassen vereinbart wurden *(ohne gesetzliche Regelungen)*	*theoretisch:* Selbstkostendeckung über Pflegesätze; *in praxi:* keine Gewährung selbstkostendeckender Pflegesätze; *Folgen:* kaum Gewinnmöglichkeiten, Verlustausgleich meist durch Krankenhausträger	*vollpauschalierte tagesgleiche Pflegesätze* (von den Krankenkassen festgesetzt)
1936-1972	monistische **Krankenhausfinanzierung:** Finanzierung durch Pflegesätze, die zwischen Krankenhäusern und Krankenkassen vereinbart wurden *(mit staatlicher Preisbindung)*	siehe Zeitraum 1883-1936; seit 1945 geringe staatliche Finanzierungshilfen	*vollpauschalierte tagesgleiche Pflegesätze* (bis 1954 weitgehend durch die Preisstoppverordnung bestimmt, ab 1954 von den Ländern auf der Basis der Selbstkosten festgesetzt, die bei sparsamer Wirtschaftsführung entstehen)
1972-1985	duale **Krankenhausfinanzierung:** - Finanzierung der Betriebskosten über Pflegesätze - Finanzierung der Investitionskosten durch Bund und Länder *(Mischfinanzierung)*	strenges Selbstkostendeckungsprinzip; rückwirkender Gewinn- und Verlustausgleich (dadurch keine Gewinn- und Verlustmöglichkeiten)	*vollpauschalierte tagesgleiche Pflegesätze* (von den Ländern auf der Basis der Einigungsverhandlungen zwischen Krankenkassen und Krankenhaus festgesetzt)
1985/86-1992	modifizierte duale **Krankenhausfinanzierung:** - Finanzierung der Betriebs- und ausgewählter Investitionskosten über Pflegesätze - Finanzierung der Investitionskosten allein durch die Länder	modifiziertes Selbstkostendeckungsprinzip; prospektive Budgetvereinbarung; **flexible Budgetierung** nach Maßgabe der effektiv angefallenen Belegung; 75%iger Ausgleich der Mehr- und Minderlöse (dadurch Gewinnchancen und Verlustrisiken); Sonderentgelte außerhalb des Budgets	*allgemeiner Pflegesatz, besondere und teilstationäre Pflegesätze, Sonderentgelte* (von den Selbstverwaltungspartnern vereinbart – bzw. von der Schiedsstelle festgesetzt – und von den Ländern genehmigt)

---

[216] Siehe § 17 b Abs. 3 KHG.
[217] Hierzu und zum Referentenentwurf eines DRG-Einführungsgesetzes vgl. TUSCHEN, Karl Heinz (2001), S. 334-340.

Zeitab-schnitt	Form der Krankenhaus-finanzierung	Prinzip der Kostenerstattung	Pflegesätze und Entgelte
1993-1994/95	siehe Zeitraum 1985/86-1992; weitere Möglichkeiten der Finanzierung von pflegesatzentlastenden Rationalisierungsinvestitionen über die Pflegesätze	strenges Selbstkostenanpassungsprinzip; prozentuale Budgetfortschreibung analog zur Grundlohnrate (mit vielen Ausnahmeregelungen); festes Budget; 100%iger Ausgleich der Mehr- und Mindererlöse; nur „alte" Sonderentgelte außerhalb des Budgets	Basispflegesatz Abteilungspflegesätze teilstationäre Pflegesätze Sonderentgelte und Fallpauschalen Entgelte für vor- und nachstationäre Behandlung sowie ambulantes Operieren (Vereinbarung und Genehmigung wie im Zeitraum 1985/86-1992)
1995/96-1996	siehe Zeitraum 1993-1994/95	leistungsorientiertes Selbstkostenanpassungsprinzip; Festlegung einer Budgetobergrenze nach Maßgabe der BAT-Entwicklung (mit wenigen Ausnahmeregelungen); flexible Budgetierung unterhalb des „Deckels"; 75%iger Ausgleich der Mehr- und Mindererlöse des Restbudgets, 50%iger Ausgleich der Mehr- und Mindererlöse der Entgelte bei über 15%iger Abweichung von den vorauskalkulierten Erlösen	Pflegesätze und Entgelte siehe Zeitraum 1993-1994/95 (krankenhausindividuelle Vereinbarung des Restbudgets, landesweite Festlegung der Höhe der pauschalierten Entgelte)
1997-1999	siehe Zeitraum 1993-1994/95; Finanzierung weiterer Instandhaltungsmaßnahmen über die Pflegesätze (Instandhaltungspauschale)	modifizierte flexible Budgetierung; pauschale Kürzung der Budgets um mind. 1 %; 1997-1998: Begrenzung der Erhöhung der Entgelte und des Restbudgets auf die Grundlohnrate (mit leistungsbezogenen Ausnahmen) 1999: Begrenzung der Erlöse des Gesamtbetrages auf den Gesamtbetrag von 1998 zzgl. der Grundlohnrate 50%iger Mindererlösausgleich, 85-90%iger Mehrerlösausgleich des Restbudgets, 75%iger Mehrerlösausgleich der Entgelte	siehe Zeitraum 1995/96-1996; ab 1998 Weiterentwicklung der Entgeltkataloge in der Verantwortung der Selbstverwaltung auf Bundesebene, zusätzliche Möglichkeit der Vereinbarung weiterer Entgelte auf Landesebene
2000-?	siehe Zeitraum 1997-1999	Begrenzung der Erlöse des Gesamtbetrages auf den Gesamtbetrag von 1999 zzgl. der Grundlohnrate und der Anrechnung von Ausnahmetatbeständen 40%iger Mindererlösausgleich, Mehrerlösausgleiche wie im Zeitraum 1997-1999	siehe Zeitraum 1997-1999; Vereinbarung von Entgeltkatalog und Bewertungsrelationen des GR-DRG-Systems durch die Selbstverwaltung bis Ende 2001, das ab 2003 zunächst budgetneutral eingeführt werden soll

Eigene Darstellung.

4.2.3.3 Weitere Entwicklungslinien des deutschen Gesundheitssystems

Neben den Veränderungen im rechtlich-politischen Bereich des Gesundheitswesens spielte auch der seit Ende des 19. Jahrhunderts enorme *hygienische, medizinwissenschaftliche und medizintechnische Fortschritt* eine entscheidende Rolle für die Weiterentwicklung des Krankenhaussektors. Exemplarisch können hierbei die Entwicklung der Bakteriologie seit 1873[218], die um 1900 eingeführte Röntgendiagnostik, der nach dem Zweiten Weltkrieg beginnende Einsatz von Antibiotika[219] und anderen Chemotherapeutika[220], die Transplantationsmedizin, die Lasertherapie, die Computer- und Kernspintomografie sowie die Gentechnologie genannt werden.[221] Sie alle trugen zu effektiveren Diagnose- und Therapieverfahren bei, verursachten allerdings auch – vor allem im Krankenhaussektor – erhebliche zusätzliche Kosten.[222] Besonders aufgrund der verbesserten Hygienemaßnahmen sowie der technischen Ausstattungen, die aufgrund der medizinischen Entwicklung stetig komplizierter wurden und kaum transportabel waren, wurde das Krankenhaus Ende des 19. Jahrhunderts zu einer Einrichtung auch für wohlhabende Kranke.[223] Nicht zuletzt aus diesem Grund war die medizinische und medizintechnische Entwicklung – neben der BISMARCKschen Sozialreform – der wesentliche Auslöser für den rasanten *Aufschwung im Krankenhausbau*. Allein zwischen 1877 und 1913 stieg die Zahl der Krankenhäuser von 2 357 auf 4 930 an und die Zahl der Krankenhausbetten je 1 000 Einwohner von 2,42 auf 6,82.[224] Die Anzahl der Krankenhäuser nahm bis 1962 stetig zu, die der Krankenhausbetten bis 1975.[225]

Des Weiteren lösten sich mit dem medizinischen Fortschritt – insbesondere in der letzten Hälfte des 20. Jahrhunderts – immer mehr Fachgebiete aus ihren Stammdisziplinen heraus.[226] Dies hatte nicht unerhebliche Auswirkungen auf die baulichen und organisatorischen Strukturen des Krankenhauses sowie auf die Entwicklung von Spezialkliniken.[227] Mit der zunehmenden Spezialisierung ging auch eine zunehmende Technisierung der medizinischen Arbeit einher. Im Vergleich zum Pflege- und Verwaltungsbereich wurde der medizinisch-technische Bereich nach Ende des

---

[218] Aus diesem Entwicklungsprozess ging z. B. 1886 die – die Antisepsis ablösende (⇔ vgl. S. 54) – *Asepsis* hervor. Diese Maßnahmen zur Erzielung eines Zustandes weitgehender Keimfreiheit machten nun auch größere Operationen möglich. Vgl. RAUSCH, Roland (1984), S. 65; SCHADEWALDT, Hans (1971), S. 289.

[219] Der sich schnell ausbreitende Einsatz von Antibiotika führte zu einem schlagartigen Rückgang der Infektionskrankheiten in den westlichen Industrienationen. Vgl. MURKEN, Axel Hinrich (1971), S. 295.

[220] Vgl. MURKEN, Axel Hinrich (1971), S. 294-295.

[221] Vgl. KÜSTER, Jörg (1993), S. 48-50.

[222] ⇔ Vgl. hierzu auch *Abschnitt 4.3.2.6*.

[223] Vgl. FISCHER, Dieter (1988), S. 17; RAUSCH, Roland (1984), S. 64-66; TUSCHEN, Karl Heinz/ QUAAS, Michael (2001), S. 2.

[224] Vgl. RAUSCH, Roland (1984), S. 80-81.

[225] Seitdem ist größtenteils eine rückläufige Entwicklung der Zahlen zu beobachten. Vgl. RAUSCH, Roland (1984), S. 110-111; STATISTISCHES BUNDESAMT (2001a), S. 14.

[226] So sonderten sich z. B. Radiologie und Kinderheilkunde von der inneren Medizin ab sowie Anästhesie und Urologie von der Chirurgie. Vgl. GÄRTNER, Heribert W. (1994), S. 15. Die Weiterbildungsordnung beinhaltet heute bereits 41 Gebietsbezeichnungen und 22 Zusatzbezeichnungen. Siehe § 2 (Muster-)Weiterbildungsordnung. „Rechtsverbindlich ist für [...] den Arzt die Weiterbildungsordnung in der jeweils gültigen Fassung der Landesärztekammer, deren Mitglied er ist. Die Weiterbildungsordnungen der Landesärztekammern lehnen sich sehr eng an die (Muster-)Weiterbildungsordnung der Bundesärztekammer an. Abweichungen in Details sind in den Weiterbildungsordnungen der Landesärztekammern möglich." BUNDESÄRZTEKAMMER (1998), o. S.

[227] Vgl. GÜNTERT, Bernhard J./ SAGMEISTER, Markus (1989), S. 91.

Zweiten Weltkrieges extrem stark gefördert.[228] Mit der damit zusammenhängenden, zum Teil durchaus gewollten „Entwicklung des modernen Arztes zum biotechnischen Spezialisten" waren jedoch auch einige schwerwiegende Nebenwirkungen verbunden: „Es kam zu einer technik- und organzentrierten Teilung klinischer Arbeit[, zur] Abwertung der interaktionsintensiven Diagnose und Therapie [sowie] Pflegearbeit, und – vielleicht die folgenschwerste Konsequenz – es kam im Zuge dieser Entwicklung zur Abwertung der Subjektivität und Individualität der Patienten und ihrer eigenen Beiträge zur Diagnose, Prognose, Therapie und Krankheitsbewältigung."[229] In jüngster Zeit wird jedoch von Krankenhäusern wieder verstärkt eine Orientierung am subjektiven gesundheitlichen Wohlbefinden des Patienten gefordert. Diese Ausrichtung wird insbesondere im Zuge der Diskussion zum „Krankenhaus als Gesundheitszentrum" thematisiert.[230]

Neben den medizinisch bedingten Veränderungen trugen in den letzten 120 Jahren auch noch weitere Aspekte zum *Wandel der Organisationsstrukturen im Krankenhaus* bei. So wurde – u. a. aufgrund der stark wachsenden Bevölkerung mit ihren (steigenden) Gesundheitsbedürfnissen und der häufig kostenintensiven Anpassung an den (medizinisch-)technischen Fortschritt – dem ökonomischen Faktor im Krankenhaus eine immer wichtigere Rolle zuteil: Die Krankenhausverwaltung etablierte sich als zweite Kraft neben dem ärztlichen Dienst.[231] Aber auch der Pflegedienst gewann mit seiner zunehmenden Anerkennung im Laufe dieses Jahrhunderts *im Führungsbereich* des Krankenhauses (wieder) an Bedeutung.[232] Aus dieser Entwicklung ging das so genannte „3-Säulen-System"[233] oder „triale Organisationsmodell" hervor, das auch heute noch in den meisten Krankenhäusern Deutschlands vorzufinden ist. Die Krankenhausleitung setzt sich danach aus dem Verwaltungs-, Pflege- und Ärztlichen Direktor zusammen.[234]

Gleichzeitig mit der Entwicklung der Krankenhäuser nahm auch die Bedeutung des gesamten Gesundheitswesens immer mehr zu. So entstanden zahlreiche extramurale Einrichtungen[235] der präventiven, kurativen und rehabilitativen Gesundheitsversorgung stationärer und ambulanter Art sowie diverse Beratungsstellen und Selbsthilfeorganisationen.[236] Mit dieser Zunahme konkurrierender, aber auch häufig kooperierender Gesundheitsorganisationen war ein weiterer Anstieg der Komplexität des Gesundheitsmarktes verbunden.[237]

---

[228] Die „Anpassung an den technischen Fortschritt [geschah] sogar teilweise im übertriebenen Maße, indem überdimensionierte Geräte beschafft wurden, die gar nicht oder nur unzureichend genutzt werden konnten." WIEMEYER, Joachim (1984), S. 21.
[229] SCHOTT, Thomas (1997), S. 89-90.
[230] ⇔ Vgl. *Abschnitt 3.4.*
[231] Dies stellt eine konsequente Fortsetzung der Entwicklung seit Mitte des 19. Jahrhunderts dar. ⇔ Vgl. *S. 55* dieser Arbeit.
[232] Vgl. SIDAMGROTZKI, Edgar (1994), S. 36-37.
[233] Dieser Ausdruck geht auf EICHHORN zurück. Vgl. EICHHORN, Siegfried (1979), S. 178.
[234] ⇨ Vgl. hierzu *Abschnitt 5.3.3.*
[235] Dieser ursprünglich aus der Medizin stammende Begriff („außerhalb einer Organwand") bedeutet in der Gesundheitssystemforschung „außerhalb des Krankenhauses" (im Gegensatz zu intramural: „innerhalb des Krankenhauses"). Somit wird auch auf etymologischer Ebene die Vormachtstellung der Institution Krankenhaus im Gesundheitswesen angedeutet.
[236] Vgl. INGRUBER, Horst (1994), S. 34.
[237] ⇨ Vgl. hierzu *Abschnitt 4.3.3.5 Andere Anbieter von Gesundheitsleistungen.*

4.2.4 Zusammenfassung: der historische Einfluss auf das Gesundheitssystem von heute

An dieser Stelle soll versucht werden, den geschichtlichen Einfluss der aufgeführten Faktoren auf den Status quo des deutschen Gesundheits- und insbesondere Krankenhauswesens zusammenzufassen.[238]

Die heutigen *Motive* zur Errichtung und Vorhaltung von Krankenpflegeeinrichtungen sind historisch bedingt. Während in der Antike rein sozialpolitische Gründe, im Mittelalter hauptsächlich karitative Gründe und vom 16. bis Ende des 19. Jahrhunderts vor allem sozialpolitische, später auch ökonomische und humanitäre Gründe ausschlaggebend waren, kann heute eine Mixtur all dieser Motive festgestellt werden.

Auch die *Trägerstruktur* des derzeitigen Krankenhauswesens ist ein Ergebnis der geschichtlichen Entwicklung. Zwar übten die Träger in der Antike und im Mittelalter keinen nachhaltigen Einfluss auf die Strukturentwicklung des Hospitalsystems aus, doch hat sich im Verlaufe der Neuzeit eine Landschaft stationärer Versorgungseinrichtungen entwickelt, in der parallel kommunale, staatliche, private sowie (weltlich und kirchlich) freigemeinnützige Träger Gesundheitsleistungen anbieten.[239] Der Erhalt der Trägervielfalt ist seit 1985 sogar gesetzlich festgeschrieben.[240] Der Grund hierfür liegt wohl u. a. darin, dass der Gesetzgeber von den unterschiedlichen Trägerschaften auch unterschiedliche Leistungsangebote und Verhaltensweisen in medizinischer wie pflegerischer Hinsicht erwartet, die den unterschiedlichen Bedürfnissen und Werthaltungen der Patienten gerecht werden.[241]

In den *Finanzierungsformen* spiegelt sich wider, dass die Kranken(haus)pflege von Anfang an eine besondere Form der Armenpflege darstellte. In der Regel war es die Allgemeinheit, die den Bau und Unterhalt von Hospitälern finanzierte – sei es aus karitativen und humanitären Gründen oder aber später in Form staatlicher Zwangsabgaben. Trotz der Entwicklung vom Armenspital zum medizinbestimmten Dienstleistungsbetrieb ist der Gedanke der Unterstützung Hilfsbedürftiger bei der Krankenhausfinanzierung – in Form des Solidarprinzips – erhalten geblieben.[242]

Bezüglich der Hospital- resp. Krankenhaus*organisation* spricht SIDAMGROTZKI von einer Entwicklung vom klerikalen, über das medizinale, zum trialen Modell: Während Aufbau und Ablauf der Hospitalorganisation im Mittelalter stark durch die Regeln des christlichen Glaubens geprägt waren (klerikales Modell), richteten sich diese mit der Etablierung der Medizin als Wissenschaft ganz nach den funktionalen Bedürfnissen des Arztes aus (medizinales Modell). Der zunehmende

---

[238] ⇦ Zu den Faktoren vgl. *Abschnitt 4.2.1*.
[239] ⇨ Vgl. hierzu *Abschnitt 5.1*.
[240] Siehe § 1 Abs. 2 KHG. Siehe auch § 109 Abs. 2 SGB V.
[241] Daneben steht nach Ansicht von RAUSCH auch die Erwartung, dass gerade die freigemeinnützigen und privaten Krankenhäuser im besonderen Maß einen Beitrag zu dem sozialpolitischen Ziel sozial tragbarer Kosten von Krankenhausleistungen leisten. Vgl. RAUSCH, Roland (1988), S. 102-106; vgl. auch PATT, Claudia (1996), S. 19.
[242] ⇦ Zur Entwicklung des deutschen Krankenhausfinanzierungssystems seit 1883 vgl. die Zusammenfassung in *Abbildung 4-1*.

Einfluss wirtschaftlicher Faktoren und die wachsende Anerkennung des Pflegeberufes führten schließlich im 20. Jahrhundert zum trialen Organisationsmodell.[243] Es existieren allerdings heute auch andere Krankenhausleitungsvarianten.[244]

Die *medizinische Entwicklung* ist in den einzelnen Zeitabschnitten unterschiedlich schnell vorangetrieben worden. Das in der Antike angesammelte medizinische Wissen ist im Mittelalter kaum weiterentwickelt worden. Erst nachdem im 17. Jahrhundert damit angefangen wurde, die zukünftigen Ärzte direkt am Krankenbett zu schulen, begann sich die Medizin neben der Pflege langsam zu etablieren. Wesentliche Fortschritte in der Medizin konnten aber erst ab Mitte des 19. Jahrhunderts verzeichnet werden. Dies war auch die Zeit, in der die Zahl der Krankenhausneubauten beträchtlich anstieg. Seitdem ist die medizinische Entwicklung durch eine große Dynamik gekennzeichnet, mit der eine zunehmende Spezialisierung der Ärzte und Pfleger verbunden ist. Dabei ist auch eine steigende Technisierung der medizinischen Arbeit zu beobachten.[245] Den letzten drei Zeitphasen gleich ist die starke Beeinflussung der Entwicklung des Krankenhauses durch die Medizin; sei es, dass durch das Krankenhaus medizinische Fortschritte maßgeblich unterstützt oder sogar erst ermöglicht wurden, sei es, dass medizinische Entwicklungen Umstrukturierungen der Organisation und Architektur von Krankenhäusern nach sich zogen.

Bezüglich der Entwicklung des *Krankenversicherungssystems* ist hervorzuheben, dass sich mit dem Ausbau des Krankenversicherungssystems von 1883 bis zum heutigen Tag die Abhängigkeiten des Krankenhauses von seiner Umwelt verstärkt haben und die Vernetzungen innerhalb des Gesundheitssystems extrem gestiegen sind. Darüber hinaus ist eine Zunahme marktwirtschaftlicher Elemente im Gesundheitswesen zu beobachten.

Nach der Darstellung der historischen Entwicklung des Gesundheitssystems soll nun auf die aktuellen und zukünftig zu erwartenden Rahmenbedingungen des stationären Sektors eingegangen werden.

4.3 Status quo und Entwicklungstendenzen der Krankenhausumwelt im Rahmen des deutschen Gesundheitssystems

4.3.1 Die Umweltanalyse als Strukturierungshilfe

Wie aus dem vorhergehenden Abschnitt ersichtlich, ist das Krankenhaus einer zunehmend komplexer und dynamischer werdenden Umwelt ausgesetzt. Die hohe *Komplexität* des Gesundheitssystems – als Umsystem des Krankenhauses – zeigt sich beispielsweise in der zunehmenden Verzahnung der präventiven, kurativen und rehabilitativen sowie der ambulanten und stationären Versorgungsbereiche. Die steigende *Dynamik* des Gesundheitssystems lässt sich an den beiden folgenden Entwicklungslinien verdeutlichen: Zum einen konnte in den letzten 150 und besonders in den letzten 50 Jahren eine rasante Entwicklung des medizinwissenschaftlichen und -tech-

---

[243] Vgl. SIDAMGROTZKI, Edgar (1994), S. 36-37.
[244] ⇨ Vgl. hierzu *Abschnitt 5.3.3*.
[245] Vgl. WALTER, Beowulf (1996), S. 228.

nischen Fortschritts beobachtet werden.[246] Zum anderen wurden allein im Bereich der GKV seit 1972 über 50 größere Gesetze mit etwa 7 000 Einzelregelungen erlassen[247], die – besonders seit 1993 – auch grundlegende Änderungen für den Krankenhaussektor zur Folge hatten.[248]

Durch eine Erhöhung der Transparenz der Eigenschaften und Einwirkungsweisen von Umweltsegmenten[249] sowie den Versuch, Entwicklungstendenzen der Umweltfaktoren zu prognostizieren, kann die aus Komplexität und Dynamik resultierende Ungewissheit wenn auch nicht aufgehoben, so doch vermindert werden.[250] Daher sollen hier die Faktoren der aktuellen Krankenhausumwelt[251] – durch eine Zusammenfassung zu Umweltsegmenten – strukturiert dargestellt und Entwicklungstendenzen des Gesundheitssystems sowie anderer krankenhausrelevanter Umweltfaktoren aufgezeigt werden.

Die strukturierte und zweckbezogene Darstellung der aktuell und zukünftig relevanten Krankenhausumwelt[252] ist im Rahmen des strategischen Managements als *Umweltanalyse* bekannt, deren Zweck die rechtzeitige Aufdeckung von Chancen und Risiken für den jeweiligen Betrieb ist.[253] Da auf die Umweltanalyse noch im Rahmen des zu entwickelnden Krankenhausmanagementkonzeptes eingegangen wird, bietet es sich an, für die hier darzustellenden Rahmenbedingungen

---

[246] ⇨ Vgl. *S. 77-78* dieser Arbeit. Die hohe Dynamik in diesem Bereich zeigt sich auch darin, dass es alle fünf Minuten eine neue medizinische Erkenntnis gibt. Vgl. WÜTHRICH, Hans A. (1994), S. 11.

[247] Vgl. ZIPPERER, Manfred (1998), S. 321.

[248] Die deutschen Krankenhäuser befinden sich seit 1993 (GSG) in einem Wandlungsprozess, der in seiner Tragweite über die Veränderungen seit 1972 (KHG) weit hinausgeht (⇨ vgl. *Abschnitt 4.2.3.2*). Noch dazu verringerte sich die Geltungsdauer der einzelnen Gesetze und Verordnungen ständig, was sich exemplarisch an der BPflV von 1995 zeigen lässt. Diese war noch nicht einmal zehn Monate in Kraft, wobei sie in 97 % aller Krankenhäuser noch nicht zur Anwendung gekommen war, als im Oktober 1995 bereits die vierte Änderungsverordnung vorgelegt wurde. Vgl. SIMON, Michael (1998), S. 6. (Die Änderungsverordnung wurde dann im April 1996 verkündet und trat rückwirkend zum 1. Januar 1996 in Kraft. Siehe „Vierte Verordnung zur Änderung der Bundespflegesatzverordnung – 4. ÄndV BPflV" vom 17. April 1996, in: BGBl. I, S. 619.) Bezogen auf die letzten 200 Jahre ist MURKEN sogar der Auffassung, dass sich „wohl keine andere öffentliche Institution einem solch permanenten […] Wandel anpassen musste. Selbst langfristig vorausgeplante Krankenhäuser der öffentlichen Hand ließen in der Vergangenheit häufig schon bald nach der Einweihung Mängel erkennen, die fast ununterbrochen Perioden baulicher und struktureller Veränderungen notwendig machten." MURKEN, Axel Hinrich (1988), S. 267 [Zitat angepasst an die neue deutsche Rechtschreibung].

[249] ⇨ *Eine* Möglichkeit der Segmentierung der Umwelt(-faktoren) wird in den *Abschnitten 4.3.2.1* und *4.3.3.1* aufgezeigt.

[250] Vgl. MARR, Rainer (1993), S. 75.

[251] Genau genommen kann nicht von *der* Krankenhausumwelt (gültig für alle Krankenhäuser) gesprochen werden; schließlich ist die Umwelt „für jedes System eine andere, da jedes System nur sich selbst aus seiner Umwelt ausnimmt." LUHMANN, Niklas (1996), S. 36.

[252] Hierbei ist zu beachten, dass die *relevante Umwelt* eines Krankenhauses immer einen subjektiven Tatbestand darstellt, da die Relevanz von Umweltbedingungen abhängig ist von den Zielen, Verhaltenseinstellungen und Wertvorstellungen des jeweiligen Entscheidungsträgers sowie seinem Informationsstand und seinen Informationsverarbeitungsfähigkeiten. Damit werden zum einen objektiv vorhandene (aber aufgrund der Komplexität nicht vollständig zu erfassende) Beziehungen zur Umwelt nicht erkannt und zum anderen – aufgrund falscher Annahmen – Beziehungsvermutungen in den Entscheidungsprozess einbezogen, die durch die Realität nicht bestätigt werden können. Vgl. MARR, Rainer (1993), S. 72-73, 97-99.

[253] Vgl. beispielsweise ULRICH, Peter/ FLURI, Edgar (1995), S. 110. Zu der *Umweltanalyse* werden nicht nur – wie der Wortbestandteil „Analyse" vermuten lassen könnte – die zu analysierenden aktuellen Umweltfaktoren gezählt, sondern auch die zu prognostizierenden zukünftigen Rahmenbedingungen, stellt doch das Ziel eines umfassenden Managementkonzepts eine nachhaltige, d. h. weit in die Zukunft reichende Sicherung der Entwicklungsfähigkeit dar.

von Krankenhäusern einen Strukturierungsansatz zu wählen, der auch einer Umweltanalyse zugrunde liegen kann.[254]

Als eine weitere Möglichkeit zur Reduzierung der Ungewissheit ergibt sich – neben einer Verbesserung der Transparenz der Umweltsegmente – der Versuch, selbst direkt oder indirekt auf die Umweltfaktoren einzuwirken. Die Möglichkeit der direkten Einwirkung ist allerdings nicht immer gegeben. So liegt es nahe, zwischen der nicht beeinflussbaren und der (zumindest potenziell) beeinflussbaren Krankenhausumwelt zu unterscheiden. Im nächsten Abschnitt soll daher zunächst auf die allgemeinen, d. h. die außerhalb des direkten Einflussbereiches der Krankenhäuser liegenden Umweltfaktoren eingegangen werden.[255] Hierbei wird nicht der Anspruch einer vollständigen Erfassung aller Rahmenbedingungen erhoben; vielmehr sollen einige aktuell bedeutsame Umweltfaktoren dargestellt werden.[256]

4.3.2 Faktoren der allgemeinen Krankenhausumwelt

4.3.2.1 Segmentierung der allgemeinen Umweltfaktoren

Für eine systematische Erfassung der allgemeinen Umweltfaktoren bietet es sich an, diese zu Umweltsegmenten zusammenzufassen. Es gilt aber zu beachten, dass eine solche Aufgliederung der Umwelt nur aus Gründen der Praktikabilität geschieht, da sie weder dem Tatbestand der Umwelt als komplexes, vernetztes System noch der Problematik einer notwendigerweise immer selektiven Kategorienbildung gerecht werden kann[257]. Im Folgenden werden – wie in *Abbildung 4-2* dargestellt – fünf Bereiche unterschieden, die jeweils einen speziellen Aspekt hervorheben: die ökologische, soziokulturelle, rechtlich-politische, ökonomische und technologische Umwelt.[258]

---

[254] In der Literatur werden viele unterschiedliche Strukturierungsansätze vorgestellt. Für einen Überblick vgl. KREILKAMP, Edgar (1987), S. 71.

[255] Die allgemeinen Umweltfaktoren werden teilweise auch als *globale*, *generelle* oder *rahmensetzende* Umweltfaktoren bzw. -bedingungen bezeichnet. Vgl. KREILKAMP, Edgar (1987), S. 71; MARR, Rainer (1993), S. 71-72; STAEHLE, Wolfgang H. (1994a), S. 595.

[256] Im Rahmen der Krankenhaus-Umweltanalyse stellt gerade die *Auswahl* der für das Krankenhaus relevanten Faktoren ein wesentliches Problem dar, da aus einer großen Anzahl verschiedener Umweltentwicklungen jene herausgegriffen werden sollen, von denen man eine signifikante Wirkung auf das Betriebsgeschehen erwartet. Zudem stellt sich das Problem, dass das Suchfeld von der jeweiligen Entwicklungsphase des Betriebes abhängt. Vgl. hierzu BLEICHER, Knut (1999), S. 523.

[257] Vgl. BLEICHER, Knut (1994a), S. 167; ULRICH, Hans (1990), S. 64-67.

[258] Da diese Umweltbereiche aber auch gegenseitig aufeinander einwirken, ist eine strikte Trennung und damit eine unabhängige Beschreibung der einzelnen Segmente nur bedingt möglich.

Abbildung 4-2: Allgemeine Umwelt des Krankenhauses

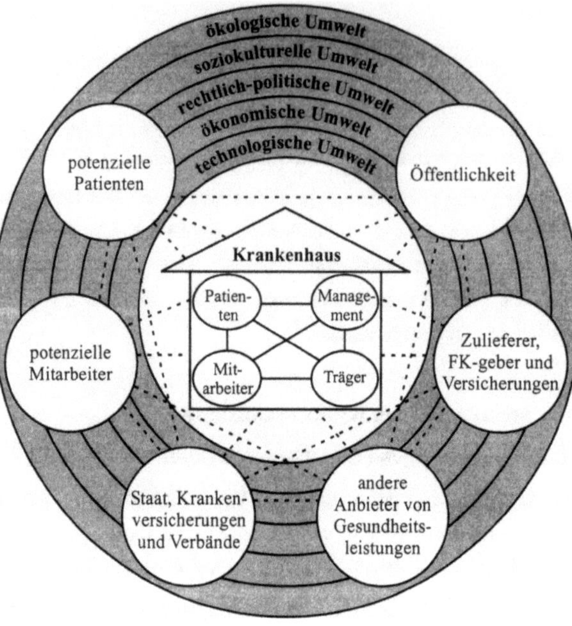

Eigene Darstellung in Anlehnung an ULRICH, Hans (1990), S. 67.

4.3.2.2 Ökologische Umwelt

Bei der Betrachtung der ökologischen Umwelt werden die Natur mit ihren begrenzten Ressourcen, Umweltverschmutzung und Anforderungen an den betrieblichen Umweltschutz in den Vordergrund gestellt.[259] Die Zunahme gesundheitsbelastender Umwelteinflüsse hat für den Krankenhaussektor insofern wesentliche Auswirkungen, als z. B. durch Luftverschmutzung ausgelöste Erkrankungen zumeist chronisch verlaufen und daher in der Regel eine dauerhafte, immer häufiger auch stationäre medizinische Behandlung notwendig machen.[260]

Die zunehmende Umweltverschmutzung der letzten Jahrzehnte führte zu einer verstärkten Sensibilisierung der Bevölkerung. In die ökologische Diskussion rückten somit auch die vom Krankenhaus ausgehenden Eingriffe in die Natur. Eine systematische Beschäftigung mit den Problemen der Umweltbelastung *durch* Krankenhäuser findet allerdings erst seit Anfang der 1990er Jahre statt, obwohl diese schon wesentlich früher erkannt und beschrieben worden sind.[261] Für

---

[259] Vgl. THOMMEN, Jean-Paul (1996b), S. 61.
[260] Vgl. ANDREAS, Heike (1994), S. 49.
[261] Vgl. ISENMANN, Ralf (1997), S. 510; WILHELM, Ernst/ JANISCHOWSKI, Axel J. F. (1990), S. IX-X. Eine Ursache für die verstärkte Beschäftigung mit dieser Thematik könnte das am 1. Januar 1991 in Kraft getretene *Umwelthaftungsgesetz* sein, dessen Zielsetzung in der Förderung des unternehmerischen Eigeninteresses an der Vermeidung von Umweltschäden besteht. Durch größere finanzielle Haftungsrisiken soll eine stärkere Berücksichtigung zu erwartender Umweltschäden gewährleistet werden. Vgl. HAUBROCK, Manfred (1997b), S. 288.

das Krankenhausmanagement ist die Beachtung ökologischer Aspekte in doppelter Hinsicht wichtig. Zum einen müssen die Entscheidungen der Krankenhausleitung konform mit den umweltgesetzlichen Regelungen sein[262]; zum anderen bietet ein aktiv gestalteter Umweltschutz die Chance, eigene Erfolgspotenziale herauszubilden.[263]

Da sich aber auch die Anforderungen der nichtrechtlichen Bereiche an den Umweltschutz im Krankenhaus erhöht haben, ist oftmals schon ein über die Normen des Umweltrechts hinausgehendes Umweltengagement betriebswirtschaftlich erforderlich. So fordert etwa die für ökologische Belange immer sensibler werdende Öffentlichkeit gerade von den Krankenhäusern aktiven Umweltschutz – in Anbetracht ihrer besonderen Verantwortung als Organe des Gesundheitswesens. Letztlich schädigt die Belastung der Umwelt mit Schadstoffen auch die menschliche Gesundheit[264], deren Erhaltung, Verbesserung bzw. Wiederherstellung den eigentlichen Inhalt aller Krankenhausaktivitäten darstellt.[265]

Die besondere Bedeutung des Umweltschutzes im Krankenhaus zeigt sich u. a. darin, dass ein Krankenhauspatient ungefähr das Sechsfache an Abfall eines Durchschnittsbürgers erzeugt.[266] Daneben verschärfen auch Versicherungen die von ihnen gesetzten Umweltstandards für eine Risikodeckung oder erhöhen die Versicherungsprämien bei ökologischen Haftungsrisiken. Schließlich verbinden einige Fremdkapitalgeber mit der Kreditvergabe ökologische Anforderungen, da Umweltgefahren das Kreditrisiko erhöhen.[267]

---

[262] Hierzu zählt z. B. das für Krankenhäuser besonders relevante *Kreislaufwirtschafts- und Abfallgesetz* (KrW-/AbfG), das im Wesentlichen am 7. Oktober 1996 in Kraft trat und vorrangig die Förderung des Recyclings sowie der umweltverträglichen Entsorgung von Abfällen zum Ziel hat. Nach diesem Gesetz haben Krankenhäuser die Pflicht, mindestens einen *Betriebsbeauftragten für Abfall* zu bestellen, sofern regelmäßig „besonders überwachungsbedürftige Abfälle" – wie infektiöse Abfälle, Körperteile und Organabfälle – anfallen. Siehe §§ 54, 55 KrW/AbfG; vgl. auch INGRUBER, Horst (1994), S. 257. Fallen „jährlich mehr als insgesamt 2 000 kg besonders überwachungsbedürftige Abfälle oder jährlich mehr als 2 000 Tonnen überwachungsbedürftige Abfälle" an – wovon bei den meisten Krankenhäusern auszugehen ist –, so ist „ein *Abfallwirtschaftskonzept* über die Vermeidung, Verwertung und Beseitigung der anfallenden Abfälle zu erstellen", das als internes Planungsinstrument dienen soll, sowie eine sog. *Abfallbilanz*, in der „Art, Menge und Verbleib der verwerteten oder beseitigten besonders überwachungsbedürftigen und überwachungsbedürftigen Abfälle" festzuhalten sind. Siehe §§ 19, 20 KrW-/AbfG; vgl. auch BISCHOFBERGER, Claus/ JUNGE, Beate/ WILLE, Gert (1998), S. 242-246; PILZ, Thomas (1998), S. 680-681; WESTPHAL, Jürgen (1998), S. 687. Des Weiteren können hier erwähnt werden das *Bundesseuchengesetz* (BSeuchG) zur Verhütung und Bekämpfung übertragbarer Krankheiten, die *Gefahrgutverordnung Straße* (GGVS) zur Regelung des außerbetrieblichen Transportes gefährlicher Güter (z. B. ansteckungsgefährlicher Güter) und die *Verpackungsverordnung* (VerpackV) zur Vermeidung von Verpackungsabfällen. Daneben existieren noch eine Vielzahl weiterer umweltrechtlicher Bestimmungen, auf die im Rahmen dieser Arbeit allerdings nicht eingegangen werden kann. Vgl. HAUBROCK, Manfred (1997b), S. 288-289; HAUBROCK, Manfred/ SCHÄR, Walter (1992b), S. 60-62; PILZ, Thomas (1998), S. 678-682; POMP, Horst/ HACKELBERG, Ronald (1999), S. 915-917.

[263] Vgl. KREIKEBAUM, Hartmut (1997), S. 46. ⇨ Vgl. hierzu auch *Abschnitt 4.3.3.7*.

[264] Vgl. beispielsweise den auf einer Studie des Umweltbundesamtes in Berlin basierenden Beitrag von HEINZ, der sich mit den gesundheitlichen Auswirkungen hoher Luftverschmutzung und den sich daraus ergebenden Zusatzkosten im Gesundheitswesen beschäftigt. Vgl. HEINZ, Ingo (1992), S. 45-58.

[265] Vgl. HAUBROCK, Manfred/ SCHÄR, Walter (1992b), S. 64; INGRUBER, Horst (1994), S. 255; POMP, Horst/ HACKELBERG, Ronald (1999), S. 912; STANGE, Heino et al. (2000), S. 688; WILHELM, Ernst/ JANISCHOWSKI, Axel J. F. (1990), S. X.

[266] Vgl. ISENMANN, Ralf/ BERGES, Markus (1997), S. 524; SCHÜTZE, Cordula/ VOLLMER, Marianne/ LEUKER, Andreas (1997), S. 1.

[267] Vgl. ISENMANN, Ralf (1997), S. 508; O. V. (1999a), S. 27.

4.3.2.3 Soziokulturelle Umwelt

Die soziokulturelle Umwelt zeichnet sich durch drei Faktoren aus: die Bevölkerungsstruktur bezüglich Alter und Geschlecht (demografischer Faktor[268]), das Bildungsniveau (kultureller Faktor) sowie die Verhaltenseinstellungen und Wertvorstellungen der Bevölkerung (sozialpsychologischer Faktor).[269]

Die *demografische* Entwicklung in Deutschland lässt sich anhand der so genannten „Bevölkerungspyramiden" veranschaulichen[270], die in *Abbildung 4-3* dargestellt sind.

Abbildung 4-3: Altersaufbau der Bevölkerung in Deutschland

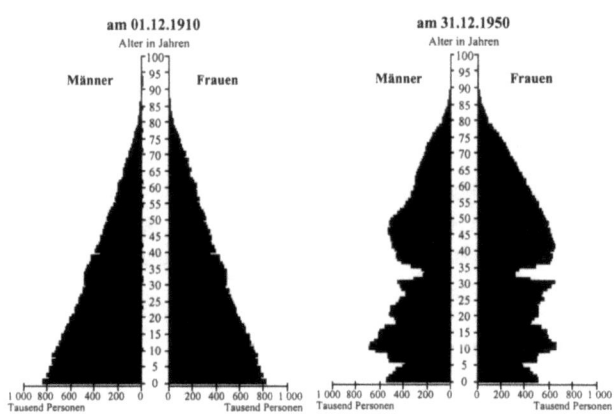

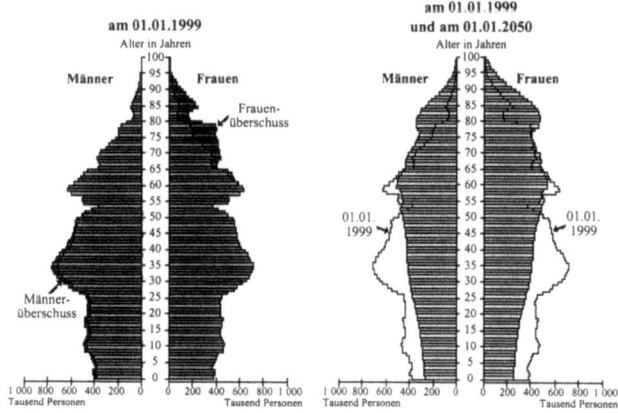

Quelle: STATISTISCHES BUNDESAMT (2000), S. 14.

---

[268] In der Literatur wird die demografische Entwicklung als gesamtwirtschaftlicher Indikator teilweise zur ökonomischen Umwelt gezählt. Vgl. z. B. KREIKEBAUM, Hartmut (1997), S. 43.
[269] Vgl. MARR, Rainer (1993), S. 77, 82-83.
[270] Während man 1910 noch von einer „Pyramide" sprechen konnte, erinnert der heutige Altersaufbau in Deutschland „eher an einen zerzausten Tannenbaum." STATISTISCHES BUNDESAMT (2000), S. 13.

Gesamtgesellschaftlicher Rahmen: das Krankenhaus als Element des Gesundheitssystems 87

Die durchschnittlich höhere Lebenserwartung der Menschen[271] bei gleichzeitigem Geburtenrückgang hat zur Folge, dass der Anteil alter Menschen an der Gesamtbevölkerung zunimmt[272] (so genannter „Double Aging-Prozess"). Damit erhöht sich voraussichtlich auch die Zahl chronisch kranker und multimorbider Personen.[273] Für das deutsche Krankenversicherungssystem bedeuten die in *Abbildung 4-3* dargestellten Entwicklungen des Bevölkerungsrückganges und der Altersstrukturveränderung (verstärkt durch den wirtschaftlichen Strukturwandel[274]) eine verschlechterte Relation zwischen Beitragszahlern und potenziellen Leistungsempfängern.[275] Daneben verändern sich auch die Angebotsstruktur des Gesundheitsmarktes und damit verbunden die Anforderungen an die einzelnen Gruppen der Gesundheitsberufe.[276] Dies ist vor allem auf den sinkenden Anteil an akuten und heilbaren Krankheiten[277] sowie die zunehmende Bedeutung der Geriatrie[278] zurückzuführen. Das Krankenhaus ist von diesen Folgen der demografischen Entwicklung besonders betroffen, da die Krankheitsbilder älterer Menschen[279] überproportional häufig eine *stationäre* Behandlung erfordern.[280] Der steigende stationäre Versorgungsbedarf wird

---

[271] Die Sterblichkeitsabnahme beruht vor allem auf der Ernährung sowie verbesserten physischen und sozialen Lebensbedingungen. Der kurativen Medizin werden „etwa 3,5 bis 4 Jahre Gewinn an Lebenserwartung (1950 - 1990) [...] zugeschrieben; davon entfällt der mit 18 Monaten größte Anteil auf die verbesserte Behandlung der Herzerkrankungen." SACHVERSTÄNDIGENRAT FÜR DIE KONZERTIERTE AKTION IM GESUNDHEITSWESEN (1996), Kap. 4, Ziffer 22.

[272] Nach einer Prognose des Statistischen Bundesamtes wird sich die Zahl der über 65-Jährigen an der Gesamtbevölkerung von 1999 bis 2050 beinahe verdoppeln. Vgl. STATISTISCHES BUNDESAMT (2000), S. 22, 24.

[273] Vgl. SACHVERSTÄNDIGENRAT FÜR DIE KONZERTIERTE AKTION IM GESUNDHEITSWESEN (1996), Kap. 4, Ziffer 26.

[274] Hiermit ist vor allem die relativ hohe Arbeitslosenrate der letzten Jahre gemeint. ⇨ Vgl. auch *Abschnitt 4.3.2.5 Ökonomische Umwelt*.

[275] Vgl. OBERENDER, Peter O./ HACKER, Jan (1999), S. 345. Der Sachverständigenrat für die Konzertierte Aktion im Gesundheitswesen weist aber darauf hin, dass sowohl der Anstieg der Versorgungskosten für Ältere als auch der Rückgang der Erwerbsbevölkerung in vielen (linearen) Hochrechnungen überschätzt wird. Vgl. SACHVERSTÄNDIGENRAT FÜR DIE KONZERTIERTE AKTION IM GESUNDHEITSWESEN (1996), Kap. 3, Ziffer 17 und Kap. 4, Ziffer 20-21.

[276] Vgl. BADURA, Bernhard (1993b), S. 28-29; KÖCK, Christian (1996), S. 39.

[277] BADURA spricht in diesem Zusammenhang vom „Zeitalter chronischer Krankheiten", in dem „Heilung im Sinne einer vollständigen Wiederherstellung die Ausnahme und nicht die Regel" ist. Vgl. BADURA, Bernhard (1993a), S. 22.

[278] Vgl. SACHVERSTÄNDIGENRAT FÜR DIE KONZERTIERTE AKTION IM GESUNDHEITSWESEN (1996), Kap. 4; SACHVERSTÄNDIGENRAT FÜR DIE KONZERTIERTE AKTION IM GESUNDHEITSWESEN (1997), Kap. 3.1, Ziffer 30, 32, 39.

[279] Zu den *typischen Krankheiten älterer Menschen* zählen Herz-Kreislauf- und Atemwegserkrankungen, Osteoporose, Infektionskrankheiten, Inkontinenz, Hüftgelenkschäden, Schenkelhalsfraktur sowie bestimmte psychische Erkrankungsformen. Vgl. PATT, Claudia (1996), S. 71; SACHVERSTÄNDIGENRAT FÜR DIE KONZERTIERTE AKTION IM GESUNDHEITSWESEN (2001), Kap. 2.2, Ziffer 32.

[280] Vgl. ANDREAS, Heike (1994), S. 48-49; GÄRTNER, Heribert W. (1994), S. 20-21; PATT, Claudia (1996), S. 71-72; SCHOTT, Thomas (1993), S. 265. In Deutschland werden über 35 % aller Krankenhausleistungen für über 65-jährige Patienten erbracht, obwohl ihr Anteil an der Gesamtbevölkerung nur etwa 16,25 % beträgt. Vgl. STATISTISCHES BUNDESAMT (2001b), S. 14-15; STATISTISCHES BUNDESAMT (2001c), S. 63. SIEBIG hat (auf Basis zweier Schätzvarianten des Sachverständigenrates für die KAiG) die rein demografisch bedingte prozentuale Steigerung der gesamten GKV-Ausgaben im Vergleich zu den GKV-Ausgaben für den stationären Bereich bis 2030 prognostiziert. Während von 1995 bis 2030 für die gesamten GKV-Ausgaben ein Anstieg in Höhe von 17 % geschätzt wird, beläuft sich der Anstieg für die GKV-Ausgaben für den stationären Bereich auf 22,8 %. Unter zusätzlicher Berücksichtigung des medizinischen Fortschrittes würden die Zahlen weit darüber liegen und zudem noch weiter auseinander fallen. Vgl. SIEBIG, Josef (1999), S. 44-45.

zusätzlich noch durch die Zunahme der Einpersonenhaushalte beeinflusst, mit der ein Rückgang der sozialen Unterstützung durch die Angehörigen verbunden ist.[281]

Zu den *kulturellen* Faktoren zählen zum einen die Struktur und das Niveau der allgemeinen Schulbildung sowie der speziellen Berufs- und Hochschulausbildung.[282] Zum anderen spielt hierbei die Einstellung der Bevölkerung gegenüber den Bildungseinrichtungen und speziellen Disziplinen eine Rolle.[283] So ist zu beobachten, dass mit steigendem Bildungsniveau die Qualifikation der Ärzteschaft kritischer beurteilt wird.[284] Eine Folge davon könnte die (empirisch nachgewiesene) sinkende Inanspruchnahme von medizinischen Leistungen bei zunehmendem Bildungsgrad sein.[285] Allerdings ist anzunehmen, dass die niedrigere Nachfrage oberer Bildungsschichten vor allem auf eine erhöhte Eigeninitiative bei der Förderung der eigenen Gesundheit und auf eine im Krankheitsfalle verstärkte Selbstmedikation bzw. Selbsthilfe zurückzuführen ist, ohne dass damit *zwangsläufig* die Qualifikation des Arztes infrage gestellt sein muss.

Mit den *sozialpsychologischen* Faktoren werden die allgemeinen Verhaltenseinstellungen und Wertvorstellungen der Bevölkerung angesprochen. Seit Ende der sechziger Jahre glauben einige Sozialwissenschaftler, einen gesellschaftlichen Wertewandel in westlichen Industrienationen feststellen zu können, der sich in den nächsten Jahrzehnten auch zunehmend in einem geänderten Verhalten äußern werde.[286] Dieser Aspekt wurde in Bezug auf das *Gesundheitsbewusstsein* der Bevölkerung bzw. die in den westlichen Industrienationen zu beobachtende Entwicklung von einer Krankheits- zu einer Gesundheitsorientierung schon in *Abschnitt 3.3* angesprochen. Auf die *Menschenbilder*, die die Wertvorstellungen und Verhaltenseinstellungen der Individuen widerspiegeln, sei aufgrund ihrer Bedeutung für die vorliegende Arbeit auf *Abschnitt 6.2* verwiesen, in dem eine vertiefte Auseinandersetzung mit dieser Thematik erfolgt.

4.3.2.4 Rechtlich-politische Umwelt

Bezüglich der rechtlich-politischen Umwelt von Krankenhäusern ist vor allem auf die Ausgestaltung und Wirksamkeit der Rechtsstruktur einzugehen[287]. Schließlich wird durch die Gesetzge-

---

[281] Vgl. NEUBAUER, Günter (1996), S. 23. Hinsichtlich des potenziellen Kostenanstiegs durch die Zunahme von Einzelhaushalten in den nächsten Jahrzehnten ist aber anzumerken, dass dies eine tendenzielle Abnahme der beitragsfrei mitversicherten Familienangehörigen und damit auch eine finanzielle Entlastung der Krankenkassen nach sich zieht. Vgl. SACHVERSTÄNDIGENRAT FÜR DIE KONZERTIERTE AKTION IM GESUNDHEITSWESEN (1996), Kap. 3, Ziffer 16.

[282] Für den stationären Bereich ist hierbei vor allem das Angebot an Ärzten, Pflegekräften und sonstigem potenziellen Krankenhauspersonal sowie deren Qualifikation von Relevanz. ⇨ Vgl. *Abschnitt 4.3.3.3 Potenzielle Mitarbeiter*.

[283] Vgl. STAEHLE, Wolfgang H. (1994a), S. 597.

[284] ⇦ Vgl. hierzu *Abschnitt 3.3, S. 42*. ⇨ Vgl. auch *Abschnitt 4.3.3.2*.

[285] Vgl. ANDREAS, Heike (1994), S. 52.

[286] Vgl. beispielsweise CAPRA, Fritjof (1996a); CAPRA, Fritjof (1996b); ROSENSTIEL, Lutz von (1995), Sp. 2175-2180. Vgl. auch BADER, Wolfgang (1994), S. 66-74.

[287] Hierzu zählen u. a. das Sozialrecht, das Handels- und Gesellschaftsrecht, das Arbeitsrecht, das Steuerrecht und spezielle, nur für Krankenhäuser geltende rechtliche Regelungen, wie das Krankenhausfinanzierungsgesetz (KHG), die Bundespflegesatzverordnung (BPflV), die Abgrenzungsverordnung (AbgrV) und die Krankenhaus-Buchführungsverordnung (KHBV).

bung der Rahmen abgesteckt, innerhalb dessen krankenhausbetriebliche Entscheidungen erfolgen können. In erster Linie sind für Krankenhäuser die *nationalen* Regelungen entscheidend. Vor dem Hintergrund der Harmonisierungstendenzen in der Europäischen Union[288] sowie der immer bedeutender werdenden internationalen Gesetzgebung kann sich zur Antizipation zukünftiger rechtlicher Rahmenbedingungen auch eine Beschäftigung mit Verordnungen und Gesetzen anderer Staaten als hilfreich erweisen. So zeichnete sich bereits während der letzten 20 Jahre in vielen Industrienationen eine Tendenz zu DRG-basierten Krankenhausentgeltsystemen ab.[289]

Viele deutsche Krankenhäuser waren in den letzten Jahren aber wohl weniger mit der Antizipation zukünftiger Entwicklungen der Krankenhausgesetzgebung beschäftigt als mit der fristgemäßen Bewältigung des administrativen Umstellungsaufwandes, der mit den neuen deutschen Gesetzesvorlagen verbunden war. Die Gesetzgebung im Krankenhausbereich wurde seit 1993 „zunehmend kurzfristiger [...] und immer schneller durch neue rechtliche Grundlagen ersetzt, geändert oder aufgehoben"[290]. Diese instabilen gesetzlichen Rahmenbedingungen standen häufig längerfristigen Planungen der Krankenhäuser entgegen.[291]

Wenngleich seit 1995 im Krankenhausbereich vermehrt marktwirtschaftliche Elemente Berücksichtigung finden, kann das deutsche Krankenhauswesen immer noch als ein weitgehend staatlich regulierter Leistungsbereich bezeichnet werden: Über 87 % aller Krankenhäuser haben einen Versorgungsauftrag[292] und knapp 88,5 % der Bevölkerung und somit auch der Krankenhauspatienten sind gesetzlich krankenversichert[293]. So unterliegen die Krankenhäuser einer Reihe von *öffentlichen Regularien*, die sich aus der Gesetzgebungskompetenz des Bundes[294] sowie der regionalen Krankenhausplanung und Investitionskostenfinanzierung der Länder[295] herleiten. Allerdings haben die seit Ende der siebziger Jahre immer lauter werdenden Forderungen nach einer Stärkung der wirtschaftlichen Autonomie der Krankenhausbetriebe zu wesentlichen Veränderun-

---

[288] Seit den beiden Urteilen des Europäischen Gerichtshofes vom 28. April 1998 (C-120/95 und C-158/96), mit denen erstmals in das Territorialprinzip nationaler Krankenversicherungssysteme eingegriffen wurde, ist auch das Gesundheitswesen von den gesetzlichen Harmonisierungstendenzen in der EU nicht ausgenommen. Vgl. hierzu KLAS, Christian (2000), S. 49-52; vgl. auch INGRUBER, Horst (1999), S. 67.

[289] Vgl. etwa FISCHER, Wolfram (2001), S. 20-24; ROCHELL, Bernhard/ ROEDER, Norbert (2001), S. 49-61.

[290] LUHMANN, Rainer (1997), S. 66. ⇔ Zu der „Gesetzesflut" seit 1993 vgl. *S. 68-78. Einen* Erklärungsansatz für die Dynamik im rechtlichen Bereich bietet die sog. *Lückentheorie,* nach der die Lücke zwischen zwei Gesetzen mittels eines dritten Gesetzes zu schließen versucht wird, wodurch zwei neue Lücken entstehen, die wiederum geschlossen werden müssen. Vgl. BADER, Wolfgang (1994), S. 122. Da im Gesundheitswesen aber eher eine Tendenz zur Modifizierung bzw. Überarbeitung denn zur Erweiterung von Gesetzen und Verordnungen festzustellen ist (vgl. beispielsweise die Entwicklung des KHG von 1972 bis heute), spielt der Strukturwandel wohl eine entscheidendere Rolle bezüglich dieser Dynamik.

[291] Vgl. BRUCKENBERGER, Ernst (1998), S. 424; LUHMANN, Rainer (1997), S. 66-67; PFÖHLER, Wolfgang (1997a), S. 299; PFÖHLER, Wolfgang (1998a), S. 241; TUSCHEN, Karl Heinz/ QUAAS, Michael (2001), S. 91-92. Auch im Jahre 2001 bleibt abzuwarten, wie sich die Krankenhausentgeltverordnung, deren Entwurf bereits vorliegt und die ab 2003 die BPflV ablösen wird, zukünftig entwickelt. Vgl. TUSCHEN, Karl Heinz (2001), S. 334-340.

[292] Vgl. STATISTISCHES BUNDESAMT (2001a), S. 24.

[293] Vgl. BUNDESMINISTERIUM FÜR GESUNDHEIT (2000), Abschnitt 10.1. Es wird hierbei vereinfachend davon ausgegangen, dass zwischen gesetzlich und freiwillig Krankenversicherten keine signifikanten Unterschiede bezüglich Anzahl und Länge der Krankenhausaufenthalte bestehen.

[294] Siehe insbesondere § 1 Abs. 1 KHG und Art. 74 Ziffer 19a GG.

[295] ⇒ Vgl. hierzu *Abschnitt 5.2.*

gen geführt. Neben der verbindlichen Einführung der kaufmännischen Rechnungslegung sowie der Kosten- und Leistungsrechnung[296] wurde mit dem Krankenhaus-Neuordnungsgesetz (KHNG) von 1985 der Grundsatz *eigenverantwortlich* wirtschaftender Krankenhäuser festgeschrieben[297]. Außerdem ermöglichen die meisten der 1985 und in den Folgejahren veränderten Krankenhausregelungen der Länder nun auch die Wahl privater Rechtsformen.[298] Zusammen mit einer Reihe krankenhausrechtlicher Änderungen und Neuregelungen[299] hat die 1993 eingeführte einnahmenorientierte Ausgabenpolitik im Gesundheitsbereich zu einer „staatlichen Verordnung" weiterer Managementinstrumente geführt. Darüber hinaus wurden Anreize zu einer wirtschaftlicheren Führung der Krankenhäuser gesetzt.[300] Eine (beabsichtigte) Folge dieser neuen rechtlichen Rahmenbedingungen ist, dass sich heute kein Krankenhaus mehr dem Einsatz betriebswirtschaftlich fundierter Steuerungsmethoden verschließen kann. Ein anderes Ziel der Gesundheitspolitik ist damit allerdings noch immer nicht erreicht worden: Das Gesundheitssystem ist weiterhin nicht in der Lage, sich eigenständig – ohne ständige staatliche Eingriffe – zu regulieren. Die Gesetze seit 1993 sowie der Tenor vieler Beiträge zur Gesundheitssystemforschung lassen jedoch einen Trend zu einer „marktwirtschaftlicheren" Steuerung des Gesundheitssystems erkennen. Dies bedeutet aber nicht, dass ein freier Wettbewerb angestrebt wird, sondern vielmehr ein vorrangig leistungs- und qualitätsorientierter Wettbewerb innerhalb des gesetzlich vorgegebenen Rahmens.[301]

4.3.2.5 Ökonomische Umwelt

Bei der Analyse der ökonomischen Umwelt der Krankenhäuser spielt vor allem die *gesamtwirtschaftliche Entwicklung* in Deutschland eine Rolle, da sie einen wesentlichen Einfluss auf die

---

[296] Siehe „Verordnung über die Rechnungs- und Buchführungspflichten von Krankenhäusern (Krankenhaus-Buchführungsverordnung – KHBV)" vom 10. April 1978 (in: BGBl. I, S. 473-493), die am 11. April 1978 in Kraft trat. ⇨ Vgl. auch *Abschnitt 5.2*.

[297] Siehe § 1 Abs. 1 KHG.

[298] Siehe beispielsweise § 13 Abs. 2 HKHG. (Das „Gesetz zur Neuordnung des Krankenhauswesens in Hessen (Hessisches Krankenhausgesetz 1989 – HKHG)" vom 18. Dezember 1989, in: Gesetz- und Verordnungsblatt für das Land Hessen, Teil I, trat am 1. Januar 1990 in Kraft.) Die Krankenhäuser öffentlicher Träger werden allerdings – selbst heute noch – nur in Ausnahmefällen mit einer eigenen Rechtspersönlichkeit geführt. Lediglich eine zunehmende „indirekte Privatisierung" über das Outsourcing einzelner Leistungsbereiche – wie der Wäscherei oder der Gebäudereinigung – konnte bei öffentlichen (wie auch freigemeinnützigen) Krankenhäusern in den letzten Jahren beobachtet werden. Vgl. PREIßLER, Reinhold/ SCHEMANN, Margit (2000), S. 168; SACHS, Ilsabe (1994), S. 2. Allerdings wird immer häufiger gefordert, dass der Staat nur noch in Ausnahmefällen als Krankenhausträger auftreten soll, da er „nur so [...] die Systementwicklung als leistungsfähiger Regelsetzer und neutraler Schiedsrichter gestalten [kann]." Vgl. MEDER, Gerald/ MÜNCH, Eugen (1999), S. 253-254, Zitat auf S. 253. ⇨ Zu Rechtsformen von Krankenhäusern vgl. *Abschnitt 5.1*.

[299] Diese Änderungen und Neuregelungen wurden hauptsächlich im Rahmen des GSG von 1993, der BPflV von 1995, des 2. GKV-NOG von 1997 und der GKV-Gesundheitsreform 2000 erlassen. ⇨ Vgl. *Abschnitt 4.2.3.2*.

[300] Die BPflV von 1995 brachte z. B. die Notwendigkeit der Einführung einer internen Budgetierung mit sich („staatliche Verordnung"). Zudem gab sie Anreize zu einem verstärkten Einsatz von Controllinginstrumenten im Krankenhaus. Vgl. KAUFMANN, Wolfgang (1995), S. 186-187; SCHMIDT-RETTIG, Barbara (1995a), S. 286. Spätestens mit dem ab 2004 verbindlich geltenden GR-DRG-System werden die Krankenhäuser auch zur Einführung von Kostenträgerrechnungen gezwungen. Vgl. SACHVERSTÄNDIGENRAT FÜR DIE KONZERTIERTE AKTION IM GESUNDHEITSWESEN (2000), Kap. 4.4, Ziffer 170.

[301] Vgl. etwa MÜNCH, Eugen (1997), S. 463-468; PFÖHLER, Wolfgang (1998d), S. 437-438; REDEKER, Konrad (1997), S. 394-397.

Finanzierung der Krankenhäuser hat.³⁰² Die Einnahmen der GKV verändern sich in der Regel nur mit Änderung der Grundlohnsumme, weil die Beitragssatzstabilität³⁰³, die prozentuale Anbindung der GKV-Beiträge an das beitragspflichtige Einkommen der Versicherten³⁰⁴ sowie die einkommensabhängige Festlegung der Beitragsbemessungsgrenze der Krankenversicherung³⁰⁵ politisch vorgegeben sind. Dies gilt auch für die Erlöse der Krankenhäuser, die seit 1993 ebenfalls an die beitragspflichtigen Einnahmen gekoppelt sind.³⁰⁶

Die (budgetierten) Krankenhäuser wurden besonders in den letzten Jahren zu einer wirtschaftlicheren Betriebsführung gezwungen. Dies lag in erster Linie daran, dass der Anstieg der GKV-Einnahmen und somit auch der der Krankenhausbudgets in den Jahren 1997 bis 1999 jeweils unter dem Anstieg der Personalkosten lag.³⁰⁷ Mit dem gestiegenen und voraussichtlich weiter steigenden Wettbewerb im deutschen Gesundheitsmarkt³⁰⁸ und der Tendenz nur geringer Budgetsteigerungen³⁰⁹ wird sich wohl der Druck zu Kosteneinsparungen noch weiter erhöhen.

Es darf jedoch nicht übersehen werden, dass der Gesundheitsmarkt nicht nur einen Kostenfaktor darstellt, sondern im Wesentlichen einen *Wachstumsmarkt*³¹⁰: Durch die demografische Entwicklung und den medizinischen Fortschritt sind weiterhin Erhöhungen der Nachfrage nach Gesundheitsleistungen zu erwarten, die zu einer Steigerung des Bruttosozialproduktes und einem erhöhten Beschäftigungsgrad beitragen.³¹¹

4.3.2.6 Technologische Umwelt

Besonders aufgrund des immensen medizinischen Fortschritts der letzten Jahrzehnte unterliegt die technologische Umwelt der Krankenhäuser einem mindestens ebenso starken Wandel wie die rechtliche Umwelt. Da „Qualität und Wirksamkeit der [GKV-]Leistungen [...] dem allgemein anerkannten Stand der medizinischen Erkenntnisse zu entsprechen und den medizinischen Fort-

---

[302] Daneben sind wirtschaftspolitische Aspekte sowie die Entwicklung des Arbeitsmarktes und der Infrastruktur von Interesse. ⇨ Da die Entwicklung des stationären Sektors eng mit der Entwicklung der krankenhausrelevanten Bereiche des Arbeitsmarktes und der sozialen Infrastruktur verbunden ist, wird auf diese beiden ökonomischen Umweltfaktoren erst in *Abschnitt 4.3.3.3 Potenzielle Mitarbeiter* bzw. *Abschnitt 4.3.3.4 Staat, Krankenversicherungen und Verbände* eingegangen.

[303] Der Grundsatz der Beitragssatzstabilität ist in § 141 Abs. 2 SGB V gesetzlich festgeschrieben.

[304] Siehe § 241 SGB V.

[305] ⇨ Vgl. *Fußnote 90 auf S. 61.*

[306] ⇨ Vgl. *Abschnitt 4.2.3.2.*

[307] Weit über 90 % aller Krankenhäuser sind von dem Tarifabschluss im öffentlichen Dienst betroffen, da der Bundesangestelltentarifvertrag (BAT) direkt oder indirekt Anwendung findet. Vgl. O. V. (1999b), S. 197; PFÖHLER, Wolfgang (1999), S. 199.

[308] Der Wettbewerbsanstieg ist vor allem auf die stärkere Verzahnung des ambulanten und stationären Sektors sowie die mit der Globalisierung einhergehende Öffnung der nationalen Gesundheitsmärkte zurückzuführen.

[309] Vgl. DEPPE, Hans-Ulrich (1997), S. 528; PFÖHLER, Wolfgang (1998b), S. 317; PFÖHLER, Wolfgang (1998c), S. 58; TUSCHEN, Karl Heinz/ QUAAS, Michael (2001), S. 40.

[310] Vgl. auch die Sondergutachten des SACHVERSTÄNDIGENRATES FÜR DIE KONZERTIERTE AKTION IM GESUNDHEITSWESEN von 1996 und 1997 mit dem Titel: „Gesundheitswesen in Deutschland: Kostenfaktor und Zukunftsbranche".

[311] Vgl. SACHVERSTÄNDIGENRAT FÜR DIE KONZERTIERTE AKTION IM GESUNDHEITSWESEN (1996), Kap. 6; SACHVERSTÄNDIGENRAT FÜR DIE KONZERTIERTE AKTION IM GESUNDHEITSWESEN (1997), Kap. 3; SIEBIG, Josef (1999), S. 45-47.

schritt zu berücksichtigen" haben[312], müssen die wissenschaftlichen Fortschritte auch umgesetzt werden.[313] Damit sind in der Regel aber erhöhte Kosten und ein erhöhtes Risiko in den betroffenen Bereichen verbunden, da viele der neuen Diagnose- und Therapieverfahren keine kostenreduzierenden Ersatzleistungen darstellen, sondern vielmehr zu additiven Kosten führen. So ermöglichen sie zum Teil überhaupt erst Behandlungen, die zuvor nicht oder nur mit großem Risiko für den Patienten durchführbar waren[314], oder sie sind kapitalintensiver als die substituierten Methoden. Kostensenkende Prozessinnovationen sind auf dem Gesundheitsmarkt die Ausnahme.[315] Der stationäre Sektor wird wohl am stärksten dem fortschrittsinduzierten Kostendruck ausgesetzt sein, da innovative Verfahren häufig zunächst von Spezialisten angewandt werden, die zum größten Teil in Krankenhäusern, insbesondere in Universitätskliniken beschäftigt sind.[316] Außerdem ist zukünftig damit zu rechnen, dass die Zahl der schweren (kostenträchtigen) Fälle im Verhältnis zum Gesamtspektrum der Krankenhausleistungen steigt, da die leichteren Fälle immer öfter auch ambulant behandelt werden können.[317]

Auch die zunehmende Computerunterstützung und -vernetzung trägt zu der extrem hohen Dynamik im technologischen Bereich bei. Ein Ende dieser permanent ansteigenden Dynamik, besonders im Bereich der Mikroelektronik und der damit verbundenen Verkürzung der Produktlebenszyklen, ist vorerst nicht abzusehen.[318] Für das Krankenhaus birgt der technologische Wandel Chancen und zugleich Risiken in sich. Eine Qualitätserhöhung konnte
- durch die Entwicklung der Schnittbildtechnologie (Computer-, Kernspin- und Elektronenstrahltomografie) im Diagnosebereich,

---

[312] Siehe § 2 Abs. 1 Satz 3 SGB V; siehe auch § 70 Abs. 1 Satz 1 SGB V.
[313] Tritt also beispielsweise bei einer Behandlung nach einer veralteten Methode ein Schaden auf, der bei Beachtung des aktuellen medizinischen Standards nicht entstanden wäre, so haftet der Arzt. Vgl. NASEMANN, Andrea (1998), S. 6.
[314] Beispielsweise werden – u. a. dank des verminderten Narkoserisikos für alte Patienten – vermehrt chirurgische Eingriffe zur Verbesserung der Lebensqualität (wie die Implantation von Gelenkendoprothesen) auch an über 80-Jährigen durchgeführt. Vgl. SIEBIG, Josef (1999), S. 44-45.
[315] Vgl. OBERENDER, Peter O./ HACKER, Jan (1999), S. 345.
[316] Vgl. MERSCHBÄCHER, Günter (1999), S. 395. Im vergangenen Jahrhundert führte der medizinische Fortschritt zu einer zunehmenden Spezialisierung und Untergliederung der medizinischen Disziplinen (⇔ vgl. *Abschnitt 4.2.3.3*). Dieser Prozess ist auch noch in der jüngsten Vergangenheit zu beobachten, könnte jedoch durch den Vormarsch ganzheitlich ausgerichteter Behandlungsmethoden und die Weiterentwicklung von Krankenhäusern zu Gesundheitszentren unterbrochen werden. Vgl. SCHOTT, Thomas (1997), S. 97-99.
[317] Vgl. HOFER, Marianne (1987), S. 42-44; MORRA, Francesco (1996), S. 83-84. Zwar können seit dem GSG von 1993 ambulante Operationen auch in Krankenhäusern durchgeführt werden, doch scheint das „Substitutionspotenzial von stationären Krankenhausbehandlungen durch entsprechende ambulante Operationen [...] bis heute [...] bei weitem noch nicht ausgeschöpft." GERBER, Ines/ ROTERING, Christian (2001), S. 373. Vgl. auch GERSTE, Bettina (2001), S. 424. Bis einschließlich 1996 war ein derartiger Trend allerdings noch nicht zu erkennen. Vgl. GERSTE, Bettina (1997), S. 233.
[318] Vgl. allgemein STAEHLE, Wolfgang H. (1994a), S. 598; für den medizinischen Bereich vgl. GRÖNEMEYER, Dietrich H. W. (1997), S. 326-334.

- durch die Entwicklung von Mikro-Instrumentarien (wie Laser, miniaturisierte Operationsbestecke und Endoskope[319]) bei operativen Behandlungen und
- durch die Entwicklung rechnergestützter Informationssysteme[320] im Rahmen der Ablauforganisation

erzielt werden. Allerdings sind die neuen Geräte zumeist mit hohen Anschaffungskosten verbunden. Zudem besteht – besonders bei den Informationssystemen – das Risiko einer schnellen Veralterung, da die Produktlebenszyklen immer kürzer und Standards immer schneller überarbeitet werden.[321]

Eine große Veränderung auf dem gesamten Gesundheitsmarkt wird wohl die Entwicklung der Telemedizin nach sich ziehen. Durch sie verliert zum einen die örtliche Gebundenheit der Erbringung mancher Gesundheitsleistungen[322] an Gewicht, womit u. a. Transportkosten eingespart werden können[323]; zum anderen wird eine bessere Zusammenarbeit zwischen den verschiedenen Leistungserbringern ermöglicht. Inwieweit sich diese Entwicklung auf die Leistungsstruktur des stationären Sektors auswirken wird, ist zurzeit noch unklar.[324]

4.3.2.7 Zusammenfassung der allgemeinen Umweltfaktoren

Wie aus den vorangegangenen Abschnitten hervorgeht, ist das Krankenhaus derzeit einer *sehr dynamischen und komplexen Umwelt* ausgesetzt.[325] Da zudem die einzelnen Umweltfaktoren eng miteinander verknüpft sind und sich deren Entwicklungslinien gegenseitig beeinflussen, kann die zukünftige Entwicklung der Krankenhausumwelt nur schwer prognostiziert werden: Durch die zunehmende Umweltverschmutzung ist in den letzten Jahren nicht nur die Anzahl chronischer Erkrankungen gestiegen, sondern auch die Bevölkerung für ökologische Belange verstärkt sensibilisiert worden. Letzteres schlägt sich in erhöhten Forderungen an den Umweltschutz von Krankenhäusern nieder. Die höhere Lebenserwartung bei gleichzeitigem Geburtenrückgang hat zur

---

[319] Das Beispiel endoskopischer Operationen veranschaulicht die Dynamik technologischer Umsetzungen: „So wurde im Bereich der Krankenhäuser der Stadt Wien Anfang 1989 die erste endoskopische Operation an einer chirurgischen Abteilung durchgeführt. Schon elf Monate später waren alle chirurgischen Abteilungen in der Lage, solche Eingriffe vorzunehmen." KÖCK, Christian (1996), S. 42.

[320] Der Begriff der Informationssysteme wird hier in einem weiten Sinne verwandt. Vgl. beispielsweise SCHWANINGER, Markus (1994), S. 108-110. So zählen hierzu auch Kommunikationssysteme und Systeme zur Verarbeitung, Kommunikation und Archivierung radiologischer Untersuchungen – wie PACS (Picture Archiving and Communication System). Vgl. hierzu WEHRLE, Thorsten/ KÜNZEL, Uwe/ KAMM, K.-F. (2000), S. 514-520. ⇨ Zu Informationssystemen vgl. *Abschnitt 7.3.4.2, Punkt II*.

[321] Vgl. GROHS, Bernd/ UEDELHOFEN, Klaus W. (1998), S. 92; GRÖNEMEYER, Dietrich H. W. (1997), S. 327-331; SACHVERSTÄNDIGENRAT FÜR DIE KONZERTIERTE AKTION IM GESUNDHEITSWESEN (1997), Kap. 3.3.

[322] ⇨ Vgl. hierzu und zu anderen Spezifika von Gesundheits- bzw. Krankenhausleistungen *Abschnitt 5.3.2*.

[323] Das Bundesgesundheitsministerium schätzt das jährliche Einsparpotenzial an Transportkosten durch die Nutzung telemedizinischer Anwendungen auf 1,5 Mrd. DM. Vgl. ZIEGLWALNER, Stefanie (2000), S. 286.

[324] Vgl. hierzu vertiefend BLECH, Jörg (1996), S. 33; GROHS, Bernd/ UEDELHOFEN, Klaus W. (1998), S. 92-96; SACHVERSTÄNDIGENRAT FÜR DIE KONZERTIERTE AKTION IM GESUNDHEITSWESEN (1997), Kap. 3.2; SEELOS, Hans-Jürgen (1993b), S. 235-240.

[325] Das entspricht auch der Auffassung vieler Wissenschaftler und Manager, nach der alle fünf Umweltbereiche in den letzten Jahrzehnten komplexer, dynamischer und in ihren Entwicklungen und Auswirkungen schwerer prognostizierbar geworden seien. Vgl. allgemein STAEHLE, Wolfgang H. (1994a), S. 598; für das Gesundheitssystem vgl. HEIMERL-WAGNER, Peter (1996b), S. 155-156.

Folge, dass der Anteil alter Menschen an der Bevölkerung steigt und damit auch die Ausgaben der Krankenversicherungen wachsen. Zudem kann die demografische Entwicklung in Verbindung mit einer relativ hohen Arbeitslosigkeit dazu führen, dass die Einnahmen der gesetzlichen Krankenversicherungen nicht im gleichen Maße steigen wie deren Ausgaben. Ein dadurch einsetzender Kostendruck ist wieder mit einem wachsenden Wettbewerb im Gesundheitsmarkt verbunden. Zudem sind die Krankenhäuser, wie auch andere Gesundheitsorganisationen, einem Leistungsdruck ausgesetzt, der u. a. auf ein sich (wenn auch langsam) änderndes Gesundheitsbewusstsein sowie steigende Ansprüche der Versicherten zurückzuführen ist. Durch die inflationäre Gesetzgebung im Krankenhausbereich sowie die hohe Geschwindigkeit des medizinischen und technologischen Fortschritts wird es den Krankenhäusern jedoch erschwert, langfristig zu planen.

Abbildung 4-4 gibt noch einmal einen Überblick über die wesentlichen Einflüsse, die von den allgemeinen Umweltfaktoren auf das Krankenhaus ausgeübt werden.

Abbildung 4-4: **Einflüsse der allgemeinen Umweltfaktoren auf das Krankenhaus**

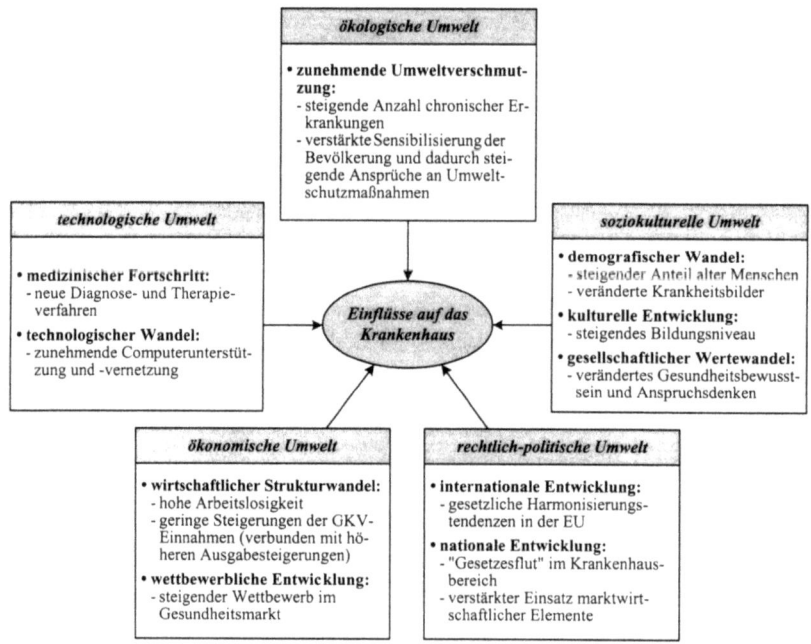

Eigene Darstellung.

Die hohe Dynamik und Komplexität der Umwelt erfordern von Krankenhäusern einen schnell greifenden Adaptionsmechanismus, der z. B. durch eine Erhöhung und Erweiterung der Qualifikationen der Mitarbeiter und die Entwicklung integrierter umweltsensibler Informationssysteme umgesetzt werden kann[326]. Die Analyse der allgemeinen Umweltfaktoren – hier lediglich in Ansätzen dargestellt[327] – kann als Teil eines solchen Informationssystems angesehen werden. Einen weiteren Bestandteil des Informationssystems stellt die folgende, wiederum nur in Ansätzen dargestellte Dokumentation der *krankenhausspezifischen* Umweltfaktoren dar, welche direkt auf das Krankenhaus einwirken sowie zum Teil auch von ihm beeinflusst werden können.[328]

4.3.3 Faktoren der krankenhausspezifischen Umwelt

4.3.3.1 Segmentierung der krankenhausspezifischen Umweltfaktoren

In diesem Abschnitt soll in erster Linie auf den *Gesundheitsmarkt*[329] als (zumindest teilweise) direkt beeinflussende Umwelt des Krankenhauses eingegangen werden.[330] Die Untersuchung soll sich aber nicht ausschließlich auf den Gesundheitsmarkt beziehen, da eine solche Orientierung *per definitionem* eine Berücksichtigung der mit den Krankenhäusern in Verbindung stehenden Lieferanten von „Nicht-Gesundheitsleistungen", Fremdkapitalgebern und Versicherungen sowie sonstiger gesellschaftlicher Anliegen ausschließen würde.

Für eine strukturierte Untersuchung der krankenhausspezifischen Umweltfaktoren bietet sich deren Einteilung in die so genannten *externen Anspruchsgruppen des Krankenhauses* an.[331] Im Folgenden werden diese Anspruchsgruppen unter Berücksichtigung des von ihnen ausgehenden *Kosten- und Leistungsdrucks* auf das Krankenhaus erörtert.[332]

Die externen Anspruchsgruppen werden wie folgt unterteilt: potenzielle Patienten[333], potenzielle Mitarbeiter, Staat, Krankenversicherungen und Verbände, Anbieter komplementärer und substitutiver Gesundheitsleistungen (Partner und Konkurrenten), Zulieferer von „Nicht-Gesundheitsleistungen", Fremdkapitalgeber und Versicherungen sowie Öffentlichkeit. Hierbei ist – wie auch

---

[326] Vgl. eingehender MARR, Rainer (1993), S. 101-104.
[327] Der hier vorgestellte Ansatz, welcher in erster Linie zur Beschreibung der wesentlichen Rahmenbedingungen des Krankenhauswesens gedacht ist, kann somit als Ausgangspunkt für eine betriebs- und situationsspezifische Anpassung und Erweiterung für die jeweilige Krankenhaus-Umweltanalyse betrachtet werden.
[328] Schließlich wird noch die Versorgung der Entscheidungsträger im Krankenhaus mit relevanten Informationen aus der Umweltanalyse zu einem solchen Informationssystem gezählt. ⇨ Auf diesen Punkt wird allerdings erst in *Abschnitt 7.3.4.2* eingegangen.
[329] ⇨ Zur Definition von Gesundheitsmarkt vgl. *Abschnitt 4.1*.
[330] Umgekehrt wird auch der Gesundheitsmarkt von den Aktivitäten der Krankenhäuser beeinflusst.
[331] Bei der Darstellung der betriebsspezifischen Umweltfaktoren wird bewusst *nicht* auf PORTERs Branchenstrukturanalyse zurückgegriffen, die Theorie und Praxis der strategischen Unternehmensplanung stark beeinflusst hat. Vgl. z. B. KREIKEBAUM, Hartmut (1997), S. 120. Der Grund liegt darin, dass die wettbewerbsorientierte Perspektive von PORTERs Modell auf den bislang noch überwiegend staatlich reglementierten deutschen Gesundheitsmarkt anzupassen wäre, und darüber hinaus ein wesentliches Ziel von PORTERs Modell, nämlich die Einschätzung des Gewinnpotenzials einer Branche, nicht primärer Zweck dieser Darstellung ist. Vgl. PORTER, Michael E. (1995), besonders S. 13, 25-28.
[332] Auf die *moralischen Verpflichtungen* des Krankenhauses gegenüber den Anspruchsgruppen, die stets den erfolgsorientierten Größen (wie Kosten und Leistungen) übergeordnet sind, soll hierbei zunächst nicht eingegangen werden. ⇨ Auf sie wird im Zusammenhang mit der Frage: „*Welche Werte sollen für wen geschaffen werden?*" (ULRICH, Peter (1998), S. 204) in *Teil C* zurückzukommen sein.
[333] ⇨ Auf die Bedürfnisse und Ziele von Patienten, die sich bereits im Krankenhaus befinden, wird in *Abschnitt 5.3.3* eingegangen. Dort wird auch erläutert, warum diese Patienten in der vorliegenden Arbeit nicht zu den externen Anspruchsgruppen gezählt werden.

bei der Untergliederung der allgemeinen Krankenhausumwelt – keine überschneidungsfreie Einteilung möglich. Dies zeigt sich besonders deutlich an der „Anspruchsgruppe Öffentlichkeit", die letztlich immer alle anderen Stakeholder mit einschließt.[334] *Abbildung 4-5* zeigt die krankenhausspezifische Umwelt noch einmal grafisch auf.

Abbildung 4-5:   Krankenhausspezifische Umwelt

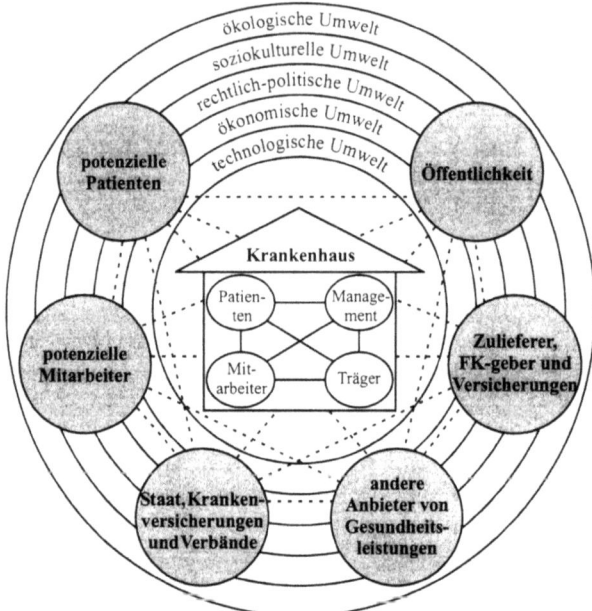

Eigene Darstellung.

4.3.3.2 Potenzielle Patienten

Wie aus der historischen Entwicklung des deutschen Gesundheitssystems hervorgeht, ist die Erwartungshaltung der Versicherten seit Ende des 19. Jahrhunderts ständig gestiegen. So hat sich auch das Krankenhaus von einer Stätte für Arme, die dankbar waren, überhaupt aufgenommen zu werden, zu einem hoch spezialisierten Betrieb entwickelt, der mit einer steigenden Erwartungshaltung seitens der Patienten verbunden ist.[335] Damit einher geht eine zunehmend selbst bestimmte Krankenhauseinweisung[336]; das heißt, je höher die Erwartungshaltung ist, desto eher

---

[334] Hiermit soll keine „Verkürzung der Öffentlichkeit auf einen ‚Stakeholder'" (ULRICH, Peter (1998), S. 449) erfolgen, sondern lediglich der Kosten- und Leistungsdruck dargestellt werden, der durch gesellschaftliche Erwartungen ausgelöst werden kann. Das von ULRICH, Peter (1998) entwickelte *normativ-kritische Stakeholder-Konzept* wird erst in *Abschnitt 7.2.2.2.2* aufgegriffen: Danach werden alle Personen als Stakeholder bezeichnet, „die gegenüber der Unternehmung *legitime Ansprüche* haben, seien das spezielle Rechte aus vertraglichen Vereinbarungen [...] oder allgemeine moralische Rechte" (S. 442). Aus dieser Perspektive ist nun „eine abschließende Aufzählung der Stakeholder nicht mehr möglich" (S. 443). Vgl. auch ULRICH, Peter (1993), S. 424-425.

[335] Vgl. hierzu z. B. JESCHKE, Horst A./ HAILER, Bettina (1994), S. 15; SIEBIG, Josef (1999), S. 37.

[336] Vgl. BRUDERMANNS, Roland (1995), S. 528; WASEM, Jürgen/ GÜTHER, Bernd (1998), S. 17.

kümmern sich Patienten selbst um die Wahl des Krankenhauses und folgen nicht mehr alleine den Vorschlägen niedergelassener Ärzte.³³⁷

Im Falle eines stationären Aufenthaltes erwarten die Patienten in der Regel eine Diagnostik und Therapie, die möglichst schnell, schmerzarm und qualitativ hochwertig erfolgt. Außerdem wünschen sie sich eine pflegerische (und eventuell seelsorgerische) Betreuung, die ihren individuellen Bedürfnissen entspricht, sowie eine angemessene Versorgung im Bereich der Hotel- und Freizeitleistungen (Zimmerbeschaffenheit, Verpflegung, Aufenthaltsräume und sonstige Serviceangebote). Auch die Organisation des Aufnahmevorgangs, des Tagesablaufs, des Entlassungsprozedere und der poststationären Betreuung ist mit steigenden Erwartungen seitens der Patienten verbunden.³³⁸ Zudem sind für viele Patienten die Besuchszeiten sowie der Umgang des Krankenhauspersonals mit Besuchern von Interesse. Die Besucher selbst können als Leistungsbeobachter bezeichnet werden, die bei Patientenbesuchen Erfahrungen sammeln, die eine spätere Entscheidung bezüglich der eigenen Krankenhauswahl maßgeblich beeinflussen können. Neben der Umsetzung dieser Kundenerwartungen³³⁹ verlangen potenzielle Patienten von den Krankenhäusern vermehrt auch die Bereitstellung von Informationen zu einzelnen Leistungsfaktoren³⁴⁰.

Von diesem Anforderungskatalog geht ein großer Leistungs- und vermehrt auch Kostendruck für die Krankenhäuser aus, denn mit wachsendem Interesse potenzieller Patienten steigt der Wettbewerb zwischen den Krankenhäusern. Um sich von Konkurrenten absetzen zu können, müssen stets umfangreichere, höherwertige oder/und preiswertere Leistungen (medizinischer und nichtmedizinischer Art) angeboten werden. Der damit verbundene Kostendruck kann dazu führen, dass ein besonders starker Wettbewerb um Privatpatienten einsetzt³⁴¹.

Des Weiteren hat die gestiegene Anspruchshaltung der Patienten – gemeinsam mit einer geänderten Rechtsprechung – zu mehr und höheren Schadensersatzklagen geführt.³⁴² Diese Entwicklung bewirkte einen zusätzlichen Kostendruck durch eine erhebliche Steigerung der Haftpflichtprämien für Krankenhäuser. Auch zukünftig kann von vermehrten Haftungsansprüchen ausgegangen werden, sofern diesen nicht entgegengesteuert wird – beispielsweise durch die Implementierung eines Risikomanagements.³⁴³

---

[337] Hierbei muss jedoch einschränkend erwähnt werden, dass zurzeit in ca. 67 % aller Fälle die Meinung des niedergelassenen Arztes für die Wahl des Krankenhauses noch immer entscheidend ist. Vgl. GOUTHIER, Matthias/ ENSTE, Ulrich/ MÜLLER-KEITEL, Martina (2000), S. 574.

[338] Vgl. BENKER, Matthias (2001), S. 282-283; MERSCHBÄCHER, Günter (1999), S. 394-395; PFAFFENBERGER, Peter (1999), S. 609-621; SACHVERSTÄNDIGENRAT FÜR DIE KONZERTIERTE AKTION IM GESUNDHEITSWESEN (1996), Kap. 3, Ziffer 15-16; SCHWAIBERGER, Maria/ HUMMEL, Peter/ JASCHKE, Dieter (1995), S. 532-533.

[339] ⇨ Zur Thematik „der Patient als Kunde" vgl. *Abschnitt 6.3.2, Punkt B.*

[340] Vgl. BORN, Andreas (2001), S. 276-279; MEURER, Uta (1998), S. 311.

[341] Vgl. MORRA, Francesco (1996), S. 80.

[342] 1991 haben ca. 6 000 Patienten nach einer Behandlung Entschädigungen gefordert, 1998 waren es fünfmal so viele. Auch die Höhe der Entschädigungen ist in den letzten Jahren stetig gestiegen. Vgl. NASEMANN, Andrea (1998), S. G 6.

[343] Vgl. BERGMANN, Karl Otto (1996), S 238; STAIB, Ingolf/ ULSENHEIMER, Klaus/ MARTIN, Klaus (1997), S. 246; VIETHEN, Gregor (1999), S. 105-106; WIEDENSOHLER, Ralph (2000), S. 1165-1167.

4.3.3.3 Potenzielle Mitarbeiter

Aufgrund des steigenden Wettbewerbs unter Krankenhäusern und der Knappheit an qualifiziertem Krankenhauspersonal[344] wird der Prozess der Mitarbeiterrekrutierung in Zukunft eine größere Rolle spielen. Nachfolgend sollen vor allem der Status quo und die Entwicklungstendenzen der Arbeitsmärkte aufgezeigt werden, die für die drei Hauptbereiche des Krankenhauses – pflegerisches, ärztliches und kaufmännisches Personal – relevant sind.

Der *Arbeitsmarkt für Krankenpflegeberufe* wird durch die sich abzeichnenden Verschiebungen in der Altersstruktur der Bevölkerung in besonderem Maße tangiert.[345] Mit der Abnahme der Zahl der Erwerbstätigen – unter der Annahme unveränderten Berufswahlverhaltens[346] und unveränderter Berufsverweildauer – verringert sich zum einen das ohnehin schon unzureichende Erwerbspotenzial in den Pflegeberufen.[347] Zum anderen entsteht aufgrund der Zunahme des Anteils alter Menschen sowie des Anstiegs an Einpersonenhaushalten ein erhöhter Bedarf an Pflegeleistungen. Der Diskrepanz von Angebot und Nachfrage auf dem Arbeitsmarkt für Krankenpflegeberufe scheinen einzelne Krankenhäuser nur durch innovative Personalmanagementkonzepte begegnen zu können[348], zumal sie nicht nur mit anderen Krankenhäusern um potenzielle Mitarbeiter konkurrieren, sondern auch mit stationären Altenhilfeeinrichtungen, ambulanten Pflegediensten und weiteren Gesundheitsorganisationen. Durch eine Anpassung der Bezahlung, der Arbeitsplatz- und -zeitgestaltung, der Aufstiegsmöglichkeiten sowie des Fort- und Weiterbildungsangebotes an die Erwartungen des potenziellen Krankenpflegepersonals kann die Attraktivität des Pflegeberufes gesteigert und ein erhöhtes Interesse an der Ausbildung zum Krankenpfleger erreicht werden.[349]

Auf dem *Arbeitsmarkt für ärztliches Personal* ist seit Jahren eine andere Entwicklung zu beobachten, die des Öfteren als „Ärzteschwemme"[350] bezeichnet wird. Aber auch wenn das Ange-

---

[344] Vgl. MORRA, Francesco (1996), S. 82.

[345] ⇔ Vgl. die Anmerkungen zur demografischen Entwicklung in *Abschnitt 4.3.2.3*.

[346] Zurzeit beginnen etwa zwei bis drei Prozent der Haupt- und Realschulabgänger eine Ausbildung in der Krankenpflege; die Zahl der Abiturienten liegt weit darunter. Da die Zahl der Schulabgänger aber schon seit Jahren abnimmt und auch weiter abnehmen wird, müssten zukünftig vier bis sechs Prozent der Schulabgänger eine Krankenpflegeausbildung antreten, um den Bedarf an Krankenpflegepersonal zu decken – vorausgesetzt die absolute Zahl an Krankenpflegekräften soll nicht abnehmen. Vgl. NAEGLER, Heinz (1994), S. 163-164.

[347] Schon seit 1988 ist der stationäre Sektor – vor allem in Ballungsgebieten – von einem „Pflegenotstand" gekennzeichnet. Dieser äußert sich einerseits in einem Mangel an Planstellen sowie der zunehmenden Schwierigkeit, freie Planstellen mit ausreichend qualifiziertem Pflegepersonal zu besetzen, und andererseits – als Folge der bestehenden Personalprobleme – in der steigenden Arbeitsbelastung der im Krankenhaus beschäftigten Pflegekräfte, die wohl häufig zu einer qualitativ schlechteren Betreuung der Patienten führt. Vgl. beispielsweise FEUERSTEIN, Günter/ BADURA, Bernhard (1991), S. 53-55; HERSCHBACH, Peter (1993), S. 122; ORENDI, Bennina (1993), S. 138, 142-143; RIEDEL, Wolfgang/ ZELL, Ulrich (1996), S. 26; SACHVERSTÄNDIGENRAT FÜR DIE KONZERTIERTE AKTION IM GESUNDHEITSWESEN (1997), Kap. 3.1. Einige Autoren datieren den Beginn des „Pflegenotstandes" bereits auf die sechziger Jahre; der ständige Mangel an Pflegekräften sei eines der Probleme gewesen, die den Anstoß zu einer Reform gaben, welche 1972 durch das KHG eingeleitet wurde. Vgl. etwa WIEMEYER, Joachim (1984), S. 21-23.

[348] Vgl. DOMSCH, Michel (1992), S. 20-22.

[349] Vgl. vertiefend BARTHOLOMEYCZIK, Sabine (1993), S. 88-98; DULLINGER, Florian (1996), S. 61-63; RIEDEL, Wolfgang/ STEININGER, Siegfried (1992), S. 17-32; RIEDEL, Wolfgang/ ZELL, Ulrich (1996), S. 27-28.

[350] Vgl. RIEDEL, Wolfgang/ ZELL, Ulrich (1996), S. 27, 29; UNKEL, Bernhard (1992), S. 129.

bot bislang noch die Nachfrage übertrifft[351], so ist mit der Zunahme wettbewerblicher Elemente im Krankenhauswesen doch ein starker Konkurrenzkampf unter den Krankenhäusern zumindest um besonders qualifizierte Ärzte zu erwarten.[352] Schließlich kann der Ruf eines Chefarztes die Reputation eines Krankenhauses maßgeblich beeinflussen.[353] Neben den (medizin-)fachlichen Qualifikationen werden bei der Einstellung leitender Ärzte zukünftig vermutlich auch stärker Managementqualitäten berücksichtigt.[354]

Mit dem steigenden Bedarf an modernen Managementmethoden im Krankenhaus steigt ebenfalls die Nachfrage nach qualifiziertem *kaufmännischen Krankenhauspersonal*. In diesem Arbeitsmarktsegment stellt die Deckung des zukünftigen Personalbedarfs vor allem ein Problem der erforderlichen Qualifikationen dar.[355] Erschwerend kommt hinzu, dass die Krankenhäuser hierbei nicht nur untereinander und mit anderen Gesundheitsorganisationen in Konkurrenz stehen, sondern oftmals auch mit Industriebetrieben. Aus diesen Gründen werden Programme der internen Führungskräfteentwicklung[356] sowie aktives externes Personalmarketing in Zukunft im Krankenhaussektor an Bedeutung gewinnen.[357] Da sich der Arbeitsmarkt für ärztliches Personal zurzeit durch einen Angebotsüberschuss auszeichnet und die Aufstiegsmöglichkeiten im Pflegebereich häufig begrenzt sind, wird vermutlich in den nächsten Jahren eine Managementlaufbahn auch in diesen Berufsgruppen häufiger eingeschlagen.[358]

In allen drei Bereichen – wie auch bei den bislang noch nicht aufgezählten Krankenhausberufen[359] – kann davon ausgegangen werden, dass die zukünftige Personalbeschaffung mit höheren Einstellungskosten verbunden sein wird. Schließlich wird sich der Wettbewerb im Krankenhaussektor nicht nur um Patienten, sondern auch um qualifizierte Mitarbeiter verschärfen.[360] Allerdings können die Ausgaben für die Mitarbeiterrekrutierung und -einarbeitung dadurch reduziert werden, dass die Attraktivität der verschiedenen Arbeitsbereiche im Krankenhaus erhöht wird. Letzteres hat tendenziell eine niedrigere Fluktuationsrate und ein höheres Interesse für die offe-

---

[351] Vgl. BUNDESÄRZTEKAMMER (2000), Abbildung 1.
[352] Dieser Konkurrenzkampf wird noch verschärft durch die (wenn auch stark eingeschränkte) Möglichkeit der Ärzte, sich niederzulassen. Vgl. HOFFMANN, Hermann (1996), S. 508.
[353] Vgl. DEGENHARDT, Jörg (1998), S. 122; MORRA, Francesco (1996), S. 82.
[354] Vgl. HOFFMANN, Hermann (1996), S. 508; MOLL, Stephan (1997), S. 316.
[355] Vgl. MÜHLBAUER, Bernd H. (1997a), S. 45; RIEDEL, Wolfgang/ ZELL, Ulrich (1996), S. 27, 29; RÜCK, Reinhard/ LESSACHER, Martin (1997), S. 584-585.
[356] Vgl. beispielsweise DAHLGAARD, Knut/ BUSSCHE, Hendrik van den (1996), S. 568-574.
[357] Vgl. RÜCK, Reinhard/ LESSACHER, Martin (1997), S. 585.
[358] Vgl. EIFF, Wilfried von (1995b), S. 372.
[359] Hierzu zählen z. B. der technische und medizinisch-technische Dienst, Krankenhausapotheker, Heilmittelerbringer, Reinigungskräfte, Küchenpersonal usw. ⇨ Vgl. *Abschnitt 5.3.3*.
[360] Vgl. RIEDEL, Wolfgang/ ZELL, Ulrich (1996), S. 31. Die höheren Personalbeschaffungskosten können dazu beitragen, dass sich der Trend zu Outsourcing-Lösungen weiter fortsetzt. Für diese Entwicklung sind jedoch noch weitere Gründe verantwortlich, wie z. B. die tendenziell höhere Qualifikation externer Dienstleistungsunternehmen. ⇨ Vgl. hierzu auch *Abschnitt 7.3.2.2, Punkt III*.

nen Stellen zur Folge.³⁶¹ Inwieweit die Umsetzung eines ansprechenderen Personalmanagementkonzeptes kostensteigernd wirkt, kann nicht pauschal beantwortet werden.³⁶²

4.3.3.4 Staat, Krankenversicherungen und Verbände

Neben dem Wettbewerb um potenzielle Patienten und Mitarbeiter befinden sich die Krankenhäuser aufgrund des öffentlichen Finanznotstandes auch in einem Wettbewerb um finanzielle Mittel. Dieser Wettbewerb beschränkt sich allerdings nicht nur auf den stationären Sektor; die Krankenhäuser konkurrieren zusätzlich mit den anderen Bereichen der sozialen Infrastruktur³⁶³ um öffentliche Mittel.

Wenngleich in den letzten Jahren durch die Stärkung der Selbstverwaltung eine Rücknahme staatlicher Vorgaben festzustellen ist, so übt der *Staat* dennoch durch die Politik der Budgetbegrenzung und die weiterhin öffentlich gesteuerte regionale Krankenhausplanung³⁶⁴ einen starken Kosten- und Leistungsdruck auf die Krankenhäuser aus. Dieser Druck wird zusätzlich durch die *Krankenversicherungen* verschärft, die ihre Verhandlungsposition durch die Konzentrationsprozesse in den letzten Jahren stärken konnten und zudem dank der neuen gesetzlichen Regelungen zunehmende Einflussmöglichkeiten haben.³⁶⁵ Da die Krankenhausausgaben 35,6 % der gesamten Leistungsausgaben der GKV ausmachen³⁶⁶, kann davon ausgegangen werden, dass der Kostendruck in den nächsten Jahren weiterhin anhalten wird.

Mit der gesetzlich geförderten Stärkung der Selbstverwaltung wächst auch die Bedeutung verschiedener *Verbände* für die Krankenhäuser. So beruht beispielsweise das neue DRG-orientierte Krankenhausentgeltsystem auf einer Vereinbarung der Spitzenverbände der Krankenkassen, des Verbandes der privaten Krankenversicherung und der Deutschen Krankenhausgesellschaft.³⁶⁷ Des Weiteren können die Spitzenverbände der Krankenkassen und die Deutsche Krankenhausgesellschaft nach § 140 e SGB V gemeinsam „eine Rahmenvereinbarung über den Inhalt und die Durchführung der integrierten Versorgung [...] schließen".³⁶⁸ Außerdem sollen nach § 137 b

---

[361] Diese Argumentation beruht auf der Annahme, dass ein erhöhtes Interesse am Arbeitsmarkt zu niedrigeren Personalwerbungskosten im Krankenhaus führt. Außerdem wird davon ausgegangen, dass die Einsparungen im Personalwerbungsbereich die höheren Auswahlkosten, die bei größeren Bewerberzahlen zu erwarten sind, überkompensieren. Zu den beiden Bereichen der Personalbeschaffung (Personalwerbung und -auswahl) vgl. etwa THOMMEN, Jean-Paul (1996c), S. 55-64.

[362] ⇨ Zu Humanisierungsmaßnahmen vgl. *Abschnitt 6.3.3, Punkt B*; zu Personalmanagementsystemen vgl. *Abschnitt 7.3.4.2, Punkt III*.

[363] Neben dem Gesundheitswesen zählen hierzu auch das Wohnungs-, Bildungs- und Sozialwesen. Vgl. EICHHORN, Siegfried (1995a), S. 3.

[364] ⇨ Zur Krankenhausplanung vgl. *Abschnitt 5.2*.

[365] Vgl. MERSCHBÄCHER, Günter (1999), S. 393, 398. Nach einer Umfrage der KPMG-Unternehmensberatung schätzte die Mehrzahl der Krankenhäuser die Beeinträchtigung durch gesetzliche Finanzrestriktionen und fehlende Handlungsspielräume des Managements größer und bedrohlicher ein als den unmittelbaren Wettbewerb mit anderen Krankenhäusern und die Substitutionsangebote anderer Versorgungsbereiche (wie Rehabilitationskliniken und niedergelassene Ärzte). Vgl. GLASMACHER, Christian/ SCHMIDT, Wolfgang (1997), S. 231.

[366] Vgl. BUNDESMINISTERIUM FÜR GESUNDHEIT (2000), Abschnitt 10.12.

[367] Hinsichtlich dieser Vereinbarung bekamen auch die Bundesärztekammer und ein Vertreter der Berufsorganisationen der Krankenpflegeberufe Gelegenheit zur Stellungnahme. Siehe § 17 b Abs. 2 KHG.

[368] Siehe § 140 e Satz 1 SGB V.

SGB V die Bundesärztekammer, die Kassenärztliche Bundesvereinigung, die Deutsche Krankenhausgesellschaft, die Spitzenverbände der Krankenkassen, der Verband der privaten Krankenversicherung und die Berufsorganisationen der Krankenpflegeberufe eine „Arbeitsgemeinschaft zur Förderung der Qualitätssicherung in der Medizin" bilden. Diese Arbeitsgemeinschaft hat u. a. zur Aufgabe, den Weiterentwicklungsbedarf der medizinischen Qualitätssicherung zu benennen, „eingeführte Qualitätssicherungsmaßnahmen auf ihre Wirksamkeit hin zu bewerten und Empfehlungen für eine an einheitlichen Grundsätzen ausgerichtete sowie sektoren- und berufsgruppenübergreifende Qualitätssicherung im Gesundheitswesen einschließlich ihrer Umsetzung zu erarbeiten."[369]

4.3.3.5 Andere Anbieter von Gesundheitsleistungen

In der Zeit von 1991 bis 1999 sind in Deutschland – u. a. aufgrund eines erhöhten Wettbewerbsdrucks – 159 Krankenhäuser geschlossen und 100 297 Krankenhausbetten abgebaut worden.[370] Außerdem hat die Zahl an Zusammenschlüssen von Krankenhäusern – nicht nur auf privater, sondern auch auf freigemeinnütziger und öffentlicher Ebene – zugenommen.[371] Auch in den nächsten Jahren ist in Deutschland – aufgrund der im internationalen Vergleich immer noch hohen Anzahl an Akutbetten und Pflegetagen pro Einwohner[372] und einer geschätzten Fehlbelegungsrate von 20 %[373] – mit einer Verringerung der Zahl der Krankenhausbetten und Krankenhäuser zu rechnen. Zudem wurde seit 1993 das Wachstum des Krankenhausmarktes durch die Budgetierungspolitik stark verlangsamt.[374] Aus diesen Gründen wird sich der Wettbewerb um bestehende Marktanteile in Zukunft weiter verschärfen.

Dieser Konkurrenzkampf ist in der Regel regional begrenzt; allerdings spricht der zunehmende „Patiententourismus"[375] dafür, dass sich die Wettbewerbsgrenzen über das unmittelbare Einzugsgebiet der Patienten hinaus verschieben werden. Seit 1998 haben Krankenhäuser das Wahlrecht, „Leistungen für ausländische Patienten, die mit dem Ziel einer Krankenhausbehandlung in die Bundesrepublik Deutschland einreisen, nicht durch das Budget vergüten"[376] zu lassen, und somit eine zusätzliche Möglichkeit, Erlöse zu erwirtschaften.

---

[369] Siehe § 135 b Satz 2 SGB V.
[370] Damit ist die Zahl der Krankenhäuser um über 7 % und die der Betten um über 15 % zurückgegangen. Vgl. STATISTISCHES BUNDESAMT (2001a), S. 14.
[371] Vgl. ZELLE, Barbara (1998), S. 247-251; vgl. auch SCHMID, Rudolf (1999), S. 220-223, 232.
[372] Vgl. BUNDESMINISTERIUM FÜR GESUNDHEIT (2000), Abschnitt 6.4; OBERENDER, Peter O./ HACKER, Jan (1999), S. 354; STILLFRIED, Dominik Graf von/ JELASTOPULU, Eleni (1997), S. 21-22.
[373] Vgl. BUCK, Renée (1997), S. 103; SWART, Enno/ BRAESEKE, Grit/ ROBRA, Bernt-Peter (2001), S. 327. „*Fehlbelegung* kann beispielsweise durch Einweisung in eine Klinik zu hoher Versorgungsstufe, durch Fehlaufnahme oder durch zu lange Verweildauer entstehen." GERSTE, Bettina (1997), S. 223 [Hervorhebung nicht im Original].
[374] ⇔ Vgl. *Abschnitt 4.2.3.2*.
[375] Unter „*Patiententourismus*" wird hier nicht das sukzessive Aufsuchen verschiedener Ärzte und Krankenhäuser innerhalb einer Region verstanden („doctor hopping"), sondern die Nachfrage von Patienten an Gesundheitsleistungen *anderer* Regionen. Von zunehmender Bedeutung ist dabei die grenzüberschreitende Nachfrage. Vgl. CLADE, Harald (2000), S. 492-493.
[376] Siehe § 3 Abs. 4 BPflV.

Die seit 1993 zunehmende Verzahnung des stationären und ambulanten Sektors hat zudem in einigen Teilbereichen den Konkurrenzkampf der Krankenhäuser auf den ambulanten Bereich ausgedehnt. Zwar sind die niedergelassenen Ärzte in erster Linie bedeutende Kunden von Krankenhäusern, da sie in der Regel die Einweisungsentscheidung des Patienten maßgeblich beeinflussen, doch geht auch von ihnen ein wesentlicher Kosten- und Leistungsdruck auf die Krankenhäuser aus: Zum einen können sie versuchen, kostenintensive, aber prinzipiell ambulant zu behandelnde Fälle auf das Krankenhaus zu verlagern (Stichwort „cost shifting"); zum anderen stehen sie bezüglich der ambulanten Operationen in einem unmittelbaren Konkurrenzverhältnis zu den Krankenhäusern.[377] Der zunehmende Vernetzungstrend im ambulanten Sektor[378] hat – zumindest mittel- bis langfristig – auch betriebswirtschaftliche Auswirkungen auf die Krankenhäuser. So können die Fallzahlen durch die sukzessive Verlagerung der Versorgungsaufgaben vom stationären in den ambulanten Sektor abnehmen[379] oder/und die Verweildauer durch die zunehmende Übernahme von Aufgaben der vor- und nachstationären Versorgung sinken.[380] Als Folge dieser möglichen Entwicklungen geht die Auslastung der Krankenhäuser zurück.[381] Diesem Rückgang können die Krankenhäuser allerdings durch eine aktive Einbindung in die Versorgungsnetze bzw. durch die Konzeption und Umsetzung eigener Kooperationsmodelle entgegenwirken.[382] Diese Möglichkeit wird *rechtlich* allerdings erst seit 1. Januar 2000 mit dem GKV-Gesundheitsreformgesetz 2000 unterstützt. Seitdem können Krankenkassen Verträge mit den Leistungserbringern oder ihren Vertretern zur integrierten Versorgung der Versicherten *über verschiedene Leistungssektoren hinweg* abschließen.[383]

---

[377] Ambulantes Operieren ist seit 1993 im Krankenhaus möglich. Siehe § 115 b SGB V.

[378] Vgl. KASSENÄRZTLICHE BUNDESVEREINIGUNG (KBV) (1996); WAHLER, Steffen/ HILDEBRANDT, Helmut (1999), S. 295-298. Der Gesetzgeber hat mit dem § 26 BPflV und den §§ 63-65, 73 a SGB V erweiterte Regelungsmöglichkeiten geschaffen, mit denen Modellvorhaben vereinbart und Strukturverträge (wie „Hausarztmodelle" und „vernetzte Praxen") abgeschlossen werden können. (Der § 26 BPflV ist seit 1995 gültig, wurde allerdings 1998 im Rahmen der „Fünften Verordnung zur Änderung der Bundespflegesatzverordnung" verändert; im Rahmen des 2. GKV-NOG im Jahre 1997 wurden die §§ 63-65 SGB V verändert und der § 73 a SGB V hinzugefügt.) Den stationären Sektor ließ man dabei zunächst außen vor und bezog ihn erst mit den im GKV-Gesundheitsreformgesetz 2000 erlassenen §§ 140 a-h SGB V in die sog. „integrierte Versorgung" ein.

[379] Beispielhaft kann hierbei der Rückgang von Selbsteinweisungen der Patienten angeführt werden, wenn die Versorgung am Abend und am Wochenende durch eine im Rahmen eines Praxisnetzes eingeführte Leitstelle oder Anlaufpraxis sichergestellt wird. Vgl. HAGMANN, Hartmut/ NERLINGER, Thomas (1998), S. 215; SCHWOERER, Peter/ JELASTOPULU, Eleni (1998), S. 87-90; STILLFRIED, Dominik Graf von (1997), S. 247. Bislang ist allerdings bei den meisten Krankenhäusern noch eine Steigerung der Fallzahlen bei zurückgehender Verweildauer zu beobachten. Vgl. MÜLLER, Brigitte/ MÜNCH, Eckhard/ BADURA, Bernhard (1997), S. 5; STATISTISCHES BUNDESAMT (2001a), S. 14.

[380] Die Vermeidung oder Verkürzung von Krankenhausaufenthalten werden häufig als wesentliche Ziele der Netzwerke niedergelassener Ärzte (Praxisnetze) genannt. Vgl. etwa CHRIST, Claudia (2000), S. 18; RÜSCHMANN, Hans-Heinrich/ ROTH, Andrea/ KRAUSS, Christian (2000), S. 22.

[381] Ein solcher Rückgang kann *vereinzelt* sogar erwünscht sein – etwa bei Krankenhäusern mit einer Kapazitätsüberlastung.

[382] Vgl. beispielsweise CHRIST, Claudia (2000), S. 19-20; HAGMANN, Hartmut/ NERLINGER, Thomas (1998), S. 214-215; HENKE, Klaus-Dirk/ GÖPFFARTH, Dirk (1997), S. 11-14; HILDEBRANDT, Helmut/ RIPPMANN, Konrad/ SEIPEL, Peter (2000), S. 394; RÜSCHMANN, Hans-Heinrich/ ROTH, Andrea/ KRAUSS, Christian (2000), S. 28-29.

[383] Siehe §§ 140 a-h SGB V.

Im Zuge der zunehmenden Integration der Versorgungs- und Serviceangebote des Gesundheitsmarktes[384] steigt auch das Konkurrenz-, aber ebenso das Kooperationspotenzial zu anderen Anbietern von Gesundheitsleistungen. Hierbei sind vor allem Kur- und Rehabilitationskliniken, Pflege- und Altenheime, ambulante Pflegedienste, Heil- und Hilfsmittelerbringer, Apotheken, medizintechnische Betriebe, Gesundheitsberatungen sowie Selbsthilfegruppen zu nennen. Die pharmazeutische Industrie und die Hersteller von medizinischen Geräten sind bislang eher Leistungslieferanten denn Kooperationspartner von Krankenhäusern.[385] Allerdings zeichnet sich in den letzten Jahren eine Tendenz ab, nach der sich die Pharmaindustrie ebenso wie die Medizingerätehersteller zunehmend zu vertikal integrierten Anbietern von Gesundheitsleistungen entwickeln und eine stärkere Zusammenarbeit mit Krankenhäusern suchen.[386]

4.3.3.6 Zulieferer, Fremdkapitalgeber und Versicherungen

Um alle an den Wertschöpfungsketten eines Krankenhauses Beteiligten in der Analyse erfassen zu können, müssen neben den Lieferanten von Gesundheitsleistungen auch die *Zulieferer* von jenen Gütern angesprochen werden, die nicht zur Kategorie der Gesundheitsleistungen zählen. Da Krankenhäuser nicht alle Leistungen selbst erbringen können und aus Wirtschaftlichkeitsgründen auch nicht sollten, sind sie – gerade im nichtmedizinischen Bereich – darauf angewiesen, Güter fremd zu beziehen. Exemplarisch können hierzu die Bereiche Informationssysteme, Rechnungswesen, Wäscherei, Gebäudereinigung, Catering und technische Hilfsdienste genannt werden.[387]

Dem Outsourcing kommt, wie auch der Erschließung weiterer *Fremdfinanzierungsquellen*, eine immer größere Rolle zu, da die öffentlichen Fördermittel oft nicht zur Deckung des Investitionsbedarfes der Krankenhäuser ausreichen. Das Outsourcing stellt insofern eine Fremdfinanzierungsart dar, als dass Investitionen auf den externen Leistungsanbieter verschoben werden. Gerade bei der Neuausstattung von radiologischen Abteilungen stellen langfristige Nutzungsverträge mit Medizingeräteherstellern eine sinnvolle Option dar: Dem Krankenhaus fehlen häufig die Investitionsmittel sowie das technische Know-how für eine eigenständige Generallösung, und einige Medizingerätehersteller sind aufgrund hoher Auftragsvolumina und fest kalkulierbarer Umsätze sowie zur Sicherung oder zum Ausbau ihrer Marktstellung an solchen umfassenden Aufträgen interessiert.[388] Als weitere Fremdfinanzierungsquellen können neben Zuschüssen der Stadt, der Gemeinde oder des Landes sowie Zuschüssen von Kirchen, Verbänden, Instituten oder

---

[384] Der Vernetzungstrend ist zum einen auf die wachsende Erkenntnis der Effektivität und Effizienz integrierter Versorgungsstrukturen – seitens des Gesetzgebers und seitens der Leistungserbringer – zurückzuführen und zum anderen auf den medizinischen Fortschritt, der einen Substitutionsdruck auslösen kann, wie beispielsweise die Möglichkeit ambulanter Operationen. ⇨ Vgl. *Abschnitt 4.3.2.6 Technologische Umwelt*.

[385] So werden sie nicht explizit als Vertragspartner in Modellvorhaben nach §§ 63 bis 65 b SGB V oder bei der integrierten Versorgung nach §§ 140 a bis h SGB V berücksichtigt.

[386] Vgl. KÄMMERER, Wolfgang (1999), S. 315-327; SPINDLER, Karl (1999), S. 332-339; WAHLER, Steffen/ HILDEBRANDT, Helmut (1999), S. 293-295, 299-306.

[387] Hierbei muss jedoch darauf hingewiesen werden, dass auch im medizinischen Bereich Outsourcing-Potenziale vorhanden sind. ⇨ Vgl. hierzu *Abschnitt 7.3.2.2, Punkt III*.

[388] Vgl. hierzu beispielsweise MOHR, Paul (2000), S. 506-512; STREHLAU-SCHWOLL, Holger (1999), S. 868-869.

Fördervereinen auch Spenden, Erbschaften sowie „social sponsoring" durch Geschäftspartner, Kreditinstitute, Verbände, Vereinigungen, Clubs und Privatpersonen genannt werden.[389] Inwieweit ein Krankenhaus auf solche Fremdfinanzierungen zurückgreifen kann, hängt in entscheidendem Maße vom Engagement des Krankenhausmanagements ab. Es ist aber davon auszugehen, dass im Bereich des Fundraisings noch erhebliche Potenziale der Finanzgewinnung stecken.[390] Außerdem sind die Fremdfinanzierungsmöglichkeiten durch Kreditfinanzierung und Leasing zu nennen.[391]

Schließlich sind im Bereich der Nicht-Gesundheitsleistungen die *Versicherungen* anzusprechen, die ein Krankenhaus wie jeder Betrieb abzuschließen hat: Haftpflichtversicherung, Unfallversicherung etc. Damit zählen auch Versicherungsunternehmen zur Gruppe der externen Anspruchsgruppen der Krankenhäuser.

4.3.3.7 Öffentlichkeit

Neben den Erwartungen und Ansprüchen einzelner Personen, Betriebe und Institutionen an das Krankenhaus sind noch die gesamtgesellschaftlichen Erwartungen zu nennen. Diese richten sich weniger an ein einzelnes Krankenhaus als vielmehr an die gesamte Krankenhauslandschaft und werden besonders durch die Medien beeinflusst. In erster Linie wird dabei von den Krankenhäusern die Erfüllung ihres Versorgungsauftrages gefordert – hinsichtlich der Kriterien Leistungsumfang und -struktur, Qualität, Humanität sowie Wirtschaftlichkeit[392]. Über die Einhaltung rechtlicher Vorgaben hinaus werden von der Öffentlichkeit gerade im Bereich der Qualitätssicherung, der Wirtschaftlichkeit und des Umweltschutzes erhöhte Ansprüche an das Krankenhaus gestellt. Die Erfüllung und Übererfüllung dieser Ansprüche kann einem Krankenhaus entscheidende Wettbewerbsvorteile sichern. Beispielsweise kann das gestiegene Umweltbewusstsein der Bevölkerung als Anreiz zur Abfallvermeidung, Senkung des Energieverbrauchs, Förderung des Recyclings und Risikominderung aufgefasst werden. Durch überdurchschnittliches ökologisches Engagement kann so das Image des Krankenhauses gepflegt bzw. verbessert werden.[393]

4.3.3.8 Zusammenfassung der krankenhausspezifischen Umweltfaktoren

Einige der krankenhausspezifischen Umweltfaktoren sind – wie die allgemeinen Umweltfaktoren – einer *hohen Dynamik und Komplexität* ausgesetzt. So sind tendenziell steigende Erwartungshaltungen potenzieller Patienten und Mitarbeiter sowie der Öffentlichkeit festzustellen, die zum

---

[389] Vgl. insbesondere die Beiträge des Heftes ku-Special: Sponsoring, Nr. 14 – 6/1998; vgl. auch CONRAD, Hans-Joachim (1999), S. 112-114; KENNTEMICH, Rainer (1998), S. 67-68.

[390] Vgl. GEORGE, Wolfgang (2000), S. 164-166; NASAROFF, Michael (2000), S. 612-615.

[391] Vgl. hierzu MOST, Edgar/ JOHNE, Magrit (1998), S. 466-468.

[392] Siehe auch §§ 70, 109 SGB V.

[393] Darüber hinaus können durch aktiven Umweltschutz Kosten gesenkt werden. Vgl. hierzu beispielsweise NUßBAUM, Thomas (1997), S. 1-4, der in seinem Artikel Einsparungspotenziale für Krankenhäuser durch eine verbesserte Abfallwirtschaft erörtert, SCHIRMER, Silvia (1997), S. 628-631, die in ihrem Beitrag die Kostensenkungserfolge eines Krankenhauses durch Verwendung von Mehrwegartikeln darstellt, und SCHUBERT, Wolfgang (1999), S. 48-50 sowie FOLKHARD, Waltraud (1999), S. 82-86, die finanzielle Ersparnisse dank der Einführung eines Umweltmanagementsystems beschreiben.

Teil nur schwer prognostizierbare Rückwirkungen auf einzelne Krankenhäuser ausüben. Die Krankenhausgesetzgebung der letzten Jahre hat die Beziehungen der Krankenhäuser zu Staat, Krankenversicherungen und den diversen Verbänden maßgeblich beeinflusst sowie neue Kooperationsformen gefördert. Langfristig können eine Fortsetzung der Vernetzungen im ambulanten Bereich und ein Anstieg der Krankenhauskooperationen den gesamten Gesundheitsmarkt nachhaltig verändern. Allerdings zeichnet sich der Gesundheitsmarkt bereits heute durch einen steigenden Kosten-, Leistungs- und Qualitätswettbewerb aus. Der Anstieg des Wettbewerbs wiederum beruht auf der gestiegenen Erwartungshaltung potenzieller Patienten und Mitarbeiter hinsichtlich der Behandlung bzw. der Arbeitsbedingungen, auf dem finanziellen Notstand der Länder und der Krankenversicherungen, auf der zunehmenden Vernetzung der verschiedenen Bereiche der Gesundheitsversorgung und auf den gewachsenen Beziehungen zu den Zulieferern. *Abbildung 4-6* gibt einen Überblick über die wesentlichen Einflüsse, die die krankenhausspezifischen Umweltfaktoren auf Krankenhäuser ausüben.

Abbildung 4-6: **Einflüsse der krankenhausspezifischen Umweltfaktoren**

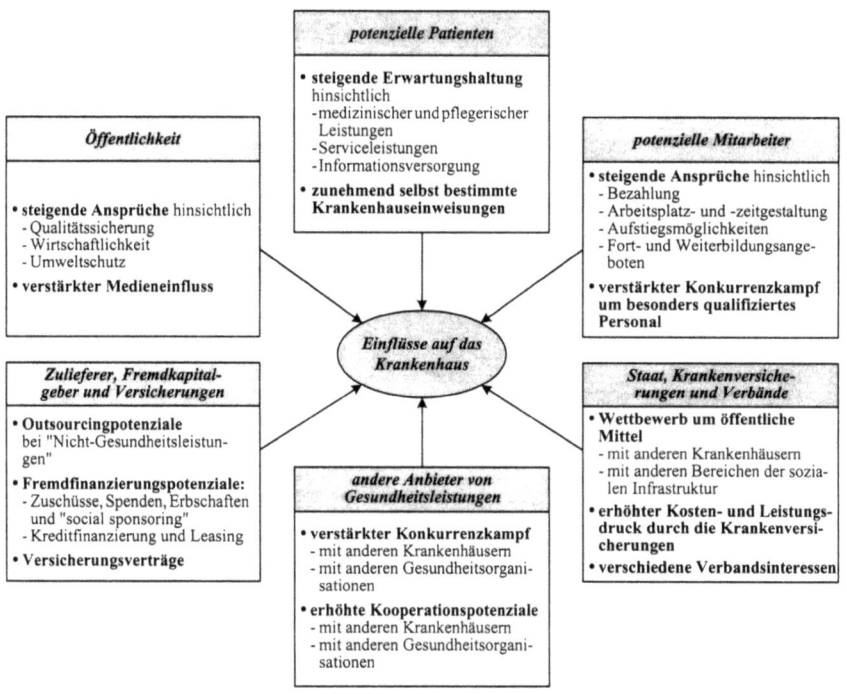

Eigene Darstellung.

Der These folgend, dass ein anwendungsorientierter Managementansatz den typischen Besonderheiten des Erfahrungsobjektes Rechnung tragen muss[394], soll nun auf die betriebstypischen Eigenheiten von Krankenhäusern eingegangen werden.

---

[394] Vgl. GAUGLER, Eduard (1994), S. 255.

5 Einzelwirtschaftliche Besonderheiten: das Krankenhaus als soziotechnisches System

5.1 Typologie von Krankenhäusern

Aus der Definition von Krankenhäusern nach dem KHG[1] wurde deutlich, was Krankenhäuser *de jure* miteinander gemeinsam haben. Anhand der folgenden Systematisierungskriterien soll die Heterogenität des stationären Sektors aufgezeigt werden: Trägerschaft, Rechtsform, Leistungsspektrum, Versorgungsauftrag, arbeitsrechtlicher Status des ärztlichen Dienstes und Länge der durchschnittlichen Verweildauer bzw. Behandlungs- und Pflegeintensität.

In *Abschnitt 1.2.1* wurde schon auf die für diese Arbeit relevante Unterteilung nach dem Hauptzweck der betrieblichen Tätigkeit in bedarfs- und erwerbswirtschaftliche Krankenhäuser eingegangen. Während erwerbswirtschaftliche Krankenhäuser immer private Einrichtungen darstellen, lassen sich bedarfswirtschaftliche Krankenhäuser weiter nach der *Trägerschaft* in öffentliche und freigemeinnützige Einrichtungen unterteilen. *Öffentliche* Krankenhäuser werden getragen von einzelnen öffentlich-rechtlichen Gebietskörperschaften (Bund, Land, Kreis, Gemeinde), Zweckverbänden von Gebietskörperschaften oder auch Sozialleistungsträgern (wie gesetzliche Renten-, Unfall- oder Krankenversicherung). Dahingegen sind *freigemeinnützige* Krankenhäuser von nichtstaatlichen freien gesellschaftlichen Institutionen, wie Kirchengemeinden, kirchlichen und weltlichen Vereinigungen, Genossenschaften sowie Stiftungen getragen.[2] In *Abbildung 5-1* wird die Dreiteilung des Krankenhaussektors[3] mit den prozentualen Anteilen der Trägerarten nochmals grafisch verdeutlicht.[4]

Abbildung 5-1: Anteile der drei Krankenhausträgerarten an der Gesamtzahl der Krankenhäuser in Deutschland 1999

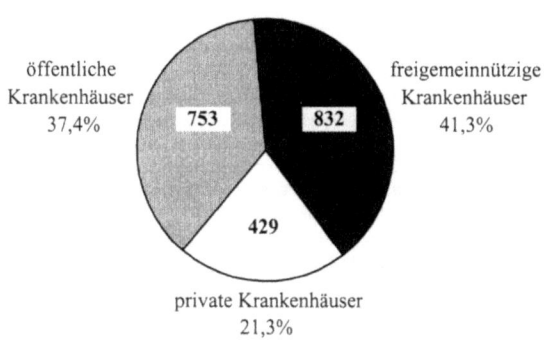

Eigene Darstellung auf der Basis der Daten des STATISTISCHEN BUNDESAMTES (2001a), S. 40.

---

[1] ⇔ Vgl. S. 44.
[2] Vgl. EICHHORN, Siegfried/ LAMPERT, Heinz (1988), S. 9; HERDER-DORNEICH, Philipp/ WASEM, Jürgen (1986), S. 28-29.
[3] Diese Dreiteilung ist in der Statistik seit 1931 üblich. Vgl. RAUSCH, Roland (1984), S. 17.
[4] Hierbei können allerdings nur die 2 014 Allgemeinkrankenhäuser berücksichtigt werden, da die 238 Krankenhäuser mit ausschließlich psychiatrischen und/oder neurologischen Betten sowie die reinen Tages- und Nachtkliniken nicht nach Trägern aufgeteilt werden können. Vgl. STATISTISCHES BUNDESAMT (2001a), S. 40.

Die Verteilung der insgesamt 528 946 Krankenhausbetten unterscheidet sich hiervon aber maßgeblich: In öffentlichen Krankenhäusern sind 54,3 %, in freigemeinnützigen Krankenhäusern 38,6 % und in privaten Krankenhäusern, die zum größten Teil kleine, hoch spezialisierte Kliniken sind, nur 7,1 % der Betten aufgestellt.[5] In Zukunft ist mit einem größeren Anteil privater und einem kleineren Anteil öffentlicher Krankenhäuser zu rechnen – auch im Bereich der Großkliniken.[6]

Neben der Trägerschaft stellt die *Rechtsform* ein weiteres konstitutives Merkmal eines Krankenhauses dar. Private und freigemeinnützige Krankenhäuser werden zumeist als Kapitalgesellschaften betrieben.[7] Dagegen ist es öffentlichen Krankenhausträgern je nach Bundesland entweder verbindlich vorgeschrieben oder freigestellt, welche Rechtsform sie wählen.[8] In der Regel werden kommunale Krankenhäuser als Regiebetrieb[9], Eigenbetrieb[10], Stiftung des öffentlichen Rechts[11] oder Zweckverband[12] geführt. In den letzten Jahren ist aber auch eine Tendenz festzustellen, öffentliche Krankenhäuser in die Rechtsform der GmbH oder gGmbH zu überführen.[13] Dahinter steht wohl zumeist die Erwägung, dass der Träger im Falle von Verlusten nur noch bis zur Höhe seiner Einlage zu haften hat. Für das jeweilige Krankenhaus bedeutet ein solcher

---

[5] Vgl. STATISTISCHES BUNDESAMT (2001a), S. 40. Auch hier können nur die Betten der Allgemeinkrankenhäuser berücksichtigt werden. ⇔ Vgl. die vorherige *Fußnote 4*.

[6] Vgl. ARTHUR ANDERSEN (Hrsg.) (2000), S. 45.

[7] Für freigemeinnützige Krankenhäuser ist noch die Rechtsform des eingetragenen Vereins von Interesse. Vgl. BUSE, Henning R. (2000), S. 67.

[8] Zu den einzelnen landesrechtlichen Vorgaben vgl. BUSE, Henning R. (2000), S. 74-88.

[9] Ein als *Regiebetrieb* geführtes Krankenhaus gilt als rechtlich unselbstständiger Teil der Kommunalverwaltung und ist somit auch in deren Organisation und Rechnungslegung integriert, die in der Regel mithilfe der kameralistischen Buchführung erfolgt. Vgl. BUSE, Henning R. (2000), S. 49-50; NAEGLER, Heinz/ SCHÄR, Walter (1992), S. 12. Unter anderem aus dem Grund, dass Krankenhäuser nach § 3 KHBV zur kaufmännischen doppelten Buchführung verpflichtet sind, „wird heute die Rechtsform des Regiebetriebes für die Führung eines Krankenhauses allgemein als nicht mehr zeitgemäß erachtet." BUSE, Henning R. (2000), S. 50.

[10] Ein als *Eigenbetrieb* geführtes Krankenhaus gilt als rechtlich unselbstständiger, aber organisatorisch und wirtschaftlich abgegrenzter Teil der Kommunalverwaltung und hat ein kaufmännisches Rechnungswesen zu führen. Vgl. BUSE, Henning R. (2000), S. 51-54; NAEGLER, Heinz/ SCHÄR, Walter (1992), S. 12. „Die Rechtsform des Eigenbetriebes wird [...] für eine gelungene ‚Kompromisslösung' zwischen der Entscheidungsfreiheit des [Krankenhaus-]Betriebes und der Einwirkungsmöglichkeit der Kommune gehalten." BUSE, Henning R. (2000), S. 54 [Zitat angepasst an die neue deutsche Rechtschreibung].

[11] Bei der *Stiftung des öffentlichen Rechts* handelt es sich um eine rechtlich und organisatorisch selbstständige Organisation, die einen vom Stifter übergebenen Kapital- oder Sachbestand verwaltet und damit öffentliche Aufgaben erfüllt. Da die meisten als Stiftung des öffentlichen Rechts geführten Krankenhäuser mittlerweile in andere Rechtsformen übergeführt wurden und das Gründungsverfahren in der Regel einen Parlamentsbeschluss notwendig macht, spielt die Stiftung des öffentlichen Rechts im Krankenhausbereich nur noch eine untergeordnete Rolle. Vgl. BUSE, Henning R. (2000), S. 59-60.

[12] *Zweckverbände* sind Körperschaften des öffentlichen Rechts, die rechtlich, wirtschaftlich und organisatorisch selbstständig sind und zumeist von mehreren Gemeinden gemeinsam gegründet werden. Da den Kommunen bei der Errichtung von Zweckverbänden zumeist erheblicher Spielraum innerhalb der gesetzlichen Regelungen verbleibt, ist diese Rechtsform grundsätzlich für den Betrieb öffentlicher Krankenhäuser geeignet. Vgl. BUSE, Henning R. (2000), S. 60-61; PREUß, Olaf Friedrich (1996), S. 13. Daneben gibt es noch weitere Rechtsformen des öffentlichen Rechts, die für den Betrieb öffentlicher Krankenhäuser infrage kommen. Sie werden hier aber nicht aufgeführt, da sie entweder kaum geeignet sind oder nur in einzelnen Bundesländern zur Verfügung stehen. Zu einer Beschreibung dieser Rechtsformen vgl. BUSE, Henning R. (2000), S. 51, 54-59.

[13] Vgl. ALBERT, Franz-Werner (1997), S. 358; BUSE, Henning R. (2000), S. 73; STRECKEL, Siegmar (1997a), S. 525.

Rechtsformwechsel u. a., dass nun das Risiko eines Konkurses gegeben ist.[14] Andere privatrechtliche Rechtsformen sind für kommunale Krankenhäuser nicht oder nur bedingt geeignet.[15]

Des Weiteren können Krankenhäuser nach der Anzahl der Betten oder Fachabteilungen sowie nach der Breite und Tiefe des *medizinisch-pflegerischen Leistungsspektrums* eingeteilt werden. Bei Letzterem differenziert man zwischen

- *Allgemeinkrankenhäusern*, die Patienten mit unterschiedlichen Diagnosen aufnehmen,
- *Fachkrankenhäusern* (wie orthopädische, dermatologische oder psychiatrische Kliniken), die sich auf bestimmte Krankheitsarten, Disziplinen oder Behandlungsmethoden spezialisiert haben,
- *Sonderkrankenhäuser*, die der Aufnahme bestimmter Personengruppen (z. B. Krankenhäuser im Straf- oder Maßregelvollzug), einer besonderen Unterbringung der Patienten oder der Durchführung besonderer Versorgungsmaßnahmen (z. B. Kurkrankenhäuser) dienen, und
- reinen *Tages- und Nachtkliniken*, in denen ausschließlich teilstationäre Leistungen erbracht werden.[16]

Der Begriff des *Gesundheitszentrums* für Krankenhäuser, die neben dem herkömmlichen Leistungsspektrum verstärkt ambulante sowie präventive und rehabilitative Leistungen anbieten, hat sich bislang noch nicht durchgesetzt.[17] Von den genannten Krankenhaustypen sind *de jure* stationäre Einrichtungen abzugrenzen, die vor allem der Gesundheitsvorsorge oder Rehabilitation dienen.[18]

Bettenzahl und Leistungsspektrum bilden neben dem Einzugsgebiet auch Kriterien für eine Zuordnung zu den vier Versorgungsstufen, in die die Krankenhäuser seit 1982 eingeteilt werden.[19]

---

[14] Vgl. SIMON, Michael (1997), S. 7-8.

[15] So scheiden *Personengesellschaften* von Anfang an aus, „da Krankenhäuser keine Handelsgewerbe im Sinne des § 1 HGB betreiben und auch die Einflussmöglichkeiten des Krankenhausträgers auf den Krankenhausbetrieb verloren gehen. Ferner stehen steuerliche Gründe und mögliche Haftungsverpflichtungen einer derartigen Rechtsform entgegen." GITTER, Wolfgang (1993), S. 83 [Zitat angepasst an die neue deutsche Rechtschreibung]. Vgl. auch BUSE, Henning R. (2000), S. 61-64. Der *eingetragene Verein* steht als Rechtsform für den Betrieb kommunaler Krankenhäuser prinzipiell zur Verfügung, ist aber aufgrund der gesetzlichen Regelungen (siehe §§ 21 bis 79 BGB) kaum empfehlenswert. Vgl. BUSE, Henning R. (2000), S. 64-67. Die Rechtsform der *Aktiengesellschaft* wird vor allem wegen der starken Stellung des Vorstandes, die zu einer weitgehenden Begrenzung der Einwirkungsmöglichkeiten der Kommune führt, als kaum geeignet für die Führung öffentlicher Krankenhäuser gesehen. Vgl. BUSE, Henning R. (2000), S. 67-70. Die Mischformen der *GmbH & Co. KG* und *KGaA* sind aus steuerlichen Gründen entwickelt worden und von daher für öffentliche Krankenhäuser nicht von Relevanz. Vgl. GITTER, Wolfgang (1993), S. 83. *Genossenschaften* kommen auch nicht in Betracht, da sie der Förderung des Erwerbs oder der Wirtschaft der Mitglieder dienen. Siehe § 1 GenG.

[16] Vgl. BRETTEL, Malte (1997), S. 104; HENKE, Klaus-Dirk/ GÖPFFARTH, Dirk (1997), S. 5; SCHELL, Werner (1995), S. 138.

[17] Vgl. VEHLING, Rudolf (1996), S. 132. Das Gleiche gilt auch für andere Bezeichnungen wie „medizinisches Leistungszentrum" und „integriertes Dienstleistungszentrum". Zum Konzept des *medizinischen Leistungszentrums* vgl. das Sammelwerk von MAYER, Elmar/ WALTER, Beowulf/ BELLINGEN, Klaus (Hrsg.) (1997) und insbesondere WALTER, Beowulf (1997), S. 3-13. Zum Konzept des *integrierten Dienstleistungszentrums* vgl. DKG (1998), S. 171; PFÖHLER, Wolfgang (1998d), S. 436.

[18] Siehe § 107 Abs. 2 SGB V.

[19] Zu der vom Versorgungsauftrag abhängigen Investitionsförderung der Krankenhäuser siehe § 23 Abs. 2 KHG.

Je nach *Versorgungsauftrag*[20] unterscheidet man Krankenhäuser der Grund-, Regel-, Schwerpunkt- und Zentral- bzw. Maximalversorgung. Allerdings existieren hinsichtlich der Versorgungsstufen zwischen den einzelnen Bundesländern zum Teil unterschiedliche Differenzierungskategorien[21], weshalb die im Folgenden aufgezählten Unterscheidungsmerkmale nicht in jedem Bundesland in dieser Art Gültigkeit besitzen. Unter einem Krankenhaus der *Grundversorgung* versteht man ein Allgemeinkrankenhaus der ortsnahen Versorgung (Orts- und Stadtkrankenhaus), das in der Regel die Fachabteilungen Innere Medizin, Chirurgie, Gynäkologie und Geburtshilfe umfasst und etwa 180 bis 360 Planbetten unterhält. Krankenhäuser der *Regelversorgung* (Kreiskrankenhäuser) umfassen weitere Fachrichtungen, wie beispielsweise Radiologie und Anästhesie, nehmen teilweise schon überörtliche Versorgungsaufgaben wahr und haben mindestens 300 Betten. Mittels der Krankenhäuser der Grund- und Regelversorgung soll die Behandlung aller lebensbedrohlichen Zustände sichergestellt werden. Krankenhäuser der *Schwerpunktversorgung* (Bezirkskrankenhäuser) nehmen ebenfalls Aufgaben der überörtlichen Versorgung wahr und umfassen neben den Fachrichtungen der Regelversorgungskrankenhäuser weitere Fachabteilungen mit hoch differenzierter Diagnostik und Therapie. Die höchste Versorgungsstufe stellen Krankenhäuser der *Zentral- bzw. Maximalversorgung* dar (z. B. Hochschulkliniken). Sie umfassen alle wichtigen medizinischen Fachrichtungen und verfügen über mindestens 650 Betten.[22] Schließlich gibt es noch *Krankenhäuser ohne Versorgungsauftrag* (ca. 12,6 % aller Krankenhäuser[23]), deren Leistungen nicht von der GKV vergütet werden und damit nur Privatversicherten oder privat zahlenden Patienten zur Verfügung stehen.[24]

Außerdem unterscheidet man hinsichtlich des arbeitsrechtlichen Status des ärztlichen Dienstes *Anstaltskrankenhäuser*, in denen die medizinische Versorgung von hauptamtlich angestellten Krankenhausärzten durchgeführt wird, und *Belegkrankenhäuser*, in denen – zumindest teilweise – die medizinische Verantwortung in den Händen von niedergelassenen Ärzten (Belegärzten) liegt. In Belegkrankenhäusern reduziert sich das Angebot des Krankenhausträgers auf die nachgeordnete medizinische Versorgung, vor allem aber auf pflegerische Betreuung, Unterkunft und Verpflegung.[25]

Hinsichtlich der Intensität ärztlicher Behandlung bzw. der Länge der durchschnittlichen Verweildauer unterscheidet man Akut-, Langzeitkrankenhäuser und Krankenhäuser für chronisch Kranke. In *Akutkrankenhäusern* wird intensive ärztliche Behandlung und Pflege gewährt sowie das Ziel verfolgt, die Patienten in zeitlich absehbarer, möglichst kurzer Verweildauer zu heilen.

---

[20] Einen Versorgungsauftrag erhalten alle Hochschulkliniken und Krankenhäuser, die in den Krankenhausplan eines Landes aufgenommen sind (Plankrankenhäuser). Bei Bedarf können die Krankenkassen mit weiteren Krankenhäusern einen Versorgungsvertrag abschließen. Siehe § 108 SGB V und § 4 BPflV. ⇨ Vgl. hierzu auch *Abschnitt 5.2*.
[21] Vgl. beispielsweise § 2 Landesverordnung zur Festsetzung der Jahrespauschale und Kostengrenze für die pauschale Förderung der Krankenhäuser (Rheinland-Pfalz) und § 16 Abs. 3 HKHG.
[22] Vgl. PATT, Claudia (1996), S. 23-24; SCHELL, Werner (1995), S. 138-139.
[23] Vgl. STATISTISCHES BUNDESAMT (2001a), S. 24.
[24] Vgl. HENKE, Klaus-Dirk/ GÖPFFARTH, Dirk (1997), S. 5.
[25] Vgl. PATT, Claudia (1996), S. 25; SCHELL, Werner (1995), S. 138.

Langzeitkrankenhäuser unterscheiden sich von Akutkrankenhäusern nur insofern, als die Verweildauer mit im Allgemeinen bis zu zwölf Wochen deutlich länger ist. *Krankenhäuser für chronisch Kranke* gewähren eine intensive Pflege und anhaltende, in der Intensität aber wechselnde ärztliche Behandlung. In zeitlich nicht abgrenzbarer Behandlungsdauer wird angestrebt, den Gesundheitszustand des Patienten so weit zu verbessern, dass eine stationäre Versorgung nicht mehr nötig ist.[26]

In der folgenden *Abbildung 5-2* wird ein Überblick über die wesentlichen Systematisierungskriterien von Krankenhäusern gegeben und damit die Heterogenität des Krankenhaussektors verdeutlicht.

Abbildung 5-2: Heterogenität des Krankenhaussektors

• *Trägerschaft:* - öffentliche Krankenhäuser - freigemeinnützige Krankenhäuser - private Krankenhäuser • *Rechtsform:* - bei öffentlichen Krankenhäusern je nach Bundesland verbindlich vorgeschrieben oder freigestellt - bei privaten und freigemeinnüzigen Krankenhäusern zumeist GmbH • *Leistungsspektrum:* - Allgemeinkrankenhäuser - Fachkrankenhäuser - Sonderkrankenhäuser - Tages- und Nachtkliniken - Gesundheitszentren	• *Versorgungsauftrag:* - Grundversorgung - Regelversorgung - Schwerpunktversorgung - Zentral- bzw. Maximalversorgung - Krankenhäuser ohne Versorgungsauftrag • *arbeitsrechtlicher Status des ärztlichen Dienstes:* - Anstaltskrankenhäuser - Belegkrankenhäuser • *ärztliche Behandlungsintensität und Länge der durchschnittlichen Verweildauer:* - Akutkrankenhäuser - Langzeitkrankenhäuser - Krankenhäuser für chronisch Kranke

Eigene Darstellung.

Die weiteren Ausführungen dieser Arbeit beziehen sich vorrangig auf bedarfswirtschaftliche Krankenhäuser mit Versorgungsauftrag. Insofern die anderen Klassifizierungsmerkmale für die Ausführungen von Belang sind, werden diese gesondert hervorgehoben.

5.2 Planung, Finanzierung und Rechnungswesen in Krankenhäusern

Im Vergleich zu anderen Organisationen sind Krankenhäuser im Bereich der Planung des Leistungsangebotes, der Finanzierung der Investitions- und Betriebskosten sowie dem externen und internen Rechnungswesen vielfältigen rechtlichen Restriktionen unterworfen. Dies ist vor allem darauf zurückzuführen, dass die Bereitstellung von Krankenhäusern seit 1972 eine öffentliche Aufgabe darstellt: Der Staat hat „die Angebotskapazitäten der Krankenhäuser auf den ‚notwendigen' Bedarf der Bevölkerung an Krankenhausleistungen auszurichten und gleichzeitig dafür Sorge zu tragen, dass das Leistungsgeschehen möglichst wirtschaftlich verläuft."[27]

---

[26] Vgl. SCHELL, Werner (1995), S. 138.
[27] EICHHORN, Siegfried (1995a), S. 3-4 [Zitat angepasst an die neue deutsche Rechtschreibung].

Das zentrale Instrument der Angebotssteuerung ist der *Versorgungsauftrag*, der zum einen den verbindlichen Rahmen von Leistungsprogramm und -umfang eines Krankenhauses vorgibt[28] und zum anderen die Voraussetzung für die Übernahme der Investitionskosten durch öffentliche Förderung darstellt. Die Landesverbände der Krankenkassen und Verbände der Ersatzkassen schließen mit den Hochschulkliniken und den Krankenhäusern, die in den länderspezifischen Krankenhausplan aufgenommen sind (Plankrankenhäuser), Versorgungsverträge ab.[29] Neben diesen verbindlich geltenden Verträgen[30] können die Krankenkassen mit weiteren Krankenhäusern Versorgungsverträge abschließen. Allerdings hat kein Krankenhaus Anspruch auf einen solchen Abschluss[31], der zudem der Genehmigung der zuständigen Landesbehörden bedarf.[32] Schließlich kann „ein Versorgungsvertrag [...] mit einer Frist von einem Jahr ganz oder teilweise gekündigt werden"[33]. Aus der Sicht des Krankenhauses stellt der Versorgungsauftrag die Grundlage für die Bemessung der Kapazitäten von Diagnostik, Therapie, Pflege und Hotelversorgung dar. Das Krankenhaus ist lediglich im Rahmen seines Versorgungsauftrages in der Gestaltung des Leistungsangebotes frei.[34]

Eng verbunden mit der Krankenhausplanung ist die *Finanzierung* der Krankenhäuser. Da der Versicherte – sofern er die gesetzlichen Voraussetzungen erfüllt – einen Rechtsanspruch auf Krankenhausbehandlung hat[35], müssen die Länder für eine ausreichende Bereitstellung von Krankenhausbetten sorgen und für deren Finanzierung aufkommen. Im Sinne der dualen Finanzierung übernehmen die Länder die Investitionskosten der Krankenhäuser unter der Annahme, dass damit die Vorhaltekosten gedeckt sind.[36] Dieser steuerfinanzierte Anteil an den Gesamtkosten eines Krankenhauses beträgt zwar nur zehn Prozent[37], hat aber eine strategische Bedeutung

---

[28] Vgl. EICHHORN, Siegfried (1995a), S. 10.

[29] Siehe § 109 Abs. 1 Satz 1 und 2 SGB V. Die Aufstellung der *Krankenhauspläne* fällt in die Zuständigkeit der Länder und ist in den Landeskrankenhausgesetzen geregelt. Daraus resultieren länderspezifische Regelungstiefen und Vorgehensweisen zur Aufstellung der Krankenhauspläne. Vgl. BESKE, Fritz (2000), S. 302; BRUCKENBERGER, Ernst (1997), S. 240.

[30] Siehe § 109 Abs. 1 Satz 3 SGB V.

[31] Siehe § 109 Abs. 2 Satz 1 SGB V i. V. m. § 108 Nr. 3 SGB V. Voraussetzung für den Abschluss eines Versorgungsauftrages ist, dass „das Krankenhaus [...] für eine leistungsfähige und wirtschaftliche Krankenhausbehandlung [Gewähr] bietet [und] für eine bedarfsgerechte Krankenhausbehandlung der Versicherten [...] erforderlich ist." Siehe § 109 Abs. 3 Satz 1 SGB V.

[32] Siehe § 109 Abs. 3 Satz 2 SGB V.

[33] Siehe § 110 Abs. 1 Satz 1 SGB V. Allerdings wird von dieser Möglichkeit bislang kaum Gebrauch gemacht. Vgl. OBERENDER, Peter O./ HACKER, Jan (1999), S. 356.

[34] Vgl. EICHHORN, Siegfried (1995a), S. 10; TUSCHEN, Karl Heinz/ QUAAS, Michael (2001), S. 94.

[35] Siehe § 39 Abs. 1 SGB V.

[36] Vgl. HENKE, Klaus-Dirk/ GÖPFFARTH, Dirk (1997), S. 9-10.

[37] Die Krankenkassenbeiträge machen 75 % der Gesamtkosten des Krankenhauses aus, das Prämienaufkommen der privaten Krankenversicherungen 7 %, Spenden und Stiftungen sowie Preise, die Patienten direkt entrichten, 8 %. Vgl. NEUBAUER, Günter (1999), S. 21-22. Der länderfinanzierte Anteil an den Krankenhauskosten ist vor allem aufgrund der gesetzlichen Regelungen des KHNG, des GSG und des 2. GKV-NOG rückläufig, in denen jeweils bestimmte Investitionskosten als pflegesatzfähig anerkannt wurden. ⇔ Vgl. hierzu die Übersicht in *Abbildung 4-1*; vgl. weiterhin TUSCHEN, Karl Heinz (2000), S. 8. In Zukunft ist mit einem weiteren Rückgang des länderfinanzierten Anteils zu rechnen, da spätestens seit dem GSG eine (weitgehend) monistische Krankenhausfinanzierung angestrebt wird. Vgl. NEUBAUER, Günter (1999), S. 23; TUSCHEN, Karl Heinz/ QUAAS, Michael (2001), S. 16, 36.

für das Krankenhaus: Letztlich sind Investitionen die Voraussetzung, um ein Krankenhauses errichten, Rationalisierungsmaßnahmen durchführen und Veränderungen am Leistungsprogramm vornehmen zu können.[38]

Neben der Übernahme der Investitionskosten durch die Länder soll die wirtschaftliche Sicherung der Krankenhäuser mithilfe medizinisch leistungsgerechter Erlöse aus den Pflegesätzen erfolgen.[39] Letzteres steht aber in einem Spannungsverhältnis zum Grundsatz der Beitragssatzstabilität.[40] Diesem Grundsatz wird im Krankenhauswesen dadurch Folge geleistet, dass der Gesamtbetrag – bestehend aus Fallpauschalen, Sonderentgelten und Restbudget – auf den Gesamtbetrag des Vorjahres zuzüglich der Steigerung der Grundlohnrate begrenzt wird.[41] Ein Anspruch auf Ausschöpfung der Veränderungsrate besteht nicht.[42] Lediglich Vergütungen für Leistungen, die im Rahmen von Integrationsverträgen nach § 140 b SGB V oder Modellvorhaben nach § 63 SGB V erbracht werden, sowie Vergütungen für ambulantes Operieren oder vor- und nachstationäre Versorgungsleistungen nach §§ 115 a und b SGB V unterliegen nicht der Budgetbegrenzung.[43] Aller Voraussicht nach wird der Grundsatz der Beitragssatzstabilität auch nach Einführung des GR-DRG-Systems zu einer Begrenzung der Krankenhausbudgets bzw. der Mengenentwicklung der DRGs führen.[44]

Die Aufgaben des Rechnungswesens, insbesondere der Kosten- und Leistungsrechnung im Krankenhaus stehen in engem Zusammenhang mit dem Krankenhausfinanzierungssystem. Dementsprechend ist im KHG die Rechtsgrundlage für die *Krankenhaus-Buchführungsverordnung* (KHBV)[45] enthalten.[46] Alle Krankenhäuser, die gemäß KHG gefördert werden, unterliegen der KHBV[47], nach deren Maßgabe die „Kosten der Krankenhausleistungen [...] auf der Grundlage der kaufmännischen Buchführung und einer Kosten- und Leistungsrechnung zu ermitteln [sind]"[48].

---

[38] Vgl. NEUBAUER, Günter (1999), S. 22-23.
[39] Siehe § 4 und § 17 Abs. 1 Satz 3 KHG.
[40] Siehe § 17 Abs. 1 Satz 4 KHG. Vgl. hierzu auch TUSCHEN, Karl Heinz/ QUAAS, Michael (2001), S. 208-213.
[41] Daneben können noch Ausnahmetatbestände, wie z. B. eine Veränderung der medizinischen Leistungsstruktur, geltend gemacht werden.
[42] Siehe § 6 BPflV.
[43] Vgl. TUSCHEN, Karl Heinz/ QUAAS, Michael (2001), S. 213.
[44] Vgl. TUSCHEN, Karl Heinz/ QUAAS, Michael (2001), S. 40.
[45] Siehe „Verordnung über die Rechnungs- und Buchführungspflichten von Krankenhäusern (Krankenhaus-Buchführungsverordnung – KHBV)" in der Fassung vom 24. März 1987 (in: BGBl. I, S. 1045-1068), die am 1. Januar 1987 in Kraft trat, sowie die Änderungen im Rahmen der „Verordnung zur Neuordnung des Pflegesatzrechts" vom 26. September 1994 (in: BGBl. I, S. 2750-2765, hier S. 2763-2764 (Artikel 3)), die am 1. Januar 1995 in Kraft trat, und die „Fünfte Verordnung zur Änderung der Bundespflegesatzverordnung" vom 9. Dezember 1997 (in: BGBl. I, S. 2874-2881, hier S. 2880-2881 (Artikel 2)), die am 1. Januar 1998 in Kraft trat.
[46] Siehe § 16 Abs. 1 Nr. 7 KHG. Neben dem KHG und der KHBV enthalten noch die BPflV und die AbgrV krankenhausspezifische Vorschriften zur Ausgestaltung des Rechnungswesens.
[47] Zum Anwendungsbereich siehe § 1 KHBV.
[48] Siehe § 17 Abs. 2 Satz 2 KHG.

Im Bereich des *externen Rechnungswesens* enthält die KHBV Vorgaben zur Gliederung der Bilanz, der Gewinn- und Verlustrechnung und des Anlagennachweises[49], zur Aufstellung und zum Inhalt des Jahresabschlusses sowie einen vorgegebenen Kontenrahmen.[50] Damit sind alle Krankenhäuser – unabhängig von ihrer Rechtsform und Trägerschaft – der kaufmännischen doppelten Buchführung unterworfen.[51]

Im Bereich des *internen Rechnungswesens* enthält die KHBV Vorgaben zur Kosten- und Leistungsrechnung, insbesondere zur Gliederung des Kostenstellenrahmens.[52] Die hiermit – zumindest für den größten Teil der Krankenhäuser – zur Pflicht erhobene Kosten- und Leistungsrechnung[53] soll folgende Aufgaben im Krankenhaus erfüllen:

- eine betriebsinterne Steuerung,
- eine Beurteilung der Wirtschaftlichkeit und Leistungsfähigkeit,
- die Ermittlung der pflegesatzfähigen Kosten sowie die Erstellung einer Leistungs- und Kalkulationsaufstellung (LKA)[54] nach den Vorschriften der Bundespflegesatzverordnung.[55]

Die Kosten- und Leistungsrechnung ist dabei derart auszugestalten, dass eine kostenstellenorientierte Erfassung von Kosten und Leistungen, eine aus der Buchführung nachprüfbare Herleitung der Kosten sowie eine verursachungsgerechte Zuordnung von Kosten und Leistungen zu den anfordernden Kostenstellen möglich sind.[56] Spätestens seit der Einführung differenzierter und leistungsbezogener Entgeltformen und dem damit verbundenen gestiegenen Wettbewerbsdruck werden die verschiedenen Systeme der Kosten- und Leistungsrechnung verstärkt eingesetzt.[57] Dies führt zu einer krankenhausspezifischen Weiterentwicklung der Kosten- und Leistungsrechnung, die weit über eine an den gesetzlichen Mindestvorschriften orientierte Ausgestaltung hinausgeht, wie sie bis 1995 dominierte.[58]

---

[49] Der *Anlagennachweis* ist verbindlicher Bestandteil des Anhangs. Er umfasst eine Aufstellung der Sachanlagen des Krankenhauses zu Anschaffungs- oder Herstellungskosten unter Angabe entsprechend kumulierter Abschreibungen. Siehe Anlage 3 zur KHBV.

[50] Siehe §§ 2 bis 6 KHBV sowie die Anlagen 1 bis 4 zur KHBV. Diese Vorgaben sollen insbesondere die Vergleichbarkeit der Jahresabschlüsse von Krankenhäusern ermöglichen. Vgl. PREUß, Olaf Friedrich (1996), S. 58.

[51] Bezüglich des externen Rechnungswesens baut die KHBV im Wesentlichen auf den Vorschriften des Dritten Buches des Handelsgesetzbuches (HGB) auf. Siehe insbesondere §§ 3, 4 KHBV. Krankenhäuser, die als GmbH geführt werden, haben weitere Vorschriften des HGB zu beachten, die über die in § 4 Abs. 3 KHBV genannten hinausgehen. Vgl. BUSE, Henning R. (2000), S. 74; PREUß, Olaf Friedrich (1996), S. 58; TUSCHEN, Karl Heinz/ QUAAS, Michael (2001), S. 54-56.

[52] Siehe §§ 8, 9 KHBV sowie die Anlage 5 zur KHBV.

[53] Krankenhäuser „mit bis zu 100 Betten oder mit nur einer bettenführenden Abteilung" können von den Vorgaben zur Kosten- und Leistungsrechnung „befreit werden, soweit die mit diesen Pflichten verbundenen Kosten in keinem angemessenen Verhältnis zu dem erreichbaren Nutzen stehen" und die verfolgten Zwecke einer Kosten- und Leistungsrechnung im Krankenhaus „auf andere Weise erreicht werden können." Siehe § 9 KHBV.

[54] Siehe Anlage 3 der BPflV.

[55] Siehe § 8 KHBV. Zu den einzelnen Aufgaben vgl. vertiefend HENTZE, Joachim/ KEHRES, Erich (1995), S. 21-25.

[56] Siehe § 8 KHBV.

[57] Zudem steigt durch das neue GR-DRG-orientierte Entgeltsystem die Notwendigkeit einer differenzierten Kosten- und Leistungsrechnung. Vgl. TUSCHEN, Karl Heinz/ QUAAS, Michael (2001), S. 109-110.

[58] Vgl. beispielsweise GÖTZNER, Till (1995), S. 205; HENTZE, Joachim/ KEHRES, Erich (1995), S. 197; LOYDL, Martin/ HAAS, Frieder (1999), S. 661; NIERHOFF, Günther/ KÜHNEL, Ulrike (1996), S. 114-116; PREUß, Olaf Friedrich (1996), S. 5.

5.3 Leistungserstellung in Krankenhäusern

5.3.1 Zweck der Leistungserstellung

Das Krankenhaus unterscheidet sich nicht nur im Bereich der Finanzierung und Rechnungslegung von anderen Organisationen, sondern auch in der Art und Weise der Leistungserstellung. Dabei ist zunächst zu klären, welchem Zweck die Leistungserbringung vornehmlich dient.

Der Hauptzweck eines Krankenhauses kann (in der Regel) aus seiner Trägerschaft abgeleitet werden. Während das Motiv zur Errichtung und zum Betrieb von privaten Krankenhäusern die Gewinnerzielung ist (hier also eine Formalzieldominanz besteht), stellt das dominierende Sachziel öffentlicher und freigemeinnütziger Krankenhäuser die *Deckung des Bedarfs der Bevölkerung an Krankenhausleistungen* dar. Die betriebliche Betätigung bedarfsorientierter Krankenhäuser[59] wird durch die Prinzipien der Daseinsvorsorge, der Humanitas und der Caritas bestimmt.[60] Dabei müssen gesetzliche Vorgaben eingehalten werden, nach denen die Krankenhausleistungen bei sparsamer und wirtschaftlicher Betriebsführung in medizinisch zweckmäßigem und erforderlichem Umfang erbracht werden sollen.[61]

Das Sachziel des Krankenhausbetriebes bezieht sich nun (entsprechend der jeweiligen Versorgungsstufe) auf die voll- und teilstationäre Versorgung von Patienten mit krankenhausspezifischen Gesundheitsleistungen und davon abgeleiteten weiteren Krankenhausleistungen. Im Rahmen der krankenhausrechtlichen Bestimmungen werden Versicherte in medizinisch geeigneten Fällen auch vor- bzw. nachstationär behandelt oder ambulant operiert.[62] Das Spektrum an Gesundheitsleistungen umfasst dabei die ärztliche Behandlung, die pflegerische Betreuung, die Versorgung mit Arznei-, Heil- und Hilfsmitteln sowie in einigen Fällen die soziale Fürsorge und seelsorgerische Hilfe. Zu den weiteren Krankenhausleistungen zählen die Unterkunft und Verpflegung (Hotelversorgung), Aus-, Weiter- und Fortbildung von Krankenhauspersonal[63] sowie zum Teil auch Leistungen in Forschung und Lehre.[64]

Die Primärleistungen des Krankenhauses bestehen jedoch in der *Erhaltung, Wiederherstellung oder Verbesserung des Gesundheitszustandes* der das Krankenhaus aufsuchenden Patienten sowie in der *Geburtshilfe*.[65] Diese Krankenhausleistungen resultieren aus dem Zusammenwirken

---

[59] Die Aktivitäten richten sich in erster Linie auf das Feststellen, Heilen oder Lindern von Krankheiten, Leiden oder Körperschäden der das Krankenhaus aufsuchenden Patienten sowie die Geburtshilfe aus. Siehe § 2 Nr. 1 KHG.
[60] Vgl. EICHHORN, Siegfried (1997), S. 1.
[61] Siehe § 2 Abs. 2 BPflV; § 70 Abs. 1 SGB V; § 1 Abs. 1 KHG. Die Wirtschaftlichkeit der Leistungserbringung kann hierbei als das Formalziel bedarfsorientierter Krankenhäuser bezeichnet werden. Vgl. beispielsweise BRETTEL, Malte (1997), S. 105-106.
[62] Siehe § 39 Abs. 1 SGB V in Verbindung mit §§ 115 a, 115 b SGB V.
[63] Während die *Weiterbildung* auf eine Zusatzqualifizierung abzielt (z. B. Weiterbildung zum Facharzt), dient die *Fortbildung* dem Erhalt und der Erweiterung der beruflichen Kenntnisse und Fertigkeiten (z. B. ärztliche Fortbildung durch Kongressbesuche). Vgl. GOLL, Eberhard (1992), S. 23.
[64] Vgl. NAEGLER, Heinz/ SCHÄR, Walter (1992a), S. 5. Insbesondere in Universitätskliniken sind Forschung und Lehre feste Bestandteile des Leistungsspektrums.
[65] Siehe § 2 Nr. 1 KHG und § 1 SGB V.

aller erbrachten Einzelleistungen im Bereich der Diagnostik, Therapie, Pflege, Seelsorge und Hotelversorgung sowie der Mitwirkung des Patienten beim Behandlungsprozess.[66] Eine weitere wichtige Krankenhausleistung ist „die Herstellung und Vorhaltung einer nach dem Versorgungsauftrag beziehungsweise dem krankenhausbetrieblichen Leistungsprogramm definierten Leistungsbereitschaft."[67] Im nächsten Abschnitt soll nun auf die spezifischen Merkmale der Krankenhausleistungserstellung – besonders im Vergleich zur Sachgüter- und sachbezogenen Dienstleistungsproduktion – eingegangen werden.

5.3.2 Spezifische Merkmale der Leistungserstellung

Die Leistungserstellung im Krankenhaus zeichnet sich durch einige Spezifika aus, die in dieser Kombination in keiner anderen Branche vorzufinden sind. Im Folgenden werden diese charakteristischen Eigenschaften im Einzelnen vorgestellt und erläutert.

Angesichts der Tatsache, dass der größte Teil der Absatzgüter eines Krankenhauses Dienstleistungen sind, kann das Krankenhaus als Dienstleistungsbetrieb bezeichnet werden.[68] Lediglich in einzelnen Bereichen werden Sachleistungen erbracht, wie etwa die Erstellung von Röntgenbildern oder die Zubereitung von Mahlzeiten. Bei den typischen Krankenhausleistungen handelt es sich um *beiderseitig personenbezogene Dienstleistungen*[69], da sie sowohl den Einsatz eines Arztes, Pflegers oder Heilmittelerbringers als auch die Präsenz des Patienten erfordern. Dienstleistungsökonomisch wird die Krankenhausleistung über das *uno-actu-Prinzip* definiert[70], nach dem die Leistungserstellung eine zeitlich-räumliche Simultanität von Produktion und Konsumtion verlangt.[71] Im Krankenhaus werden aber auch sachbezogene Dienstleistungen erbracht. Hierzu zählen z. B. die Vorbereitungstätigkeiten im Operationssaal, Laboruntersuchungen, Reinigungsarbeiten und Aktivitäten im administrativen Bereich.[72]

Die Erstellung von Krankenhausleistungen ist zudem in der Regel *standortgebunden*, da einige Sachgüter – wie die Operationssäle – nicht oder nur sehr bedingt transportfähig sind. Dies erfor-

---

[66] Vgl. EICHHORN, Siegfried (1997), S. 2; HERDER-DORNEICH, Philipp/ WASEM, Jürgen (1986), S. 114.

[67] SEELOS, Hans-Jürgen (1993a), S. 109. Für die Einwohner im Einzugsgebiet eines Krankenhauses stellt diese Leistungsbereitschaft einen so genannten *Optionsnutzen* dar. Dieser Nutzen besteht in der Möglichkeit, eine Krankenhausleistung in Zukunft in Anspruch zu nehmen. Vgl. HENKE, Klaus-Dirk/ GÖPFFARTH, Dirk (1997), S. 3, 9-10. Da der Staat die Verantwortung für die Bereitstellung von Krankenhausleistungen trägt, werden diese häufig als öffentliche Güter bezeichnet. Teilweise wird in diesem Zusammenhang auch von meritorischen Gütern gesprochen. Vgl. hierzu KALTENBACH, Tobias (1993), S. 48-52; MORRA, Francesco (1996), S. 30-32. Die Unterteilung von Gesundheitsleistungen in *meritorische, öffentliche* und *private Güter* ist weniger für die Argumentationsfolge der vorliegenden Arbeit als für gesundheitsökonomische Studien von Bedeutung. Daher sei hierzu lediglich auf folgende Literatur verwiesen: BURGER, Christina (1997), S. 90-101; HERDER-DORNEICH, Philipp/ WASEM, Jürgen (1986), S. 131-139; NEUFFER, Andreas B. (1997), S. 44-48; RICHARD, Sabine (1993), S. 43-49.

[68] Zu dieser Definition von Dienstleistungsbetrieben vgl. MALERI, Rudolf (1991), S. 15.

[69] Vgl. HAUBROCK, Manfred/ PETERS, Sönke H. F. (1994), S. 23-25; HAUBROCK, Manfred/ SCHÄR, Walter (1992a), S. 31-33.

[70] Das *uno-actu-Prinzip* wurde 1972 von HERDER-DORNEICH in die Krankenhausbetriebslehre eingeführt. Vgl. HERDER-DORNEICH, Philipp (1994), S. 638.

[71] Vgl. HERDER-DORNEICH, Philipp (1994), S. 638; SEELOS, Hans-Jürgen (1993a), S. 109.

[72] Vgl. HOFER, Marianne (1987), S. 37-38.

dert also Mobilität seitens des Patienten, der zunächst das Krankenhaus und dann häufig auch einzelne Leistungsstellen innerhalb des Krankenhauses aufsuchen bzw. dorthin transportiert werden muss.[73] Allerdings wird die Standortgebundenheit durch die Anwendung der Telemedizin – etwa im Bereich des Austausches medizinischer Informationen zu Behandlungszwecken – aufgeweicht. So werden vermutlich Videokonferenzen, bei denen Diagnosedaten und -bilder von Patienten elektronisch übermittelt werden, und Teleoperationen, bei denen Operationsroboter eingesetzt werden, zunehmen.[74] Mit den steigenden Möglichkeiten der Telemedizin werden auch die Wahlmöglichkeiten für Patienten bezüglich des Leistungsangebotes erweitert; diese wurden bislang durch die räumliche Verteilung der Krankenhäuser infolge des Krankenhausplanes eingeschränkt.[75]

Das uno-actu-Prinzip impliziert außerdem die *Unmöglichkeit einer Vorratsproduktion*, was wiederum *Probleme* bei *der Kapazitätsauslastung* hervorruft. Die Kapazität wird bei den typischen Krankenhausleistungen durch die zur Verfügung stehende Arbeitszeit determiniert und kann – insbesondere kurzfristig – nur schwer an die Nachfrage angepasst werden. So können zwar vorübergehend Überstunden eingelegt werden, doch ist zu berücksichtigen, dass bei einer übermäßigen Beanspruchung des Personals die Qualität der Dienstleistungen tendenziell sinkt. Eine zurückgehende Nachfrage hat im Krankenhaus zumindest kurzfristig ungenutzte Kapazitäten zur Folge. Am Beispiel der Bettenzahl kann die geringe Kapazitätselastizität der Krankenhausleistungsproduktion besonders deutlich gemacht werden: Will man für Zeiten vorübergehend hoher Kapazitätsbeanspruchung vorsorgen, um im gegebenen Fall z. B. keine Notbetten aufstellen zu müssen, so hat man in Zeiten normaler Beanspruchung freie Kapazitäten in Kauf zu nehmen.[76]

Neben der notwendigen Kapazitätsvorhaltung stellt auch die *mangelnde Planbarkeit* von Krankenhausleistungen ein Problem dar. So sind häufig weder Zeitpunkt, Art und Ausmaß der Nachfrage bekannt, noch können diese umfassend von den Leistungserbringern beeinflusst werden.[77] Damit sind hohe Anforderungen an die Flexibilität der Leistungserstellung verbunden.[78] Zudem besteht bei Krankenhausleistungen ein relativ hohes *Erfolgsrisiko*, da das Leistungsergebnis und die Behandlungsdauer nicht nur von der Qualität der diagnostischen, therapeutischen und pflege-

---

[73] Vgl. MALERI, Rudolf (1991), S. 79; SEELOS, Hans-Jürgen (1993a), S. 113.
[74] Weitere Telemedizinanwendungen sind z. B. in den Bereichen Patientenbetreuung, medizinische Informationsbereitstellung zu Weiterbildungszwecken sowie Administration und Organisation anzufinden. Zur Telemedizin vgl. allgemein BOESE, Jürgen/ DEUTSCH, Christian (1997), S. 8-12; DIETZEL, Gottfried (1997), S. 2-5; GROHS, Bernd/ UEDELHOFEN, Klaus W. (1998), S. 92-96. Zum Einsatz von Computern und Robotern bei Operationen vgl. JANOSITZ, Paul (2000), S. 383-390; VISARIUS, Heiko/ NOLTE, Lutz (1997), S. 335-338; ZVEI – ZENTRALVERBAND ELEKTROTECHNIK- UND ELEKTRONIKINDUSTRIE E. V. (1997), S. 31-32.
[75] Vgl. MORRA, Francesco (1996), S. 29.
[76] Vgl. HERDER-DORNEICH, Philipp (1994), S. 635-636; HERDER-DORNEICH, Philipp/ WASEM, Jürgen (1986), S. 113-114; MALERI, Rudolf (1991), S. 77-78.
[77] Vgl. BUCHHOLZ, Werner (1993), S. 22; SEELOS, Hans-Jürgen (1993a), S. 111-112. Bei längerfristiger Perspektive können jedoch mit zunehmender Planungserfahrung Anzahl und Art der meisten Krankenhausleistungen hinreichend genau disponiert werden. Vgl. STREHLAU-SCHWOLL, Holger (1999), S. 860.
[78] Vgl. NAEGLER, Heinz (1992), S. 9.

rischen Einzelleistungen bzw. deren Kombination abhängen[79], sondern auch von dem Gesundheitszustand des Patienten sowie seiner Bereitschaft zur Mitarbeit.[80]

Aufgrund der Abhängigkeit der meisten Krankenhausleistungen von der Mitwirkung des Patienten beim Behandlungsprozess *(Compliance[81])* sind diese Leistungen nur sehr bedingt mit beiderseitig personenbezogenen Dienstleistungen zu vergleichen, wie sie beispielsweise ein Friseur oder ein Zugführer erbringt. Hier wird die Dienstleistung zwar auch unmittelbar am Kunden erbracht und von diesem direkt in Anspruch genommen, doch geschieht dies ohne *aktives* Zutun des Kunden.[82] Ebenso verhält es sich bei einer Operation; allerdings ist hier die Mitarbeit des Kunden bzw. Patienten in der Vorphase der Operation (Einwilligung zur Operation, Aufklärung des Anästhesisten über bestehende Allergien, eingenommene Medikamente etc.) und in der nachfolgenden Genesungsphase unumgänglich. Für die meisten Krankenhausleistungen gilt, dass der Patient mit seinen Handlungen den Leistungserstellungsprozess fördern oder stören kann, mithin die Krankenhausleistung nicht von der Patientenleistung getrennt werden kann. Am offensichtlichsten ist die Selbstleistung des Patienten bei der Entbindung; hier stellt die Krankenhausleistung vor allem Hilfe zur Selbstleistung dar.[83] Unabhängig von dem aktiv zu leistenden Beitrag schränken auch die *Angst*, die häufig mit der Krankheit verbunden ist, sowie die Gefühle der Ohnmacht, Fremdheit und Einsamkeit, die mit einem Krankenhausaufenthalt in Verbindung gesetzt werden können, die Vergleichbarkeit von Krankenhausleistungen mit anderen beiderseitig personenbezogenen Dienstleistungen stark ein.[84]

Neben der Patientenleistung stellt die Arbeit des Personals das bestimmende Element der Krankenhausleistung dar, werden doch Art und Umfang der Leistung weitgehend durch pflegerische, vor allem aber ärztliche Entscheidungen im Zuge einer spezifischen Diagnose bestimmt. Aufgrund der interaktiven Beziehungen zwischen den beteiligten Personen gestaltet sich der gesamte Leistungserstellungsprozess *individuell* verschieden, wenngleich die Einzelprozesse in ihrem Ablauf häufig klar strukturiert sind.[85] Dabei gibt es im Krankenhaus neben den individuenbezo-

---

[79] Es sei darauf hingewiesen, dass bei den meisten Krankenhausleistungen aufgrund des uno-actu-Prinzips vor dem Absatz des Gutes nicht die Möglichkeit einer „Fertigungsendkontrolle" existiert. Eine Qualitätssicherung lässt sich damit nur durch die Vorverlagerung der Qualitätskontrolle auf die eingesetzten Produktionsfaktoren sowie den Faktorkombinationsprozess erreichen. Vgl. SEELOS, Hans-Jürgen (1993a), S. 114.

[80] Vgl. BUCHHOLZ, Werner (1993), S. 22.

[81] Der Begriff „Compliance" ist eng verbunden mit dem Begriff „Idealpatient", der sich bei der Behandlung den Bedürfnissen der (Gesundheits-) Leistungserbringer anpasst. Vgl. SCHELL, Werner (1995), S. 52, 123. Eine solche Adaptation ist jedoch nicht mit *innerer Akzeptanz* gleichzusetzen. Vgl. hierzu und zu einer Abgrenzung von Compliance, Identifikation und Internalisierung AUER-RIZZI, Werner (1998), S. 11-12. So kann der Begriff der Compliance mit „Zustimmung", aber auch mit „Unterwürfigkeit" übersetzt werden. Damit kommt dem häufig negativ besetzten Begriff der „Non-Compliance" eine erweiterte Bedeutung zu.

[82] Als aktiver Kundenbeitrag können höchstens die vor und während der Erbringung von Friseurleistungen geäußerten Frisurwünsche gewertet werden. Ansonsten leistet der Kunde lediglich mit seiner Anwesenheit einen Beitrag zur Leistungserbringung.

[83] Vgl. DÉZSY, Josef (1987), S. 22-23; GÄRTNER, Heribert W. (1994), S. 55; HERDER-DORNEICH, Philipp (1994), S. 638; HERDER-DORNEICH, Philipp/ WASEM, Jürgen (1986), S. 112-115; NAEGLER, Heinz (1992), S. 11; RICHARD, Sabine (1993), S. 41. ⇨ Zum Verständnis des Patienten als *„Koproduzenten"* der Gesundheitsleistung vgl. *Abschnitt 6.3.2, Punkt C*.

[84] Vgl. DEGENHARDT, Jörg (1998), S. 14; GÄRTNER, Heribert W. (1994), S. 30, 34-39, 45-46, 211-212.

[85] Vgl. hierzu EICHHORN, Siegfried (1997), S. 10-13; SEELOS, Hans-Jürgen (1993a), S. 112-113.

genen ärztlichen Leistungen[86] vor allem *gruppenbezogene Leistungen*. Dies sind Leistungen, die entweder durch ein Ärzteteam an einem Patienten erbracht werden (wie Teamleistungen im Operationssaal) oder durch einzelne Ärzte oder Ärzteteams an einer Gruppe von Patienten (wie die Behandlung ansteckender Krankheiten auf einer Isolierstation). Teamarbeit wird in der Regel auch auf der Ebene der Krankenhausleitung zwischen Verwaltungs-, Pflege- und Ärztlichem Direktor praktiziert.[87]

Das Krankenhaus zeichnet sich durch ein *breites Leistungsspektrum* aus; häufig werden nur wenige Leistungen je Leistungsart und Zeiteinheit nachgefragt. Daher gibt es im Krankenhaus hinsichtlich der Art der Leistungserbringung auch nur *wenig homogene Arbeitsplätze*. Somit sind an die Organisationsstruktur sowie an die Qualifikation der Mitarbeiter besondere Anforderungen gestellt. Durch die Notwendigkeit, *qualifizierte Fachkräfte* für die Leistungserbringung im Krankenhaus einsetzen zu müssen[88], sinkt wiederum die Flexibilität bei kurzfristigen Kapazitätsanpassungen.[89]

Eine weitere Besonderheit der Leistungserstellung im Krankenhaus sind die *beiderseitigen Informationsdefizite*, durch die die Bestimmung des Angebotes und der Nachfrage sowie die Bewertung von Krankenhausleistungen erschwert werden. Der Leistungserbringer weiß oftmals nicht um den genauen Gesundheitszustand des Patienten, seine Lebensweise und seine Bereitschaft, bei Diagnose und Therapie mitzuwirken. Der Patient kann in der Regel die Qualität und Effektivität der Behandlungsmethoden und -abläufe des Leistungserbringers *a priori* kaum oder gar nicht einschätzen. Bei einigen Gesundheitsleistungen kann die Qualität auch im Nachhinein nur schwer beurteilt werden, sei es, dass nicht nachzuvollziehen ist, ob der Gesundheitszustand nach der Behandlung auf den medizinischen Eingriff zurückzuführen ist, sei es, dass der wahrnehmbare Heilungsprozess erst nach einiger Zeit einsetzt. Man spricht hierbei – aufgrund der Ungewissheit des Leistungsergebnisses – von so genannten *Vertrauens-* oder *Glaubensgütern*.[90] Da der Patient zudem in der Regel nicht die Möglichkeit hat, Art, Umfang und Zeitpunkt der in Anspruch zu nehmenden Leistungen selbst zu bestimmen, liegt hier *keine souveräne Konsumentenentscheidung* vor. Dies trifft insbesondere auf Situationen zu, in denen nur noch begrenzt oder nicht mehr vernunftgemäß gehandelt werden kann. Ersteres ist im Falle einer lebensbedrohenden Erkrankung gegeben, in dem der Patient aus physischen oder psychischen Gründen nicht mehr

---

[86] Diese sind besonders für den niedergelassenen Bereich charakteristisch.

[87] Vgl. HERDER-DORNEICH, Philipp/ WASEM, Jürgen (1986), S. 110-112.

[88] Daher kann das Krankenhaus (wie z. B. auch Universitäten, Gerichte und Schulen) als *Expertenorganisation* bezeichnet werden. Vgl. PELIKAN, Jürgen M./ KRAJIC, Karl (1993), S. 87.

[89] Vgl. MORRA, Francesco (1996), S. 30; NAEGLER, Heinz (1992), S. 9.

[90] Vertrauens- oder Glaubensgüter sind zu unterscheiden von Erfahrungs- und Reputationsgütern. Eine Gesundheitsleistung wird dann als *Erfahrungsgut* bezeichnet, wenn deren Qualität sich dem Nachfrager erst bei oder nach der Leistungserbringung erschließt oder deren Informationskosten so hoch sind, dass es langfristig billiger ist, ohne Informationen die Leistung in Anspruch zu nehmen. Bei Gesundheitsleistungen, die relativ häufig nachgefragt werden, kann ein gewisser Informationsgrad der Nachfrager über die Qualität vorausgesetzt werden – sei es durch eigene Erfahrungen oder durch Erfahrungsaustausch mit anderen. Man spricht hierbei von *Reputationsgütern*. Bezüglich der Informationsmöglichkeiten unterscheiden sich Gesundheitsleistungen dieser beiden Güterarten nicht wesentlich von denen anderer Dienstleistungsmärkte. Vgl. NEUFFER, Andreas B. (1997), S. 43; RICHARD, Sabine (1993), S. 37-38.

die Möglichkeit hat, alternative Behandlungsmöglichkeiten sorgfältig zu vergleichen. Letzteres ergibt sich bei Bewusstlosigkeit oder Geisteskrankheit[91]; hier können nur noch die Angehörigen oder Ärzte für den Erkrankten eine Entscheidung treffen.[92] Wenngleich bei jedem Behandlungsvorgang Informationsdefizite für Patient *und* Arzt vorherrschen, so hat der jeweilige Informationsvorsprung doch unterschiedliche Konsequenzen. Der Patient hat in der Regel keinen Anreiz, dem Krankenhausarzt Informationen vorzuenthalten, die einen Beitrag zur Verbesserung seines Gesundheitszustandes leisten könnten. Der Arzt kann dagegen – in einem bestimmten Rahmen – seinen Informationsvorsprung zur Wahrnehmung eigener, von den Präferenzen des Patienten abweichender Interessen nutzen.[93] Dieser Machtmissbrauch kann aufgrund der *Immaterialität* der Krankenhausleistung und der damit verbundenen *Problematik einer Evaluation* häufig nicht nachgewiesen werden.[94]

Da die Primärleistung „Verbesserung des Gesundheitszustandes" *nicht bzw. nur indirekt messbar* ist, ziehen die Patienten häufig parallel oder aber auch ersatzweise zum Behandlungsergebnis weitere Kriterien in ihre Beurteilung der Krankenhausleistung ein. Hierzu zählen z. B. die Länge des Krankenhausaufenthaltes, die Qualität des Behandlungsprozesses sowie die Quantität und Qualität der eingesetzten Sachressourcen (wie Medizintechnik, Arznei- und Hilfsmittel). Die Güte des Services wird dabei zu einer entscheidenden Variable.[95]

Eine weiteres Spezifikum der Krankenhausleistung besteht darin, dass sie – abgesehen von den wenigen Selbstzahlern – *über die Krankenversicherung bezahlt* wird, mithin viele Patienten nicht an dem Preis interessiert sind. Daher kann sich das Krankenhausmanagement nicht darauf verlassen, dass eine „gute Qualität" bei gleichzeitiger Wirtschaftlichkeit von den Kunden erkannt und mit einer entsprechenden Nachfrage honoriert wird.[96]

Trotz seines Dienstleistungscharakters ist ein Krankenhaus in einigen Bereichen mit einem Industriebetrieb zu vergleichen. So werden *große, langfristige Investitionen* getätigt sowie *Maschinen und Großgeräte* eingesetzt. Zudem unterliegen die eingesetzten technischen Verfahren einer hohen Innovationsdynamik. Neben Ableitungen aus der Dienstleistungsökonomie sollten daher im Rahmen des Krankenhausmanagements *auch* Erkenntnisse aus der Industriebetriebslehre beachtet werden.[97] Hierbei darf aber nicht übersehen werden, dass viele Investitionen im Krankenhaus nicht substituierend wirken, sondern „lediglich" weiterhin notwendige menschliche Leistungen unterstützen. Das Gros der Krankenhausleistungen ist daher nur *schwer und in ge-*

---

[91] Hierbei wird von dem juristischen Verständnis ausgegangen, nach dem jede geistige Störung erheblichen Ausmaßes als Geisteskrankheit bezeichnet wird.
[92] Vgl. BURGER, Christina (1997), S. 100-103; DEPPE, Hans-Ulrich (1997), S. 529; NEUFFER, Andreas B. (1997), S. 43; RICHARD, Sabine (1993), S. 37-40.
[93] Vgl. RICHARD, Sabine (1993), S. 40; SCHWARTZ, Andrea (1997), S. 62, 102. Zur Analyse des gegenseitigen Abhängigkeitsverhältnisses zwischen Patient und Arzt kann die *Principal-Agent-Theorie* herangezogen werden. Vgl. hierzu vertiefend SCHWARTZ, Andrea (1997), S. 59-105.
[94] Durch die oftmals notwendige aktive Teilnahme des Patienten an Therapiemaßnahmen wird die Bewertung der Krankenhausleistung zusätzlich erschwert.
[95] Vgl. HOEFERT, Hans-Wolfgang (1997), S. 38; SEELOS, Hans-Jürgen (1993a), S. 114-115.
[96] Vgl. HOFER, Marianne (1987), S. 44; NAEGLER, Heinz (1992), S. 10.
[97] Vgl. hierzu vertiefend HERDER-DORNEICH, Philipp/ WASEM, Jürgen (1986), S. 103-106.

wissen Grenzen rationalisierbar.[98] Rationalisierungspotenziale liegen vor allem in den nichtmedizinischen Bereichen Wäscherei, Reinigung, Küche, Transporte und EDV sowie in den medizinischen bzw. medizintechnischen Bereichen Labor, Zentralsterilisation, EKG, Röntgen, bildgebende Verfahren und Operationssaal. Hierbei handelt es sich zum größten Teil um Leistungen, die in gleicher oder ähnlicher Art und/oder maschinell durchführbar sind. Die Rationalisierungsmöglichkeiten in diesen Bereichen sind jedoch nur bedingt auf Krankenhausleistungen im Rahmen der menschlichen Betreuung übertragbar.[99]

Die gesamten Beispiele zeigen, dass es sich bei den typischen Krankenhausleistungen um Güter handelt, die nur *schwer* mit denen anderer Wirtschaftsbereiche *vergleichbar* sind. Zudem sind sie aufgrund der Anhäufung verschiedener Charakteristika *äußerst komplex*.

5.3.3 Beteiligte des Leistungserstellungsprozesses

Nach der Darstellung der Spezifika der Krankenhausleistungen soll nun auf die Beteiligten des Leistungserstellungsprozesses *innerhalb* des Krankenhauses eingegangen werden. Dabei werden die externen Anspruchsgruppen wie z. B. die Krankenversicherungen als Leistungsfinanzierer, die niedergelassenen Ärzte als Leistungsmittler und die Besucher als (eingeschränkte) Leistungsbeobachter außen vor gelassen.

Die an der Krankenhausleistungsproduktion Beteiligten werden hierbei – wie in *Abbildung 5-3* dargestellt – in die folgenden internen Anspruchsgruppen unterteilt: *Träger, Management, Mitarbeiter* und *Patienten*, die zum jeweiligen Betrachtungszeitpunkt im Krankenhaus verweilen. Die Berücksichtigung der Patienten im Rahmen der *internen* Anspruchsgruppen entspricht nicht der gängigen Literaturauffassung[100]. Definiert man aber als entscheidendes Merkmal der Abgrenzung zwischen dem „Innen" und „Außen" einer Organisation[101] die Art der *Beteiligung an der Leistungserbringung* – statt der Betriebszugehörigkeit oder des Grades der Einflussnahme[102] –, dann sind die Patienten als interne Anspruchsgruppe zu betrachten. Schließlich sind sie nicht nur Leistungs*empfänger*, sondern in der Regel auch *aktiv* an der Leistungserbringung *beteiligt.*[103]

---

[98] Vgl. HERDER-DORNEICH, Philipp/ WASEM, Jürgen (1986), S. 113; HOFER, Marianne (1987), S. 37; SEELOS, Hans-Jürgen (1993a), S. 114.
[99] Vgl. DÉZSY, Josef (1987), S. 6, 8.
[100] Vgl. beispielsweise STAEHLE, Wolfgang H. (1994a), S. 403; ULRICH, Peter/ FLURI, Edgar (1995), S. 79.
[101] Die Wahl des jeweiligen Merkmales stellt immer eine Frage des Betrachtungsstandpunktes dar. Vgl. BLEICHER, Knut (1994a), S. 178; MARR, Rainer (1993), S. 49.
[102] JANISCH geht z. B. von der Art des *Einflusses auf die Gestaltung des Betriebsprozesses* (direkt/ indirekt) aus, weist aber auch darauf hin, dass zumeist keine klare Grenze zwischen internen und externen Anspruchsgruppen gezogen werden kann. Vgl. JANISCH, Monika (1993), S. 134.
[103] ⇨ Vgl. hierzu auch *Abschnitt 6.3.2*.

Abbildung 5-3: Interne Anspruchsgruppen des Krankenhauses

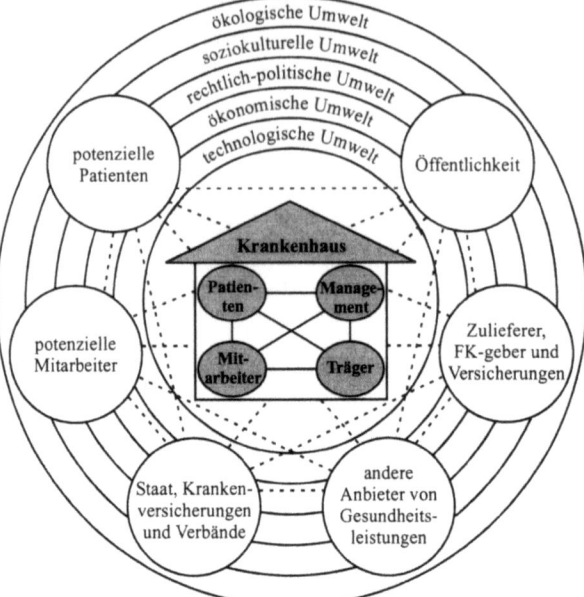

Eigene Darstellung.

Im Folgenden sollen einige wesentliche statistische Daten zu den verschiedenen Organisationsmitgliedern und Patienten aufgeführt sowie die Charakteristika und Aufgaben der einzelnen internen Anspruchsgruppen kurz beschrieben werden. Bei Letzterem ist darauf zu achten, dass die Ausführungen aufgrund ihres hohen Abstraktionsgrades situations- und individualspezifisch zu differenzieren sind.[104]

Als erste interne Anspruchsgruppe ist der *Träger* zu nennen, von dessen Initiative letztlich die Existenz des Krankenhauses abhängt. In dieser Arbeit liegt der Fokus auf den öffentlichen und freigemeinnützigen Krankenhausträgern, deren primäres Ziel die Deckung des Versorgungsbedarfes ist. Der Unterschied in der Zielsetzung dieser beiden nicht erwerbswirtschaftlich ausgerichteten Träger ist marginal; allerdings sind die Motive unterschiedlich. Beide Trägerarten stellen sich in den Dienst einer öffentlichen Aufgabe, wobei die freigemeinnützigen Krankenhäuser dies – meist aus karitativen Gründen – freiwillig tun.[105]

---

[104] ⇨ Auf die unterschiedlichen Erwartungshaltungen und Motive der einzelnen Personengruppen wird in *Teil C* eingegangen.
[105] Vgl. PATT, Claudia (1996), S. 57-58; RAUSCH, Roland (1984), S. 17.

Die Krankenhausträgerorgane haben in der Regel die ökonomische, sachliche und soziale Grundausrichtung eines Krankenhauses zu bestimmen[106], die obere Managementebene zu besetzen[107] sowie die Geschäftsführung resp. Krankenhausleitung hinsichtlich der Effektivität ihrer Führungspraxis zu kontrollieren.[108] Sie haben damit prägenden Einfluss auf die Ausgestaltung der Krankenhausphilosophie, -politik, -verfassung und -kultur.[109]

Bevor auf die Aufgaben und Zusammensetzung der Krankenhausleitung eingegangen wird, soll zunächst konkretisiert werden, welche Personen oder Personengruppen zum *Management* gezählt werden (können). Dabei sei vorweggenommen, dass die Grenze zwischen Mitarbeiter und Manager häufig fließend ist. Unter Management werden hier im institutionellen Sinn jene Mitglieder einer Gesundheitsorganisation verstanden, deren Tätigkeiten zu einem – im Vergleich zu anderen Organisationsmitgliedern – großen Teil dispositiven Charakter aufweisen.[110] Demnach fallen hierunter in erster Linie die Geschäftsführung und die Krankenhausleitung, welche auch als *oberes oder Top-Management* bezeichnet werden können. Allerdings verfügt nicht jedes Krankenhaus über eine *Geschäftsführung*; deren Existenz ist abhängig von der Rechtsform bzw. von der Satzung. Wird das Krankenhaus als GmbH geführt, so ist es verpflichtet, einen oder mehrere Geschäftsführer einzusetzen.[111] Wird das Krankenhaus jedoch als eigenständiger Betrieb (etwa in Form eines Eigenbetriebs oder einer rechtsfähigen Anstalt des öffentlichen Rechts) geführt, so kann in der Satzung bestimmt werden, ob dem Krankenhausdirektorium eine Geschäftsführung vorgesetzt wird. Allerdings wird diese Wahlfreiheit in manchen Bundesländern rechtlich eingeschränkt.[112] Die *Krankenhausleitung* setzt sich in der Regel aus dem Verwaltungs-, Pflege- und Ärztlichen Direktor zusammen (triales Modell). Zumeist sind diese drei Di-

---

[106] Hierzu zählen Grundsatzentscheidungen im Bereich der Betriebsorganisation, des Personalwesens, der Finanzwirtschaft und der betrieblichen und baulichen Weiterentwicklung sowie Entscheidungen über Maßnahmen außergewöhnlicher, existenzieller Bedeutsamkeit. Außerdem legen sie zustimmungsbedürftige Entscheidungen der Krankenhausleitung (in den Bereichen Investitions- und Finanzplanung, Erwerb, Veräußerung und Belastung von Grundstücken, Kooperationen mit anderen Institutionen, Erfolgsbeteiligung für Mitarbeiter etc.) fest. Vgl. INGRUBER, Horst (1994), S. 52; VKD (1993), S. 69-70; O. V. (1993a), S. 18-19.

[107] Die Trägerorgane kümmern sich hierbei um die Besetzung der Geschäftsführung und der Krankenhausleitung, häufig auch um die der Chefarztstellen. Vgl. HARTWIG, Rudolf (1993), S. 55; MEYER-PRIES, Dierk (1992), S. 95-96; ROSSELS, Hans (1992), S. 118-123; SCHMIDT-RETTIG, Barbara (1993a), S. 59. Dies ist in einigen Ländern auch gesetzlich geregelt, wie beispielsweise § 13 Abs. 3 HKHG.

[108] Vgl. SCHMIDT-RETTIG, Barbara (1995b), S. 378; O. V. (1993a), S. 18-19. Lediglich im Falle eines Regiebetriebes gehört die Leitung des Krankenhauses in den Aufgabenbereich des Trägers. Diese Rechtsform verliert allerdings immer mehr an Bedeutung, da sie den Anforderungen der Krankenhauspraxis in der Regel nicht gerecht zu werden vermag. Vgl. hierzu MÜHLBAUER, Bernd H./ WADSACK, Ronald (1997b), S. 67-68.

[109] ⇨ Vgl. hierzu eingehender *Kapitel 7.2*.

[110] ⇨ Nach dieser Definition sind auch die bereits oben beschriebenen Trägerorgane zum Management zu zählen. Auf die damit verbundene Problematik der Aufgaben- und Kompetenzaufteilung zwischen Krankenhausträger und -leitung wird in *Abschnitt 7.2.4 Krankenhausverfassung* eingegangen.

[111] Siehe § 6 Abs. 1 GmbHG.

[112] So werden in den *Landeskrankenhausgesetzen* die allgemeinen Regelungen zur Betriebsführung und in den (ebenfalls länderspezifischen) *Krankenhausbetriebsgesetzen* detaillierte Vorschriften für die Leitung öffentlicher Krankenhäuser erlassen. Im Land Berlin sind die beiden Regelungswerke allerdings in einem Landeskrankenhausgesetz zusammengefasst. Vgl. hierzu eingehender NAEGLER, Heinz/ SCHÄR, Walter (1992a), S. 32-33, 36-37.

rektoren gleichberechtigte Mitglieder der Krankenhausleitung.[113] Der *Verwaltungsdirektor* leitet den Verwaltungs- und Wirtschaftsbereich; er koordiniert und plant in dieser Funktion den Gesamtbetrieb. Der *Pflegedirektor* leitet hauptamtlich den Pflegebereich, der *Ärztliche Direktor* in der Regel neben- und ehrenamtlich – unter Wahrung seiner Aufgaben als Chefarzt und Ausbildungsverantwortlicher – den ärztlichen Dienst. Der Ärztliche Direktor wird vom Träger meist für eine Dauer von vier Jahren berufen. Allerdings gibt es bereits einige, vor allem große Krankenhäuser mit einem hauptamtlichen Ärztlichen Direktor.[114]

Neben dem trialen Modell existieren noch andere Krankenhausleitungsvarianten.[115] Hier ist zum einen auf das so genannte *„Vierer-Direktorium"* hinzuweisen, bei dem neben den drei genannten Direktoren noch eine weitere Person an der gemeinsamen Leitung des Krankenhauses beteiligt ist. In Universitätskliniken ist dies der Dekan des Fachbereiches Medizin[116] und in manchen konfessionellen Krankenhäusern die „Krankenhausoberin", der vor allem die „geistliche Führung und Kulturgestaltung" der Institution obliegt.[117] Zum anderen existiert das Modell der *„Dualen Führung"*, nach dem zumeist ein Arzt *oder* eine Pflegekraft neben einem kaufmännischen Vertreter die Leitung des Krankenhauses übernimmt.[118]

Dem *mittleren Management* können Chefärzte, leitende Stationsschwestern, (gegebenenfalls) der Chefapotheker und die Leiter der verschiedenen Verwaltungs- und Versorgungsabteilungen zugeordnet werden. Den Chefärzten kommt dabei eine herausgehobene Stellung zu, da sie neben ihrer Weisungsbefugnis gegenüber ärztlichem und pflegerischem Personal eine weitgehende Weisungsfreiheit gegenüber dem Krankenhausträger haben. So können ihnen hinsichtlich der Wahl der Behandlungsmethoden keine fachlichen Weisungen erteilt werden. Zudem sind die Chefärzte dem Ärztlichen Direktor nicht nachgeordnet, sondern werden von diesem lediglich im Krankenhausdirektorium repräsentiert.[119] Sie sind also – unter der Voraussetzung, dass sie die an sie gestellten wirtschaftlichen und ethischen Anforderungen erfüllen – im medizinischen Bereich völlig weisungsfrei.[120]

---

[113] Allerdings existiert auch ein sog. *Doppelfunktionsmodell*, bei dem ein Mitglied der kollegialen Führung (zumeist der Verwaltungsleiter) neben seiner Direktorentätigkeit als *Primus inter pares* zusätzlich die Funktion des Geschäftsführers mit Alleinverantwortung ausübt. Vgl. INGRUBER, Horst (1999), S. 75.

[114] Vgl. beispielsweise ADAMS, Hans-Anton (1997), S. 345-348; GÄRTNER, Heribert W. (1994), S. 57, 59-60; PSCZOLLA, Matthias (1996), S. 177; WOLTERS, Hans-Georg (1997), S. 422-425. Zu den Aufgaben und zur Stellung des neben- wie hauptamtlichen Ärztlichen Direktors vgl. TECKLENBURG, Andreas (1995), S. 391-395.

[115] Allerdings ist in manchen Landeskrankenhausgesetzen das triale Modell vorgeschrieben. Siehe beispielsweise § 13 Abs. 3 HKHG.

[116] Vgl. MÜLLER-BELLINGRODT, Thomas (1999), S. 7.

[117] Vgl. ADAMS, Hans-Anton (1997), S. 343-345; DEGENHARDT, Jörg (1998), S. 7. In Wiener Spitälern über 900 Betten ist die vierte Person der Krankenhausleitung ein sog. „Technischer Direktor". Ansonsten ist in Österreich jedoch auch das triale Modell vorherrschend. Vgl. INGRUBER, Horst (1999), S. 74.

[118] Vgl. ALBERT, Franz-Werner (1997), S. 360-361; SCHMIDT-RETTIG, Barbara (1995b), S. 381. Zu den unterschiedlichen Regelungen in den Landeskrankenhausgesetzen vgl. auch NAEGLER, Heinz (1992), S. 105.

[119] Die umfassende Eigenverantwortung der Chefärzte für ihre Station bzw. Abteilung (inkl. der fachlichen Endverantwortung) führt häufig in der Praxis zu klaren Abgrenzungen zu anderen Stationen sowie zu einer starken Hierarchisierung innerhalb einer Station. Vgl. DEGENHARDT, Jörg (1998), S. 7-8.

[120] Zur Rechtsstellung des Chefarztes vgl. DEGENHARDT, Jörg (1998), S. 28; FRANCKE, Robert (1989), S. 60-61.

Zum *unteren Management* können dann etwa die Oberärzte, Pflegegruppenleiter und stellvertretenden Abteilungsleiter oder Sachgebietsleiter gezählt werden. Dabei ist zu beachten, dass Manager zumeist gleichzeitig Vorgesetzte und Untergebene sind. Zudem sind Krankenhausmitarbeiter – insbesondere im Pflegebereich – häufig mehrfach unterstellt. So untersteht z. B. die leitende Schwester der Intensivstation in funktionaler Sicht der Pflegedienstleitung und in sachlicher Sicht den Chefärzten.[121]

Im Folgenden wird auf die in der Managementliteratur durchaus übliche Dichotomie Mitarbeiter/Manager zurückgegriffen[122]. Dabei können die Mitarbeiter als Leistungs*erbringer* und die Manager als Leistungs*koordinatoren* bezeichnet werden. Soweit es für den Begründungszusammenhang von Bedeutung ist, wird die jeweilige Person allerdings hinsichtlich der Berufsgruppe bzw. Hierarchieebene näher spezifiziert. Auf die Besonderheiten des Managements im Krankenhaus im institutionellen, vor allem aber im funktionellen Sinn wird zur Vermeidung von Redundanzen erst in *Teil C* eingegangen.

Bezüglich der internen Anspruchsgruppe der *Mitarbeiter* sollen vornehmlich die unterschiedlichen *Berufsgruppen* betrachtet werden. Dabei können fünf große Gruppen unterschieden werden: die *Ärzte*, die *Pflegekräfte*, das *paramedizinische Personal*, die *Mitarbeiter des Wirtschafts- und Verwaltungsdienstes* und die *Mitarbeiter sonstiger Dienste*.[123] *Abbildung 5-4* gibt die durchschnittliche Zusammensetzung des Personals von Krankenhäusern nach Berufsgruppen wieder.[124]

Abbildung 5-4: Krankenhauspersonal nach Berufsgruppen

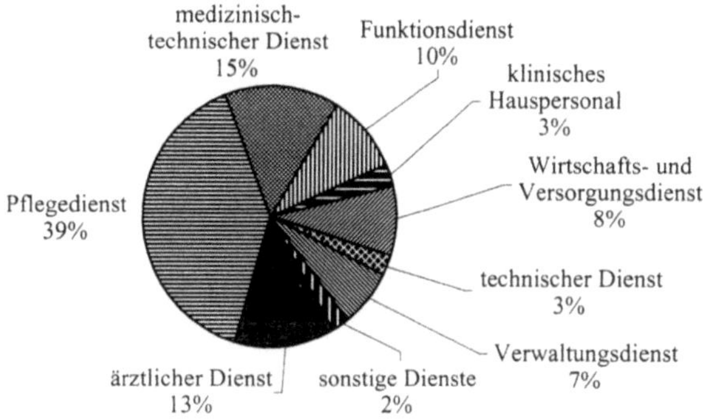

- medizinisch-technischer Dienst 15%
- Funktionsdienst 10%
- klinisches Hauspersonal 3%
- Wirtschafts- und Versorgungsdienst 8%
- technischer Dienst 3%
- Verwaltungsdienst 7%
- sonstige Dienste 2%
- ärztlicher Dienst 13%
- Pflegedienst 39%

Eigene Darstellung auf der Basis der Daten des STATISTISCHEN BUNDESAMTES (2001a), S. 16.

---

[121] Vgl. DEGENHARDT, Jörg (1998), S. 7-8; GÄRTNER, Heribert W. (1994), S. 57; HEIMERL-WAGNER, Peter (1996b), S. 144; HOFER, Marianne (1987), S. 48. Zur Abgrenzung pflegerischer und ärztlicher Tätigkeits- bzw. Verantwortlichkeitsbereiche vgl. MAAS, Hans-Jürgen (1997), S. 27-28; SCHULTE-SASSE, Hermann (1997), S. 26-27; ULSENHEIMER, Klaus (1997), S. 22-26.

[122] Vgl. beispielsweise HINTERHUBER, Hans H. (1997), S. 3; SCHOLZ, Christian (1994), S. 400; ULRICH, Peter/ FLURI, Edgar (1995), S. 79.

[123] In Krankenhäusern sind ca. 200 verschiedene Berufe vertreten. Vgl. ALBERT, Franz-Werner (1997), S. 359.

[124] Hierbei wurde das Personal in Vollkräfte umgerechnet. 1999 gab es danach 843 452 volle Krankenhausstellen. Vgl. STATISTISCHES BUNDESAMT (2001a), S. 44.

Die *Ärzte* genießen im Krankenhaus in der Regel eine herausragende Stellung, bestimmen sie doch maßgeblich die wesentlichen Parameter des Behandlungsprozesses, wie den Diagnose- und Therapieplan sowie die Aufenthaltsdauer des Patienten.[125] So zählen zur „ärztlichen Behandlung" auch die Hilfeleistungen anderer Personen, die vom Arzt angeordnet und von ihm zu verantworten sind.[126] Wie schon bei der Beschreibung des Managements angedeutet, trifft man im Krankenhaus in der Regel eine deutliche Hierarchisierung des Ärztebereiches an: Der Ärztliche Direktor leitet den gesamten ärztlichen Dienst des Krankenhauses; der Chef- oder auch leitende Arzt[127] ist Vorgesetzter der ihm nachgeordneten Ober-, Stations- und Assistenzärzte sowie der Ärzte im Praktikum (AiP).[128]

Das *Pflegepersonal*, das die größte Berufsgruppe im Krankenhaus stellt, übt auf die qualitativen und ablauforganisatorischen Faktoren eines Krankenhauses entscheidenden Einfluss aus[129]. Dies begründet sich aus ihren Arbeitsinhalten (der Grundpflege[130], der Behandlungspflege[131], der administrativen und kommunikativen Aufgaben[132] sowie der hauswirtschaftlichen und allgemeinen Versorgungstätigkeiten[133]), die zu ungefähr 50 % den direkten Kontakt mit dem Patienten bedingen.[134] In den letzten Jahrzehnten wurde der Pflegedienst in Deutschland immer mehr professio-

---

[125] Vgl. GÄRTNER, Heribert W. (1994), S. 58.

[126] Vgl. SCHELL, Werner (1995), S. 2.

[127] Die Chefärzte haben ihre Interessenvertretung u. a. im VERBAND DER LEITENDEN KRANKENHAUSÄRZTE DEUTSCHLANDS E. V. (VLK) (2001).

[128] Vgl. TRILL, Roland (2000), S. 123.

[129] Vgl. SIDAMGROTZKI, Edgar (1994), S. 81.

[130] Hierzu zählen all diejenigen Tätigkeiten, die der Befriedigung der Grundbedürfnisse sowie der Bedürfnisse an psychischer und sozialer Betreuung der Patienten dienen: Betten und Lagern, Körperpflege, persönliche Gespräche, Hilfeleistungen beim Aufstehen und Zubettgehen, An- und Ausziehen, Essen, Gehen etc. Die Grundpflege (oder auch „Allgemeine Pflege") kann als der Kernbereich des eigenverantwortlichen pflegerischen Handelns bezeichnet werden. Vgl. RIEDEL, Wolfgang/ STEININGER, Siegfried (1992), S. 20. Siehe auch Anlage 1 und 3 der Pflege-Personalregelung (Artikel 13 des GSG vom 21. Dezember 1992: Regelung über Maßstäbe und Grundsätze für den Personalbedarf in der stationären Krankenpflege). Diese Regelung war zwar lediglich von 1993 bis 1996 gültig, es ist aber „davon auszugehen, dass ihre Inhalte auf freiwilliger Basis in vielen Krankenhäusern weiter angewendet werden, um den Pflegeaufwand in den Stationen zu erfassen und damit Informationen für die interne Personaleinsatzplanung zu bekommen." TUSCHEN, Karl Heinz/ QUAAS, Michael (2001), S. 69 [Zitat angepasst an die neue deutsche Rechtschreibung].

[131] Hierzu zählen prinzipiell alle Tätigkeiten, die im Verlauf einer Krankenhausbehandlung am Patienten verrichtet werden müssen: Beteiligung an Arztvisiten und laufenden Untersuchungen, besonderes Beobachten, Wundpflege, Injektionen, Infusionen, Spülungen etc. Die Maßnahmen der Behandlungspflege (oder auch „Speziellen Pflege") erfolgen in der Regel nach ärztlicher Anweisung oder als direkte Hilfeleistung für ärztliche Tätigkeiten. Vgl. RIEDEL, Wolfgang/ STEININGER, Siegfried (1992), S. 20. Siehe auch Anlage 2 und 4 der Pflege-Personalregelung (⇔ vgl. *Fußnote 130*).

[132] Hierzu zählen diejenigen Tätigkeiten, die die allgemeine Versorgung der Pflegeeinheiten und einen geregelten Ablauf der pflegerischen Arbeit gewährleisten: Aufnahme und Entlassung der Patienten, Anforderung von außerstationären Gütern, Pflegedokumentation und -organisation, allgemeine Verwaltungsaufgaben etc. Vgl. RIEDEL, Wolfgang/ STEININGER, Siegfried (1992), S. 20.

[133] Hierzu zählen die Tätigkeiten, die der Sicherung der Hygiene im unmittelbaren Patientenbereich dienen, arbeitsorganisatorisch untrennbar mit der Pflege verbunden sind sowie die persönliche Versorgung des Patienten betreffen: leichtere Reinigungsarbeiten im unmittelbaren Patientenbereich, Wartung pflegerischer Hilfsmittel, Wechseln der Bettwäsche bei Patientenpräsenz, Speiseverteilung etc. Vgl. RIEDEL, Wolfgang/ STEININGER, Siegfried (1992), S. 20.

[134] Vgl. BARTHOLOMEYCZIK, Sabine (1993), S. 95-97. 1974 betrug der Anteil der sog. patientennahen Tätigkeiten noch ca. 78 %. Vgl. RIEDEL, Wolfgang/ STEININGER, Siegfried (1992), S. 21.

nalisiert, was sich u. a. in der Etablierung von Lehrstühlen für Pflegewissenschaft an Fachhochschulen und Universitäten zeigt.[135] Die Professionalisierung führt zu Veränderungen des Berufsbildes und der Aufgaben des Pflegepersonals, auf die in *Teil C* näher eingegangen wird. Auch im Pflegebereich findet man eine hierarchische Einteilung vor, die häufig folgende Ausgestaltung hat: Der Pflegedirektor leitet den Pflegedienst; die Abteilungsschwester ist Vorgesetzte der Stationsschwestern, der Krankenschwestern und des angelernten Pflegepersonals (einschließlich der Zivildienstleistenden).[136]

Das *paramedizinische Personal* lässt sich weiter unterteilen in medizinisch-technisches Personal (wie Apotheker, medizinisch-technische Radiologie- und Laboratoriumsassistenten) und therapeutisches Personal bzw. Heilmittelerbringer (wie Psychologen, Physio-, Sprach- und Beschäftigungstherapeuten). Diese Berufsgruppen unterstehen – wie auch das Pflegepersonal – den ärztlichen Anordnungen. In der Aufbauorganisation von Krankenhäusern wird aber z. B. die Krankenhausapotheke meist dem Versorgungsbereich zugeordnet.[137]

Der *Wirtschafts- und Verwaltungsdienst* hat die organisatorischen Voraussetzungen für die medizinische und pflegerische Leistungserbringung zu schaffen. Dabei fallen in sämtlichen Funktionsbereichen Aufgaben an, die zumeist unter der Leitung des Verwaltungsdirektors koordiniert werden. In den weiteren Hierarchiestufen befinden sich in der Regel Abteilungsleiter, Sachgebietsleiter, Sachbearbeiter und Hilfskräfte.[138] Die Mitarbeiter des Wirtschafts- und Verwaltungsdienstes gehören sehr unterschiedlichen Berufen an (wie Kaufmann, Koch, Reinigungskraft, Techniker).[139]

Für die vorliegende Untersuchung ist besonders der Verwaltungsbereich von Relevanz. Doch wird spätestens seit 1985 – mit dem Inkrafttreten des KHNG, nach dem die retrospektive Selbstkostenerstattung durch die prospektive Budgetvereinbarung ersetzt wurde[140] – immer mehr die Bedeutung des *Management*handelns gegenüber dem reinen Verwaltungshandeln erkannt und ins Zentrum wissenschaftlicher Analysen gestellt.[141] Daher wird in dieser Arbeit auch zumeist vom Managementbereich gesprochen, wenngleich der häufig gebrauchte Begriff des Verwaltungsleiters weiterhin verwandt wird.

Die *Patienten* bilden schließlich die letzte interne Anspruchsgruppe. 1999 sind in den 2 252 deutschen Krankenhäusern über 16,2 Mio. Patienten behandelt worden[142] bei einer durchschnittlichen Verweildauer von 10,4 Tagen.[143] Wie *Abbildung 5-5* zeigt, ist in den letzten Jahren die

---

[135] Vgl. GÄRTNER, Heribert W. (1994), S. 62-66; SCHOTT, Thomas (1997), S. 91-92; SEITZ, Robert (1996), S. 173-174; WESSLING, Ursula/ WIRTH, Susanne (1996), S. 181-188.
[136] Vgl. TRILL, Roland (2000), S. 123.
[137] Vgl. TRILL, Roland (2000), S. 123-124.
[138] Vgl. TRILL, Roland (2000), S. 122-123.
[139] Vgl. SCHELL, Werner (1995), S. 145, 147.
[140] ⇔ Vgl. *Abschnitt 4.2.3.2*.
[141] Vgl. EICHHORN, Siegfried (1993b), S. 12.
[142] Genau genommen handelt es sich bei dieser Zahl um *Behandlungsfälle*, das heißt, dass Patienten, die mehrfach in einem Jahr in ein Krankenhaus eingeliefert werden, auch mehrfach statistisch erfasst werden.
[143] Vgl. STATISTISCHES BUNDESAMT (2001a), S. 14.

durchschnittliche Verweildauer stetig gesunken, die Zahl der Krankenhausfälle dagegen permanent gestiegen. Die Beschäftigtenzahl in Krankenhäusern nimmt entgegen dem Trend steigernder Krankenhausfälle seit 1995 kontinuierlich ab.[144]

Abbildung 5-5: Entwicklung der durchschnittlichen Krankenhausverweildauer und der Anzahl an Krankenhausfällen

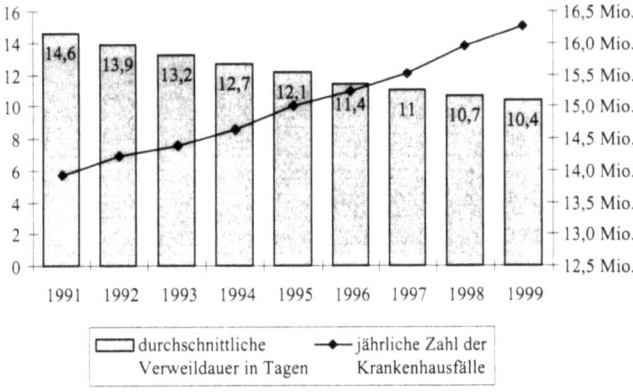

Eigene Darstellung auf der Basis der Daten des STATISTISCHEN BUNDESAMTES (2001a), S. 14.

Die Patienten nehmen im Vergleich zu Kunden anderer Institutionen eine besondere Stellung ein. Dies ist vor allem auf die Charakteristika der typischen Krankenhausleistungen zurückzuführen, wie sie im vorhergehenden Abschnitt dargestellt wurden. Aus der spezifischen Stellung des Patienten resultiert eine gesteigerte Verantwortung des Krankenhauses, auf die in *Kapitel 6* im Rahmen des Ansatzes einer Menschenorientierung in Gesundheitsorganisationen näher eingegangen wird.[145] Zuvor sollen jedoch die wesentlichen Merkmale des soziotechnischen Systems Krankenhaus noch einmal zusammengefasst werden.

5.4 Zusammenfassung der wesentlichen Merkmale von Krankenhäusern

Wie die vorhergehenden Abschnitte gezeigt haben, zeichnet sich der Krankenhaussektor – unabhängig von seiner eigenen Heterogenität[146] – durch einige Merkmale aus, die einen Vergleich mit anderen Organisationen erschweren. In der folgenden *Abbildung 5-6* werden die wesentlichen Spezifika der funktionalen Bereiche und der internen Anspruchsgruppen des Krankenhauses in einem Überblick dargestellt.

---

[144] Die Anzahl des Krankenhauspersonals hat in Deutschland von 1995 bis 1999 um über 4 % abgenommen. Vgl. STATISTISCHES BUNDESAMT (2001a), S. 16.
[145] ⇨ Vgl. insbesondere *Abschnitt 6.3.2*.
[146] ⇦ Die wesentlichen Systematisierungskriterien von Krankenhäusern wurden bereits in *Abbildung 5-2* auf *S. 111* zusammengefasst.

Abbildung 5-6: Einzelwirtschaftliche Besonderheiten des Krankenhauses und seiner internen Anspruchsgruppen

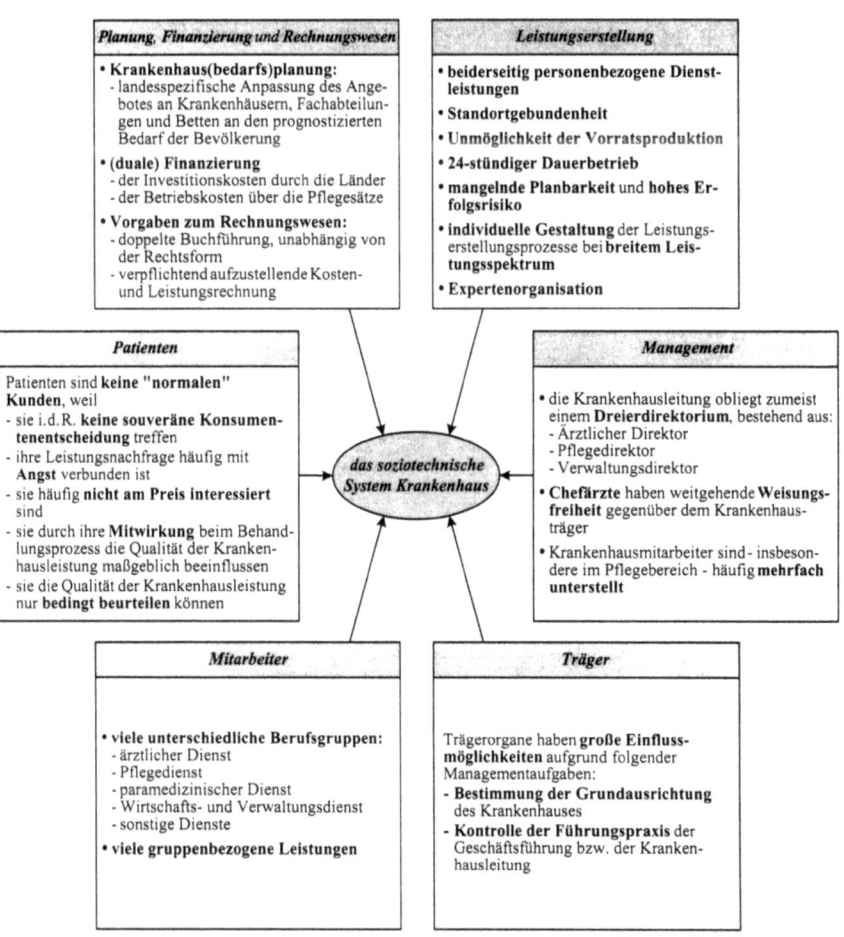

Eigene Darstellung.

In Anbetracht dieser Vielzahl an „Besonderheiten" des Systems Krankenhaus und deren spezifischer Kombination bemerken PELIKAN/ KRAJIC: „Es gibt in modernen Gesellschaften kaum eine Organisation, die einen so hohen Grad an Komplexität aufweist und die so viele bedeutsame Widersprüche in sich verbinden und bewältigen muss, wie das Krankenhaus."[147] Unter Berücksichtigung dieser Erkenntnisse werden im folgenden *Teil C* die drei Bausteine des Konzeptes „Menschenorientiertes Krankenhausmanagement" entwickelt:

---

[147] PELIKAN, Jürgen M./ KRAJIC, Karl (1993), S. 87 [Zitat angepasst an die neue deutsche Rechtschreibung].

- der *Ansatz einer Menschenorientierung*, der auf Basis gesundheitswissenschaftlicher und führungsethischer Erkenntnisse sowie unter Berücksichtigung der unterschiedlichen Wahrnehmungsmuster von Personen die vielfältigen Interaktionsbeziehungen in Krankenhäusern und anderen Gesundheitsorganisationen thematisiert *(Kapitel 6)*;

- die *theoretische Gestaltung des Krankenhausmanagementkonzeptes*, mit der ein umfassender Ordnungsrahmen für die Managementaspekte und Entscheidungsprobleme von Krankenhäusern bereitgestellt wird *(Kapitel 7)*;

- die Entwicklung einer Methodik, die den Führungskräften eines Krankenhauses die *praktische Anwendung des Konzeptes „Menschenorientiertes Krankenhausmanagement"* erleichtern soll *(Kapitel 8)*.

Teil C: Das Konzept „Menschenorientiertes Krankenhausmanagement"

6 Menschenorientierung in Gesundheitsorganisationen: ein ganzheitlicher Ansatz

*„Jegliche Forschung zum Menschen ist nur dann sinnvoll,
wenn sie auch für den Menschen erfolgt."*[1]

6.1 Dimensionen der Menschenorientierung

„Wirtschaften ist eine gesellschaftliche Veranstaltung zur Befriedigung menschlicher Bedürfnisse der Lebenserhaltung und Lebensqualität"[2]; dies ist in Gesundheitsorganisationen offensichtlicher als in den meisten anderen Organisationen. Bei einer Orientierung an der *Lebensdienlichkeit* steht demnach der Mensch im Mittelpunkt.[3] Dies zu betonen und zu konkretisieren ist die Intention des Ansatzes einer Menschenorientierung, der im Folgenden entwickelt wird.

Der Ansatz muss zunächst von der Begriffsvorstellung abgegrenzt werden, die in der deutschsprachigen Managementliteratur üblich ist: In der Regel wird unter Menschenorientierung die Orientierung am *Mitarbeiter* (als Menschen) bei der Ausübung von Führungsaufgaben verstanden.[4] Geht man von einer Unterscheidung zwischen Management- und Führungslehre aus, die sich darin äußert, dass sich Erstere mit der Führung von Institutionen und Letztere mit der Führung von Menschen (Mitarbeitern) beschäftigt[5], könnte menschenorientiertes Management als Führungslehre (miss-)interpretiert werden. Einem solch verkürzten Begriffsverständnis steht allerdings das weite Managementverständnis dieser Arbeit entgegen, das sowohl den sach- als auch den personenbezogenen Aspekt von Management berücksichtigt.[6] Die Mitarbeiterführung ist danach lediglich als ein – wenn auch wichtiger – Teilbereich des Managements aufzufassen. Der Terminus der Menschenorientierung wird in dieser Arbeit jedoch in einem viel umfangreicheren Sinne verstanden – dies zeigt sich auch an der (in *Abschnitt 3.4* vorgeschlagenen) Definition von Gesundheitsorganisationen. Hiernach sind Gesundheitsorganisationen von *Menschen* geschaffene und getragene Systeme zur unmittelbaren Befriedigung *menschlicher* Gesundheitsbedürfnisse, die in einen gesamt*gesellschaft*lichen Rahmen eingebunden sind.

Das Verständnis einer Menschenorientierung in Gesundheitsorganisationen beinhaltet die beiden folgenden Dimensionen, die in den *Abschnitten 6.2* und *6.3* näher erläutert werden:

(1) Statt eines reduktionistischen Menschenbildes, das den Menschen nur in seiner jeweiligen Funktion innerhalb einer Gesundheitsorganisation – z. B. als Pflegekraft oder als Patient –

---

[1] BANDT, Martin (1990), S. 117.
[2] ULRICH, Peter (1998), S. 11.
[3] Vgl. ULRICH, Peter (1998), S. 11.
[4] Vgl. beispielsweise BERGMANN, Alexander (1996), S. 140; PÜMPIN, Cuno/ PRANGE, Jürgen (1991), S. 254-255; STEIGER, Rudolf (1994), S. 17.
[5] Vgl. BLEICHER, Knut (1999), S. 25; STAEHLE, Wolfgang H. (1994a), S. 131.
[6] ⇔ Vgl. *Abschnitt 2.1*; vgl. auch STAEHLE, Wolfgang H. (1994a), S. 70.

sieht, wird ein *ganzheitliches Menschenbildkonzept* zugrunde gelegt. Hierbei wird – in Kongruenz zum Managementkonzept – bewusst von einem offen zu gestaltenden *Konzept* gesprochen und nicht von einem (einzigen) Menschen*bild*.

(2) Die Gesundheitsorganisation hat im Rahmen ihres unternehmerischen Handelns angemessen mit den legitimen Ansprüchen und Interessen *aller* Stakeholder umzugehen.[7] Hierbei geht es also nicht nur um eine Mitarbeiter- und Patientenorientierung, sondern um eine umfassende und kritische Orientierung an den Erwartungen aller Menschen, die in einem bestimmten Bezug zu der Organisation stehen. Der vage Begriff der „Orientierung" wird hierbei weitgehend durch den konkreteren Terminus „Verantwortung" ersetzt.[8] Somit kann in diesem Zusammenhang von einem *umfassenden gesellschaftlichen Verantwortungsbewusstsein* in Gesundheitsorganisationen gesprochen werden.

Mit diesen beiden Dimensionen werden bereits wesentliche normative Aspekte des zu entwickelnden Krankenhausmanagementkonzeptes angesprochen. Der Ansatz einer Menschenorientierung beschränkt sich aber bewusst nicht nur auf Krankenhäuser, da sich die Aussagen auch auf andere Gesundheitsorganisationen beziehen (können). Der Frage, wie dieser Ansatz in das Krankenhausmanagementkonzept zu integrieren ist, wird in *Abschnitt 6.4* nachgegangen.

6.2 Ausrichtung an einem ganzheitlichen Menschenbildkonzept

6.2.1 Bedeutung und Begriff des Menschenbildes

Wo immer Theorien entworfen werden, die mit Menschen zu tun haben, erlangen Menschenbilder eine große Bedeutung.[9] Auch in jenen Ansätzen, die nicht explizit von einem Menschenbild ausgehen, wird durch Äußerungen und Beschreibungen ein solches „kreiert".[10] Dieser Sachverhalt kann auf einzelne Menschen und somit auch auf die Mitglieder einer Organisation übertragen werden.[11] Das Denken und Handeln von Managern oder Mitarbeitern einer Gesundheitsorganisation wird demnach ebenso von einem expliziten (d. h. mündlich oder schriftlich geäußerten) oder impliziten Menschenbild beeinflusst wie jede wissenschaftliche Beschäftigung mit Management.

Bevor nun näher auf die Funktionen von Menschenbildern und ihren Einfluss auf die Praxis von Gesundheitsorganisationen eingegangen wird, ist zunächst der Begriff des Menschenbildes näher zu erläutern. Dies ist insofern problematisch, als in den Wissenschaftsdisziplinen nicht nur unterschiedliche Menschenbilder existieren, sondern es auch unterschiedliche Vorstellungen darüber

---

[7] ⇨ Auf die Begriffe der *Legitimität* und *Angemessenheit* wird in *Abschnitt 6.3* näher eingegangen.
[8] Dabei wird jedoch nicht verkannt, dass auch der Verantwortungsbegriff nicht einheitlich definiert ist. ⇨ Vgl. *Abschnitt 6.3.1*.
[9] Vgl. MEINBERG, Eckhard (1988), S. 309-310.
[10] Solche Menschenbilder können als *verborgene Menschenbilder* bezeichnet werden. Vgl. HESCH, Gerhard (1997), S. 12, 32. Vgl. auch HELD, Martin (1991), S. 19-20; KAPPLER, Ekkehard (1992), Sp. 1326.
[11] Vgl. HESCH, Gerhard (1997), S. 12, 15, 32-33; STAEHLE, Wolfgang H. (1994a), S. 177; WILPERT, Bernhard (1989), S. 159.

gibt, was überhaupt unter einem Menschenbild zu verstehen ist. HESCH hat versucht, die unterschiedlichen Definitionsansätze in der Psychologie und Philosophie – als zwei der wesentlichen Wissenschaftsdisziplinen, die sich mit dem Wesen des Menschen beschäftigen – jeweils zusammenzufassen. Aus der Sicht der *Psychologie* ist danach unter Menschenbild „ein vereinfachtes Bild vom Menschen als individuelle, vom Selbstbild und Idealbild abhängige, Antwort auf die Frage, was der Mensch ist"[12], zu verstehen. Aus der Perspektive der *Philosophie* ist ein Menschenbild „ein vereinfachtes, zeitlich variables und gesellschaftsabhängiges Deutungsmuster, das Menschen über sich selbst und über andere Menschen entwickeln."[13] Es kann sowohl ein auf theoretischen Erkenntnissen basierendes *Abbild* menschlicher Charakteristika sein als auch ein auf bestimmten individuellen Weltanschauungen beruhendes *Leitbild* (normatives Menschenbild).[14]

Aus diesen Begriffsvorstellungen geht hervor, dass der Mensch zugleich Gegenstand, Betrachter und „Produzent" von Menschenbildern ist. Es handelt sich hierbei also niemals um ein objektives Abbild, sondern stets um eine *subjektive Konstruktion* menschlicher Wirklichkeit.[15] Die Konstruktion basiert indes auf Annahmen über das Wesen des Menschen, seine Bedürfnisse und Ziele, seinen Status und sein Verhalten in der Gesellschaft, die Bestimmungsfaktoren seines Denkens und Handelns sowie seine Fähigkeiten und Grenzen.[16] Die dabei vorgenommene Wertung und Reduktion schlägt sich darin nieder, dass bereits in der Betrachtung vom Menschen immer ein Bild vom Menschen zugrunde liegt.[17] Es herrscht also eine *Zirkularität zwischen Mensch und Menschenbild*: Der Mensch „konstruiert" ein Menschenbild, das ihn als „Produzenten" mit einschließt.[18]

Bezogen auf das hier betrachtete Forschungsobjekt kann ein Menschenbild demnach als *zeit-, gesellschafts- und vor allem subjektabhängiges Abbild vom Menschen in Gesundheitsorganisationen* – sei es als Patient, Mitarbeiter, Manager oder sonstige Anspruchsperson – begriffen werden.[19] Um nun Art und Ausmaß des Einflusses von Menschenbildern auf die Praxis von Gesundheitsorganisationen zu thematisieren, ist es sinnvoll, zwischen den Menschenbildern von Wissenschaftlern und Praktikern zu unterscheiden.

Wie bereits erwähnt, liegt jedem Managementansatz ein spezifisches Menschenbild zugrunde[20], das maßgeblichen Anteil an der Ausgestaltung des Ansatzes hat. Ein solches Menschenbild kann (und soll auch in der Regel) dann auf die betriebliche Praxis einwirken, wenn die Gestaltungs-

---

[12] HESCH, Gerhard (1997), S. 12.
[13] HESCH, Gerhard (1997), S. 11.
[14] Vgl. HESCH, Gerhard (1997), S. 10-12.
[15] Vgl. DAHRENDORF, Ralf (1974), S. 21; MEINBERG, Eckhard (1988), S. 82, 310; ULRICH, Peter (1998), S. 25; WATZLAWICK, Paul (1999a), S. 9-10; ZIMMERLI, Walther Ch. (1989), S. 257.
[16] Vgl. WEINERT, Ansfried B. (1984), S. 117; WERHAHN, Peter H. (1989), S. 10.
[17] Vgl. BIERVERT, Bernd (1991), S. 42.
[18] Vgl. HESCH, Gerhard (1997), S. 22.
[19] Vgl. HESCH, Gerhard (1997), S. 34.
[20] Zu den Menschenbildern des faktortheoretischen, des entscheidungsorientierten und des systemorientierten Ansatzes vgl. WERHAHN, Peter H. (1989).

empfehlungen des Ansatzes umgesetzt werden.²¹ Außerdem können überzeugende – vor allem explizit geäußerte – Menschenbilder von Wissenschaftlern die Menschenbilder in der Praxis direkt beeinflussen: sei es, dass die Praktiker ihr eigenes Menschenbild daraufhin „überarbeiten", sei es, dass sie sich in ihrer Auffassung bestätigt fühlen – mit der Folge einer Verfestigung ihres bestehenden Menschenbildes.²² Umgekehrt fließen die Menschenbilder der Praktiker in jene Managementansätze ein, die auf *empirischen* Persönlichkeitstheorien aufbauen.²³

Menschenbilder von Mitgliedern einer Gesundheitsorganisation können sich *direkt* auf die Interaktionen im Rahmen des betrieblichen Geschehens auswirken. So haben die Menschenbilder der Mitarbeiter beispielsweise Einfluss auf ihr Verhalten gegenüber Kollegen und Patienten. Die Menschenbilder der Manager, deren Einfluss als bedeutender eingeschätzt wird als der der Mitarbeiter, prägen zum Beispiel den praktizierten Führungsstil.²⁴ Die subjektiven Wahrnehmungen der Verhaltensweisen anderer Organisationsmitglieder beeinflussen nun wieder das eigene Menschenbild – zwischen den Extremen einer vollen Bestätigung und einer absoluten Verwerfung. Da dies für alle Seiten gilt, kann von einer *rekursiven Beziehung* zwischen den Menschenbildern ausgegangen werden.

Ein dabei empirisch belegter Effekt ist die so genannte *self-fulfilling prophecy*, die selbst erfüllende Prophezeiung. Mit WATZLAWICK kann sie als „eine Annahme oder Voraussage [definiert werden], die rein aus der Tatsache heraus, dass sie gemacht wurde, das angenommene, erwartete oder vorhergesagte Ereignis zur Wirklichkeit werden lässt und so ihre eigene ‚Richtigkeit' bestätigt."²⁵ Im gesundheitsorganisationalen Bereich kann hierzu folgendes Phänomen angeführt werden: Wenn ein Oberarzt den Eindruck hat, dass ein Assistenzarzt fleißig und ehrgeizig ist und ihn dementsprechend auch behandelt – beispielsweise durch Delegation besonders anspruchsvoller Aufgaben –, kann die Folge sein, dass sich der Assistenzarzt auch tatsächlich fleißig und ehrgeizig verhält, obwohl er vielleicht bislang eher phlegmatisch war. Dieser Anpassungseffekt an Erwartungen kann auch für den umgekehrten Fall gelten, in dem der Oberarzt ein negatives Bild

---

[21] Vgl. BRONNER, Rolf (1992), Sp. 2504; SCHOLZ, Christian (1994), S. 403, 412; WEINERT, Ansfried B. (1984b), S. 122; WILPERT, Bernhard (1989), S. 161-162. ⇨ Vgl. auch *Abbildung 6-1 Managementstrategien unterschiedlicher Menschenbilder nach SCHEIN* auf *S. 138*.

[22] Vgl. WILPERT, Bernhard (1989), S. 161.

[23] Vgl. WEINERT, Ansfried B. (1984a), S. 47.

[24] Vgl. HESCH, Gerhard (1997), S. 45-46; WEINERT, Ansfried B. (1995), Sp. 1496.

[25] WATZLAWICK, Paul (1999b), S. 91 [Zitat angepasst an die neue deutsche Rechtschreibung]. Hinsichtlich des Marktverhaltens gilt dabei beispielsweise Folgendes: „Jede von einer genügend großen Zahl von Menschen geglaubte Prophezeiung der bevorstehenden Verknappung oder Verteuerung einer Ware, wird (ob die Voraussage ‚faktisch' richtig ist oder nicht) zu Hamsterkäufen und damit zur Verknappung oder Verteuerung der Ware führen." WATZLAWICK, Paul (1997), S. 61. WATZLAWICK führt dazu eine Begebenheit auf, die sich im März 1979 in Kalifornien zugetragen hat: Zeitungen warnten vor einer bevorstehenden, einschneidenden Benzinverknappung, woraufhin kalifornische Autofahrer sofort ihre Benzintanks füllten und stets darauf achteten, sie auch möglichst gefüllt zu halten. Diese Reaktion, die „riesige Warteschlangen und stundenlange Wartezeiten an den Tankstellen" nach sich zog, „erschöpfte den enormen Reserven und bewirkte so praktisch über Nacht die vorhergesagte Knappheit. [...] Als die Aufregung sich legte, stellte sich heraus, dass die Benzinzuteilung an den Bundesstaat Kalifornien kaum vermindert worden war." WATZLAWICK, Paul (1999b), S. 92 [Zitat angepasst an die neue deutsche Rechtschreibung].

von dem Assistenzarzt hat.²⁶ Allerdings muss einschränkend erwähnt werden, dass eine solche Prophezeiung nur dann selbst erfüllend wirkt, wenn sie „geglaubt wird, das heißt, nur wenn sie als eine in der Zukunft sozusagen bereits eingetretene Tatsache gesehen wird"²⁷. Dies in Rechnung gestellt, sinkt die Erfolgswahrscheinlichkeit *gezielt* angewandter Prophezeiungen.²⁸

Während Menschen ihr Verhalten häufig lediglich als Reaktion auf das der anderen sehen, nicht aber auch als dessen auslösendes Moment²⁹, ist im (Extrem-)Fall selbst erfüllender Prophezeiungen eine vermeintliche Reaktion tatsächlich eine Aktion³⁰. Diese *Rekursivität* zwischenmenschlichen Verhaltens kann auf Managementansätze übertragen werden. Bei der Umsetzung von Managementansätzen wird implizit oder explizit vorausgesetzt, dass sich die Organisationsmitglieder dem zugrunde liegenden Menschenbild annähern (sofern sie diesem nicht schon von vornherein entsprechen). Aber auch die unterschiedlichen Wahrnehmungen des jeweiligen Ansatzes haben Auswirkungen auf die organisationalen Gestaltungsmaßnahmen. Zudem können diese Maßnahmen auf die Managementansätze zurückwirken, indem sie z. B. die Wissenschaftler zu einer Modifikation ihrer Menschenbilder bewegen.³¹

„Als ein wesentlicher Effekt [solcher] rekursiven Beziehungen ergibt sich eine wachsende Resistenz der Organisation gegen Veränderungen. Diese Widerstandsfähigkeit wird dadurch begünstigt, dass die ursprünglichen Entscheidungen bezüglich der Gestaltungsmaßnahmen in einer zunehmenden Anzahl von Materialisierungen [...] wie beispielsweise konkreten Organisationsformen, Führungssystemen, Entgeltsystemen [und] Stellenbeschreibungen [...] auftreten."³² Je weniger Alternativen bekannt sind und je geschlossener die immanente Logik der Organisation ist, umso eher verfestigen sich bestehende Managementansätze und vorherrschende Menschenbilder in der Praxis.³³

Im betrieblichen Rahmen wird ein Wandel der Menschenbilder wohl in der Regel durch veränderte Umweltbedingungen eingeleitet. Allerdings ist der Mensch zugleich auch immer ein wesentlicher Faktor des Strukturwandels.³⁴ Ausgehend von dieser Rekursivität zwischen den Menschenbildern und der dynamischen Umwelt einer Gesundheitsorganisation werden im folgenden Abschnitt Menschenbilder in der Managementtheorie kritisch reflektiert.

---

[26] Vgl. LILGE, Hans-Georg (1981), S. 19; WATZLAWICK, Paul/ BEAVIN, Janet H./ JACKSON, Don D. (1990), S. 95.
[27] WATZLAWICK, Paul (1999b), S. 95.
[28] Vgl. FIELD, Richard H. G. (1995), Sp. 1925-1926; WATZLAWICK, Paul (1999b), S. 95-108.
[29] Vgl. WATZLAWICK, Paul/ BEAVIN, Janet H./ JACKSON, Don D. (1990), S. 95.
[30] Vgl. WATZLAWICK, Paul (1999b), S. 93.
[31] Vgl. ORTMANN, Günther (1995), S. 81-82.
[32] HESCH, Gerhard (1997), S. 54 [Zitat angepasst an die neue deutsche Rechtschreibung].
[33] Vgl. HESCH, Gerhard (1997), S. 54; WILPERT, Bernhard (1989), S. 161. Menschenbilder werden zu gesellschaftlichen bzw. betrieblichen Selbstverständlichkeiten, da viele sich nicht darüber im Klaren sind, dass es sich dabei bloß um Annahmen handelt. Vgl. SCHERHORN, Gerhard (1991), S. 153.
[34] Vgl. BADER, Wolfgang (1994), S. 171-173.

6.2.2 Menschenbilder in der Managementtheorie

Nachdem offengelegt wurde, *was* unter einem Menschenbild zu verstehen ist und *welchen Einfluss* Menschenbilder auf die Praxis ausüben können, soll nun anhand von Menschenbildern in der Managementtheorie dargestellt werden, *wie* ein Menschenbild ausgestaltet sein kann. Dabei wird weder versucht, einen Gesamtüberblick über betriebswirtschaftliche Menschenbildtypologien zu geben[35], noch einzelne empirisch nachgewiesene Menschenbilder zu analysieren. Es soll vielmehr anhand einiger einflussreicher Persönlichkeits- und Menschenbildtypologien der Sinn bzw. Nutzen solcher Klassifizierungen kritisch hinterfragt werden, um daraus Schlussfolgerungen für das – in *Abschnitt 6.2.3* zu entwickelnde – ganzheitliche Menschenbildkonzept ziehen zu können.

Persönlichkeitstypologien dienen in erster Linie dazu, die Vielfalt von real existierenden Wesens- und Verhaltensmerkmalen zu ordnen, zu vereinfachen und überschaubar zu machen.[36] Durch die damit verbundene Komplexitätsreduktion können Gestaltungsmaßnahmen einfacher abgeleitet werden. Schon um 400 v. Chr. hat der griechische Mediziner *Hippokrates* eine Typologisierung von Persönlichkeiten – in *Sanguiniker* (sorglos, voll guter Hoffnung), *Melancholiker* (schwermütig, trübsinnig), *Choleriker* (hitzig und rasch handelnd, impulsiv, jähzornig) und *Phlegmatiker* (langsam, schwerfällig bis teilnahmslos) – vorgenommen.[37] Auch heute noch werden Menschen nach solchen Stereotypen klassifiziert, obgleich die Tatsache, dass ein „Mensch in verschiedenen Situationen alle genannten Eigenheiten mehr oder weniger zeigen kann"[38], nicht mehr bestritten wird. Wenn – analog zum Mechanismus selbst erfüllender Prophezeiungen – ein derart klassifizierter Mensch dazu übergeht, die von Dritten erwarteten negativen Verhaltensmerkmale sukzessive anzunehmen, kann ein stereotypes Menschenbild gefährliche Folgen haben.[39] Kritisch sollte auch die Einstellung gegenüber Persönlichkeitstypologien sein, die beispielsweise einen Zusammenhang zwischen der Persönlichkeitsstruktur eines Menschen und seiner äußeren Gestalt[40] oder seinen physiologischen Befunden[41] zu erkennen glauben. Die Forschungsergebnisse hierzu weisen größtenteils eine nur geringe statistische Validität auf oder sind

---

[35] Vgl. hierzu vertiefend HESCH, Gerhard (1997), S. 63-109; LILGE, Hans-Georg (1981), S. 19-22; STAEHLE, Wolfgang H. (1980), Sp. 1306-1313; STAEHLE, Wolfgang H. (1994a), S. 176-182; WEINERT, Ansfried B. (1984b), S. 118-122.

[36] Vgl. WEINERT, Ansfried B. (1984b), S. 117.

[37] Vgl. HESCH, Gerhard (1997), S. 15; LILGE, Hans-Georg (1981), S. 16; STAEHLE, Wolfgang H. (1994a), S. 168-169.

[38] STAEHLE, Wolfgang H. (1994a), S. 169.

[39] Vgl. MEINBERG, Eckhard (1988), S. 318; STAEHLE, Wolfgang H. (1994a), S. 169.

[40] Hierzu seien vor allem die Typologien von KRETSCHMER (pyknischer, athletischer und leptosomer Typ) und SHELDON (endomorpher, mesomorpher und ektomorpher Typ) genannt. Vgl. HESCH, Gerhard (1997), S. 17; LILGE, Hans-Georg (1981), S. 16.

[41] Hierzu sei beispielsweise der von MINTZBERG in die Managementliteratur eingeführte *split brain-Ansatz* genannt. Danach sind Menschen, bei denen die linke Gehirnhälfte das Denken stärker beeinflusst, eher für analytische Tätigkeiten (wie Planungsaufgaben) geeignet, während Personen, deren Denken stärker durch die rechte Gehirnhälfte beeinflusst wird, eher dazu in der Lage sind, mehrere Informationen gleichzeitig zu verarbeiten und somit Managementaufgaben wahrzunehmen. Vgl. CAPRA, Fritjof (1996), S. 325-326; MINTZBERG, Henry (1976), S. 49-58; STAEHLE, Wolfgang H. (1994a), S. 171.

sogar widersprüchlich.⁴² Daher empfiehlt STAEHLE, wegen des hohen Ausmaßes an „Schaden, der mit einer voreiligen, unreflektierten Etikettierung eines Menschen aufgrund einzelner weniger Merkmale angerichtet werden kann", von solchen Persönlichkeitstypologien grundsätzlich Abstand zu nehmen.⁴³

Auch in der neueren *Persönlichkeitsforschung* wird die Mehrdimensionalität der Verhaltensursachen betont. Danach determinieren menschliche Gene, Sozialisation, Umwelt, individuelles Entwicklungsstadium und vor allem die jeweilige Wahrnehmung der Situation die Verhaltensweisen von Individuen.⁴⁴ Im Folgenden soll auf SCHEINs Typologie von Menschenbildern eingegangen werden, da sie zum einen wohl die weiteste Verbreitung gefunden hat⁴⁵ und zum anderen wesentliche Aspekte früherer Klassifikationen strukturiert zusammenfasst. Gemäß ihrem historischen Erscheinen hat SCHEIN vier Gruppen von Menschenbildern unterschieden, deren Annahmen – wie in *Abbildung 6-1* auf *S. 138* aufgeführt – jeweils unterschiedliche Managementstrategien erfordern.

SCHEIN präferiert das Menschenbild des *komplexen Menschen*, betont dabei aber, dass die Folgerungen für die Managementstrategie nicht denen der anderen drei Strategien widersprechen. Ihm geht es vielmehr darum, dass „jeder dieser Ansätze in bestimmten Situationen und mit bestimmten Menschen unzulänglich sein kann."⁴⁶ SCHEIN führt weiter aus: „Der Mensch ist ein komplexeres Wesen, als das Modell vom rational-ökonomischen, sozial motivierten oder sich selbst verwirklichenden Menschen glauben machen möchte. Er ist nicht nur dank seiner vielfältigen Bedürfnisse und Potenziale selbst komplexer, er unterscheidet sich hinsichtlich seiner Komplexität von jedem Mitmenschen."⁴⁷

Ein wesentliches Verdienst von SCHEINs Typologisierung liegt darin, eine Tendenz der Menschenbildentwicklung *innerhalb der Managementlehre* aufgezeigt zu haben. Inwieweit dies auch der Entwicklung in der organisationalen *Praxis* entspricht, kann nicht abschließend beurteilt werden, da die Ergebnisse nie empirisch überprüft wurden⁴⁸.

---

[42] Vgl. BADER, Wolfgang (1994), S. 55; STAEHLE, Wolfgang H. (1994a), S. 171.
[43] Vgl. STAEHLE, Wolfgang H. (1994a), S. 171.
[44] Vgl. BADER, Wolfgang (1994), S. 57; STAEHLE, Wolfgang H. (1994a), S. 176.
[45] Vgl. BLEICHER, Knut (1994a), S. 71; STAEHLE, Wolfgang H. (1994a), S. 179; WEINERT, Ansfried B. (1984b), S. 118-119.
[46] SCHEIN, Edgar H. (1980), S. 96.
[47] SCHEIN, Edgar H. (1980), S. 94 [Zitat angepasst an die neue deutsche Rechtschreibung].
[48] Vgl. WEINERT, Ansfried B. (1984a), S. 32; WEINERT, Ansfried B. (1984b), S. 119. Bislang existiert nur eine einzige systematische empirische Studie zu Menschenbildern von Managern. In dieser Studie wurden 293 Führungskräfte aus acht Textilunternehmen befragt. Vgl. WEINERT, Ansfried B. (1984a). Eine Übertragung dieser Ergebnisse auf bedarfsorientierte Krankenhäuser erscheint aber nicht sinnvoll, da mit Textilunternehmen ein ertragswirtschaftlicher Industriebereich untersucht wurde. Zudem ist davon auszugehen, dass sich in den letzten zwei Jahrzehnten – aufgrund des gesellschaftlichen Wertewandels – auch die Menschenbilder der Manager verändert haben.

Abbildung 6-1: Managementstrategien unterschiedlicher Menschenbilder nach SCHEIN

Menschenbild	Managementstrategie
(1) *Der rational-ökonomische Mensch* Maximierung des Eigeninteresses; Motivation in erster Linie über monetäre Anreize; ist passiv, kann von der Organisation manipuliert, motiviert und kontrolliert werden; Annahmen der Theorie X[49].	Manager als Planer, Organisator, Motivator, Kontrolleur; Aufgabenerfüllung, Organisation und deren Effizienz stehen im Mittelpunkt; keine Befriedigung emotionaler Bedürfnisse (wird i. d. R. auch nicht erwartet).
(2) *Der Mensch als soziales Wesen* Wird vorwiegend durch soziale Bedürfnisse motiviert; bei sinnentleerter Arbeit wird in sozialen Beziehungen am Arbeitsplatz Ersatzbefriedigung gesucht; wird stärker durch soziale Normen seiner Arbeitsgruppe als durch Anreize und Kontrollen des Managements gelenkt; Annahmen der Human Relations-Bewegung[50].	Manager als Vermittler und Förderer von Arbeit; Aufbau und Förderung von Gruppen; Vorgabe der Gruppenziele, nicht aber der Art der Zielerreichung; Bedürfnisse nach Anerkennung, Zugehörigkeitsgefühl und Identität müssen befriedigt werden; Gruppenanreizsysteme treten an die Stelle von individuellen Anreizsystemen.
(3) *Der sich selbst verwirklichende Mensch* Strebt nach Autonomie, Sinngebung und Selbsterfüllung in seiner Arbeit; ist selbst motiviert und selbst kontrolliert; kein zwangsläufiger Konflikt zwischen Selbstverwirklichung und organisatorischer Zielerreichung; moralisches statt berechnendes Engagement; Annahmen der Theorie Y[51].	Manager als Katalysator und Förderer; sinnbringende und verantwortliche Gestaltung der Arbeit; Delegation von Verantwortung; Übergang von Amts- zu Fach-Autorität; Zugeständnis größerer Autonomie bei der Arbeitsgestaltung (breiter gestreute Machtverteilung); Nutzung der menschlichen Potenziale.
(4) *Der komplexe Mensch* Ist äußerst wandlungsfähig; hat vielfältige, interdependente Motive, die sich von Zeit zu Zeit ändern; kann sich durch seine Erfahrungen in der Organisation neue Motive aneignen; in unterschiedlichen Systemen werden unterschiedliche Motive bedeutsam; Annahmen der Situationstheorie[52].	Manager als Diagnostiker von Situationen; sie müssen Unterschiede spüren und entsprechend würdigen sowie ihr Verhalten situationsgemäß variieren können; es gibt keine verbindlich gültige Managementstrategie, die für alle Menschen und Situationen funktioniert.

Eigene Darstellung in Anlehnung an SCHEIN, Edgar H. (1980), S. 77-101; STAEHLE, Wolfgang H. (1994a), S. 180.

---

[49] Die *Theorie X* stellt eine Seite des dualistischen Menschenbildansatzes von MCGREGOR dar (⇨ zur anderen Seite, der Theorie Y, siehe *Fußnote 51*). Ihre wichtigsten Annahmen sind: Der Mensch hat eine angeborene Abneigung gegen Arbeit, sodass er zumeist gelenkt und mit Sanktionen bedroht werden muss, um das vom Unternehmen gesetzte Soll zu erreichen. Er zieht es vor, geführt zu werden, möchte sich der Verantwortung entziehen, hat wenig Ehrgeiz und strebt vor allem nach Sicherheit. Vgl. MCGREGOR, Douglas (1986), S. 27-28.

[50] Zur *Human Relations-Bewegung*, die die Bedeutung individueller und sozialer Ziele neben den organisatorischen Zielen im Rahmen des Managementprozesses hervorgehoben hat, vgl. STAEHLE, Wolfgang H. (1994a), S. 32-35.

[51] Die wichtigsten Annahmen der *Theorie Y* des dualistischen Menschenbildansatzes von MCGREGOR sind: Die Arbeitseinstellung des Menschen hängt davon ab, ob Arbeit als eine Quelle der Zufriedenheit oder als notwendiges Übel empfunden wird. Wenn der Mensch sich mit den Zielen der Organisation identifiziert, sind Fremdkontrolle und Androhung von Sanktionen unnötig; er wird Eigeninitiative und Selbstkontrolle entwickeln. Flucht vor Verantwortung, mangelnder Ehrgeiz und Sicherheitsstreben sind in erster Linie Folgen schlechter Erfahrungen und nicht angeborene menschliche Eigenschaften. Kreatives Potenzial zur Lösung organisatorischer Probleme ist weit verbreitet, wird jedoch in den Unternehmen zu wenig genutzt. Vgl. MCGREGOR, Douglas (1986), S. 36-37.

[52] Es existiert keine einheitliche *Situationstheorie*. Dies liegt vor allem daran, dass die einzelnen *situativen Ansätze* von einem unterschiedlichen Ausmaß der Determiniertheit von Managementhandeln durch die Situation ausgehen. Vgl. STAEHLE, Wolfgang H. (1994a), S. 47-58.

Problematisch an den bestehenden Klassifikationen – so auch an der von SCHEIN – ist, dass die Menschenbilder immer nur auf Annahmen (von Führungskräften) über das Wesen von Mitarbeitern basieren, nicht aber zugleich auf Annahmen über das Wesen von Managern[53]. Zumeist werden Manager – zumindest implizit – als „über den Dingen stehend" beschrieben, können sie doch die Ausübung ihrer Managementaktivitäten an den Verhaltensweisen und Wesenszügen der Mitarbeiter ausrichten. Diese Annahmen bleiben aber höchst spekulativ, da die Grenze zwischen Mitarbeiter und Manager häufig fließend ist – die meisten Vorgesetzten sind auch Untergebene[54]. Der Mensch wird dabei also jeweils auf seine ihm gerade inhärente Rolle (Mitarbeiter *oder* Manager) reduziert. Auch beim Modell des komplexen Menschen, das sowohl Mitarbeitern als auch Managern Wandlungsfähigkeit zugesteht, werden unterschiedliche Annahmen getroffen. So beschreibt SCHEIN die Motive des „komplexen Mitarbeiters" als stark situationsdeterminiert[55], während der Manager sein Verhalten *bewusst* situationsspezifisch variieren soll. Die starke Situationsbestimmtheit beim komplexen Menschen widerspricht dem radikal-konstruktivistischen Verständnis, nach dem ein und derselbe Kontext individuell unterschiedlich wahrgenommen werden kann. Aus diesem Grund scheint eine Weiterentwicklung des Modells des komplexen Menschen angeraten, die in *Abschnitt 6.2.3* erfolgt.

Schließlich wird in den Menschenbildtypologien der modernen Managementlehre der Mensch als Kunde in der Regel ausgeklammert[56]; dieser wird zumeist separat im Rahmen der Konsumforschung untersucht.[57] Der Patient nimmt nun aber als Kunde in Gesundheitsorganisationen eine zentrale Rolle ein, weshalb er – ebenso wie der Manager – bei der Entwicklung eines Menschenbildkonzeptes nicht ausgeschlossen werden soll. Es wird hierbei von einem Menschenbild*konzept* gesprochen, weil es *das* Menschenbild nicht geben kann und kein konkretes Menschenbild für die Praxis vorgegeben werden soll. In einem Konzept besteht die Möglichkeit, die Parameter variabel zu gestalten, um eine Vielzahl von Individuen integrieren zu können.

6.2.3 Das ganzheitliche Menschenbildkonzept für Gesundheitsorganisationen

In diesem Abschnitt wird ein ganzheitliches Menschenbildkonzept für Gesundheitsorganisationen entwickelt, das einerseits *offen* sein muss, um bestimmte Verhaltensweisen oder Selbstent-

---

[53] Vgl. WEINERT, Ansfried B. (1984a), S. 31-32.
[54] Vgl. LILGE, Hans-Georg (1981), S. 14.
[55] Vgl. SCHEIN, Edgar H. (1980), S. 95; vgl. hierzu auch die Kritik von NEUBERGER, Oswald (1994), S. 26-28.
[56] Das Bild des nutzenmaximierenden *Homo oeconomicus* wurde dagegen sowohl auf den arbeitenden als auch auf den konsumierenden Menschen – und zum Teil auch auf außerökonomische Bereiche – angewandt und wird wohl nicht zuletzt aus diesem (scheinbar) „theoriestabilisierenden" Grund bis heute in diversen Ansätzen aufgegriffen. Vgl. hierzu z. B. BRETZKE, Wolf-Rüdiger (1984). BECKER ist sogar der Auffassung, dass „der ökonomische Ansatz [...] auf alles menschliche Verhalten anwendbar ist". Vgl. hierzu BECKER, Gary S. (1993), Zitat auf S. 7. Zu einer kritischen Stellungnahme zu dem Konstrukt „Homo oeconomicus" vgl. beispielsweise BLUM, Reinhard (1991); KERBER S. J., Walter (1991).
[57] Vgl. beispielsweise SCHLÖSSER, Hans-Jürgen (1992). Die Erkenntnisse aus empirischen Studien der Konsumtheorie oder des (externen) Marketings können aber nicht auf den Konsumenten „Patient" übertragen werden. In dieser Sicht sind psychologische und soziologische Studien zu der besonderen Lebenssituation von Patienten in Gesundheitsorganisationen aufschlussreicher. Vgl. beispielsweise GÄRTNER, Heribert W. (1994), S. 28-51; SCHOTT, Thomas (1993), S. 255-257.

würfe von Menschen nicht a priori auszuschließen. Andererseits soll es aber auch einen *Rahmen abstecken*, der z. B. rechtliche und organisatorische Anforderungen an Gesundheitsorganisationen berücksichtigt. Als Ausgangsbasis dient das Modell des komplexen Menschen von SCHEIN, das um den wichtigen Aspekt der Selbstreferenz erweitert werden und neben Mitarbeitern auch Manager und Kunden einbeziehen muss.

Dem Menschen *Wandlungsfähigkeit* zuzugestehen, stellt die wohl wichtigste Voraussetzung für ein ganzheitliches Menschenbildkonzept dar, weil nur so ein möglichst hohes Maß an Unvoreingenommenheit gewährleistet werden kann. Diesem *dynamischen* Faktor wird das Modell des komplexen Menschen nach SCHEIN insofern gerecht, als es dem Menschen vielfältige und nicht generalisierbare Motive zuschreibt, die variabel sind und untereinander in Interaktion stehen. Allerdings beschreibt SCHEIN Mitarbeiter als stark situationsdeterminiert; er verpasst es, auch die Selbstbestimmtheit des Individuums und damit seine *selbstreferenzielle Geschlossenheit*[58] hervorzuheben. Schließlich sind die internen Relationen bedeutsamer und wirksamer als die externen Empfindungen des Systems Mensch. VON FOERSTER hat dazu eine einfache Rechnung aufgestellt: „Da wir nur über rund 100 Millionen Sinneszellen verfügen, unser Nervensystem aber an die 10 000 Milliarden Synapsen enthält, sind wir gegenüber Änderungen unserer inneren Umwelt 100 000 mal empfänglicher als gegenüber Änderungen in unserer äußeren Umwelt."[59]

Aus dem erweiterten Modell des komplexen Menschen geht hervor, dass die Motive menschlichen Denkens und Handelns *mehrdimensional*, *multikausal* und *veränderbar* sind. Diese Komplexität liegt – wie *Abbildung 6-2* aufzeigt – auch dem in *Abschnitt 3.2* beschriebenen systemischen Gesundheitsverständnis zugrunde.

Abbildung 6-2: Zusammenhang zwischen ganzheitlichem Menschenbildkonzept und systemischem Gesundheitsverständnis

Charakteristika menschlichen Denkens und Handelns nach dem **ganzheitlichen Menschenbildkonzept**	Charakteristika des **systemischen Gesundheitsverständnisses**
• *Mehrdimensionalität*	*physische*, *psychische* und *soziale* Komponente von Gesundheit
• *Multikausalität* • *Veränderbarkeit*	Abhängigkeit der Gesundheit vom *individuellen* Wohlbefinden, von der *natürlichen Umwelt* sowie den Normen und Einstellungen einer *Gesellschaft* unter *vernetzten* und *dynamischen* Aspekten

Eigene Darstellung.

Nach dem systemischen Gesundheitsverständnis wird der Mensch in seiner *soziopsychosomatischen Ganzheit* als ein *von seiner Umwelt beeinflussbares* und *auf seine Umwelt selbst bestimmt*

---

[58] Vgl. hierzu LUHMANN, Niklas (1996), S. 25.
[59] FOERSTER, Heinz von (1999), S. 51.

Einfluss nehmendes Wesen gesehen.⁶⁰ Dieses Verständnis steht im Einklang mit der radikal-konstruktivistischen Perspektive, nach der sich jeder Mensch seine Wirklichkeit selbst konstruiert. Durch ein solch autonomes Denken und Handeln werden „die jeweiligen äußeren Gegebenheiten und inneren Dispositionen in einer flexiblen, also nicht schon vorher festgelegten Weise in Übereinstimmung"⁶¹ gebracht. Diese *Autonomie* beinhaltet eine *Verantwortlichkeit* des Menschen für seine Wirklichkeit werdenden, selbst erfüllenden Prophezeiungen. Wer nun erfasst hat, dass seine Welt seine eigene Erfindung ist, müsste dies – als konsequenter Konstruktivist – den Welten seiner Mitmenschen ebenso zubilligen; er wäre dann vor allem *tolerant*.⁶² Somit ist eine *ganzheitliche* Betrachtung in der Praxis niemals möglich.⁶³ Allerdings stellt allein die *Bewusst*machung der eigenen Grenzen und – wohl noch wichtiger – des auf dieser Begrenztheit basierenden Verhaltens einen wesentlichen Aspekt des ganzheitlichen Ansatzes dar.

Es kann festgehalten werden, dass der Mensch *komplex, wandlungsfähig* und im radikal-konstruktivistischen Sinne *autonom* und *verantwortlich* für sein Tun ist. Inwieweit er seine Verantwortung wahrnimmt und Toleranz ausübt⁶⁴, hängt letztlich von ihm und seinen Perzeptionen ab. Allerdings wird diese Handlungsfreiheit (straf-)rechtlich eingeschränkt. Bezogen auf das Forschungsobjekt findet eine weitere Einschränkung durch die selbst erklärten Ziele der jeweiligen Gesundheitsorganisation statt. So wird in einigen Leitbildern von Gesundheitsorganisationen⁶⁵ explizit darauf hingewiesen, dass die Menschen, die mit der Gesundheitsorganisation in Verbindung stehen (insbesondere Patienten), ganzheitlich zu sehen sind. Das theoretisch entwickelte ganzheitliche Menschenbildkonzept scheint also – zumindest ansatzweise – mit den Vorstellungen einiger Gesundheitsorganisationen übereinzustimmen; dies zeigen die folgenden Leitsätze von Krankenhäusern:

- *„Wir sehen den Menschen ganzheitlich und berücksichtigen seine individuellen physischen, psychischen, kulturellen und geistigen Bedürfnisse. Wir respektieren die Würde des Menschen und sein Recht auf Selbstbestimmung."*⁶⁶

---

⁶⁰ Die gleichzeitige Berücksichtigung der physischen, psychischen und sozialen Gesundheitsdimension steht dem in der Medizin bis heute immer noch vorherrschenden Gesundheitsverständnis als Abwesenheit von biomedizinischer Krankheit entgegen. Vgl. EICHHORN, Siegfried (1993a), S. 244. Diese reduktionistische Sichtweise von Gesundheit und damit auch vom Menschen erklärt sich wohl nur durch die beträchtlichen medizinischen Fortschritte im zurückliegenden Jahrhundert. ⇔ Vgl. *Abschnitt 4.2.3.3*. Vgl. auch NAGEL, Gerd Arno (1997), S. 188; SCHERHORN, Gerhard (1991), S. 155. Allerdings hätten bei einer ganzheitlichen Sicht die Erfolge eventuell noch besser ausfallen können.

⁶¹ SCHERHORN, Gerhard (1991), S. 157. Vgl. hierzu auch ULRICH, Peter (1998), S. 14, 25.

⁶² Vgl. SCHERHORN, Gerhard (1991), S. 163-165; VARELA, Francisco (1999), S. 308-309; WATZLAWICK, Paul (1999c), S. 311-312.

⁶³ „Der Mensch ist stets mehr als er von sich weiß." JASPERS, Karl, zitiert nach: WEISSKOPF, Traugott (1989), S. 222 [Zitat angepasst an die neue deutsche Rechtschreibung].

⁶⁴ *Toleranz* ist hierbei allerdings nicht als (einseitige) Duldung, sondern *als (wechselseitige) Anerkennung* zu interpretieren. Eine strikte Trennung der Begriffe Toleranz und Anerkennung verfolgt beispielsweise HEITMEYER, Wilhelm (2000), S. 7.

⁶⁵ ⇔ Zu Leitbildern vgl. vertiefend *Abschnitt 8.2*.

⁶⁶ Aus dem Leitbild des KLINIKUMS NÜRNBERG (1999), Abschnitt „Wir sind patientenorientiert".

- *„Unser gesamtes Tun und Handeln orientiert sich am Wohl des Patienten, der in seiner Ganzheitlichkeit angenommen und akzeptiert wird. [...] Jede Mitarbeiterin, jeder Mitarbeiter wird als individuelle Person geachtet."*[67]

- *„[...] Diese Orientierung der Arbeit des Krankenhauses soll sich für die Patientinnen und Patienten vor allem dadurch auswirken [..., dass] die gesamte Behandlung der Patienten von der Sorge für den Menschen als Ganzes getragen wird. Deshalb soll der Patient [...] auch Rat und Hilfe in geistlicher, seelischer und sozialer Hinsicht finden."*[68]

Auch in der Krankenhausmanagementliteratur wird zunehmend die Ausrichtung des gesamten Leistungsprozesses auf die Ganzheit des Menschen betont.[69]

Im folgenden Abschnitt wird auf die zweite Dimension des Ansatzes einer Menschenorientierung in Gesundheitsorganisationen eingegangen: die Übernahme einer umfassenden gesellschaftlichen Verantwortung.

6.3 Umfassendes gesellschaftliches Verantwortungsbewusstsein in Gesundheitsorganisationen

6.3.1 Zum Begriff gesellschaftlicher Verantwortung in Gesundheitsorganisationen

In *Abschnitt 6.1* wurde von einer *kritischen* Orientierung an den Erwartungen aller Anspruchsgruppen einer Gesundheitsorganisation gesprochen. Der Zusatz „kritisch" soll darauf hinweisen, dass die an eine Gesundheitsorganisation gestellten Ansprüche hinsichtlich ihrer *Legitimität* differenziert zu hinterfragen sind. Damit soll eine unreflektierte Befriedigung der Bedürfnisse der verschiedenen Stakeholder vermieden werden. Zugleich sind auch die Erwartungen bezüglich ihrer *Zumutbarkeit* für die Gesundheitsorganisation bzw. deren Management zu untersuchen; schließlich kann nicht erwartet werden, dass das Management seine eigenen (legitimen) Ansprüche stets altruistisch zugunsten der Ansprüche anderer Stakeholder zurückstellt.[70]

Neben dieser *kritischen* Einschränkung der Stakeholder-Orientierung muss noch die Forderung nach einer *umfassenden* Orientierung an den Erwartungen *aller* Anspruchsgruppen relativiert werden. So verhindern z. B. mangelnde Zeitkapazitäten eine vollständige Beachtung aller Interessen. Außerdem sind die unterschiedlichen Zielvorstellungen nicht immer miteinander vereinbar. Darüber hinaus wäre jedes Management überfordert, *anstelle* der Stakeholder deren gesamte Interessen und Erwartungen in angemessener Weise in die Planung einzubeziehen[71]. Eine „*umfassende* Berücksichtigung" ist hier jedoch so zu verstehen, dass das Management eine ganzheitliche Orientierung anstrebt, bei der es sich stets der vorgenommenen Interpretation sowie Selek-

---

[67] Aus dem Leitbild der KRANKENHÄUSER DER KONGREGATION DER BARMHERZIGEN SCHWESTERN VOM HL. VINZENZ VON PAUL IN HILDESHEIM (1999), Abschnitt „Patientenorientierung".
[68] Aus dem Leitbild des DIAKONISSENKRANKENHAUSes KARLSRUHE-RÜPPURR (1999), o. S.
[69] Vgl. beispielsweise BORSI, Gabriele M. (1997), S. 423-429; EICHHORN, Siegfried (1993a), S. 245; ZIMMERMANN, Thomas (1993), S. 13.
[70] Vgl. ULRICH, Peter (1998), S. 439-440.
[71] Vgl. ULRICH, Peter/ FLURI, Edgar (1995), S. 71.

tion und damit auch seiner *Verantwortung* bewusst ist. Mithilfe des Verantwortungsbegriffes[72] können nun – besser als mit den vagen Begriffen der Interessenberücksichtigung oder Orientierung – die wesentlichen Aspekte des hier entwickelten Ansatzes verdeutlicht werden. Zudem kann der Verantwortungsbegriff als Ausgangspunkt eines spezifischen Verständnisses normativen Managements herangezogen werden.[73]

In Anlehnung an den diskursethischen Ansatz von Peter ULRICH[74] bildet hier der *dialogische* Verantwortungsbegriff die Basis der weiterführenden Überlegungen.[75] Dieser Begriff soll zunächst durch eine Gegenüberstellung mit dem „monologischen" Verantwortungsbegriff anhand der *Abbildung 6-3* erläutert werden, bevor im Anschluss auf den Terminus der *gesellschaftlichen* Verantwortung in Gesundheitsorganisationen eingegangen wird.

Abbildung 6-3: Monologischer vs. dialogischer Verantwortungsbegriff

„monologische" Verantwortung	dialogische Verantwortung
⇧	⇧
utilitaristische Ethik: „Sozialnutzenmaximierung"	kommunikative Ethik (Diskursethik): wechselseitige Anerkennung als mündige Personen
⇧	⇧
unkritisch bezüglich asymmetrischer Kommunikationssituation (strukturkonservativ)	kritisch bezüglich asymmetrischer Kommunikationssituation (emanzipatorisch)
⇧	⇧
Entscheiden *für* die Betroffenen (Output-Verantwortung)	Entscheiden *mit* den Betroffenen (Input-Verantwortung)
⇧	⇧
patriarchalische „Interessenberücksichtigung"	dialogischer Interessenausgleich
⇧	⇧
Abhängigkeit und „Verantwortungslosigkeit" der Betroffenen	Mündigkeit und Verantwortungsfähigkeit aller Beteiligten
⇧	⇧
technokratischer Horizont	demokratischer Horizont

Eigene Darstellung in Anlehnung an ULRICH, Peter (1993), S. 321; ULRICH, Peter/ FLURI, Edgar (1995), S. 72.

---

[72] Der Verantwortungsbegriff nimmt in der wirtschaftswissenschaftlichen Literatur der letzten Jahrzehnte einen hohen Stellenwert ein. Vgl. GÖBEL, Elisabeth (1992), insbesondere S. 17-22; JANISCH, Monika (1993), S. 2; ULRICH, Peter (1993), S. 317.

[73] Die Betonung liegt hierbei auf „normativ", denn der Verantwortungsbegriff kann auch in einem anderen Sinne gebraucht werden. So geht es auf strategischer Ebene z. B. um die Generierung einer effektiven Organisationsstruktur mit geregelten Kompetenz- und *Verantwortungs*bereichen, auf operativer Ebene um eine effiziente Ausführung von Tätigkeiten (Ausführungs- bzw. Handlungs*verantwortung*) in den dafür jeweils am besten befähigten Bereichen. Vgl. HAUSCHILDT, Jürgen (1995), Sp. 2097-2101; STAEHLE, Wolfgang H. (1994a), S. 671-673.

[74] Die Entwicklung der *Diskursethik* geht auf Karl-Otto APEL und Jürgen HABERMAS zurück; ULRICH überträgt dieses Gedankengut – modifiziert – auf den Bereich der Wirtschaftsethik. Vgl. ULRICH, Peter (1998), insbesondere S. 78-94.

[75] An dieser Stelle soll lediglich dieses Begriffsverständnis erläutert und begründet werden, ohne dabei unerwähnt zu lassen, dass auch der Verantwortungsbegriff sowie die mit ihm verbundenen Ansätze durchaus kontrovers diskutiert werden. Vgl. BRONNER, Rolf (1992); GÖBEL, Elisabeth (1992); HAUSCHILDT, Jürgen (1995).

Wie bereits oben angesprochen, ist das Management damit überfordert, in „einsamen" Entscheidungen (analog der „monologischen" Verantwortungskonzeption) die Bedürfnisse und Interessen der Betroffenen in angemessener Weise zu berücksichtigen. Die Frage nach der „Berechtigung" der Bedürfnisse und der „Angemessenheit" der Interessenberücksichtigung kann letztlich nur im Diskurs *mit* den Betroffenen angegangen werden.[76] Wollte man diese Voraussetzung der wechselseitigen Anerkennung von Argumentationspartnern als *mündige* Personen[77] bestreiten, geriete man „noch im Akt des (argumentativen!) Bestreitens [...] in einen *pragmatischen Selbstwiderspruch* zwischen dem Inhalt und dem Tatbestand [des] Argumentierens"[78].

Auch der Begriff der Ver-*antwort*-ung weist auf die Bedeutung des Dialogs hin, genauer auf die dialogische Situation des Rede-und-Antwort-Stehens. Danach handelt verantwortlich, wer sich der Kritik der Betroffenen stellt und akzeptable Gründe für seine Handlungsabsichten vorbringt.[79] Nun ist die Möglichkeit einer dialogischen Verständigung in praxi nicht immer gegeben, kann sogar eher als Ausnahme denn als Regel konstatiert werden. Beispielsweise kann eine symmetrische Kommunikationssituation aus pragmatischen Gründen (wie fehlender Zeit in Notsituationen) oder aus faktischen Gründen (wie der Zukunftsverantwortung für Ungeborene, aber auch bei Gesprächspartnern ohne Wille zum vernünftigen Konsens[80]) nicht immer herbeigeführt werden. In solchen Fällen handelt verantwortlich, wer den (noch) nicht realisierbaren Dialog im eigenen reflexiven Selbstverständnis stellvertretend in Gedanken vollzieht, mögliche Kritikpunkte an den eigenen Handlungsabsichten selbstkritisch zur Geltung bringt[81] und dabei nicht die Grenzen seiner eigenen Wahrnehmungsfähigkeit aus den Augen verliert.

Ausgehend von dem dargestellten Begriffsverständnis von (dialogischer) Verantwortung, stellt sich die Frage, was unter *gesellschaftlicher Verantwortung* im Speziellen zu verstehen ist.[82] Auch dieser Begriff ist nicht einheitlich definiert.[83] In einem *engeren Verständnis* kann darunter

---

[76] Vgl. ULRICH, Peter/ FLURI, Edgar (1995), S. 71.
[77] „Mündig" geht etymologisch auf „Mund" zurück.
[78] ULRICH, Peter (1998), S. 80. ULRICH weist auch darauf hin, dass „das Ethos der gegenseitigen Anerkennung kommunizierender Subjekte" die „originäre Wurzel aller Ethik" sein dürfte. Vgl. ULRICH, Peter (1993), S. 320.
[79] Vgl. ULRICH, Peter (1993), S. 320; ULRICH, Peter/ FLURI, Edgar (1995), S. 71. Dieses Verständnis von Verantwortung steht im Einklang mit dem angelsächsischen Begriff der *„social responsiveness"* als der Fähigkeit des Unternehmens, „für die sozialökonomischen Präferenzen der vom unternehmerischen Handeln Betroffenen empfänglich zu sein und ihnen zu ‚entsprechen'." (ULRICH, Peter (1987), S. 32). Es geht also nicht um eine *„social responsibility"* im Sinne einer außerökonomischen, rein moralisch begründeten Verantwortung. Vgl. GÖBEL, Elisabeth (1992), S. 106; ULRICH, Peter (1987), S. 32. Zu einer Kritik an der wenig ausgeprägten *ethischen* Perspektive des in den USA entstandenen *Ansatzes der „social responsiveness"* vgl. GÖBEL, Elisabeth (1992), S. 18, 106-108.
[80] Vgl. hierzu ULRICH, Peter (1983), S. 83-84.
[81] Vgl. ULRICH, Peter (1993), S. 316-322.
[82] Die Termini *gesellschaftliche* und *soziale* Verantwortung werden in der Literatur zumeist synonym verwandt. In dieser Arbeit soll jedoch dem Begriff der gesellschaftlichen Verantwortung der Vorzug gegeben werden, „weil ‚sozial' im Deutschen auch im Sinne von ‚auf den Menschen bezogen', ‚human' wie im Fall von ‚Sozialpolitik' ‚soziale Einstellung' verwendet wird." DYLLICK, Thomas (1991), S. 86. Dies kann aber mit dem hier zugrunde gelegten dialogischen Verantwortungsverständnis nicht (nur) gemeint sein. Zur Auseinandersetzung um das Postulat einer gesellschaftlichen Verantwortung im Rahmen der Managementlehre vgl. DYLLICK, Thomas (1991), S. 86-126.
[83] Vgl. KREIKEBAUM, Hartmut (1997), S. 150-152.

die Verantwortung eines Unternehmens gegenüber seiner Umwelt – im Gegensatz zur innerbetrieblichen Verantwortung – verstanden werden.[84] Im Rahmen des Ansatzes einer Menschenorientierung wird gesellschaftliche Verantwortung in einem *weiten Verständnis* als Oberbegriff für die Verantwortung gegenüber den verschiedenen internen wie externen Anspruchsgruppen verwandt.[85]

Man kann danach mehrere Ebenen der gesellschaftlichen Verantwortung von Gesundheitsorganisationen unterscheiden: die Verantwortung gegenüber Patienten, Mitarbeitern und sonstigen Anspruchsgruppen.[86] Hierbei wird ein Schwerpunkt auf die Gruppe der Patienten und Mitarbeiter von Gesundheitsorganisationen gelegt, da sich deren Beziehungen maßgeblich von den Mitarbeiter-Kunden-Beziehungen anderer Institutionen unterscheiden. Die Reihenfolge, in der die drei Verantwortungsebenen bearbeitet werden, spiegelt keine intendierte Reihenfolge der Beachtung der Bedürfnisse der unterschiedlichen Stakeholder wider. Eine solche Prioritätensetzung widerspräche dem Gedanken eines ganzheitlichen Ansatzes. Die sukzessive Bearbeitung der Anspruchsgruppen wird nur aus strukturellen Gründen vorgenommen; sie soll nicht darüber hinwegtäuschen, dass diese eng miteinander zusammenhängen. So wird auch in den folgenden Abschnitten versucht, einer isolierten Betrachtung dadurch entgegenzuwirken, dass die Zusammenhänge offen gelegt werden.

6.3.2 Verantwortung gegenüber Patienten

Auf dieser Ebene des Ansatzes einer Menschenorientierung geht es um die dialogische Verantwortung, die alle Mitarbeiter einer Gesundheitsorganisation gegenüber den Patienten wahrnehmen (sollten). In der Praxis wie auch in der Literatur wird in diesem Zusammenhang häufig der Terminus *Patientenorientierung* verwandt. Problematisch hierbei ist jedoch, dass die Vorstellungen darüber, was unter Patientenorientierung zu verstehen ist, uneinheitlich und häufig so vage sind, dass letztlich jedes Handeln in Gesundheitsorganisationen als patientenorientiert bezeichnet werden kann. So kann hier auch die These aufgestellt werden, dass es in Deutschland nicht eine einzige Gesundheitsorganisation gibt, die *explizit* keine Patientenorientierung verfolgt.

Im Folgenden soll ein Überblick über das Spektrum an Begriffsverständnissen von „Patientenorientierung" bzw. „Verantwortung gegenüber Patienten" sowie allgemeinen Auffassungen über den „richtigen" Umgang mit dem Patienten gegeben werden. Vorstellungen jenseits rechtlicher Normen werden hierbei nicht berücksichtigt. So wird zum Beispiel die Akzeptanz bzw. Befolgung von § 70 Abs. 2 SGB V vorausgesetzt: „Die [...] Leistungserbringer haben durch geeignete Maßnahmen auf eine humane Krankenbehandlung [...] hinzuwirken."

---

[84] Zu diesem Begriffsverständnis vgl. beispielsweise HAUSCHILDT, Jürgen (1995), Sp. 2102.
[85] Wenn es im Weiteren um das engere Begriffsverständnis geht, so wird dies explizit hervorgehoben durch „Verantwortung gegenüber der Gesellschaft".
[86] Zu einer ähnlichen Einteilung vgl. STAEHLE, Wolfgang H. (1994a), S. 588.

Folgende Klassifikation soll das Spektrum an Begriffsverständnissen verdeutlichen:

(A) Handeln *für* den Patienten (unter der *Annahme*, man handele nach den Wünschen und Bedürfnissen des Patienten): Patient als *unmündiger Kranker*.

(B) Handeln *nach* den *Bedürfnissen* des Patienten: Patient als *Kunde*.

(C) Handeln *mit* dem Patienten: Patient als „*Koproduzent*" der Gesundheitsleistung.

Mit einer solchen Klassifikation kann zwar keine überschneidungsfreie Einteilung erreicht werden, sie kann aber helfen, das dieser Arbeit zugrunde liegende Verständnis zu erläutern.

(A) Handeln *für* den Patienten: Patient als unmündiger Kranker

Die gut gemeinte, aber patriarchalische Abnahme von Verantwortung kann nicht das Ziel einer Patientenorientierung im Sinne des dialogischen Verantwortungskonzeptes sein.[87] In dem Moment, in dem – trotz der Möglichkeit eines Dialogs – wichtige Entscheidungen ohne Rücksprache mit dem Patienten getroffen werden, wird dieser zum unmündigen Kranken, zum „passiv Behandelten"[88] bzw. „Behandlung erduldenden Objekt"[89]. Diese bewusst oder unbewusst herbeigeführte „Sprachlosigkeit" des Patienten tritt besonders markant bei jenen Arztvisiten zutage, bei denen nicht *mit* dem Patienten, sondern *über* ihn gesprochen wird – und das häufig in einer Sprache, die dieser nicht versteht.[90]

Zudem stellt sich ein weiteres Problem: Spätestens wenn der Patient die jeweilige Institution verlässt, ist seine Eigenverantwortung wieder gefordert.[91] Wird der Regulation solcher „Übergänge" zu wenig Beachtung geschenkt, dann kann das „über kurz oder lang neuen oder zusätzlichen Versorgungsbedarf"[92] hervorrufen.

Allerdings gibt es gerade in Gesundheitsorganisationen Situationen, die eine Verantwortungsabnahme bedingen. Neben dem akuten Notfall, in dem wegen der Notwendigkeit schnellen Handelns keine Zeit für einen Dialog bleibt, ist hierbei an folgendes, häufig vorkommendes Szenario zu denken: Der Patient ist nicht (mehr) zurechnungsfähig – z. B. wegen Bewusstlosigkeit – und kann seine Bedürfnisse (vorübergehend) nicht äußern; zudem liegt keine vorsorgliche Willensbekundung in Form einer Patientenverfügung, Vorsorgevollmacht oder Betreuungsverfügung vor[93].

---

[87] „,Patientenorientiert' heißt nicht, das durchzusetzen, was die beteiligten Berufsgruppen vom Arzt bis zum EDV-Spezialisten *glauben', wie diese Anforderungen auszugestalten seien*." LOHFERT, Christoph (1992), S. 425.

[88] Vgl. ENSTE, Ulrich/ GOUTHIER, Matthias (2000), S. 379.

[89] Vgl. BRUDERMANNS, Roland (1995), S. 522.

[90] Vgl. GÄRTNER, Heribert W. (1994), S. 47-48; MEIER, Jürgen (1997), S. 13-14. MEIER fordert, die Visite stets als „patientenzentrierte Veranstaltung" zu betrachten, die Teil der Therapie ist. Vgl. MEIER, Jürgen (1997), S. 13.

[91] Vgl. SCHAEFFER, Doris (1993b), S. 271.

[92] SCHAEFFER, Doris (1993b), S. 272.

[93] Zu diesen vorsorglichen Willensbekundungen vgl. BUNDESÄRZTEKAMMER (1999b), Abschnitt 1 „Möglichkeiten der Willensbekundung"; AKADEMIE FÜR ETHIK IN DER MEDIZIN E. V., GÖTTINGEN/ STÄDTISCHES KLINIKUM BRAUNSCHWEIG (1999), S. 3-31. Diese Willensbekundungen sind als „Anhaltspunkte" anerkannt, um den mutmaßlichen Willen des Patienten im Rahmen der Entscheidung des Betreuers oder Vormundschaftsgerichts zu ermitteln. Ihnen kommt jedoch keine bindende Wirkung zu. Vgl. EHLERS, Alexander P. F./ MÜNKER, Jens-Uwe (2001), S. 301.

In einer solchen Situation muss der Dialog entweder mit einem Patientenfürsprecher[94] oder stellvertretend im reflexiven Selbstverständnis durch den Arzt bzw. das Behandlungsteam vollzogen werden. Hinsichtlich der möglichen Einwände an den jeweiligen Handlungsoptionen zählt dann nicht mehr (nur) die eigene Meinung, sondern auch der mutmaßliche Wille des Patienten.[95] Diese Feststellung muss zwangsläufig vage bleiben und bietet daher nur wenig Orientierungsmöglichkeiten. Sie soll aber die Notwendigkeit eines Perspektivenwechsels verdeutlichen, der zumindest dadurch erleichtert wird, dass nahezu jeder (in einer Gesundheitsorganisation Tätige) auch schon mal selbst Patient war.

(B) Handeln *nach* den *Bedürfnissen* des Patienten: Patient als Kunde

Die Bezeichnung des *Patienten als Kunde* taucht seit einigen Jahren vermehrt in gesundheitsökonomischen Abhandlungen auf.[96] Hierbei wird vor allem der positive Aspekt der Aufwertung des Patienten vom kranken Hilfesuchenden zum „souveränen" Nachfrager von Gesundheitsleistungen betont. Allerdings ist in diesem Zusammenhang der Begriff des Kunden sowie ein bestimmtes damit verbundenes Marketingverständnis nicht unproblematisch. So stellt sich z. B. die Frage der *Legitimität* einer „Ausrichtung aller Unternehmensaktivitäten auf die dauerhafte Befriedigung der Kundenbedürfnisse" – so die klassische Definition des Marketings[97] –, *wenn* diese Ausrichtung einseitig und/oder unkritisch geschieht. Zunächst soll auf das Problem einer *einseitigen* Patientenorientierung eingegangen werden.

Ebenso wie die gut gemeinte Verantwortungsabnahme, so steht auch die – vielleicht auf den ersten Blick gut klingende – Botschaft, dass nicht „die Ärzte, sondern die Patienten als komplexe Individuen [...] mit ihren umfassenden, nicht nur organmedizinischen Bedürfnissen die Struktur des Krankenhauses der Zukunft [prägen]"[98], im partiellen Widerspruch zum hier entwickelten Ansatz einer ganzheitlichen Menschenorientierung. Es ist zwar positiv zu bewerten, wenn gefordert wird, „Arbeitsabläufe und die Steuerung dieser Arbeitsabläufe am Patienten [zu] orientie-

---

[94] „Patientenfürsprecher" ist hier in einem weiten Sinne zu verstehen. Dies bedeutet, dass die Funktion des Patientenfürsprechers nicht nur durch eine eigens dafür eingestellte Person (z. B. einen Psychologen) ausgeübt werden kann, sondern auch durch Angehörige der Patienten oder Mitarbeiter mit empathischer Kompetenz. Die Einstellung von Patientenfürsprechern in Krankenhäusern ist in einigen Bundesländern gesetzlich vorgeschrieben. Vgl. MÜLLER, Brigitte/ MÜNCH, Eckhard/ BADURA, Bernhard (1997), S. 96; ZIMMERMANN, Thomas (1993), S. 17; siehe § 7 HKHG, § 25 LKG Rheinland-Pfalz. Der Patientensprecher kann in Analogie zum Betriebsrat gesehen werden. Beide werden von der Gesundheitsorganisation bezahlt und sollen die Interessen der Patienten bzw. Arbeitnehmer angemessen vertreten. EHLERS und MÜNKER fordern die Einführung unabhängiger *staatlicher Patientenvertreter*, die „die Rechte und Interessen der Patienten im gesamten Gesundheitswesen sichern. [...] Vorteil dieser Einrichtung ist für den Patienten, dass er in allen Angelegenheiten nur einen Ansprechpartner hat." EHLERS, Alexander P. F./ MÜNKER, Jens-Uwe (2001), S. 302.

[95] Vgl. hierzu etwa die „Ethischen Thesen" des ST. JOSEPH-KRANKENHAUSes, BERLIN (1999), Abschnitt „Autonomie, Fürsorge, Kommunikation"; vgl. auch den Entwurf einer „Charta der Patientenrechte" der BUNDESÄRZTEKAMMER (1999a), Abschnitt „Das Recht auf Selbstbestimmung".

[96] Vgl. beispielsweise BÄHR, Katja/ ACKERN, Klaus van (1999), S. 217-222; BRAUN, Günther E. (1997), S. 398; BRUDERMANNS, Roland (1995), S. 527-528.

[97] Vgl. BUSCH, Rainer/ DÖGL, Rudolf/ UNGER, Fritz (1997), S. 11; MEFFERT, Heribert (1998), S. 7.

[98] MEDER, Gerald/ MÜNCH, Eugen (1999), S. 241.

ren"[99], doch darf eine Umsetzung dieser Forderung nicht dazu führen, dass nunmehr die Bedürfnisse der Mitarbeiter (und anderer Anspruchsgruppen) vernachlässigt werden. Aufgrund des für viele Gesundheitsleistungen typischen Charakteristikums der beiderseitig personenbezogenen Dienstleistung kann Patientenorientierung nie losgelöst von einer mitarbeiterorientierten Gestaltung von Arbeit und Organisation betrachtet werden. „Wo Menschen personenbezogene Arbeit leisten, d. h. wo Menschen mit Menschen beschäftigt sind, haben die Arbeitsbedingungen direkte Auswirkungen auf die Qualität der erbrachten Arbeitsleistungen. Ein patientenorientiertes Gesundheitswesen setzt deshalb eine beschäftigungsgerechte Gestaltung von Arbeit und Organisation voraus."[100] Allerdings müssen bessere Arbeitsbedingungen nicht zwangsläufig zu „mehr Patientenorientierung" beitragen.[101]

Neben einer einseitigen Patientenorientierung muss mit dem Kundenbegriff und dem (klassischen) Marketingverständnis auch eine unkritische Bedürfnisbefriedigung und/oder -induzierung problematisiert werden. Von einer *unkritischen* Bedürfnisbefriedigung kann gesprochen werden, wenn im Rahmen der Leistungserstellung versucht wird, die gegebenen Bedürfnisse der Patienten zu befriedigen, ohne sie und deren Zustandekommen sowie mögliche Folgen der Bedürfnisbefriedigung kritisch zu hinterfragen. Dies kann auf der einen Seite dazu führen, dass die externen Effekte individueller Bedürfnisbefriedigung nicht berücksichtigt werden.[102] Auf der anderen Seite ist die Möglichkeit gegeben, dass die Patienten nicht ausreichend aufgeklärt und beraten werden, was wiederum Auswirkungen auf deren Bedürfnisstruktur hat. „Patientenzufriedenheit" sollte demzufolge nicht durch eine Vorenthaltung von Informationen erreicht werden (es sei denn, der Patient lehnt ausdrücklich die Informationsbekanntgabe ab[103]). Die hohe Bedeutung der Informations- und Kommunikationspolitik gegenüber Patienten[104] wurde seitens der Bundesärztekammer erst 1999 im Rahmen eines Entwurfes einer „*Charta der Patientenrechte*" betont. Diese Charta beruht auf der Grundlage der allgemein anerkannten Menschenrechte[105] und geht damit weit über reine „Informationsrechte" der Patienten hinaus. Nachfolgend sei die Charta in Ausschnitten zitiert:

- „*Das Recht auf Selbstbestimmung*
  Jeder Mensch hat das Recht, über Art und Ausmaß seiner Versorgung – im Rahmen medizinischer Prinzipien – selbst zu bestimmen.

---

[99] LOHFERT, Christoph (1992), S. 425. Als markantes Gegenbeispiel wird häufig das *frühe Wecken* genannt, das teilweise nur dazu dient, Blutproben rechtzeitig ins Labor liefern oder die Patienten für die vormittägliche Visite vorbereiten zu können. Hierbei wird der Arbeitsablauf also ausschließlich auf die Bedürfnisse der Mitarbeiter abgestimmt. Vgl. FÜLLBRANDT, Walter (1992), S. 95; MÜLLER, Matthias (1996), S. 136-137.

[100] BADURA, Bernhard (1994), S. 108-109.

[101] Vgl. FEUERSTEIN, Günter/ BADURA, Bernhard (1991), S. 104, 113. ⇨ Vgl. hierzu auch *Abschnitt 6.3.3*.

[102] Damit wäre wieder eine *einseitige* Ausrichtung auf die Patientenbedürfnisse verbunden. ⇦ Vgl. *Punkt (A)* in diesem Abschnitt.

[103] Den unterschiedlichen Informations- und Kommunikationsbedürfnissen der Patienten kann durch ein verstärktes kooperatives Zusammenwirken von Patient und Personal Rechnung getragen werden, das möglichst institutionell unterstützt werden sollte. Vgl. FEUERSTEIN, Günter/ BADURA, Bernhard (1991), S. 116.

[104] Die Bedeutung spiegelt sich auch in den Informationsbedürfnissen der (potenziellen) Patienten wider, deren Ausmaß sich u. a. in den hohen Verkaufszahlen von Zeitschriften zeigt, in denen Krankenhausrankings veröffentlicht werden. Vgl. BESKE, Fritz (1999), S. 220.

[105] Vgl. BUNDESÄRZTEKAMMER (1999a), Abschnitt „Präambel".

Alle diagnostischen und therapeutischen Maßnahmen setzen die Zustimmung des Patienten voraus. Jeder Mensch hat damit grundsätzlich das Recht, eine Behandlung abzulehnen, selbst dann, wenn sie ärztlich geboten erscheint.
Der Patient hat das Recht, die für seine Entscheidung notwendige Information und kompetente Beratung in der dafür benötigten Zeit zu erhalten. Darüber hinaus hat er auch das Recht auf ‚Nichtwissen' und kann die Information ablehnen. [...]
Ist der Patient bewusstlos oder kann er seinem Willen aus anderen Gründen keinen Ausdruck geben, hat er das Recht, dass die Einwilligung zu einem medizinischen Eingriff von einem gesetzlichen Vertreter oder einer dazu befugten Vertrauensperson – nach deren fachgerechter Information und Aufklärung – eingeholt werden muss. Falls ein gesetzlicher Vertreter oder eine dazu befugte Vertrauensperson nicht erreichbar ist, ein medizinischer Eingriff aber unaufschiebbar erforderlich ist, genügt die mutmaßliche Einwilligung. [...]

- **Das Recht auf Vorausverfügung**
Jeder Mensch hat das Recht auf vorsorgliche Willensbekundung – z. B. durch eine Patientenverfügung oder Vorsorgevollmacht – für den Fall, dass er nicht mehr in der Lage ist, seinen Willen rechtlich verbindlich zu äußern.[106]

- **Das Recht auf Aufklärung und Beratung**
Jeder Mensch hat das Recht, über seinen Gesundheitszustand oder seine Erkrankung, über die möglichen medizinischen Eingriffe oder Verfahren in vollem Umfang in verständlicher Weise informiert, aufgeklärt und beraten zu werden. Jeder Mensch hat aber auch das Recht, auf Information, Aufklärung und Beratung zu verzichten, es sei denn, dass diese zum Schutz des Lebens oder der Gesundheit einer anderen Person unabdingbar erforderlich sind.
In Ausnahmefällen können dem Patienten Informationen vorenthalten werden, wenn es triftige Gründe zu der Annahme gibt, dass diese Information[en] zu einer ernsthaften Gefährdung des Lebens oder der Gesundheit des Patienten oder Dritter führen würden."[107]

Wenn Patienten diese Rechte einfordern, dann können damit nicht nur Informationsdefizite abgebaut werden, sondern es kann tatsächlich – wenn auch begrenzter – Einfluss auf Art und Umfang der Behandlung ausgeübt werden. Somit ist bei der Nachfrage von Gesundheitsleistungen häufiger von einer nahezu „souveränen Konsumentenentscheidung" zu sprechen.[108] Wird allerdings keine solch offene Informationspolitik betrieben, dann degeneriert der Begriff „Kunde" schnell zu einem aussagelosen Schlagwort[109]. So zeigen etwa MÜLLER/ MÜNCH/ BADURA am Beispiel eines Projektkrankenhauses, dass den von den Beschäftigten häufig geäußerten Ansprüchen wie „Patientenorientierung" und „der Patient als Kunde" keine entsprechende Umsetzung folgt.[110]

Ziel der Informationspolitik sollte es sein, den Patienten mit den Informationen zu versorgen, die für eine selbstständige und ausgewogene Entscheidung notwendig sind. Der Patient sollte sich dabei über seinen körperlichen Zustand, die medizinischen Optionen und seine eigenen Mög-

---

[106] Eine Patientenverfügung steht über den Präferenzen der Ärzte. Zur *Patientenverfügung* und *Vorsorgevollmacht* vgl. auch vertiefend BUNDESÄRZTEKAMMER (1999b).
[107] BUNDESÄRZTEKAMMER (1999a), o. S. [Zitat angepasst an die neue deutsche Rechtschreibung].
[108] ⇔ Vgl. *Abschnitt 5.5.2*. Zu den (institutionellen) Voraussetzungen einer Konsumentensouveränität vgl. auch ULRICH, Peter (1998), S. 329-330. Einschränkend muss jedoch erwähnt werden, dass Patienten häufig nur die Wahl zwischen Zustimmung oder Ablehnung einer Therapie haben, da Therapiealternativen nicht immer existieren. Vgl. BRETTEL, Malte (1997), S. 177-178.
[109] Vgl. PARTECKE, Erdmute/ SANDTNER, Hartmuth/ WURBS, Dietmar (1999), S. 186.
[110] Die fehlende Kundenorientierung ist in diesem Projektkrankenhaus allerdings nicht nur auf mangelnde Aufklärung der Patienten zurückzuführen, sondern auch auf mangelnde Berücksichtigung ihrer (legitimen) Bedürfnisse. Vgl. MÜLLER, Brigitte/ MÜNCH, Eckhard/ BADURA, Bernhard (1997), S. 96-98.

lichkeiten und Grenzen bewusst(er) werden.[111] Die in der Regel vorhandene Informationsüberlegenheit der Mitarbeiter von Gesundheitsorganisationen[112] sollte demzufolge nicht dazu genutzt werden, solche Bedürfnisse beim Patienten zu *induzieren*, deren Befriedigung letztlich nicht ihm, sondern der Gesundheitsorganisation zugute kommt. So wird im niedergelassenen Bereich einigen Ärzten vorgeworfen, dass sie durch ein undifferenziertes Anpreisen privat abzurechnender Gesundheitsleistungen (aus der so genannten IGEL-Liste[113]), dem Patienten suggerieren, dass diese Leistungen für seine Gesundheit von hoher Bedeutung seien, ohne dass dafür wissenschaftliche Wirksamkeitsbelege vorliegen.[114] Hauptsächlich seitens der Krankenkassen wurde gemutmaßt, dass einige Ärzte in der IGEL-Liste nur eine Möglichkeit zusätzlicher Verdienste und nicht eine Option zur Steigerung des Nutzens für die Patienten sahen.[115] Ein solches zusätzliches Leistungsangebot ist allerdings nach dem dialogischen Verantwortungsverständnis dann legitim, wenn der Patient im Anschluss an eine differenzierte und kritische Beratung nach diesen Gesundheitsleistungen verlangt. Auch im stationären Bereich ist eine mangelnde Patientenaufklärung zu beobachten, die zumeist auf Kostengründe zurückgeführt wird. So werden Informationen teilweise bewusst zurückgehalten oder die negativen Nebenwirkungen von teureren Therapien besonders hervorgehoben. Der Patient glaubt dann, dass seine „selbstbestimmte" Entscheidung auch die bessere sei. In einer Befragung gaben Krankenhausärzte eine solche Art der „Aufklärung" offen zu. Als Grund gaben sie zumeist an, dass es ihnen zu unangenehm sei, mit den Patienten über finanzielle Fragen zu reden.[116]

Aus den Erläuterungen zu *Punkt (B)* geht hervor, dass die Bezeichnung bzw. Behandlung des Patienten als Kunde nicht grundsätzlich zu verurteilen ist, da sie von dem spezifischen Kunden- bzw. Marketingverständnis abhängig ist. Im Rahmen des Ansatzes einer ganzheitlichen Men-

---

[111] Vgl. FEUERSTEIN, Günter/ BADURA, Bernhard (1991), S. 110; GÄRTNER, Heribert W. (1994), S. 45. Da umfassendere Gespräche auch ein zeitliches Problem für die Ärzte darstellen, kann das so genannte „patient teaching" eingeführt werden. Dabei wird versucht, dem Patienten mithilfe von Videofilmen oder computergestützten Lernprogrammen Vorstellungen über seine Krankheit, über diagnostische und therapeutische Eingriffe oder über klinische Abläufe zu vermitteln. Allerdings bleiben solche Informationen zwangsläufig unspezifisch und können vom Patienten als unpersönlich aufgefasst und eventuell abgelehnt werden. Vgl. FEUERSTEIN, Günter/ BADURA, Bernhard (1991), S. 117. Daher wäre zusätzlich an die Einstellung eines Arztes zu denken, der ausschließlich für die Beratung von Patienten zuständig ist.

[112] Hierbei ist allerdings anzumerken, dass Informationsasymmetrien immer öfter verflachen oder sogar in entgegengesetzter Richtung aufgebaut werden. Diese Entwicklung wird vor allem auf die steigende Nutzung von Gesundheitsportalen im Internet zurückgeführt, in denen sich Patienten relativ einfach und umfassend über Diagnose- und Therapiemöglichkeiten informieren können. Vgl. BLUM, Wolfgang (2000), S. 43; HEICAPELL, Rüdiger (2000), S. 43.

[113] Die *IGEL-Liste* ist 1998 von der Kassenärztlichen Bundesvereinigung (KBV) herausgegeben worden. Sie stellt eine umstrittene Liste von ca. 70 ärztlichen Leistungen (Individuellen Gesundheitsleistungen) dar, die von der gesetzlichen Krankenversicherung nicht finanziert werden, aber den Patienten von Ärzten zur privaten Abrechnung angeboten werden können. Hierzu zählen unter anderem Sonnenlicht- und Hauttyp-Beratung, Glatzenbehandlung, Peelings zur Verbesserung des Hautreliefs, Verträglichkeitstests für Kosmetika und Verhaltenstherapie bei Flugangst. Vgl. O. V. (1998), o. S.; WINDFUHR, Astrid (1998), o. S.

[114] So wird beispielsweise von einer Mitarbeiterin der IKK Nordrhein darauf hingewiesen, dass „bei bestimmten IGEL-Leistungen [...] der medizinische Laie gar nicht [weiß], dass er sie nicht braucht." WINDFUHR, Astrid (1998), o. S. [Zitat angepasst an die neue deutsche Rechtschreibung].

[115] Vgl. O. V. (1998), o. S.; WINDFUHR, Astrid (1998), o. S.

[116] Vgl. KUHLMANN, Ellen (2000), S. 33.

schenorientierung geht es um die Behandlung des Patienten als *mündigen* Kunden. Sofern der Patient nicht in der Lage zu sein scheint, eine selbstständige und ausgewogene Entscheidung treffen zu können, so ist er entsprechend aufzuklären. Diesem Verständnis entspricht das so genannte „aufgeklärte Marketing", bei dem es darum geht, nicht unkritisch beliebige individuelle Bedürfnisse zu schaffen und zu befriedigen, sondern stets deren Verhältnis zur „Qualität des Lebens" zu überprüfen.[117]

(C) Handeln *mit* dem Patienten: Patient als „Koproduzent" der Gesundheitsleistung

Die Berücksichtigung des Patienten als ein im Prozess der Gesundheitsleistung *aktiv handelndes Subjekt* findet nicht nur in der Literatur eine immer größere Verbreitung[118], sondern wird auch in der Praxis vermehrt von Gesundheitsorganisationen explizit gefordert:

- *„Wir arbeiten bewusst und aktiv als Partner mit unseren Patienten zusammen."*[119]
- *„Der Patient steht im Mittelpunkt, er ist Subjekt, nicht Objekt, primärer Adressat, seine Autonomie ist zu achten. [...] Das Arzt-Patienten-Verhältnis ist komplementär (sich ergänzend), die Behandlung soll ein gemeinschaftliches Unternehmen sein."*[120]
- *„Wir achten und beschützen individuelle und kulturelle Eigenarten unserer Patientinnen [und Patienten] und fördern ihre aktive Beteiligung an der Behandlung und Genesung. Die Patientinnen und Patienten sind unsere wichtigsten Partner."*[121]
- *„Die Pflegeleistung ist Hilfe zur Selbsthilfe. Wir unterstützen die Bewohner [des Altenpflegeheims] bei allem, was sie selbst tun können und aktivieren und reaktivieren somit geringe noch vorhandene Teilfunktionen. Wir vermeiden eine totale Abhängigkeit. Die aktivierende Pflege ermöglicht dem älteren Menschen, selbst aktiv zu werden oder zu bleiben."*[122]

Die Umsetzung eines solchen Patientenverständnisses führt zu einer „Rückdelegation von medizinisch monopolisierter Verantwortung an den Patienten"[123], da dessen Kompetenz auch aus medizinischer Sicht als entscheidungsrelevant anerkannt wird. „Patienten sind [danach] Koproduzenten im strengen Sinne, d. h. Kodiagnostiker und Kotherapeuten."[124] Die Anerkennung des Patienten als Kodiagnostiker ist in der Praxis wohl schon weit verbreitet. Darüber hinaus gilt es jedoch zu akzeptieren, dass es in allen, außer den akuten Phasen der Erkrankung die Patienten (und

---

[117] Vgl. KOTLER, Philip/ BLIEMEL, Friedhelm (1995), S. 252; ULRICH, Peter/ FLURI, Edgar (1995), S. 83-85. Umgekehrt ist auch zu überlegen, ob z. B. ein Kind mit einer schweren Krankheit behandelt werden soll, selbst wenn die Eltern eine solche Behandlung ablehnen.

[118] Vgl. beispielsweise BORSI, Gabriele M. (1994), S. 55; ENSTE, Ulrich/ GOUTHIER, Matthias (2000), S. 378-380; GÄRTNER, Heribert W. (1994), S. 48-51; SCHOTT, Thomas (1993), S. 266.

[119] Aus dem Leitbild des ROTEN KREUZ KRANKENHAUSes, BREMEN (2001), Leitsatz 2 [Zitat angepasst an die neue deutsche Rechtschreibung].

[120] Aus den „Ethischen Thesen" des ST. JOSEPH-KRANKENHAUSes, BERLIN (1999), Abschnitt „Autonomie, Fürsorge, Kommunikation".

[121] Aus dem Leitbild des KRANKENHAUSes BREMEN OST (2000), Abschnitt „Bei uns fühlen Patientinnen und Patienten sich wohl".

[122] Aus dem Pflegekonzept des ALTENPFLEGEHEIMs ST. VINZENZ, GELSENKIRCHEN (1999), o. S.

[123] FEUERSTEIN, Günter/ BADURA, Bernhard (1991), S. 110.

[124] BADURA, Bernhard/ FEUERSTEIN, Günter (1994), S. 259.

ihre wichtigen sozialen Bezugspersonen) sind, „die die Hauptarbeit in der Bewältigung der Krankheit und ihrer Folgen verrichten"[125].

Auf dieser Erkenntnis fußt auch das „moderne" Verständnis der Krankenpflege als eine *Unterstützung* des Patienten hinsichtlich einer gesunden Lebensweise in Situationen, die eine Anpassung an veränderte Bedingungen erfordern.[126] Neben der Anerkennung des Patienten als „kompetenten Partner" in einem umfassenden Behandlungs- und Betreuungskonzept[127] geht es zugleich um die Herstellung einer symmetrischen *Kommunikations*struktur zwischen den Mitarbeitern der Gesundheitsorganisation und den Patienten.[128] Dabei muss keine *Informations*symmetrie erreicht werden*[129]*, aber doch eine umfassende Bereitstellung von Informationen (siehe *Punkt (B)*) gewährleistet sein. Diese Informationsbereitstellung sollte nicht bei der Befriedigung des vom Patienten *geäußerten* Informationsbedürfnisses Halt machen, da sich einige Patienten nicht überwinden können, ihre Bedürfnisse (vor allem gegenüber Ärzten) zu äußern.[130] Schließlich sollte es nicht dazu kommen, dass der besser informierte Patient die bessere Therapie bekommt, was realiter in einigen Fällen geschieht[131]. Im Rahmen der Informationspolitik von Gesundheitsorganisationen sind zudem Voraussetzungen zu schaffen, die einen ausreichenden Informationsfluss von der *Patientenseite* zum Behandlungsteam ermöglichen. Dabei gilt in der Regel: Je ernster der Patient genommen wird, umso eher wird er bereit sein, Angaben zu seinem Gesundheitszustand und den vermeintlichen Ursachen zu machen.

Zusätzlich sollte jedoch stets die besondere Situation des Patienten beachtet werden: Häufig sind mit einem Krankenhausaufenthalt Gefühle wie Angst, Ohnmacht, Fremdheit und Einsamkeit verbunden.[132] Neben dem Informationsbedürfnis haben viele Patienten also auch ein Verlangen nach emotionaler Zuwendung. Ein Mangel an Zwischenmenschlichkeit hat nicht nur Auswirkungen auf die Patientenzufriedenheit, sondern oft auch psychophysiologische Konsequenzen, die sich negativ auf die Krankheitsbewältigung auswirken können.[133] Im Übrigen wird eine Verbesserung der Interaktionsmöglichkeiten vonseiten des Personals zumindest ebenso häufig eingefordert.[134]

Der Mensch ist also stets in seiner soziopsychosomatischen Ganzheit zu sehen. Projiziert man dieses Bild auf Gesundheitsorganisationen, dann ist zu beachten, dass der Patient zugleich Gegenstand, Konsument *und* Koproduzent der Gesundheitsleistung ist[135].

---

[125] SCHOTT, Thomas (1993), S. 266.
[126] Vgl. HOFER, Marianne (1987), S. 30.
[127] Vgl. BORSI, Gabriele M. (1994), S. 55; SCHOTT, Thomas (1993), S. 266.
[128] Vgl. SCHOTT, Thomas (1993), S. 267.
[129] Ein solcher Zustand kann sich wohl nur dann ergeben, wenn der Patient eine hohe medizinische Kompetenz aufweist.
[130] Vgl. GÄRTNER, Heribert W. (1994), S. 45-46.
[131] Vgl. hierzu KUHLMANN, Ellen (2000), S. 33; BLECH, Jörg (1998), S. 27.
[132] Vgl. FEUERSTEIN, Günter/ BADURA, Bernhard (1991), S. 108-109; GÄRTNER, Heribert W. (1994), S. 30, 34-41.
[133] Vgl. FEUERSTEIN, Günter/ BADURA, Bernhard (1991), S. 8-9; GÄRTNER, Heribert W. (1994), S. 46.
[134] Vgl. MÜHLBAUER, Bernd H./ REINARDT, Jürgen/ SÜLLWOLD, Gundula (1993), S. 348.
[135] Vgl. MÜLLER, Brigitte/ MÜNCH, Eckhard/ BADURA, Bernhard (1997), S. 15.

6.3.3 Verantwortung gegenüber Mitarbeitern

Auf dieser Ebene des Ansatzes einer Menschenorientierung geht es vorrangig um die dialogische Verantwortung, die Manager einer Gesundheitsorganisation gegenüber Mitarbeitern wahrzunehmen haben. In dem Zusammenhang wird häufig der Terminus *Mitarbeiterorientierung* verwandt[136], der allerdings – wie der Begriff der Patientenorientierung – nicht einheitlich definiert ist, wenn er denn überhaupt definiert wird.

Das Verständnis von Mitarbeiterorientierung der vorliegenden Arbeit baut auf dem *grundrechteorientierten Ansatz der Führungsethik* von ULRICH auf.[137] *Führungsethik* wird dabei verstanden als „kritisch normative Reflexion darüber, wie die Beziehungen zwischen ‚Vorgesetzten' (Führungskräften) und ‚Untergebenen' (Mitarbeitern) in hierarchischen Strukturen menschenwürdig und fair gestaltet werden sollen"[138]. Der *grundrechteorientierte* Ansatz beruht „auf der Leitidee, die allgemeinen Menschen- und Bürgerrechte in der Arbeitswelt in der besonderen Form unantastbarer Mitarbeiterrechte zur Geltung zu bringen."[139] Das *führungsethische Grundproblem* liegt dabei „in der Klärung der besonderen Voraussetzungen zur Wahrung der reziproken (symmetrischen) zwischenmenschlichen Anerkennung von Vorgesetzten und Mitarbeitern als ‚Wesen gleicher Würde' unter den asymmetrischen Kooperationsbedingungen hierarchischer Organisation."[140]

Analog zu den drei Bausteinen einer grundrechteorientierten Führungsethik nach ULRICH[141] werden hier drei interdependente Ebenen einer Mitarbeiterorientierung unterschieden:

(A) Ebene der *Mitgliedschaft* in der Gesundheitsorganisation,

(B) Ebene der *Leistungserbringung* innerhalb der Gesundheitsorganisation,

(C) Ebene der *Führungsverantwortung* innerhalb der Gesundheitsorganisation.

Auf der ersten Ebene geht es um die Gewährleistung unantastbarer Grundrechte der Mitarbeiter in der Gesundheitsorganisation, auf der zweiten Ebene um eine Humanisierung der „Arbeitswelt Gesundheitsorganisation" und auf der dritten Ebene um eine kritische Wahrnehmung der Führungsverantwortung gegenüber den Mitarbeitern.[142] Im Folgenden werden diese drei Ebenen eingehender beschrieben.

(A) *Ebene der Mitgliedschaft in der Gesundheitsorganisation*

Mit dem Eintritt in eine Gesundheitsorganisation begibt sich jeder Mitarbeiter in eine gewisse

---

[136] Zum Verständnis der Mitarbeiterorientierung im Rahmen verschiedener Verhaltenstheorien der Führung vgl. STEYRER, Johannes (1996), S. 206-227.
[137] Vgl. ULRICH, Peter (1995).
[138] ULRICH, Peter (1995), S. 521.
[139] ULRICH, Peter (1995), S. 521-522.
[140] ULRICH, Peter (1995), S. 523.
[141] ULRICH unterscheidet folgende Bausteine einer grundrechteorientierten Führungsethik: (1) Gewährleistung unantastbarer Grundrechte der Mitarbeiter, (2) identitätsorientierte Arbeits- und Beziehungsgestaltung und (3) Führungsverantwortung im Spannungsfeld von Ethik und Erfolg. Vgl. ULRICH, Peter (1995), S. 527-536.
[142] Vgl. ULRICH, Peter (1995), S. 527, 531.

hierarchische Abhängigkeit. Diese ist insofern legitimiert, als der Arbeitsvertrag (in der Regel) eine *freie* Übereinkunft zwischen Arbeitgeber und Arbeitnehmer darstellt. Die Konsequenzen des Vertrages, namentlich der partielle Verzicht auf Autonomie und Gleichrangigkeit durch Unterstellung unter das Weisungsrecht des Arbeitgebers, begründen jedoch eine besondere Schutzwürdigkeit der unantastbaren Grundrechte des Mitarbeiters. Dies können die Vorgesetzten durch eine – möglichst schriftlich niedergelegte – (Selbst-)Begrenzung ihrer Weisungsbefugnisse unterstreichen.[143] Diese Begrenzung soll den Vorrang elementarer Persönlichkeits- und Kommunikationsrechte vor allen betriebswirtschaftlichen Nutzenüberlegungen bewahren helfen.[144]

Zu den *elementaren Persönlichkeitsrechten* der Mitarbeiter zählen die physische und psychische Unantastbarkeit der Person (wie Schutz vor sexueller Belästigung und Mobbing), der Schutz der Privatsphäre (inkl. des Datenschutzes) und das Recht auf Gleichbehandlung (das heißt Schutz vor Diskriminierung und willkürlicher Behandlung).[145]

Zu den *Kommunikationsrechten* der Mitarbeiter zählen das Recht auf offene „*Information* und *Partizipation* in allen für sie relevanten Belangen sowie das Recht zur (sanktions-) freien und kritischen *Meinungsäußerung*, besonders [...] im Falle ethisch fragwürdiger Loyalitäts- oder Verhaltenszumutungen von Vorgesetzten."[146] Von den Mitarbeitern ist also kein blinder Gehorsam, sondern *kritische Loyalität* zu fordern.[147]

Diese unantastbaren Grundrechte der Mitarbeiter sind auch in vielen Leitbildern von Gesundheitsorganisationen mehr oder weniger umfassend festgehalten – hier ein kleiner Ausschnitt:

- „*Wir achten jede Mitarbeiterin und jeden Mitarbeiter [...] und nehmen Rücksicht auf die Privatsphäre und die persönlichen Bedürfnisse.*"[148]
- „*Wir informieren die Mitarbeiter/innen rechtzeitig über alles, was für ihren Arbeitsbereich und ihre Tätigkeit sowie für die Gesamteinrichtung wichtig ist.*"[149]
- „*Grundlagen unserer Zusammenarbeit sind Wertschätzung, Vertrauen, Toleranz, Respekt und Loyalität. Der Mensch steht im Mittelpunkt. Das heißt:*
  - *Ich achte dich als gleichwertigen Partner und vertraue dir.*
  - *Ich respektiere deine Würde und Einzigartigkeit.*
  - *Ich nehme dich in deiner Gesamtheit wahr und achte dich unabhängig von Alter, Geschlecht, Herkunft, Kulturkreis und Religion.*
  - *Loyalität endet für mich dann, wenn ethische oder rechtliche Grenzen verletzt werden.*"[150]

---

[143] Die schriftliche Niederlegung von Grundrechten kann z. B. im Rahmen einer Unternehmensverfassung oder im Rahmen eines Leitbildes erfolgen.

[144] Vgl. STEYRER, Johannes (1996), S. 194; ULRICH, Peter (1995), S. 525, 528-529; ULRICH, Peter (1998), S. 452-454.

[145] Vgl. ULRICH, Peter (1995), S. 529-530; ULRICH, Peter (1998), S. 454-455.

[146] ULRICH, Peter (1998), S. 455 [Zitat angepasst an die neue deutsche Rechtschreibung].

[147] Vgl. ULRICH, Peter (1998), S. 455-456.

[148] Aus dem Leitbild des KLINIKUMS DER FRIEDRICH-ALEXANDER-UNIVERSITÄT ERLANGEN-NÜRNBERG (2000), o. S.

[149] Aus dem Leitbild der ST. ELISABETH-STIFTUNG, DERNBACH (2001), Abschnitt „Menschen, die mit uns arbeiten", Punkt 4 und 5.

[150] Aus dem Leitbild des ALLGEMEINEN KRANKENHAUSES WIEN (AKH) (2000), Abschnitt „Mensch sein im AKH".

(B) Ebene der Leistungserbringung innerhalb der Gesundheitsorganisation

Im Rahmen einer *Humanisierung der „Arbeitswelt Gesundheitsorganisation"* ist eine Verbesserung der physischen, psychischen und sozialen Arbeitsbedingungen über die unbedingt zu wahrenden Grundrechte der Mitarbeiter hinaus anzustreben. Dies steht im Einklang mit dem Konzept der *Gesundheitsförderung* von Mitarbeitern[151], das neben dem Schutz vor gesundheitlichen Belastungen in der Arbeitsumwelt auch auf die Erschließung gesundheitsförderlicher Potenziale zielt.[152] Dabei ist stets im Sinne einer ethischen Führungsverantwortung (siehe *Punkt (C)*) situativ zu entscheiden, ob konkrete Humanisierungs- bzw. Gesundheitsförderungsmaßnahmen auch betriebswirtschaftlich vertretbar sind.[153] Das bedeutet nun nicht, dass solche Maßnahmen keine Kosten verursachen dürfen, sondern nur, dass Verbesserungen der Arbeitsbedingungen – im Gegensatz zur Einhaltung der Grundrechte – nicht *stets* Vorrang vor Wirtschaftlichkeitsüberlegungen haben.[154]

Im Folgenden werden einige Aspekte erörtert, die im Rahmen einer Humanisierung der Arbeit in Gesundheitsorganisationen von hoher Bedeutung sind:

a) *Arbeitszeitstrukturen*,

b) *Arbeitsinhalte und -organisation*,

c) *Zusammenarbeit*,

d) *Arbeitsumfeld*.

Bei der Vorstellung dieser Arbeitsbedingungen wird auch auf das soziopsychosomatische Befinden der Mitarbeiter eingegangen. Dabei werden häufig zu beobachtende Auswirkungen typischer Arbeitssituationen in Gesundheitsorganisationen dargestellt. Es darf jedoch nicht unerwähnt bleiben, dass sich Faktoren unterschiedlich auswirken können. Ob eine bestimmte Arbeitssituation als *Belastung* oder als *Gesundheits- bzw. Motivationspotenzial* empfunden (oder gar nicht weiter reflektiert) wird, hängt stets von der subjektiven Bewertung ab.[155]

a) Die mit den Basistätigkeiten in Gesundheitsorganisationen, vornehmlich in Krankenhäusern, verbundenen *Arbeitszeitstrukturen* gelten zumeist als wesentliche belastende Faktoren. Hierbei sind vor allem Schichtdienst, Wochenend- und Bereitschaftsdienste, Überstunden sowie die

---

[151] Die „Entwicklung der Organisation Krankenhaus zu einer gesundheitsfördernden Arbeitswelt für die MitarbeiterInnen" (KRAJIC, Karl/ PELIKAN, Jürgen M./ LOBNIG, Hubert (1996), S. 58) wird als einer der fünf wesentlichen Aspekte des WHO-Konzeptes „Gesundheitsfördernder Krankenhäuser" gezählt. Vgl. hierzu KRAJIC, Karl/ PELIKAN, Jürgen M./ LOBNIG, Hubert (1996); PELIKAN, Jürgen M./ KRAJIC, Karl (1993); vgl. auch MÜLLER, Brigitte/ MÜNCH, Eckhard/ BADURA, Bernhard (1997), S. 21-23.

[152] Vgl. BADURA, Bernhard (1993a), S. 21; MÜLLER, Brigitte/ MÜNCH, Eckhard/ BADURA, Bernhard (1997), S. 29. Bei diesem Gesundheitsförderungskonzept ist von einem ganzheitlichen Gesundheitsverständnis (⇔ vgl. *Abschnitt 3.2*) auszugehen.

[153] Vgl. KREIKEBAUM, Hartmut (1992), Sp. 816-818; ULRICH, Peter (1995), S. 531.

[154] Dabei ist nicht ausgeschlossen, dass Humanisierungsmaßnahmen auch zu einer höheren Wirtschaftlichkeit führen können. Der Zusammenhang zwischen Effizienz- und Mitarbeiterorientierung ist jedoch genauso wenig trivial wie der Zusammenhang zwischen Patienten- und Mitarbeiterorientierung. Vgl. BADURA, Bernhard (1993a), S. 31; FEUERSTEIN, Günter/ BADURA, Bernhard (1991), S. 104.

[155] Vgl. BADURA, Bernhard (1993a), S. 25-28; BORSI, Gabriele M. (1994), S. 56-58; FEUERSTEIN, Günter/ BADURA, Bernhard (1991), S. 92; HERSCHBACH, Peter (1993), S. 123.

quantitative Arbeitsverdichtung der vergangenen Jahre zu nennen. Letztere wird vor allem auf die Verkürzung der tariflichen Arbeitszeit und die steigende Patientenzahl bei gleichzeitigem Rückgang der durchschnittlichen Patientenverweildauer zurückgeführt.[156] Als häufigste negative Folgen dieser Arbeitszeitstrukturen sind Gesundheitsstörungen, die sich vor allem in übermäßigem Schlafbedürfnis, Schlafstörungen und Reizbarkeit äußern, sowie Belastungen von Privatkontakten festzustellen. Der hohe Zeitdruck schränkt zudem die Anzahl und Länge der Kontakte mit den Patienten ein, was in vielen Fällen zu einer (zumindest partiellen) Arbeitsunzufriedenheit führt.[157] Einige dieser Belastungen können durch die Einführung alternativer Arbeitszeitmodelle wenn auch nicht beseitigt, so doch wenigstens reduziert werden. Dabei ist darauf zu achten, dass ein neues Modell nicht normativ vorgegeben, sondern in Zusammenarbeit mit den Betroffenen erarbeitet werden sollte.[158]

b) Da im nächsten Punkt noch explizit auf *soziale* Aspekte der Arbeit in Gesundheitsorganisationen eingegangen wird, sollen an dieser Stelle vor allem die *personalen* Auswirkungen der Arbeitsinhalte und der Arbeitsorganisation erörtert werden. Bezüglich der **Arbeitsinhalte** geht es im Rahmen von Humanisierungsmaßnahmen vorrangig um die *Anforderungsangemessenheit* der Aufgaben. Dabei ist sicherzustellen, dass weder eine permanente Über- noch eine permanente Unterforderung der Mitarbeiter vorherrscht.

Kennzeichen *physischer Überforderungen* von Mitarbeitern in Gesundheitsorganisationen sind in erster Linie körperliche Beschwerden wie Rücken- und Nackenschmerzen, z. B. durch (falsches) Heben und Umlegen der Patienten[159]. Häufig sind solche Schmerzen durch Anwendung entsprechender Arbeitstechniken (z. B. Körperhaltung beim Heben und Tragen), Einsatz unterstützender Geräte (z. B. multifunktionale Betten) und/oder Teamarbeit reduzierbar.[160]

Psychische Überforderungen treten des Öfteren beim Umgang mit „schwierigen" (wie misstrauischen, verschlossenen oder aggressiven) Patienten und Angehörigen auf. Viele Mitarbeiter fühlen sich aber vor allem im Umgang mit schwer kranken und sterbenden Patienten überfordert. Hierfür machen sie u. a. eigene Betroffenheit, fehlende Zeit für Gespräche mit den Patienten

---

[156] Daneben spielt noch der gestiegene Dokumentationsaufwand eine Rolle. Vgl. HERSCHBACH, Peter (1993), S. 123, 129-130.

[157] Vgl. GODO, Ilse/ HILDEBRANDT, Helmut/ MURSA, Wolfgang (1993), S. 244-245; HERSCHBACH, Peter (1993), S. 124-132, 134; MÜLLER, Brigitte/ MÜNCH, Eckhard/ BADURA, Bernhard (1997), S. 133, 180-181. Zur besonderen Problematik des Schichtdienstes in der Intensivmedizin vgl. FEUERSTEIN, Günter/ BADURA, Bernhard (1991), S. 94-95.

[158] Zu *alternativen Arbeitszeitmodellen* vgl. HOFFMANN, Josef (1999); KRINGS, Achim et al. (1999); MÜHLBAUER, Bernd H./ REINARDT, Jürgen/ SÜLLWOLD, Gundula (1993), S. 349-351; MÜLLER, Matthias (1996), S. 146-149; STRECKEL, Siegmar (1999).

[159] Gleiche oder ähnliche Symptome können auch bei *physischer Unterforderung* aufgrund mangelnder Bewegungsmöglichkeiten im Laufe des Arbeitstages auftreten.

[160] Vgl. BARTHOLOMEYCZIK, Sabine (1993), S. 91-92; HERSCHBACH, Peter (1993), S. 128-129; MÜLLER, Brigitte/ MÜNCH, Eckhard/ BADURA, Bernhard (1997), S. 180-191; MÜLLER, Matthias (1996), S. 139.

sowie mangelnde Vorbereitung auf solche Situationen im Studium bzw. in der Ausbildung verantwortlich.[161]

Als Ursache *kognitiver Überforderungen* werden vor allem in Intensivstationen die kaum zu bewältigenden Datenmengen der medizintechnischen Apparate[162] sowie allgemein die unzureichende Qualifikation für die zu erledigende Arbeit genannt.[163] Insbesondere bei der Einführung neuer Techniken und neuer Technologien fühlen sich einige Mitarbeiter überfordert. Neben den Qualifikationsproblemen spielen dabei jedoch auch Akzeptanzprobleme eine Rolle.[164]

Intellektuelle Unterforderungen kommen hauptsächlich bei monotonen, anspruchslosen oder sich häufig wiederholenden Tätigkeiten sowie bei der ausschließlichen Ausführung „von oben" vorgegebener Aufgaben vor.[165] Diese Problematiken tauchen z. B. im Pflegebereich auf, wenn examinierte Krankenschwestern verstärkt für Reinigungsarbeiten, Vorbereitungen von Mahlzeiten sowie diverse Hol- und Bringdienste eingesetzt werden, obwohl diese Tätigkeiten definitionsgemäß nicht zu den Aufgaben des Pflegedienstes gehören.[166] Langfristige Folge einer damit verbundenen intellektuellen Unterforderung kann neben Demotivation auch Dequalifikation sein.[167] Hingegen fördert intellektuell anspruchsvolle Arbeit nicht nur das Selbstbewusstsein, sondern auch die kognitive Kompetenz der Beschäftigten und damit ihre Fähigkeit zu gesundheitsförderlichen Problemlösungen; dies gilt nach dem derzeitigen Forschungsstand als gesichert.[168]

Neben der Gewährleistung eines angemessenen intellektuellen Anspruchs an die Arbeit sollte zudem der *Sinngehalt* der Arbeit für die Beschäftigten gesichert sein. Dabei spielt eine Rolle, ob eine hohe Identifizierung mit der Arbeit (und mit der Organisation) gegeben ist und inwieweit ein in sich geschlossener und sinnvoller Arbeitsoutput vorliegt. Zwar ist besonders beim medizinischen und pflegerischen Personal von einer überdurchschnittlichen *Berufs*identifikation (Beruf als Berufung) auszugehen[169], inwieweit jedoch dem Streben nach Sinn bzw. Selbstverwirklichung nachgekommen werden kann, ist abhängig von der konkreten *Arbeits*situation. So steht beispielsweise der traditionell ganzheitliche und personenbezogene Charakter der Pflegearbeit, der auch in der Ausbildung betont wird, häufig konträr zur Berufsrealität. Statt einer *ganzheitli-*

---

[161] Als besonders belastend wird dabei die Lebenserhaltung Sterbender gegen die eigene Überzeugung empfunden. Vgl. BARTHOLOMEYCZIK, Sabine (1993), S. 91; HERSCHBACH, Peter (1993), S. 126; MÜLLER, Brigitte/ MÜNCH, Eckhard/ BADURA, Bernhard (1997), S. 138, 140, 142-143; MÜLLER, Matthias (1996), S. 139.
[162] Vgl. FEUERSTEIN, Günter/ BADURA, Bernhard (1991), S. 60-61; MÜLLER, Brigitte/ MÜNCH, Eckhard/ BADURA, Bernhard (1997), S. 133-134.
[163] Vgl. BADURA, Bernhard (1993b), S. 36-37.
[164] Vgl. FEUERSTEIN, Günter/ BADURA, Bernhard (1991), S. 58-72; JOHN, Jürgen/ ARNHOLD, Thomas/ WOHLMANNSTETTER, Victor (1992), S. 135-159.
[165] ⇨ Zu den Folgen *eingeengter Handlungsspielräume* siehe *S. 158.*
[166] Vgl. BÜSSING, André (1993), S. 101. Hiermit soll allerdings nicht der Eindruck entstehen, dass alle pflegefremde Tätigkeiten als belastend empfunden werden. So werden beispielsweise prestigeträchtige Tätigkeiten aus dem ärztlichen Leistungsbereich (wie Blutentnahmen) vielfach sogar gerne übernommen. Vgl. MÜHLBAUER, Bernd H./ REINHARDT, Jürgen/ SÜLLWOLD, Gundula (1993), S. 343-347.
[167] Vgl. BADURA, Bernhard (1993a), S. 25; FEUERSTEIN, Günter/ BADURA, Bernhard (1991), S. 48-49.
[168] Vgl. BADURA, Bernhard (1993a), S. 25; BÜSSING, André (1993), S. 101; MÜLLER, Brigitte/ MÜNCH, Eckhard/ BADURA, Bernhard (1997), S. 29-30.
[169] Vgl. BARTHOLOMEYCZIK, Sabine (1993), S. 93-94.

chen Pflege, bei der sich jeweils eine Gruppe von Pflegekräften um die vollständige pflegerische Versorgung sowie soziale Unterstützung einer bestimmten Anzahl von Patienten kümmert[170], dominiert noch immer die *Funktionspflege*, bei der ein Mitarbeiter eine oder mehrere Pflegetätigkeiten bei allen dafür infrage kommenden Patienten ausübt.[171]

Wie schon angedeutet, ist im Rahmen der **Arbeitsorganisation** nicht nur eine optimale Abstimmung der einzelnen Arbeitstätigkeiten anzusteuern, sondern auch darauf zu achten, dass die Mitarbeiter in die Bestimmung ihrer Aufgaben und Ziele weitgehend einbezogen werden. In der Regel haben gerade die am Arbeitsplatz bestehenden *Handlungsspielräume* einen positiven Einfluss auf das Wohlbefinden, da so die Arbeitsaufgaben in sachlicher und zeitlicher Hinsicht besser an die spezifischen Bedürfnisse und Befähigungen der Mitarbeiter angepasst werden können.[172] Zielt man auf eine zunehmende Selbstbestimmung der Arbeitsorganisation, müssen jedoch seitens der Vorgesetzten auch *Unterstützungsangebote* bereitgestellt werden, damit die Verantwortungszunahme, welche mit einem größeren Handlungsspielraum in der Regel verbunden ist, nicht von den Mitarbeitern als zusätzliche Belastung empfunden wird. Ein Mehr an Verantwortung kann also sowohl Gesundheitspotenzial als auch Gesundheitsrisiko darstellen[173].

Zu den Unterstützungsangeboten sind auch die *Weiter- und Fortbildungsmöglichkeiten* zu zählen, die zum einen der angemessenen Bewältigung der Arbeitsanforderungen dienen, zum anderen der qualifikatorischen Anpassung an die sich ständig verändernden Bedingungen (z. B. zunehmender Technik- und Computereinsatz).[174] Dabei sollten sich die Qualifizierungsangebote nicht nur auf die Entwicklung der fachlichen Kompetenz beschränken, sondern auch die Förderung der Sozialkompetenz einschließen. Neben den Weiterbildungsmöglichkeiten sind zudem stets *Aufstiegs- und Veränderungsmöglichkeiten* zu gewährleisten, da eine heute als vollständig befriedigend empfundene Position schon bald in Arbeitsunzufriedenheit umschlagen kann.

c) Eine weitere wesentliche Humanisierungsmaßnahme stellt die Förderung der **Zusammenarbeit** der Mitarbeiter auf den verschiedenen Ebenen dar. Noch vor der Bekämpfung von Unter- und Überforderung sowie der Erweiterung des Handlungsspielraumes wird die Verbesserung zwischenmenschlicher Prozesse und Beziehungen als eine der wichtigsten Maßnahmen zur Förderung von Gesundheitspotenzialen gesehen.[175] So sollten über die Einhaltung der Kommunikationsrechte der Mitarbeiter (siehe *Punkt (A)*) hinaus verstärkte Kommunikations- und Kooperati-

---

[170] Der Terminus der *ganzheitlichen Pflege* wird allerdings oft in undifferenzierter Weise verwandt. Vgl. hierzu BAUMANN, Manfred/ ZELL, Ulrich (1992), S. 54; LORENZ-KRAUSE, Regina/ ZELL, Ulrich (1992), S. 76-87. Zudem stellt sich das Problem „fehlender Ganzheitlichkeit", wenn nur im Pflegebereich und nicht auch bereichsübergreifend Verbesserungen eingeführt werden. Vgl. DULLINGER, Florian (1996), S. 55.

[171] Vgl. DANIEL, Elisabeth et al. (1993), S. 229-230; FEUERSTEIN, Günter/ BADURA, Bernhard (1991), S. 77-79; GÄRTNER, Heribert W. (1994), S. 68-70; MÜHLBAUER, Bernd H./ REINARDT, Jürgen/ SÜLLWOLD, Gundula (1993), S. 351-352; MÜLLER, Matthias (1996), S. 142-146.

[172] Vgl. BADURA, Bernhard (1993a), S. 25; MÜLLER, Brigitte/ MÜNCH, Eckhard/ BADURA, Bernhard (1997), S. 30.

[173] Vgl. BADURA, Bernhard (1993a), S. 28.

[174] Vgl. BÜSSING, André (1993), S. 100-102, 118.

[175] Vgl. BADURA, Bernhard/ MÜNCH, Eckhard/ RITTER, Wolfgang (1997), S. 11-14; MÜLLER, Brigitte/ MÜNCH, Eckhard/ BADURA, Bernhard (1997), S. 29-30, 199-201.

onsmöglichkeiten geschaffen werden. Gerade die Kommunikation und Kooperation über Hierarchie- und vor allem Berufsgrenzen hinweg stellt in vielen Gesundheitsorganisationen ein Problem dar.[176] Hierbei kann die Schaffung *hierarchiefreier Kommunikationsräume* in Form von Gruppenprojekten oder Zirkelarbeiten (Gesundheits- und Qualitätszirkel) hilfreich sein. Solche Instrumente können langfristig zu einer verstärkten *Teambildung* auch im „normalen Arbeitsalltag" führen.[177] Zu einer verbesserten Kommunikation gehört zudem eine hohe Qualität und angemessene Quantität der Rückmeldungen *(Feedback)* seitens der Vorgesetzten.

d) Zur Verbesserung des **Arbeitsumfeldes** werden u. a. Maßnahmen zur *Arbeitssicherheit* und zum *Gesundheitsschutz*[178] gezählt. Gerade in Krankenhäusern sind Mitarbeiter schädlichen Umgebungseinflüssen, wie Infektionsrisiken und gefährlichen Stoffen, ausgesetzt.[179] Neben dem Schutz vor diesen direkten Gesundheitsgefährdungen sollten auch Maßnahmen der *Arbeitsästhetik* (Verschönerungen des Arbeitsplatzes und der Arbeitsumgebung), vor allem aber Verbesserungen der *Arbeitsplatzfunktionalität* (ausreichender Raum bzw. Platz für die Beschäftigten, bedienungsfreundliche technische Hilfsmittel etc.) ergriffen werden. Schließlich sollte ein angemessenes Maß an *Arbeitsplatzsicherheit*[180] sowie eine *angemessene Vergütung* gewährleistet sein.

Bei der Entwicklung aller genannten Humanisierungsmaßnahmen ist stets darauf zu achten, dass die Betroffenen zu Beteiligten gemacht werden. Dieses Verständnis eines dialogischen Verantwortungskonzeptes findet sich auch in einigen Leitbildern von Gesundheitsorganisationen wieder:

- *„Wir beteiligen alle von einer Entscheidung Betroffenen am Entscheidungsprozess in angemessener Weise."*[181]
- *„Wir legen Wert auf ein konstruktives Miteinander. Jeder Mensch wird in seiner Persönlichkeit akzeptiert und respektiert. Das bedeutet für uns: Kommunikation pflegen, Informationen weitergeben, [...] Anspruchshaltung überprüfen und hinterfragen dürfen, [...]."*[182]
- *„Wir fördern die Selbstständigkeit und Eigeninitiative des Einzelnen durch Übertragung von Verantwortung und Kompetenz in klar definierten Arbeitsbereichen. Entscheidungen machen wir transparent*

---

[176] Vgl. MÜHLBAUER, Bernd H./ REINARDT, Jürgen/ SÜLLWOLD, Gundula (1993), S. 344; MÜLLER, Brigitte/ MÜNCH, Eckhard/ BADURA, Bernhard (1997), S. 137-138; ORENDI, Bennina (1993), S. 145-151.

[177] Vgl. MÜHLBAUER, Bernd H./ REINARDT, Jürgen/ SÜLLWOLD, Gundula (1993), S. 345-346.

[178] Gesundheits*schutz* wird hier in einem eher defensiven Sinn verstanden. Dabei geht es zum einen um die Ausführbarkeit der Arbeit, zum anderen um die Schädigungsfreiheit der Arbeit für die Betroffenen. Im Rahmen einer umfassenden Gesundheits*förderung* sollen dagegen zusätzlich gezielt Arbeitsbedingungen geschaffen werden, die die Zufriedenheit der Mitarbeiter fördern und die Entfaltung ihrer Leistungsfähigkeit und Persönlichkeit ermöglichen. Vgl. OPPOLZER, Alfred (1995), S. 4.

[179] Vgl. KRAJIC, Karl/ PELIKAN, Jürgen M./ LOBNIG, Hubert (1996), S. 57; OPPOLZER, Alfred (1995), S. 6.

[180] Die permanente Angst vor einem möglichen Arbeitsplatzverlust kann sich negativ auf die Gesundheit auswirken.

[181] Aus dem Leitbild der ST. ELISABETH-STIFTUNG, DERNBACH (2001), Abschnitt IV („Menschen, die mit uns arbeiten") [Zitat angepasst an die neue deutsche Rechtschreibung].

[182] Aus dem Leitbild des EVANGELISCHEN DIAKONIEKRANKENHAUSES FREIBURG IM BREISGAU (2000), Abschnitt „Zusammenarbeit nach innen".

und nehmen die Einwände der Mitarbeiterinnen und Mitarbeiter ernst. Konflikte begreifen wir als Chance zur kontinuierlichen Verbesserung der Zusammenarbeit."[183]

Verstärkte Partizipation führt aber auch dazu, dass vor der Realisierung von Humanisierungsmaßnahmen einige Mitarbeiter zunächst mit Mehrarbeit konfrontiert werden, z. B. durch die Beteiligung in Gesundheitszirkeln. Damit dies nicht als (weitere) unzumutbare Belastung empfunden wird, sollte die Teilnahme an solchen Projekten stets freiwillig geschehen.[184]

(C) Ebene der Führungsverantwortung innerhalb der Gesundheitsorganisation

Auf dieser dritten Ebene der Mitarbeiterorientierung geht es um die kritische Wahrnehmung der Führungsverantwortung gegenüber den Mitarbeitern. Diese besteht zum einen in der konsequenten Wahrung der unantastbaren Grundrechte (siehe *Punkt (A)*), zum anderen in der kritischen Reflexion von Dilemmasituationen. Darunter sind Situationen zu verstehen, „in denen verschiedene legitime Wertansprüche an das Handeln von Führungskräften konfligieren."[185] Hierbei ist vor allem an Konflikte zwischen der betriebswirtschaftlich-organisatorischen *Rollenverantwortung* einer Führungskraft und ihrer *ethischen Mitarbeiterverantwortung* zu denken. Während sich die Rollenverantwortung vorrangig am Erreichungsgrad der Leistungs- und Erfolgsziele misst, orientiert sich die ethische Verantwortung primär an den Auswirkungen auf die Mitarbeiter. Unter Auswirkungen sind hier sowohl die direkten Folgen einer Führungsentscheidung als auch die Folgen einer Unterlassung von Humanisierungsmaßnahmen (siehe *Punkt (B)*) zu verstehen. Die gebotene Güterabwägung zwischen den Leistungszielen und den Auswirkungen setzt dabei – analog zur kritischen Loyalität der Mitarbeiter – eine *kritische Rollendistanz* der Führungskräfte voraus.[186]

Da die Aktivitäten zur Erreichung unternehmerischer Erfolgs- und Leistungsziele nicht nur Auswirkungen auf die Mitarbeiter, sondern auch auf externe Anspruchsgruppen haben, wird im nächsten Abschnitt vertieft auf die Führungsverantwortung eingegangen.

Als Fazit kann festgehalten werden, dass weder eine reine Patienten- noch eine reine Mitarbeiterorientierung Ziel des dialogischen Verantwortungskonzeptes sein kann. Vielmehr müssen die Interessen der Patienten und Mitarbeiter simultan mit den Interessen aller anderen Anspruchsgruppen von Gesundheitsorganisationen betrachtet werden.

---

[183] Aus dem Leitbild des KLINIKUMs NÜRNBERG (1999), Abschnitt „Wir sind mitarbeiterorientiert" [Zitat angepasst an die neue deutsche Rechtschreibung].

[184] Vgl. GODO, Ilse/ HILDEBRANDT, Helmut/ MURSA, Wolfgang (1993), S. 248; PELIKAN, Jürgen M./ LOBNIG, Hubert/ Nowak, Peter (1993), S. 205-206.

[185] ULRICH, Peter (1995), S. 534. Unter „Führungskräften" sind hier nicht nur die Mitarbeiter der obersten Managementebene zu verstehen, sondern alle Mitarbeiter, die Führungstätigkeiten ausüben.

[186] Vgl. ULRICH, Peter (1995), S. 534-535.

6.3.4 Verantwortung gegenüber sonstigen Anspruchsgruppen

Da hier nicht alle Verantwortungsebenen – d. h. die Verantwortung gegenüber den einzelnen Anspruchsgruppen – separat behandelt werden können, soll in diesem Abschnitt das Konzept der Führungsverantwortung nach dem grundrechteorientierten Ansatz der Führungsethik eingehender beschrieben werden. Dieses Konzept beinhaltet nicht nur die Führungsverantwortung gegenüber Mitarbeitern, sondern eine Verantwortung gegenüber der gesamten gesellschaftlichen und natürlichen Umwelt einer Gesundheitsorganisation.

In Erweiterung der Führungsverantwortung gegenüber den Mitarbeitern geht es hier um eine ethische Prioritätsbestimmung zwischen den unternehmerischen Erfolgszielen und den gesamten externen Effekten, die bei der Verfolgung dieser Ziele ausgelöst werden (können). Die Führungskräfte sollten dabei auch in Extremsituationen, in denen unternehmenspolitisch festgesetzte Ziele und ethisch Verantwortbares individuell nicht mehr zu vereinbaren sind, ihre kritische Rollendistanz wahren. Dazu bedarf es u. a. struktureller Hilfen in Form von institutionellen Ethikmaßnahmen. Hierbei geht es zum einen um die *Internalisierung ethischer Aspekte in sämtliche Managementsysteme* der Gesundheitsorganisation (wie Verhaltensgrundsätze, Führungsrichtlinien, Anreizsysteme, Controlling und Rechnungswesen). Die Anreizstrukturen sind durchgängig so zu gestalten, dass ethisch verantwortungsvolles Handeln belohnt und rücksichtsloses Handeln sanktioniert wird. Zum anderen „sind *Ambiguitäten oder Unklarheiten über die Rangordnung der Wertmaßstäbe des Handelns zu vermeiden*, indem [...] von der Geschäftsleitung niemals nur einseitig hohe Leistungs- und Erfolgsziele vorgegeben, sondern stets zugleich die ethischen Prämissen und Rahmenbedingungen definiert werden, innerhalb derer sie anzustreben sind."[187] Als institutionelle Hilfestellung bieten sich hierbei ein betriebsspezifischer Ethikkodex und bereichsspezifische Leitlinien an, die beispielsweise auf jeweils berufsgruppenspezifischen Ethikkodizes aufbauen können.[188]

Neben diesen strukturellen Ethikmaßnahmen bedarf es jedoch zusätzlich der Entwicklung von personellen und unternehmenskulturellen Voraussetzungen moralisch verantwortungsvollen Handelns aller Mitglieder der Gesundheitsorganisation. Hierzu zählt zum einen die *ethische Sensibilisierung* aller Mitarbeiter dahingehend, dass sie die moralischen Aspekte ihres Handelns erkennen und ethische Bedenken zur Sprache bringen. Im Rahmen der Führungsverantwortung des Managements ist also auch die Verantwortung der Mitarbeiter gegenüber Kollegen, Management und Umwelt zu fördern.[189] Zum anderen sollte das ethische Denken nicht vor ordnungspo-

---

[187] ULRICH, Peter (1995), S. 535-536.
[188] Vgl. ULRICH, Peter (1995), S. 534-536; ULRICH, Peter (1998), S. 457-458; vgl. auch BEHNAM, Michael (1998), S. 195-209. ⇨ Zu Leitlinien und -bildern vgl. *Abschnitt 8.2.*
[189] Dies kann u. a. durch die Institutionalisierung eines *Ethik-Komitees* geschehen. ⇨ Vgl. *Abschnitt 8.2.4.6;* vgl. auch die Broschüre „Ethik-Komitee im Krankenhaus", herausgegeben vom DEUTSCHEN EVANGELISCHEN KRANKENHAUSVERBAND E. V. und vom KATHOLISCHEN KRANKENHAUSVERBAND DEUTSCHLANDS E. V. (1997). Bislang haben – laut einer noch unveröffentlichten Studie der deutschen Akademie für Ethik in der Medizin 29 Kliniken in Deutschland Ethik-Komitees eingesetzt. Vgl. SCHWEIZER, Gaby (2000), S. 46.

litischen Gegebenheiten Halt machen, sondern eine *ordnungspolitische Mitverantwortung* übernommen werden.[190]

Diese Aspekte werden in ähnlicher Form auch in einigen Leitbildern von Gesundheitsorganisationen aufgeführt:

- *„Wir stellen uns der gesellschaftlichen Verantwortung, indem wir sowohl soziales als auch politisches Geschehen erkennen, darauf Einfluss nehmen und mitgestalten. Wir sind bereit – gerade in Zeiten der Veränderung –, im Rahmen unserer Möglichkeiten zukunftsorientierte Beiträge zur Fortentwicklung im Gesundheits- und Sozialwesen unseres Staates zu leisten."*[191]

- *„Unser Denken und Handeln ist auch von dem Wissen geprägt, dass Fragen zur Gesundheit und zu unserem Krankenhaus in einem berechtigten öffentlichen Interesse stehen. Dies verpflichtet uns zum Dialog mit der Öffentlichkeit, um über aktuelle Gesundheitsthemen, Neuerungen und Veränderungen zu informieren."*[192]

- *„Die Arbeit, die wir in unserem Krankenhaus leisten, ist nur möglich im engen Kontakt mit Menschen und Organisationen außerhalb. Mit ihnen verbindet uns die partnerschaftliche Zusammenarbeit im Interesse unserer Patientinnen und Patienten. Unsere Berufe bringen es mit sich, dass wir häufig persönliche Notlagen kennen lernen und erleben. Not hat auch gesellschaftliche Ursachen. Darum nehmen wir Anteil an Initiativen, um das Zusammenleben in unserer Gesellschaft menschlicher und gerechter zu gestalten."*[193]

Es gilt hierbei jedoch zu beachten, dass die Wahrnehmung z. B. ökologischer Verantwortung seitens der Betriebe in der aktuellen Managementliteratur vielfach als selbstverständliche Forderung empfunden wird, zwischen theoretischem Anspruch und praktischer Umsetzung allerdings noch eine beträchtliche Diskrepanz besteht.[194]

6.4 Zur Integration des Ansatzes einer Menschenorientierung in ein Krankenhausmanagementkonzept

Die beiden vorgestellten Dimensionen des Ansatzes einer Menschenorientierung in Gesundheitsorganisationen bauen aufeinander auf. Als Fazit zur ersten Dimension, der „Ausrichtung an einem ganzheitlichen Menschenbildkonzept", wurde festgehalten, dass der Mensch *komplex*, *wandlungsfähig* und im radikal-konstruktivistischen Sinne *autonom* ist, da er sich seine Wirklichkeit selbst konstruiert. Mit dieser Autonomie ist eine *Verantwortung* verbunden, die jeder Mensch für sein Handeln übernimmt. In welcher Weise und gegenüber wem die Verantwortung in Gesundheitsorganisationen wahrgenommen werden kann bzw. soll, ist mit der zweiten Dimension thematisiert worden. Dabei wird die Bedeutung hervorgehoben, die *Dialogen* und der *Beteiligung Betroffener* zukommt. Schließlich können so am ehesten Wahrnehmungsdifferenzen

---

[190] Vgl. ULRICH, Peter (1995), S. 536; ULRICH, Peter (1998), S. 458-459.
[191] Aus dem Leitbild der ST. ELISABETH-STIFTUNG, DERNBACH (2001), Abschnitt II („Grundsätze, für die wir eintreten") [Zitat angepasst an die neue deutsche Rechtschreibung].
[192] Aus dem Leitbild des STÄDTISCHEN KRANKENHAUSES SALZGITTER (1999), o. S. [Zitat angepasst an die neue deutsche Rechtschreibung].
[193] Aus dem Leitbild des KRANKENHAUSes BREMEN OST (2000), Abschnitt „Wir brauchen die Gesellschaft" [Zitat angepasst an die neue deutsche Rechtschreibung].
[194] Vgl. KREIKEBAUM, Hartmut (1997), S. 149.

reduziert sowie die Individualität und Rechte von Patienten, Mitarbeitern und anderen Anspruchsgruppen angemessen berücksichtigt werden.

Mit der Darstellung des Ansatzes einer Menschenorientierung in Gesundheitsorganisationen verbindet sich die Frage, wie dieser Ansatz in ein Managementkonzept zu integrieren ist, das in der Lage sein sollte, alle relevanten Aspekte des Managements strukturiert zu erfassen und effektiv zu koordinieren.[195] Nun sind in diesem Kapitel bereits einige der relevanten (managementphilosophischen) Aspekte – wie Führungsstil und Verantwortung gegenüber der Gesellschaft – behandelt worden. Im Rahmen der theoretischen Gestaltung des Krankenhausmanagementkonzeptes kann auf die hierbei getroffenen Aussagen teilweise zurückgegriffen werden, da sie *eine* denkbare Ausprägung bestimmter Aspekte normativen Managements darstellen. Im folgenden *Kapitel 7* sollen jedoch die gesamten Profilierungsmöglichkeiten von Krankenhäusern erörtert werden. Der Ansatz einer Menschenorientierung soll vor allem bei der Ausgestaltung der Grundsätze für die praktische Anwendung des Krankenhausmanagementkonzeptes prägend wirken. So wird in *Kapitel 8* auch der Schwerpunkt auf eine *partizipative* Entwicklung des Managementkonzeptes gelegt.

Der Ansatz einer Menschenorientierung wurde bewusst nicht auf Krankenhäuser eingeschränkt, da die Konsequenzen, die sich aus der besonderen Stellung des Patienten – als Gegenstand, Konsument und Koproduzent der Gesundheitsleistung – ergeben, auch für andere Gesundheitsorganisationen relevant sind, wie z. B. Rehabilitationseinrichtungen und Pflegeheime. In den folgenden Kapiteln wird der Fokus allerdings wieder auf die Gesundheitsorganisation Krankenhaus gerichtet, um zum eigentlichen Untersuchungsgegenstand der Arbeit zurückzukehren und um den Bestimmtheitsgrad der Aussagen zu erhöhen.

---

[195] ⇔ Vgl. *Abschnitt 2.1.2.*

7 Theoretische Gestaltung des Krankenhausmanagementkonzeptes

7.1 Einführung in das Krankenhausmanagementkonzept

7.1.1 Grundsätze des Krankenhausmanagementkonzeptes

In diesem Kapitel soll ein Managementkonzept für bedarfsorientierte Krankenhäuser entwickelt werden. Mit ihm werden die gleichen Ziele wie die des St. Galler Management-Konzeptes verfolgt. So soll ein *Ordnungsrahmen* für Entscheidungsprobleme des Krankenhausmanagements und ein *Vorgehensmuster* zur integrativen Konzipierung von Lösungsansätzen bereitgestellt werden. Damit soll es dem Krankenhausmanagement ermöglicht werden, sein Handeln zu reflektieren, zu diskutieren und zu positionieren.

Als Basis für das hier zu entwickelnde Krankenhausmanagementkonzept dient der St. Galler Ansatz, dessen spezifisches Merkmal sein hoher Abstraktionsgrad ist, durch den er – nach Auffassung seiner Autoren – auf jedes Unternehmen übertragbar wird. So stellt das St. Galler Management-Konzept ein „*Leerstellengerüst für Sinnvolles und Ganzheitliches*"[1] dar, das es unternehmensindividuell auszufüllen gilt.[2] Der Praxisbezug eines solchen Konzeptes kann allerdings bereits dadurch erhöht werden, dass das Konzept *branchenspezifisch* ausgestaltet wird. Dies gilt umso mehr, je größer das Ausmaß an „Besonderheiten" einer Branche ist. An dieser Überlegung setzt die vorliegende Arbeit an, indem ein Managementkonzept für das *dienstleistungs-* und *bedarfs*orientierte *Krankenhaus* entwickelt werden soll.

Während der klassische Industriebetrieb lange Zeit im Mittelpunkt der Betriebswirtschaftslehre stand, finden Dienstleistungsunternehmen in der neueren Managementliteratur eine immer stärkere Beachtung. Das managementtheoretische Interesse am überwiegend dienstleistungsorientierten *Nonprofit*-Sektor ist allerdings im Vergleich zur gesamtwirtschaftlichen Bedeutung dieses Bereiches als eher gering einzuschätzen.[3] Auch das St. Galler Management-Konzept ist in erster Linie auf gewinnorientierte Unternehmen ausgerichtet.[4] Daher ist neben einer *Spezifizierung* der Aussagen zu einzelnen Managementdimensionen im Nonprofit-Bereich zum Teil auch eine *Modifizierung* erforderlich.[5] Durch den ausschließlichen Bezug auf bedarfsorientierte Krankenhäu-

---

[1] BLEICHER, Knut (1999), S. 72 [andere Hervorhebung im Original]. Diese Beschreibung kann als Weiterentwicklung des Charakteristikums des St. Galler Management-Modells „*Leerstellengerüst für Sinnvolles*" interpretiert werden. Vgl. BLEICHER, Knut (1999), S. 16.

[2] Vgl. etwa BLEICHER, Knut (1999), S. 16-17; GOMEZ, Peter/ ZIMMERMANN, Tim (1997), S. 10.

[3] Vgl. BERENS, Wolfgang/ KARLOWITSCH, Martin/ MERTES, Martin (2000), S. 23; HORAK, Christian (1995), S. 1, 85-87; SCHULZE, Marion (1997), S. 1-3; SCHWARZ, Peter (1986), S. 5.

[4] ⇔ Vgl. *Abschnitt 2.1.2*.

[5] Auf den potenziellen Nutzen (weniger aber auf die absolute Notwendigkeit) einer solchen Modifizierung weist BLEICHER selbst hin. Vgl. BLEICHER, Knut (1999), S. 583. ULRICH/ FLURI merken hierzu an: „Angesichts der spezifischen gesellschaftlichen Funktionen und Existenzbedingungen von Unternehmungen ist [...] die Übertragbarkeit der Methoden der Unternehmungsleitung auf andere Systeme beschränkt." ULRICH, Peter/ FLURI, Edgar (1995), S. 13.

ser wird die Notwendigkeit einer solchen Spezifizierung und Modifizierung noch verstärkt.[6] Ziel dieser Arbeit ist es daher, durch den spezifischen Anwendungsbezug den Abstraktionsgrad des St. Galler Management-Konzeptes zu senken.

Auch wenn das St. Galler Management-Konzept offener ausgestaltet ist als der hier zu entwickelnde Ansatz, so geben doch BLEICHER et al. des Öfteren Empfehlungen im Sinne von Regeln und Prinzipien, die in eine ganz bestimmte Entwicklungsrichtung zeigen. Beispielsweise wird den „Humanressourcen als langfristig zu schaffendes und weiterzuentwickelndes Erfolgspotenzial ein[...] zentrale[r] Stellenwert für die Überlebens- und Entwicklungsfähigkeit einer Unternehmung"[7] zugesprochen. Darauf aufbauend fordert BLEICHER ein „neues" Führungsverständnis, welches anerkennt, dass das Management nicht mehr „alleine steuert, sondern auch gesteuert wird."[8] Im Gegensatz zu der Auffassung, dass die Entwicklung einer Institution beliebig gelenkt werden kann, fühlt sich das St. Galler Management-Konzept der *evolutionären Perspektive* verpflichtet.[9] Nach dieser Sichtweise ist die Unternehmensentwicklung gekennzeichnet durch „eine Geschichte des Zufalls, Versuchs, Irrtums und Lernens, die zu einer Verbreitung überlegener Erfahrungen geführt haben. In ihr erhöhen herausragende Lenker und Gestalter die Evolutionsgeschwindigkeit, indem sie mehr Varianten mit hoher Problemlösungskraft ins evolutorische Spiel bringen."[10] Auch bezüglich des Ausmaßes der Interessenberücksichtigung bezieht der St. Galler Ansatz klar Stellung: Er plädiert für eine pluralistische Sichtweise, nach der alle relevanten Anspruchsgruppen berücksichtigt werden sollten.[11] Nach diesem Ansatz bedarf es außerdem „einer verständigungsorientierten, langfristig angelegten Verpflichtungspolitik, wenn nicht nur periodische Erfolge in kurzfristiger Opportunität gegenüber Bezugsgruppen das Leitmotiv einer unternehmungspolitischen Ausrichtung vorgeben sollen."[12]

Diese wertenden Angaben befinden sich im St. Galler Management-Konzept zumeist vor der Beschreibung der jeweiligen Profilierungsmöglichkeiten. Eine solche Trennung wird durch die vorgezogene Darstellung der wertbeladenen Inhalte des *Kapitels 6* auch in dieser Arbeit beibehalten. Allerdings können entsprechend der Komplexität und der selektiven Wahrnehmung soziotechnischer Systeme und ihrer Systemumwelten Gestaltungsoptionen eines Managementkonzeptes niemals einen allgemeingültigen Geltungsanspruch erheben. Der „one best way" erweist sich aufgrund der Verschiedenheit von Teilsystemen, Akteurgruppen und betroffenen Individuen zwangsläufig als Fiktion. Daher sollen die hier idealtypisch konstruierten Gestaltungsoptionen als *Bausteine* verstanden werden, die zur Orientierung in konkreten Situationen dienen.

---

[6] ULRICH/ SIDLER weisen in ihrem „Management-Modell für die öffentliche Hand" auf Unterschiede zwischen privaten Unternehmen und öffentlichen Institutionen hin, die eine unterschiedliche Ausgestaltung des Managementkonzeptes erfordern. Dabei betonen sie auch, dass der Rahmen ihres *allgemeinen* Modells dazu verwendet werden sollte, konkretere Modelle für Institutionen eines bestimmten Typs zu entwickeln. Vgl. ULRICH, Hans/ SIDLER, Fredy (1977), insbesondere S. 13-14.

[7] BLEICHER, Knut (1999), S. 44 [Zitat angepasst an die neue deutsche Rechtschreibung].

[8] BLEICHER, Knut (1999), S. 63.

[9] Vgl. BLEICHER, Knut (1994a), S. 152-153.

[10] BLEICHER, Knut (1994a), S. 153 [andere Hervorhebungen im Original].

[11] Vgl. beispielsweise BLEICHER, Knut (1994a), S. 173.

[12] BLEICHER, Knut (1994a), S. 254. Vgl. dazu auch BLEICHER, Knut (1994a), S. 269-270.

7.1.2 Formaler Ordnungsrahmen des Krankenhausmanagementkonzeptes

Der formale Ordnungsrahmen des Krankenhausmanagementkonzeptes stellt, wie *Abbildung 7-1* zeigt, eine *modifizierte* Fassung der Einteilung der Managementdimensionen und -module des St. Galler Management-Konzeptes dar.

Abbildung 7-1: Zusammenhang der Managementdimensionen im Krankenhausmanagementkonzept

Eigene Darstellung in Anlehnung an BLEICHER, Knut (1999), S. 77, 82.

Im Gegensatz zu BLEICHER wird die *Krankenhausphilosophie* hier klar dem normativen Bereich zugeordnet.[13] Allerdings erstreckt sich dieses Modul aufgrund seines alles umfassenden Charakters – es beinhaltet aktivitäts-, struktur- *und* verhaltensbezogene Aspekte – über alle drei Säulen. Hinsichtlich der weiteren Module des *normativen Krankenhausmanagements (Abschnitt 7.2)* wird wie beim *strategischen (Abschnitt 7.3)* und *operativen Krankenhausmanagement (Abschnitt 7.4)* jeweils zunächst die Aktivitäten-, dann die Struktur- und schließlich die Verhaltensdimensi-

---

[13] In BLEICHERs Konzept „Integriertes Management" wird die Unternehmens- und Managementphilosophie als eine über allen anderen Managementdimensionen liegende Ebene dargestellt. ⇔ Vgl. *Abbildung 2.1*. Allerdings ordnet auch BLEICHER die Unternehmens- und Managementphilosophie dem normativen Management zu. Vgl. beispielsweise den Titel seines Buches: „Normatives Management: Politik, Verfassung und Philosophie des Unternehmens" (BLEICHER, Knut (1994a)). (Die Unternehmenskultur als drittes resp. viertes Modul des normativen Managements behandelt BLEICHER in diesem Werk nicht. Vgl. hierzu BLEICHER, Knut (1999), S. 226-256.) BLEICHER äußert sich nicht klar dazu, *warum* die drei Managementebenen um eine „normativ-philosophische" Ebene *erweitert* werden müssen und vor allem *wie* sich diese Ebene von der normativen Ebene *abgegrenzt*. Die anderen Autoren des St. Galler Management-Konzeptes gehen auf diese vierte Ebene überhaupt nicht ein.

on behandelt. Der Fokus dieser Arbeit liegt auf den Bereichen des normativen und strategischen Krankenhausmanagements, weil diese in der Krankenhauspraxis häufig vernachlässigt werden. Aufgrund der vielfältigen Verflechtungen zwischen den einzelnen Modulen der drei Managementebenen wird – wenngleich in kürzerer Form – auch auf die operative Ebene eingegangen. Schließlich sollen mithilfe des operativen Managements die normativen und strategischen Vorgaben *realisiert* werden.[14] In *Abschnitt 7.5* sollen dann die dynamischen Aspekte des Krankenhausmanagements und mithin die *Krankenhausentwicklung* thematisiert werden.[15] Im letzten *Abschnitt 7.6* dieses Kapitels wird schließlich der Fokus auf die integrativen Aspekte des Krankenhausmanagementkonzeptes gelegt.

Zunächst soll aber noch auf die Darstellungsmethode der einzelnen Managementdimensionen eingegangen werden.

7.1.3 Vorgehensmuster des Krankenhausmanagementkonzeptes

Die in *Abschnitt 2.2.3* dargestellte *Profilmethodik* wird auch hier angewandt. Mit der Bereitstellung eines durch die Profilmethodik gewonnenen Klassifikationsrasters soll es den Organisationsmitgliedern eines Krankenhauses erleichtert werden, eine gemeinsame Grundlage für ihr Handeln zu finden. In den einzelnen Dimensionen der verschiedenen Managementmodule kann zum einen das wahrgenommene Istprofil, zum anderen das anvisierte Sollprofil des Krankenhauses dargestellt werden. Sinn und Zweck dieser Vorgehensweise ist es, die Soll-Ist-Abweichungen des Krankenhauses zu verdeutlichen und dadurch den Handlungsbedarf für das Krankenhausmanagement aufzuzeigen. Auf die praktische Entwicklung und Einführung eines Krankenhausmanagementkonzeptes wird in *Kapitel 8.1* vertieft eingegangen.

In der Ausgestaltung der einzelnen Profile der Managementaspekte werden zum Teil wesentliche Änderungen zum St. Galler Management-Konzept vorgenommen. So wird beispielsweise nicht die strikte Aufteilung von *jeweils acht* Skalen pro Managementmodul übernommen, da – wie BLEICHER selbst betont – „sich die hoch komplexe Fragestellung nach einem integrierten Management nicht jeweils durch die Zahl Acht teilen und wiedergeben lässt."[16] Neben diesen „quantitativen" Veränderungen werden aber vor allem Änderungen *inhaltlicher* Art vorgenommen, um Krankenhäusern die Anwendung des Konzeptes und seiner einzelnen Module zu erleichtern bzw. überhaupt erst zu ermöglichen. Daneben werden auch die prinzipiell übertragbaren Aspekte des St. Galler Management-Konzeptes stets kritisch hinterfragt und gegebenenfalls

---

[14] Die einzelnen Managementmodule werden an dieser Stelle nicht noch einmal vorgestellt, da dies schon in *Abschnitt 2.2.2* erfolgt ist und eine weitere Präzisierung in den folgenden Abschnitten vorgenommen wird.
[15] Hierbei wird im Gegensatz zum St. Galler Management-Konzept keine weitere Unterteilung der Unternehmens- resp. Krankenhausentwicklung in verschiedene Phasen vorgenommen. ⇨ Zur Begründung vgl. *Abschnitt 7.5*.
[16] BLEICHER, Knut (1999), S. 583 [Zitat angepasst an die neue deutsche Rechtschreibung]. Auffallend ist allerdings, dass BLEICHER bei nahezu allen Modulen acht Skalen aufführt. Die einzige Ausnahme bildet das Modul „Unternehmensverfassung", da er hierbei eine Organ- und eine Kooperationsverfassung unterscheidet, für die er dann *jeweils* acht Skalen entwickelt. Vgl. BLEICHER, Knut (1999), S. 184-185, 213, 224.

modifiziert. Wird die Ausgestaltung einzelner Managementaspekte erheblich verändert, so findet sich hierzu jeweils ein begründender Kommentar in einer Fußnote.

Bezüglich der Schlussfolgerungen, die aus unterschiedlichen Profilierungen innerhalb einer Managementdimension gezogen werden können, wird in dieser Arbeit differenzierter vorgegangen als im St. Galler Management-Konzept. BLEICHER bezeichnet nur solche Positionierungen als in sich plausibel, die auf der Diagonalen zwischen den beiden idealtypischen Ausprägungen liegen[17] (vgl. *Abbildung 7-2 auf S. 171*). Hier wird jedoch empfohlen, *stets alle* Profile kritischen Plausibilitätsüberlegungen zu unterziehen, bevor darauf aufbauend Maßnahmen geplant und umgesetzt werden. Dafür sprechen mehrere Gründe:

1. Die *Formulierung* der Skalierungen übt einen starken Einfluss auf die Ist- und Sollprofilierung der jeweiligen Organisation aus. Einzelne Personen können bereits durch (scheinbar) geringfügige Umformulierungen zu einer veränderten Profileinschätzung gelangen. Dies gilt verstärkt, wenn eher positiv besetzte durch eher negativ besetzte Begriffe ersetzt werden (et vice versa). So sind beispielsweise die charakteristischen Merkmale, mit deren Hilfe GOMEZ/ ZIMMERMANN auf der einen und PERICH auf der anderen Seite zwei extreme Organisationstypen beschreiben, weitgehend vergleichbar. Während beide den ersten Extremtyp mit „stabilisierend" umschreiben, wird der andere Extremtyp von GOMEZ/ ZIMMERMANN als „entwicklungsfähig" und von PERICH als „destabilisierend" bezeichnet. Hierbei kann davon ausgegangen werden, dass alleine die Wahl des Begriffes Auswirkungen auf die Bestimmung des Sollprofils einer Organisation hat.[18]

2. Die *individuelle Wahrnehmung* des jeweiligen Profils im Vergleich zu den formulierten Extrempositionen spielt eine wesentliche Rolle. So können die von verschiedenen Personen wahrgenommenen Istprofile stark voneinander abweichen, selbst wenn man von einem einheitlichen Verständnis der Formulierungen ausgeht. Zudem können die Einschätzungen der Sollprofile auch dann differieren, wenn die Beteiligten nahezu identische Ziele verfolgen (bzw. zu verfolgen glauben). Wenngleich die Möglichkeit besteht, Wahrnehmungs- bzw. Interpretationsdifferenzen im Rahmen eines Dialogs zu reduzieren[19], so bleibt – nach dem Verständnis des radikalen Konstruktivismus – doch das Problem, dass die „Richtigkeit" eines eventuell gefundenen Konsenses nicht festgestellt werden kann, da es keine objektive Wirklichkeit und somit auch kein „richtiges Profil" gibt. Es kann allenfalls *ex post* festgehalten werden, dass die Maßnahmen, die *unter anderem* aus dem wahrgenommenen Istzustand und dem angestrebten Sollzustand abgeleitet wurden, in *diesem* Kontext *„gepasst"* haben. Allerdings ist *in praxi* nie feststellbar, ob nicht auch andere Maßnahmen und/oder andere Verhaltensweisen zum gleichen oder sogar zu einem besseren Ergebnis geführt hätten.[20]

---

[17] Vgl. BLEICHER, Knut (1999), S. 586-588.
[18] Vgl. GOMEZ, Peter/ ZIMMERMANN, Tim (1997), S. 136-140; PERICH, Robert (1993), S. 350-357.
[19] Vgl. WOLLNIK, Michael (1995), S. 308-312.
[20] In diesem Zusammenhang vgl. beispielsweise GLASERSFELD, Ernst von (2000), S. 37.

3. Das Krankenhausmanagementkonzept soll – analog zum St. Galler Ansatz – in erster Linie einen Bezugsrahmen zur Analyse, Diagnose und Lösung von Managementproblemen zur Verfügung stellen, der sich methodisch für eine Selbstreflexion und einen zielgerichteten Dialog unter den Beteiligten eignet. Mithilfe dieses Bezugsrahmens sollen die Beteiligten u. a. leichter potenzielle Inkonsistenzen erkennen können.[21] BLEICHER versucht diesen „Erkenntnisprozess" noch weiter zu unterstützen, indem er Profile, die sich auf der Diagonalen befinden, als in sich plausibel und alle anderen als erklärungsbedürftig bezeichnet.[22] Diese Aussage vernachlässigt aber in ihrer generalisierenden Art die jeweiligen Kontextbedingungen sowie die Möglichkeit unterschiedlicher Perzeptionen und Interpretationen der Istzustände und Skaleneinteilungen. Hinzu kommt, dass der potenzielle Anwender explizit von BLEICHER dazu angehalten wird, die Zweckmäßigkeit der angebotenen Skalen zu überprüfen und sie gegebenenfalls „durch andere zu ersetzen, die seinem Kontext und seiner Situation besser entsprechen, oder weitere Skalen hinzuzufügen."[23] Hierbei entsteht jedoch das Problem, dass die gemachten Plausibilitätsüberlegungen nicht für all jene Skalen gelten können, die erst noch von den jeweiligen Bearbeitern des Konzeptes zu formulieren sind.

4. Selbst wenn man von den unterschiedlichen Kontextbedingungen, Wahrnehmungen und Interpretationen abstrahiert, stellt sich die Frage, warum nur solche Profile in sich konsistent sein sollen, die sich auf der Diagonalen befinden[24]. Wie in den folgenden Abschnitten zu zeigen sein wird, können auch andere Profile plausibel sein. BLEICHER selbst führt hierzu zwei Beispiele im Rahmen seines Managementkonzeptes an.[25] Für die *meisten* Managementdimensionen des Krankenhausmanagementkonzeptes liegt der relevante Profilierungsbereich innerhalb des in *Abbildung 7-2* markierten Parallelogramms. Allerdings wird die Möglichkeit, sich zumindest bei einzelnen Managementmodulen auch im restlichen Feld sinnvoll positionieren zu können, ausdrücklich betont.

Da Ist- und Sollprofilierungen in der linken unteren und rechten oberen Ecke des Quadrates zumeist wahrscheinlicher bzw. sinnvoller sind als solche in den beiden anderen Ecken, werden diese idealtypischen Muster stets näher beschrieben.[26] Die Profilierungsmöglichkeiten links und rechts der Diagonale werden lediglich in allgemeiner Form angesprochen[27], da nur bei einigen Managementdimensionen *Extrem*positionierungen in dieser Richtung als möglich bzw. sinnvoll erscheinen.

---

[21] Vgl. auch BLEICHER, Knut (1999), S. 72.
[22] Vgl. BLEICHER, Knut (1999), S. 586-587.
[23] BLEICHER, Knut (1999), S. 583.
[24] Vgl. BLEICHER, Knut (1999), S. 586, 588, 590-592.
[25] Vgl. BLEICHER, Knut (1999), S. 170, 174 bzw. BLEICHER, Knut (1994a), S. 265, 268. Hinsichtlich der Dimension „Produktprogrammstrategien" nennt BLEICHER auch die Vorteile so genannter Kombinations- und Hybridstrategien, denen Profile entsprechen können, die von der Diagonalen abweichen. Vgl. hierzu BLEICHER, Knut (1999), S. 300-301.
[26] Aus Gründen der Anschaulichkeit werden diese Muster zudem mit kurzen, einprägsamen Begriffen gekennzeichnet, die häufig von denen des St. Galler Management-Konzeptes abweichen.
[27] Im St. Galler Management-Konzept geschieht dies explizit nur an zwei Stellen. Vgl. BLEICHER, Knut (1999), S. 170, 174.

Abbildung 7-2: Vorwiegend relevanter Profilierungsbereich der Dimensionen des Krankenhausmanagementkonzeptes

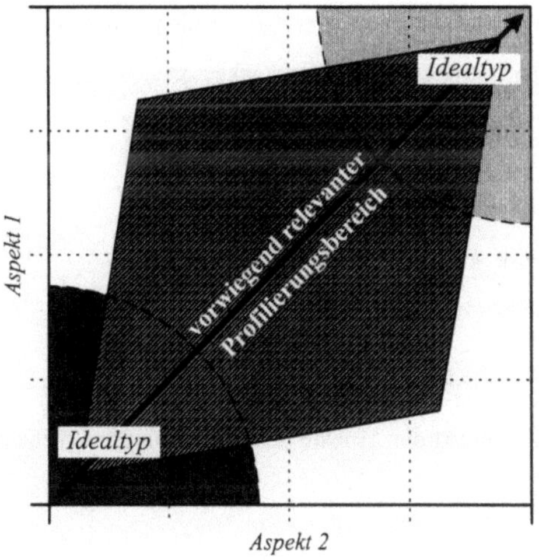

Eigene Darstellung.

Dem Aufbau der anschließenden *Abschnitte 7.2* bis *7.4* liegt folgendes Muster zugrunde: Nach einem kurzen Überblick über die jeweilige Managementebene und die dazugehörigen Module werden die einzelnen Module sukzessiv vorgestellt. Dabei werden als Erstes die relevanten *Managementaspekte* des Moduls aufgezählt, wobei zwei Aspekte, die eng miteinander zusammenhängen, jeweils zu einer *Managementdimension* verbunden werden. Anschließend erfolgt eine Vorstellung der Profilierungsmöglichkeiten im Rahmen des jeweiligen Aspektes sowie des Gesamtzusammenhangs der Profilierung eines Managementmoduls. Für die operative Ebene des Krankenhausmanagements werden keine allgemeinen Profilierungsmöglichkeiten angegeben. Es erscheint sinnvoller, dass Krankenhäuser die für sie relevanten operativen Klassifikationsraster *eigenständig* erarbeiten, statt sich durch eine Aufzählung beeinflussen zu lassen, die stark eingeschränkt ist und notwendigerweise vom konkreten Anwendungskontext abstrahieren muss.

7.2 Normatives Krankenhausmanagement

7.2.1 Die vier Module der normativen Managementebene

Auf der Ebene des normativen Krankenhausmanagements werden Krankenhausphilosophie, -politik, -verfassung und -kultur bearbeitet. Im Rahmen dieser vier Module geht es um die Lösung grundlegender Probleme der Gestaltung und Entwicklung von Krankenhäusern im gesellschaftlichen Umfeld. Die daraus hervorgehenden konstitutiven Grundlagen der Krankenhaustätigkeit können Fixpunkte darstellen, die für alle Beteiligten und Betroffenen Sicherheit versprechen.[28]

---

[28] Vgl. BLEICHER, Knut (1994a), S. 19, 25-26.

Die Krankenhausphilosophie durchdringt alle Ebenen des Krankenhausmanagements. Die durch sie geprägte Leitidee findet sich aber vor allem in den anderen Modulen des normativen Managements wieder, die in der folgenden *Abbildung 7-3* nochmals dargestellt sind.

Abbildung 7-3: **Die normative Ebene des Krankenhausmanagementkonzeptes**

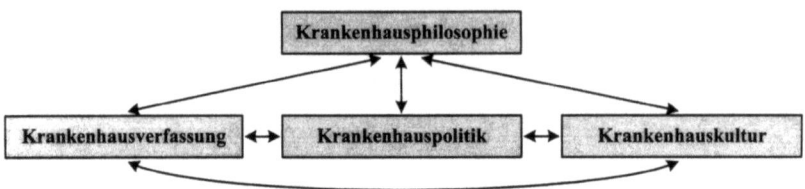

Eigene Darstellung.

Im folgenden Abschnitt werden die Aspekte und Profilierungsmöglichkeiten der Krankenhausphilosophie erörtert.

7.2.2 Krankenhausphilosophie

7.2.2.1 *Aspekte der Krankenhausphilosophie*

Die Bedeutung der Krankenhausphilosophie wurde bereits 1979 von EICHHORN hervorgehoben. Er betonte dabei die Notwendigkeit einer adäquaten Betriebs- und Managementphilosophie, die – unter Berücksichtigung volkswirtschaftlicher sowie gesundheits-, sozial- und gesellschaftspolitischer Belange – das Ziel einer bestmöglichen Patientenversorgung mit der Forderung nach medizinisch zweckmäßiger und ausreichender Leistungsfähigkeit bei sparsamer Wirtschaftsführung harmonisiert.[29] EICHHORN nahm dabei zwar schon begrifflich eine Unterscheidung zwischen Betriebs- und Managementphilosophie vor, grenzte deren Inhalte aber nicht voneinander ab. Daher soll im Folgenden zunächst der Unterschied zwischen Betriebs- und Managementphilosophie am Beispiel der Krankenhaus- resp. Krankenhausmanagementphilosophie erörtert werden.

Die *Krankenhausphilosophie* positioniert das Krankenhaus im gesellschaftlichen Umfeld und begründet damit das Verhalten gegenüber seinen Anspruchsgruppen. Dabei geht es vor allem um die Wahrnehmung gesellschaftlicher Verantwortung. Unter dem Begriff der *Krankenhausmanagementphilosophie* wird der Frage nachgegangen, welche Rolle das Management im sozialen Kooperationszusammenhang des Krankenhauses spielt. Hierbei kommen dem Menschenbild und den verfolgten Wertstrukturen eine wesentliche Bedeutung zu. Die Krankenhausphilosophie umschließt damit auch die Krankenhausmanagementphilosophie.[30]

In *jedem* Krankenhaus formiert sich eine spezifische Philosophie, die einen starken Einfluss auf die Verhaltens- und Handlungsweisen der Organisationsmitglieder ausübt. Allerdings sind Krankenhausphilosophien (wie alle Unternehmensphilosophien) nur äußerst schwer erschließbar und

---

[29] Vgl. EICHHORN, Siegfried (1979), S. 183, 185.
[30] Vgl. BLEICHER, Knut (1994a), S. 57-59; BLEICHER, Knut (1999), S. 73.

bleiben zudem häufig unreflektiert. Eine Klärung der besonderen Charakteristika der spezifischen Krankenhausphilosophie (im Sinne einer Werterhellung, Wertdefinition und auch Wertentwicklung) sowie deren Kommunikation scheint hilfreich zu sein, um das Aufkeimen von Missverständnissen und Konflikten zu reduzieren.[31] Während in den letzten Jahren strategische Positionierungen im Krankenhaussektor immer häufiger vorgenommen wurden, sollten Krankenhäuser demnach versuchen, sich auch im krankenhausphilosophischen Bereich zu positionieren. Die im Folgenden aufgeführten Aspekte sind dabei als Orientierungshilfe zu verstehen, anhand denen ein Krankenhaus systematisch sein Ist- und Sollprofil bestimmen kann.

Bei der Profilierung einer *Krankenhausphilosophie im engeren Sinne* sind vor allem die Aspekte relevant, die in der nachfolgenden Übersicht dargestellt werden. Es lassen sich jeweils zwei Extremausprägungen unterscheiden:[32]

I   *Selbstverständnis des Krankenhauses in der Gesellschaft*
    (1) Legitimation über die Erfüllung des Versorgungsauftrages vs. Legitimation über die Befriedigung gesamtgesellschaftlicher Bedürfnisse
    (2) monologisches vs. dialogisches Verantwortungsverständnis

II *Selbstverständnis des Krankenhauses als organisatorische Einheit*
    (3) institutionelle vs. funktionelle Zwecksetzung
    (4) technokratisches vs. selbstevolutives Systemverständnis

Im Rahmen der Profilierung sind bei der enger definierten *Krankenhausmanagementphilosophie* vor allem die folgenden Aspekte mit ihren jeweils gegenläufigen Extremausprägungen zu beachten:[33]

III *Rollenverständnis von Mitarbeitern, Management und Trägerorganen*
    (5) generalisierendes vs. komplexes Menschenbild
    (6) Manager als Macher vs. Manager als Kultivator

IV *Gesundheits- und Patientenverständnis*
    (7) biomedizinische Krankheitsorientierung vs. ganzheitliche Gesundheitsorientierung
    (8) Patient als kranker Hilfesuchender vs. Patient als mündiger Kunde und Partner

V   *Handhabung von Macht und Konflikten*
    (9) hierarchische vs. marktmäßige Ordnungsphilosophie
    (10) Konflikthandhabung auf Basis mikropolitischer vs. lateraler Kooperation

---

[31] Vgl. BLEICHER, Knut (1999), S. 88-90, 94.

[32] Zu den Punkten (1) bis (4) vgl. die von BLEICHER, Knut (1994a), S. 81-86, aufgeführten Aspekte erwerbswirtschaftlicher Unternehmen. Bei Punkt (1) werden erhebliche Änderungen vorgenommen, die auf das hier betrachtete Erfahrungsobjekt zurückzuführen sind. Die starken Modifikationen bei Punkt (2) liegen darin begründet, dass eine andere Profilierungsmöglichkeit im Rahmen des Aspektes gesellschaftlicher Verantwortung als sinnvoller erachtet wird.

[33] Zu den Punkten (5) und (6) sowie (9) und (10) vgl. die von BLEICHER, Knut (1994a), S. 81-82, 87-96, aufgeführten managementphilosophischen Aspekte erwerbswirtschaftlicher Unternehmen. Die Punkte (7) und (8) sind in BLEICHERs Konzept nicht vorhanden.

Die folgende *Abbildung 7-4* stellt den Zusammenhang zwischen den einzelnen Dimensionen der Krankenhausphilosophie dar.

Abbildung 7-4: Zusammenhang der Dimensionen der Krankenhausphilosophie

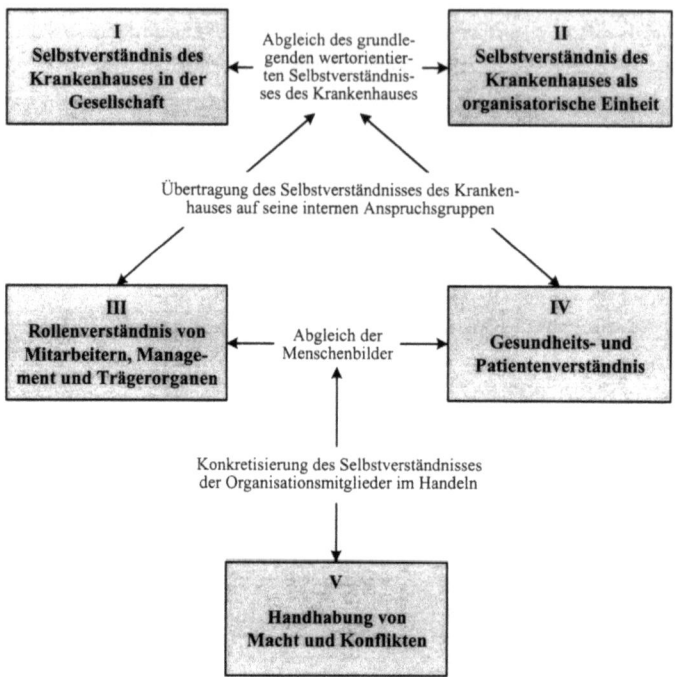

Eigene Darstellung in Anlehnung an BLEICHER, Knut (1994a), S. 83.

Unter Berücksichtigung dieser fünf Dimensionen kann ein Krankenhaus sein *Istprofil* bestimmen und ein *Sollprofil* festsetzen, sodass den betroffenen Gruppen eine Hilfestellung für ihr Handeln gegeben werden kann.

7.2.2.2 Profilierung einer Krankenhausphilosophie

I Selbstverständnis des Krankenhauses in der Gesellschaft

Innerhalb dieser ersten krankenhausphilosophischen Dimension muss ein Krankenhaus die gesellschaftliche Legitimation seines unternehmerischen Handelns glaubwürdig begründen.[34] Dabei hat es für sich die Frage zu beantworten: *Wofür* und vor allem *für wen* setzen wir uns *warum* ein?

(1) Hinsichtlich der primär leitenden Handlungsmaxime können zwei Extrempositionen unterschieden werden: Auf der einen Seite steht eine Legitimation über die *Erfüllung des Versor-*

---

[34] Vgl. ULRICH, Peter/ FLURI, Edgar (1995), S. 17.

gungsauftrages, auf der anderen Seite eine Legitimation über die *Befriedigung gesamtgesellschaftlicher Bedürfnisse*.

Krankenhäuser, die ihre Legitimation ausschließlich durch die Erfüllung ihres Versorgungsauftrages begründet sehen, nehmen eine darüber hinausgehende „Verantwortung" gegenüber der Gesellschaft nur im Rahmen der gesetzlichen Auflagen sowie aus strategischen Gründen und/ oder zur Abwehr möglicher Konflikte wahr. Bei den beiden letzteren Beweggründen werden nur die Ansprüche derjenigen Stakeholder berücksichtigt, die gegenüber dem Krankenhaus über aktuell wirksame Macht oder latente Machtpotenziale verfügen[35]. In diesem Fall sollte statt von „angemessener Verantwortungswahrnehmung" eher von „eigennütziger Interessenberücksichtigung" gesprochen werden.

Ein Krankenhaus der zweiten Ausprägung versucht dagegen alle Stakeholder zu berücksichtigen, die ihm gegenüber legitime Ansprüche haben, seien das spezielle Rechte aus vertraglichen Vereinbarungen[36], gesetzlich ableitbare Rechte[37] oder allgemeine moralische Rechte.[38] In dieser Perspektive werden also nicht nur die Interessen und Erwartungen der (potenziell) *beeinflussenden* Anspruchsgruppen, sondern aller direkt und indirekt von den Aktivitäten des Krankenhauses *Betroffenen* in angemessener Weise berücksichtigt. Dabei sind sämtliche antizipierbaren Nebenfolgen des „Krankenhaushandelns" zu berücksichtigen.[39] Ist also beispielsweise der Versorgungsauftrag nur noch unter Vernachlässigung der Verantwortung gegenüber anderen Anspruchsgruppen zu erfüllen, so muss – unter Einhaltung der gesetzlichen Auflagen – eine Abwägung stattfinden. Im Extremfall kann dies sogar zur Schließung des Krankenhauses führen, soweit die Versorgung der Bevölkerung mit Krankenhausleistungen durch andere Einrichtungen gewährleistet werden kann. Zu einem solchen Selbstverständnis passt dann auch der Ausdruck einer *umfassenden Verantwortungswahrnehmung*.

(2) Die Positionierung hinsichtlich der primär leitenden Handlungsmaxime des Krankenhauses hat vor dem Hintergrund des jeweiligen *Verantwortungsverständnisses* zu geschehen. Die Art, wie Krankenhäuser ihre Verantwortung gegenüber der Gesellschaft wahrzunehmen versuchen, kann sich ebenfalls zwischen zwei Extremausprägungen bewegen.

Unter Zugrundelegung des *monologischen* Verantwortungsbegriffes kann auf der einen Seite versucht werden, *anstelle* der Stakeholder deren Erwartungen und Interessen in angemessener Weise in „einsamen" Entscheidungen zu berücksichtigen;[40] Dialoge mit externen Anspruchs-

---

[35] Zum so genannten *machtstrategischen Stakeholder-Konzept* vgl. ULRICH, Peter (1998), S. 442.
[36] Zu den Vertragsbeziehungen zwischen Krankenkassen und Krankenhäusern siehe beispielsweise §§ 109, 110, 112, 113, 115, 115 a, 115 b, 137, 137 a SGB V.
[37] Zu den ableitbaren Rechten für potenzielle Patienten siehe beispielsweise §§ 11, 27, 39, 70 SGB V.
[38] Vgl. ULRICH, Peter (1998), S. 442-443.
[39] Vgl. allgemein ULRICH, Peter/ FLURI, Edgar (1995), S. 56-58, 60-61.
[40] ⇔ Vgl. *Abschnitt 6.3.1*, insbesondere *Abbildung 6-3*.

gruppen werden dann lediglich als Reaktion auf bestehende oder aufkeimende Konflikte gesucht.[41]

Für eine angemessene Interessenberücksichtigung nach dem *dialogischen* Verantwortungskonzept ist auf der anderen Seite ein Legitimationsdiskurs mit den Betroffenen der (beabsichtigten oder bereits realisierten) Krankenhausaktivitäten notwendig. Oberstes Ziel des Krankenhauses ist dann die Schaffung und Pflege kommunikativer Verständigungspotenziale, sodass eine hohe Sensibilität gegenüber den aktuellen Präferenzen und zukünftigen Wertvorstellungen der externen Anspruchsgruppen erlangt werden kann. Ist aus zeitlichen oder sachlichen Gründen eine symmetrische Kommunikationssituation nicht herstellbar, so ist im eigenen reflexiven Selbstverständnis ein fiktiver Diskurs zu vollziehen.[42] Liegen nun Ansprüche gegenüber dem Krankenhaus vor, deren Legitimität ethisch begründbar ist, dann sollte ein realer oder fiktiver Legitimationsdiskurs stattfinden. Dies bedeutet u. a., dass allen Stakeholdern das Recht zuerkannt werden muss, das Krankenhaus hinsichtlich der moralischen Berechtigung seines „Tuns kritisch ‚anzusprechen', Einwände gegen dieses zu erheben und eine öffentliche Begründung fraglicher Handlungsweisen, die die Öffentlichkeit interessieren, zu verlangen."[43]

Da die beiden Aspekte des Selbstverständnisses eines Krankenhauses in der Gesellschaft eng miteinander zusammenhängen und sich gegenseitig beeinflussen, können – wie in *Abbildung 7-5* dargestellt – zwei typische Muster krankenhausphilosophischer Grundhaltungen unterschieden werden: Bei einem Krankenhaus, das seine aus „einsamen" Entscheidungsprozessen hervorgegangenen Aktivitäten nahezu ausschließlich auf die Erfüllung des Versorgungsauftrages ausrichtet und sich für gesellschaftliche Anliegen nur im Rahmen gesetzlicher Vorschriften verantwortlich fühlt, kann von einer *„einsamen Versorgungsauftragserfüllung"* gesprochen werden. Wird hingegen im Diskurs versucht, die vielfältigen Ansprüche aller Stakeholder zu befriedigen, so kann das Krankenhaus als *„pluralistische Wertschöpfungsveranstaltung"*[44] bezeichnet werden.

Realistischerweise ist davon auszugehen, dass kein Istprofil eines Krankenhauses auf einem der beiden Extrempunkte liegen wird. Die Positionierung wird zwischen den beiden Polen stattfinden, wobei nicht nur beim Ist-, sondern auch beim Sollprofil von der Diagonalen abgewichen werden kann.[45] So ist z. B. eine umfassende *monologische* Verantwortungsübernahme durchaus denkbar. Ein dialogisches Verantwortungsverständnis schließt hingegen ein einseitiges Streben nach Erfüllung des Versorgungsauftrages aus.[46]

---

[41] ⇨ Vgl. hierzu auch die krankenhausphilosophische Dimension „*V Handhabung von Macht und Konflikten"* (S. 185-187) und die krankenhauspolitische Dimension „*II Entwicklungsorientierung"* (S. 194-197).

[42] ⇦ Vgl. hierzu auch *Abschnitt 6.3.1*.

[43] ULRICH, Peter (1998), S. 443. Zu diesem so genannten *normativ-kritischen Stakeholder-Konzept* vgl. ULRICH, Peter (1998), S. 442-443.

[44] ULRICH, Peter (1998), S. 438. Ebenso könnte man auch von einer „(quasi-)öffentlichen Wertschöpfungsveranstaltung" sprechen. Vgl. ULRICH, Peter (1998), S. 443. Je nachdem, ob ein öffentliches oder freigemeinnütziges Krankenhaus betrachtet wird, käme dann das Adjektiv „öffentlich" oder „quasi-öffentlich" zum Tragen.

[45] Dies gilt auch für alle folgenden idealtypischen Muster der verschiedenen Dimensionen der einzelnen Managementmodule.

[46] Positionierungen in der rechten unteren Hälfte werden also nur in der Nähe der Diagonalen aufzufinden sein.

Abbildung 7-5: Selbstverständnis des Krankenhauses in der Gesellschaft

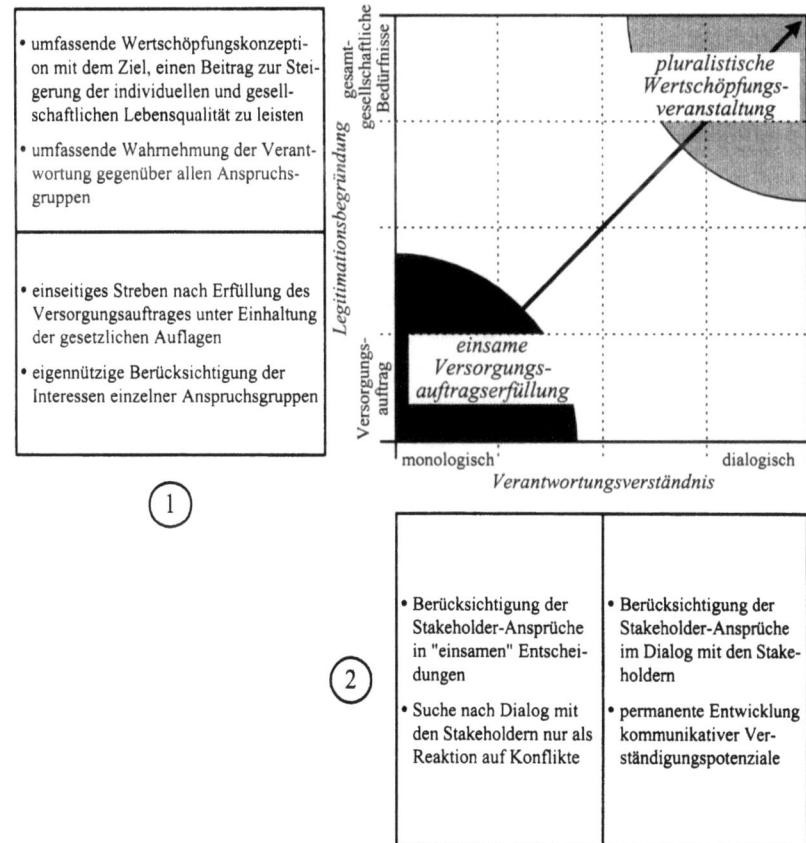

Eigene Darstellung.

II Selbstverständnis des Krankenhauses als organisatorische Einheit

Im Rahmen dieser Dimension muss sich das Krankenhaus die Frage stellen: *Wofür* setzen wir uns *in welcher Weise* ein?

(3) Zunächst hat sich das Krankenhaus in einem Spannungsfeld zwischen *institutioneller* und *funktioneller Zweckbestimmung* zu positionieren.

Es kann einerseits die *Erhaltung als Institution* anstreben[47], mit deren Kompetenz der Versorgungsauftrag und gegebenenfalls andere Zielsetzungen vornehmlich eigenständig erfüllt werden sollen. Das Ziel, die *Lebensfähigkeit* des Krankenhauses auf Dauer zu sichern, hat damit Priorität

---

[47] Vgl. BLEICHER, Knut (1994a), S. 87.

vor allen über die gesetzlichen Verpflichtungen hinausgehenden Aktivitäten.[48] Dieses Ziel wird häufig auch durch die Bürger angrenzender Stadtgebiete (und damit potenzielle Patienten) gestützt, denn „eine Klinik zu schließen ist ein symbolträchtiger Akt"[49]. Daher spielen bei Entscheidungen über das weitere Bestehen eines Krankenhauses nicht nur ökonomische und medizinische, sondern vor allem politische Gründe eine Rolle.[50]

Andererseits kann die Zweckbestimmung eines Krankenhauses auch aus der Befriedigung individueller und gesellschaftlicher Gesundheitsbedürfnisse abgeleitet werden. Bei einer solchen *funktionsorientierten* Krankenhausphilosophie[51] werden bewusst Kooperationen mit anderen, in bestimmten Teilbereichen leistungsfähigeren Institutionen eingegangen.[52] Im Vordergrund steht hierbei also nicht mehr die Erhaltung der Lebensfähigkeit, sondern die Förderung der *Entwicklungsfähigkeit*, um den sich verändernden Gesundheitsbedürfnissen Rechnung tragen zu können. Im Extremfall kann das Krankenhaus aufgrund eines engmaschigen Kooperationsnetzwerkes[53] als Institution nicht mehr eindeutig identifiziert werden. Die Verzahnung ambulanter und stationärer Gesundheitseinrichtungen, die präventive, kurative und rehabilitative Gesundheitsleistungen anbieten, ist dann so weit vorangeschritten, dass ein umfassendes Gesundheitsnetzwerk entstanden ist.

(4) Das Selbstverständnis eines Krankenhauses kann sich zudem in einem Spannungsfeld zwischen einem *weitgehend lenkbaren* und einem *selbstevolutiven* System bewegen.

Im ersten Fall handelt es sich um ein eher *technokratisches* Verständnis, bei dem durch Regulierung und Standardisierung versucht wird, den Leistungserstellungsprozess zu optimieren.[54] Pati-

---

[48] Zu rechtlich-politischen Vorgaben siehe beispielsweise § 4 HKHG: „(1) Auf der Grundlage des Krankenhausplanes sind Krankenhäuser innerhalb ihres Einzugsbereichs entsprechend ihrer Aufgabenstellung zur Zusammenarbeit verpflichtet. [...] (2) Außerdem arbeiten die Krankenhäuser im Interesse der durchgehenden Sicherstellung der Versorgung der Patienten mit den niedergelassenen Ärzten und den übrigen an der Patientenversorgung beteiligten ambulanten und stationären Diensten und Einrichtungen des Gesundheits- und Sozialwesens eng zusammen." Siehe analog auch § 30 LKG Rheinland-Pfalz.

[49] ALBRECHT, Harro (2000), S. 30.

[50] Vgl. hierzu auch THIEDE, Justus A. (1999), S. 15-16.

[51] Zur Idee der funktionsorientierten Unternehmensphilosophie vgl. ULRICH, Peter/ FLURI, Edgar (1995), S. 68-70.

[52] Hierbei besteht eine Vielzahl von Optionen: Es können Kooperationsverträge für Teilbereiche oder für das gesamte Krankenhaus geschlossen sowie Beteiligungen an anderen Organisationen eingegangen werden. Zudem ist an die Herauslösung und Fusion von Teilbereichen mit anderen Institutionen oder Teilbereichen von diesen zu denken. So können z. B. einzelne Servicebereiche zweier oder mehrerer Krankenhäuser, wie die Küche oder Wäscheversorgung, in eine neue (Tochter-)Gesellschaft eingebracht werden. Schließlich kann auch eine Fusion des gesamten Krankenhauses anvisiert werden – sei es, dass das Krankenhaus in eine bestehende Gesellschaft eingebracht wird, sei es, dass eine neue gemeinsame Trägerstruktur oder Betreibergesellschaft geschaffen wird. Zur Betreibergesellschaft, in die „die Krankenhauseigentümer ihre Vermögenswerte [...] zur Nutzung einbringen, ohne das Eigentum selbst zu verlieren", vgl. NEUBAUER, Günter (2000), S. 384-385. Zur Betreibergesellschaft im Bereich der Energieversorgung vgl. PILLATH, Jutta/ RITTER, Gabriele (1997), S. 506-512; VOLLMER, Reinhard (1997), S. 62-63. Wie das Beispiel des Klinikverbunds der Oberschwaben Klinik gGmbH, Ravensburg, zeigt, sind dabei selbst Zusammenschlüsse zwischen öffentlichen und freigemeinnützigen Krankenhausträgern möglich. Vgl. OBERSCHWABEN KLINIK GGMBH (2001), o. S. Zu den unterschiedlichen Kooperationsformen vgl. THIEDE, Justus A. (1999), S. 45.

[53] Zu einer Übersicht über mögliche Kooperationspartner von Krankenhäusern vgl. THIEDE, Justus A. (1999), S. 37-40.

[54] Vgl. BLEICHER, Knut (1994a), S. 87.

enten mit vergleichbaren Krankheitsbildern (aber unterschiedlichen Bedürfnissen) werden von den Mitarbeitern in gleicher Weise anhand weitgehend vorgegebener Prozesse behandelt. Die Heilung der Krankheit als (zumindest bedingt) messbares Ergebnis steht dabei im Vordergrund.

Im zweiten Fall wird die *Eigengesetzlichkeit* des sozialen Systems Krankenhaus betont, die auf die vielfältigen menschlichen Interaktionen zurückzuführen ist. Als entscheidender Erfolgsfaktor gilt die Leistungsbereitschaft und -fähigkeit der Mitarbeiter und Patienten. Statt eindeutigen prozeduralen Vorgaben wird hier lediglich ein Rahmen festgelegt, in dem sich individuelle und soziale Verhaltensweisen bewegen können.[55] Dies schließt jedoch die partielle Notwendigkeit von klar festgelegten Prozessen nicht aus (z. B. im OP). Allerdings sind nach diesem Selbstverständnis die Mitarbeiter an der Festlegung der Prozessschritte zu beteiligen.

Abbildung 7-6: **Selbstverständnis des Krankenhauses als organisatorische Einheit**

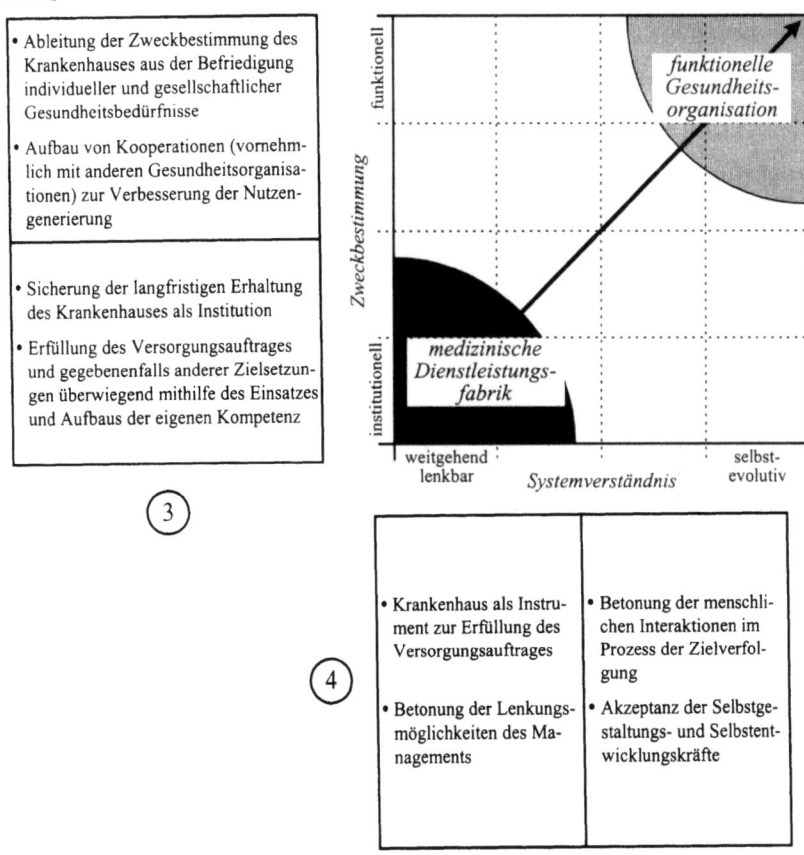

Eigene Darstellung in Anlehnung an BLEICHER, Knut (1994a), S. 89.

---

[55] Vgl. BLEICHER, Knut (1994a), S. 87, 89.

Die extremen Ausgestaltungen dieser beiden Dimensionen können – wie in *Abbildung 7-6* illustriert – zu den idealtypischen Mustern einer „medizinischen Dienstleistungsfabrik" und einer „funktionellen Gesundheitsorganisation" verknüpft werden: Das Verständnis eines Krankenhauses als „*medizinische Dienstleistungsfabrik*" beruht zum einen auf der Zielsetzung, das Krankenhaus als Institution zu erhalten, und zum anderen auf der Vorstellung einer weitgehenden Lenkbarkeit des Krankenhauses im Sinne des Trägers bzw. des Managements. Bei einem Krankenhaus als „*funktionelle Gesundheitsorganisation*" steht die Befriedigung der (im Zeitablauf wechselnden) Gesundheitsbedürfnisse im Vordergrund. Das Krankenhaus wird hierbei als evolutionsfähiges System verstanden, das durch eine effektive und flexible Ausgestaltung der Rahmenbedingungen die Selbstgestaltungs- und Selbstentwicklungskräfte unterstützt.

Positionierungen in größerem Abstand von der Diagonalen sind im Rahmen dieser Dimension zwar möglich, aber eher unwahrscheinlich. Wenngleich ein eher technokratisches Verständnis nicht unmittelbar eine an den gesellschaftlichen Gesundheitsbedürfnissen orientierte Zweckbestimmung ausschließt, so ist doch eine rein institutionelle Zweckbestimmung kaum mit der Akzeptanz der Selbstentwicklungskräfte des sozialen Systems Krankenhaus zu vereinbaren.

III Rollenverständnis von Mitarbeitern, Management und Trägerorganen

Innerhalb dieser ersten Dimension der Krankenhaus*management*philosophie – dem Rollenverständnis von Mitarbeitern, Management und Trägerorganen – besteht die Gefahr einer Pauschalisierung, da bezüglich des Rollenverständnisses einzelner Organisationsmitglieder starke Differenzen bestehen können. Im Folgenden geht es aber vor allem um Tendenzaussagen innerhalb eines Krankenhauses.

(5) Aufgrund unterschiedlicher Wahrnehmungen, Sozialisationen und kultureller Hintergründe existiert eine Vielzahl unterschiedlicher *Menschenbilder*.[56] Im Rahmen der Krankenhausmanagementphilosophie ist es vor allem von Bedeutung, inwieweit die Individualität, Komplexität und Veränderbarkeit des Menschen von den Führungskräften anerkannt wird[57]. So stellt sich die Frage, ob Mitarbeiter, Manager und Träger immer nur *in ihrer jeweiligen Rolle* wahrgenommen werden oder tatsächlich *in ihrer ganzen Komplexität*.

Ist Ersteres der Fall, dann kann von einem starken *Standesdenken* ausgegangen werden, das die Möglichkeit argumentativer Verständigungsprozesse bei berufs- und/oder hierarchieübergreifenden Kooperationen verringert, wenn nicht sogar ausschließt. Das Führungsverhalten ist durch Misstrauen geprägt[58].

Dem anderen Extrem – der Wahrnehmung des Organisationsmitgliedes in seiner ganzen Komplexität – liegt das in *Abschnitt 6.2.3* vorgestellte *ganzheitliche Menschenbildkonzept* zugrunde.

---

[56] ⇨ Vgl. *Abschnitt 6.2*.
[57] An dieser Stelle interessiert vorrangig das Führungsverständnis seitens des Managements. ⇨ Auf die Menschenbilder der Mitarbeiter und Patienten wird im Rahmen des Moduls „Krankenhauskultur" noch eingegangen.
[58] Vgl. BLEICHER, Knut (1994a), S. 91.

Bezogen auf die Organisationsmitglieder ist hierbei vor allem die Vorrangigkeit der Bürgerverantwortung vor der Rollenverantwortung zu betonen[59]. Von den Mitarbeitern wird explizit eine *kritische Loyalität* gegenüber den Vorgesetzten gefordert, und auch Manager sowie Trägerorgane bewahren eine *kritische Rollendistanz*[60]. Auf der Basis einer solchen Verantwortungskultur[61] kann sich eine gegenseitige Vertrauenshaltung entwickeln.

(6) Die Gestaltungsphilosophie des Krankenhauses lässt sich zwischen den beiden folgenden Extremausprägungen ansiedeln:

Einerseits steht das Verständnis vom Manager[62] als *Macher*, der die Krankenhausentwicklung über lenkende Systemeingriffe festlegt. Dahinter steht die Vorstellung, dass die Erreichung vorgegebener Ziele vorrangig vom Einsatz bestimmter Managementmethoden abhängt.

Andererseits kann die Rolle eines Managers auch als *Kultivator* verstanden werden, der die Rahmenbedingungen für eine evolutorische Selbstentwicklung gestaltet.[63] Nach diesem Verständnis stellen Zielsetzung und -verfolgung einen Gemeinschaftsprozess zwischen Mitarbeitern und Managern dar.

Diese beiden Aspekte des Rollenverständnisses der Organisationsmitglieder hängen wiederum eng miteinander zusammen: Ist eine Machermentalität seitens des Managements vorherrschend, so ist damit in der Regel auch ein reduktionistisches Menschenbild verbunden. Die Mitarbeiter werden weniger als Individuen, denn als Mitglieder einer Berufsgruppe betrachtet. Dies kann dazu führen, dass die „typischen" Erwartungen und Wünsche einer Berufsgruppe generalisierend auf den Einzelnen projiziert werden und die Zusammenarbeit auf gegenseitigem Misstrauen und überwachender Kontrolle beruht. Zudem glaubt das Management, die Entwicklung des Krankenhauses durch den Einsatz bestimmter Managementinstrumente beliebig steuern zu können.[64] Aus den genannten Gründen kann diese Extremausprägung als „*generalisierendes Machertum*" bezeichnet werden. Wird der Mitarbeiter als komplexer Mensch betrachtet und behandelt, so ist davon auszugehen, dass der Manager seine eigenen Grenzen kennt und weniger als Konstrukteur der Krankenhausentwicklung auftritt als vielmehr als Kultivator, der die Voraussetzungen für eine Selbstentwicklung des Krankenhauses schafft. Hierbei kann von einer „*Komplexität akzeptierenden Selbstentwicklung*" gesprochen werden.[65] *Abbildung 7-7* verdeutlicht noch einmal diese Zusammenhänge der beiden Extremausprägungen.

---

[59] Vgl. ULRICH, Peter (1998), S. 324-325.
[60] ⇔ Vgl. *Abschnitt 6.3.3*.
[61] Vgl. ULRICH, Peter (1998), S. 458-459.
[62] Wie schon in *Abschnitt 5.3.3* erläutert, werden Managementaufgaben sowohl von den hier unter Management subsumierten Personen wie Krankenhausdirektoren und Abteilungsleitern als auch von den zuständigen Trägerorganen wahrgenommen. Demzufolge können in diesem Zusammenhang beide Gruppen als Manager verstanden werden.
[63] Vgl. BLEICHER, Knut (1994a), S. 89-91.
[64] Vgl. BLEICHER, Knut (1994a), S. 90.
[65] Vgl. BLEICHER, Knut (1994a), S. 90-91.

Abbildung 7-7: Rollenverständnis von Mitarbeitern, Managern und Trägerorganen

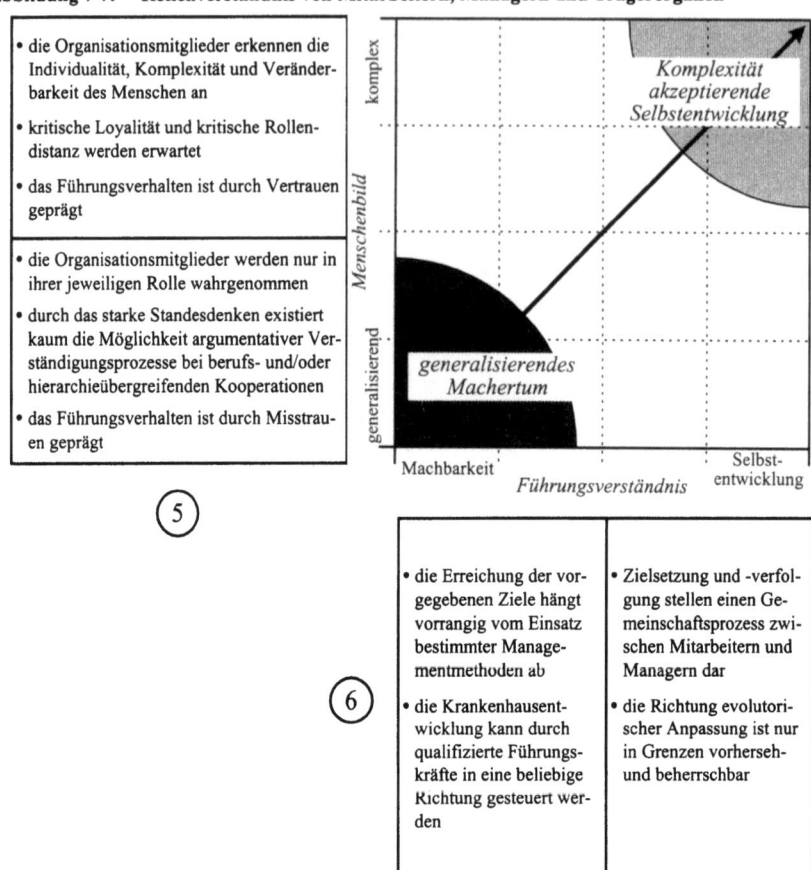

Eigene Darstellung in Anlehnung an BLEICHER, Knut (1994a), S. 91.

Bei der Positionierung eines spezifischen Rollenverständnisses in einem Krankenhaus sind größere Abweichungen von der Diagonalen wenig wahrscheinlich: Zum einen schließen sich die Anerkennung des Menschen als komplexes Wesen und die beliebige Steuerbarkeit der Mitarbeiter gegenseitig aus. Zum anderen sind, sofern das Führungsverhalten durch eine Misstrauenshaltung geprägt wird, gemeinschaftliche Zielsetzungs- und -verfolgungsprozesse lediglich partiell sinnvoll durchführbar.

IV Gesundheits- und Patientenverständnis

Die Bedeutung der krankenhausphilosophischen Dimension „Gesundheits- und Patientenverständnis" ist bereits in *Abschnitt 6.3.2* „Verantwortung gegenüber Patienten" hervorgehoben worden. An dieser Stelle stehen das Behandlungsverständnis sowie der Umgang mit Patienten im Fokus der Betrachtung.

(7) Das *Behandlungsverständnis* kann in einem Spannungsfeld von Krankheits- und Gesundheitsorientierung angesiedelt werden.[66]

Steht bei den Leistungserbringern im Krankenhaus die Heilung oder Linderung der Krankheit bzw. der Körperschäden des Patienten im Vordergrund, dann kann von einem *biomedizinischen Krankheitsverständnis* gesprochen werden, bei dem es in erster Linie um „die Erzielung eines kurzfristig sichtbaren [...] somatischen Gewinns"[67] geht. Dabei wird der Patient als „organischer Funktionskomplex" betrachtet[68] und die klinische Arbeitsteilung technik- und organfixiert organisiert. Dies hat eine Abwertung der interaktionsintensiven Diagnose und Therapie, der nichtmedizinischen, insbesondere pflegerischen Aufgaben sowie der Individualität der Patienten zur Folge.[69]

Beachten die Leistungserbringer den Menschen in seiner soziopsychosomatischen Ganzheit und stellen die *Gesundheit* des Patienten in den Mittelpunkt ihrer Behandlungsprozesse, dann kommen neben der ärztlichen Behandlung vor allem der pflegerischen, sozialen und seelsorgerischen Betreuung große Bedeutung zu. Ziel ist es, den Patienten im Rahmen des Gesundungsprozesses zu *unterstützen* und ihn zu befähigen, seinen Gesundheitszustand auch langfristig selbstständig zu verbessern bzw. zu erhalten.[70] Dieses Ideal wird heute wohl am ehesten von geriatrischen Abteilungen erreicht, in denen „nicht die spezifische Krankheit, sondern der multifunktional erkrankte Mensch Mittelpunkt einer ‚konzertierten therapeutischen Aktion' aller behandelnden Disziplinen und Mitarbeitergruppen ist."[71]

(8) Der *Umgang mit Patienten* kann zwischen folgenden Polen angesiedelt werden: einer patriarchalischen Bevormundung[72] und einer Leitidee, in der Patienten ins Behandlungsteam einbezogen werden[73].

Einerseits kann der Patient als kranker *Hilfesuchender* angesehen werden. Der „beste" Patient ist danach derjenige, der sich bei der Behandlung den Bedürfnissen der Leistungserbringer anpasst und die Behandlung „stillschweigend erduldet".

Andererseits kann der Patient als mündiger *Kunde*, der Gesundheitsleistungen nachfragt, *und Koproduzent*, der aktiv an der Leistungserbringung beteiligt ist, betrachtet werden. Der Patient wird somit zum gleichberechtigten Partner im Behandlungsprozess. Voraussetzung hierfür ist aber, dass der Patient mit den entsprechenden Informationen versorgt wird und eine gesundheitsbezogene Qualifizierung des Patienten (Patienten-Empowerment) stattfindet.[74]

---

[66] ⇔ Vgl. *Abschnitt 3.3*.
[67] SCHOTT, Thomas (1997), S. 90.
[68] Vgl. FEUERSTEIN, Günter/ BADURA, Bernhard (1991), S. 7.
[69] Vgl. BADURA, Bernhard (1993b), S. 37-38; SCHOTT, Thomas (1997), S. 89-90.
[70] Vgl. PELIKAN, Jürgen M./ KRAJIC, Karl (1993), S. 88.
[71] THURN UND TAXIS, Karl Ferdinand von (1992), S. 142.
[72] Vgl. SCHWARTZ, Andrea (1997), S. 86.
[73] Vgl. PARTECKE, Erdmute/ SANDTNER, Hartmuth/ WURBS, Dietmar (1999), S. 183, 189.
[74] Vgl. DEGENHARDT, Jörg (1998), S. 44-46; ENSTE, Ulrich/ GOUTHIER, Matthias (2000), S. 380.

Behandlungsverständnis und Patientenumgang hängen in der Regel eng miteinander zusammen. So wird der Patient bei einer reinen Krankheitsorientierung häufig bloß als *Objekt* betrachtet, an dem Gesundheitsleistungen erbracht werden. Bei einer ganzheitlichen Gesundheitsorientierung dagegen wird der Patient als *Subjekt* anerkannt, mit dem gemeinsam an der Verbesserung des Gesundheitszustandes gearbeitet wird. Damit ergeben sich die beiden Extremausprägungen einer *„patriarchalisch krankheitsorientierten"* und einer *„partnerschaftlich gesundheitsorientierten"* Sichtweise, die in *Abbildung 7-8* verdeutlicht werden.

Abbildung 7-8: Gesundheits- und Patientenverständnis

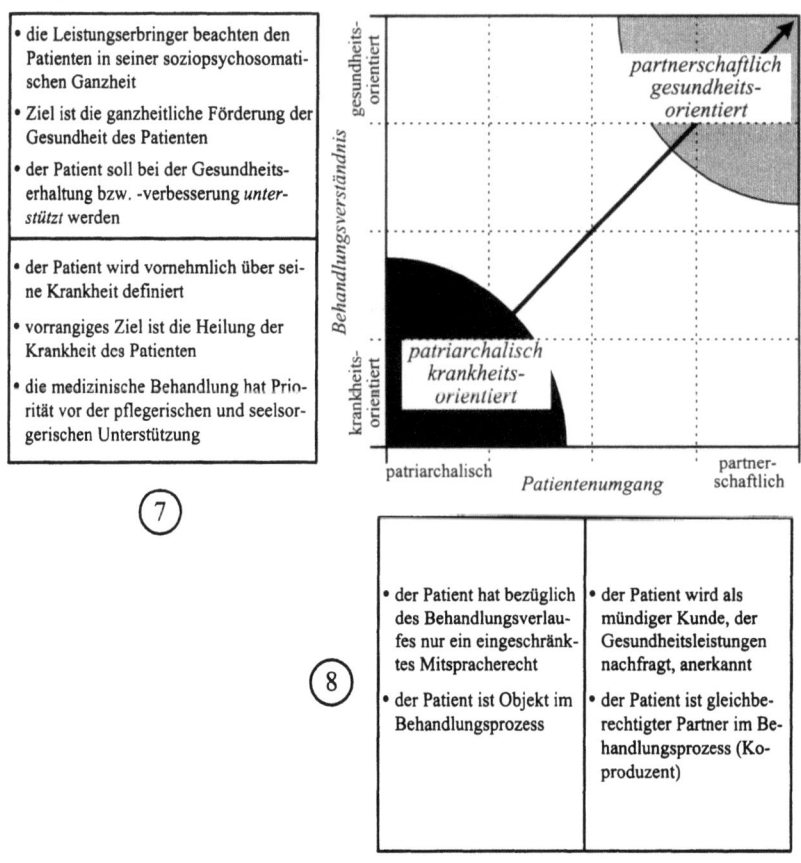

Eigene Darstellung.

Aufgrund des engen Zusammenhangs der beiden Aspekte des Gesundheits- und Patientenverständnisses sind Positionierungen in der Nähe der linken oberen und der rechten unteren Ecke kaum möglich. Dominiert nämlich ein biomedizinisches Krankheitsverständnis, so ist z. B. eine aktive Einbeziehung des Patienten in die Therapie über die medizinisch notwendige Mitarbeit hinaus nicht zu erwarten. Ebenso schließt ein ganzheitliches Gesundheitsverständnis, das psychischen und sozialen Aspekten sowie den Selbstheilungskräften jedes Menschen einen hohen Stellenwert im Gesundungsprozess zuspricht, einen patriarchalischen Patientenumgang weitgehend aus.[75]

V Handhabung von Macht und Konflikten

In der letzten krankenhausphilosophischen Dimension geht es vorrangig um die Frage, wie innerhalb des Krankenhauses mit Macht und Konflikten umgegangen wird.

(9) Die *Ordnungsphilosophie* eines Krankenhauses kann in einem Spannungsfeld von hierarchischer und marktmäßiger Steuerung beschrieben werden.

Bei *hierarchischer Steuerung* ist eine (zumindest formale) Machtsymmetrie vorhanden; Ressourcenverteilung und -einsatz werden administrativ gesteuert. Es herrschen klare Koordinationsvorgaben, die bei den Untergebenen zu einer durch Pflicht und Gehorsam charakterisierten Abhängigkeit gegenüber den Vorgesetzten führen. Die Macht begründet sich hierbei also durch die Position und weniger durch die Fähigkeiten und das Charisma des Vorgesetzten.[76]

Bei *marktmäßiger Steuerung* taucht „das Element der internen Konkurrenz [auf] und damit die Notwendigkeit zu ständigen Aushandlungsprozessen."[77] Bei (zumindest formaler) Machtsymmetrie werden Wissen und Ideen ausgetauscht, Ressourcen und Finanzmittel gehandelt sowie um die Legitimität des eigenen Handelns gerungen.[78] Diese Prozesse sind komplizierter als die unter machtasymmetrischen Bedingungen. Sie können aber zu einem Konsens führen, da letztlich nicht die Position, sondern das „bessere Argument" über den Prozessausgang entscheidet.[79]

(10) Auch beim zweiten Aspekt dieser krankenhausphilosophischen Dimension, der *Konflikthandhabung*, spielt der Umgang mit Macht eine wesentliche Rolle. Unter *Konflikt* wird hier in Anlehnung an GILBERT ein Spannungszustand verstanden, der aufgrund unvereinbarer Werte, Normen, Interessen, Ansprüche oder Umsetzungen von Handlungsalternativen entsteht, die von verschiedenen Akteuren verfolgt werden (hier: die internen Anspruchsgruppen). Dabei kann zwischen *latenten*, d. h. noch nicht bewusst wahrgenommenen, und *manifesten*, d. h. bereits im Verhalten der Betroffenen beobachtbaren, Konflikten unterschieden werden. Im Rahmen der Konflikthandhabung geht es also nicht nur um den Umgang mit bestehenden Kontroversen, sondern auch um die präventive Verhinderung bzw. Abschwächung dysfunktionaler Wirkungen latenter Konfliktpotenziale.[80] Die Konflikthandhabung prägt entscheidend das Kooperationsverhalten der Patienten und Organisationsmitglieder. Die möglichen Ausprägungen der Konflikthandhabungsphilosophie eines Krankenhauses richten sich nach dem Ausmaß an Vorgaben, das von *strikten Regelungen* bis hin zu *lateralen Kooperationsprozessen* reichen kann. Generalisie-

---

[75] Vgl. SCHOTT, Thomas (1997), S. 89-90.
[76] Vgl. BLEICHER, Knut (1994a), S. 92, 95, 198; STAEHLE, Wolfgang H. (1994a), S. 378.
[77] PERICH, Robert (1993), S. 371.
[78] Vgl. PERICH, Robert (1993), S. 371-372.
[79] Vgl. BLEICHER, Knut (1994a), S. 198; ULRICH, Peter (1998), S. 84-85.
[80] Vgl. GILBERT, Dirk Ulrich (1998), S. 33-34.

rende Aussagen zu den Formen der Konflikthandhabung sind allerdings insofern nicht sinnvoll, als stets die situativen Komponenten eines latenten oder bereits manifesten Konflikts zu berücksichtigen sind.[81] Innerhalb dieses krankenhausphilosophischen Aspektes geht es daher primär um Tendenzaussagen, z. B. hinsichtlich der Bereitschaft, überhaupt *unterschiedliche* Methoden der Konflikthandhabung zuzulassen.[82]

Auf der einen Seite werden ausschließlich die *negativen* Folgen von Konflikten gesehen – wie Instabilität, Stress und Störungen effizienter Organisationsabläufe.[83] Dies führt dazu, dass durch den Einsatz von Macht versucht wird, Konflikte zu unterdrücken bzw. zu dominieren; klare Regelungen bestimmen die Zusammenarbeit zwischen den verschiedenen internen Anspruchsgruppen.[84]

Auf der anderen Seite wird davon ausgegangen, dass Konflikte nicht grundsätzlich zu vermeiden sind und im Rahmen eines organisatorischen Wandels sogar notwendig und konstruktiv sein können. So werden *positive* Folgeerscheinungen von Konflikten bewusst angesteuert – wie z. B. die Entwicklung neuer Aktivitäten, Ideenstimulation und kritische Reflexion eigener Positionen.[85] Darüber hinaus können Konflikte systematisch eingeplant werden, indem z. B. Kompetenzüberschneidungen absichtlich vorgenommen werden.[86] Die Konflikte werden dann in *lateralen*, d. h. machtsymmetrischen *Kooperationsprozessen* offen ausgetragen, wobei sicherzustellen ist, dass die formalen Grundsätze der Konfliktregelung eingehalten werden.[87]

Auch bei diesen beiden Aspekten sind wieder bestimmte Zusammenhänge feststellbar. So tendiert ein Krankenhaus mit einer hierarchisch geprägten Ordnungsphilosophie wohl eher dazu, Konflikte durch den Einsatz von Macht zu unterdrücken. Ein Krankenhaus, das die Allokation und den Einsatz von Ressourcen marktmäßig und nicht auf der Basis formaler Machtgrundlagen steuert, wird in der Regel einen dialogischen Umgang mit Konflikten fördern. Damit können – wie in *Abbildung 7-9* dargestellt – die beiden Pole einer *„autoritären Problemlösungs- und Konfliktordnung"* und einer *„partizipativ-kooperativen Marktordnung"* unterschieden werden.[88]

Da der Machteinfluss in beiden Aspekten eine wesentliche Rolle spielt, sind innerhalb dieser Dimension bei krankenhausspezifischen Positionierungen keine großen Abweichungen von der Diagonalen zu erwarten. Werden in einem Krankenhaus Ressourcenverteilung und -einsatz administrativ gesteuert, und wird von den Untergebenen bedingungslose Loyalität gefordert, so ist

---

[81] Vgl. GILBERT, Dirk Ulrich (1998), S. 81-86; STAEHLE, Wolfgang H. (1994a), S. 372, 375-376.
[82] Hierbei wird bewusst von Konflikthandhabung statt von Konfliktlösung gesprochen, da es beim Konfliktmanagement weniger darum geht, Konfliktursachen zu beseitigen als die Bedingungen der Konfliktaustragung zu gestalten. Vgl. BLEICHER, Knut (1994a), S. 194.
[83] Zu weiteren *negativen Folgen von Konflikten* vgl. STAEHLE, Wolfgang H. (1994a), S. 372.
[84] Vgl. BLEICHER, Knut (1994a), S. 94-95.
[85] Zu weiteren *positiven Folgen von Konflikten* vgl. STAEHLE, Wolfgang H. (1994a), S. 371.
[86] Vgl. STAEHLE, Wolfgang H. (1994a), S. 371, 680. Es ist jedoch zu beachten, dass sich auch absichtlich herbeigeführte Konflikte kontraproduktiv weiterentwickeln können.
[87] Vgl. BLEICHER, Knut (1994a), S. 93-95; ULRICH, Peter (1998), S. 314-315.
[88] Vgl. BLEICHER, Knut (1994a), S. 94-96.

Theoretische Gestaltung des Krankenhausmanagementkonzeptes 187

im Rahmen der Konflikthandhabung ein offener Kooperationsprozess unter fairen Bedingungen unwahrscheinlich. Ebenso ist eine marktmäßige Steuerung der Ressourcen bei formaler Machtsymmetrie kaum mit einer autoritären Konfliktregelung zu vereinbaren.

Abbildung 7-9: Handhabung von Macht und Konflikten

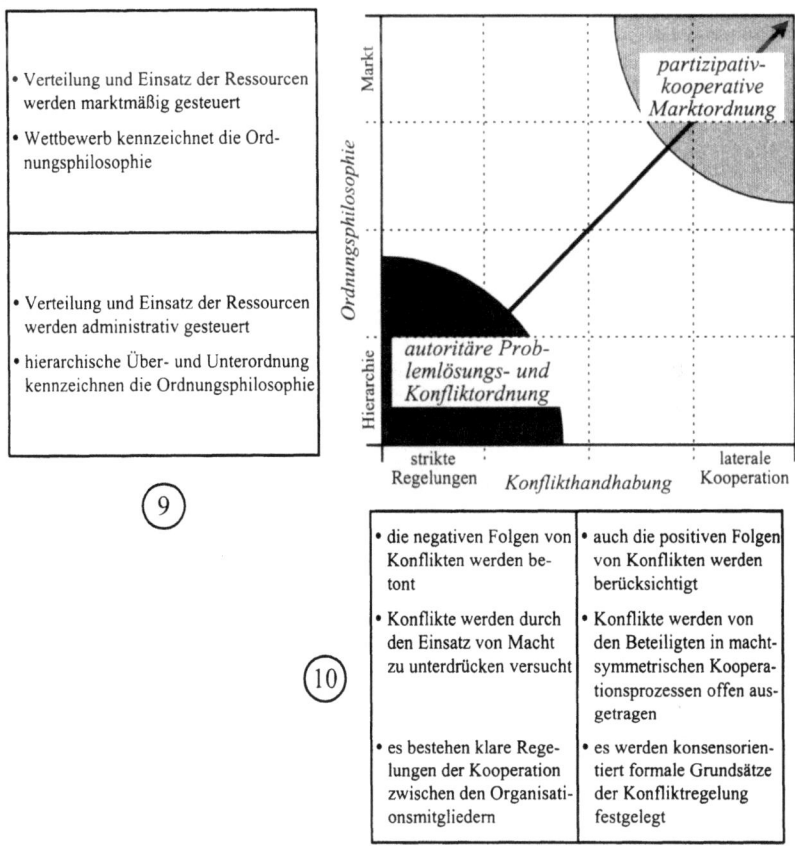

Eigene Darstellung in Anlehnung an BLEICHER, Knut (1994a), S. 95.

7.2.2.3 Gesamtzusammenhang der Profilierung der Krankenhausphilosophie

Die zehn Muster der krankenhausphilosophischen Profilierung lassen sich zu einem integrierten Konzept zusammenfügen. *Abbildung 7-10* verdeutlicht diesen Gesamtzusammenhang, wobei sich zwei typische Grundmuster unterscheiden lassen: eine eher *sachorientierte Krankenhausphilosophie* (dargestellt durch den inneren Kreis) und eine eher *menschenorientierte Krankenhausphilosophie* (dargestellt durch die äußeren Teilkreise), zwischen denen alle möglichen Ausprägungen liegen.[89] Zur Kennzeichnung des zweiten Grundmusters wird das Attribut „menschenorientiert" herangezogen, da diese Extremausprägung mit den Vorstellungen des Ansatzes einer ganzheitlichen Menschenorientierung in Gesundheitsorganisationen übereinstimmt.

Abbildung 7-10: Profil der Krankenhausphilosophie

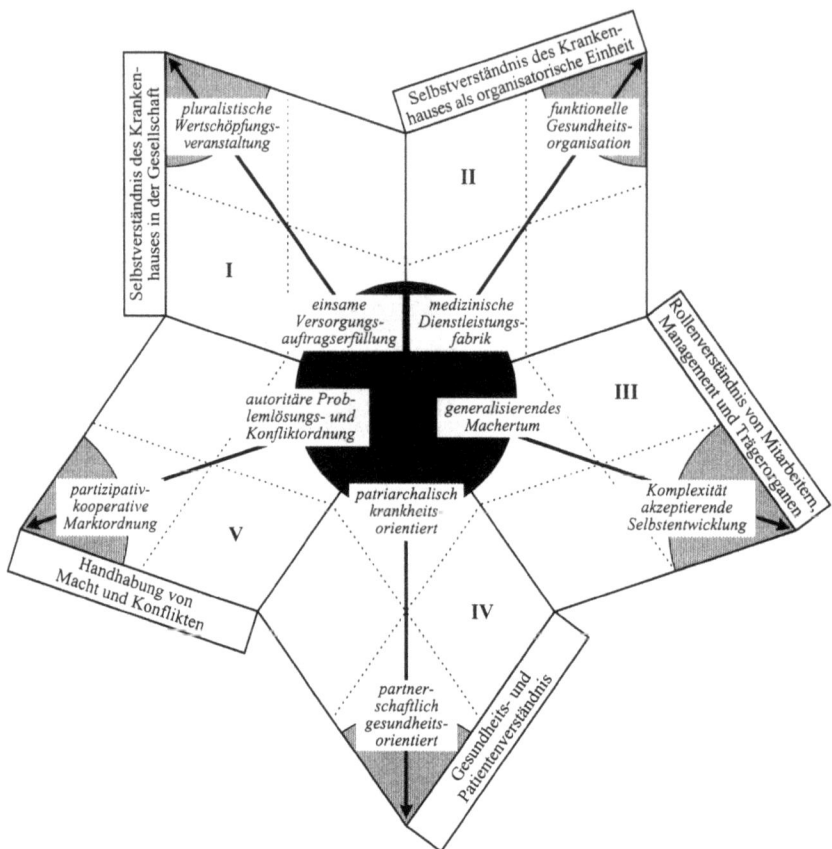

Eigene Darstellung.

Eine tendenziell *sachorientierte Krankenhausphilosophie* zeichnet sich dadurch aus, dass der Sinn des unternehmerischen Handelns eines Krankenhauses weniger in der Befriedigung menschlicher Bedürfnisse durch Menschen gesehen wird als vielmehr in der strukturierten Erfül-

---

[89] BLEICHER unterscheidet in diesem Zusammenhang zwischen einer *opportunistischen* und einer *verpflichteten* Managementphilosophie. Diese beiden Attribute verwendet er auch für die Kennzeichnung der idealtypischen Grundmuster der Unternehmenspolitik, -verfassung und -kultur. Eine solche einheitliche Kennzeichnung wird hier nicht vorgenommen, da für die Grundmuster der anderen normativen Module andere Attribute eine höhere Aussagekraft aufweisen. Dies gilt analog für die Kennzeichnung der Grundmuster strategischer Managementmodule, bei denen BLEICHER durchgehend die Attribute „*stabilisierend*" und „*verändernd*" benutzt. Vgl. BLEICHER, Knut (1999), S. 590.

lung sachlicher Aufgaben. So wird davon ausgegangen, ohne sich über einen Dialog mit den Anspruchsgruppen zu vergewissern, dass die gesellschaftliche Legitimation des Krankenhauses (sofern sie überhaupt reflektiert wird) durch die Erfüllung des Versorgungsauftrages *per se* gegeben ist. Um diese Auftragserfüllung auf Dauer gewährleisten zu können, soll in erster Linie die Lebensfähigkeit der Institution gesichert werden. Dies glaubt man durch starke Regulierungen und Standardisierungen sowie den Einsatz bestimmter Managementmethoden weitgehend beeinflussen zu können. Die Mitarbeiter werden hauptsächlich über ihre jeweilige Rolle im Krankenhaus, die Patienten über ihre Krankheit definiert. Ebenso, wie der Patient über ein nur eingeschränktes Mitspracherecht im Behandlungsprozess verfügt, ist die Art der Kooperation zwischen den Organisationsmitgliedern klar geregelt und durch eine starke Hierarchisierung geprägt.

Eine eher *menschenorientierte Krankenhausphilosophie* baut hingegen auf einer umfassenden Wertschöpfungskonzeption auf, die sich an den Bedürfnissen und Erwartungen aller Anspruchsgruppen orientiert.[90] Aufbau und Pflege kommunikativer Verständigungspotenziale werden dabei als notwendige Voraussetzungen betrachtet. Dies bedeutet weiterhin, dass der Mensch, ob als Mitarbeiter oder Patient, stets im Mittelpunkt steht und seine Würde, Individualität und Komplexität anerkannt werden. Die Ziele des Krankenhauses werden in hierarchieübergreifenden Kooperationsformen verfolgt, wobei der Patient als gleichberechtigter Partner im Behandlungsprozess und der Mitarbeiter als gleichberechtigter Argumentationspartner im Rahmen von Konfliktregelungsprozessen angesehen werden.

In der Praxis werden sich krankenhausphilosophische Profilierungen wohl immer *zwischen* den beiden dargestellten idealtypischen Grundmustern bewegen. Diese Aussage hat auch für die Ausprägungen der Managementmodule Gültigkeit, die im Weiteren vorzustellen sind. Im folgenden Abschnitt werden – ausgehend von den krankenhausphilosophischen Überlegungen – die Aspekte und Profilierungsmöglichkeiten der Krankenhauspolitik erörtert.

7.2.3 Krankenhauspolitik

7.2.3.1 Aspekte der Krankenhauspolitik

Die Aufgabe der Krankenhauspolitik ist es, das weite Feld an Konstellationen von Chancen und Risiken für die zukünftige Krankenhausentwicklung zu erkennen, zu strukturieren, hinsichtlich der Relevanz zu relativieren und bezüglich der Realisierbarkeit zu reduzieren.[91] Im Rahmen des krankenhauspolitischen Prozesses soll daher eine Mission formuliert werden, die eine generelle Zielausrichtung des Krankenhauses sowie eine Grundorientierung für das strategische und operative Management vermittelt.[92] Dabei müssen die Intentionen mit der prognostizierten zukünftigen Umweltentwicklung und den vorhandenen bzw. aufzubauenden Potenzialen des Kranken-

---

[90] Vgl. hierzu auch ULRICH, Peter (1998), S. 433.
[91] Vgl. BLEICHER, Knut (1994a), S. 133.
[92] Vgl. BLEICHER, Knut (1994a), S. 191.

hauses abgeglichen werden. Somit kommt der Um- und Inweltanalyse eine wesentliche Rolle im Rahmen der Krankenhauspolitik zu.[93]

Im Mittelpunkt der krankenhauspolitischen Profilierung steht die grundlegende Ziel- und Zeitorientierung des Krankenhauses. Diese wird durch die Entwicklungsorientierung sowie die ökonomische, soziale und ökologische Zielausrichtung des Krankenhauses konkretisiert. Dabei lassen sich verschiedene Extremausprägungen unterscheiden, die im folgenden Überblick dargestellt und im nächsten Abschnitt näher erläutert werden:[94]

I *Grundlegende Ziel- und Zeitorientierung*

   (1) einseitige Erfüllung des Versorgungsauftrages vs. umfassende Interessenberücksichtigung

   (2) kurz- vs. langfristige Zielausrichtung

II *Entwicklungsorientierung*

   (3) Erhaltung vs. Überwindung des Status quo

   (4) reaktive vs. prospektive Verantwortungsübernahme

III *Ökonomische Zielausrichtung*

   (5) Orientierung des Leistungsangebotes an klassischen Krankenhausleistungen vs. umfassenden Gesundheitsleistungen

   (6) Orientierung an qualitäts- und wirtschaftlichkeitsbezogenen Mindest- vs. Höchststandards

IV *Soziale Zielausrichtung*

   (7) einseitiger vs. umfassender Einsatz von Humanisierungsmaßnahmen

   (8) geringe vs. hohe Mitarbeiterbeteiligung

V *Ökologische Zielausrichtung*

   (9) reaktive vs. aktive Begrenzung der Umweltbelastung

   (10) reaktive vs. aktive umweltschonende Abfallbehandlung

Der Zusammenhang der einzelnen Dimensionen wird durch *Abbildung 7-11* verdeutlicht.

---

[93] Vgl. BLEICHER, Knut (1994a), S. 156, 188-189.

[94] Zu den Punkten (1) bis (10) vgl. die von BLEICHER, Knut (1994a), S. 255-270, aufgeführten Aspekte erwerbswirtschaftlicher Unternehmen. Bei den Punkten (1), (2), (5) und (6) wurden Änderungen vorgenommen, die zum größten Teil auf das hier betrachtete Erfahrungsobjekt „bedarfsorientiertes Krankenhaus" zurückzuführen sind. Da sich die beiden Aspekte der Dimension II fast vollständig gegenseitig bedingen, also eine Abweichung von der Diagonalen nicht nur wenig sinnvoll, sondern auch kaum realistisch ist, werden sie hier unter (3) zusammengefasst und einem „neuen" Aspekt (4) gegenübergestellt. Während BLEICHER die Ausrichtung an ökologischen und sozialen Zielen in einer Dimension „Gesellschaftliche Zielausrichtung" zusammenfasst, werden diese Aspekte hier getrennt behandelt (siehe Punkte (7) bis (10)). BLEICHER *selbst* liefert hierzu die Begründung, indem er darauf hinweist, dass auch eine starke ökologische Orientierung bei schwacher sozialer Ausrichtung *et vice versa* denkbar ist. Vgl. BLEICHER, Knut (1994a), S. 268. Die getrennte Behandlung dieser Aspekte ist zudem aufgrund ihrer hohen Bedeutung für das Krankenhausmanagement sinnvoll.

Abbildung 7-11: Zusammenhang der Dimensionen der Krankenhauspolitik

```
┌─────────────────────┐    Abgleich von Ziel-    ┌─────────────────────┐
│         I           │◄── und Zeitvorstellungen ──►│        II           │
│  Grundlegende Ziel- │                          │   Entwicklungs-     │
│  und Zeitorientierung│                          │   orientierung      │
└─────────────────────┘                          └─────────────────────┘
                    │
                    │ Konkretisierung der
                    │ ökonomischen, sozialen und
                    │ ökologischen Zielausrichtung
                    ▼
        ┌─────────────────┐         ┌─────────────────┐
        │       III       │◄───────►│       IV        │
        │   Ökonomische   │         │     Soziale     │
        │  Zielausrichtung│         │  Zielausrichtung│
        └─────────────────┘         └─────────────────┘
                    │   Abgleich ökonomischer,   │
                    │   sozialer und ökologischer│
                    │   Zielausrichtung          │
                    ▼                            ▼
                        ┌─────────────────┐
                        │        V        │
                        │   Ökologische   │
                        │  Zielausrichtung│
                        └─────────────────┘
```

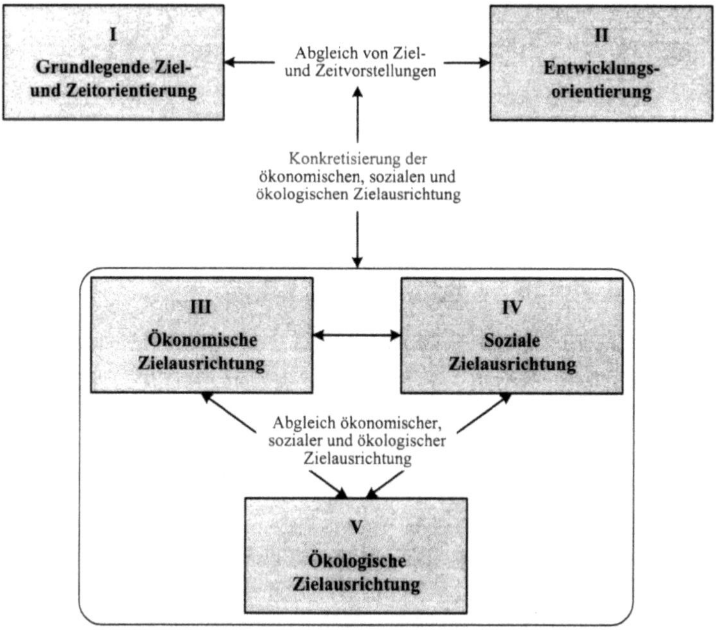

Eigene Darstellung in Anlehnung an BLEICHER, Knut (1994a), S. 256.

7.2.3.2 Profilierung einer Krankenhauspolitik

I Grundlegende Ziel- und Zeitorientierung

Innerhalb der ersten Dimension der Krankenhaus*philosophie* – dem Selbstverständnis des Krankenhauses in der Gesellschaft – ging es u. a. um die gesellschaftliche Legitimation des „Krankenhaushandelns". Hieraus sowie aus den rechtlichen Vorgaben (Versorgungsauftrag) können die grundlegenden Ziele eines Krankenhauses abgeleitet werden. Im Rahmen der ersten krankenhaus*politischen* Dimension werden diese Ziele mit dem Zeitaspekt der Zielerreichung verbunden. Während innerhalb der Krankenhausphilosophie nur generelle Absichten formuliert werden, erfolgt bei der Bildung krankenhauspolitischer Missionen bereits eine grobe Zeitorientierung.[95]

---

[95] Außer einer rechtlichen Minimalvorgabe, nämlich der Erfüllung des Versorgungsauftrages, werden jedoch auch hier das verfolgte Anspruchsniveau und der zeitliche Bezug noch nicht konkretisiert. Folgt man der Einteilung von KREIKEBAUM, der generelle Absichten, spezielle Absichten und Ziele unterscheidet, so befinden wir uns hier immer noch auf der Stufe der generellen Absichten. Vgl. KREIKEBAUM, Hartmut (1997), S. 53-57. Da im St. Galler Management-Konzept eine – ansonsten weniger übliche – Differenzierung von unternehmensphilosophischen Grundsätzen und unternehmenspolitischen Missionen vorgenommen wird, könnte man zwischen generellen Absichten erster und zweiter Ordnung unterscheiden, wobei bei Letzteren ein Zeithorizont vorgegeben wird.

(1) Die grundlegenden Ziele bzw. Missionen eines Krankenhauses können in einem Spannungsfeld zwischen *einseitigem Streben nach Erfüllung des Versorgungsauftrages* **und** *umfassender Berücksichtigung der Interessen der verschiedenen Anspruchsgruppen* **stehen.**

Analog zur ersten Ausprägung der Legitimationsbegründung im Rahmen der Krankenhausphilosophie[96] steht beim ersten Extrem die Erfüllung des Versorgungsauftrages im Mittelpunkt der Krankenhauspolitik. Ansprüche von Stakeholdern, die nicht innerhalb dieser Mission erfasst sind, werden lediglich im Rahmen der gesetzlichen Auflagen oder aus strategischen Gründen berücksichtigt. Das bedeutet, dass Krankenhausleistungen, die über die rechtlich verlangten hinausgehen, „nur" angeboten werden, um langfristig die Lebensfähigkeit des Krankenhauses (und damit auch die Erfüllung des Versorgungsauftrages) sicherstellen zu können.

Analog zur zweiten Ausprägung der Legitimationsbegründung im Rahmen der Krankenhausphilosophie[97] haben Krankenhäuser des anderen Extrems zum Ziel, die Interessen aller Anspruchsgruppen in angemessener Art zu berücksichtigen. Der Sicherstellung der (Über-)Lebensfähigkeit wird danach eine geringere Bedeutung beigemessen als der umfassenden Befriedigung legitimer Interessen der Anspruchsgruppen.[98] Allerdings bedingen sich diese Ziele in der Regel gegenseitig. Kann nun aber die Interessenberücksichtigung (einschließlich der Erfüllung des Versorgungsauftrages) von anderen Organisationen besser wahrgenommen werden, dann wird im Extremfall eine Auflösung der Institution zu einer Entscheidungsoption. Dem würde jedoch eine ausführliche Abwägung der positiven und negativen Folgen einer solchen Krankenhausschließung oder auch -transformation[99] für alle internen wie externen Anspruchsgruppen vorausgehen.

(2) Der Zeitrahmen der in den Missionen des Krankenhauses festgelegten Absichten kann stark variieren.

So kann ein Krankenhaus einerseits darauf ausgerichtet sein, relativ *kurzfristig* Erfolge zu erzielen. Erfolge sind hierbei nicht nur in finanzieller, sondern auch in leistungsmäßiger, sozialer und ökologischer Hinsicht zu verstehen. Projekte, die erst über einen längeren Zeitraum zu sichtbaren positiven Ergebnissen führen, werden kaum angegangen. Ein Grund hierfür kann die hohe Unsicherheit bezüglich der zukünftigen rechtlichen Rahmenbedingungen im Gesundheitswesen sein.[100] Der kurzfristig zu erzielende Erfolg durch die Verwertung bestehender Nutzenpotenzia-

---

[96] ⇔ Vgl. *Abschnitt 7.2.2.2*, Dimension „*I Selbstverständnis des Krankenhauses in der Gesellschaft*".

[97] ⇔ Vgl. *Abschnitt 7.2.2.2*, Dimension „*I Selbstverständnis des Krankenhauses in der Gesellschaft*".

[98] Vgl. PERICH, Robert (1993), S. 342.

[99] Unter *Krankenhaustransformation* kann beispielsweise der Prozess verstanden werden, den ein Krankenhaus durchläuft, das keinen Versorgungsauftrag mehr erhält und daraufhin sein Angebotsspektrum auf einige wenige Gesundheitsleistungen reduziert.

[100] Von einer hohen Unsicherheit kann zumindest dann ausgegangen werden, wenn die Krankenhausgesetze weiterhin in so kurzen Abständen überarbeitet werden, wie dies in den letzten Jahrzehnten der Fall war. ⇔ Vgl. die *Abschnitte 4.2.3.2* und *4.3.1*.

le[101] wird höher eingeschätzt als der nur langfristig erzielbare Erfolg durch die Ausbeutung erst noch aufzubauender Nutzenpotenziale.[102]

Andererseits kann eine *langfristige* Sichtweise im Vordergrund stehen. Zwar hat auch in diesem Fall ein Krankenhaus beispielsweise auf die jährliche Budgeteinhaltung zu achten, doch werden teilweise suboptimale kurzfristige Ergebnisse zugunsten der Entwicklung neuer Nutzenpotenziale in Kauf genommen. Hierbei ist jedoch anzumerken, dass die ständigen Gesetzesänderungen der letzten Jahre eine kontinuierliche Verfolgung längerfristiger Ziele weitgehend verhinderten.[103]

Die extremen Ausprägungen beider Aspekte hängen jeweils eng miteinander zusammen. Verbindet man sie, dann können zwei entgegengesetzte Typen unterschieden werden, die in *Abbildung 7-12* grafisch dargestellt sind. Wird ein einseitiges Streben nach Erfüllung des Versorgungsauftrages von einer kurzfristigen Sichtweise begleitet, so kann von einer „*strikten Versorgungsauftragserfüllung*" gesprochen werden. Nimmt ein Krankenhaus dagegen seine Verantwortung gegenüber der Gesellschaft umfassend wahr, so bedingt dies nahezu eine langfristige Zeitperspektive. Das Krankenhaus kann dann als „*visionäre Wertschöpfungsveranstaltung*"[104] bezeichnet werden.

In dieser ersten krankenhauspolitischen Dimension erscheint auch eine zumindest einseitig abweichende Positionierung von der Diagonalen möglich: So schließt die primäre Ausrichtung auf die Erfüllung des Versorgungsauftrages nicht unmittelbar eine langfristige Orientierung aus. Wenn ein Krankenhaus hingegen versucht, die Interessen der Anspruchsgruppen umfassend zu berücksichtigen, dann wirkt eine kurzfristige Perspektive in der Regel kontraproduktiv. Dies hängt damit zusammen, dass eine gleichzeitige Befriedigung unterschiedlicher Bedürfnisse innerhalb eines kurzen Zeitraumes nur schwer zu erreichen ist.[105] Positionierungen in der linken oberen Ecke erscheinen daher nicht realistisch bzw. nicht sinnvoll.

---

[101] Ein *Nutzenpotenzial* ist hierbei als eine in der Umwelt, im Markt oder im Krankenhaus latent oder effektiv vorhandene Konstellation zu verstehen, die durch Aktivitäten des Krankenhauses zum Vorteil einer oder mehrerer zu definierender Anspruchsgruppen erschlossen werden kann. Vgl. PÜMPIN, Cuno (1990), S. 47.

[102] ⇨ Vgl. hierzu die folgende krankenhauspolitische Dimension „*II Entwicklungsorientierung*". Vgl. auch BLEICHER, Knut (1994a), S. 258.

[103] Vgl. BOESE, Jürgen/ WIGAND, Alrun (1997), S. 76; PFÖHLER, Wolfgang (1997b), S. 390.

[104] Zum Begriff der Wertschöpfungsveranstaltung vgl. ULRICH, Peter (1998), S. 438-440.

[105] Vgl. BLEICHER, Knut (1994a), S. 259.

Abbildung 7-12: Grundlegende Ziel- und Zeitorientierung

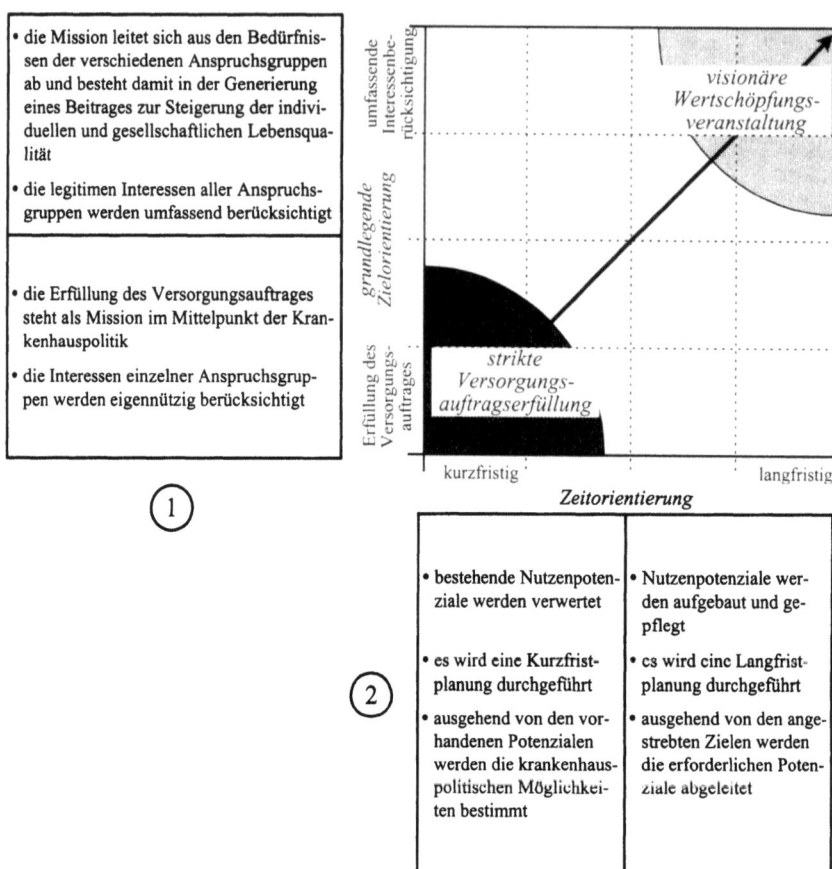

Eigene Darstellung in Anlehnung an BLEICHER, Knut (1994a), S. 259.

II Entwicklungsorientierung

Die generelle Ziel- und Zeitausrichtung erfährt in zwei Dimensionen eine entwicklungsorientierte Profilierung: zum einen in der Chancen- und der Risikoperspektive, zum anderen in der Art und dem Zeitpunkt der Wahrnehmung von Verantwortung.[106]

(3) Die *Chancen- und Risikoorientierung* von Krankenhäusern kann zwischen zwei Extremen stattfinden: der Nutzung der Möglichkeiten des Status quo (verbunden mit einem ausgeprägten Sicherheitsdenken) und der Überwindung des Status quo durch eine kreative und innovative

---

[106] BLEICHER behandelt die Aspekte der Chancen- und Risikoorientierung getrennt voneinander und stellt anschließend ihre Extremprofilierungen im Rahmen der Dimension der Entwicklungsorientierung gegenüber. Aufgrund ihrer weitgehend unmittelbaren gegenseitigen Bedingtheit werden sie hier zusammen erfasst und dem von BLEICHER nicht angesprochenen Aspekt der Verantwortungswahrnehmung gegenübergestellt.

Auseinandersetzung mit der Zukunft (verbunden mit einer bewussten Inkaufnahme von Risiken).[107]

Bei Krankenhäusern, die ihre Chancen in den bereits etablierten Geschäftsfeldern sehen, steht die Wahrung des Status quo an oberster Stelle. Entwicklungen im Umfeld des Krankenhauses werden zunächst als Bedrohung angesehen. Unter den sich permanent verändernden Rahmenbedingungen wird versucht, das bestehende Zielsystem aufrechtzuerhalten. So ist man z. B. bemüht, Leistungen, die aufgrund des medizinischen Fortschritts neu in das Angebot des Krankenhauses aufgenommen werden müssen[108], in das bestehende Konzept zu integrieren, ohne dabei an eine Überarbeitung des gesamten Zielsystems zu denken. Der geplante Verlauf der Krankenhausentwicklung soll durch die kurzfristige Abwehr von Störungen gesichert werden.[109]

Krankenhäuser, die sich dagegen kreativ und innovativ mit der Zukunft auseinander setzen, sehen ihre momentan gegebenen Potenziale lediglich als Basis für die Entwicklung von Neuem jenseits des Status quo.[110] Unter Inkaufnahme des damit verbundenen Risikos wird die Vorreiterrolle stets bewusst gesucht, da die langfristige Entwicklungsfähigkeit im Vordergrund der Krankenhauspolitik steht. Demnach wird z. B. die Möglichkeit der Teilnahme an integrierten Versorgungsmodellen[111] eher als Chance, denn als Bedrohung gesehen – unabhängig davon, ob letztlich die Möglichkeit wahrgenommen wird.

(4) Das Suchen von Chancen und das Eingehen von Risiken auf der Leistungsebene des Krankenhauses bedarf stets ethischer Reflexion, sodass dieser Aspekt unter Berücksichtigung der Art der *Verantwortungsübernahme* zu beurteilen ist. Neben der Unterscheidung zwischen monologischem und dialogischem Verantwortungsverständnis[112] soll an dieser Stelle auf die unterschiedlichen Möglichkeiten der Verantwortungsübernahme in zeitpunktbezogener Hinsicht eingegangen werden:

Auf der einen Seite können Krankenhäuser ihre Verantwortung vor allem *reaktiv* wahrnehmen. Sie reagieren – unter Einhaltung rechtlicher Auflagen – erst auf Angriffe oder Anfragen relevanter Anspruchsgruppen und sind nur bereit, für eindeutig von ihnen verursachte Schäden die Verantwortung zu übernehmen.[113]

Auf der anderen Seite kann die Verantwortungswahrnehmung auch *prospektiv* erfolgen. Aufgrund eines ausgeprägten Verantwortungsbewusstseins (monologischer oder dialogischer Art) handelt das Krankenhaus so, dass die Wahrscheinlichkeit des Auftauchens solcher Angriffe und

---

[107] Vgl. BLEICHER, Knut (1994a), S. 260-263.
[108] Siehe § 2 Abs. 1 Satz 3 und § 140 b Abs. 3 Satz 3 SGB V.
[109] Vgl. BLEICHER, Knut (1994a), S. 260, 262.
[110] Vgl. BLEICHER, Knut (1994a), S. 260.
[111] Siehe §§ 140 a-h SGB V.
[112] ⇔ Vgl. die krankenhausphilosophische Dimension „*I Selbstverständnis des Krankenhauses in der Gesellschaft*" *(S. 174-177).*
[113] Vgl. GÖBEL, Elisabeth (1992), S. 61; HAUSCHILDT, Jürgen (1995), Sp. 2102.

Anfragen seitens der Anspruchsgruppen von vornherein auf ein Minimum reduziert wird.[114] Da die Problemdynamik (z. B. in der Medizin- und Gentechnik) oft schneller als die Rechtsdynamik ist, können so im Rahmen der branchen- und ordnungspolitischen Mitverantwortung – möglichst gemeinsam mit anderen Krankenhäusern – ethisch begründete Reformen initiiert werden. Statt sich also „mit dem Verweis auf Sachzwänge der Selbstbehauptung unter den gegebenen Wettbewerbsbedingungen [zu] begnügen"[115], werden ethisch orientierte Vereinbarungen im Krankenhausbereich angestrebt (Branchen- resp. Verbandskodex).[116] Außerdem übernimmt das Krankenhaus auch die Verantwortung für solche Fehler, die nicht von ihm begangen wurden, deren Folgeschäden aber durch eine präventive Politik hätten vermieden werden können.[117]

Stellt man die Extremausprägungen dieser beiden Aspekte gegenüber, so können eine „reaktive Gegenwarts-" und eine „verantwortungsbewusste Zukunftsorientierung" unterschieden werden: Die am Status quo orientierte Chancensuche bei ausgeprägtem Sicherheitsverhalten wird ebenso wie die reaktive Verantwortungswahrnehmung zumeist mit eher kurzfristigen Planvorstellungen korrelieren. Treten nun diese beiden Extremausprägungen gemeinsam auf, dann kann von einer *passiven Gegenwartsorientierung* gesprochen werden. Sucht ein Krankenhaus dagegen aktiv nach neuen Möglichkeiten und nimmt seine gesellschaftliche Verantwortung prospektiv wahr, dann ist eine *verantwortungsbewusste Zukunftsorientierung* gegeben. Diese Zusammenhänge werden in *Abbildung 7-13* nochmals grafisch dargestellt.

Von der Diagonalen weit abweichende Positionierungen sind hierbei durchaus denkbar: So kann ein fortschrittsorientiertes Krankenhaus seiner Verantwortungswahrnehmung rein reaktiv nachgehen. Eine solche Verhaltensweise birgt aber gerade aufgrund der Vorbildfunktion, die innovative Krankenhäuser in der Regel haben, größere Gefahren in sich. Ein am Status quo orientiertes Krankenhaus kann auch versuchen, aktiv Verantwortung wahrzunehmen. Dies gelingt allerdings nur solange, wie damit das Zielsystem des Krankenhauses nicht infrage gestellt wird.

---

[114] Vgl. HAUSCHILDT, Jürgen (1995), Sp. 2102.
[115] ULRICH, Peter (1998), S. 434.
[116] Vgl. ULRICH, Peter (1998), S. 429, 434-435.
[117] Hier greift das Prinzip der „*kausalen Macht*", nach dem man für alles verantwortlich ist, was in der eigenen Macht steht. Vgl. GÖBEL, Elisabeth (1992), S. 61. Vgl. auch die „Fallstudie Johnson & Johnson", dargestellt in: THOMMEN, Jean-Paul (1996a), S. 109-128, hier S. 121-124.

Abbildung 7-13: Entwicklungsorientierung

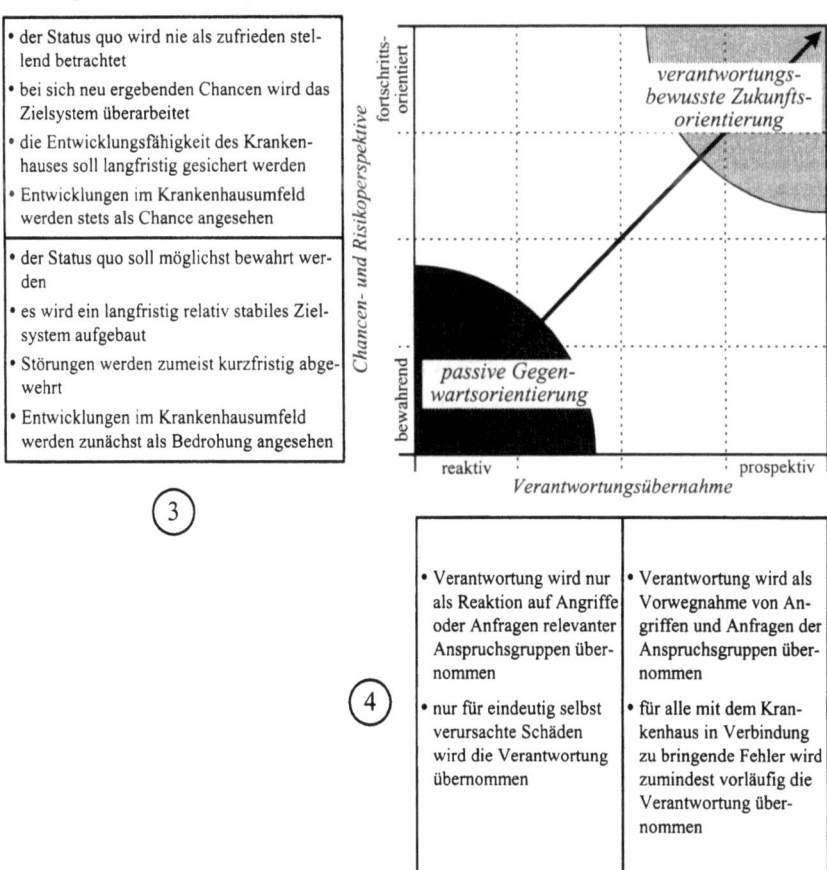

Eigene Darstellung in Anlehnung an BLEICHER, Knut (1994a), S. 262.

Die grundlegende Ziel- und Zeitorientierung sowie die Entwicklungsorientierung der Krankenhauspolitik können nun durch die Profilierung der ökonomischen, sozialen und ökologischen Zielausrichtung des Krankenhauses konkretisiert werden.

III Ökonomische Zielausrichtung

Im Rahmen dieser Dimension „Ökonomische Zielausrichtung" geht es um die Frage, *an welchen Maßstäben* sich ein Krankenhaus einerseits bei der Ausgestaltung seines Leistungskataloges und andererseits bei der Verfolgung bestimmter Qualitäts- und Wirtschaftlichkeitsziele orientiert.[118]

(5) Die Festlegung des krankenhausindividuellen Leistungskataloges geschieht vor allem im Rahmen des strategischen Managements. Allerdings orientieren sich dabei Umfang und Art der angebotenen bzw. anzubietenden Leistungen am *generellen Tätigkeitsbereich*[119], der innerhalb der Krankenhauspolitik festgelegt wird. Dieser Tätigkeitsbereich kann z. B. durch den Leistungsumfang des Versorgungsauftrages, durch die Art der Gesundheitsleistungen (ambulant/stationär bzw. präventiv/kurativ/rehabilitativ) und durch die Krankheitsbilder potenzieller Patienten abgegrenzt werden. Aufgrund der vielen Abgrenzungsmöglichkeiten soll bei der Darstellung der beiden Extremausprägungen hier nur eine sehr allgemeine Unterscheidung in Leistungskataloge „klassischer Krankenhäuser" und solche „umfassender Gesundheitszentren" erfolgen:

Ein Extrem stellen Krankenhäuser dar, die ihren Leistungskatalog primär aus dem Versorgungsauftrag ableiten. Sie bieten hauptsächlich *klassische* stationäre *Krankenhausleistungen* an. Darüber hinausgehende Leistungen – wie z. B. vor- und nachstationäre Behandlungen[120], ambulante Operationen[121] sowie Präventionsangebote – werden nur *vereinzelt* ins Leistungsangebot übernommen, um zusätzliche Einnahmen generieren zu können.

Beim anderen Extrem bildet der Versorgungsauftrag lediglich einen Minimalkatalog an anzubietenden Leistungen. Hauptorientierungspunkt bei der Aufstellung des krankenhausspezifischen Leistungskataloges ist dann die Befriedigung bestimmter Gesundheitsbedürfnisse der Bevölkerung in der Region.[122] Sofern eine durchgängige Versorgungskette nicht durch eine einheitliche Trägerschaft zu verwirklichen ist, spielt bei der Verfolgung des Zieles, *umfassende Gesundheitsleistungen* anzubieten, auch die Wahl der Kooperationspartner[123] eine wesentliche Rolle. Die

---

[118] Aus zwei Gründen wird in dieser Dimension von BLEICHERs Differenzierung zwischen dem jeweiligen Gewichtungsgrad der sachlichen Leistungsziele (5) und der finanziellen Wertziele (6) im Unternehmen abgewichen. *Erstens* hat der Umfang des gesamten Leistungsangebotes in der Regel keine (einheitlich) direkten Auswirkungen auf die Qualität der einzelnen Leistungen. BLEICHER trifft hinsichtlich der Ausprägung der sachlichen Leistungsziele keine Unterscheidung zwischen einerseits der Art und dem Ausmaß und andererseits der Qualität der Leistungen. *Zweitens* spielt die „Erzielung eines monetären Nutzens für Investoren und Eigentümer" für bedarfsorientierte Krankenhäuser keine Rolle, weshalb dieser Aspekt hier nicht aufgeführt wird. Vgl. BLEICHER, Knut (1994a), S. 263-265, Zitat auf S. 265.

[119] Vgl. hierzu auch ULRICH, Peter/ FLURI, Edgar (1995), S. 94-95.

[120] Siehe § 115 a SGB V.

[121] Siehe § 115 b SGB V.

[122] ⇔ Vgl. hierzu auch die krankenhausphilosophische Dimension „*I Selbstverständnis des Krankenhauses in der Gesellschaft*" (S. 174-177) und die krankenhauspolitische Dimension „*I Grundlegende Ziel- und Zeitorientierung*" (S. 191-194).

[123] ⇔ Vgl. hierzu auch die Dimension „*IV Ausgestaltung externer Kooperationsbeziehungen*" (S. 219-221) innerhalb des Moduls „*Krankenhausverfassung*" sowie die Dimension „*III Wertschöpfungsstrategien*" (S. 253-256) innerhalb des Moduls „*Strategische Programme im Krankenhaus*".

Regelungen der Gesundheitsreform 2000 zur integrierten Versorgung wirken zur Aufstellung solcher Ziele unterstützend.[124]

(6) *Qualität und Wirtschaftlichkeit der Leistungen* können sich – im Rahmen der gesetzlichen Vorschriften[125] – an unterschiedlichen Maßstäben orientieren:

In der einen Extremausprägung richten sich Krankenhäuser bei der Leistungserstellung primär an den gesetzlich geforderten Standards an Qualität und Wirtschaftlichkeit aus. Darüber hinaus werden lediglich noch von anderen Krankenhäusern gesetzte „Mindeststandards" als Maßstab für die eigene Leistungserbringung herangezogen. Wenn also beispielsweise der größte Teil der Krankenhäuser Deutschlands eine Zertifizierung seines Qualitätssicherungssystems vornimmt oder anstrebt, so wird dieses Ziel ebenfalls verfolgt.

Andererseits kann ein Krankenhaus auch bestrebt sein, eigene qualitäts- und wirtschaftlichkeitsbezogene Standards zu setzen oder sich an der Art der Leistungserbringung der jeweils „besten" Institution zu orientieren. Das Benchmarking wird hierbei nicht nur im Vergleich zu anderen Krankenhäusern durchgeführt[126], sondern auch branchenübergreifend. So kann beispielsweise nach „Best Practice"-Institutionen im Rehabilitations- und Pflegebereich, im Hotel- und Gaststättengewerbe[127] oder auch in der Industriebranche[128] gesucht werden.

Die beiden ökonomischen Zieldimensionen können in ihren Extremen wieder miteinander verbunden werden und ergeben damit zwei typologische Muster, die in *Abbildung 7-14* dargestellt sind: Bei Krankenhäusern, die die Aufstellung ihres Leistungskataloges primär am Versorgungsauftrag und die Qualität und Wirtschaftlichkeit der Leistungserbringung primär an Mindeststandards orientieren, kann von einer *klassischen Leistungsorientierung* gesprochen werden. Eine *innovative Leistungsorientierung* findet sich dagegen bei Krankenhäusern, die ein umfassendes Geschäftsfeld im Gesundheitsbereich bei gleichzeitiger Orientierung an einer hohen Qualität und Wirtschaftlichkeit abzudecken versuchen.

Bei dieser Dimension kann von der Diagonalen zwischen den beiden dargestellten idealtypischen Mustern stark abgewichen werden. So kann ein auf den klassischen stationären Versorgungsbereich fixiertes Krankenhaus auch hohen Qualitäts- und Wirtschaftlichkeitsanforderungen gerecht

---

[124] Siehe §§ 140 a-h SGB V.
[125] Siehe beispielsweise §§ 2, 12, 70, 109, 135 a, 137, 137 d, 140 b SGB V.
[126] Unter *Benchmarking* wird hier „das kontinuierliche und systematische Vergleichen [verstanden] mit dem Ziel, von den Besten zu lernen, wie die eigenen Prozesse, Methoden, Produkte etc. verbessert werden können". SCHMITZ, Harald/ GREIßINGER, Peter (1998), S. 403 [andere Hervorhebungen im Original]. Vgl. hierzu auch HILDEBRAND, Rolf (1995), S. 244-246. Zu Benchmarkingbereichen im Krankenhaus vgl. PICOT, Arnold/ SCHWARTZ, Andrea (1997), S. 97-98; SCHMITZ, Harald/ GREIßINGER, Peter (1998), S. 407-408.
[127] Vgl. etwa EIFF, Wilfried von (2000b), S. 47-48; RAUH, Wolf Dirk (1997), S. 485.
[128] Hierbei ist vor allem an die Adaption *logistischer* Konzepte zu denken. Vgl. beispielsweise EIFF, Wilfried von (1998), S. 593; EIFF, Wilfried von/ GOEDEREIS, Klaus (1997), S. 23, 27; HEYMANN, Max (1996), S. 448-449; KIESCHOWEIT, Jürgen (1998), S. 18. Vgl. auch GRAF, Volker/ HALDIMANN, Christian U./ SCHELLHAMMER, Thomas (1997), S. 884-890.

werden, während ein Krankenhaus, das umfassende Gesundheitsleistungen anbietet, sich mit der Einhaltung von Mindeststandards zufrieden gibt.

Abbildung 7-14: Ökonomische Zielausrichtung

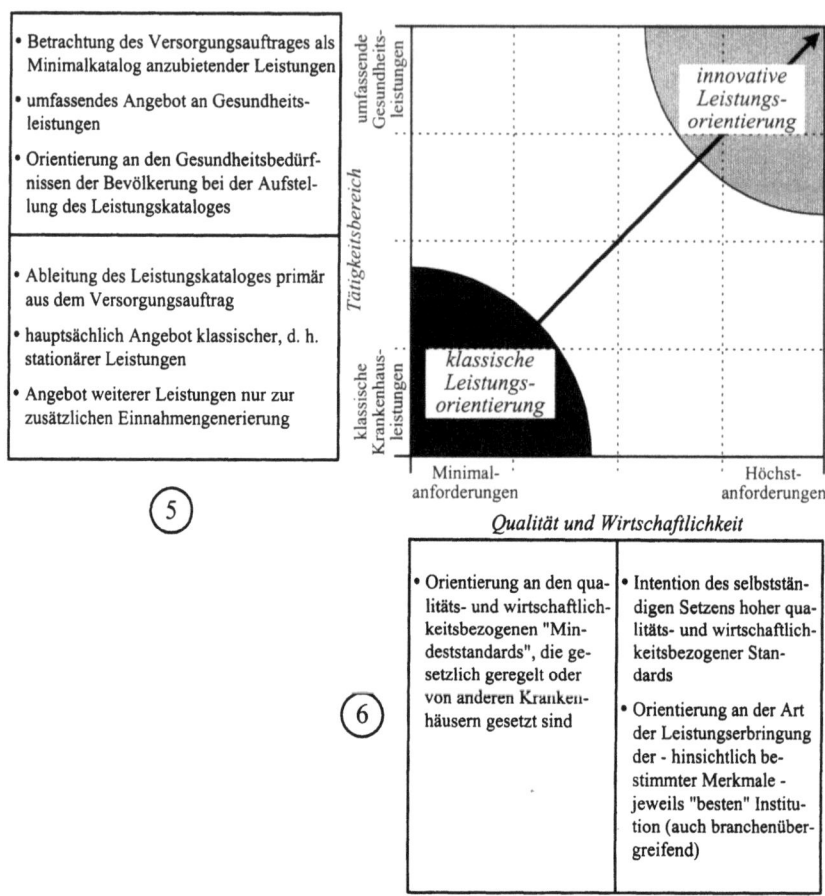

Eigene Darstellung.

IV Soziale Zielausrichtung

Im Rahmen der krankenhauspolitischen Dimension der sozialen Zielausrichtung soll die Art der Wahrnehmung der Verantwortung gegenüber den Mitarbeitern erörtert werden. Dabei geht es zum einen um den Umfang an Humanisierungsmaßnahmen sowie deren Ausgestaltung, zum anderen um die Art der Mitarbeiterbeteiligung.

(7) Hinsichtlich des Umfangs und der Ausgestaltung vollzogener bzw. intendierter *Humanisierungsmaßnahmen*[129] kann zwischen einem einseitigen und einem umfassenden Einsatz von Humanisierungsmaßnahmen unterschieden werden.

Bei der ersten Extremausprägung werden nur solche Humanisierungsmaßnahmen durchgeführt, die der Vorbeugung von Konflikten – etwa mit Gewerkschaften, Betriebsrat oder anderen Mitarbeitervertretungen – dienen oder die nachweislich mit einer direkten Leistungssteigerung verbunden sind. Hierbei hat die optimale Gestaltung des Arbeitsprozesses in der Regel Priorität vor den Interessen der Mitarbeiter. Statt einer ganzheitlichen Gesundheitsförderung, die auch auf die Generierung gesundheitsförderlicher Potenziale zielt, wird vorrangig traditioneller Arbeitsschutz betrieben, der sich auf eine begrenzte Anzahl pathogener Einflüsse konzentriert[130]. Aus diesem Grunde kann von einem *einseitigen* Einsatz von Humanisierungsmaßnahmen gesprochen werden.

Im Rahmen der zweiten Extremausprägung wird versucht, bei allen Leistungserstellungsprozessen die Erwartungen der Mitarbeiter *umfassend* zu berücksichtigen. Dabei spielen u. a. die Arbeitszeiten, die Anforderungsangemessenheit der Arbeit, die gewährten Handlungsspielräume, Möglichkeiten zur Selbstentfaltung und Unterstützungsangebote, die Kommunikation und Kooperation zwischen den Mitarbeitern sowie das Arbeitsumfeld (im weitesten Sinne) eine Rolle.[131] Dahinter steht also die Intention, ein umfassendes Konzept zur Gesundheitsförderung der Mitarbeiter zu entwickeln.[132]

(8) Hinsichtlich der Art der *Mitarbeiterbeteiligung* können – ähnlich dem Verantwortungsverständnis (monologisch/dialogisch) – zwei Extremausprägungen unterschieden werden.

Auf der einen Seite werden die Mitarbeiter in Fragen der Arbeitsplatz- und -zeitgestaltung sowie der Zielbestimmungen kaum involviert. Hierbei bestimmt das Management entweder „über deren Köpfe hinweg" oder versucht die Bedürfnisse und Interessen der Mitarbeiter in „einsamen" Entscheidungsprozessen zu berücksichtigen.[133]

Auf der anderen Seite findet sich eine Vielfalt von Kommunikationsrechten. Die Mitarbeiter haben hierbei das Recht, über alle für sie relevanten Belange offen und ehrlich informiert sowie in die damit verbundenen Entscheidungsprozesse aktiv einbezogen zu werden. Des Weiteren ist (sanktions-)freie und kritische Meinungsäußerung explizit erwünscht.[134]

Verbindet man die Extremausprägungen der beiden Dimensionen sozialer Zielausrichtung, so ergeben sich wieder zwei divergierende Pole, die in *Abbildung 7-15* grafisch dargestellt sind:

---

[129] ⇔ Vgl. *Abschnitt 6.3.3, Punkt (B)*.
[130] Vgl. BADURA, Bernhard (1993a), S. 21.
[131] ⇔ Vgl. hierzu vertiefend *Abschnitt 6.3.3, Punkt (B)*.
[132] Dies schließt eine Patientenorientierung aber nicht notwendigerweise aus. Vielmehr sind alle Prozesse (u. a.) hinsichtlich ihrer Mitarbeiter- *und* Patientenorientierung zu untersuchen.
[133] ⇔ Vgl. hierzu das in *Abschnitt 6.3.1* erläuterte *monologische* Verantwortungsverständnis.
[134] ⇔ Vgl. hierzu *Abschnitt 6.3.3, Punkt (A)* sowie das in *Abschnitt 6.3.1* erläuterte *dialogische* Verantwortungsverständnis.

Beim ersten Pol kann von einer *schwachen Mitarbeiterorientierung* gesprochen werden. Hier sind Krankenhäuser zu positionieren, für deren Management die Mitarbeiter vorrangig Mittel zum Zweck sind. Rechtliche Verpflichtungen und ökonomische Leistungskriterien geben den Rahmen für den Einsatz von Humanisierungsmaßnahmen vor.[135] Beim anderen Pol werden die Mitarbeiter – neben den Patienten – als „wichtigste Ressource" des Krankenhauses betrachtet. Unter der Prämisse, dass die Prozesse zur Erhaltung, Verbesserung bzw. Wiederherstellung der Gesundheit der Patienten nicht krank machend auf die Krankenhausmitarbeiter wirken sollen, werden unter aktiver Einbeziehung der Mitarbeiter umfassende Gesundheitsförderungsmaßnahmen durchgeführt. Somit kann von einer *starken Mitarbeiterorientierung* gesprochen werden.

Abbildung 7-15: Soziale Zielausrichtung

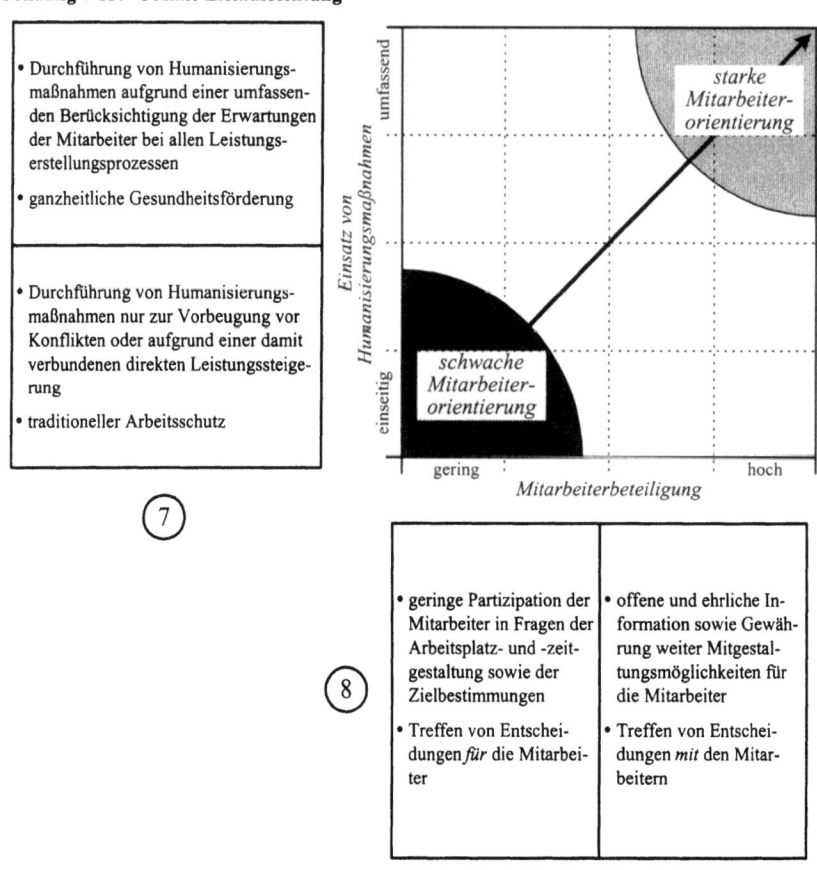

Eigene Darstellung.

In dieser Dimension erscheint eine Positionierung, die sich in größerem Abstand von der Diagonalen befindet, nur in einer Richtung möglich. So ist durchaus denkbar, dass das Krankenhaus-

---

[135] Dies entspricht dem Charakter eines autoritären Führungsstils. Vgl. WUNDERER, Rolf (2000), S. 263.

management ein umfassendes Gesundheitsförderungsprogramm für die Mitarbeiter entwickelt, ohne dabei die Betroffenen aktiv einzubeziehen.[136] Eine starke Mitarbeiterbeteiligung, die zu einem nur geringen Einsatz an Humanisierungsmaßnahmen führt, erscheint dabei weniger realistisch.

V Ökologische Zielausrichtung

Von Krankenhäusern wird oftmals erwartet, dass sie im Umwelt- und Sicherheitsbereich eine Vorbildfunktion wahrnehmen, da letztlich die Belastung der Umwelt mit Schadstoffen auch die menschliche Gesundheit schädigt, deren Erhaltung, Verbesserung bzw. Wiederherstellung das primäre Ziel aller Krankenhausaktivitäten darstellt.[137] Zudem nehmen Krankenhäuser hinsichtlich der Menge, der Vielfalt und dem Gefahrengrad anfallender Abfälle „einen besonderen Stellenwert im Kreis der Abfallerzeuger ein"[138]. Im Rahmen der ökologischen Zielausrichtung der Krankenhauspolitik sind die Begrenzung der Umweltbelastung und die umweltschonende Abfallbehandlung zu beachten. Dabei wird der umfassende Abfallbegriff des Kreislaufwirtschafts- und Abfallgesetzes (KrW-/AbfG) zugrunde gelegt. Als *Abfälle* werden hiernach Rückstände, nicht (mehr) verwendbare, verfallene oder nicht den Normen entsprechende Produkte, Altstoffe sowie unverwendbar gewordene, kontaminierte und verschmutzte Stoffe bezeichnet[139], die bei der Leistungserstellung, beim Güterge- und -verbrauch sowie bei der Energiegewinnung entstehen.[140]

(9) Bei der *Begrenzung der Umweltbelastung* geht es zum einen um eine *quantitative* Begrenzung im Sinne einer Vermeidung bzw. Minderung von Abfällen und Emissionen[141] sowie des Energieverbrauchs. Zum anderen ist eine *qualitative* Begrenzung im Sinne einer Vermeidung und Minderung des Ausstoßes *besonders* schädigender Stoffe sowie der Nutzung nicht regenerativer Energien von Bedeutung. Krankenhäuser können darauf ausgerichtet sein, hierbei lediglich die bestehenden Umweltschutzvorschriften einzuhalten[142] oder darüber hinaus aktiv den Umweltschutz und damit auch zumindest partiell die Arbeitssicherheit zu fördern.

Auf der einen Seite des Spannungsfeldes sind Krankenhäuser zu positionieren, die ihre Umweltbelastungen über die umweltrechtlichen Verpflichtungen hinaus nur dann senken, wenn dies mit *direkten* ökonomischen Vorteilen verknüpft ist. Hierbei ist anzumerken, dass aufgrund des hohen

---

[136] Dies entspricht dem Charakter eines patriarchalischen Führungsstils. Vgl. WUNDERER, Rolf (2000), S. 263.
[137] ⇔ Vgl. *Abschnitt 4.3.2.2 Ökologische Umwelt*.
[138] KRAFT, Udo (1998), S. 683. Vgl. auch NÖTHE, Martin (1999), S. 174.
[139] Zu einer vollständigen Auflistung siehe Anhang 1 der KrW-/AbfG. Zu einer krankenhausspezifischen Aufzählung vgl. ISENMANN, Ralf/ BERGES, Markus (1997), S. 528; POMP, Horst/ HACKELBERG, Ronald (1999), S. 920-921.
[140] Vgl. HAUBROCK, Manfred (1997b), S. 288-289.
[141] Unter *Emissionen* werden hier sowohl Schadstoffe (wie Kohlen- und Schwefeldioxid) als auch Strahlungen und Lärm subsumiert. Vgl. GREINER, Manfred (1999), S. 39.
[142] Hierbei ist festzuhalten, dass sowohl die Anzahl rechtlicher Regelungen zum Umweltschutz wie auch die ökologischen Anforderungen an die Unternehmen in den letzten Jahren stark gestiegen sind. Vgl. PILZ, Thomas (1999), S. 26-27.

Kostendrucks im Gesundheitswesen wohl in den meisten Krankenhäusern nur dann Umweltschutzmaßnahmen durchgeführt werden, wenn sie kostensenkend wirken.[143] Geht man von dieser Annahme aus, so ergibt sich im Falle von Kosteneinsparungen jedoch weiterhin die Möglichkeit, den Einsparungsbetrag in kostenintensive Umweltschutzmaßnahmen zu investieren. Werden solche Überlegungen angestellt, so entfernt sich das „ökologische Profil" von dem angesprochenen Extrempunkt. Zudem kann davon ausgegangen werden, dass ein Krankenhausmanagement mit ausgeprägterem Umweltbewusstein eher eine Investition zur Begrenzung der Umweltbelastung, die sich erst langfristig rechnet, durchführt als ein nicht oder weniger ökologisch agierendes Management. Das Gleiche gilt für Umweltschutzmaßnahmen, die nahezu kostenneutral wirken, aber das Image des Krankenhauses steigern können.

Auf der anderen Seite des Spannungsfeldes sind Krankenhäuser zu positionieren, die sich aufgrund ihres ausgeprägten Umweltbewusstseins aktiv für eine Abfall- und Emissionsbegrenzung sowie für Energieeinsparungen einsetzen. Dies bedeutet, dass nicht nur Maßnahmen durchgeführt werden, die mit unmittelbaren Kostensenkungen verbunden sind, sondern bei allen Aktivitäten ökologische Aspekte umfassend berücksichtigt werden. So werden umweltfreundliche Technologien angewandt (z. B. durch Nutzung regenerativer Energien) sowie umweltfreundliche Produkte benutzt. Zudem werden mögliche Energie- und Wassereinsparungen durchgesetzt sowie Maßnahmen zur Risikominderung umweltrelevanter Zwischenfälle (z. B. Brandschutzmaßnahmen)[144] eingeleitet. Maßstab hierbei ist die Umweltverträglichkeit des *gesamten* Leistungserstellungsprozesses im Krankenhaus. Darüber hinaus findet im Rahmen des Einkaufsmanagements eine Beurteilung der potenziellen Lieferanten (und auch Transportunternehmen) nach ökologischen Kriterien statt. Bei der Wahl der Lieferanten spielt neben der Umweltverträglichkeit der Produkte auch die Umweltfreundlichkeit der Produktionsprozesse eine ausschlaggebende Rolle.

(10) Im Rahmen des zweiten Aspektes der ökologischen Zielausrichtung von Krankenhäusern geht es um die *umweltschonende Abfallbehandlung* im Sinne des Recyclings und der fachgerechten Abfallbeseitigung (z. B. Mülltrennung) oder -vernichtung.[145]

Auch bei diesem Aspekt sind am einen Pol Krankenhäuser zu sehen, die umweltschonende Abfallbehandlungen über die gesetzlichen Verpflichtungen hinaus nur dann vornehmen, wenn damit *direkte* ökonomische Vorteile verknüpft sind.

Am anderen Pol wären Krankenhäuser zu positionieren, die umfassend Recyclingmöglichkeiten nutzen sowie eine umweltbewusste Abfallbeseitigung resp. -vernichtung vornehmen. Analog zum ersten Aspekt der ökologischen Zielausrichtung werden bei sämtlichen Abfallarten sowohl besonders umweltschonende Behandlungsprozesse durchgeführt als auch die Kooperationspartner hinsichtlich ihres Umgangs mit Abfällen beurteilt und schließlich ausgewählt.

---

[143] Zu dieser Annahme vgl. PETERSON, Fabian (1999), S. 908; ZIENERT, Detlef (1998), S. 425.
[144] Vgl. hierzu INGRUBER, Horst (1994), S. 261-263; POMP, Horst/ HACKELBERG, Ronald (1999), S. 913.
[145] Vgl. HAUBROCK, Manfred (1997b), S. 289; ISENMANN, Ralf/ BERGES, Markus (1997), S. 525-528.

Abbildung 7-16: Ökologische Zielausrichtung

- aufgrund eines ausgeprägten Umweltbewusstseins wird sich aktiv für eine Begrenzung der Umweltbelastung eingesetzt
- der gesamte Leistungserstellungsprozess wird nach ökologischen Kriterien gestaltet
- die Wahl der Lieferanten richtet sich u. a. nach der Umweltfreundlichkeit ihrer Produktionsprozesse

- Begrenzungen der Umweltbelastung richten sich hauptsächlich an der Einhaltung umweltrechtlicher Vorschriften aus
- über die umweltrechtlichen Verpflichtungen hinausgehende Maßnahmen zur Abfall- und Emissionsbegrenzung sowie zur Energieeinsparung werden nur dann vorgenommen, wenn sie unmittelbar zu Kostensenkungen führen

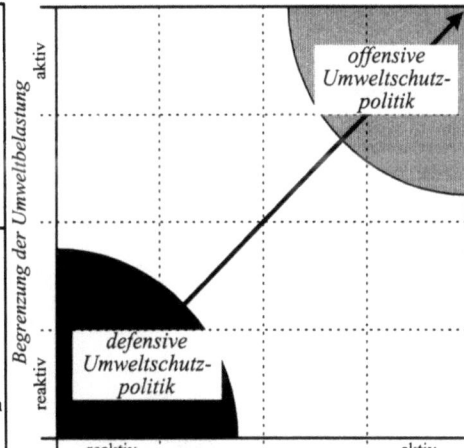

umweltschonende Abfallbehandlung

- umweltschonende Abfallbehandlungen werden hauptsächlich zur Einhaltung umweltrechtlicher Vorschriften ausgeführt
- über die gesetzlichen Regelungen hinausgehende Maßnahmen zur umweltgerechten Abfallbehandlung werden nur dann vorgenommen, wenn sie unmittelbar zu Kostensenkungen führen

- bei sämtlichen Abfallarten werden umweltschonende Behandlungsprozesse angewandt
- Möglichkeiten des Recyclings und der umweltbewussten Abfallbeseitigung resp. -vernichtung werden umfassend genutzt
- die Wahl der Kooperationspartner richtet sich u. a. nach deren Umgang mit Abfällen

Eigene Darstellung.

Werden die beiden ökologischen Dimensionen zusammengefasst, dann können wiederum zwei Extrempositionen unterschieden werden, die sich als defensive und offensive Umweltschutzpolitik bezeichnen lassen[146]: Krankenhäuser, die eine *defensive Umweltschutzpolitik* verfolgen, zeichnen sich weder bei der Begrenzung der Umweltbelastung noch bei der Abfallbehandlung durch umweltbewusstes Engagement aus. Sie gehen ihren ökologischen Verpflichtungen nur im Rahmen gesetzlicher Auflagen oder bei einem eindeutigen ökonomischen Vorteil nach. Krankenhäuser, die eine *offensive Umweltschutzpolitik* verfolgen, fühlen sich entweder der Natur verpflichtet und/oder sehen den Umweltschutz als Teil einer umfassenden Gesundheitsprophylaxe, mit dem ein Beitrag zur Verbesserung der Lebensqualität aller Betroffenen geleistet werden kann[147]. Sie

---

[146] Vgl. ISENMANN, Ralf/ BERGES, Markus (1997), S. 529.
[147] Vgl. WENDISCH, Grit (1995), S. 719; WILHELM, Ernst/ JANISCHOWSKI, Axel J. F. (1990), S. X.

setzen ihre Potenziale so ein, dass die negative Umweltbeeinflussung auf ein Minimum reduziert wird. Dabei werden zum Teil auch ökonomische Nachteile in Kauf genommen. *Abbildung 7-16* zeigt den Zusammenhang zwischen den beiden ökologischen Aspekten grafisch auf.

Eine Soll-Positionierung, die sich weit weg von der Diagonalen befindet, erscheint in dieser Dimension wenig sinnvoll. Warum sollte z. B. ein Krankenhaus aus rein ökologischen Gründen eine vorbildliche Abfallbegrenzungspolitik betreiben, dann aber bei der Abfallbehandlung kein über die gesetzlichen Verpflichtungen hinausgehendes Engagement zeigen? Hinsichtlich des Istzustandes eines Krankenhauses ist aber eine Positionierung links oder rechts von der Diagonalen durchaus möglich. Zu denken ist hierbei an Krankenhäuser, deren Umweltschutzpolitik bislang eine einseitige Betonung eines der beiden oben genannten Aspekte aufweist.

7.2.3.3 Gesamtzusammenhang der Profilierung der Krankenhauspolitik

Die zehn Muster der krankenhauspolitischen Profilierung können zu einem integrierten Konzept, wie es in *Abbildung 7-17* dargestellt ist, zusammengefügt werden. Hierbei lassen sich zwei typische Grundmuster unterscheiden: eine *an den Minimalanforderungen orientierte Krankenhauspolitik* (dargestellt durch den inneren Kreis) und eine *allen Anspruchsgruppen verpflichtete Krankenhauspolitik* (dargestellt durch die äußeren Teilkreise), zwischen denen organisationsspezifische Positionierungen erfolgen können.

Eine *an den Minimalanforderungen orientierte Krankenhauspolitik* zeichnet sich primär dadurch aus, dass die jährliche Erfüllung des Versorgungsauftrages in den Mittelpunkt aller weiterführenden Überlegungen gestellt wird. Damit verbunden sind eine ausgeprägte Gegenwartsorientierung und eine reaktive Verantwortungswahrnehmung. Bei der Erbringung der vornehmlich „klassischen" stationären Krankenhausleistungen erfolgt eine Orientierung an den qualitäts- und wirtschaftlichkeitsbezogenen Mindeststandards. Die Mitarbeiter werden nur in geringem Umfang an der Zielbestimmung beteiligt. Maßnahmen zur Humanisierung der Arbeitswelt, Abfallbegrenzung und umweltschonenden Abfallbehandlung werden hauptsächlich zur Einhaltung rechtlicher Vorschriften durchgeführt.

Im Rahmen einer *allen Anspruchsgruppen verpflichteten Krankenhauspolitik* wird hingegen die Mission aus den Bedürfnissen und Interessen der verschiedenen Stakeholder abgeleitet. Dabei wird als Ausdruck einer prospektiven Verantwortungswahrnehmung der langfristige Aufbau neuer Nutzenpotenziale gefördert. Es besteht die Intention, unter Einbeziehung von Kooperationspartnern ein umfassendes Angebot an Gesundheitsleistungen bei Einhaltung höchster Qualitäts-, Wirtschaftlichkeits- und Umweltschutzmaßstäbe bereitzustellen. Zudem wird versucht, die Mitarbeiter weitgehend in die Entscheidungsprozesse zu involvieren, um ihren Erwartungen gerecht werden zu können.[148]

---

[148] Diese Extremausprägung einer allen Anspruchsgruppen verpflichteten Krankenhauspolitik stimmt weitgehend mit den Vorstellungen des Ansatzes einer ganzheitlichen Menschenorientierung in Gesundheitsorganisationen überein.

Abbildung 7-17: Profil der Krankenhauspolitik

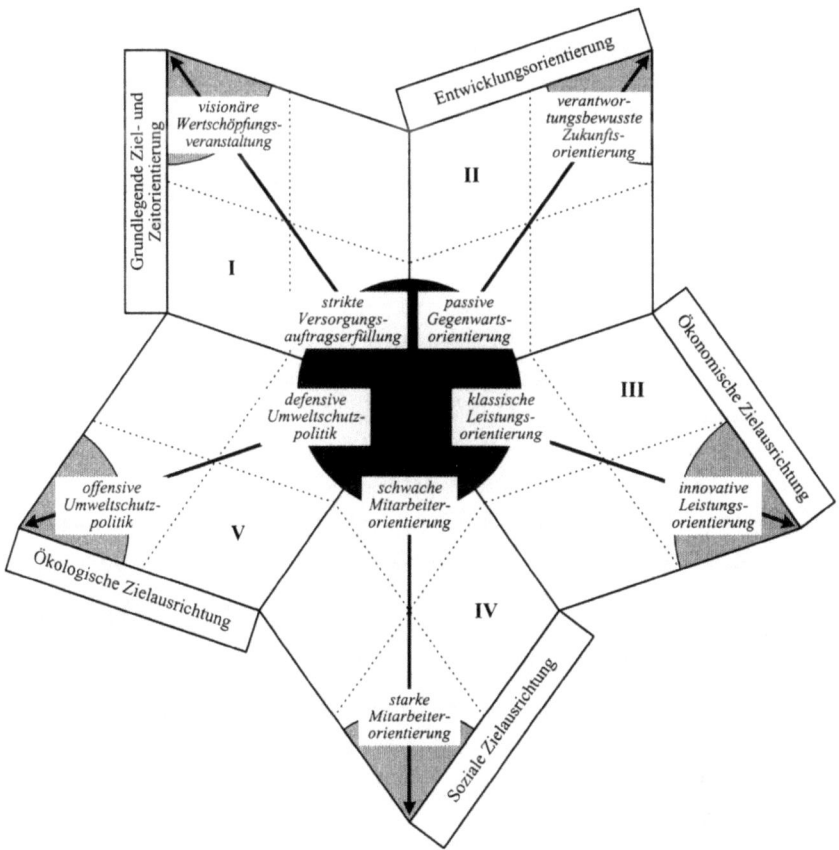

Eigene Darstellung.

Das krankenhauspolitische Handeln und Verhalten bedarf eines strukturierten Rahmens, der von der so genannten Krankenhausverfassung geliefert wird.

7.2.4 Krankenhausverfassung

7.2.4.1 Aspekte der Krankenhausverfassung

Die Krankenhausverfassung stellt ein *Normenwerk* dar, das in erster Linie durch diverse Rechtsvorschriften determiniert wird, die u. a. von der Trägerstruktur, der Rechtsform und dem Standort des Krankenhauses abhängen.[149] Diese rechtlichen Vorgaben werden um bindende Überein-

---

[149] ⇔ Zu den Rechtsvorschriften vgl. *Abschnitt 4.3.2.4*; zu den verschiedenen Trägerstrukturen und Rechtsformen von Krankenhäusern vgl. *Abschnitt 5.1*. Der Standort spielt hier vor allem insofern eine Rolle, als sich die Krankenhausgesetzgebung von Land zu Land unterscheidet.

künfte mit verschiedenen Interessengruppen ergänzt – wie Satzung und Statuten, Geschäftsverteilungsplan und Geschäftsordnung.[150] Auch bei diesen Verfassungsdokumenten ist die Trägerstruktur von eminenter Bedeutung. So kann davon ausgegangen werden, dass die Personen, die bei Trägern kommunaler Krankenhäuser das betriebliche Geschehen gestalten und kontrollieren, weitgehend mit denjenigen identisch sind, die für die Deckung des Bedarfs an Krankenhausleistungen einer Region politisch verantwortlich sind. Daraus folgt, dass bei Trägern öffentlicher Krankenhäuser – zur Durchsetzung gesundheitspolitischer Zielvorstellungen – ein größeres Interesse an betrieblicher Einflussnahme zu vermuten ist als bei freigemeinnützigen (oder privaten) Krankenhäusern.[151] Dies hat zwangsläufig Auswirkungen auf die Ausgestaltung der Krankenhausverfassung.

Wesentliches *Merkmal* einer Unternehmens- und somit auch Krankenhausverfassung ist ihre *Rechtsverbindlichkeit*. Prozedurale Regelungen zählen demnach nur dann zur Krankenhausverfassung, wenn die zugesicherten Rechte aller Betroffenen einklagbar sind.[152] Der Grundgedanke einer Unternehmensverfassung liegt folglich in der „Schaffung einer *gewollten* Ordnung"[153]. In dieser Ordnung wird die Größe und der Einfluss des Kreises derer reglementiert, die ihre Interessen in die Politik des Unternehmens einbringen können und sollen. Zudem wird durch sie die Einrichtung und Ausgestaltung jener Organe veranlasst, die die Missionsfindung und -implementierung maßgeblich unterstützen.[154] Wesentliche Organe (Spitzenorgane) eines Krankenhauses sind Träger und Krankenhausleitung. Während die Krankenhausleitung in der Regel aus Verwaltungs-, Pflege- und Ärztlichem Direktor besteht, d. h. berufsständisch organisiert ist, setzt sich der Träger nicht aus berufsgruppenspezifischen Vertretern zusammen.[155]

Im St. Galler Management-Konzept wird zwischen einer Organ- und einer Kooperationsverfassung unterschieden.[156] In der *Organverfassung* geht es um die Ausgestaltung der Spitzenorgane hinsichtlich ihrer Aufgaben bei der Führung, Überwachung und Interessenvertretung eines Unternehmens. Die Organverfassung wird von BLEICHER am Beispiel der Aktiengesellschaft dargestellt.[157] Da Aktiengesellschaften primär darauf ausgerichtet sind, Gewinne zu erzielen und diese auch zu verteilen, ist das Gros der bei der Organverfassung aufgeführten Aspekte für bedarfswirtschaftlich orientierte Krankenhäuser kaum bzw. gar nicht relevant. Schließlich wird die indi-

---

[150] In der *Satzung* und den *Statuten* werden der spezifische Zweck, die Aufgaben und die Arbeitsweise der Spitzenorgane (hier Krankenhausträger und -leitung) beschrieben. Der *Geschäftsverteilungsplan* konkretisiert die Zusammensetzung der Spitzenorgane, deren Aufgaben-, Kompetenz- und Verantwortungsbereiche sowie die Form ihrer Zusammenarbeit. Die *Geschäftsordnung* regelt schließlich die Arbeit von Gremien, soweit dies nicht in der Satzung oder den Statuten festgelegt ist. Vgl. BLEICHER, Knut (1999), S. 272.
[151] Vgl. NAEGLER, Heinz (1992), S. 6.
[152] Vgl. BLEICHER, Knut (1994a), S. 293, 306-307; MACHARZINA, Klaus (1999), S. 116; ULRICH, Peter/ FLURI, Edgar (1995), S. 75.
[153] BLEICHER, Knut (1994a), S. 291 [eigene Hervorhebung].
[154] Vgl. BLEICHER, Knut (1994a), S. 291, 296, 306; MACHARZINA, Klaus (1999), S. 116-117.
[155] Vgl. NAEGLER, Heinz (1992), S. 24-25.
[156] Weitere Aspekte der Unternehmensverfassung – wie z. B. die Betriebsverfassung – werden nicht explizit behandelt. Vgl. BLEICHER, Knut (1994a), S. 292, 295.
[157] Vgl. BLEICHER, Knut (1994a), S. 295-296, 307, 309-315.

viduelle (Krankenhaus-)Verfassung maßgeblich durch die jeweilige Trägerschaft gesteuert[158]. In der *Kooperationsverfassung* geht es um die Art der Zusammenarbeit mit Marktpartnern und Wettbewerbern sowie um das Kooperationsverhältnis zwischen den Spitzenorganen und den übrigen Organisationseinheiten.[159] Modifiziert können einzelne Aspekte dieses Teiles der Unternehmensverfassung auch auf den Krankenhaussektor übertragen werden. Da die Dimensionen der Kooperations- und Organverfassung eng miteinander zusammenhängen – letztlich sind die Kooperationsbeziehungen häufig direkt von der Aufgabenstrukturierung der Führungsspitze abhängig –[160], werden sie in dieser Arbeit zusammen unter dem Begriff der *Krankenhausverfassung* behandelt.

Im Mittelpunkt der Profilierung einer Krankenhausverfassung steht die Frage, welche Anspruchsgruppen, in welchem Ausmaß bei den krankenhauspolitischen Entscheidungen berücksichtigt werden sollen. Die Einbeziehung der verschiedenen Interessen in die Krankenhauspolitik wird maßgeblich über die Spitzenorgane vollzogen, deren Ausgestaltung somit eine wichtige Rolle im Rahmen der Krankenhausverfassung zukommt. Dabei müssen die Kompetenzen zwischen Träger und Leitung geordnet sowie deren jeweiliges Managementverständnis offen gelegt werden. Des Weiteren sind die internen und externen Kooperationsbeziehungen des Krankenhauses zu klären. Die Pole der verschiedenen Profilierungsmöglichkeiten im Rahmen einer Krankenhausverfassung sind im folgenden Überblick stichwortartig dargestellt; auf sie wird im nächsten Abschnitt näher eingegangen:[161]

---

[158] Vgl. BRAUN, Günther (1999b), S. 7.
[159] Vgl. BLEICHER, Knut (1994a), S. 296.
[160] Vgl. BLEICHER, Knut (1994a), S. 296.
[161] Zu den Punkten (1) bis (4) vgl. die von BLEICHER, Knut (1994a), S. 435-446, aufgeführten *acht Aspekte der Organverfassung* erwerbswirtschaftlicher Unternehmen, die aufgrund ihrer eingeschränkten Übertragbarkeit auf bedarfsorientierte Krankenhäuser nur zum Teil und dazu stark modifiziert aufgenommen wurden. Die von BLEICHER aufgeführten *acht Aspekte der Kooperationsverfassung* gingen sehr unterschiedlich in das Krankenhausmanagementkonzept ein. Die Punkte (5) und (6), die BLEICHER in der Dimension „Symmetrie der Kooperation" behandelt, wurden nur geringfügig modifiziert. Dagegen ist die letzte Dimension „Stabilität der Kooperationsbeziehungen" mit den Aspekten „Dauer interner Kooperationsbeziehungen" und „Konflikthandhabung in den internen Kooperationsbeziehungen" hier nicht berücksichtigt worden. *Zum einen* kann der Begründung für die *Folgen* der Dauerhaftigkeit interner Kooperationsbeziehungen nicht gefolgt werden. BLEICHER ist der Auffassung, dass „auf Dauer angelegte Kooperationsbeziehungen [...] im Allgemeinen zur Standardisierung und Formalisierung [tendieren]", während sich kurzfristige Projekte mit unterschiedlichen Partnern durch größere Flexibilität auszeichnen. Vgl. BLEICHER, Knut (1994a), S. 453 [Zitat angepasst an die neue deutsche Rechtschreibung]. Hierbei wird unterschlagen, dass Kooperationsbeziehungen auch flexibel sein können, *weil* sie schon über eine längere Zeit bestehen. So muss in neu formierten Gruppen erst ein Vertrauensverhältnis aufgebaut werden, das in längerfristigen Kooperationsbeziehungen bereits bestehen kann. Ist Letzteres der Fall, dann kann die Zeit, die in anderen Teams für den Abbau von Kommunikations- und Verständnisbarrieren benötigt wird, bereits für die Bewältigung der jeweiligen Aufgaben verwandt werden. *Zum anderen* ist die Konflikthandhabung bereits im Rahmen der ersten Dimension der Krankenhausverfassung sowie der letzten Dimension der Krankenhausphilosophie behandelt worden. Hinsichtlich der Kooperationsverfassung im Außenverhältnis sind nur zwei der vier von BLEICHER genannten Aspekte leicht modifiziert übernommen und zudem neu zusammengestellt worden (vgl. Aspekt (7) und (8)). Intensität und Dauer externer Partnerschaftsverhältnisse werden wohl in der Regel nicht in Unternehmensverfassungen festgelegt, sondern eher im Rahmen *strategischer* Überlegungen, da die unterschiedlichen Kooperationen häufig nicht miteinander vergleichbar sind. Vgl. BLEICHER, Knut (1994a), S. 446-457.

I Umfang und Art der Einbindung von Interessenvertretern
  (1) vereinzelte vs. betroffenheitsbezogene Einbindung von Interessenvertretern
  (2) strategischer Kompromiss vs. argumentativ legitimierter Interessenausgleich

II Kompetenzordnung zwischen Krankenhausträger und -leitung
  (3) Führungsverständnis der Krankenhausleitung: klassische Verwaltung vs. Management
  (4) Überwachungsverständnis der Trägerorgane: reine ex post-Kontrolle vs. kooperative Beratung

III Ausgestaltung interner Kooperationsbeziehungen
  (5) geringe vs. hohe Intensität der internen Zusammenarbeit
  (6) autoritäres vs. partizipatives Verhältnis innerhalb der internen Kooperationsbeziehungen

IV Ausgestaltung externer Kooperationsbeziehungen
  (7) einseitige vs. gegenseitige Beeinflussung externer Kooperationsbeziehungen
  (8) misstrauens- vs. vertrauensbasierte Konflikthandhabung in externen Kooperationsbeziehungen

Abbildung 7-18 verdeutlicht die Interdependenzen zwischen diesen Dimensionen.

Abbildung 7-18: Zusammenhang der Dimensionen der Krankenhausverfassung

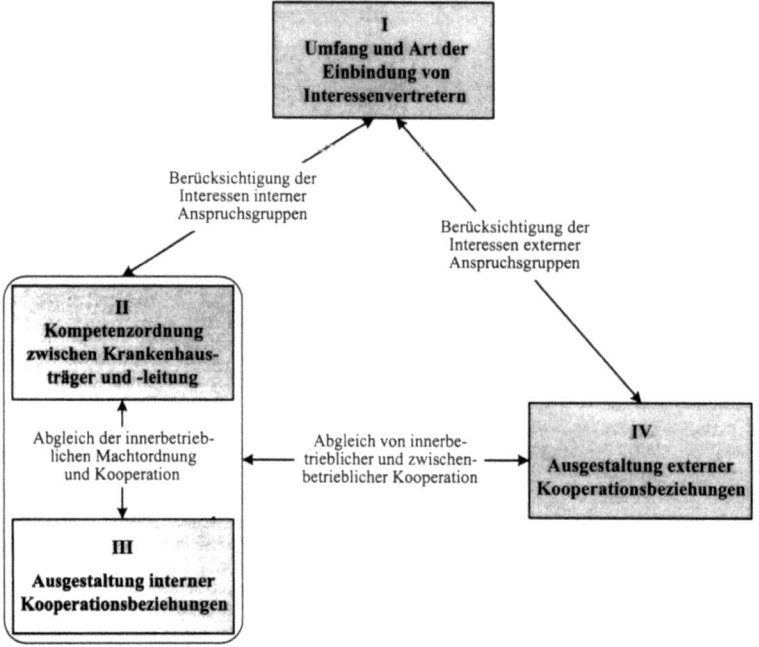

Eigene Darstellung.

7.2.4.2 Profilierung einer Krankenhausverfassung

I   Umfang und Art der Einbindung von Interessenvertretern

Die Krankenhausverfassung kann als Instrument zur Regelung der Interessenberücksichtigung in Krankenhäusern bezeichnet werden.[162] Dabei stellt sich die Frage, *welche* Interessenvertreter eingebunden werden sollen und *wie* der Interessenausgleich ausgestaltet werden soll.

(1) Zunächst ist der *Umfang* der Einbindung von Anspruchsgruppen festzulegen. In den Extremausprägungen kann die verfassungsmäßige Struktur lediglich der Berücksichtigung von Einzelinteressen dienen oder der Berücksichtigung des „Gesamtinteresses" am Krankenhaus.[163]

Im ersten Fall ist von einer reduktionistischen Legitimationsbasis auszugehen. Neben der Einhaltung der gesetzlichen Auflagen[164] spielen die Interessen des Krankenhausträgers *die* entscheidende Rolle. Die Interessen der Mitarbeiter können durch eine (stärkere) Einbindung in die Spitzenorgane zusätzlich berücksichtigt werden, wenn vom Extrem einer rein trägerorientierten Verfassung abgewichen wird. Hierbei dient dann also die *Mitarbeit* im Krankenhaus als Legitimationsbasis.

Im zweiten Fall soll die Krankenhausverfassung allen vom Krankenhaushandeln Betroffenen „geöffnet" werden, indem z. B. „gesetzlich geregelte Anhörungs-, Mitsprache-, Einspruchs- und Klagerechte und im Fall beschädigter legitimer Ansprüche auch Entschädigungsrechte gewährleistet"[165] werden. Das Kriterium für die Einbeziehung von Gruppen in die Organe des Krankenhauses ist also nicht mehr die Mitarbeit im Krankenhaus, sondern die *„Betroffenheit".*[166] Eine sich daran orientierende Krankenhausverfassung internalisiert demnach die potenziellen externen Effekte in die krankenhauspolitischen Entscheidungen durch die „Internalisierung" der Betroffenen selbst.[167]

(2) Im Zusammenhang mit der Frage, welche Interessenvertreter in der Krankenhausverfassung berücksichtigt werden sollen, ist auch die *Art und Weise des Interessenausgleichs* von Bedeutung. Hierbei können die Pole „strategischer" und „argumentativ legitimierter Interessenausgleich" unterschieden werden.

Im ersten Fall wird *im Rahmen der gegebenen Machtverhältnisse* nach Kompromisslösungen gesucht, unter der Annahme, dass die Beteiligten bereits mit *ex ante* festgelegten Einzelpräferenzen in die krankenhauspolitische Interaktion eintreten. Statt eines argumentativen Dialogs wird lediglich über diese Einzelpräferenzen *abgestimmt*. Um die eigenen Interessen durchsetzen zu können, wird gegebenenfalls versucht, gezielt auf andere Teilnehmer Einfluss auszuüben bzw.

---

[162] Vgl. auch MACHARZINA, Klaus (1999), S. 115.
[163] Vgl. BLEICHER, Knut (1994a), S. 436-437; SCHWARZ, Reinhard (1997), S. 496.
[164] Hierbei ist vor allem das jeweilige Landeskrankenhaus- und Krankenhausbetriebsgesetz von Interesse. Zu den landesspezifischen Regelungen vgl. NAEGLER, Heinz (1992), S. 19-22.
[165] ULRICH, Peter (1998), S. 454. Vgl. vertiefend ULRICH, Peter (1993), S. 427-431.
[166] Vgl. ULRICH, Peter (1993), S. 420.
[167] Vgl. ULRICH, Peter (1993), S. 439; ULRICH, Peter/ FLURI, Edgar (1995), S. 75-76.

Koalitionen zu bilden. Deshalb sollte hier auch eher von einem *strategischen Kompromiss* als von einem „Interessenausgleich" gesprochen werden.[168]

Im zweiten Fall soll der Interessenausgleich durch einen *argumentativen Dialog* zustande kommen. Ziel des Dialogs ist die Herbeiführung eines (faktischen) Konsenses[169]. In der Praxis ist nun aber kaum zu erwarten, dass Einigkeit stets argumentativ erzielt werden kann. Daher gilt es, *a priori* einen „Basiskonsens über die *formalen* Grundsätze und Prozeduren der Konfliktregelung zu erzielen"[170]. Auf dieser Grundlage „fairer Ausgangsbedingungen", bei der beispielsweise allen am Interessenausgleich beteiligten Personen die „gleichen vollwertigen Kommunikationschancen"[171] (schriftlich) zugesichert werden, kann an die Konfliktlösung gegangen werden. Die Ernennung einer Ombudsperson soll dabei gewährleisten, dass die Regeln eingehalten werden und ein Kompromiss tatsächlich *argumentativ legitimiert* und nicht durch Einsatz von Macht erzielt wird. Die Verfolgung persönlicher Interessen wird hierbei nicht ausgeschlossen, sondern von der Legitimität abhängig gemacht.[172]

Wie schon erwähnt, spielt bei der Einbindung von Anspruchsgruppen die Art des Umgangs mit Konflikten zwischen den einzelnen Interessenvertretern eine wesentliche Rolle. Hierbei können – wie auch in *Abbildung 7-19* dargestellt – zwei idealtypische Muster unterschieden werden. Da im ersten Muster der „Interessenausgleich" durch den Einsatz von Macht stattfindet und die Anzahl der Interessengruppen in den Spitzenorganen des Krankenhauses aus machtstrategischen Gründen gering gehalten wird, kann von einer *„machtbasierten Krankenhausverfassung"* gesprochen werden. Das zweite Muster zeichnet sich durch die Öffnung der Krankenhausverfassung für alle Betroffenen aus und durch eine verständigungsorientierte Einstellung im Prozess des Interessenausgleichs. Da bei beiden Aspekten die Gewährleistung von Rechten – wie elementare Persönlichkeits- und Kommunikationsrechte – im Vordergrund steht, kann diese Kombination als *„grundrechteorientierte Krankenhausverfassung"*[173] bezeichnet werden.

In dieser Dimension ist eine Positionierung links oder rechts der Diagonale aus bestimmten Überlegungen heraus möglich bzw. zweckmäßig. Im Rahmen eines durch Machteinsatz geprägten Interessenausgleichs ist eine Öffnung der Krankenhausverfassung bestenfalls aus strategischen Gründen denkbar, etwa um das Image zu verbessern. Bleiben allerdings die Interessen der einbezogenen Personengruppen fortdauernd unberücksichtigt, dann ist ein langfristiger Imagegewinn eher unrealistisch. Ein argumentativer Interessenausgleich zwischen wenigen Interessengruppen kann dagegen auch über einen längeren Zeitraum erfolgreich stattfinden.

---

[168] Vgl. ULRICH, Peter (1998), S. 84, 312-315.
[169] Ein Konsens bleibt deswegen immer nur *faktisch*, weil seine „Rationalität in einem erneuten Diskurs stets kritisiert werden kann." ULRICH, Peter (1993), S. 294.
[170] ULRICH, Peter (1998), S. 314-315.
[171] ULRICH, Peter (1993), S. 441.
[172] Vgl. ULRICH, Peter (1993), S. 286-287; ULRICH, Peter (1998), S. 85-87, 314-315; vgl. auch BLEICHER, Knut (1994a), S. 438.
[173] Vgl. ULRICH, Peter (1993), S. 427; ULRICH, Peter (1998), S. 453-454.

Abbildung 7-19: Umfang und Art der Einbindung von Interessenvertretern

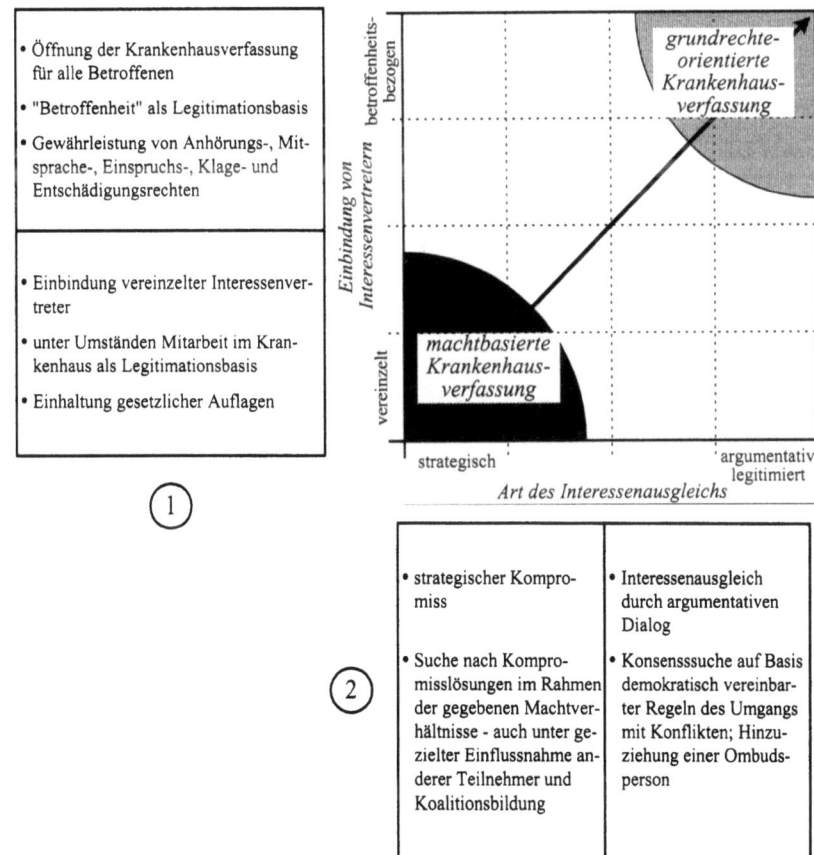

Eigene Darstellung in Anlehnung an BLEICHER, Knut (1994a), S. 438.

II Kompetenzordnung zwischen Krankenhausträger und -leitung

Zur Vermeidung ungewollter Überschneidungen und Konflikte sollten die Aufgabengebiete von Krankenhausträger und Krankenhausleitung klar voneinander abgegrenzt werden. Damit die *Aufgaben* sinnvoll erfüllt werden können, müssen die *Kompetenzen* der einzelnen Organe geordnet werden. Mit der Kompetenzzuweisung geht dann auch eine *Verantwortung* zur Erfüllung der Aufgaben und damit eine Verantwortlichkeit für fahrlässige und vorsätzliche Fehler einher.[174] In Krankenhäusern existieren jedoch sehr unterschiedliche Vorstellungen darüber, wie die *Aufgaben-, Kompetenz- und Verantwortungszuweisung zwischen Träger und Leitung*[175] am besten vorgenommen werden soll. Zudem gibt es kein einheitliches *Verständnis der Überwachungsfunkti-*

---

[174] Vgl. ULRICH, Peter/ FLURI, Edgar (1995), S. 174.
[175] Vgl. PFÖHLER, Wolfgang (1997b), S. 391; SCHWARZ, Reinhard (1997), S. 495; STAEHLE, Wolfgang H. (1994a), S. 671.

on des Krankenhausträgers. Daher werden diese beiden Aspekte mit ihren Extremausprägungen hier näher beschrieben.[176]

(3) Das Verständnis der Aufgabenteilung zwischen Krankenhausträger und -leitung bzw. der *Art der Krankenhausführung* ist u. a. von der Rechtsform des Krankenhauses abhängig. Allerdings wird dieses Verständnis weitaus mehr von der Ausgestaltung der Satzung und dem Führungsverständnis der Trägerorgane und der Krankenhausleitung beeinflusst als von gesetzlichen Forderungen. So können die Unterschiede innerhalb eines Rechtsformtypus größer sein als die zwischen verschiedenen Rechtsformen.[177] Beispielsweise können sich die Gesellschafter einer GmbH sämtliche Entscheidungen vorbehalten, was eine weitgehende Entmachtung der Geschäftsführung zur Folge hat.[178] Bei der Art der Krankenhausführung können wiederum zwei Extremausprägungen unterschieden werden.

Auf der einen Seite überlassen die Trägerorgane der Krankenhausleitung lediglich Aufgaben des operativen Managements. Diese Aufgabenteilung entspricht dem *klassischen Verwaltungsverständnis* eines als Regiebetrieb geführten Krankenhauses: Als rechtlich, wirtschaftlich und organisatorisch unselbstständiger Teil der Kommunalverwaltung obliegt die eigentliche Führung des Krankenhauses den Trägerorganen[179]; die Krankenhausleitung selbst hat kaum Entscheidungsfreiheit.[180] Ein solcher eingeschränkter Handlungsspielraum kann auch bei Krankenhäusern anderer Rechtsformen gegeben sein, wenn nämlich die Trägerorgane – am Krankenhausdirektorium vorbei – in Entscheidungen eingreifen, die nicht in ihren Zuständigkeitsbereich fallen. Dies kann zwar einen Beitrag zur Koordination der von den einzelnen Krankenhausdirektoren vertretenen Bereichsinteressen leisten, ist aber nicht im Sinne der Aufgabenteilung zwischen Träger und Leitung organisatorisch selbstständiger Krankenhäuser.[181]

Auf der anderen Seite halten sich die Trägerorgane – abgesehen von einigen rahmensetzenden Vorgaben[182] und bestimmten Überwachungsaufgaben[183] – aus dem Management heraus. Selbst Grundsatzentscheidungen im Bereich der Betriebsorganisation, des Personalwesens, der Finanzwirtschaft, der betrieblichen und baulichen Weiterentwicklung sowie Entscheidungen über Maßnahmen außergewöhnlicher, existenzieller Bedeutung werden stets gemeinsam mit der Krankenhausleitung getroffen. Der Aufgabenbereich des Geschäftsführers resp. des Krankenhausdirekto-

---

[176] Die verschiedenen Konzepte zur Aufgaben- und Kompetenzordnung werden maßgeblich durch gesetzliche Regelungen determiniert. So finden sich in einigen Landeskrankenhausgesetzen klare Vorgaben zu bestimmten Aufgabenbereichen der Trägerorgane (siehe z. B. § 23 Abs. 2 LKG Rheinland-Pfalz) sowie zur Zusammensetzung der Krankenhausleitung (siehe z. B. § 13 Abs. 3 HKHG). Positionierungen der Krankenhausverfassung haben demzufolge immer vor dem gesetzlichen Hintergrund zu geschehen.
[177] Vgl. SACHS, Ilsabe (1994), S. 65; SCHMID, Rudolf (1999), S. 224-225.
[178] Siehe § 45 GmbHG.
[179] Vgl. NAEGLER, Heinz (1992), S. 12; NAEGLER, Heinz/ SCHÄR, Walter (1992), S. 12; WÖHE, Günter (1996), S. 379.
[180] Aufgrund der fachlichen Weisungsfreiheit von Chefärzten trifft dies nicht auf den medizinischen Bereich zu. ⇨ Vgl. *Abschnitt 5.3.3*.
[181] Vgl. GÄRTNER, Heribert W. (1994), S. 55; SCHMIDT-RETTIG, Barbara (1993b), S. 70.
[182] ⇨ Vgl. *Abschnitt 5.3.3*.
[183] ⇨ Vgl. hierzu den nächsten Aspekt (4).

riums liegt demnach nicht primär in der Verwaltung, sondern im *Management* des Krankenhauses.[184] Eine Voraussetzung dafür ist in der Regel, dass das Krankenhaus als organisatorisch und wirtschaftlich selbstständiger Bereich geführt wird.

(4) Eng verbunden mit der Aufgabenteilung ist das *Überwachungsverständnis der Trägerorgane*.

Zum einen kann die Überwachungsfunktion als *sichernde Kontrolle* der Geschäftsführung bzw. Krankenhausleitung verstanden werden. Dabei umfasst der Aufgabenbereich des Krankenhausträgers lediglich die Entgegennahme von Direktionsberichten sowie die Überwachung der Durchführung getroffener Beschlüsse. Erst nach dem Eintreten von Normabweichungen oder groben Regelverstößen sowie bei zustimmungspflichtigen Einzelgeschäften greift der Träger in die Führungspraxis aktiv ein.[185]

Zum anderen können die Trägerorgane auch als *kooperativer Beratungspartner* des Krankenhauses, insbesondere der Krankenhausleitung auftreten. Im Sinne einer ex ante-Kontrolle schalten sie sich dann bereits bei der Formulierung und Prämissenüberprüfung der krankenhauspolitischen und strategischen Grundorientierung ein und stehen der Krankenhausleitung beratend zur Seite. Die ex post-Kontrolle gilt lediglich als Ergänzung zur Selbstkontrolle der Krankenhausleitung und begrenzt sich somit auf die Überprüfung des Einsatzes und der Ergebnisse der Krankenhausleitung.[186]

Die extremen Profilierungen auf beiden Skalen ergeben zwei typische Muster der Kompetenzordnung zwischen Krankenhausträger und -leitung, die in *Abbildung 7-20* grafisch dargestellt sind: Das erste Muster ist durch eine *klare Hierarchieordnung* zwischen Krankenhausträger und -leitung gekennzeichnet. Die Trägerorgane übernehmen den größten Teil der dispositiven Tätigkeiten und kontrollieren routinemäßig die Einhaltung der von ihnen delegierten Aufgaben. Beim zweiten Muster wird die Führung des Krankenhauses weitgehend dem Krankenhausdirektorium resp. dem Geschäftsführer überlassen. Zudem verstehen die Trägerorgane ihre Überwachungsfunktion vor allem als Ergänzung zur Selbstkontrolle der Krankenhausleitung, wobei sie sich als Beratungspartner anbieten. Somit kann von einer *kooperativen Zusammenarbeit* sowohl im Bereich der ex ante- als auch der ex post-Kontrolle gesprochen werden.

Eine Positionierung im linken oberen Bereich dieses Rasters ist dann gerechtfertigt, wenn die Krankenhausleitung klare Zielvorgaben vom Träger bekommt, ihr bei der Art der Zielerreichung aber ein relativ großer Spielraum gelassen wird. In einem Krankenhaus, das durch klassisches Verwaltungshandeln zu charakterisieren ist, erscheint eine Überwachung der Geschäftstätigkeiten in kooperativer Zusammenarbeit mit dem Träger als eher unwahrscheinlich. Damit sind Profilierungen rechts von der Diagonalen nur bedingt denkbar.

---

[184] ⇔ Vgl. hierzu die differenzierte Betrachtung dieser beiden Begriffe in *Abschnitt 2.1.1*.
[185] Vgl. BLEICHER, Knut (1994a), S. 443-444.
[186] Vgl. BLEICHER, Knut (1994a), S. 443-444.

Abbildung 7-20: Kompetenzordnung zwischen Krankenhausträger und -leitung

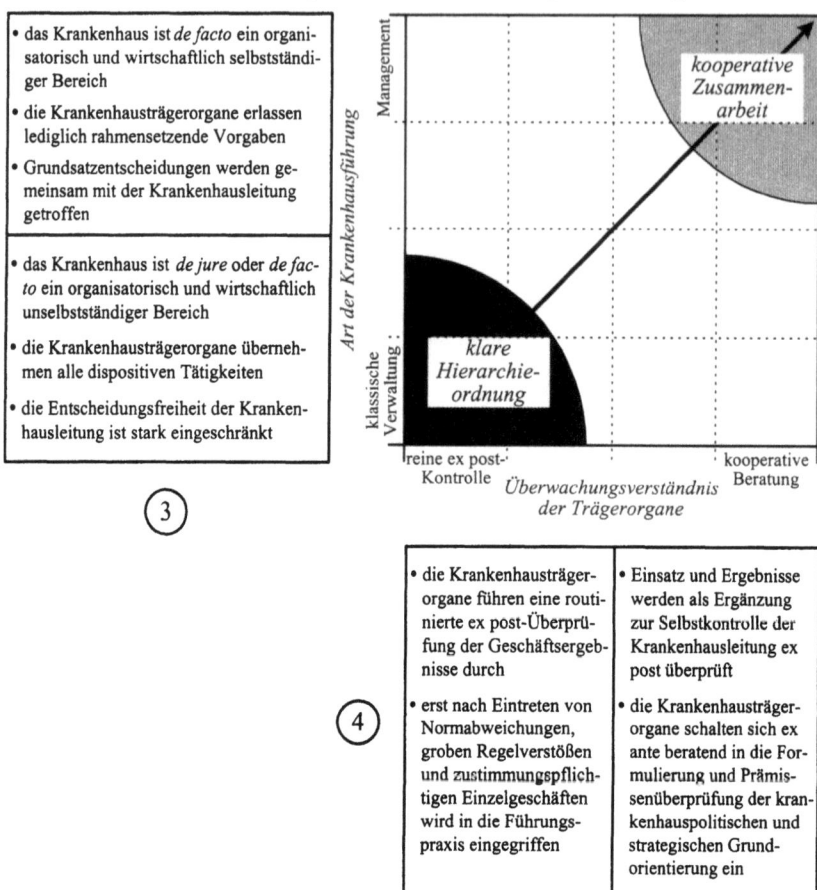

Eigene Darstellung in Anlehnung an BLEICHER, Knut (1994a), S. 444.

III Ausgestaltung interner Kooperationsbeziehungen

Neben der Kompetenzordnung zwischen Krankenhausträger und -leitung wird die Krankenhausverfassung auch durch Kooperationsverhältnisse *innerhalb* der Krankenhausleitung sowie zwischen den einzelnen Organisationsmitgliedern, Abteilungen und Berufsgruppen geprägt. Diese internen Kooperationsverhältnisse können hinsichtlich ihrer Intensität und hinsichtlich der Art der Beeinflussung unterschieden werden.

(5) Die *Intensität der Zusammenarbeit* zwischen den Organisationsmitgliedern kann von Krankenhaus zu Krankenhaus, aber auch intraorganisational stark variieren. An dieser Stelle geht es um die tendenzielle Grundeinstellung der Spitzenorgane zu innerbetrieblichen Kooperationsbeziehungen. Diese Einstellung schlägt sich z. B. in Umfang und Art der Institutionalisierung von Entscheidungsprozessen nieder.

Einerseits kann die Zusammenarbeit auf das absolut Notwendige beschränkt bleiben, was einen stark begrenzten Austausch zwischen verschiedenen Hierarchieebenen oder Stationen bzw. Abteilungen im Krankenhaus zur Folge hat.[187] Demnach überwiegen bei dieser Ausprägung die *Einzelentscheidungen* gegenüber den Teamentscheidungen in den innerbetrieblichen Krankenhausregelungen. Kommissionen zu unterschiedlichen Themengebieten werden nur auf gesetzlichen Druck hin gegründet.[188]

Andererseits können Kooperationsbeziehungen durch die Institutionalisierung von *Teamentscheidungen* (z. B. in der Geschäftsordnung) entwickelt bzw. unterstützt werden. In den krankenhausbetrieblichen Regelungen wird dabei z. B. die Bildung von Kommissionen mit - bezüglich der Hierarchieebenen[189], Berufsgruppen und Abteilungen – heterogener Besetzung über die gesetzlichen Auflagen hinaus gefördert. Außerdem wird versucht, die Kommunikation über „Schnittstellen" hinweg zu institutionalisieren (beispielsweise durch entsprechende Meetings).[190]

(6) Hinsichtlich der *Beeinflussung interner Kooperationsbeziehungen* kann eine Positionierung im Spannungsfeld eines hierarchisch-autoritären und eines partizipativen Verhältnisses zwischen Management und Mitarbeitern unterschiedlicher Abteilungen vorgenommen werden.

In der Extremausprägung eines *hierarchisch-autoritären Verhältnisses* liegt die Entscheidungsmacht stets bei einer Person oder einer Instanz mit gleichberechtigten Mitgliedern (wie dem „Dreier-Direktorium"). Die Argumente anderer Mitglieder der Kommission, Projektgruppe oder sonstigen Kooperationsbeziehung werden vom Entscheidungsträger höchstens zur Kenntnis genommen, ohne dass sie notwendigerweise in den Entscheidungsprozess einfließen müssen.[191] Der Entscheidungsträger gibt alle Einzelheiten der Aufgabenbewältigung vor und setzt gegebenenfalls Machtmittel – inkl. einer bewusst selektiven Informationsweitergabe – zur Durchsetzung seiner Vorstellungen ein.[192] Bezüglich des Verhältnisses zwischen Krankenhausleitung und Chefärzten muss hierbei erwähnt werden, dass Letztere in der Bestimmung des Leistungsangebotes ihrer Abteilungen häufig weitgehend autonom sind. Ein autoritäres Verhältnis zeigt sich dann weniger in klaren Zielvorgaben durch das Krankenhausdirektorium als vielmehr in der Verweigerung finanzieller Mittel, die zur Erreichung der vom jeweiligen Chefarzt selbst gesetzten Ziele notwendig sind.[193]

---

[187] Vgl. BLEICHER, Knut (1994a), S. 451-452.
[188] So ist beispielsweise die Gründung von *Hygienekommissionen* in manchen Ländern gesetzlich vorgeschrieben. Siehe etwa § 32 LKG Rheinland-Pfalz; § 10 HKHG.
[189] NAEGLER spricht hierbei von der *Institutionalisierung von Vertikal-Kollektiven*. Diese zeichnen sich – im Gegensatz zu Horizontal-Kollektiven – dadurch aus, dass der Gruppe Personen angehören, die in einem Rangverhältnis zueinander stehen (wie Vorgesetzter und Mitarbeiter). Vgl. NAEGLER, Heinz (1992), S. 42-45, 88.
[190] Vgl. BLEICHER, Knut (1994a), S. 452.
[191] Vgl. NAEGLER, Heinz (1992), S. 40.
[192] Vgl. BLEICHER, Knut (1994a), S. 452.
[193] Vgl. TECKLENBURG, Andreas (1995), S. 386.

In der anderen Extremausprägung eines *partizipativen Verhältnisses* üben die Vorgesetzten nur geringen Einfluss auf die internen Kooperationsbeziehungen aus.[194] Sie geben lediglich eine bestimmte Thematik oder Problemstellung vor, zu der dann *gemeinsam* Ziele vereinbart werden. Der Weg zur Zielerreichung ist freigestellt; die Kooperationsstrukturen können also selbst bestimmt und flexibel ausgestaltet werden.

Abbildung 7-21: Ausgestaltung interner Kooperationsbeziehungen

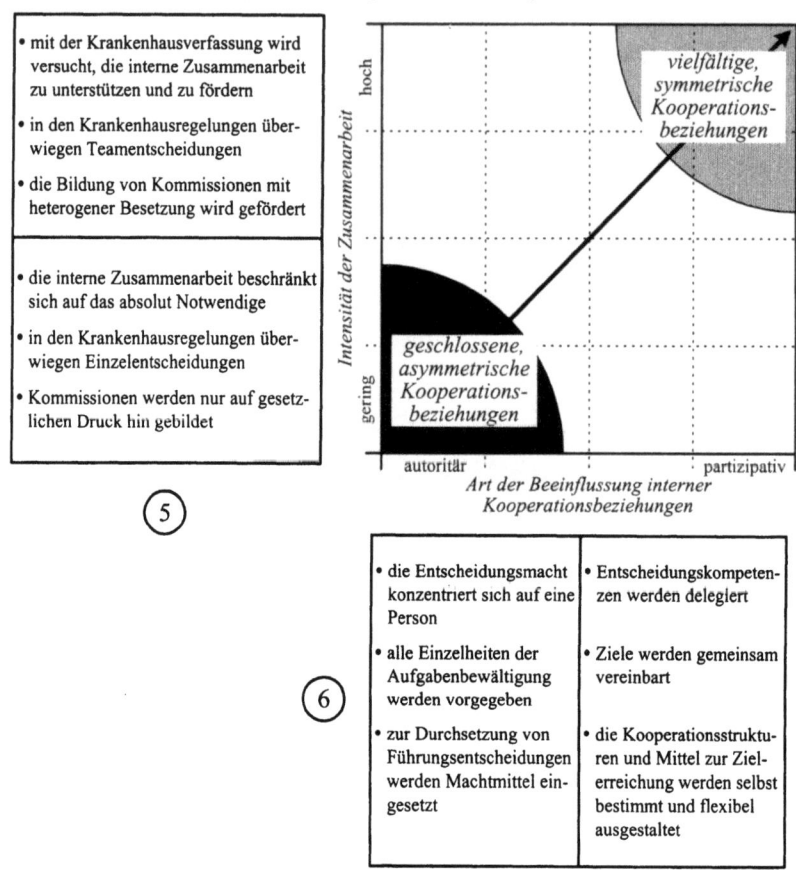

Eigene Darstellung in Anlehnung an BLEICHER, Knut (1994a), S. 452.

Zwischen der Intensität und der Art der Beeinflussung interner Kooperationsverhältnisse besteht ein enger Zusammenhang. Dabei lassen sich vor allem zwei typische Muster unterscheiden, die in *Abbildung 7-21* dargestellt sind: Hat die Krankenhausleitung ein nur geringes Interesse an intraorganisationaler Zusammenarbeit, so ist die Wahrscheinlichkeit groß, dass im Rahmen der internen Kooperationsverhältnisse versucht wird, den Einfluss über stark autoritäre Befehlsketten zu steuern. Hierbei entstehen dann weitgehend *geschlossene interne Kooperationsbeziehungen*,

---

[194] Vgl. BLEICHER, Knut (1994a), S. 452-453.

die durch *asymmetrische Regelungen* gekennzeichnet sind. Dagegen ist in Krankenhäusern, deren Verfassungen Teamarbeit unterstützen und fördern, eher von einem partizipativen Führungsstil auszugehen. In diesem Fall können *vielfältige interne Kooperationsbeziehungen* entstehen, die sich durch *symmetrische Kommunikationsstrukturen* auszeichnen.[195]

In dieser Dimension der Krankenhausverfassung sind unter bestimmten Annahmen größere Abweichungen von der Diagonalen durchaus denkbar, wenngleich diese bei Sollpositionierungen nicht gerade sinnvoll sind: Werden Kooperationsbeziehungen verstärkt gefördert, aber die Mitsprache- und vor allem Mitentscheidungsmöglichkeiten innerhalb der Kooperationsverhältnisse asymmetrisch verteilt, dann können die negativen Folgen einer Enttäuschung der Machtunterlegenen stärker ins Gewicht fallen als die positiven Effekte einer „breiteren Kooperation". Wenn interne Zusammenarbeit dagegen kaum gefördert wird bzw. werden soll, dann ist eine partizipative Ausgestaltung der wenigen Kooperationsbeziehungen eher unwahrscheinlich. Es ist jedoch nicht ausgeschlossen, dass in einem Krankenhaus mit geringer interner Zusammenarbeit auch vereinzelte partizipativ ausgestaltete Kooperationsbeziehungen bestehen können.

IV Ausgestaltung externer Kooperationsbeziehungen

Neben der Gestaltung interner Kooperationsbeziehungen spielt für Krankenhäuser auch immer mehr die Gestaltung externer Partnerschaftsverhältnisse eine Rolle. Die zunehmende Bedeutung lässt sich aus der steigenden Zahl an Kooperationen mit z. B. anderen Krankenhäusern, niedergelassenen Ärzten, Pflegeeinrichtungen und Industrieunternehmen ableiten.[196] Im Rahmen der Krankenhausverfassung interessiert aber weniger die bloße Anzahl von Kooperationen eines Krankenhauses[197] als deren jeweilige Ausgestaltung hinsichtlich der Einflussstruktur sowie der Art der Konflikthandhabung.[198]

(7) Die Art der *Einflussnahme auf die externen Kooperationsbeziehungen* spielt eine entscheidende Rolle für die Krankenhausverfassung. So stellt sich die Frage, welche Stelle in dem Spannungsfeld zwischen einem beherrschenden Direktionsrecht auf der einen und einem kooperativen Interessenausgleich auf der anderen Seite angestrebt werden soll.

Krankenhäuser, die Abhängigkeit negativ definieren und Partnerschaften grundsätzlich misstrauisch begegnen, werden tendenziell versuchen, innerhalb von Kooperationen das *Direktionsrecht* bei der Zielsetzung und Ressourcenzuweisung zu erhalten sowie Schlüsselpositionen mit eigenen Mitarbeitern zu besetzen.[199]

---

[195] Vgl. BLEICHER, Knut (1994a), S. 453.
[196] Vgl. ZELLE, Barbara (1998), S. 247-253.
[197] Die Anzahl und Intensität externer Partnerschaftsverhältnisse ist zumeist von *strategischen* Überlegungen abhängig und wird nicht in der Krankenhausverfassung geregelt. ⇨ Vgl. Aspekt (6) der Dimension *„III Wertschöpfungsstrategien"* im Rahmen des Moduls *„Strategische Programme im Krankenhaus" (S. 254-255).*
[198] Da für unterschiedliche Kooperationsbeziehungen auch unterschiedliche Einstellungen gelten, kann in dieser Dimension mit der Positionierung des gesamten Krankenhauses nur eine Tendenz abgebildet werden. Um ein differenzierteres Soll- und Istprofil zu erlangen, können für einzelne bestehende Kooperationsbeziehungen bzw. für Gruppen vergleichbarer Kooperationsbeziehungen zusätzliche Profilierungen vorgenommen werden.
[199] Vgl. BLEICHER, Knut (1994a), S. 448-449.

Werden vor allem die Vorteile der *gegenseitigen* Abhängigkeit im Rahmen von Partnerschaften gesehen, dann wird der zusätzliche Nutzen in den Mittelpunkt gestellt, der durch einen *kooperativen Interessenausgleich* entstehen kann. Innerhalb der Partnerschaft wird versucht, einen Konsens hinsichtlich der Zielsetzung, der Ressourcennutzung und der personalen Besetzung zu erzielen.[200]

(8) In Partnerschaftsbeziehungen sind Konflikte unvermeidlich, doch unterscheidet sich die Art der *Konflikthandhabung*, die stark durch die Managementphilosophie geprägt wird[201], von Krankenhaus zu Krankenhaus.

Liegt als Grundhaltung ein beträchtliches *Misstrauen* zwischen den Kooperationspartnern vor, so wird tendenziell versucht, alle denkbaren Konfliktfälle durch Vertragsklauseln zu regeln und dabei eigene Interessen durchzusetzen.[202] Ein solches Misstrauensverhältnis kennzeichnet häufig die Beziehung zwischen Krankenhäusern und Krankenkassen. Daher stellen Kooperationen in dieser Konstellation, die über die gesetzlichen Regelungen hinausgehen, bislang noch eher Ausnahmen dar.[203]

Ist die Kooperation von tiefem *Vertrauen* geprägt, dann ist in der Regel der Wunsch nach einer Konfliktlösung vorherrschend, die einvernehmlich ist und alle Interessen berücksichtigt. Ausgehend von der Einsicht, dass sich niemals alle potenziellen Konfliktfelder antizipieren lassen, versuchen die Kooperationspartner, sich „lediglich" über formale Grundsätze der Konfliktregelung zu einigen.[204]

Bezüglich der Ausgestaltung externer Partnerschaftsbeziehungen ergeben sich wiederum zwei idealtypische Muster, die in *Abbildung 7-22* grafisch dargestellt sind. Am einen Pol sind Krankenhäuser zu positionieren, die innerhalb einer Partnerschaft das Direktionsrecht anstreben und die versuchen, sich durch weitgehende Vertragsregelungen vor denkbaren Konfliktfällen abzusichern. Sie gehen – wenn überhaupt – nur *„beherrschte Kooperationen"* ein.[205] Am anderen Pol sind solche Krankenhäuser einzuordnen, die im Rahmen der einzelnen Kooperationen versuchen, paritätische Strukturen aufzubauen und mögliche Konflikte einvernehmlich im Interesse aller Partner zu lösen. Solche Kooperationsbeziehungen lassen sich als *„vertrauensbasierte Partnerschaften"* bezeichnen.

---

[200] Vgl. BLEICHER, Knut (1994a), S. 448-449.
[201] ⇔ Vgl. *Abschnitt 7.2.2.2*, insbesondere *S. 180-187*.
[202] Vgl. BLEICHER, Knut (1994a), S. 450.
[203] Vgl. hierzu vertiefend BREBLEIN, Susann (1999), S. 155-170, insbesondere S. 161. Mögliche Kooperationen zwischen Krankenhäusern und Krankenversicherungen bestehen z. B. in der gemeinsamen Entwicklung von Programmen zum Disease Management. *Disease Management* hat in diesem Zusammenhang zum Ziel, Behandlungsprozesse für ein bestimmtes Krankheitsbild aus ärztlicher, pflegerischer und ökonomischer Sicht zu verbessern. Vgl. BERCHTHOLD, Peter/ GREULICH, Andreas/ LÖFFEL, Niklaus (1999), S. 452-456.
[204] Vgl. BLEICHER, Knut (1994a), S. 450-451; ULRICH, Peter (1998), S. 314-315.
[205] Vgl. BLEICHER, Knut (1994a), S. 448-449.

Abbildung 7-22: Ausgestaltung externer Kooperationsbeziehungen

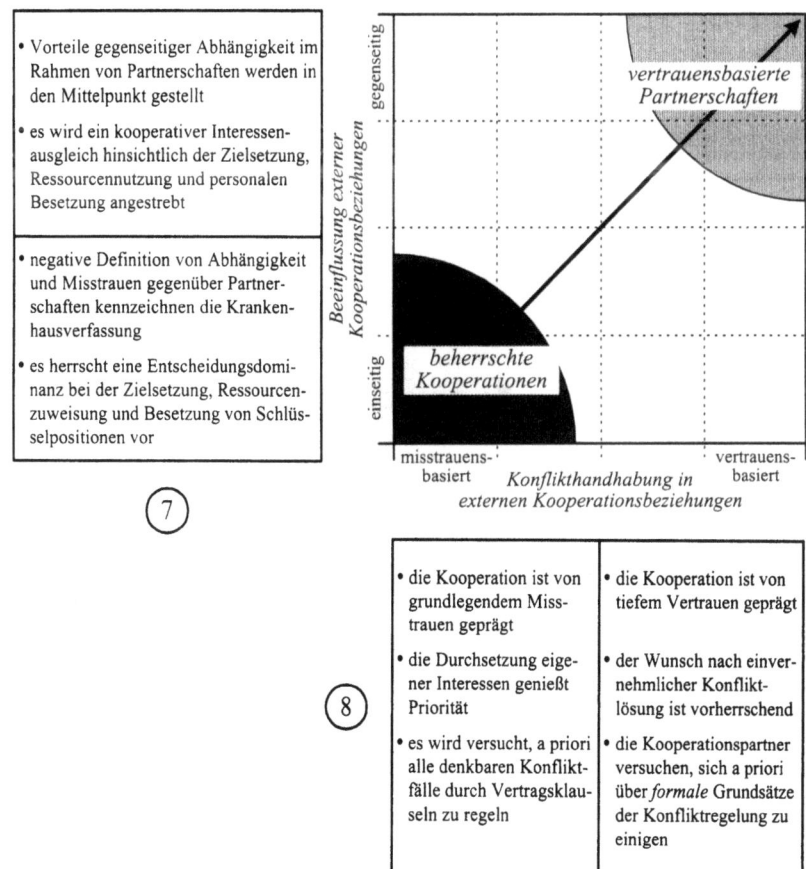

Eigene Darstellung in Anlehnung an BLEICHER, Knut (1994a), S. 449, 451.

In dieser Dimension sind Positionierungen in größerem Abstand von der Diagonalen lediglich in einer Richtung zu erwarten. Ein Krankenhaus, das in seinen externen Kooperationsbeziehungen stets das alleinige Direktionsrecht anstrebt, wird wohl allenfalls bei Konflikten geringerer Bedeutung an einvernehmlichen Lösungen interessiert sein. Ist innerhalb der Partnerschaft ein kooperativer Interessenausgleich erwünscht, dann schließt dies allerdings nicht aus, dass hinsichtlich möglicher Konfliktfälle eine Misstrauenshaltung vorherrscht.

7.2.4.3 Gesamtzusammenhang der Profilierung der Krankenhausverfassung

Die acht Muster der Profilierung der Krankenhausverfassung lassen sich zu einem integrierten Konzept zusammenfügen. *Abbildung 7-23* verdeutlicht diesen Gesamtzusammenhang, bei dem sich zwei idealtypische Muster unterscheiden lassen: eine eher *geschlossene Krankenhausverfas-*

sung (dargestellt durch den inneren Kreis) und eine *offene Krankenhausverfassung*[206] (dargestellt durch die äußeren Teilkreise), zwischen denen jeweils eine organisationsspezifische Positionierung erfolgen kann.

Abbildung 7-23: Profil der Krankenhausverfassung

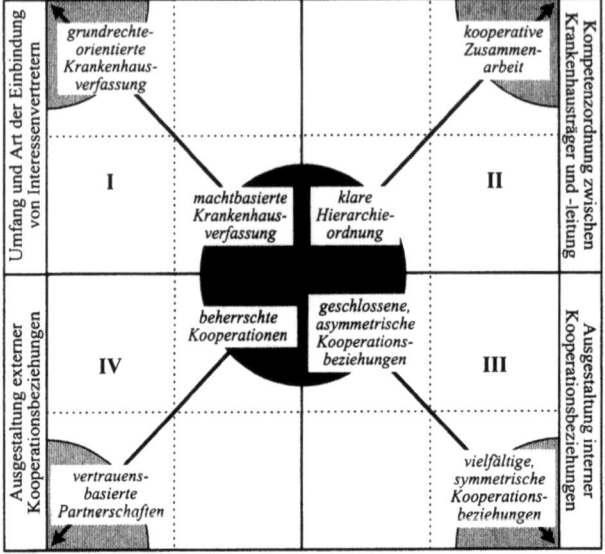

Eigene Darstellung.

Eine eher *geschlossene Krankenhausverfassung* zeichnet sich vor allem dadurch aus, dass aus machtstrategischen Gründen die Anzahl verschiedener Interessengruppen in den Spitzenorganen des Krankenhauses gering gehalten wird. Dabei sind die internen (Kooperations-)Beziehungen sowohl auf der Ebene der Spitzenorgane als auch auf den darunter liegenden Managementebenen durch eine klare Hierarchieordnung geprägt: Die eigentliche Führung des Krankenhauses obliegt den Trägerorganen. Dadurch verfügt die Krankenhausleitung nur über begrenzte Entscheidungsfreiheiten, die sie in der Regel nicht mit den unteren Managementebenen teilt. Als Folge dieser misstrauensfördernden Struktur beschränkt sich die interne Zusammenarbeit auf das absolut Notwendige. Eine im Innenverhältnis dergestalt angelegte Krankenhausverfassung verhält sich im Außenverhältnis in der Regel ähnlich[207]. So werden externe Kooperationsbeziehungen vor allem dann eingegangen, wenn sie vom Krankenhaus „beherrscht" werden können.

Eine *offene Krankenhausverfassung* ist in erster Linie dadurch gekennzeichnet, dass sich Art und Umfang der Einbindung von Interessenvertretern an der Gewährleistung elementarer Grundrechte orientieren. Dadurch „öffnet" sich die Krankenhausverfassung für alle vom Krankenhaushan-

---

[206] Zur Idee der offenen Unternehmensverfassung vgl. ULRICH, Peter (1993), S. 420-431; ULRICH, Peter/ FLURI, Edgar (1995), S. 74-76.
[207] Vgl. BLEICHER, Knut (1994a), S. 457.

deln Betroffenen und ermöglicht einen argumentativ legitimierten Interessenausgleich. Dies schafft gute Voraussetzungen für eine kooperative Zusammenarbeit sowohl auf inter- als auch auf intraorganisationaler Ebene. Innerhalb des Krankenhauses wird neben der – auch hierarchieebenen-, abteilungs- und berufsgruppenübergreifenden – Zusammenarbeit die Umsetzung des Subsidiaritätsprinzips gefördert: Danach erlassen die Krankenhausträgerorgane lediglich rahmensetzende Vorgaben. Der Krankenhausleitung verbleibt somit ein hoher Handlungsspielraum, der eine weitere Delegation von Entscheidungskompetenzen an die unteren Managementebenen erleichtert. Hinsichtlich der Zusammenarbeit mit Externen wird versucht, ein Vertrauensverhältnis aufzubauen.[208]

7.2.5 Krankenhauskultur

7.2.5.1 Aspekte der Krankenhauskultur

Nach der Beschreibung der „harten" Gestaltungsaspekte der Krankenhausverfassung wird nun auf die „weichen" Verhaltensaspekte der Krankenhauskultur eingegangen. In der Literatur existiert eine Vielzahl von Kulturdefinitionen.[209] In dieser Arbeit wird unter *Krankenhauskultur* das wechselseitige Zusammenspiel der Wertvorstellungen, Normen, Wissensbestände, Denk- und Verhaltensgewohnheiten der Organisationsmitglieder eines Krankenhauses verstanden.[210] Aus dieser Definition ist jedoch noch nicht zu schließen, inwieweit Kulturen beeinflussbar sind. Hierzu gibt es verschiedene Interpretationen, die im Folgenden systematisiert werden. Darauf aufbauend können schließlich jene Aspekte der Kultur abgegrenzt werden, die für eine theoretische Ausgestaltung eines Krankenhausmanagementkonzeptes relevant sind.

Innerhalb der Unternehmens- bzw. Organisationskulturforschung[211] können zumindest zwei differierende Ansätze unterschieden werden, die HEINEN als „objektivistische" und „individualistische" Perspektive bezeichnet.[212] Vertreter der ersten Sichtweise sehen die Unternehmenskultur als eine von mehreren Variablen der Organisation (Organisationen *haben* eine Kultur). Hiermit verbunden ist zumeist der Glaube, Unternehmenskulturen durch den Einsatz bestimmter Symbole, wie besondere Sprache, architektonische Gestaltung oder Rituale, weitgehend gestalten zu können. Vertreter der individualistischen Perspektive sind dagegen der Ansicht, dass Organisati-

---

[208] Diese Extremausprägung einer offenen Krankenhausverfassung stimmt weitgehend mit den Vorstellungen des Ansatzes einer ganzheitlichen Menschenorientierung in Gesundheitsorganisationen überein.

[209] Vgl. beispielsweise DORMAYER, H.-Jürgen/ KETTERN, Thomas (1997), S. 50-54; HEINEN, Edmund/ DILL, Peter (1990), S. 17; SCHWARZ, Gunther (1989), S. 27-28, 30-31; THOMMEN, Jean-Paul (1996c), S. 269.

[210] Vgl. TREICHLER, Christoph (1995), S. 87; ULRICH, Peter/ FLURI, Edgar (1995), S. 130.

[211] Die Begriffe Unternehmens- und Organisationskultur werden zumeist synonym verwandt und beziehen sich (in der Regel) auch auf nicht gewinnorientierte Institutionen. Vgl. beispielsweise MACHARZINA, Klaus (1999), S. 182; SCHREYÖGG, Georg (1992), Sp. 1525. Aus diesem Grund wird auch in der vorliegenden Arbeit der Terminus der Unternehmenskultur benutzt. Steht ausschließlich die Kultur des *Krankenhauses* im Mittelpunkt des Interesses, dann findet der Begriff der Krankenhauskultur Anwendung.

[212] Vgl. HEINEN, Edmund (1997), S. 15. Ähnliche Unterscheidungen werden auch in anderen Unternehmenskulturansätzen vorgenommen; zu einer Übersicht vgl. KOLBECK, Christoph/ NICOLAI, Alexander (1996), S. 150. Die Gegenüberstellung dieser beiden Kulturperspektiven stellt nur eine vereinfachende Typologisierung der bestehenden Ansätze dar. Differenzierte Systematisierungsansätze bieten z. B. DORMAYER, H.-Jürgen/ KETTERN, Thomas (1997), S. 53-65; OCHSENBAUER, Christian/ KLOFAT, Bernhard (1997), S. 87-101.

onen Kulturen *sind*. Die Unternehmenskultur wird danach als Grundlage des gesamten organisatorischen Handelns begriffen und damit zum erkenntnisleitenden Begriff der Organisationsforschung. Konkrete Ausformungen des Phänomens Unternehmenskultur werden hierbei als Folge subjektiver Wahrnehmungen und Interpretationen von Symbolstrukturen erklärt.[213]

In der aktuellen Diskussion zur Unternehmenskulturforschung scheint sich weitgehend die Einsicht durchgesetzt zu haben, dass eine dritte Perspektive, die zwischen den beiden divergierenden Sichtweisen angeordnet werden kann, einen höheren Erkenntnisgewinn verspricht.[214] Nach OCHSENBAUER/ KLOFAT gelte es, einen Mittelweg zu finden, „der in einer reflektierten Interdisziplinarität diejenigen Ansätze innerhalb der Organisationskulturforschung berücksichtigen kann, die eine Rezeption subjektivistischen Gedankenguts zu leisten in der Lage sind, ohne die funktionalistische Komponente aufzugeben."[215] Trotz unterschiedlicher Bezeichnungen stimmen diese „modernen Ansätze des dritten Weges" zumindest in einem Punkt überein: Sie gehen von einer nur indirekt und begrenzt gestaltbaren Unternehmenskultur aus.[216] Diese Perspektive liegt auch der vorliegenden Arbeit zugrunde. So kann die These aufgestellt werden, dass jedes Krankenhaus eine Kultur *hat* (damit rechtfertigt sich die Darstellung eines eigenständigen Managementmoduls „Krankenhauskultur") *und* zugleich eine Kultur *ist* (damit wird der integrative Charakter und prägende Einfluss der Krankenhauskultur auf alle anderen Managementmodule hervorgehoben).

Die Schwierigkeit der Bestimmung bzw. Erfassung einer Kultur liegt nun darin, dass die einzelnen Phänomene nur zum Teil wahrnehmbar und den Organisationsmitgliedern bewusst sind und darüber hinaus immer interpretationsbedürftig bleiben. Zudem besteht eine rekursive Beziehung zwischen dem Denken und Handeln der Organisationsmitglieder und der Kultur: Die Kultur der Organisation beeinflusst – zumindest mittelbar – das Verhalten ihrer Mitglieder, welches wiederum die Kultur prägt. Dieses Verständnis schließt eine *beliebige* Manipulation der Unternehmenskultur aus.[217]

---

[213] Vgl. hierzu DORMAYER, H.-Jürgen/ KETTERN, Thomas (1997), S. 61, 64; HEINEN, Edmund (1997), S. 15-20; OCHSENBAUER, Christian/ KLOFAT, Bernhard (1997), S. 68; SCHREYÖGG, Georg (1992), Sp. 1525-1526; SCHWARZ, Gunther (1989), S. 32-37; TREICHLER, Christoph (1995), S. 76-78. Eine extreme Ausprägung der individualistischen Perspektive ist die Position der „*kulturellen Puristen*", die der Meinung sind, dass sich die Kultur jedem gezielten Gestaltungsprozess entzieht. Diese fatalistische Einstellung kann aber – ebenso wie die skeptizistische Einstellung, nach der man nicht versuchen dürfe, die Kultur zu beeinflussen – ihrer Zwecksetzung, der Vermeidung unethischer Eingriffe, nicht immer gerecht werden. Vgl. MACHARZINA, Klaus (1999), S. 190-191; SCHREYÖGG, Georg (1992), Sp. 1534-1535. Ist der Anstoß zu einer kulturellen Transformation argumentativ begründbar und wird er zudem als legitim anerkannt, dann ist der Versuch, die Kultur bewusst zu gestalten, der Entscheidung, nichts zu unternehmen, vorzuziehen.

[214] Vgl. beispielsweise FANK, Matthias (1997), S. 243-244; OCHSENBAUER, Christian/ KLOFAT, Bernhard (1997), S. 96-103; SCHWARZ, Gunther (1989), S. 23, 39-40; STEINMANN, Horst/ SCHREYÖGG, Georg (2000), S. 644-646.

[215] OCHSENBAUER, Christian/ KLOFAT, Bernhard (1997), S. 96.

[216] In diesem Zusammenhang wird z. B. von der „integrativen Kulturperspektive" (vgl. SCHWARZ, Gunther (1989), vor allem S. 38-44), einer „reflektiert funktionalistischen Unternehmenskulturforschung" (vgl. OCHSENBAUER, Christian/ KLOFAT, Bernhard (1997), S. 96-101) und einer „kulturbewussten Unternehmungsführung" (vgl. TREICHLER, Christoph (1995), insbesondere S. 213-238) gesprochen.

[217] Vgl. SCHNYDER, Alphons Beat (1991), S. 262-264; SCHOLZ, Christian (1991), S. 144-145.

Zu einer Systematisierung der einzelnen Phänomene einer Krankenhauskultur eignet sich das *Modell der drei Kulturebenen* von SCHEIN, das in *Abbildung 7-24* dargestellt ist.[218] Die drei Ebenen der Grundannahmen, Werte und Normen sowie Artefakte unterscheiden sich vor allem hinsichtlich ihrer Sicht- bzw. Wahrnehmbarkeit.

Abbildung 7-24: Die drei Ebenen der Unternehmenskultur

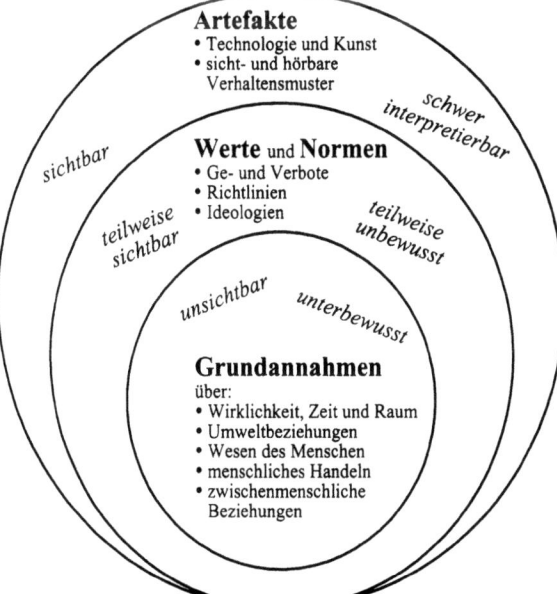

Eigene Darstellung in Anlehnung an MACHARZINA, Klaus (1999), S. 183; SCHEIN, Edgar H. (1995), S. 30-33; SCHREYÖGG, Georg (1992), Sp. 1527-1528.

Unter *Artefakten* werden die wahrnehmbaren Manifestationen der Krankenhauskultur verstanden, die physischer Art (z. B. Dienstkleidung, Innen- und Außenarchitektur, Logo, Statussymbole)[219], handlungsorientierter Art (z. B. Riten wie Betriebsfeiern und Ehrungen, Rituale wie die Chefarztvisite, angewandte Methoden und Technologien)[220] und kommunikativer Art (z. B. Sprache, Wortspiele, Abkürzungen, Geschichten, Anekdoten, Mythen)[221] sein können.

Werte und Normen bilden zusammen die zweite Ebene des Modells. *Werte* stellen – im Gegensatz zu Einstellungen – relativ dauerhafte, situations- und objektübergreifende Überzeugungen dar. Sie beeinflussen die Auswahl der Ziele und Handlungsweisen eines Individuums oder einer

---

[218] Zu weiteren Modellen der Unternehmenskultur vgl. HOFFMANN, Friedrich (1989a), S. 170-173; SCHNYDER, Alphons Beat (1991), S. 261-264; SCHWARZ, Gunther (1989), S. 45-59.
[219] Vgl. GÄRTNER, Heribert W. (1994), S. 141-142; SCHWARZ, Gunther (1989), S. 111-113.
[220] Vgl. GUSSMANN, Bernd/ BREIT, Claus (1997), S. 116-118; SCHWARZ, Gunther (1989), S. 107-110.
[221] Vgl. GUSSMANN, Bernd/ BREIT, Claus (1997), S. 111-116; SCHWARZ, Gunther (1989), S. 107, 110, 116-117.

Gruppe. *Normen* sind dagegen bestimmte Verhaltensvorschriften in spezifischen Situationen des Unternehmensalltags. Damit weisen sie einen höheren Zwangscharakter auf als Werte.[222]

Die Essenz einer Unternehmenskultur liegt in den *Grundannahmen*, die als internalisierte Werte und Normen bezeichnet werden können.[223] Sie sind zur Selbstverständlichkeit geworden und existieren nur im Unterbewusstsein der Organisationsmitglieder. Die Analyse der Grundannahmen stellt den Kern jeder Kulturdiagnose dar: „Wenn man die Struktur der Grundprämissen einer Kultur nicht entschlüsselt, kann man auch die Artefakte nicht richtig interpretieren und die Glaubwürdigkeit der artikulierten Werte nicht angemessen beurteilen."[224] Letztlich sind also nicht die sichtbaren Symbole entscheidend, sondern deren „richtige" Interpretation.[225]

Im Folgenden werden die *Werte und Normen*, die in unterschiedlicher Ausprägung die zweite und dritte Ebene des Unternehmenskulturmodells von SCHEIN bilden, stellvertretend für den Begriff der Kultur verwandt. Dies geschieht nicht nur aus sprachlichen Gründen, sondern auch, weil Artefakte wie architektonische Schöpfungen, Rituale oder Anekdoten *per se* keinen Sinn vermitteln können. Ein Sinn kann sich erst über die Kenntnis der dahinter stehenden Werte und Normensysteme ergeben.[226] Dies ist bei der gesamten Entwicklung einer Unternehmenskultur zu beachten, die in folgende vier Phasen aufgeteilt werden kann:

1. Erfassung der Istkultur,
2. Festlegung der Sollkultur,
3. Auswahl und Umsetzung der Gestaltungsmaßnahmen zur Verringerung der Soll-Ist-Abweichung,
4. Evaluation der Kulturentwicklung.[227]

Im Rahmen der theoretischen Gestaltung eines Krankenhausmanagementkonzeptes sind zunächst nur die ersten beiden Phasen von Interesse. Auf die Gestaltungsmöglichkeiten einer Krankenhauskultur (Phase 3) wird an dieser Stelle noch nicht eingegangen.[228] Die vierte Phase der Kulturentwicklung, die Erfolgskontrolle, muss hier nicht explizit angesprochen werden, da sie

---

[222] Vgl. HOFFMANN, Friedrich (1989a), S. 170; SCHWARZ, Gunther (1989), S. 91; TREICHLER, Christoph (1995), S. 81-82.

[223] Vgl. TREICHLER, Christoph (1995), S. 82-83.

[224] SCHEIN, Edgar H. (1995), S. 33. Vgl. auch SCHREYÖGG, Georg (1992), Sp. 1527-1528; SCHWARZ, Gunther (1989), S. 49.

[225] So wird beispielsweise das betriebsinterne Versenden von Schriftstücken in gebrauchten Briefumschlägen (auch auf der höchsten Managementebene) in *einer* Organisation als Zeichen eines hohen Kosten- und Umweltbewusstseins interpretiert, in einer *anderen* dagegen als persönlicher Affront. Vgl. SCHWARZ, Gunther (1989), S. 43-44.

[226] Vgl. DORMAYER, H.-Jürgen/ KETTERN, Thomas (1997), S. 55-57; HEINEN, Edmund (1997), S. 22; HEINEN, Edmund/ DILL, Peter (1990), S. 20-22; HOFFMANN, Friedrich (1989a), S. 169.

[227] Zu dieser und ähnlichen Einteilungen vgl. HOFFMANN, Friedrich (1989a), S. 171; PÜMPIN, Cuno/ KOBI, Jean-Marcel/ WÜTHRICH, Hans A. (1985), S. 26-52; SCHWARZ, Gunther (1989), insbesondere S. 184; TREICHLER, Christoph (1995), insbesondere S. 217-218.

[228] ⇨ Zu *einer* Gestaltungsmöglichkeit vgl. *Abschnitt 8.2* dieser Arbeit. Zu ausführlichen Beschreibungen von *Maßnahmen zur Gestaltung der Unternehmenskultur* sei auf SCHWARZ, Gunther (1989), S. 233-272 und TREICHLER, Christoph (1995), S. 290-350 verwiesen.

inhaltlich mit den ersten beiden Phasen übereinstimmt und lediglich zeitlich versetzt stattfindet.[229]

„In der Typologiediskussion zur Unternehmenskultur hat es sich eingebürgert, von *starken und schwachen Unternehmenskulturen* zu sprechen."[230] Wie *Abbildung 7-25* zeigt, ist aber nicht einheitlich geregelt, welche Ausprägungen jeweils vorliegen sollten, damit eine Kultur als stark bzw. schwach bezeichnet werden kann. Da diese Unterscheidung für die Profilierung einer Krankenhauskultur von Relevanz ist, soll hierzu kritisch Stellung bezogen werden.

Abbildung 7-25: Dimensionen zur Beurteilung der Stärke einer Kultur in unterschiedlichen Ansätzen

Quelle	Stärkedimensionen
HEINEN, Edmund (1997), S. 27-28.	Verankerungsgrad Übereinstimmungsausmaß
SCHREYÖGG, Georg (1992), Sp. 1530-1533.	Prägnanz Verbreitungsgrad Verankerungstiefe
SCHWARZ, Gunther (1989), S. 197-222.	Ausprägungsgrad Grad der Widerspruchsfreiheit zwischen den Kulturelementen Grad der Abstimmung zwischen Unternehmenskultur und Subkulturen Grad der Abstimmung zwischen den Erfolgssegmenten Grad der Anpassung an die Umweltbedingungen
THOMMEN, Jean-Paul (1996c), S. 270-271.	Verankerungsgrad Übereinstimmungsausmaß Systemvereinbarkeit Umweltvereinbarkeit

Eigene Darstellung.

Ohne an dieser Stelle im Detail auf die einzelnen Dimensionen einzugehen[231], lässt sich festhalten, dass nahezu einstimmig davon ausgegangen wird, dass sich starke Kulturen durch gefestigte Werte auszeichnen. Hierauf basierend werden in nahezu allen Beiträgen[232] sowohl Vor- als auch Nachteile einer solchen starken Unternehmenskultur genannt. Als Vorzüge werden u. a. eine verbesserte Handlungsfähigkeit, ein geringer formaler Regelungsbedarf, eine reibungslose Kommunikation sowie Identitäts- und Motivationsförderung angeführt.[233] Als Manko wird stets die man-

---

[229] Vgl. SCHWARZ, Gunther (1989), S. 184; TREICHLER, Christoph (1995), S. 239.
[230] MACHARZINA, Klaus (1999), S. 185.
[231] ⇨ Die Dimensionen werden zum größten Teil auch bei der Profilierung der Krankenhauskultur verwandt. Zur näheren Erläuterung vgl. *Abschnitt 7.2.5.2*.
[232] Eine Ausnahme bildet die Monografie von SCHWARZ, der die Kulturstärke aufgrund seines weiten Verständnisses mit Erfolgsbeitrag gleichsetzt. Vgl. SCHWARZ, Gunther (1989), S. 22, 187, 222.
[233] Vgl. HEINEN, Edmund (1997), S. 30-32; MACHARZINA, Klaus (1999), S. 188-189; SCHREYÖGG, Georg (1992), Sp. 1531-1532; STEINMANN, Horst/ SCHREYÖGG, Georg (2000), S. 638-640; THOMMEN, Jean-Paul (1996c), S. 273.

gelnde Veränderungsbereitschaft bzw. -fähigkeit starker Kulturen genannt.[234] Diese Schlussfolgerungen basieren auf dem Verständnis, dass die von einer Kultur vertretenen Werte für die Beurteilung der Stärke keine Rolle spielen.[235] Es wird jedoch übersehen, dass gerade die kritische Selbstreflexion und prinzipielle Bereitschaft zu Veränderungen auch einen *Wert* darstellen. Wenn dieser Wert von vielen Organisationsmitgliedern geteilt und zur Selbstverständlichkeit im Unternehmen wird, dann liegt nach obiger Definition eine starke Kultur vor, die *nicht* den Nachteil mangelnder Flexibilität aufweist.[236]

Um die Wirkungsweisen einer Kultur auf die organisationale Leistungsfähigkeit tendenziell beurteilen zu können, ist es daher nicht ausreichend, lediglich die Stärkedimensionen zu betrachten. Es wird vielmehr notwendig, bei der Beurteilung einer Kultur die kritische Selbstreflexion inkl. des kritischen Hinterfragens sonstiger Wertvorstellungen als „Metawert" separat zu berücksichtigen. Nur wenn dieser „Metawert" von einem Großteil der Organisationsmitglieder *nicht* internalisiert wird, können die bestehenden Argumentationsgebäude erhalten bleiben. Das bedeutet, dass in diesem Fall an den aufgezählten Vor- und Nachteilen einer starken Kultur festgehalten werden kann. Diese Feststellung gilt jedoch nicht für jene Beiträge, die eine hohe System- und Umweltvereinbarkeit als Zeichen der Stärke einer Kultur ansehen.[237] Zur präziseren Trennung sollten diese beiden Aspekte eher der *Kulturfunktionalität* als der Kulturstärke zugeordnet werden.[238] Geschieht dies nicht, so sollten zumindest differenzierte Schlussfolgerungen gezogen werden. Dabei ist insbesondere darauf zu achten, dass dann nicht der Mangel an Flexibilität als negative Folge starker Kulturen herausgearbeitet wird, weil eine hohe System- und Umweltvereinbarkeit – im Rahmen eines realistischerweise *nicht* statischen Modells – jeweils eine Veränderungsbereitschaft erforderlich machen.

Aus den genannten Gründen wird bei der Profilierung der Krankenhauskultur neben der Stärke der Kultur, die sich hier aus der Höhe des Verbreitungs- und Verankerungsgrades ergibt[239], auch dieser „Metawert" zusammen mit dem kulturellen Führungsverständnis berücksichtigt. Zudem werden die Umweltvereinbarkeit und Dynamik der Kultur sowie der Umgang mit Wertepluralität betrachtet.[240] In der folgenden Übersicht sind alle Aspekte mit den jeweiligen Extremausprägun-

---

[234] Vgl. HEINEN, Edmund (1997), S. 32-33; MACHARZINA, Klaus (1999), S. 189-190; SCHREYÖGG, Georg (1992), Sp. 1532-1533; STEINMANN, Horst/ SCHREYÖGG, Georg (2000), S. 640-641; THOMMEN, Jean-Paul (1996c), S. 274.
[235] Vgl. STEINMANN, Horst/ SCHREYÖGG, Georg (2000), S. 634.
[236] DILL/ HÜGLER weisen zwar explizit auf die Existenz starker Kulturen hin, die zugleich flexibel sind, stellen aber die Typologisierung auf Basis dieses eingeschränkten Werteverständnisses nicht infrage. Vgl. DILL, Peter/ HÜGLER, Gert (1997), S. 177. Sie folgen der Einteilung von HEINEN, die in *Abbildung 7-25* aufgeführt ist. Vgl. DILL, Peter/ HÜGLER, Gert (1997), S. 144.
[237] Vgl. beispielsweise THOMMEN, Jean-Paul (1996c), S. 271, 274.
[238] Vgl. SCHELLENBERG, Aldo C. (1992), S. 235-236.
[239] ⇨ Zur Begründung dieser (von allen in *Abbildung 7-25* genannten Ansätzen) abweichenden Beschreibung der Stärke einer Kultur vgl. *Abschnitt 7.2.5.2*, Dimension *III (S. 236-238)*.
[240] Die *Systemvereinbarkeit* einer Kultur wird im Rahmen des Krankenhausmanagementkonzeptes bei der Integration der einzelnen Managementmodule berücksichtigt (⇨ vgl. *Abschnitt 7.6*). Zur Systemvereinbarkeit einer Kultur vgl. weiter GUSSMANN, Bernd/ BREIT, Claus (1997), S. 122; HEINEN, Edmund (1997), S. 28; PÜMPIN, Cuno/ KOBI, Jean-Marcel/ WÜTHRICH, Hans A. (1985), S. 30; SCHELLENBERG, Aldo C. (1992), S. 243-245; SCHWARZ, Gunther (1989), S. 211-214; THOMMEN, Jean-Paul (1996c), S. 270.

gen aufgezählt, deren nähere Erläuterung im nächsten Abschnitt erfolgt:[241]

I   *Orientierungsmuster der Krankenhauskultur*
    (1) geschlossene, inweltorientierte vs. offene, in- *und* umweltorientierte Krankenhauskultur
    (2) vergangenheits- vs. zukunftsorientierte Krankenhauskultur

II *Umgang mit Wertepluralität*
    (3) isolierte vs. integrative Beziehung der Krankenhauskultur zu den Subkulturen
    (4) bekämpfende vs. anerkennende Subkulturen

III *Stärke der Krankenhauskultur*
    (5) niedriger vs. hoher Verbreitungsgrad
    (6) niedriger vs. hoher Verankerungsgrad

IV *Art der Kulturprägung*
    (7) instrumentelles vs. entwicklungsgerichtetes kulturelles Führungsverständnis
    (8) passive Hinnahme vs. kritische Reflexion der Kultur

Im Folgenden wird nicht explizit auf die Erfassung und Bewertung *einzelner* Subkulturen[242] eingegangen, allerdings kann die Positionierung einer Subkultur in ähnlicher Weise erfolgen wie die der Krankenhauskultur. Der Zusammenhang der einzelnen Dimensionen wird durch *Abbildung 7-26* verdeutlicht.

---

[241] Zu den folgenden Punkten vgl. die von BLEICHER, Knut (1999), S. 238-251, aufgeführten Aspekte erwerbswirtschaftlicher Unternehmen. An diesem Konzept werden jedoch einige Veränderungen vorgenommen. Während die ersten beiden Aspekte nur geringfügig modifiziert werden (⇨ vgl. *Fußnote 243 auf S. 230*), werden die Aspekte (3) bis (8) zum größten Teil durch andere Aspekte ersetzt oder neu geordnet und verändert. So hat sich ein Unternehmen in BLEICHERs Modell zwischen „Einheitskultur" und „subkultureller Prägung" zu positionieren, ohne dass aber eine Differenzierung hinsichtlich des Umfangs an Werten innerhalb der Unternehmenskultur gemacht wird. Zudem wird in der Literatur einheitlich festgestellt, dass *stets* auch Subkulturen in einem Unternehmen existieren. Vgl. beispielsweise SCHWARZ, Gunther (1989), S. 31; SCHOLZ, Christian (1990), S. 34-35; PÜMPIN, Cuno/ KOBI, Jean-Marcel/ WÜTHRICH, Hans A. (1985), S. 29. Deswegen erscheint es sinnvoller, die *Beziehungen* zwischen den einzelnen in einem Krankenhaus existierenden Kulturen zu untersuchen (vgl. Aspekt (3) und (4)). Bei BLEICHERs Aspekt der „kulturellen Orientierung" hat ein Unternehmen sein Ist- und Sollprofil zwischen einer Kosten- und einer Nutzenorientierung einzuordnen. Diese Ausprägungsformen können aber ebenso unter eine einzige Orientierungsklasse subsumiert werden. SCHWARZ fasst beispielsweise unter der Orientierungsklasse „Leistungserbringung" Produkt-/Aufgaben-, Kosten- und (individuelle) Leistungsorientierung zusammen. Vgl. SCHWARZ, Gunther (1989), S. 88-90. Auch die Unterscheidung zwischen einer kollektiven und einer individuellen Mitarbeitereinbindung ist nicht unmittelbar einleuchtend. SCHWARZ sieht diese beiden bei BLEICHER als entgegengesetzt dargestellten Ausprägungen eher als eine Einheit. So ordnet er Mitarbeiter-, Gemeinschafts-/Integrations- und Individualitätsorientierung der Orientierungsklasse „interne Stabilität" zu. Vgl. SCHWARZ, Gunther (1989), S. 88-89. Aus diesen Gründen werden diese beiden Aspekte hier nicht behandelt, dafür wird aber der „Metawert selbstkritische Reflexion" explizit als eine extreme Ausprägungsform aufgenommen (vgl. Aspekt (8)).

[242] Von einer *Subkultur* kann dann gesprochen werden, wenn sich in einer Gruppe Werte und Normen entwickelt haben, die sich gruppenintern durch eine relative Homogenität und im Vergleich zum Rest der Organisation durch eine relative Heterogenität auszeichnen. Vgl. GUSSMANN, Bernd/ BREIT, Claus (1997), S. 130; HEINEN, Edmund (1997), S. 27.

Abbildung 7-26: Zusammenhang der Dimensionen der Krankenhauskultur

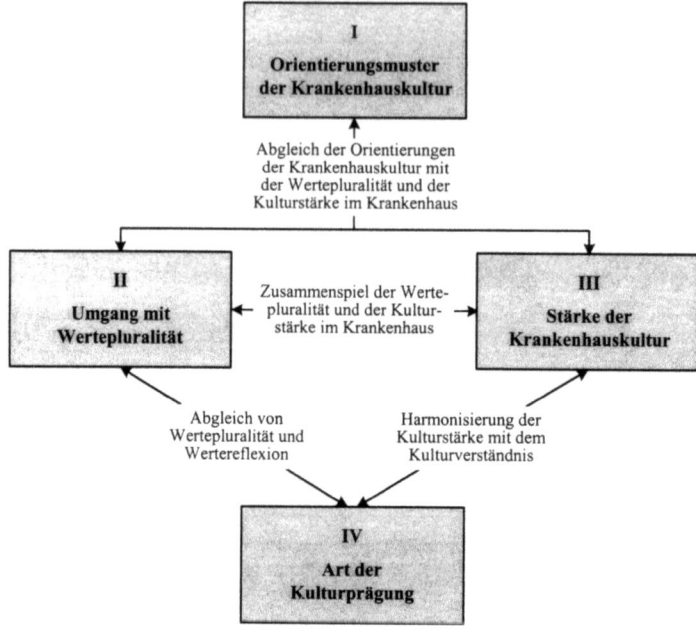

Eigene Darstellung.

7.2.5.2 Profilierung einer Krankenhauskultur

I   Orientierungsmuster der Krankenhauskultur

Im Rahmen dieser Dimension sollen die Offenheit und Änderungsbereitschaft der jeweiligen Krankenhauskultur beurteilt werden.[243]

(1) Bezüglich der *Offenheit* gegenüber der Umwelt kann in den Extremen zwischen einer geschlossenen, inweltorientierten sowie einer offenen, in- *und* umweltorientierten Krankenhauskultur unterschieden werden.

Im ersten Fall wird den internen Gegebenheiten und der Konzentration auf eigene Belange und Stärken höchste Priorität eingeräumt. Externe Faktoren werden als weniger bedeutend eingeordnet oder unbewusst in nur geringerem Maße berücksichtigt.[244] Diese Ausprägung kann als *geschlossene* Krankenhauskultur bezeichnet werden.

Im zweiten Fall orientiert sich die Kultur eines Krankenhauses nicht nur an den Werten und Normen ihrer Organisationsmitglieder, sondern auch an den Einstellungen externer Stakehol-

---

[243] Im Gegensatz zu BLEICHER wird beim zweiten Aspekt nicht die Änderungs*freundlichkeit*, sondern die Änderungs*bereitschaft* als Maßstab der Profilierung gesehen. Vgl. BLEICHER, Knut (1999), S. 238.
[244] Vgl. SCHWARZ, Gunther (1989), S. 97-98.

der.²⁴⁵ Es wird eine hohe Kompatibilität (nicht unbedingt Deckungsgleichheit) zwischen der Gesellschaftskultur²⁴⁶ bzw. dem gesellschaftlichen Moralsystem und der Krankenhauskultur angestrebt. Dies erfordert zwangsläufig eine erhöhte Bereitschaft zu permanenter Überprüfung grundlegender Werte und Verhaltensnormen.²⁴⁷ So werden beispielsweise Bedürfnis- und Wertveränderungen der Umwelt von Mitarbeitern sensibel wahrgenommen und mit den eigenen Wertvorstellungen abgeglichen. Hierbei kann von einer *offenen* Krankenhauskultur gesprochen werden.²⁴⁸ Ein solches Verständnis schließt jedoch nicht aus, dass im Rahmen des von der Gesellschaft tolerierten Wertebereiches ein eigenständiges kulturelles Profil entwickelt werden kann.²⁴⁹

(2) Eng verbunden mit der Offenheit einer Krankenhauskultur ist die prinzipielle Haltung gegenüber Veränderungen kultureller Phänomene. Kulturen sind zwar immer vergangenheits*geprägt*, nicht aber notwendigerweise vergangenheits*orientiert*. Unter der Voraussetzung einer prinzipiellen Änderungsbereitschaft können sie auch weitgehend auf die Zukunft ausgerichtet sein.

Wird an den tradierten Wertvorstellungen strikt festgehalten, so kann von einer *vergangenheitsorientierten Krankenhauskultur* gesprochen werden. Hierbei dominiert entweder die Meinung, dass in der Vergangenheit „Bewährtes" auch gut für die Zukunft sein muss, oder es wird das Gewohnte, aber nicht zwangsläufig Bewährte dem unsicheren Neuen vorgezogen, solange eine reaktive Änderung der Kultur nicht absolut notwendig wird.²⁵⁰

Eine *zukunftsorientierte Krankenhauskultur* zeichnet sich dagegen durch die prinzipielle Bereitschaft der Organisationsmitglieder zu Veränderungen aus. Das bedeutet aber nicht zwangsläufig, dass jeglichen Trends neuer Wertentwicklungen gefolgt oder sogar vorausgeeilt wird („creative culture")²⁵¹, sondern kann auch mit einem kritischen Abwägen zwischen Bewahrung und Veränderung einhergehen. Veränderungen werden jedoch eher als Chancen denn als Risiken gesehen.

Werden die beiden dargestellten kulturellen Aspekte miteinander verbunden, dann können zwei idealtypische Orientierungsmuster der Krankenhauskultur unterschieden werden: Eine Krankenhauskultur, die sich hauptsächlich an den Wertvorstellungen der Mitarbeiter, nicht aber an denen der Patienten und externen Anspruchsgruppen orientiert und zudem ausschließlich an bestehenden Werten und Normen festhält, kann als *traditionsbestimmt* bezeichnet werden. Werden hingegen die Wert- und Bedürfnisstrukturen aller Anspruchsgruppen wahrgenommen und mit dem

---

²⁴⁵ Diese Orientierungslinie wurde vor allem bei Projektkulturen festgestellt. Vgl. SCHWARZ, Gunther (1989), S. 102.

²⁴⁶ Statt von nur *einer* übergeordneten (Gesellschafts-)Kultur zu sprechen, können in einer differenzierteren Betrachtungsweise auch Global-, Landes- und Branchenkulturen analysiert werden. Vgl. hierzu FANK, Matthias (1997), S. 245-248.

²⁴⁷ Vgl. GUSSMANN, Bernd/ BREIT, Claus (1997), S. 133-136; TREICHLER, Christoph (1995), S. 36; ULRICH, Hans/ PROBST, Gilbert J. B. (1995), S. 284-285.

²⁴⁸ Vgl. BLEICHER, Knut (1999), S. 238-239; GETSCHMANN, Dirk (1992), S. 303.

²⁴⁹ Vgl. DILL, Peter/ HÜGLER, Gert (1997), S. 164.

²⁵⁰ Im Rahmen einer solchen Kulturausprägung werden beispielsweise Rituale wie die Chefarztvisite auch bei einem Wechsel des Chefarztes *in gleicher Weise* fortgesetzt.

²⁵¹ Vgl. SCHWARZ, Gunther (1989), S. 220.

eigenen Handeln abgeglichen, und werden zudem Modifikationen der eigenen Wert- und Normstrukturen als Alternative zur Kulturbewahrung gesehen, dann liegt eine *innovationsorientierte* Krankenhauskultur vor. *Abbildung 7-27* stellt diesen Zusammenhang nochmals grafisch dar.

Abbildung 7-27: Orientierungsmuster der Krankenhauskultur

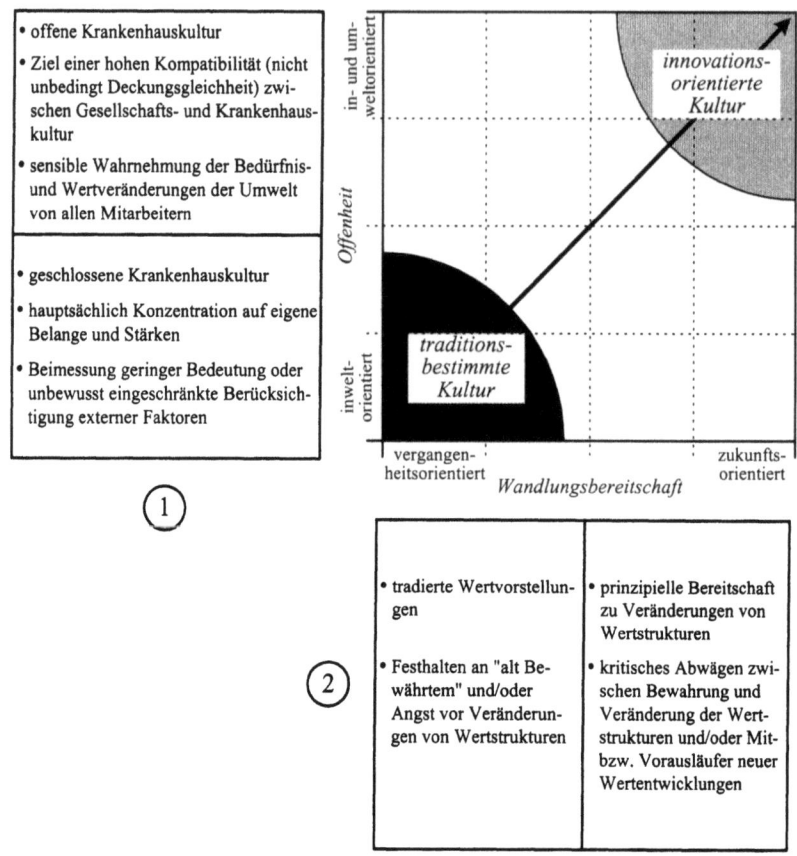

Eigene Darstellung in Anlehnung an BLEICHER, Knut (1999), S. 242.

Positionierungen in Richtung der anderen beiden Ecken dieser Dimension sind möglich, jedoch nur bedingt sinnvoll. So kann im Rahmen einer in- und umweltorientierten Krankenhauskultur der Fokus auf vergangenheitsgerichteten Werten liegen; Wert- und Bedürfnis*änderungen* der Patienten werden dabei aber z. B. nicht berücksichtigt. Ebenso ist eine rein binnenorientierte Krankenhauskultur mit dem Versuch zu vereinbaren, zukünftige Wertvorstellungen momentaner Mitarbeiter zu antizipieren. Unberücksichtigt bleibt dann jedoch die Entwicklung der Denk- und Verhaltensweisen *potenzieller* Mitarbeiter.

II Umgang mit Wertepluralität

Hinsichtlich der kulturellen Dimension der Wertepluralität wird von der Annahme ausgegangen, dass es kein Krankenhaus mit einer *Einheitskultur* gibt[252], sofern diese nicht nur aus ein paar wenigen Schlüsselwerten bestehen soll. Ebenso wie es keinen „vollständigen Interessenausgleich" hinsichtlich der Ziele geben kann, so ist dies auch für Werte nicht möglich[253]: „In jedem Unternehmen sind mehr oder weniger vielfältige Subkulturen anzutreffen."[254] Dies trifft in herausragender Weise auf Krankenhäuser zu, die in der Regel durch eine „relativ hohe Autonomie und Entwicklungsdynamik der einzelnen Subsysteme und Berufsgruppen"[255] gekennzeichnet sind. Aus diesem Grund sind weniger die Inhalte der einzelnen Wert- und Normvorstellungen von Bedeutung als vielmehr der *Umgang mit der „natürlichen" Wertepluralität* in einem Krankenhaus. Dabei spielt zum einen das Ausmaß an Wertedivergenz und zum anderen die Anerkennung der Verschiedenartigkeit der Kulturen im Krankenhaus eine Rolle.

(3) Zunächst soll das Spannungsfeld der Profilierungsmöglichkeiten hinsichtlich der *Beziehung zwischen Krankenhauskultur und Subkulturen* aufgezeigt werden:

Auf der einen Seite können Subkulturen *isoliert* neben der Krankenhauskultur stehen. Dies ist z. B. dann der Fall, wenn sich in einzelnen Stationen oder Gruppen eigenständige Symbole, Verhaltens- und Kommunikationsweisen herausgebildet haben, die von anderen Bereichen des Krankenhauses nicht verstanden bzw. falsch interpretiert werden. Als Folge können Abstimmungsschwierigkeiten auftauchen.[256] Hierbei kann von einer „kulturellen Desintegration" gesprochen werden.[257]

Auf der anderen Seite kann zwischen der Krankenhauskultur und den Subkulturen eine *integrative* Beziehung herrschen. In einem solchen Krankenhaus besteht Einigkeit über einen Kanon an Schlüsselwerten. Darüber hinaus bilden sich in verschiedenen Abteilungen oder Gruppen Subkulturen, die die gemeinsam getragenen Wert- und Normvorstellungen in zweckmäßiger Weise erweitern. Ein starkes „Wir-Bewusstsein" des gesamten Krankenhauses lässt partikuläre Interessen einzelner Personen oder Gruppen in den Hintergrund treten. Auf diese Weise können z. B.

---

[252] Während HEINEN von dem „Grenzfall Einheitskultur" spricht, wird dessen Existenz in den meisten Beiträgen bestritten. Vgl. zum einen HEINEN, Edmund (1997), S. 27 und zum anderen beispielsweise DILL, Peter/ HÜGLER, Gert (1997), S. 152-153; SCHOLZ, Christian (1990), S. 34-35; SCHREYÖGG, Georg (1992), Sp. 1531; SCHWARZ, Gunther (1989), S. 31. Lediglich in der Gründungsphase eines Unternehmens oder bei Kleinbetrieben können sich durch den meist hohen kulturellen Einfluss des Gründers bzw. Chefs einheitliche Wert- und Normvorstellungen herausbilden. Dies muss aber nicht notwendigerweise mit einer hohen Identifikation der Mitarbeiter verbunden sein, sondern kann schlicht in eine Akzeptanz der Werte und Normen münden. Vgl. SCHWARZ, Gunther (1989), S. 203-204.
[253] Vgl. DIETEL, Bernhard (1997), S. 225.
[254] PÜMPIN, Cuno/ KOBI, Jean-Marcel/ WÜTHRICH, Hans A. (1985), S. 29 [andere Hervorhebung im Original].
[255] MÜLLER, Brigitte/ MÜNCH, Eckhard/ BADURA, Bernhard (1997), S. 18. Vgl. auch BELLABARBA, Julia (1997), S. 103; DEGENHARDT, Jörg (1998), S. 16; FEUERSTEIN, Günter (1993), S. 41-43, 51.
[256] Vgl. HEINEN, Edmund (1997), S. 29; SCHWARZ, Gunther (1989), S. 205.
[257] Vgl. BLEICHER, Knut (1999), S. 252.

eine eher kostenorientierte Controllingabteilung und eine vorrangig innovationsorientierte Forschungs- und Entwicklungsabteilung in der Krankenhauskultur eine gemeinsame Basis finden.[258]

(4) Der zweite Aspekt von Wertepluralität im Krankenhaus thematisiert die *Beziehungen zwischen den Subkulturen*. Ausgehend von der Annahme, dass es in jedem Krankenhaus potenzielle Widersprüche zwischen den Subkulturen gibt[259], kann ein Spannungsfeld konstruiert werden, das von *bekämpfenden* über duldende bis hin zu die Andersartigkeit *anerkennenden* Subkulturen geht.

Von bekämpfenden Subkulturen kann dann gesprochen werden, wenn einzelne Subsysteme des Krankenhauses nicht in der Lage oder bereit sind, andere Wert- und Normvorstellungen zu akzeptieren. Es entsteht „ein Kampf um die Durchsetzung [der jeweiligen] Orientierungen und Wertesysteme"[260], der nicht durch Argumentation, sondern durch Einsatz von Macht ausgetragen wird.[261] Dabei können zur Einflussverstärkung auch Koalitionen eingegangen werden (z. B. von der Pflege- und Ärzteschaft gegen den Verwaltungsbereich). Letztlich dominieren Partikularinteressen die kulturelle Entwicklung, was zumeist kontraproduktive Folgen für das Krankenhaus hat.[262]

In der anderen Extremausprägung erkennen die Mitglieder der Subkulturen die unterschiedlichen Wertstrukturen anderer an und sehen auch die partielle Notwendigkeit heterogener Wertvorstellungen. So wird häufig Heterogenität aufgrund ihrer spannungsreichen Impulse als Voraussetzung für innovative Entwicklungen genannt.[263] Stehen sich die Ausprägungen zweier Subkulturen diametral entgegen, dann wird versucht, in einem offenen Diskurs einen Kompromiss zu finden.

Wieder können die beiden Skalen zusammengefügt und – wie in *Abbildung 7-28* grafisch dargestellt – zwei idealtypische Muster unterschieden werden: Auf der einen Seite fallen eine „zersplitterte" Krankenhauskultur[264] und sich gegenseitig bekämpfende Subsysteme zusammen. Man kann hierbei von einer *„divergierenden Subkulturen-Kultur"*[265] sprechen. Auf der anderen Seite bietet die Krankenhauskultur einen gemeinsamen Nenner an Wert- und Normvorstellungen für die Subkulturen, die bei Einhaltung dieser Schlüsselwerte ihre Unterschiedlichkeit gegenseitig

---

[258] Vgl. DILL, Peter/ HÜGLER, Gert (1997), S. 153-154; SANDER, Michael (1995), S. 39; SCHWARZ, Gunther (1989), S. 204; TREICHLER, Christoph (1995), S. 285.
[259] Vgl. SCHREYÖGG, Georg (1992), Sp. 1531.
[260] SCHWARZ, Gunther (1989), S. 205.
[261] Vgl. SCHREYÖGG, Georg (1992), Sp. 1534.
[262] Vgl. MÜLLER, Brigitte/ MÜNCH, Eckhard/ BADURA, Bernhard (1997), S. 19; SCHWARZ, Gunther (1989), S. 205-206.
[263] Vgl. BLEICHER, Knut (1999), S. 251, 253; MACHARZINA, Klaus (1999), S. 189-190; TREICHLER, Christoph (1995), S. 278.
[264] Vgl. SCHWARZ, Gunther (1989), S. 207.
[265] Zur „Subkulturen-Kultur" vgl. HEINEN, Edmund (1997), S. 29.

anerkennen. Aufgrund einer solchen „im Rahmen gehaltenen Flexibilität" kann dieses Muster als „*kreative Kulturenparallelität*" bezeichnet werden.[266]

Abbildung 7-28: Umgang mit Wertepluralität

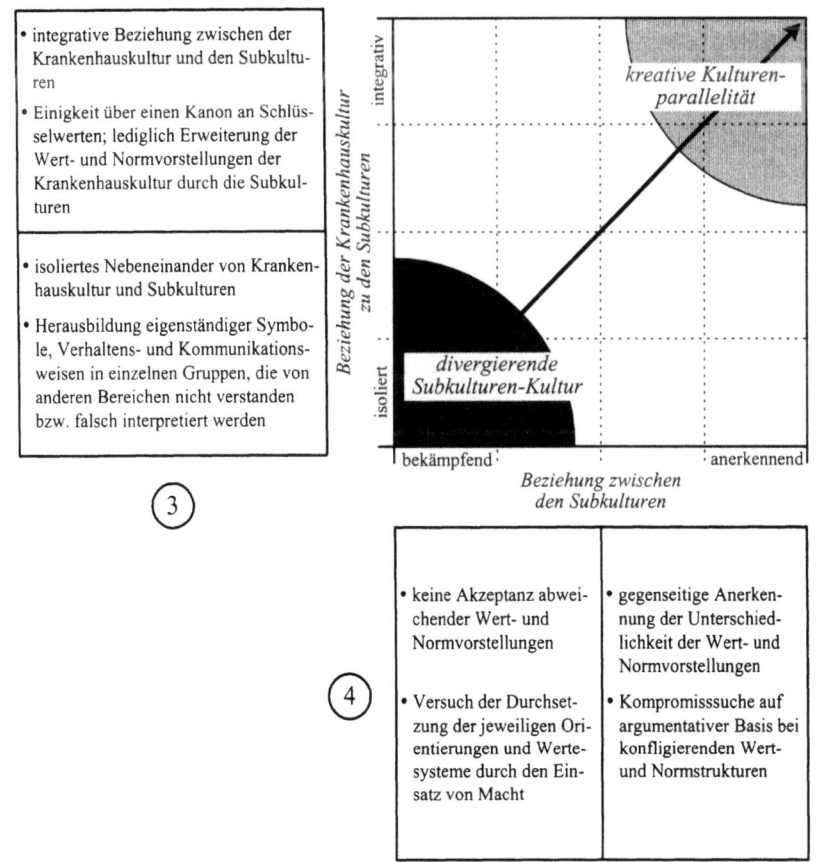

Eigene Darstellung.

Abweichungen von der Diagonalen sind in nur geringem Maße zu erwarten. Ist z. B. die Krankenhauskultur mit einem Kanon an Schlüsselwerten dazu in der Lage, die Subkulturen angemessen zu integrieren, dann werden Machtkämpfe zwischen den einzelnen Subsystemen unwahrscheinlicher. Existieren Krankenhauskultur und Subkulturen dagegen eher isoliert nebeneinander, dann ist allenfalls mit einer gleichgültigen oder strategischen Akzeptanz, aber kaum mit einer gegenseitigen Anerkennung unterschiedlicher Wert- und Normvorstellungen zu rechnen.

---

[266] SANDER spricht in diesem Zusammenhang von einer „*flüssigen Unternehmenskultur*". Vgl. SANDER, Michael (1995), S. 38-39.

III Stärke der Krankenhauskultur

Die Stärke der Krankenhauskultur ergibt sich in dieser Arbeit aus der jeweiligen Höhe von Verbreitungs- und Verankerungsgrad.[267] Der *Verbreitungsgrad* berücksichtigt die Anzahl der Mitarbeiter, die die gemeinsamen Werte teilen. Der *Verankerungsgrad* beschreibt das Ausmaß, mit dem „spezifische auf das Unternehmen bezogene Werte und Normen in die individuell bei den Organisationsmitgliedern vorhandenen Wert- und Normgefüge Eingang gefunden haben."[268]

(5) Der Verbreitungsgrad einer Krankenhauskultur wird durch die Anzahl der Organisationsmitglieder bestimmt, die die Schlüsselwerte eines Krankenhauses teilen.

Bei einem *niedrigen* Verbreitungsgrad gibt es – wenn überhaupt – nur einen geringen krankenhausspezifischen Mindestkanon an Werten, den alle oder zumindest die meisten Organisationsmitglieder teilen. Berufsgruppen- und abteilungsspezifische sowie individuelle Wert- und Normvorstellungen beherrschen das kulturelle Bild des Krankenhauses.

Im Falle eines *hohen* Verbreitungsgrades leiten die Schlüsselwerte das Handeln vieler, im Idealfall aller Mitarbeiter.[269] Individuelle oder gruppenspezifische Abweichungen von den Wert- und Normvorstellungen der Krankenhauskultur sind nur außerhalb der Schlüsselwerte anzutreffen. Ein solches homogenes Werte- und Normenverständnis ist am ehesten in Krankenhäusern kirchlicher Träger zu erwarten, in denen die christliche Gesinnung in der Regel schon ein Einstellungskriterium für neue Mitarbeiter darstellt.[270]

(6) Die denkbaren Ausprägungen des *Verankerungsgrades* reichen von einer vollständigen Ablehnung krankenhausspezifischer Wert- und Normgefüge über eine opportunistische Anpassung bis hin zu einer vollständigen Internalisierung.[271]

Von einem *niedrigen* Verankerungsgrad der Krankenhauskultur kann dann gesprochen werden, wenn die Wert- und Normvorstellungen bei vielen Organisationsmitgliedern auf Ablehnung sto-

---

[267] SCHREYÖGG nennt neben den beiden hier übernommenen Aspekten „Verbreitungs-" und „Verankerungsgrad" noch die „Prägnanz" als Kriterium der Kulturstärke. Die Ausprägung der Prägnanz hängt davon ab, wie klar die Orientierungsmuster und Werthaltungen sind, die die Unternehmenskultur vermittelt. Vgl. SCHREYÖGG, Georg (1992), Sp. 1530. Da die Prägnanz von jeder Person unterschiedlich wahrgenommen werden kann, wird dieser Aspekt hier nicht berücksichtigt. Ebenso kann nicht der Einteilung von HEINEN gefolgt werden, nach der sich die Stärke einer Kultur aus Übereinstimmungsausmaß und Verankerungsgrad zusammensetzt. Dies liegt darin begründet, dass beim Übereinstimmungsausmaß neben der Anzahl der Mitarbeiter, die die gemeinsamen Werte teilen, auch die Anzahl der (Schlüssel-)Werte, über die ein Konsens erzielt wurde, berücksichtigt wird. Letzteres wurde jedoch bereits im Rahmen von Aspekt (4) „Beziehung zwischen den Subkulturen" angesprochen. Vgl. GUSSMANN, Bernd/ BREIT, Claus (1997), S. 121-122; HEINEN, Edmund (1997), S. 27; SCHREYÖGG, Georg (1992), Sp. 1530; TREICHLER, Christoph (1995), S. 273.

[268] HEINEN, Edmund (1997), S. 27.

[268] Vgl. HEINEN, Edmund (1997), S. 27; TREICHLER, Christoph (1995), S. 273.

[269] Vgl. GUSSMANN, Bernd/ BREIT, Claus (1997), S. 129; SCHREYÖGG, Georg (1992), Sp. 1530.

[270] Allerdings sind auch hierbei unterschiedliche Interpretationen bestimmter Situationen sowie der Bibel von entscheidender Bedeutung. Zudem stellt sich die Frage, „ob die Normen und Werte der Kirche in den diakonischen Einrichtungen selbst in genügendem Maße verankert sind." GÄRTNER, Heribert W. (1994), S. 131-133.

[271] Vgl. HEINEN, Edmund (1997), S. 27. Zu einer differenzierten Betrachtung der unterschiedlichen Verankerungsgrade vgl. GUSSMANN, Bernd/ BREIT, Claus (1997), S. 122-128.

ßen. Ein mit der Kultur wertkonformes Handeln wird dann lediglich aus strategischen Gründen an den Tag gelegt oder um befürchteten Sanktionen zu entgehen. Hierbei kann von „kalkulierter Identifikation" oder „Compliance" gesprochen werden.[272]

Ein *hoher* Verankerungsgrad der Krankenhauskultur liegt dann vor, wenn sich das Gros der Organisationsmitglieder mit dem krankenhausspezifischen Werte- und Normensystem identifizieren kann. Die Identifikation ist als freiwillige Akzeptanz der kulturellen Ausprägungen zu verstehen, „um eine befriedigende Beziehung aufrechtzuerhalten"[273]. Sie erfährt eine Steigerung, wenn die individuellen mit den krankenhauskulturellen Werten und Normen übereinstimmen. Hierbei kann von „natürlicher Identifikation" oder „Internalisierung" gesprochen werden. Die Organisationsmitglieder fühlen sich der Krankenhauskultur aus innerer Überzeugung verpflichtet.[274]

Abbildung 7-29: Stärke der Krankenhauskultur

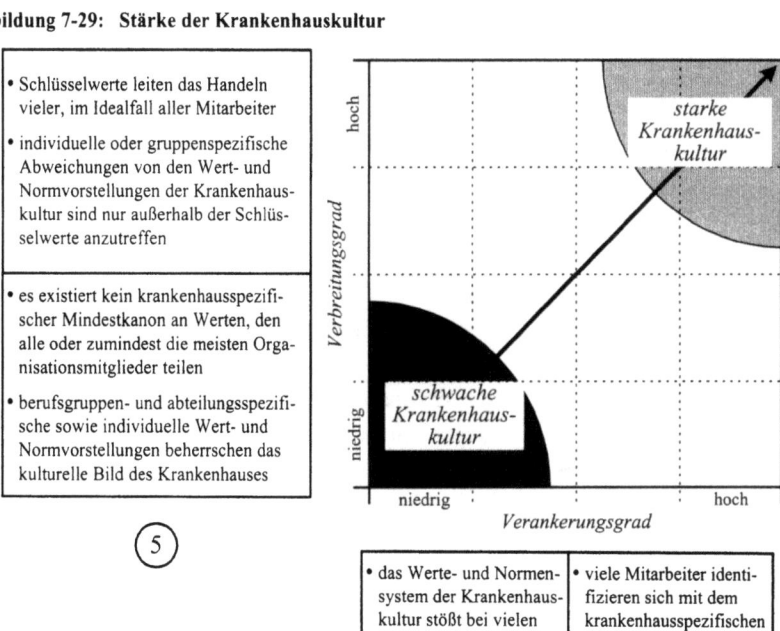

Eigene Darstellung.

---

[272] Vgl. GUSSMANN, Bernd/ BREIT, Claus (1997), S. 124-126; TREICHLER, Christoph (1995), S. 99.
[273] TREICHLER, Christoph (1995), S. 99.
[274] Vgl. GUSSMANN, Bernd/ BREIT, Claus (1997), S. 124; TREICHLER, Christoph (1995), S. 98-99.

Die beiden Aspekte der Kulturstärke können wiederum miteinander verbunden werden. Als Extremausprägungen lassen sich, wie aus *Abbildung 7-29* hervorgeht, eine schwache und eine starke Kultur unterscheiden. Eine *„schwache Krankenhauskultur"* ist durch einen niedrigen Verbreitungs- und einen niedrigen Verankerungsgrad gekennzeichnet. Eine solche kulturelle Ausprägung kann lediglich in Zeiten eines bevorstehenden oder bereits einsetzenden kulturellen Wandels produktiv sein.[275] Eine *„starke Krankenhauskultur"* zeichnet sich sowohl durch einen hohen Verbreitungs- als auch einen hohen Verankerungsgrad aus. Solche Ausprägungen sind nur dann von Vorteil, wenn sie mit einer hohen System- und Umweltvereinbarkeit verbunden sind.[276]

Bestimmen die krankenhauskulturellen Werte und Normen das Handeln vieler Mitarbeiter, ohne dass aber eine (natürliche) Identifikation mit diesen stattfindet, so ist ein Positionierung links von der Diagonalen vorzunehmen. Hierbei ist davon auszugehen, dass das Management an eine weitgehende Gestaltbarkeit der Krankenhauskultur im Sinne eines „Werte- und Normendrills" glaubt[277] und die Mitarbeiter durch den Einsatz vor allem materieller Anreiz- und Sanktionssysteme zu werteinheitlichem Verhalten bringen will. Eine Einordnung rechts der Diagonale kann lediglich dann erfolgen, wenn nur wenige Mitarbeiter die Schlüsselwerte teilen, diese dann aber vollständig internalisiert haben.

IV Art der Kulturprägung

Bei der Art der Kulturprägung geht es *zum einen* um das Führungsverständnis des Krankenhausmanagements. Dies ist insofern von „kultureller Bedeutung", als die Führungskräfte eines Krankenhauses als wesentliche Kulturträger gelten[278] und somit die Entwicklung der Krankenhauskultur maßgeblich prägen. Dabei wird nicht verkannt, dass letztlich alle Organisationsmitglieder durch ihr Verhalten die Krankenhauskultur resp. die Subkulturen des Krankenhauses bewusst oder unbewusst mitgestalten.[279] Die Art der Kommunikation sowie spezifische Aktionen des oberen Managements erlangen jedoch für die Mitarbeiter häufig eine symbolische Bedeutung. Somit haben die Führungskräfte aufgrund ihrer Vorbildfunktion eine große „kulturelle" Verantwortung.[280] *Zum anderen* kommt der Art, mit der die Organisationsmitglieder die bestehende Kultur kritisch reflektieren, eine wesentliche Bedeutung für die zukünftige Kulturentwicklung zu.[281]

---

[275] Vgl. HEINEN, Edmund (1997), S. 30.
[276] Vgl. HEINEN, Edmund (1997), S. 29.
[277] Vgl. HEINEN, Edmund (1997), S. 41; ULRICH, Peter (1993), S. 436-437. ⇨ Vgl. hierzu auch die nächste krankenhauskulturelle Dimension *„IV Art der Kulturprägung"*.
[278] Vgl. BLEICHER, Knut (1999), S. 245; HEINEN, Edmund (1997), S. 27; HOFFMANN, Friedrich (1989a), S. 171, 173; SCHWARZ, Gunther (1989), S. 60, 176.
[279] Vgl. SCHWARZ, Gunther (1989), S. 177; TREICHLER, Christoph (1995), S. 218.
[280] Vgl. BLEICHER, Knut (1999), S. 229; SCHWARZ, Gunther (1989), S. 176.
[281] ⇨ Diese letzte krankenhauskulturelle Dimension stellt eine Spezifizierung der krankenhausphilosophischen Dimension *„III Rollenverständnis von Mitarbeitern, Management und Trägerorganen"* auf kultureller Ebene dar; vgl. *S. 180-182.*

(7) Das Führungsverständnis des Krankenhausmanagements kann sich – in kultureller Hinsicht – in einem Spannungsfeld bewegen zwischen der Vorstellung, die Krankenhauskultur *beliebig* steuern zu können, und der Auffassung, die Kulturentwicklung in einem evolutionären Gemeinschaftsprozess lediglich *mit*gestalten zu können.[282]

In der einen Extremausprägung sind Krankenhäuser zu positionieren, deren Führungskräfte sich als *„Kulturingenieure"*[283] verstehen, die davon überzeugt sind, die Krankenhauskultur durch den Einsatz bestimmter Instrumente – wie Anreizsysteme – maßgeblich beeinflussen zu können. Die Mitarbeiter werden dabei als „kulturelle Manövriermasse" angesehen, deren Werte- und Normensysteme manipuliert und in nahezu jede gewünschte Richtung gelenkt werden können.[284]

Dem steht die Auffassung gegenüber, dass die Kulturentwicklung ein *evolutionärer Prozess* ist, der weniger durch Indoktrination als durch Anstöße, die auf einer Kritik der Istkultur basieren, maßgeblich beeinflusst werden kann. Mithilfe dieser Anstöße kann nun nicht der neue Kurs exakt vorgegeben, sondern höchstens eine *„Kurskorrektur"* eingeleitet werden.[285] Wenn man jedoch berücksichtigt, dass letztlich nicht Symbole, sondern nur deren subjektive Interpretationen zur Ausgestaltung der Kultur beitragen, muss der kulturprägende Einfluss der Mitarbeiter nachhaltiger in den Vordergrund gerückt werden. Damit verbunden ist zumeist eine stärkere Beteiligung der Mitarbeiter z. B. in Fragen der Arbeitsplatzgestaltung und der Zielbestimmungen.

(8) Im Rahmen des Aspektes (6) ging es um den Verankerungsgrad der Krankenhauskultur, also inwieweit sich die Mitarbeiter mit der bestehenden Kultur identifizieren können. Dabei wurde jedoch noch nicht geklärt, inwiefern bestimmte Werte unhinterfragt übernommen oder kritisch reflektiert werden. Daher soll an dieser Stelle die Ausprägung des Metawertes „kritische Reflexion" behandelt werden.

Auf der einen Seite kann die bestehende Krankenhauskultur *als selbstverständlich hingenommen* werden.[286] Eine kritische Reflexion des Werte- und Normensystems findet nicht statt. Die Folgen eines solch passiven Umgangs mit der Kultur können unterschiedlicher Art sein. Stimmen die individuellen mit den krankenhauskulturellen Wertvorstellungen weitgehend überein, so kann von einer zufriedenen Mitarbeiterschaft ausgegangen werden.[287] Weichen die Wertvorstellungen voneinander ab, ohne dass dies von den einzelnen Organisationsmitgliedern artikuliert wird, dann sind damit – zumindest langfristig – eher negative Folgen für das Krankenhaus verbunden: sei es, dass den Wert- und Normvorstellungen nur bis zu einem gewissen Grad gefolgt wird[288],

---

[282] Vgl. BLEICHER, Knut (1999), S. 245.
[283] SCHREYÖGG, Georg (1992), Sp. 1534.
[284] Vgl. GUSSMANN, Bernd/ BREIT, Claus (1997), S. 126-127; TREICHLER, Christoph (1995), S. 39.
[285] Vgl. BLEICHER, Knut (1999), S. 245; DIETEL, Bernhard (1997), S. 234; DILL, Peter/ HÜGLER, Gert (1997), S. 181; GUSSMANN, Bernd/ BREIT, Claus (1997), S. 128; SCHREYÖGG, Georg (1992), Sp. 1535.
[286] SCHREYÖGG sieht diese Ausprägung sogar als eines der Kernelemente an, die mit den meisten Ansätzen zur Unternehmenskultur verbunden werden: Die „Selbstreflexion ist die Ausnahme, nicht die Regel." SCHREYÖGG, Georg (1992), Sp. 1526.
[287] Allerdings droht ein solches moralisches Gebäude ohne festes Fundament im Falle von Initialerlebnissen der Organisationsmitglieder schnell zusammenzubrechen.
[288] Schließlich lassen sich die Eigeninteressen der Organisationsmitglieder nicht gänzlich ausschalten.

sei es, dass „Kadavergehorsam" an den Tag gelegt wird, der zumeist eine Einschränkung des Kreativitätspotenzials der Mitarbeiter zur Folge hat.[289]

Auf der anderen Seite stehen Krankenhäuser, deren Organisationsmitglieder die krankenhauskulturellen, aber auch die eigenen Wert- und Normvorstellungen stets *kritisch hinterfragen*. Statt des Aufkommens von „Kadavergehorsam" ist eher die Ausbildung kritischer Loyalität anzunehmen. Letztere kann auch bewusst durch den Aufbau kommunikativer Verständigungspotenziale gefördert werden.[290] Allerdings ist kritische Loyalität keine zwangsläufige Folge kritischer Selbst- und Fremdreflexion. Ein ausgeprägteres Bewusstsein und das Verstehen bestimmter Zusammenhänge und Verhaltensweisen kann ebenso zur Durchsetzung von Partikularinteressen ausgenutzt werden.

Abbildung 7-30: Art der Kulturprägung

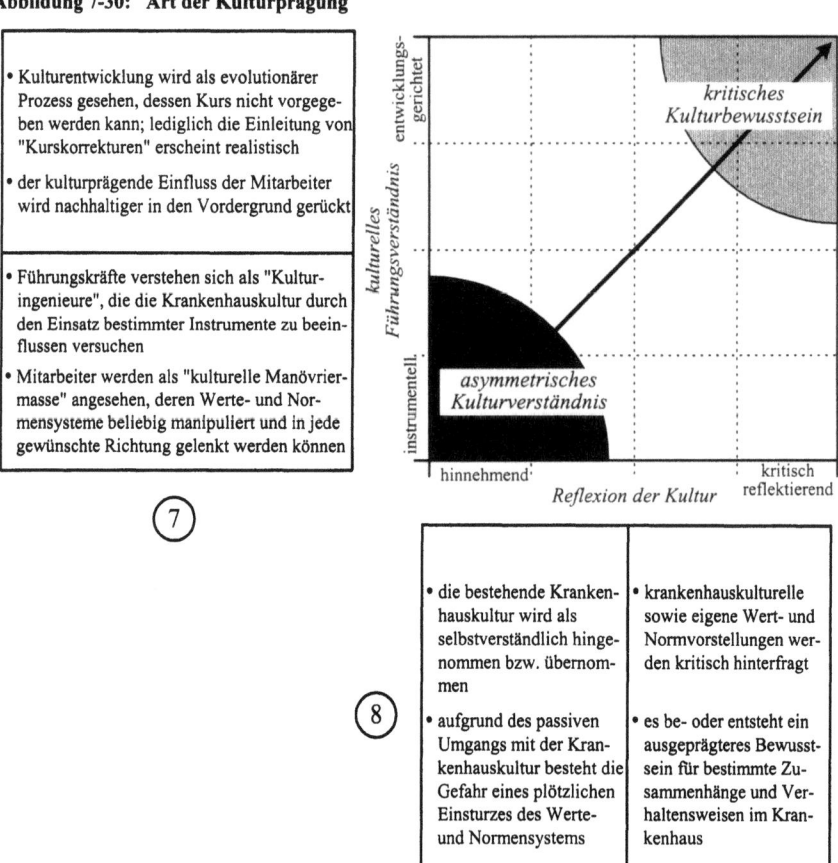

Eigene Darstellung.

---

[289] Vgl. TREICHLER, Christoph (1995), S. 104.
[290] Vgl. DILL, Peter/ HÜGLER, Gert (1997), S. 191.

Zusammengenommen ergeben die Ausprägungen der beiden Dimensionen wiederum zwei typische Muster von Krankenhauskulturen. Dominiert ein instrumentelles Führungsverständnis und wird die bestehende Krankenhauskultur von den Mitarbeitern als selbstverständlich hingenommen, dann kann von einem „*asymmetrischen Kulturverständnis*" gesprochen werden: Die Führungskräfte glauben, die Kultur weitgehend nach ihren Wert- und Normvorstellungen gestalten zu können, die Mitarbeiter nehmen dagegen das bestehende Werte- und Normensystem als gegeben hin. Ist das Führungsverständnis eher entwicklungsgerichtet und wird die Krankenhauskultur vom Gros der Organisationsmitglieder hinterfragt, dann kann von einem „*kritischen Kulturbewusstsein*" gesprochen werden. *Abbildung 7-30* stellt diese Zusammenhänge grafisch dar.

Auch im Rahmen dieser Dimension sind Abweichungen von der Diagonalen möglich, aber zumindest langfristig kaum wünschenswert. Legt das Krankenhausmanagement ein entwicklungsorientiertes Führungsverständnis an den Tag, so ist dies zumeist mit einer starken Einbindung der Mitarbeiter verbunden. Werden dabei aber die bestehenden Wert- und Normvorstellungen von den Mitarbeitern nicht kritisch reflektiert, besteht die Gefahr einer *gänzlich* unkontrollierten Kulturentwicklung. Ein inkonsistentes Werte- und Normensystem sowie eine niedrige System- und Umweltvereinbarkeit sind potenzielle Folgen einer solchen Ausprägung. Verstehen sich die Führungskräfte dagegen eher als „Kulturingenieure" und werden gleichzeitig die Werte- und Normensysteme von allen Organisationsmitgliedern kritisch hinterfragt, so ist folgendes Szenario denkbar: Aufgrund der kritischen Einstellung und Reflexion wird der Manipulationsdrang der Führungskräfte erkannt und führt zur Ablehnung seitens der Mitarbeiter. Die Möglichkeit einer ablehnenden Haltung gegenüber den kulturellen Gestaltungsmaßnahmen ist selbst bei gleichgerichteten Wert- und Normvorstellungen gegeben, da allein der *Versuch* eines „Werte- und Normendrills" demokratischer Legitimation zuwiderläuft.[291]

7.2.5.3 Gesamtzusammenhang der Profilierung der Krankenhauskultur

Die acht Muster der krankenhauskulturellen Profilierung lassen sich, wie dies *Abbildung 7-31* illustriert, zu einem integrierten Konzept der Wert- und Normvorstellungen der Organisationsmitglieder eines Krankenhauses zusammenfassen. Dabei sind zwei idealtypische Grundmuster zu unterscheiden: eine eher *konventionelle Krankenhauskultur* (dargestellt durch den inneren Kreis) und eine *lernende Krankenhauskultur*[292] (dargestellt durch die äußeren Teilkreise), zwischen denen jeweils eine organisationsspezifische Positionierung erfolgen kann.

---

[291] Vgl. SCHWARZ, Gunther (1989), S. 241.
[292] Zum Begriff der „lernenden Kultur" vgl. auch SCHEIN, Edgar H. (1995), S. 296.

Abbildung 7-31: Profil der Krankenhauskultur

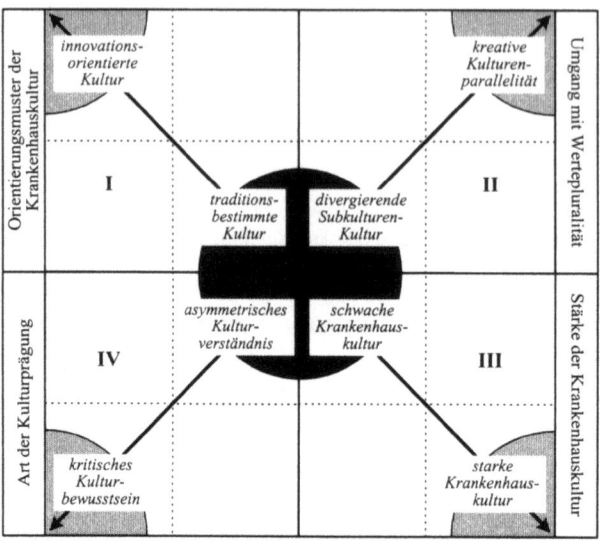

Eigene Darstellung.

Eine eher *konventionelle Krankenhauskultur* ist vor allem durch eine starke traditionsbestimmte Orientierung gekennzeichnet. Dabei zeigt sich die inweltgerichtete Fokussierung nicht nur bei der Krankenhauskultur, sondern auch bei den Subkulturen, die sich auf einzelnen Stationen oder innerhalb bestimmter Berufsgruppen ausbilden. Die Verhältnisse zwischen der Krankenhauskultur und den Subkulturen sowie den Subkulturen untereinander sind als gleichgültig bis feindlich zu bezeichnen. Unter anderem aufgrund dieser scheinbar unvereinbaren Beziehungsstrukturen ist nur von einem niedrigen Verbreitungs- und Verankerungsgrad der Krankenhauskultur auszugehen. Außerdem glaubt das Management, die Krankenhauskultur mithilfe von Managementinstrumenten nahezu beliebig beeinflussen zu können, und die Mitarbeiter nehmen das bestehende Wert- und Normgefüge größtenteils als gegeben hin.

In Anlehnung an den Begriff der „lernenden Organisation" kann bei dem zweiten idealtypischen Muster von einer *lernenden Krankenhauskultur* gesprochen werden. Eine lernende Kultur wird in erster Linie durch Innovationsorientierung charakterisiert. Dabei werden die gegebenen, vergangenheitsgeprägten Normen und Werte mit den zukünftigen, antizipierten Wertentwicklungen inner- und außerhalb der Organisation abgestimmt. Die kreative Handhabung dieser (scheinbaren) Gegensätzlichkeiten – Vergangenheit und Zukunft, Inwelt und Umwelt, Bewahrung und Veränderung – steht auch hinsichtlich der Beziehungen zwischen den einzelnen Subkulturen und der Krankenhauskultur im Mittelpunkt des „kulturellen Lernkonzeptes". Da die Stärke einer Kultur allein noch keine Voraussetzung für die Wandlungsfähigkeit eines Krankenhauses darstellt, sondern im Gegenteil eher veränderungshemmend wirkt, muss sie mit den anderen idealtypischen Ausprägungen (dargestellt durch die äußeren Teilkreise) – vor allem mit einem kritischen

Kulturbewusstsein – verknüpft sein. Wird der Metawert „kritische Selbstreflexion" in einem Krankenhaus bewusst gefordert und – z. B. durch die Institutionalisierung bestimmter Kommunikationsmöglichkeiten – gefördert[293], dann sind die wichtigsten Voraussetzungen für die organisationale Lernfähigkeit gegeben.[294]

7.3 Strategisches Krankenhausmanagement

7.3.1 Die vier Module der strategischen Managementebene

Die strategische Managementebene hängt eng mit der normativen zusammen. Dies wird insbesondere daran deutlich, dass in der Managementliteratur häufig zwischen diesen beiden Ebenen nicht unterschieden wird und daher die Inhalte der hier als normativ bezeichneten Managementebene unter dem Begriff des strategischen Managements bzw. der strategischen Unternehmensführung bearbeitet werden.[295] Aus diesem Grund sollen im Folgenden die wesentlichen Beziehungen der vier Module der strategischen Managementebene zu den normativen Managementmodulen aufgezeigt werden.

Das strategische Krankenhausmanagement befasst sich mit dem Aufbau zukünftiger, der Pflege und Ausnutzung vorhandener Erfolgspositionen bzw. -potenziale und der Bereitstellung der hierfür erforderlichen Ressourcen. Im Mittelpunkt stehen dabei die *strategischen Programme*, deren Wahl und Ausgestaltung stark von der Profilierung der krankenhauspolitischen Missionen und der Krankenhausverfassung abhängen. Sollen die zu verfolgenden Programme erfolgreich umgesetzt werden, müssen sie zudem mit der Krankenhauskultur harmonieren. Die Krankenhauskultur bestimmt ihrerseits – zusammen mit den individuellen Wahrnehmungen und Präferenzen der Entscheidungsträger – die Entwicklung des *strategischen Problemlösungsverhaltens*[296], welches langfristig wiederum die Werte und Normen der Krankenhauskultur verändern kann. Das Problemlösungsverhalten findet auf der Basis strategischer Programme statt und wird von den Rahmenbedingungen beeinflusst, die durch die Organisationsstrukturen und Managementsysteme vorgegeben werden. Die Gestaltung der *Organisationsstrukturen* und *Managementsysteme* im Krankenhaus ist vor allem von den Vorgaben abhängig, die sich aus dem Profil der Krankenhausverfassung ergeben. Da diese Strukturen und Systeme eine unterstützende Funktion für das gesamte Krankenhausmanagement haben, müssen sie wiederum mit der Entwicklung auf allen anderen Ebenen harmonieren.[297]

Im Rahmen der begründenden normativen Vorgaben wirkt das strategische Krankenhausmanagement *ausrichtend* auf die operativen Aktivitäten. Auf der strategischen Managementebene

---

[293] Die Förderung kritischer Selbstreflexion steht im Einklang mit dem Ansatz einer ganzheitlichen Menschenorientierung in Gesundheitsorganisationen.
[294] Zur Reflexionsrolle in Organisationen vgl. GIRSCHNER, Walter (1990), S. 165-214.
[295] Vgl. beispielsweise HINTERHUBER, Hans H. (1996); HINTERHUBER, Hans H. (1997); KIRSCH, Werner (1997); KREIKEBAUM, Hartmut (1997).
[296] Bei BLEICHER wird das strategische Problemlösungsverhalten nur „Problemverhalten" genannt.
[297] ⇦ Vgl. *Abschnitt 2.2.2* und BLEICHER, Knut (1999), S. 274-275.

geht es damit um die Effektivität im Sinne der Wettbewerbs- und Kooperationsfähigkeit des Krankenhauses.[298] In *Abbildung 7-32* wird die Position der strategischen Ebene im Krankenhausmanagementkonzept nochmals grafisch dargestellt.

Abbildung 7-32: Die strategische Ebene im Krankenhausmanagementkonzept

Eigene Darstellung.

Der in *Abschnitt 7.2.1* erläuterten Vorgehensweise folgend, wird nun zunächst das aktivitätsbezogene Modul „Strategische Programme" erörtert, in den beiden darauf folgenden Abschnitten die strukturellen Module „Organisationsstrukturen" und „Managementsysteme" und schließlich das Modul „Strategisches Problemlösungsverhalten".

7.3.2 Strategische Programme im Krankenhaus

7.3.2.1 Aspekte strategischer Programme

Strategische Programme konkretisieren die vom normativen Management vorgegebenen Grundorientierungen des Krankenhauses. Dies geschieht einerseits auf der Ebene der strategischen Geschäftseinheiten, wie etwa einzelner Kliniken und Abteilungen[299], andererseits auf der überge-

---

[298] ⇔ Vgl. *Abschnitt 2.2.2*.

[299] Zu einer beispielhaften Einteilung eines Krankenhauses in strategische Geschäftseinheiten vgl. REIBNITZ, Christine von (1996), S. 547. Dabei ist zu beachten, dass die strategischen Geschäftseinheiten nicht notwendigerweise mit Abteilungen übereinstimmen müssen, sondern auch Querschnittscharakter aufweisen können. Hierbei ist z. B. an Forschungsprojekte zu denken, an denen Ärzte mehrerer Fachbereiche beteiligt sind.

ordneten Ebene der strategischen Führung des gesamten Krankenhauses.[300] Während sich die Krankenhausstrategie mit dem Aufbau, der Pflege und der Ausnutzung strategischer Erfolgspotenziale befasst, um das Krankenhaus auf dem Gesundheitsmarkt erfolgreich zu positionieren, geben die – meist von den Chefärzten inhaltlich bestimmten – Fachbereichsstrategien die Entwicklungsrichtung der jeweiligen Klinik oder Station vor.[301] Angesichts der zunehmenden Notwendigkeit einer Prozessorientierung im Krankenhaus, die maßgeblich durch die Entwicklung des Krankenhausfinanzierungssystems gefördert wurde, können nun nicht mehr nur für Fachbereiche, sondern auch für bestimmte Leistungsbereiche bzw. -ketten (z. B. Behandlung von Krebspatienten oder von Unfallopfern) eigenständige Strategien entwickelt werden.[302] Eine Positionierung des Krankenhauses in den einzelnen Skalen der Dimensionen strategischer Programme hat also stets unter Berücksichtigung der gerade zu betrachtenden Ebene zu geschehen. Insofern können im Rahmen dieses Moduls ebenso viele Profile strategischer Programme aufgestellt werden, wie es Geschäftseinheiten (einschließlich der Gesamtheit „Krankenhaus"[303]) gibt. Allerdings sind die einzelnen Fach- bzw. Leistungsbereichsstrategien und die übergeordnete Krankenhausstrategie immer simultan zu betrachten und gegebenenfalls abzugleichen, um eine gegenseitige Behinderung oder gar Ausschließung zu vermeiden. Mit der Krankenhausstrategie sollte also ein Rahmen vorgegeben werden, innerhalb dessen sich die Strategien der Geschäftseinheiten bewegen können.[304] Die Entwicklung einer solch vereinenden Strategie stellt besonders dann eine Herausforderung für das Management dar, wenn das Autonomiestreben einzelner Kliniken resp. Abteilungen stark ausgeprägt ist. Dies ist in der Praxis von Krankenhäusern häufig zu beobachten.[305]

Bevor *konkrete* strategische Absichten formuliert werden können, sind im Rahmen einer strategischen Situationsanalyse die Chancen und Risiken des Krankenhauses in seiner Umwelt[306] sowie die relativen Stärken und Schwächen des Krankenhauses gegenüber der Konkurrenz zu beurteilen.[307] Aus den Informationen solcher Analysen können die strategischen Erfolgspositionen des Krankenhauses abgeleitet werden, die dann gegeben sind, wenn eine relative Stärke des Krankenhauses einer Marktchance entspricht. Die strategischen Erfolgspositionen stecken nun

---

[300] Vgl. BLEICHER, Knut (1999), S. 280; HINTERHUBER, Hans H. (1996), S. 174. Auf die Ebene der *Funktionsbereichsstrategien* wird an dieser Stelle nicht explizit eingegangen, da diese zum einen aus der Gesamtstrategie bzw. den einzelnen Fachbereichsstrategien deduktiv abzuleiten sind und zum anderen bereits eine Verbindung zum operativen Management darstellen. Vgl. KREIKEBAUM, Hartmut (1997), S. 72; MACHARZINA, Klaus (1999), S. 209.

[301] Vgl. BRAUN, Günther E. (1999b), S. 13; JANISCHOWSKI, Axel J. F./ SCHNEIDER, Stephan (1999), S. 31; MORRA, Francesco (1996), S. 195.

[302] Vgl. LOHMANN, Heinz/ SEIDEL-KWENN, Brunhilde (1999), S. 374-375.

[303] Das gesamte Krankenhaus „muss deshalb separat betrachtet werden, weil [es] als Ganzes Eigenschaften aufweist, die durch eine Aggregation der Teile nicht ersichtlich werden." SCHWANINGER, Markus (1994), S. 98.

[304] Dies bedeutet aber nicht, dass zunächst die Gesamtstrategie verabschiedet werden soll, bevor Strategien auf Fach- und Leistungsbereichsebene bearbeitet werden. In diesem Prozess sind vielmehr Iterationen erforderlich. Vgl. BLEICHER, Knut (1999), S. 313; SCHWANINGER, Markus (1994), S. 105.

[305] Vgl. HEIMERL-WAGNER, Peter (1996b), S. 135.

[306] ⇔ Vgl. hierzu *Abschnitt 4.3*.

[307] *Allgemeine* Absichten können bereits vor einer eingehenden Situationsanalyse formuliert werden.

wiederum einen sinnvollen Rahmen für die Entwicklung der Strategien ab. Bei der Festlegung der Krankenhausstrategie wie auch der Fach- bzw. Leistungsbereichsstrategien ist eine hohe relative Stärken-Schwächen-Differenz gegenüber dem Wettbewerb anzustreben.[308]

Der Versorgungsauftrag, der die Mission des Krankenhauses weitgehend mitbestimmt[309], hat auch einen erheblichen Einfluss auf die strategischen Vorhaben des Krankenhauses sowie seiner Kliniken und Stationen. Das Krankenhaus kann jedoch Strategien entwickeln, um beispielsweise bei der Bewerbung um eine neue Fachabteilung in einer Region bessere Chancen zu haben. Zudem wird im Krankenhausbedarfsplan kaum etwas über die inhaltliche Ausgestaltung einer Fachabteilung vorgeschrieben, das heißt, dass immer noch bestimmt werden kann, *wie* die Leistungen im Rahmen des Versorgungsauftrages erbracht werden (in welcher Weise, mit oder ohne Kooperationspartner etc.). Außerdem besteht die Option, darüber hinausgehende medizinische wie auch nichtmedizinische Leistungen anzubieten.[310]

Da es eine Vielzahl von Möglichkeiten gibt, Strategien einzuordnen bzw. zu unterscheiden, kann die folgende Aufzählung nicht erschöpfend sein. Die hier genannten Aspekte und ihre jeweils gegenläufigen Extremausprägungen werden im nächsten Abschnitt näher erläutert:[311]

I *Strategien des Leistungsangebotes*
  (1) enges vs. breites medizinisch-pflegerisches Leistungsprogramm
  (2) enges vs. breites sonstiges, nichtmedizinisches Leistungsprogramm

II *Strategien des Wettbewerbsverhaltens*
  (3) defensives vs. offensives Strategieverhalten
  (4) imitatives vs. innovatives Strategieverhalten

III *Wertschöpfungsstrategien*
  (5) kosten- vs. nutzenorientierte Wertschöpfungsausrichtung
  (6) Wertschöpfungsautarkie vs. Wertschöpfungsverbund

Der Zusammenhang der einzelnen Dimensionen wird durch *Abbildung 7-33* verdeutlicht.

---

[308] Vgl. BLEICHER, Knut (1999), S. 282, 286.
[309] ⇔ Vgl. *Abschnitt 7.2.3.2.*
[310] Vgl. JANISCHOWSKI, Axel J. F./ SCHNEIDER, Stephan (1999), S. 30-32.
[311] Zu den Punkten (1) bis (6) vgl. die von BLEICHER, Knut (1999), S. 293-312, aufgeführten acht Aspekte erwerbswirtschaftlicher Unternehmen. Im Gegensatz zum St. Galler Management-Konzept werden hier bei der ersten Dimension die Leistungsangebote nach zwei Arten unterschieden: den medizinischen und nichtmedizinischen Leistungen. Der Standardisierungsgrad der Leistungen (bei BLEICHER Punkt (2)) ist aufgrund der vielfach beiderseitig personenbezogenen Dienstleistungen im Krankenhausbereich eng verbunden mit dem „strategischen Problemlösungsverhalten" und wird daher erst in diesem Modul *(Abschnitt 7.3.5)* behandelt (⇔ vgl. auch die Anmerkungen in *Fußnote 312* auf *S. 247*). Die Aspekte (3) bis (6) können leicht modifiziert übernommen werden. Die Dimension „Ressourcenstrategien", bei der BLEICHER lediglich auf die Sach- und Finanzpotenziale eingeht (die Humanpotenziale werden im Rahmen der Verhaltensebene behandelt), wird ersatzlos gestrichen, da eine Profilierung zwischen starrem und flexiblem Einsatzspektrum sowie zwischen spezialisiertem und universellem Leistungsspektrum – ohne eine Berücksichtigung der Humanpotenziale – im *Krankenhaus* wenig hilfreich erscheint.

Abbildung 7-33: Zusammenhang der Dimensionen strategischer Programme

```
┌─────────────────┐   wettbewerbsorientierte   ┌─────────────────┐
│        I        │      Definition von        │       II        │
│  Strategien des │ ←─────  Strategien  ─────→ │  Strategien des │
│ Leistungsangebotes │                         │ Wettbewerbsverhaltens │
└─────────────────┘                            └─────────────────┘
         ▲                                              ▲
         │      Ausrichtung der wettbewerbs-            │
         └──────── orientierten Programme ──────────────┘
                           │
                           ▼
                  ┌─────────────────┐
                  │       III       │
                  │  Wertschöpfungs-│
                  │   strategien    │
                  └─────────────────┘
```

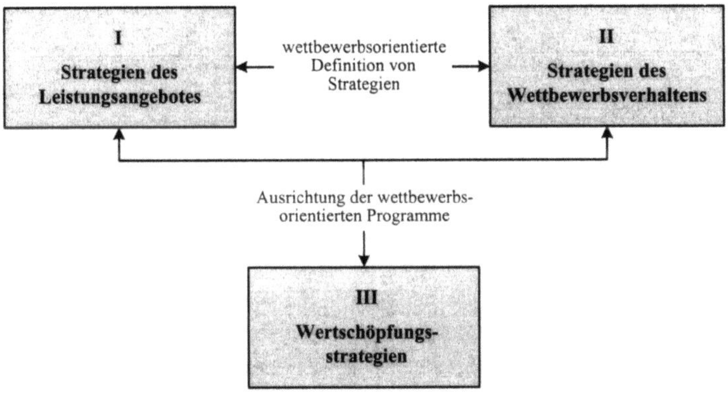

Eigene Darstellung in Anlehnung an BLEICHER, Knut (1999), S. 295.

7.3.2.2 Profilierung strategischer Programme

I Strategien des Leistungsangebotes

Das Leistungsprogramm eines Plankrankenhauses wird in erster Linie vom jeweiligen Versorgungsauftrag bestimmt. Über die Erfüllung des Versorgungsauftrages hinaus können Krankenhäuser und ihre Fachbereiche jedoch unterschiedliche Angebotsstrategien verfolgen. Zur Unterscheidung kann zum einen die *Breite des medizinisch-pflegerischen Leistungsprogrammes* und zum anderen die *Breite des sonstigen (nichtmedizinischen) Leistungsprogrammes* herangezogen werden.[312] Ohne im Einzelnen auf die möglichen Leistungsangebote einzugehen, wird mit den folgenden *Abbildungen 7-34* und *7-35* eine exemplarische Übersicht über die Geschäftsfelder gegeben, die nicht zum klassischen, aus dem jeweiligen Versorgungsauftrag abgeleiteten Leistungsbereich eines Krankenhauses zählen. Die Aufzählung einzelner Geschäftsfelder soll aber nicht darüber hinwegtäuschen, dass gerade erst der Mix verschiedener Leistungs- und Fachangebote den Charakter einer Strategie bestimmt.

In den Übersichten wird nicht explizit zwischen solchen Leistungen getrennt, die das Krankenhaus selbst erbringt, und solchen, die von Tochterunternehmen, von Beteiligungsgesellschaften oder gemeinsam mit Kooperationspartnern erbracht werden. Auch die Positionierungen in der

---

[312] Im Zusammenhang mit der Art des Leistungsprogrammes ist auch auf dessen Tiefe einzugehen, die sich anhand der Zahl der Varianten einer Leistung (vgl. etwa THOMMEN, Jean-Paul (1996b), S. 266) bzw. aus dem Standardisierungsgrad ergibt. Im Bereich der Gesundheitsleistungen geht es vor allem um die *Individualität der Ausführung*, da die unterschiedlichen Krankheitsbilder bzw. Gesundheitszustände der Patienten *per se* eine große Anzahl an Leistungsvarianten erfordern. ⇨ Vgl. hierzu das Modul *„Leistungs- und Kooperationsverhalten im Krankenhaus" (Abschnitt 7.4.4)*. BLEICHER unterscheidet im Rahmen der ersten Dimension strategischer Programme die Breite des Leistungsangebotes und den Standardisierungsgrad der Problemlösungen. Vgl. BLEICHER, Knut (1999), S. 294-298.

Dimension *„Strategien des Leistungsangebotes"* sind unabhängig von diesem Aspekt vorzunehmen.[313]

Abbildung 7-34: „Neue" medizinisch-pflegerische Geschäftsfelder im Krankenhaus

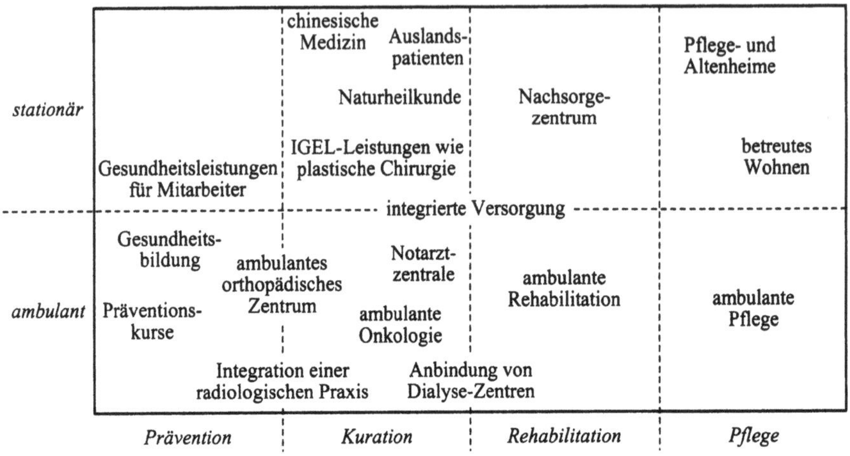

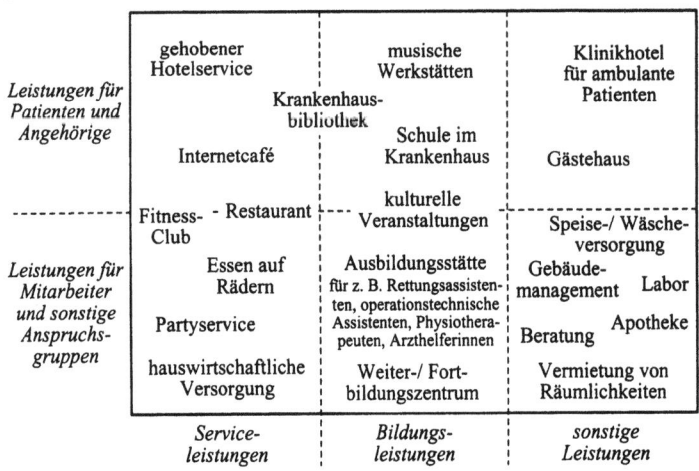

stationär
ambulant
chinesische Medizin
Auslands-patienten
Pflege- und Altenheime
Naturheilkunde
Nachsorge-zentrum
IGEL-Leistungen wie plastische Chirurgie
Gesundheitsleistungen für Mitarbeiter
betreutes Wohnen
integrierte Versorgung
Gesundheits-bildung
ambulantes orthopädisches Zentrum
Notarzt-zentrale
ambulante Rehabilitation
ambulante Pflege
Präventions-kurse
ambulante Onkologie
Integration einer radiologischen Praxis
Anbindung von Dialyse-Zentren
Prävention
Kuration
Rehabilitation
Pflege

Eigene Darstellung in Anlehnung an f&w, 17. Jg., Nr. 4/2000, S. 361-385.

Abbildung 7-35: „Neue" nichtmedizinische Geschäftsfelder im Krankenhausbereich

Leistungen für Patienten und Angehörige
Leistungen für Mitarbeiter und sonstige Anspruchs-gruppen
gehobener Hotelservice
musische Werkstätten
Klinikhotel für ambulante Patienten
Krankenhaus-bibliothek
Schule im Krankenhaus
Internetcafé
Gästehaus
kulturelle Veranstaltungen
Fitness-Club
Restaurant
Speise-/ Wäsche-versorgung
Essen auf Rädern
Ausbildungsstätte für z. B. Rettungsassisten-ten, operationstechnische Assistenten, Physiothera-peuten, Arzthelferinnen
Gebäude-management
Labor
Partyservice
Beratung
Apotheke
hauswirtschaftliche Versorgung
Weiter-/ Fort-bildungszentrum
Vermietung von Räumlichkeiten
Service-leistungen
Bildungs-leistungen
sonstige Leistungen

Eigene Darstellung in Anlehnung an f&w, 17. Jg., Nr. 4/2000, S. 361-385.

(1) Die *Breite des medizinisch-pflegerischen Leistungsprogrammes* kann – auch bei gleichartigen Versorgungsaufträgen – von Krankenhaus zu Krankenhaus differieren. Bei diesem Aspekt geht es vor allem darum, wie ein der jeweiligen Versorgungsstufe adäquates Leistungsprogramm ausgestaltet sein kann. So wird kein Krankenhaus der Grundversorgung die Strategie verfolgen,

313 ⇨ Zur *Wertschöpfungstiefe* vgl. Dimension *„III Wertschöpfungsstrategien" (S. 253-256).*

eine Leistungspalette anbieten zu können, die der eines Krankenhauses der Zentralversorgung vergleichbar wäre.

In der einen Extremausprägung sind Krankenhäuser zu positionieren, deren Ziel es ist, eine qualitativ hochwertige Erfüllung des Versorgungsauftrages zu gewährleisten. Das Leistungsprogramm begrenzt sich dabei vornehmlich auf die *typischen stationären Krankenhausleistungen.* Ambulante Operationen, alternative Behandlungsverfahren, Präventionsmaßnahmen, ambulante Rehabilitations- und Pflegeleistungen werden genauso wenig angeboten wie die stationäre Unterbringung in Alten- und Pflegeeinrichtungen.

In der anderen Extremausprägung sind Krankenhäuser einzuordnen, die die klassischen Krankenhausleistungen durch ein breites Angebot an ambulanten und stationären sowie präventiven, kurativen, rehabilitativen und pflegerischen Gesundheitsleistungen erweitern.[314] Ziel ist dabei die Sicherstellung einer *integrierten Versorgung* für die Patienten.

(2) Die *Breite des sonstigen (nichtmedizinischen) Leistungsprogrammes* ist vor allem durch die Anzahl an Geschäftsfeldern wie Serviceleistungen für Patienten und Angehörige, Dienstleistungen für andere Institutionen sowie Leistungen im Aus-, Weiter- und Fortbildungsbereich gekennzeichnet.[315]

Von einem schmalen sonstigen Leistungsprogramm ist dann zu sprechen, wenn nichtmedizinische Leistungen lediglich im rechtlich vorgeschriebenen Umfang (hierzu zählen beispielsweise Unterkunft und Verpflegung) angeboten werden. Es wird die Gefahr gesehen, sich mit einem zu großen Angebot an Leistungen, die nicht zu den originären Kernkompetenzen eines Krankenhauses zählen, zu verzetteln. Außerdem möchte man der häufig geäußerten Kritik entgehen, dass Krankenhäuser zu viele Zuständigkeiten an sich ziehen.[316]

Von einem breiten sonstigen Leistungsprogramm kann dann gesprochen werden, wenn sich das Angebot eines Krankenhauses über eine große Anzahl zusätzlicher nichtmedizinischer Leistungen erstreckt. Die Gründe hierfür können vielfältiger Natur sein. So kann mit einer Diversifizierung des Programms angestrebt werden, zusätzliche Einnahmequellen zu generieren. Dabei wird dann versucht, die spezifischen Kompetenzen des Krankenhauses durch Insourcing Gewinn bringend zu vermarkten. Daneben besteht die Möglichkeit, dass im Ausbau der Service- und Bildungsleistungen für Patienten und ihre Angehörigen eine Erfolg versprechende strategische Option gesehen wird. Da viele Patienten einen hohen medizinischen Standard als selbstverständlich ansehen, wird mit dem Angebot zusätzlicher Leistungen eine Erhöhung der Attraktivität des Krankenhauses angestrebt.[317]

---

[314] ⇔ Vgl. *Abbildung 7-34.*
[315] ⇔ Vgl. *Abbildung 7-35.*
[316] Vgl. PELIKAN, Jürgen M./ LOBNIG, Hubert/ NOWAK, Peter (1993), S. 207.
[317] Vgl. REIBNITZ, Christine von (1996), S. 548. So könnte z. B. einer Gettoisierung im Krankenhaus entgegengewirkt werden, indem in den Gebäuden des Krankenhauses eine soziale Infrastruktur und Verbindungen zur „Außenwelt" geschaffen werden – wie die Unterbringung von Kindergärten, (Familien-)Beratungsstellen, Bibliotheken, Veranstaltungsräumen, Sozialeinrichtungen etc. Vgl. PJETA, Otto (1994), S. 230.

Verbindet man diese beiden Aspekte, dann lassen sich zwei idealtypische Muster – wie in *Abbildung 7-36* dargestellt – unterscheiden: Auf der einen Seite stehen Krankenhäuser, die außer den medizinischen und nichtmedizinischen Leistungen, die sich aus dem Versorgungsauftrag verpflichtend ergeben, kaum weitere Leistungen anbieten (wollen). Da sich das Leistungsspektrum – neben der Geburtshilfe – vornehmlich auf Operations- und postoperative Nachsorgetätigkeiten begrenzt, kann von einem hoch spezialisierten *„Operationszentrum"* gesprochen werden.[318] Ziel hierbei kann z. B. die Erlangung einer hohen Kompetenz durch die Spezialisierung auf eine medizinische Leistungsart sein. Auf der anderen Seite steht ein stark diversifiziertes Krankenhaus, das aufgrund seines umfassenden Angebotes an medizinischen und nichtmedizinischen Leistungen als regionales *„Gesundheits- und Sozialzentrum"* bezeichnet werden kann.[319]

Abbildung 7-36: Strategien des Leistungsangebotes

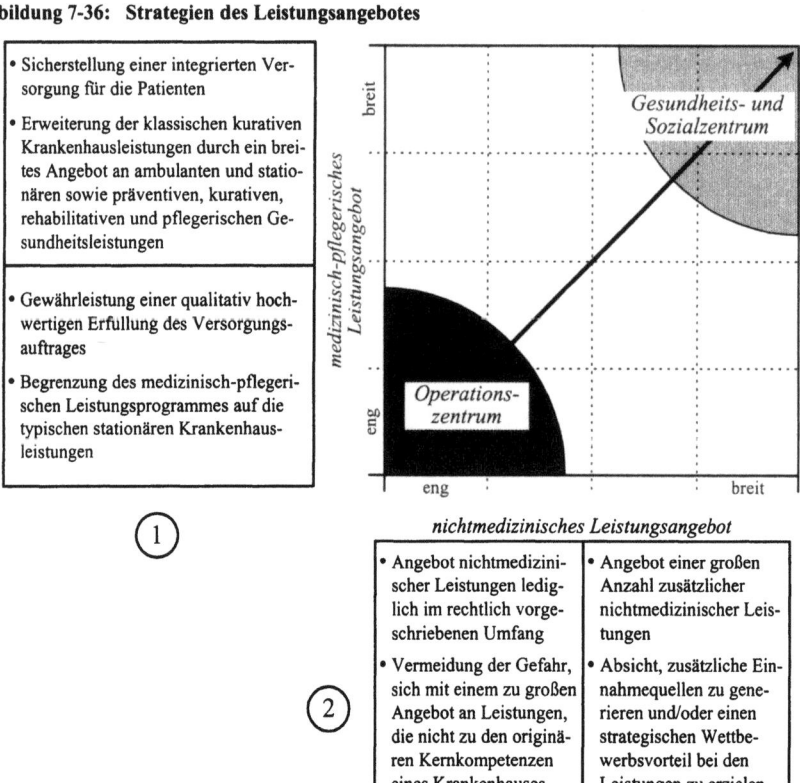

Eigene Darstellung.

---

[318] Vgl. BADURA, Bernhard (1993b), S. 38; GORSCHLÜTER, Petra (1999), S. 86.
[319] Vgl. BADURA, Bernhard (1993b), S. 38; LORENZ, Franz (1997), S. 638-639.

Bei den Strategien des Leistungsangebotes existiert ein hohe Anzahl unterschiedlicher Profile, die – im Gegensatz zu den Profilen der meisten anderen Aspekte – in deutlichem Abstand von der eingezeichneten Hauptdiagonalen liegen können. So gibt es Krankenhäuser mit einem eher engen medizinischen Leistungsangebot, die eine breite Palette nichtmedizinischer Leistungen anbieten. Die Verfolgung einer solchen Strategie könnte z. B. in der Hoffnung begründet liegen, so schneller und sicherer zusätzliche Einnahmequellen zu generieren und/oder einen strategischen Wettbewerbsvorteil bei den Leistungen zu sichern, die von Patientenseite aus zumeist leichter zu beurteilen sind.[320] Auf der anderen Seite kann die Strategie verfolgt werden, eine breite Palette an medizinischen Leistungen präventiver, kurativer und rehabilitativer Art anzubieten und gleichzeitig nur ein Angebot an absolut notwendigen nichtmedizinischen Leistungen sicherzustellen. Hierbei spielt dann eventuell die Erkenntnis eine Rolle, dass den medizinischen Leistungen aus Patientensicht in der Regel eine höhere Bedeutung zuerkannt wird als zusätzlichen Service- und Bildungsangeboten[321].

II Strategien des Wettbewerbsverhaltens

In dieser Dimension strategischer Programme geht es um das Verhalten des Krankenhauses im Wettbewerb mit anderen Gesundheitsorganisationen und analog um das Wettbewerbsverhalten der einzelnen Fach- bzw. Leistungsbereiche. Aus Gründen der besseren Lesbarkeit wird bei den beiden Aspekten der Wettbewerbsstrategien nur vom Krankenhaus gesprochen.

(3) Zunächst kann in den Extremen zwischen einem defensiven und einem offensiven Strategieverhalten von Krankenhäusern unterschieden werden *(Wettbewerbsverhalten i. e. S.).*

Krankenhäuser mit einem *defensiven* Wettbewerbsverhalten überarbeiten ihre Strategien – wenn überhaupt – erst dann, wenn eine Umweltveränderung eingetreten ist, beispielsweise durch Gesetzesänderungen oder ein verstärktes Aufkommen neuer Krankheitsbilder. Sie halten demnach also entweder starr an ihren alten Strategien fest oder legen ein rein reaktives Verhalten an den Tag. Das bedeutet, dass erst bei Aktivität der Konkurrenz an eine Überarbeitung der Strategien gedacht wird.[322]

Krankenhäuser mit einem *offensiven* Wettbewerbsverhalten warten nicht erst die Aktionen ihrer Konkurrenten oder den Eintritt anderer Umweltveränderungen ab, sondern ändern ihre Strategien auf der Basis eigener Antizipationen. Dieses aktive Wettbewerbsverhalten kann neben dem Ausbau existierender und dem Aufbau neuer Geschäftseinheiten auch eine Verkleinerung oder Aufgabe bestimmter Segmente beinhalten.[323]

(4) Während es bei dem vorherigen Aspekt um den Zeitpunkt der Strategieüberarbeitung ging, stehen jetzt der *Novitätsgrad* der Strategien sowie das *Markteintrittsverhalten* im Fokus der Be-

---

[320] ⇔ Vgl. *Abschnitt 5.3.2.*
[321] Vgl. HATZACK, Alice et al. (2000), S. 375-377.
[322] Vgl. BLEICHER, Knut (1999), S. 301-302.
[323] Vgl. LOHMANN, Heinz/ SEIDEL-KWENN, Brunhilde (1999), S. 375-380.

trachtung. Hierbei kann sich ein Krankenhaus im Spannungsfeld zwischen einem imitativen und einem innovativen Strategieverhalten positionieren.

Krankenhäuser, die ihre Strategien nach denen erfolgreicher Konkurrenten ausrichten, scheuen zumeist das Risiko eines Pioniers. Durch ihr *imitatives* Wettbewerbsverhalten nutzen sie die Chance, nur Strategien zu übernehmen, die bereits in anderen Gesundheitsorganisationen erfolgreich umgesetzt wurden.[324]

Krankenhäuser mit ausgeprägt *innovativem* Wettbewerbsverhalten gehen dagegen das Risiko der Verfolgung neuer Marktstrategien ein.[325] Dabei kann es sich entweder um völlig neue Strategien, weiterentwickelte Ideen oder adaptierte Strategien aus anderen Branchen handeln.[326] Die Motivation zur Entwicklung innovativer Strategien kann *einerseits* aus einer stark fortschrittsorientierten Ausprägung der Krankenhauspolitik herrühren.[327] *Andererseits* kann die Position eines Pioniers auch in der Hoffnung angestrebt werden, strategische Wettbewerbsvorteile zu erzielen, beispielsweise durch eine frühzeitig starke Kundenbindung oder durch langfristig niedrigere Kosten, die mit dem Erfahrungskurveneffekt verbunden sind[328]. Dabei ist anzumerken, dass die beiden Motivationsstrukturen auch gleichzeitig auftreten können.

Kombiniert man die dargestellten Extremausprägungen, dann ergeben sich wiederum zwei typische Muster, die in *Abbildung 7-37* grafisch dargestellt sind. Auf der einen Seite befinden sich Krankenhäuser, die sich dem Wettbewerb gegenüber defensiv verhalten und zumeist Strategien imitieren, die bereits von erfolgreichen Konkurrenten etabliert wurden. Bei solchen Krankenhäusern kann von einem „*reaktiven Wettbewerbsverhalten*" gesprochen werden. Krankenhäuser mit einem „*proaktiven Wettbewerbsverhalten*" zeichnen sich dagegen durch offensives und innovatives Handeln aus. Diese beiden Attribute passen insofern gut zusammen, als dass man, um innovativ sein zu können, in der Regel permanent das zukünftige Wettbewerbsumfeld antizipieren und aktiv Entwicklungen einleiten muss.

Bei dieser Dimension sind Abweichungen von der Diagonalen in größerem Ausmaße denkbar. So kann ein Krankenhaus mit offensivem Wettbewerbsverhalten durchaus als ausschließlicher Nachahmer von bereits existierenden Strategien auftreten. Ebenso können Krankenhäuser mit einem defensiven Wettbewerbsverhalten auf Umweltveränderungen mit innovativen Strategien reagieren. Dies wird jedoch aufgrund des wachsenden Zeitdrucks erschwert, da die Entwicklung einer Marktinnovation zumeist mit einem höheren Zeitaufwand verbunden ist als das Verfolgen einer Imitationsstrategie.

---

[324] Vgl. BLEICHER, Knut (1999), S. 302-303. Zur Orientierung an Best Practice-Krankenhäusern bzw. *Magnet-Hospitals* im Rahmen eines Benchmarking-Prozesses vgl. z. B. EIFF, Wilfried von (2000a), S. 13-14; FEUERSTEIN, Günter/ BADURA, Bernhard (1991), S. 56-57; ORENDI, Bennina (1993), S. 140-145.
[325] Vgl. BLEICHER, Knut (1999), S. 303.
[326] Dem Aspekt eines branchenübergreifenden Benchmarkings ist im Krankenhausbereich erst in den letzten Jahren größere Bedeutung beigemessen worden. Vgl. EIFF, Wilfried von (2000b), S. 45-50, 67.
[327] ⇔ Vgl. die krankenhauspolitische Dimension „*II Entwicklungsorientierung*" (S. 194-197).
[328] Vgl. BLEICHER, Knut (1999), S. 302.

Abbildung 7-37: Strategien des Wettbewerbsverhaltens

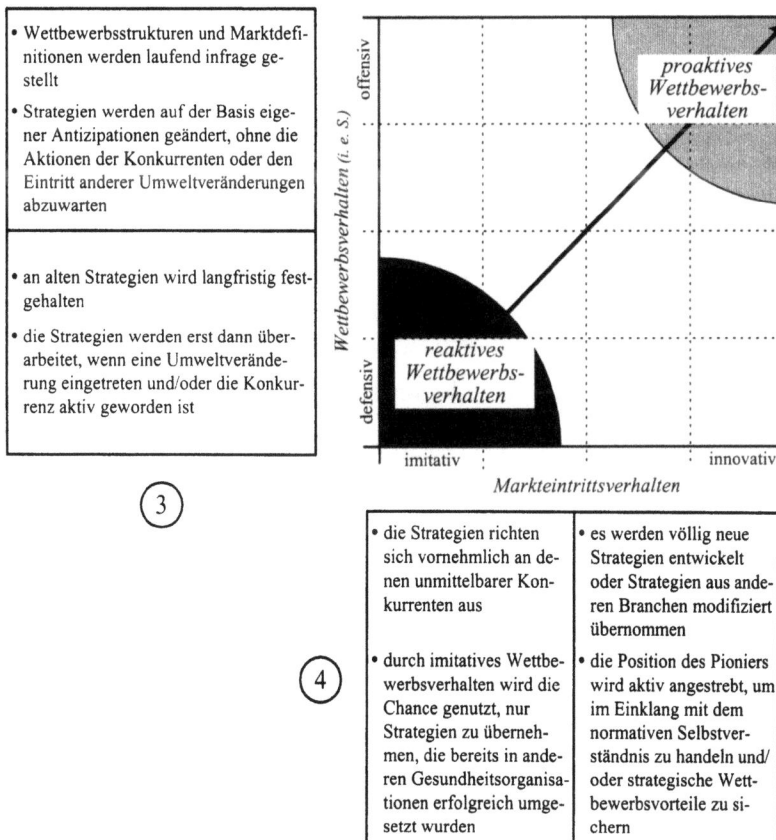

Eigene Darstellung in Anlehnung an BLEICHER, Knut (1999), S. 302.

III Wertschöpfungsstrategien

Die Wertschöpfungsketten verschiedener Krankenhäuser und Geschäftseinheiten unterscheiden sich zum Teil sehr deutlich. Hinsichtlich ihrer strategischen Ausgestaltung ist eine Unterteilung in Wertschöpfungsausrichtung und -tiefe sinnvoll. Diese beiden Aspekte sind vor allem von den Stärken und Schwächen des Krankenhauses sowie den Stärken und Schwächen potenzieller Partner des Krankenhauses abhängig.

(5) Die Wertschöpfungskette kann in den Extremen rein *kostenorientiert* oder rein *kundenorientiert* ausgestaltet sein. Da sich diese Ausgestaltungslinien nicht zwangsläufig widersprechen, ist bei der krankenhausspezifischen Positionierung von Interesse, welche Aspekte bei der Strategieentwicklung tendenziell eine größere Rolle spielen (sollen).

Auf der einen Seite wird die gesamte Wertschöpfungskette des Krankenhauses systematisch nach Rationalisierungspotenzialen durchsucht, um eine Kostensenkung zu erreichen. Nach dem

Minimalprinzip wird hierbei versucht, bestimmte Gesundheitsleistungen zu minimalen Kosten zu erbringen.[329] Strategien richten sich eher an einer Verbesserung interner Prozesse aus als an der Befriedigung von Kundenbedürfnissen. Bei der Bestimmung des Leistungsangebotes haben demnach Wirtschaftlichkeitsüberlegungen Priorität.[330]

Auf der anderen Seite werden Strategien gemäß der Kundenansprüche entwickelt. Hierfür sind in der Regel enge Kontakte zur Nachfrageseite notwendig, um einer Abweichung des krankenhausspezifischen Leistungsprofils von den Gesundheitsbedürfnissen der Bevölkerung vorzubeugen.[331] Ziel ist es, ein *Beziehungsmanagement* zu etablieren, mit dessen Hilfe „die Möglichkeiten, die durch die zu entwickelnden oder entwickelten Beziehungen gegeben sind, umfassend und langfristig zu gestalten und zu nutzen"[332]. Dies bedeutet keine vollständige Vernachlässigung der Kostenseite, doch steht die zusätzliche Nutzengenerierung im Vordergrund.

(6) Die Tiefe der Wertschöpfungskette eines Krankenhauses kann sich in einem Spannungsfeld von Wertschöpfungsautarkie und Wertschöpfungsverbund bewegen.[333]

Ein Krankenhaus, das eine *Wertschöpfungsautarkie* anstrebt bzw. zu erhalten versucht, zielt auf die bestmögliche Beherrschung aller Aktivitäten, die mit der stationären oder auch darüber hinausgehenden Behandlung in Verbindung stehen. Durch eine nur geringe Abhängigkeit von Marktpartnern und die Ausnutzung interner Synergiepotenziale wird versucht, strategische Wettbewerbsvorteile zu erzielen.[334] Demzufolge hat auch im Falle einer Unternehmenskrise die autonome Krisenüberwindung Vorrang vor einer Kooperationsstrategie, die im Rahmen einer offensichtlichen Schwäche des Krankenhauses in der Regel zu erheblichen Autonomieverlusten führt.[335] Die Strategie, alle notwendigen Leistungen – von der Wäsche-, über die Speisenversorgung, bis hin zur Röntgenuntersuchung – in Eigenregie zu erstellen, stößt allerdings angesichts knapper finanzieller und personeller Ressourcen vor allem in kleineren Krankenhäusern schnell an ihre Grenzen.[336]

Bei der Strategie eines *Wertschöpfungsverbundes* konzentriert sich das Krankenhaus auf seine Kernkompetenzen und vergibt einzelne Aktivitäten nach außen, bei denen es keinen Wettbewerbsvorteil erzielen kann bzw. zu erzielen glaubt. Durch das Outsourcing bestimmter Tätigkeiten verspricht man sich neben Kosteneinsparungen und Risikobegrenzungen[337] auch wesentliche

---

[329] Vgl. BLEICHER, Knut (1999), S. 305-306.

[330] Zu Optionen der Rationalisierung vgl. MÜHLBAUER, Bernd H./ WADSACK, Ronald (1997a), S. 60-64.

[331] Beispielsweise sieht SCHOTT in der „zunehmenden Verdrängung zwischenmenschlicher durch technische Behandlungsstrategien" die Gefahr einer steigenden Diskrepanz zwischen den Leistungsprofilen von Akutkrankenhäusern und den tatsächlichen Gesundheitsbedürfnissen der Bevölkerung. Vgl. SCHOTT, Thomas (1997), S. 90.

[332] BLEICHER, Knut (1999), S. 468.

[333] Vgl. BLEICHER, Knut (1999), S. 306-307.

[334] Vgl. BLEICHER, Knut (1999), S. 306.

[335] Vgl. MACHARZINA, Klaus (1999), S. 523-524.

[336] Vgl. PICOT, Arnold/ SCHWARTZ, Andrea (1995), S. 586.

[337] Es kann beispielsweise versucht werden, das Risiko durch die Entschärfung von Konkurrenzsituationen zu begrenzen. Vgl. NEUBAUER, Günter (2000), S. 383; SCHMID, Rudolf (1999), S. 229-230.

Komplexitätsentlastungen, die der Konzentration auf das Kerngeschäft zugute kommen. Die Fremdvergabe von Leistungen hat jedoch eine geringere Beeinflussbarkeit der Aktivitäten sowie eine höhere Abhängigkeit von Marktpartnern zur Folge. Aufgrund der genannten Vor- und Nachteile erscheint im Rahmen strategischer „make or buy"-Entscheidungen ein differenziertes Vorgehen angebracht, bei dem die Leistungsbereiche nach ihrer Art (z. B. sach- vs. personengebunden), ihrer strategischen Relevanz und der relativen Eigenkompetenz[338] beurteilt werden können. Besonders in den letzten Jahren wurde in der Praxis eine Vielzahl unterschiedlicher Outsourcing- und Partnerschaftsmodelle umgesetzt. Dabei eignen sich vor allem Bereiche niedriger strategischer Relevanz, bei denen das Krankenhaus nur über eine geringe relative Kompetenz verfügt und die zudem nicht personengebunden sind – wie beispielsweise die Wäscheversorgung. Leistungsbereiche, die sich durch eine hohe strategische Relevanz und beiderseitige Personenbezogenheit auszeichnen und bei denen das Krankenhaus über eine hohe relative Eigenkompetenz verfügt – wie spezifische therapeutische Verfahren –, eignen sich hingegen weniger zur Fremdvergabe.[339] Allerdings gibt es inzwischen auch funktionierende Outsourcing-Modelle in patientennahen Bereichen, wie z. B. in der Strahlentherapie.[340]

Wie aus *Abbildung 7-38* ersichtlich wird, lassen sich die beiden Aspekte der Wertschöpfungsstrategien wiederum zu zwei typologischen Grundmustern zusammenfassen. Dabei stehen auf der einen Seite Krankenhäuser, die ihre weitgehende Unabhängigkeit von Marktpartnern durch eine konsequente Ausschöpfung der *internen Synergie- und Rationalisierungspotenziale* sichern wollen. Die andere Seite bildet das Profil von Krankenhäusern ab, deren Strategie sich eher an den Bedürfnissen potenzieller Kunden ausrichtet und die diese Strategie im Wertschöpfungsverbund verfolgen. Da hierbei die Erhöhung der Interaktionskompetenz mit Kunden, Lieferanten und anderen Marktpartnern eine wesentliche Rolle spielt, genießt die Nutzung und Entwicklung von *Marktbeziehungspotenzialen* höchste Priorität.[341]

Positionierungen in größerem Abstand von der Diagonalen sind hierbei vor allem in einer Richtung vorstellbar. Krankenhäuser, die alle wesentlichen Leistungen selbst erbringen (wollen), können ihre Leistungspalette zwar vornehmlich an den Kundenbedürfnissen orientieren, haben aber das Problem, dass eine solche Strategie aufgrund der begrenzten personellen und materiellen Kapazitäten nur bedingt umsetzbar ist. Dies gilt vor allem für Krankenhäuser der Grundversorgung. Dagegen erscheint für Krankenhäuser, die eine eher kostenorientierte Strategie verfolgen, ein größerer Wertschöpfungsverbund eine sinnvolle Option darzustellen. So ist bei „make or buy"-Entscheidungen häufig der Kostenaspekt ausschlaggebend.

---

[338] Die *relative Eigenkompetenz* bezieht sich auf die personelle und technische Ausstattung sowie das vorhandene Know-how im Krankenhaus. Vgl. PICOT, Arnold/ SCHWARTZ, Andrea (1995), S. 586.
[339] Vgl. PICOT, Arnold/ SCHWARTZ, Andrea (1995), S. 586-587.
[340] Vgl. PREIBLER, Reinhold/ SCHEMANN, Margit (2000), S. 168. Zudem betreiben gerade große Krankenhäuser häufig auch ein Insourcing nichtmedizinischer Bereiche.
[341] Zu Markt- und Marktbeziehungspotenzialen vgl. BLEICHER, Knut (1999), S. 467-469.

Abbildung 7-38: Wertschöpfungsstrategien

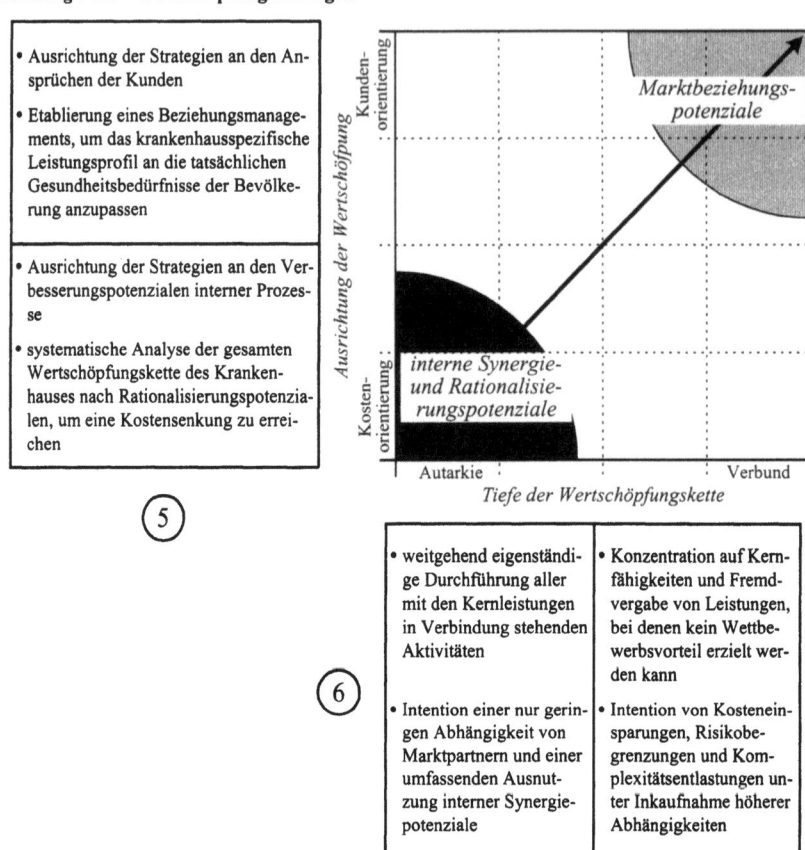

- Ausrichtung der Strategien an den Ansprüchen der Kunden
- Etablierung eines Beziehungsmanagements, um das krankenhausspezifische Leistungsprofil an die tatsächlichen Gesundheitsbedürfnisse der Bevölkerung anzupassen

- Ausrichtung der Strategien an den Verbesserungspotenzialen interner Prozesse
- systematische Analyse der gesamten Wertschöpfungskette des Krankenhauses nach Rationalisierungspotenzialen, um eine Kostensenkung zu erreichen

- weitgehend eigenständige Durchführung aller mit den Kernleistungen in Verbindung stehenden Aktivitäten
- Intention einer nur geringen Abhängigkeit von Marktpartnern und einer umfassenden Ausnutzung interner Synergiepotenziale

- Konzentration auf Kernfähigkeiten und Fremdvergabe von Leistungen, bei denen kein Wettbewerbsvorteil erzielt werden kann
- Intention von Kosteneinsparungen, Risikobegrenzungen und Komplexitätsentlastungen unter Inkaufnahme höherer Abhängigkeiten

Eigene Darstellung in Anlehnung an BLEICHER, Knut (1999), S. 308.

7.3.2.3 Gesamtzusammenhang der Profilierung strategischer Programme

Die sechs Muster der Profilierung strategischer Programme lassen sich – wie *Abbildung 7-39* verdeutlicht – zu einem integrierten Konzept der Strategievorstellungen eines Krankenhauses zusammenfassen. Zwei typische Grundmuster können hierbei unterschieden werden: eine eher *stabilisierende Krankenhausstrategie* (dargestellt durch den inneren Kreis) und eine eher *dynamische Krankenhausstrategie* (dargestellt durch die äußeren Teilkreise).

Eine eher *stabilisierende Krankenhausstrategie* ist vor allem dadurch gekennzeichnet, dass sich das Leistungsangebot vornehmlich am jeweiligen Versorgungsauftrag orientiert. Darüber hinausgehende medizinische oder nichtmedizinische Leistungen werden – wenn überhaupt – nur in geringem Maße angeboten. An dieser Strategie wird langfristig festgehalten, soweit eine Überarbeitung nicht als absolut notwendig erachtet wird. In letzterem Fall werden dann vornehmlich bereits erfolgreich umgesetzte Strategien anderer Gesundheitsorganisationen übernommen. Bei der Entwicklung strategischer Programme werden weniger Kundenansprüche oder externe Kooperationsmöglichkeiten berücksichtigt als interne Synergie- und Rationalisierungspotenziale.

Eine eher *dynamische Krankenhausstrategie* zeichnet sich vor allem dadurch aus, dass von den (sich verändernden) Kundenbedürfnissen ausgehend eine weitgehend integrierte medizinischpflegerische Versorgung angestrebt wird. Daneben soll den Patienten und ihren Angehörigen eine Vielfalt an Service- und Bildungsleistungen angeboten werden, um die Entwicklung vom reinen „Kranken-Haus" zu einem umfassenden Gesundheits- und Sozialzentrum voranzutreiben. Die Umsetzung einer solchen Strategie erfordert in der Regel den Zusammenschluss mehrerer Institutionen zu Wertschöpfungsverbunden. Daneben wird die Verfolgung eines innovativen Konzeptes durch ein proaktives Wettbewerbsverhalten begünstigt. Schließlich steht das anvisierte umfassende Leistungsangebot nicht nur in Konkurrenz zu dem anderer Krankenhäuser der Region, sondern führt darüber hinaus zu einem interdisziplinären Wettbewerb mit dem ambulanten Sektor, Rehabilitations- und Pflegedienstleistern sowie Anbietern von Gesundheitsleistungen im Präventionsbereich.

Abbildung 7-39: Profil der strategischen Programme

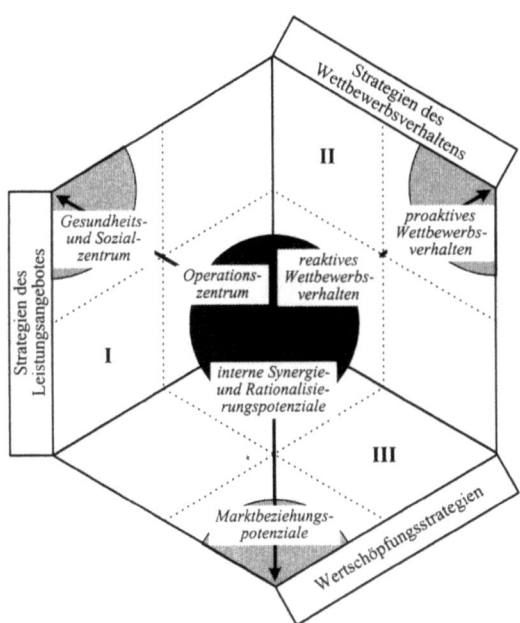

Eigene Darstellung.

Die strategischen Programme eines Krankenhauses müssen – in welcher Ausprägung sie auch immer vorliegen mögen – durch entsprechende Organisationsstrukturen *(Abschnitt 7.3.3)* und strategische Managementsysteme *(Abschnitt 7.3.4)* unterstützt werden.[342] Dies impliziert aber keine einseitige Abhängigkeit der Strukturen von Strategien („structure follows strategy"); vielmehr sind die strategischen Programme stets mit den Strukturen abzustimmen, die zum Teil nicht veränderbar sind oder nicht verändert werden sollen.

7.3.3 Organisationsstrukturen im Krankenhaus
7.3.3.1 Organisationsstrukturelle Aspekte

Mit dem zunehmenden Kosten-, Leistungs- und Wettbewerbsdruck im Krankenhauswesen ist in den letzten Jahren von den meisten Krankenhäusern die Notwendigkeit struktureller Veränderungen erkannt worden. Die klassischen Organisationsstrukturen werden immer häufiger durch neue Formen ersetzt oder zumindest ergänzt.[343] Wenngleich einige Aspekte der Organisationsgestaltung im Krankenhaus gesetzlich geregelt sind[344], verbleibt doch ein relativ großer Spielraum zur individuellen Ausgestaltung. Daher kommt der Profilierung der Aufbau- und Ablauforganisation von Krankenhäusern eine hohe Bedeutung zu.

Die *Aufbauorganisation* befasst sich mit der Unterteilung des Krankenhauses in einzelne Organisationseinheiten (Kliniken, Stationen bzw. Abteilungen und Stellen), der Analyse der Beziehungsstrukturen zwischen diesen Einheiten und deren Zusammenfassung zu einer Gesamtstruktur. Somit können – analog zu den Geschäftseinheiten im Rahmen des Moduls „Strategische Programme" – ebenso viele Profile strategischer Organisationsstrukturen aufgestellt werden, wie es relativ eigenständige Organisationseinheiten im Krankenhaus gibt.[345] In der *Ablauforganisation* stehen dagegen die Planung der räumlichen und zeitlichen Abfolge einzelner Arbeitsprozesse sowie die Organisation der sachlichen und personalen Zusammenarbeit im Mittelpunkt.[346]

Diese beiden Elemente der Organisationsstruktur bedingen sich gegenseitig. So liefert die Aufbauorganisation einerseits „den organisatorischen Rahmen, innerhalb dessen sich die erforderlichen Arbeitsprozesse vollziehen können. Andererseits ist ein solcher Rahmen nur dann sinnvoll festlegbar, wenn genaue Vorstellungen über die Arbeitsprozesse bestehen, die sich innerhalb dieses Rahmens vollziehen sollen."[347] *Abbildung 7-40* bringt diese Interdependenzen grafisch zum Ausdruck.

---

[342] Vgl. BLEICHER, Knut (1999), S. 318.
[343] Vgl. FRITZ, Elke (1998), S. 414; LASKEWITZ, Elisabeth/ KLINGENBURG, Friedhelm (1997), S. 38.
[344] Hierbei ist z. B. an die Zusammensetzung der Krankenhausleitung zu denken („Dreier-Direktorium"), die in einigen Landeskrankenhausgesetzen geregelt ist; siehe etwa § 13 Abs. 3 HKHG.
[345] Bei der Aufstellung strategischer Organisationsstrukturen sollte mit der Krankenhausorganisation ein Rahmen vorgegeben werden, innerhalb dessen die Strukturen der verschiedenen Organisationseinheiten ausgestaltet werden können.
[346] Zur Aufbau- und Ablauforganisation vgl. beispielsweise THOMMEN, Jean-Paul (1996c), S. 142-149.
[347] THOMMEN, Jean-Paul (1996c), S. 149.

Abbildung 7-40: Interdependenzen zwischen Aufbau- und Ablauforganisation

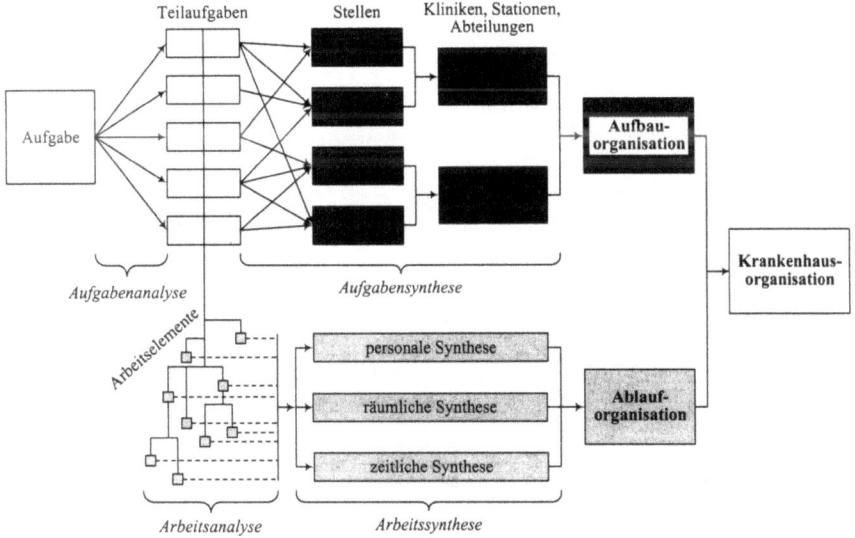

Eigene Darstellung in Anlehnung an BLEICHER, Knut (1991), S. 49.

Für das spezifische Profil einer Krankenhausorganisation sind die Breite und Tiefe der Leitungsgliederung sowie der Grad der Formalisierung und Regulierung der Organisationsstrukturen von Bedeutung. Darüber hinaus sind die *Kriterien* zu berücksichtigen, nach denen die Organisationseinheiten und Arbeitsprozesse festgelegt und in Beziehung zueinander gesetzt werden. Außerdem stellt sich die Frage, auf welcher Ebene letztlich die (Fein-)Gestaltung der Organisationsstrukturen vorgenommen wird. Aus diesen verschiedenen Blickwinkeln leiten sich die für die Profilierung relevanten Aspekte ab, die einschließlich ihrer Extremausprägungen in der folgenden Übersicht aufgeführt werden:[348]

I *Ausrichtung und Gestaltungsart der Organisation*
  (1) Sach- vs. Personenorientierung
  (2) Formalisierung vs. Symbolorientierung

II *Regelungscharakter der Organisation*
  (3) hoher vs. niedriger Regelungsgrad
  (4) Organisation auf Dauer vs. Organisation auf Zeit

III *Konfiguration der Organisation*
  (5) monolithische vs. polyzentrische Konfiguration
  (6) steile vs. flache Konfiguration

---

[348] Zu den folgenden Punkten vgl. die von BLEICHER, Knut (1999), S. 336-347, resp. GOMEZ, Peter/ ZIMMERMANN, Tim (1997), S. 32-141, aufgeführten Aspekte erwerbswirtschaftlicher Unternehmen.

IV *Strukturierungsrichtung der Organisation*

(7) kontextuelle Anpassung vs. Identitätsentwicklung

(8) Fremdgestaltung im Prozessverbund vs. Eigengestaltung mit Teilautonomie

Der Zusammenhang der einzelnen Dimensionen wird durch *Abbildung 7-41* verdeutlicht.

Abbildung 7-41: Zusammenhang der Dimensionen strategischer Organisationsstrukturen

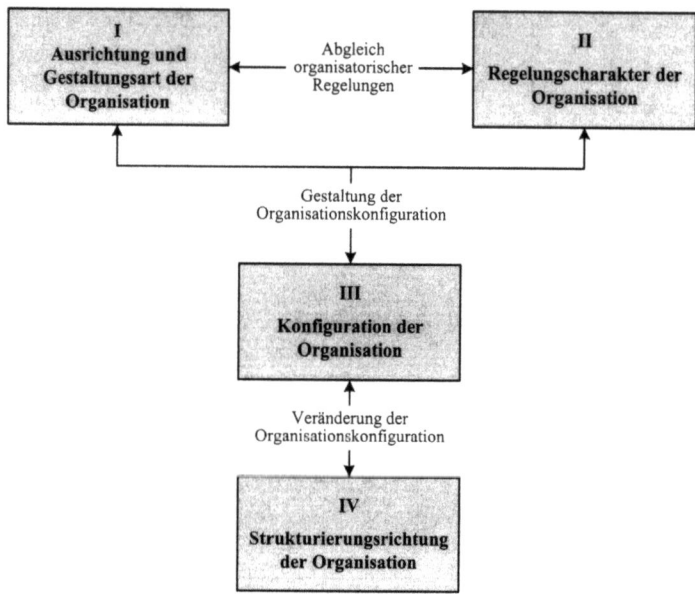

Eigene Darstellung in Anlehnung an BLEICHER, Knut (1999), S. 337.

7.3.3.2 Profilierung von Organisationsstrukturen

I Ausrichtung und Gestaltungsart der Organisation

In dieser Dimension geht es um die Frage, nach wem oder was sich die Strukturierung der Aufbau- und Ablauforganisation eines Krankenhauses oder eines einzelnen Fachbereiches richtet und wie die Organisationsstruktur gestaltet ist.

(1) Hinsichtlich der *Ausrichtung der Aufbau- und Ablauforganisation* des Krankenhauses und seiner Fachbereiche ergibt sich ein Spannungsfeld zwischen den Extremen einer reinen Sach- und einer reinen Personenorientierung.

Bei einer *sachorientierten* Strukturierung der Organisation werden zunächst die krankenhausbetrieblichen Prozesse analysiert, um durch eine entsprechende Ausgestaltung der Aufbau- und Ablauforganisation eine möglichst optimale (personenunabhängige) Aufgabengliederung und -kombination zu erreichen. Die Aufbauorganisation legt hierbei relativ dauerhafte Beziehungsstrukturen fest, „indem den Aufgabenträgern Funktionen in einem formalen Beziehungsgefüge zugewiesen werden."³⁴⁹ Die Ablauforganisation schafft relativ dauerhafte Prozessstrukturen, indem die Abfolge der Aktivitäten festgelegt wird. Danach werden Organisationseinheiten auf der Basis der Sachaufgaben und Arbeitsabläufe gebildet sowie potenzielle Mitarbeiter unter Berücksichtigung eines sachrationalen Anforderungsprofils eingestellt.³⁵⁰

Bei einer *personenorientierten* Strukturierung der Organisation werden die Aufgabenstellungen an die spezifischen Bedürfnisse und Kompetenzen einzelner Mitarbeiter bzw. einzelner Gruppen von Mitarbeitern (dynamisch) angepasst.³⁵¹ Dies bedeutet, dass verstärkt ganzheitlich ausgerichtete und individuelle Gesundheitsförderungs- bzw. Humanisierungsmaßnahmen ergriffen werden.³⁵² Dabei können z. B. ein besonders befähigter Mitarbeiter oder ein interdisziplinäres Team – im Rahmen eines internen Venture Managements – mit der Aufgabe betraut werden, eine neue Organisationseinheit aufzubauen.³⁵³

(2) Die *Strukturgestaltung* findet in einem Spannungsfeld zwischen einer sehr weitgehenden *Formalisierung* und einer dominierenden *Symbolorientierung* statt. Da zur Gestaltung der Organisationsstruktur sowohl ein gewisser Formalisierungsgrad, der zum Teil gesetzlich vorgeschrieben ist, als auch das Setzen von Symbolen notwendig ist, soll mit einer Profilierung in dieser Dimension die jeweilige Schwerpunktsetzung aufgezeigt werden.³⁵⁴

Wenn hier von einer sehr weitgehenden *Formalisierung* die Rede ist, so bedeutet dies, dass nahezu alle Aufgaben, Kompetenzen und Arbeitsprozesse schriftlich reguliert sind. So existieren z. B. Organigramme, Stellenbeschreibungen und Ablaufdiagramme, klare Führungs- und Planungsrichtlinien, eine Fülle archivierter Protokolle und Aktennotizen sowie detaillierte Arbeitsstatistiken und Personalbeurteilungsbögen. Zudem besteht eine Tendenz zur schriftlichen Kommunikation „auf dem Dienstweg".³⁵⁵

Ist das Krankenhaus dagegen als *symbolorientiert* zu bezeichnen, dann beschäftigt es sich statt mit der präzisen Ausformulierung von Arbeitsanweisungen eher mit der Gestaltung von Artefakten, Wertesystemen und Denkmustern. Dies kann beispielsweise durch die Ritualisierung bzw. Tabuisierung von spezifischen Handlungen und Umgangsformen, die Auswahl eines bestimmten Logos sowie die Pflege eines bestimmten Kommunikationsstils erfolgen. Durch das Setzen solcher Symbole soll ein Rahmen vorgegeben werden, in dem sich implizite Verhaltensnormen entwickeln können. So werden Strategien durch Kommunikation und flexible Umsetzung allmählich zu einem strukturgebundenen Raster ausgestaltet. Eine weitgehende Symbolorientierung wird allerdings nur dann erfolgreich sein, wenn das symbolische Handeln eine sinngebende Wir-

---

[349] GOMEZ, Peter/ ZIMMERMANN, Tim (1997), S. 34-35.
[350] Vgl. BLEICHER, Knut (1999), S. 338-339; GOMEZ, Peter/ ZIMMERMANN, Tim (1997), S. 34-35.
[351] Vgl. BLEICHER, Knut (1999), S. 338; GOMEZ, Peter/ ZIMMERMANN, Tim (1997), S. 36-37.
[352] ⇔ Vgl. *Abschnitt 6.3.3, Punkt „(B) Ebene der Leistungserbringung innerhalb der Gesundheitsorganisation"* auf *S. 155-160*.
[353] Zu Gestaltungsoptionen des internen Venture Managements vgl. MACHARZINA, Klaus (1999), S. 570-572.
[354] Vgl. GOMEZ, Peter/ ZIMMERMANN, Tim (1997), S. 37-40.
[355] Vgl. GOMEZ, Peter/ ZIMMERMANN, Tim (1997), S. 37-39, 41; vgl. auch STAEHLE, Wolfgang H. (1994a), S. 717-718.

kung auf die Organisationsmitglieder ausübt und mit der Krankenhauskultur übereinstimmt.[356]

Fasst man die beiden Aspekte zusammen, so ergibt sich eine aus der Praxis begründbare Polarisation, nach der eine stark sachorientierte Organisationsstruktur häufig auch stärker formalisiert ist, während eine personenorientierte Struktur meist stärker auf die Symbolik setzt. Erstere kann als *„Technostruktur"* bezeichnet werden, bei der die korrekte Aufgabenerfüllung durch eine hohe Regelungsdichte gewährleistet werden soll. Letztere lässt sich als *„Soziostruktur"* bezeichnen, bei der durch eine starke Mitarbeiterorientierung die Motivation gefördert und die Loyalität gegenüber dem Krankenhaus gestärkt werden soll.[357] Dieser Zusammenhang wird nochmals in *Abbildung 7-42* aufgezeigt.

Abbildung 7-42: Ausrichtung und Gestaltungsart der Organisation

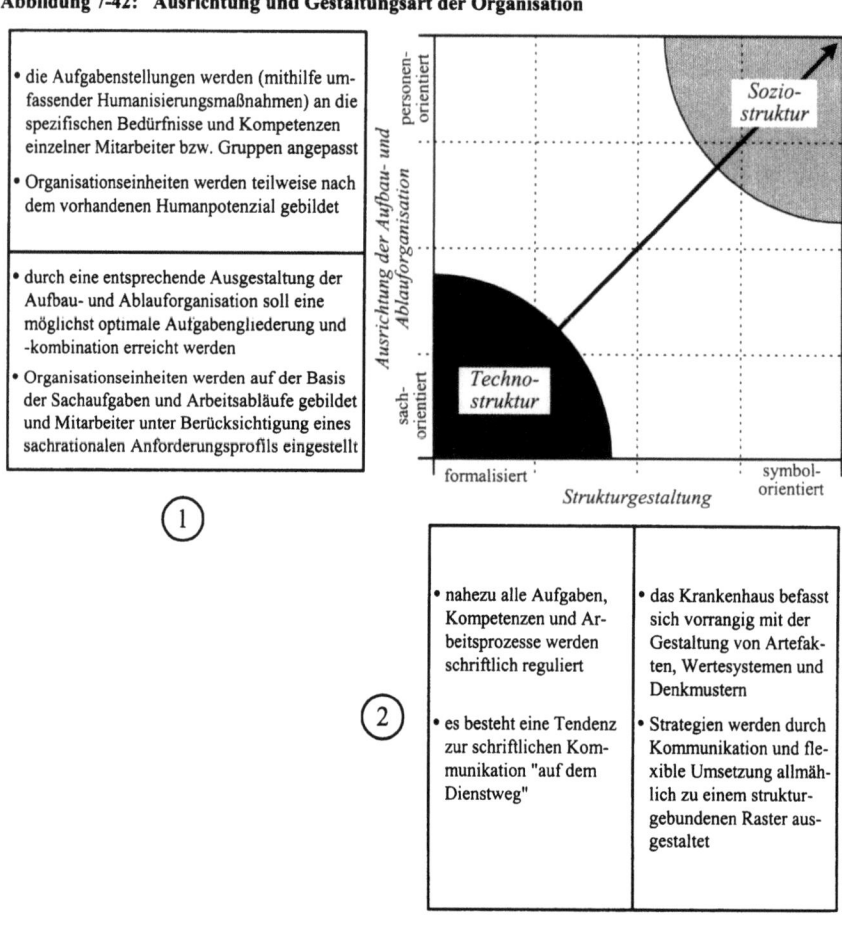

Eigene Darstellung in Anlehnung an GOMEZ, Peter/ ZIMMERMANN, Tim (1997), S. 41-42, 51.

---

[356] Vgl. GOMEZ, Peter/ ZIMMERMANN, Tim (1997), S. 39-41.
[357] Vgl. BLEICHER, Knut (1999), S. 339; GOMEZ, Peter/ ZIMMERMANN, Tim (1997), S. 40.

In dieser Dimension sind größere Abweichungen von der Diagonalen lediglich in einer Richtung zu erwarten. So können die Belange der Mitarbeiter, wie eine flexible Anpassung von Arbeitszeiten, Arbeitsinhalten, Handlungsspielräumen und Möglichkeiten kooperativer Zusammenarbeit, mit einer weitgehenden schriftlichen Fixierung organisatorischer Regelungen vereinbart werden. Allerdings widerspricht eine symbolorientierte Organisationsstruktur, die vor allem der Sinnstiftung für die Mitarbeiter dienen soll, der Orientierung an ausschließlich sachrationalen Aspekten.

II Regelungscharakter der Organisation

Die Organisationsstruktur kann in sachlicher und zeitlicher Hinsicht unterschiedlich geregelt werden. Aufgrund der großen Differenzen zwischen Aufgaben- und Anforderungsprofilen von Arbeitsstellen im Krankenhaus erscheint bei dieser Dimension eine nach Organisationseinheiten und/oder Berufsgruppen differenzierte Betrachtung und Positionierung notwendig. Im Rahmen der Profilierung des Gesamtkrankenhauses kann daher nur eine Tendenz angegeben werden, die in einzelnen Bereichen durchaus entgegengesetzt verlaufen kann.[358]

(3) In sachlicher Hinsicht geht es vor allem um den *Regelungsgrad* der Organisation sowie um Art und Zweck der Regelungen. Um hierbei die Charakteristika der Extremausprägungen zu verdeutlichen, wird jeweils nach der Darstellung der einzelnen Aspekte ein typisches Arbeitsmodell aus dem Pflegebereich vorgestellt.[359]

Ein *hoher Regelungsgrad* ist durch eine weitgehende Routinisierung der Arbeitsabläufe sowie eine eher starre Organisationsstruktur charakterisiert. Um eine Routinisierung zu erreichen, werden die Arbeitsprozesse in einfachere Teilaufgaben zergliedert (funktionale Arbeitsteilung) sowie die Aufgaben- und Kooperationsprogramme der Organisationsmitglieder präzise geregelt bzw. standardisiert. Die Folgen sind eine starke Einschränkung der Handlungsfreiheit von Arbeitsgruppen und einzelnen Mitarbeitern sowie eine geringe (oder zumindest als gering wahrgenommene) Variabilität des Tätigkeitsprofils. Für den Patienten bedeutet dies, dass er während seines Krankenhausaufenthaltes mit einer Vielzahl unterschiedlicher Mitarbeiter konfrontiert wird.[360] Die starre Organisationsstruktur äußert sich zudem in einer stark aufgabenorientierten

---

[358] Zu denken ist hierbei etwa an ein Krankenhaus, das im Rahmen eines Qualitätssicherungskonzeptes seine strukturelle Regelungsdichte – etwa zur Motivationsförderung – insgesamt verringern möchte, aber bei Routinetätigkeiten – wie z. B. im Reinigungsbereich – restriktivere Vorschriften ins Auge fasst.

[359] ⇔ Auf *S. 158* wurden die beiden gegensätzlichen Modelle der *funktionsorientierten* und *ganzheitlichen Pflege* angesprochen. Hier sollen die organisationsorientierten Modelle der *Stations-* und *Gruppenpflege* vorgestellt werden. Zur Unterscheidung vgl. auch GÄRTNER, Heribert W. (1994), S. 68-70.

[360] In einem US-amerikanischen Krankenhaus war es z. B. – vor der umfassenden Neustrukturierung der Organisationsprozesse – keine Seltenheit, dass ein Patient während eines viertägigen Aufenthaltes mit 60 verschiedenen Mitarbeitern konfrontiert war (im Durchschnitt mit 48 Mitarbeitern). Durch Reorganisationsmaßnahmen konnte diese Zahl auf 13 gesenkt und gleichzeitig der Anteil des Patientenkontaktes an der gesamten Arbeitszeit des Pflegepersonals von 21 % auf 53 % erhöht werden. Die Zahlen, die nach der Umstrukturierung erzielt werden konnten, sind allerdings nur bedingt auf deutsche Krankenhäuser übertragbar, da Krankenschwestern in Deutschland einige („ärztliche") Tätigkeiten ihrer US-amerikanischen Kolleginnen aus rechtlichen Gründen nicht ausführen dürfen. Vgl. DULLINGER, Florian (1996), S. 51, 54-55; PICOT, Arnold/ SCHWARTZ, Andrea (1995), S. 588.

Aufbau- und Ablauforganisation, die Spezialisierungstendenzen fördert und klare Abgrenzungen zwischen den Organisationseinheiten hervorbringt.[361] Zweck dieser programmierten Einzelregelung bei starrem Organisationsaufbau ist die umfassende Ausschöpfung von Rationalisierungspotenzialen, mithin eine *effiziente* Zielerreichung.[362] Ein hoher Regelungsgrad ist bezeichnend für das Modell der *Stationspflege*, bei der jede Krankenschwester eine oder mehrere Tätigkeiten bei allen dafür infrage kommenden Patienten auf der Station ausübt. Durch die weitgehende Zergliederung der Arbeitsprozesse und die damit einhergehende starke Spezialisierung auf einzelne Verrichtungen wird eine ressourcenökonomische Prozessoptimierung angestrebt. Voraussetzung für eine funktionierende Koordination der einzelnen Tätigkeiten ist dabei eine stringente Ablauforganisation, die in der Regel von der Stationsleitung vorgegeben und kontrolliert wird.[363]

Ein *niedriger Regelungsgrad* ist gekennzeichnet durch eine einzelfallspezifische und zielgerichtete Art der Arbeits- und Entscheidungsprozesse sowie eine flexible Organisationsstruktur. Den Mitarbeitern werden in ihrer Aufgabenbewältigung hohe Freiheitsgrade zugestanden. So können sie weitgehend eigenständig Teilaufgaben definieren und die Prozesse festlegen, die zur Aufgabenerfüllung führen. Dies ermöglicht eine an den spezifischen Bedürfnissen (externer und interner Kunden) orientierte Arbeitsteilung. Durch die weitgehende Offenheit der Regelungen kann sich die Organisationsstruktur flexibel an Bedürfnisveränderungen anpassen und somit eine *effektive* Zielerreichung erleichtern bzw. überhaupt erst ermöglichen. Dazu werden beispielsweise problemorientierte interdisziplinäre Arbeitskreise eingesetzt sowie Kooperation und Kommunikation mit anderen Organisationseinheiten verstärkt.[364] Für das Modell der *Gruppenpflege* ist ein niedriger Regelungsgrad bezeichnend. Hierbei kümmert sich jeweils eine Gruppe von Pflegekräften oder beispielsweise ein so genanntes „care-pair", bestehend aus einer Pflegekraft und einem medizinisch-technischen Assistenten, weitgehend selbstständig um die nahezu vollständige Versorgung einer bestimmten Anzahl von Patienten. Die Bedürfnisse der Patienten wie auch der Mitarbeiter können dadurch besser berücksichtigt werden, *vorausgesetzt*, dass innerhalb der Pflegegruppe eine hohe Kooperations- und Kommunikationsbereitschaft besteht.[365] Arbeitet die Pflegegruppe nur schlecht mit anderen Bereichen wie dem ärztlichen, paramedizinischen und Funktionsbereich zusammen, dann führt das Modell der Gruppenpflege zu suboptimalen Ergebnissen.[366]

---

[361] Umgekehrt fördert die fachliche Spezialisierung im ärztlichen Bereich wieder die aufgabenorientierte Organisation, nach der die Patienten je nach Krankheitsbild in bestimmte Fachbereiche kategorisiert werden. Dieser Koordinationsmechanismus hat letztlich eine Komplexitätsreduktion zum Ziel. Für Patienten, deren Krankheitsbild genau in eine dieser Disziplinen „passt", entstehen so keine Koordinationsprobleme. Bei multimorbiden Patienten kann eine solche Organisationsstruktur allerdings zu hohem Koordinationsaufwand führen. Vgl. HEIMERL-WAGNER, Peter (1996b), S. 133-134; HOFER, Marianne (1987), S. 33-35.
[362] Vgl. BLEICHER, Knut (1999), S. 340; GOMEZ, Peter/ ZIMMERMANN, Tim (1997), S. 58-59, 61.
[363] Vgl. GÄRTNER, Heribert W. (1994), S. 68-70.
[364] Vgl. BLEICHER, Knut (1999), S. 340; GOMEZ, Peter/ ZIMMERMANN, Tim (1997), S. 59-61.
[365] Vgl. DULLINGER, Florian (1996), S. 52-53; GÄRTNER, Heribert W. (1994), S. 68; MÜLLER, Matthias (1996), S. 145; SCHMALZRIEDT, Lilo (1994), S. 411.
[366] Vgl. BADURA, Bernhard (1993b), S. 34.

(4) Der zweite Aspekt des Regelungscharakters von Organisationen befasst sich mit dem *Zeithorizont der Strukturierung*. Danach können „Organisationen auf Dauer" und „Organisationen auf Zeit" unterschieden werden.

Bei präsituativ gestalteten Organisationsstrukturen ohne zeitliche Befristung kann von einer *„Organisation auf Dauer"* gesprochen werden. Hierbei werden Organisationseinheiten pauschal Zuständigkeiten für ein Raster unterschiedlicher Aufgaben zugewiesen. Restrukturierungsmaßnahmen werden erst bei massiven Veränderungen der Aufgabenstrukturen und/oder -abläufe als erforderlich angesehen. Demnach ändert sich die Organisationsgestalt des Krankenhauses nur durch relativ seltene, dann aber unter Umständen tief greifende Wandlungsprozesse.[367]

Ist die Organisationsstruktur auf die Erfüllung von Aufgaben gerichtet, deren zeitliches Ende absehbar ist, liegt eine *„Organisation auf Zeit"* vor. Die organisatorischen Regelungen und personellen Zuständigkeiten gelten nur bis zu einem definierten Zeitpunkt bzw. bis zur Erledigung der jeweiligen Aufgabe. Im Extrem gleicht die Organisation einer Abfolge von Projekten. Eine solche Organisationsstruktur ist durch einen hohen Kommunikations- und Kooperationsbedarf gekennzeichnet. Durch die zeitliche Befristung und einzelfallspezifische Gestaltung bzw. Anpassung organisatorischer Regeln verändert sich die Organisationsgestalt des Krankenhauses permanent.[368] Vor allem um komplexe, neuartige, bereichs- und betriebsübergreifende Aufgaben neben dem Routinebetrieb bewältigen zu können, werden im Krankenhaus Projektgruppen eingesetzt. Projektarbeit kann zudem einen Übergang zu einer anderen Organisationsstruktur einleiten, indem zunächst zeitlich befristet und auf einen kleinen Teil des Krankenhauses begrenzt „Neues" erprobt wird.[369]

Verbindet man die beiden Extremausprägungen, lassen sich – wie in *Abbildung 7-43* grafisch verdeutlicht – die zwei Idealtypen der „Palast- und Zeltstruktur" unterscheiden: Ein Krankenhaus mit einer *„Palaststruktur"* zeichnet sich durch ein umfassendes und dauerhaft angelegtes Regelungssystem aus. Diese starren, *effizienz*orientierten Strukturen eignen sich nur dann, wenn von einer relativ stabilen Umwelt ausgegangen werden kann und die Tendenz zur Überorganisation nicht überhand nimmt.[370] Ein Krankenhaus mit einer organisationalen *„Zeltstruktur"* ist dadurch gekennzeichnet, dass das Organisationsgefüge auf Zeit angelegt ist und auf Umwelt- resp. Bedürfnisveränderungen einzelfallspezifisch reagiert werden kann. Diese flexiblen, *effektivitäts*orientierten Strukturen bzw. Strukturprinzipien eignen sich in einer dynamischen Umwelt, die kurzfristige Anpassungen notwendig macht.[371] Die beiden idealtypischen Beschreibungen zeigen,

---

[367] Vgl. BLEICHER, Knut (1999), S. 340-341; GOMEZ, Peter/ ZIMMERMANN, Tim (1997), S. 60-63, 65.
[368] Vgl. BLEICHER, Knut (1999), S. 340-341; GOMEZ, Peter/ ZIMMERMANN, Tim (1997), S. 63-65.
[369] Vgl. DAUB, Dieter (1999), S. 277; GROSSMANN, Ralph (1993a), S. 49-58; PELIKAN, Jürgen M./ LOBNIG, Hubert/ NOWAK, Peter (1993), S. 221.
[370] Vgl. GOMEZ, Peter/ ZIMMERMANN, Tim (1997), S. 64; PERICH, Robert (1993), S. 352. Zu den wichtigsten Theorien mit Bedeutung für die idealtypische Palaststruktur vgl. GOMEZ, Peter/ ZIMMERMANN, Tim (1997), S. 43-45, 66-70.
[371] Vgl. GOMEZ, Peter/ ZIMMERMANN, Tim (1997), S. 71; PERICH, Robert (1993), S. 355. Zu den wichtigsten Theorien mit Bedeutung für die idealtypische Zeltstruktur vgl. GOMEZ, Peter/ ZIMMERMANN, Tim (1997), S. 71-81.

dass sie in reiner Form höchstens in einzelnen Bereichen eines Krankenhauses anzutreffen sein werden, was die Notwendigkeit einer differenzierteren Profilierung der Organisationsstrukturen unterstreicht.

Abbildung 7-43: Regelungscharakter der Organisation

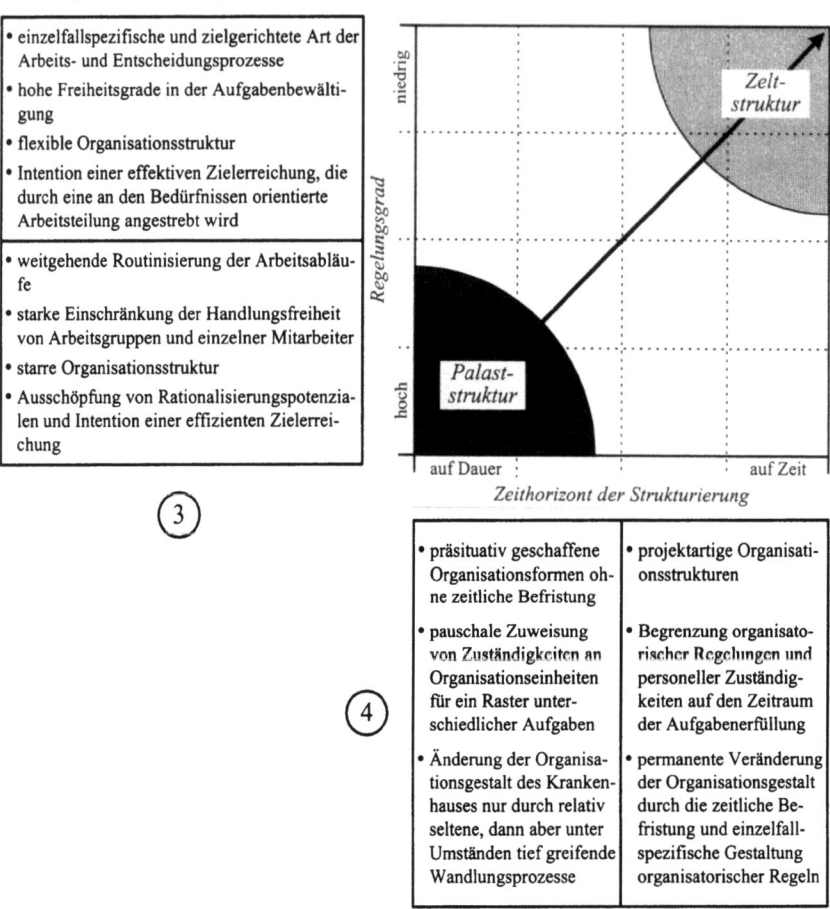

Eigene Darstellung in Anlehnung an BLEICHER, Knut (1999), S. 341; GOMEZ, Peter/ ZIMMERMANN, Tim (1997), S. 66-67, 72.

In dieser Dimension sind größere Abweichungen von der Diagonalen zumindest in eine Richtung eher unwahrscheinlich bzw. wenig sinnvoll. Ist die Organisationsstruktur durch einen niedrigen Regelungsgrad gekennzeichnet, so wird dessen Gestalt vermutlich nicht langfristig stabil bleiben können. Herrscht jedoch eine funktionale Arbeitsteilung mit hohem Regelungsgrad vor, dann können sich aufgrund der zunehmenden Differenzierung und Spezialisierung im medizinischen Bereich auch die Organisationsstrukturen relativ häufig verändern.

III Konfiguration der Organisation

Unter dem Stichwort der organisationalen Konfiguration geht es um die *Leitungsbeziehungen* im Krankenhaus. Hierbei spielen sowohl Aspekte der horizontalen als auch der vertikalen Organisationsstrukturierung eine Rolle.[372]

(5) Hinsichtlich der *horizontalen Strukturierung* können in den Extremen monolithische und polyzentrische Konfigurationen der Organisation unterschieden werden.

In *monolithischen Strukturen* liegt die Entscheidungskompetenz weitgehend in den oberen Managementebenen des Krankenhauses oder der jeweiligen Fachabteilung. Durch diese weitgehende *Zentralisation* von Macht und Entscheidungsgewalt sollen innerhalb des Systems „Krankenhaus" Redundanzen und Wettbewerb vermieden sowie Synergien stärker gefördert werden. Die Organisationsstrukturen werden ebenso wie die Strategien und Ziele des Krankenhauses „top-down" entwickelt. Aus diesen Gründen geht eine monolithische Konfiguration der Organisation zumeist mit einem autoritären Führungsstil einher.[373]

Wird die Entscheidungskompetenz dagegen zumindest in Teilen auf die unteren Ebenen verlagert, so spricht man von einer *polyzentrischen Konfiguration*. Ziel hierbei ist es, die Verantwortlichkeit auf die Ebene der höchstmöglichen Sachkompetenz zu *dezentralisieren* und dadurch auch die Reaktions- und Entscheidungszeiten zu verringern. Redundanzen werden in Kauf genommen, wenn sie der Mitarbeitermotivation und/oder dem flexibleren Eingehen auf Kundenbedürfnisse dienen. Die Effizienz polyzentrischer Organisationsstrukturen steigt mit zunehmenden bereichsübergreifenden Fähigkeiten und Kompetenzen der Organisationsmitglieder, da diese letztlich – innerhalb eines von oben vorgegebenen Rahmens – die Organisationsstruktur „bottom-up" entwickeln und beleben. Der Aufbau dezentralisierter Organisationseinheiten, der zu einem innerbetrieblichen Wettbewerb führen kann und zum Teil auch soll, geht in der Regel mit einem kooperativen Führungsstil und interdisziplinärer Zusammenarbeit einher.[374] Im Krankenhausbereich findet man polyzentrische Strukturen vor allem in Form von Profit- und Cost-Centern vor.[375] Die Aufgabe der verbleibenden zentralen Abteilungen, zu denen zumeist patientenferne Bereiche wie Controlling, Finanzwesen und Personalentwicklung zählen, beschränkt sich dann auf die Koordination der dezentralen Einheiten.[376]

---

[372] Vgl. GOMEZ, Peter/ ZIMMERMANN, Tim (1997), S. 81.

[373] Vgl. BLEICHER, Knut (1999), S. 342; GOMEZ, Peter/ ZIMMERMANN, Tim (1997), S. 82, 84; NAEGLER, Heinz (1992), S. 38-39, 59-64.

[374] Vgl. BLEICHER, Knut (1999), S. 342-343; DULLINGER, Florian (1996), S. 50; GOMEZ, Peter/ ZIMMERMANN, Tim (1997), S. 82-84; NAEGLER, Heinz (1992), S. 38-42.

[375] An dieser Stelle kann nicht auf die umfassenden Möglichkeiten, aber auch Grenzen von Profit-Center-Organisationen im Krankenhausbereich eingegangen werden. Es sei daher auf Beiträge verwiesen, die sich explizit mit dieser Problematik auseinander setzen. Vgl. beispielsweise BERGHÖFER, Peter (1995), S. 183-194; CONRAD, Hans-Joachim (1997), S. 607-612; EICHHORN, Siegfried/ SCHMIDT-RETTIG, Barbara (Hrsg.) (1999); GORSCHLÜTER, Petra (1999), S. 116-122; GÜRKAN, Irmtraut (1999), S. 525-551; KUCK, Hartmut (1999), S. 766-779; RICHTER, Holger (1997), S. 16-21; STREHLAU-SCHWOLL, Holger (1996), S. 317-323. Zu den Vor- und Nachteilen zentraler und dezentraler Organisation *bei großen Trägerstrukturen* im Krankenhausbereich vgl. SCHMID, Rudolf (1999), S. 227-229.

[376] Vgl. DULLINGER, Florian (1996), S. 50.

(6) Bezüglich der *vertikalen Strukturierung* kann ein Spannungsfeld zwischen den Polen einer steilen und einer flachen Organisationskonfiguration aufgezogen werden.

Von einer *steilen Konfiguration* der Organisation ist dann die Rede, wenn im Verhältnis zur Beschäftigtenzahl eines Krankenhauses bzw. einer Fachabteilung eine große Anzahl an Leitungsstufen existiert, also eine ausgeprägte hierarchische Struktur besteht. Eine steile Konfiguration wird häufig von einer hochgradigen Arbeitsteilung, einer größeren Anzahl an Stabsabteilungen, einer ausgeprägten Rangordnung und deutlichen bürokratischen Tendenzen begleitet.[377]

Bei Krankenhäusern mit einer relativ geringen Zahl an Leitungsebenen spricht man dagegen von einer *flachen Konfiguration*. Hierbei sind die Informations- und Entscheidungswege kürzer, da in der Regel direkt miteinander kommuniziert und der Vorgesetzte nur bei besonderen Problemstellungen eingeschaltet wird. Eine flache Hierarchie geht zumeist mit multifunktionalen Aufgabengebieten, hoher bereichsübergreifender Kommunikationsbereitschaft, klein gehaltenen Stäben und unbürokratischen Strukturen einher.[378] Voraussetzung hierfür ist das „Empowerment" aller Mitarbeiter[379], das durch intensive Qualifizierungsmaßnahmen zu unterstützen ist.[380]

Fügt man die beiden Aspekte organisationaler Konfiguration zusammen, so entstehen – wie in *Abbildung 7-44* dargestellt – zwei idealtypische Strukturformen: „Hierarchien" und „Netze".

Die *„Hierarchie"* ist gekennzeichnet durch eine zentralisierte Entscheidungsstruktur und eine steile Pyramide verschiedener Leitungsebenen. Durch diese Art der Konfiguration wird versucht, die Kräfte krankenhausweit auf ein klar definiertes und vorgegebenes Ziel zu konzentrieren sowie die Ressourcen optimal auszunutzen.[381] Organisationale *„Netze"* zeichnen sich dagegen durch die Dezentralisierung der Entscheidungsmacht und eine flache Konfiguration aus. Eine solche Konfiguration der Organisation entspricht den Anforderungen einer dynamischen Umwelt, da kleinere Organisationseinheiten, die zumeist sachlich und räumlich „näher" an dem zu lösenden Problem sind, schneller und häufig auch wirksamer auf Veränderungen reagieren können.[382]

Positionierungen in der Nähe der anderen beiden Ecken des Quadrates sind bei dieser Dimension kaum zu erwarten. Allerdings sind Organisationsprofile links und rechts der Diagonale nicht unrealistisch. Hierbei ist beispielsweise an Krankenhäuser zu denken, die im Rahmen einer Pro-

---

[377] Vgl. BLEICHER, Knut (1999), S. 342-343; GOMEZ, Peter/ ZIMMERMANN, Tim (1997), S. 84-85.
[378] Vgl. BLEICHER, Knut (1999), S. 342-343; GOMEZ, Peter/ ZIMMERMANN, Tim (1997), S. 83-85. Im Verwaltungsbereich des Universitätsklinikums Marburg konnte beispielsweise durch Umstrukturierungsmaßnahmen die Zahl der Hierarchiestufen von sechs auf drei bis vier reduziert werden. Vgl. CONRAD, Hans-Joachim (1999), S. 116.
[379] Unter „*Empowerment*" ist in diesem Zusammenhang die Befähigung der Mitarbeiter zu verstehen, Projekte in eigener Regie zu planen und auszuführen. Vgl. WUNDERER, Rolf/ ARX, Sabina von (1998), S. 61.
[380] Vgl. DULLINGER, Florian (1996), S. 50, 57-64.
[381] Vgl. GOMEZ, Peter/ ZIMMERMANN, Tim (1997), S. 86-87. Zu den wichtigsten Theorien mit Bedeutung für die idealtypische Hierarchiestruktur vgl. GOMEZ, Peter/ ZIMMERMANN, Tim (1997), S. 43-46, 88-92.
[382] Vgl. GOMEZ, Peter/ ZIMMERMANN, Tim (1997), S. 92-93. Zu den wichtigsten Theorien mit Bedeutung für die idealtypische Netzstruktur vgl. GOMEZ, Peter/ ZIMMERMANN, Tim (1997), S. 93-111.

fit-Center-Organisation in mehrere weitgehend selbstständige Kliniken aufgeteilt sind[383], die ihrerseits aber relativ viele Leitungsebenen vorweisen. Eine zentralistische Struktur bei gleichzeitig flacher Konfiguration erscheint dagegen ab einer bestimmten Unternehmensgröße wenig sinnvoll. Zu denken wäre hierbei etwa an ein Krankenhaus in der Rechtsform eines Regiebetriebes, das zentralistisch vom öffentlichen Träger geführt wird, aber neben der Krankenhausleitung nur über wenige weitere Hierarchieebenen verfügt.

Abbildung 7-44: Konfiguration der Organisation

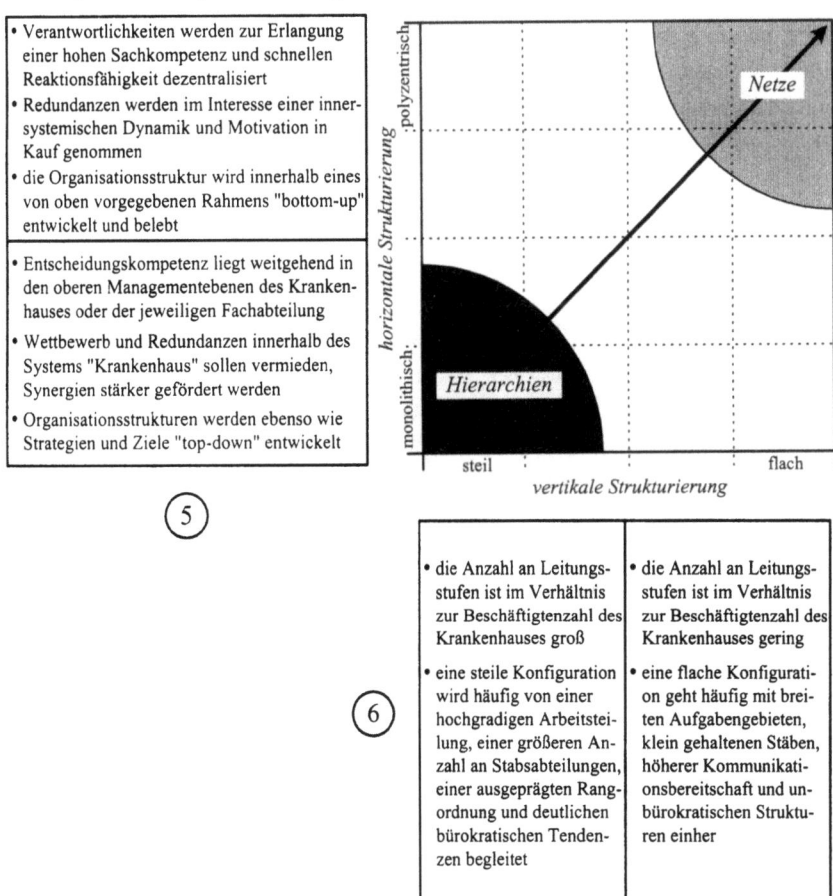

Eigene Darstellung in Anlehnung an BLEICHER, Knut (1999), S. 343; GOMEZ, Peter/ ZIMMERMANN, Tim (1997), S. 86-87, 94.

---

[383] Neben den Kliniken können auch diverse Service- und Verwaltungsbereiche als Profit- bzw. Cost-Center strukturiert werden. Vgl. beispielsweise STREHLAU-SCHWOLL, Holger (1996), S. 320.

IV Strukturierungsrichtung der Organisation

Im Rahmen dieser Dimension stellt sich die Frage, woran sich die organisatorische Gestaltung des Krankenhauses orientiert und wer die Gestaltung vornimmt.

(7) Hinsichtlich des ersten Aspektes lassen sich in den Extremausprägungen eine eher *umwelt-* und eine eher *inweltorientierte Organisationsentwicklung* unterscheiden.

Richtet sich die organisatorische Gestaltung vorrangig nach den Entwicklungen des Krankenhausumfelds, dann kann von einer *kontextuellen Anpassung* gesprochen werden. Aktivitäten der Konkurrenz, medizinischer und technologischer Fortschritt sowie sonstige Umweltveränderungen sind die Auslöser für organisatorische Veränderungen. Nur über eine reaktive Anpassung an die Umwelt (im Sinne eines „stabilisierenden Wandels") glaubt das Krankenhaus sein langfristiges Überleben sichern zu können.[384]

Auf der anderen Seite können auch die eigenen Potenziale und Ziele sowie der Aufbau und die Aufrechterhaltung der Identität im Vordergrund der Organisationsentwicklung stehen. Diese Orientierung lässt sich als *Identitätsentwicklung* bezeichnen. Dabei wird keineswegs eine vollständige Unabhängigkeit von der Umwelt konstatiert oder die Konkurrenz unbeachtet gelassen, sondern die Möglichkeit der Selbstgestaltung innerhalb der gegebenen Handlungsspielräume in den Fokus der Organisationsentwicklung gestellt. Dazu gehört auch die Erkenntnis, das Umfeld teilweise aktiv mitgestalten zu können, ohne zugleich aber alles Machbare durchsetzen zu wollen. Maßnahmen zur Organisationsentwicklung beruhen hier stets auf einer kritischen Selbstreflexion.[385]

(8) Neben der Ausrichtung der Organisationsentwicklung ist auch die (intendierte) *Gestaltungsart der Organisationsentwicklung* von Interesse. Hierbei lässt sich ein Spannungsfeld von der Fremdgestaltung im Prozessverbund zur Eigengestaltung mit Teilautonomie aufziehen.

Bei der *Fremdgestaltung* wird die Organisationsstruktur von den Spitzenorganen des Krankenhauses entworfen und implementiert. Basierend auf einer Misstrauenskultur und/oder dem Unwillen der Spitzenorgane, Macht abzugeben[386], wird den Organisationseinheiten ein System von Verhaltensregeln und Plänen vorgegeben und deren Einhaltung stetig kontrolliert. Die Organisationsentwicklung erfolgt „top-down", weil man so die Koordination der einzelnen Subsysteme, die ohne die jeweils anderen Subsysteme nicht existieren können, am besten umzusetzen glaubt.[387]

In der anderen Extremausrichtung wird den einzelnen Subsystemen – ausgehend von einem hohen Vertrauen innerhalb des Krankenhauses – große Freiheit bei ihrer eigenen organisatorischen Gestaltung zugestanden. Damit soll die Motivation der Mitarbeiter gesteigert und die Flexibilität

---

[384] Vgl. GOMEZ, Peter/ ZIMMERMANN, Tim (1997), S. 111-113, 115.
[385] Vgl. GOMEZ, Peter/ ZIMMERMANN, Tim (1997), S. 113, 115; PROBST, Gilbert J. B. (1992), Sp. 2259.
[386] Vgl. GÖBEL, Elisabeth (1993), S. 395.
[387] Vgl. GOMEZ, Peter/ ZIMMERMANN, Tim (1997), S. 114-117.

der Organisation erhöht werden. So kann beispielsweise die Abteilung für Orthopädie eigenständig mit einer Rehabilitationsklinik zusammenarbeiten[388]. Die Autonomie der Subsysteme wird nur dann eingeschränkt, wenn die *Eigengestaltung* dem Gesamtinteresse des Krankenhauses entgegensteht. Daher liegt die Aufgabe der Krankenhausleitung in der Schaffung von Rahmenbedingungen selbstorganisierender Prozesse.[389]

Verbindet man die Ausprägungen der beiden Aspekte, dann ergeben sich – wie *Abbildung 7-45* grafisch darstellt – die idealtypischen Muster der „Fremd- und Selbstorganisation".

Abbildung 7-45: Strukturierungsrichtung der Organisation

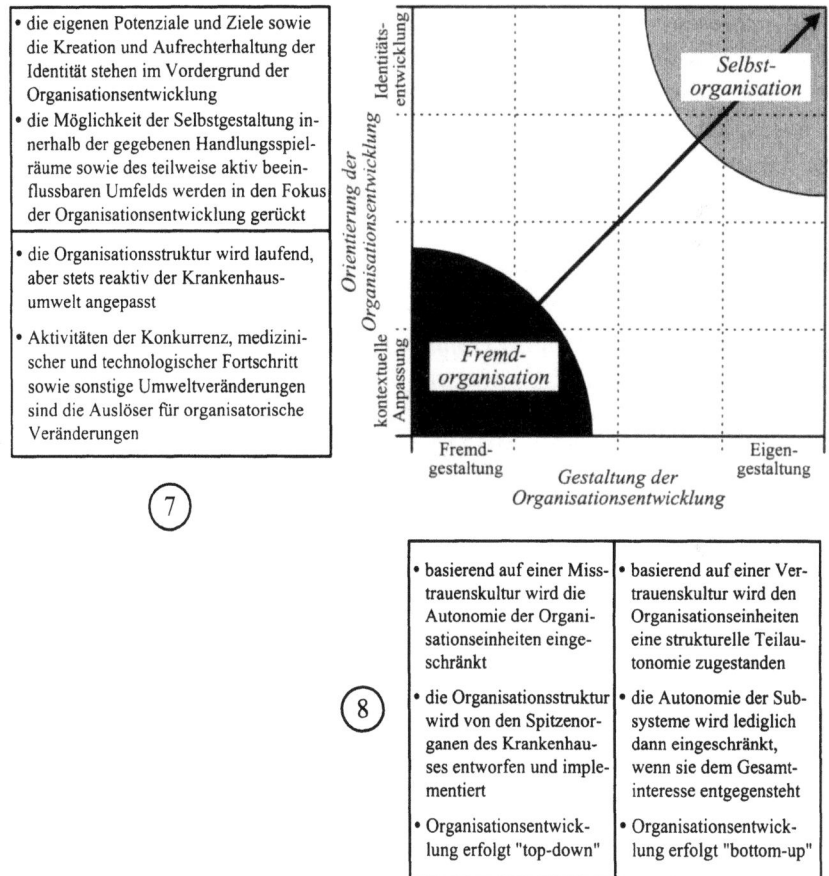

Eigene Darstellung in Anlehnung an BLEICHER, Knut (1999), S. 344; GOMEZ, Peter/ ZIMMERMANN, Tim (1997), S. 118, 120, 127.

---

[388] Vgl. EIFF, Wilfried von (1993), S. 26.
[389] Vgl. GÖBEL, Elisabeth (1993), S. 392-395; GOMEZ, Peter/ ZIMMERMANN, Tim (1997), S. 116; SJURTS, Insa (1998), S. 291.

Die „*Fremdorganisation*" ist dadurch gekennzeichnet, dass einerseits die Strukturierungsprämissen vom Umfeld vorgegeben und als solche akzeptiert werden und andererseits die Spitzenorgane die Organisationsgestaltung – ohne aktive Einbeziehung der Subsysteme – vornehmen. Damit sind sowohl die Autonomie der Subsysteme als auch die des gesamten Krankenhauses eingeschränkt.[390] Die „*Selbstorganisation*" ist dagegen auf die Entwicklung der Identität ausgerichtet, wobei den einzelnen Organisationseinheiten eine strukturelle Teilautonomie zugestanden wird. Es wird davon ausgegangen, dass erst eine Anerkennung der Unterschiedlichkeit der Subsysteme und eine hohe Mitarbeiterbeteiligung eine wirkungsvolle Integration des Ganzen ermöglichen.[391]

In dieser Dimension sind bei der krankenhausspezifischen Positionierung zumindest kleinere Abweichungen von der Diagonalen denkbar. So kann auf der einen Seite eine eher fremd gestaltete Organisationsstruktur mit der Schaffung bzw. Stärkung einer eigenen Identität vereinbart werden. Es besteht allerdings die Problematik, dass die Bedürfnisse und Ziele einzelner Organisationsmitglieder häufig nur unzureichend berücksichtigt werden. Auf der anderen Seite können die Leiter sich selbst organisierender Subsysteme an einer permanenten Anpassung an Umweltveränderungen interessiert sein, ohne jedoch die Bedürfnisse ihrer Mitarbeiter zu beachten. Je kleiner diese Organisationseinheiten sind, desto unwahrscheinlicher ist aber ein solches Profil.

7.3.3.3 Gesamtzusammenhang der Profilierung von Organisationsstrukturen

Fügt man die acht Muster der organisationsstrukturellen Profilierung – wie in *Abbildung 7-46* dargestellt – zu einem integrierten Konzept zusammen, dann lassen sich zwei typische Grundmuster unterscheiden: eine *stabilisierende Krankenhausorganisation* (dargestellt durch den inneren Kreis) und eine *entwicklungsfähige Krankenhausorganisation* (dargestellt durch die äußeren Teilkreise)[392], zwischen denen sich ein Krankenhaus positionieren kann.

Eine *stabilisierende Krankenhausorganisation* zeichnet sich vor allem durch die auf Dauer angelegten hierarchischen und zentralistischen Strukturen aus, die den Spitzenorganen des Krankenhauses weitgehende Einflussmöglichkeiten sichern (sollen). Eine stark regulierte, formalisierte und sachorientierte Aufbau- und Ablauforganisation erleichtert es, die Effizienz der „top-down" gestalteten bzw. geplanten Strukturen und Prozesse zu kontrollieren. Da die organisationalen Ziele des Krankenhauses in diesem idealtypischen Muster prinzipiell über den Zielen und Bedürfnissen einzelner Mitarbeiter bzw. Aufgabenträger stehen, werden Umstrukturierungen nur

---

[390] Vgl. GOMEZ, Peter/ ZIMMERMANN, Tim (1997), S. 118-120. Zu den wichtigsten Theorien mit Bedeutung für die idealtypische Struktur der Fremdorganisation vgl. GOMEZ, Peter/ ZIMMERMANN, Tim (1997), S. 121-124.

[391] Vgl. GOMEZ, Peter/ ZIMMERMANN, Tim (1997), S. 124-127. Zu den wichtigsten Theorien mit Bedeutung für die idealtypische Struktur der Selbstorganisation vgl. GOMEZ, Peter/ ZIMMERMANN, Tim (1997), S. 126-133.

[392] Vgl. GOMEZ, Peter/ ZIMMERMANN, Tim (1997), S. 136, 138. PERICH spricht statt von einer entwicklungsfähigen von einer „destabilisierenden Organisation". Vgl. PERICH, Robert (1993), S. 354; ⇔ vgl. auch *Abschnitt 7.1.3*, *S. 169*.

als Antwort auf Veränderungen des Krankenhausumfeldes, nicht aber zur Schaffung einer eigenen Identität auf der Basis eigener (vor allem Human-)Potenziale vorgenommen.[393]

Eine *entwicklungsfähige Krankenhausorganisation* lässt sich dagegen vorrangig anhand ihrer dezentralen und personenorientierten Struktur sowie ihrer flachen Konfiguration charakterisieren. Durch den Aufbau teilautonomer Organisationseinheiten und das Zugeständnis hoher individueller Freiheitsgrade soll eine flexible Anpassung der Aufbau- und Ablauforganisation an die Bedürfnisse der Mitarbeiter und Kunden ermöglicht werden. So wird statt einer Vielzahl detaillierter Einzelvorschriften nur ein grober Rahmen vorgegeben, in dem sich Verhaltensnormen und Organisationsstrukturen selbstständig entwickeln können.[394]

Abbildung 7-46: Organisationsstrukturelles Profil

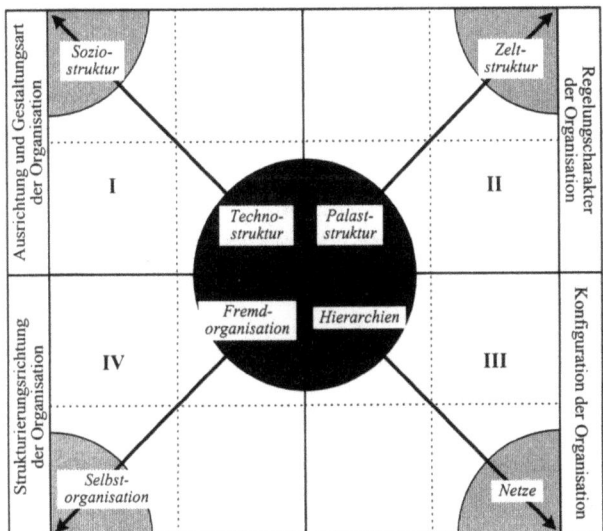

Eigene Darstellung in Anlehnung an BLEICHER, Knut (1999), S. 347; GOMEZ, Peter/ ZIMMERMANN, Tim (1997), S. 135.

Die Organisationsgestaltung des Krankenhauses wird in struktureller Hinsicht durch den Einsatz strategischer Managementsysteme ergänzt.

---

[393] Zu den Merkmalen einer stabilisierenden Organisation vgl. GOMEZ, Peter/ ZIMMERMANN, Tim (1997), S. 136-138; vgl. auch PERICH, Robert (1993), S. 352-354.
[394] Zu den Merkmalen einer entwicklungsfähigen Organisation vgl. GOMEZ, Peter/ ZIMMERMANN, Tim (1997), S. 138-140; vgl. hierzu sowie zu Zwischenformen der beiden dargestellten idealtypischen Organisationsmuster PERICH, Robert (1993), S. 354-378.

7.3.4 Strategische Managementsysteme im Krankenhaus

7.3.4.1 Aspekte strategischer Managementsysteme

Der Begriff „Managementsystem" ist nicht einheitlich definiert.[395] In dieser Arbeit wird unter Managementsystem – oder synonym auch Führungssystem – ein *formal* verankertes System verstanden, mit dessen Hilfe die Fähigkeiten eines Krankenhauses verstärkt werden sollen.[396] Dabei werden allerdings rein technische Systeme nicht berücksichtigt, wie z. B. Transportanlagen für die Belieferung der Stationen mit Arzneimitteln.

Alle Managementsysteme sind der Funktion nach Diagnose-, Planungs- und Kontrollsysteme, die der Komplexitätsbewältigung dienen. Da hier Managementsysteme der strategischen Ebene zugeordnet werden, bedarf es einer spezifischeren Definition. Strategische Managementsysteme stellen demnach Instrumentarien dar, die der Entwicklung und Umsetzung einer institutions- und kontextadäquaten Strategie sowie der Kontrolle ihres operativen Vollzugs dienen.[397]

SCHWANINGER hat einige Management(sub)systeme, die für die Gesamtführung einer Organisation von Bedeutung sind, herausgearbeitet.[398] Diese Subsysteme stellen zugleich auch Dimensionen dar, die zu einer krankenhausspezifischen Profilierung herangezogen werden können:[399]

I   *Zielfindungs-, Planungs- und Kontrollsysteme*
(1) verfahrens- vs. verhaltensorientierte Gestaltung der Führungssysteme
(2) Fixierung vs. Flexibilisierung als Zweck der Führungssysteme

II *Informationssysteme*
(3) geringe vs. hochgradige Vernetzung der Informationssysteme
(4) starre vs. flexible Informationssysteme

III *Personalmanagementsysteme*
(5) isolierte Personalmanagementmaßnahmen vs. umfassendes Personalmanagementkonzept
(6) starre vs. flexible Personalmanagementsysteme

---

[395] Zu den unterschiedlichen Begriffsverständnissen vgl. SCHWANINGER, Markus (1994), S. 28-34.
[396] Vgl. SCHWANINGER, Markus (1994), S. 15, 29.
[397] Vgl. BLEICHER, Knut (1999), S. 349; SCHWANINGER, Markus (1994), S. 16.
[398] Vgl. hierzu vertiefend SCHWANINGER, Markus (1994), S. 38-45.
[399] BLEICHER, Knut (1999), S. 353-363, untergliedert das Modul „Managementsysteme" in Dimensionen, die die *Information* als Kernressource der Unternehmensführung und Grundlage für alle weiteren Führungssysteme in den Vordergrund stellt. Er unterscheidet hierbei die Dimensionen „Informationsgewinnung und -verarbeitung", „Anwenderorientierung von Informationen", „Kommunikative Verfügbarkeit von Informationen" sowie „Verarbeitung von Informationen durch das Management". Da diese Dimensionen sehr abstrakt sind, wird hier der stärker anwendungsorientierten Einteilung von SCHWANINGER gefolgt. Allerdings werden nur acht der von SCHWANINGER, Markus (1994), S. 64-248, aufgeführten zehn Aspekte übernommen. Die fünfte Dimension „Unternehmensentwicklungssystem" (von SCHWANINGER als „Meta-Managementsystem" oder „Managementsystem zweiter Ordnung" bezeichnet) wird an dieser Stelle nicht berücksichtigt, da sie vorrangig dazu dienen soll, die – in den ersten vier Dimensionen aufgezählten – „Managementsysteme erster Ordnung" in das Gesamtkonzept zu integrieren. Vgl. SCHWANINGER, Markus (1994), S. 249-279. Der Integration der einzelnen Managementmodule im Rahmen des Krankenhausmanagementkonzeptes ist nun aber ein eigenständiger Abschnitt gewidmet (⇨ vgl. *Abschnitt 7.6*). Die Aspekte (3) bis (6) werden stark modifiziert, um unnötige Redundanzen zu Aspekten anderer Module zu vermeiden. ⇨ Vgl. hierzu auch *Fußnote 414* auf *S. 279* und *Fußnote 440* auf *S. 283*.

Theoretische Gestaltung des Krankenhausmanagementkonzeptes

IV Wertmanagementsysteme
(7) einseitiger vs. vielseitiger Adressatenkreis der Wertmanagementsysteme
(8) eindimensionale vs. mehrdimensionale Informationsausprägung der Wertmanagementsysteme

Diese Führungssysteme stehen in einem Krankenhaus nicht isoliert nebeneinander, sondern weisen vielfältige Verflechtungen auf. Eine Trennung der einzelnen Subsysteme wird hier lediglich aus analytischen Zwecken vorgenommen.[400] Auf die Interdependenzen, die in *Abbildung 7-47* grafisch dargestellt sind, wird im nächsten Abschnitt näher eingegangen.

Abbildung 7-47: Zusammenhang der Dimensionen strategischer Managementsysteme

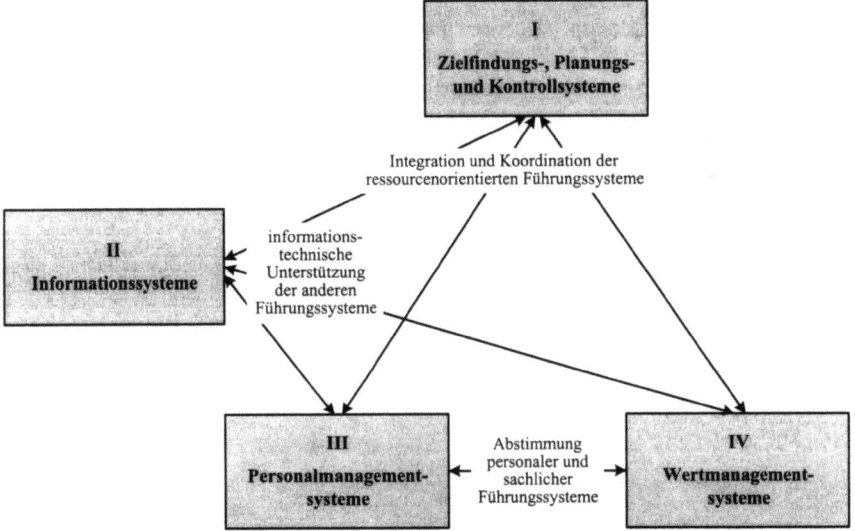

Eigene Darstellung.

7.3.4.2 Profilierung strategischer Managementsysteme

I Zielfindungs-, Planungs- und Kontrollsysteme

Den Zielfindungs-, Planungs- und Kontrollsystemen[401] kommt im Rahmen der strategischen Managementsysteme eine zentrale Bedeutung zu, weil sie nicht nur als Hilfsinstrumente für die Entwicklung strategischer Programme dienen, sondern auch als Hilfsinstrumente für strukturelle Vorhaben des Krankenhauses. Danach können diese Führungssysteme – neben der organisationsstrukturellen Gestaltung – ebenso die Zielfindung, Planung und Kontrolle der *ressourcenori-*

---

[400] Vgl. SCHWANINGER, Markus (1994), S. 196.
[401] „Im Prinzip könnte der Begriff ‚Zielfindung' auch demjenigen der Planung subsumiert werden. Die hier verwendete Redundanz soll die Kommunikation insofern erleichtern, als Systeme, die meist nicht der Planung im engeren Sinne zugerechnet werden, z. B. Unternehmungspolitik und bestimmte Aspekte des MbO (Management by Objectives), hier explizit in die Betrachtung mit einbezogen werden." SCHWANINGER, Markus (1994), S. 64.

entierten Führungssysteme erleichtern und somit zu einer effektiven Abstimmung innerhalb dieses Managementmoduls beitragen.[402] Da ein breites Spektrum an Gestaltungsausrichtungen und Zweckorientierungen von Zielfindungs-, Planungs- und Kontrollsystemen existiert, werden diese beiden Aspekte zur Profilierung der vorliegenden Dimension herangezogen.

(1) Hinsichtlich der *Gestaltung* der Führungssysteme können die Pole einer *Verfahrens-* und einer *Verhaltensorientierung* unterschieden werden.

In der einen Extremausprägung orientiert sich der Planungs- und Kontrollprozess an detailliert festgelegten Verfahren. Die Krankenhaus- bzw. Abteilungsleitung konzipiert diese Prozeduren, die krankenhaus- bzw. abteilungsweit einheitlich zur Anwendung kommen, und kontrolliert deren Einhaltung. Die damit verbundene Fremdkontrolle beschränkt sich zumeist auf einige wenige Variablen bzw. Resultate. In der Regel dominieren hierbei die leichter zu überprüfenden quantitativen Ziele (wie z. B. Senkung der durchschnittlichen Verweildauer, Steigerung der Erlöse des Wahlleistungsangebotes, Senkung der Laborkosten) gegenüber den qualitativen Zielen (wie z. B. Steigerung der Lebensqualität der Patienten, Erhöhung des Umweltbewusstseins im Krankenhaus, Steigerung der Mitarbeiterzufriedenheit).[403]

In der anderen Extremausprägung tragen nicht nur strategische Ziele, sondern maßgeblich auch normative Werte, Prinzipien und Regeln dazu bei, die Organisationsprozesse zu koordinieren. Danach werden also nicht mehr Methoden einheitlich vorgegeben, sondern jeweils problemspezifisch und situationsadäquat konzipiert und kombiniert. Um die Effizienz und Effektivität solcher variierender Verfahrenskombinationen zu gewährleisten, werden betroffene Organisationseinheiten bzw. einzelne Mitarbeiter sowohl bei der Konzeption als auch bei der Anwendung der Planungs- und Kontrollsysteme beteiligt.[404]

(2) Der *Zweck* der Zielfindungs-, Planungs- und Kontrollsysteme kann zum einen in der *Fixierung* eines zukünftigen Sollzustandes, zum anderen in der *Flexibilisierung* zukünftiger Entwicklungsmöglichkeiten liegen.

Auf der einen Seite sind die Arbeitsprozesse der Organisationsmitglieder in einem solchen Maße an der Erreichung des zukünftigen Sollzustandes ausgerichtet, dass die dahinter stehenden Strategien lediglich vereinzelt reflektiert und somit auch nur selten revidiert werden. Analog dazu werden die Planungs- und Kontrollprozesse lediglich in größeren Zeitabständen überarbeitet, sodass veränderten Rahmenbedingungen nicht immer Rechnung getragen wird.[405]

Auf der anderen Seite besteht die Auffassung, dass zukünftige Zustände des Krankenhauses nicht im Einzelnen vorhersehbar sind, wohl aber bestimmte Ablaufmuster, Strukturen sowie Beziehungszusammenhänge erkannt und somit bewusst gestaltet werden können. Statt einer starren

---

[402] Vgl. hierzu auch BLEICHER, Knut (1992), S. 28.
[403] Bei den Zielbeispielen werden – aus Gründen der besseren Lesbarkeit – nur die Inhalte genannt; für eine präzise Zielangabe müssten jeweils noch das Ausmaß sowie der Zeitbezug ergänzt werden.
[404] Vgl. SCHWANINGER, Markus (1994), S. 68-70.
[405] Vgl. SCHWANINGER, Markus (1994), S. 67-69.

Festlegung von Zielen geht es hierbei also um den Entwurf von Entwicklungslinien und -voraussetzungen. Die verfolgten Ziele und angewandten Verfahren werden – im Rahmen eines kontinuierlichen Prozesses der Zielfindung, Planung und Kontrolle – permanent kritisch hinterfragt sowie gegebenenfalls revidiert. Somit erhalten Prozess und Ziel gleichrangige Bedeutung.[406] Dabei besteht allerdings die Gefahr, dass auch nur zeitweise bestehende Barrieren zu einer (vorschnellen) Überarbeitung des gesamten Zielsystems führen und dabei Managementkapazitäten gebunden werden.

Fügt man die Extremausprägungen dieser beiden Aspekte zusammen, dann lassen sich – wie aus *Abbildung 7-48* hervorgeht – zwei idealtypische Muster unterscheiden. Auf der einen Seite ist das Zielfindungs-, Planungs- und Kontrollsystem durch eine *„starre Verfahrensorientierung"* gekennzeichnet, die unter der Prämisse steht, dass das Krankenhaus mit optimierten Verfahren effizient zu lenken ist. Basierend auf langfristigen Prognosen wird eine detaillierte Planung mit klaren Zielvorgaben vorgenommen, deren Einhaltung mithilfe eines starren Kontrollsystems überprüft wird. Dagegen ist von einer *„flexiblen Verhaltensorientierung"* zu sprechen, wenn der Zweck der Führungssysteme darin liegt, zukünftige Entwicklungsmöglichkeiten zu flexibilisieren, die durch strategische Ziele sowie normative Werte, Prinzipien und Regeln koordiniert werden.[407]

Wird ein Krankenhaus in weiten Teilen im Sinne der „klassischen Variante" des Management by Objectives (im Sinne von „Führung durch Zielvereinbarung") geleitet, dann ist es in der Nähe der linken oberen Ecke des Quadrates zu positionieren. Es werden klare Ziele vorgegeben, zu deren Erreichung den Mitarbeitern viel Freiraum gewährt wird. Das Management kontrolliert dabei periodisch den Zielerreichungsgrad; nur wenn dieser gering ausfällt, werden auch die eingesetzten Verfahren überprüft. In einer „moderneren Variante" des Management by Objectives (im Sinne von „Führung mit Zielen") werden die Ziele nicht nur gemeinsam mit den Mitarbeitern festgelegt, sondern auch ständig an Veränderungen angepasst. Somit wäre eine weiter rechts liegende Positionierung vorzunehmen.[408] Konstituiert sich das Führungssystem eines Krankenhauses durch im Detail festgelegte Verfahren, dann ist es eher unwahrscheinlich, dass das Management an einer permanenten kritischen Reflexion der verfolgten Strategien interessiert ist. Dies hätte nämlich gegebenenfalls zur Folge, dass neben den Zielen auch die aufwändig konzipierten Planungs- und Kontrollsysteme zu ändern sind.

---

[406] Vgl. SCHWANINGER, Markus (1994), S. 68-70.
[407] Vgl. SCHWANINGER, Markus (1994), S. 68. Zu konzeptionellen und theoretischen Ansätzen auf dem Gebiet der Zielfindungs-, Planungs- und Kontrollsysteme vgl. SCHWANINGER, Markus (1994), S. 72-79.
[408] Vgl. SCHWANINGER, Markus (1994), S. 76.

Abbildung 7-48: Zielfindungs-, Planungs- und Kontrollsysteme

①
- Koordination der Prozesse durch Ziele sowie durch Werte, Prinzipien und Regeln
- problem- und situationsspezifische Konzeption und Kombination der Methoden
- Beteiligung der betroffenen Organisationsmitglieder an der Bestimmung und Anwendung der Planungs- und Kontrollsysteme

- Ausrichtung des Planungs- und Kontrollprozesses an im Detail festgelegten Verfahren
- krankenhausweite Einheitlichkeit der entwickelten Methoden
- "Top-down"-Planung und -Kontrolle

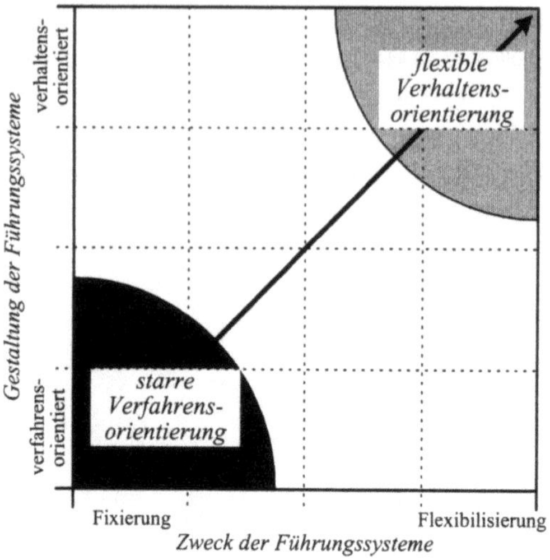

②
- Fixierung eines zukünftigen Sollzustandes
- starke Ausrichtung der Arbeitsprozesse an der Zielerreichung
- nur seltene Reflexion und Revision der Ziele und Verfahren

- Festlegung von Entwicklungslinien und -voraussetzungen
- kontinuierlicher Prozess der Zielfindung, Planung und Kontrolle
- laufende Reflexion und gegebenenfalls Revision der Ziele und Verfahren

Eigene Darstellung in Anlehnung an SCHWANINGER, Markus (1994), S. 68.

II Informationssysteme

Das Informationssystem einer Organisation, das sich aus mehreren computergestützten sowie nicht computergestützten Informations- und Kommunikations-Subsystemen zusammensetzt[409], kann als das „Nervensystem des strategischen Managements"[410] bezeichnet werden. Einerseits dient es der Gewinnung, Verarbeitung und Bereitstellung von Informationen, die für das Management des Krankenhauses sowie für die Zielfindungs-, Planungs- und Kontrollsysteme sowie Personalmanagement- und Wertmanagementsysteme erforderlich sind. Andererseits soll das

---

[409] Vgl. SCHWANINGER, Markus (1994), S. 109-110.
[410] MACHARZINA, Klaus (1999), S. 495. Vgl. auch SCHWANINGER, Markus (1994), S. 137-138.

Krankenhausinformationssystem[411] die Koordination und Kommunikation mit anderen Institutionen erleichtern. Hierbei ist vor allem die gesetzlich vorgeschriebene Datenübermittlung an Krankenkassen zu erwähnen, deren Umfang in den letzten Jahren enorm gestiegen ist[412] und im Jahre 2003/2004 mit der Einführung des GR-DRG-basierten Vergütungssystems weiter steigen wird[413].

Zur Profilierung eines Informationssystems können sein Vernetzungs- und sein Flexibilitätsgrad herangezogen werden.[414]

(3) Der *Vernetzungsgrad* ist ein wesentlicher Erfolgsfaktor von Informationssystemen.[415] Dabei kann ein Spannungsfeld aufgezogen werden von Krankenhausinformationssystemen, die aus vornehmlich isolierten Komponenten bestehen, zu solchen, deren Komponenten ein „integratives Ganzes" bilden.

Im ersten Fall werden im Krankenhaus mehrere nicht oder nur teilweise vernetzte Informations- und Kommunikationssysteme parallel genutzt. Die Systeme sind dabei jeweils nur für einzelne Abteilungen oder Prozesse zugänglich.[416] Als Folgen dieser Insellösungen entstehen unbeabsichtigte Redundanzen, wie z. B. Mehrfacheingabe und -speicherung von Daten sowie Doppeluntersuchungen aufgrund mangelnder Abstimmung.[417] Zudem sind damit starke Zugriffsbeschränkungen für einzelne Mitarbeiter auf Informationen anderer Sub- und Umsysteme verbunden. Um

---

[411] Der Begriff des *Krankenhausinformationssystems* (häufig mit „KIS" abgekürzt) wird nicht einheitlich verwandt. Für einen Überblick vgl. WINTER, Andreas (1997), S. 536-537. Häufig wird darunter ein Informations- und Kommunikationssystem im Krankenhaus verstanden, das aus mehreren miteinander verbundenen *computergestützten* Komponenten besteht. Vgl. beispielsweise KAMPE, Dieter M. (1998), S. 674; MARQUARDT, Kurt et al. (1996), S. 106; SCHNEIDER, Bernhard (1995), S. 61. In dieser Arbeit wird dem Definitionsvorschlag der Gesellschaft für Medizinische Informatik, Biometrie und Epidemiologie gefolgt. Danach umfasst das Krankenhausinformationssystem „die gesamte Informationsverarbeitung im Krankenhaus [...] – unabhängig von deren Unterstützung durch Computersysteme." WINTER, Andreas (1997), S. 538. Dadurch dass nach diesem Verständnis Krankenakten in Papierform, nicht digitalisierte Röntgenbilder und wöchentliche Stationsbesprechungen ebenfalls als Bestandteile des Krankenhausinformationssystems angesehen werden, werden die Profilierungsmöglichkeiten in dieser Dimension weniger eingeengt. Schließlich sollte die Entscheidung, für bestimmte Informationstransfers keine rechnerunterstützten Verfahren einzusetzen, auch im Profilierungsraster darstellbar sein. Vgl. WINTER, Andreas (1997), S. 538-539.
[412] Siehe § 301 SGB V und die in der aktuellen Fassung vorgenommenen Änderungen dieses Paragrafen.
[413] Vgl. ROCHELL, Bernhard et al. (2000), S. 609.
[414] Hierbei wird von der Einteilung SCHWANINGERs abgewichen, da sich die jeweiligen Pole der beiden Aspekte zum Teil gegenseitig bedingen. Dies wird allein schon aus den Bezeichnungen der Extremausprägungen deutlich: „Beherrschung vs. Eigenlenkung (als Zweck-Orientierung)" und „konstruktivistische vs. evolutionäre Methodik-Orientierung". Vgl. SCHWANINGER, Markus (1994), S. 111-113.
[415] Dabei gilt allerdings nicht die Formel, dass mit zunehmender Vernetzung *stets* die Effektivität und Effizienz des Informationssystems steigt. In einer differenzierteren Sichtweise ist zusätzlich die *Art* der Vernetzung zu beachten. So ist eine hinreichende Autonomie einzelner Komponenten zu gewährleisten, damit diese bei Störung einer anderen Komponente nicht sofort zusammenbrechen. Diesen Zusammenhang gilt es bei der Profilierung der Informationssysteme zu berücksichtigen.
[416] Informationssysteme dieser Art tauchen in der Krankenhauspraxis vermehrt auf. So werden häufig nur vorhandene administrative Systeme ausgebaut und/oder abteilungsbezogene medizinische Systeme ad hoc angeschafft. Vgl. HAAS, Peter/ KUHN, Klaus (1997), S. 65-66.
[417] Vgl. SCHWANINGER, Markus (1994), S. 139; SEELOS, Hans-Jürgen (1989), S. 2-3. Unbeabsichtigte Redundanzen können sich aber auch als vorteilhaft erweisen, nämlich dann, wenn sie nicht erkannte Verbesserungspotenziale aufdecken. So kann beispielsweise eine nicht geplante Doppeluntersuchung differenziertere Diagnosedaten hervorbringen.

Information als Machtinstrument einsetzen zu können, wird Intransparenz bisweilen bewusst gefördert.[418]

Sind dagegen die Informationssysteme des Krankenhauses untereinander sowie mit den Systemen anderer Organisationen vernetzt, dann kann von einem *integrativen* Informationssystem gesprochen werden. Hierbei werden die Prozesse unterschiedlicher Bereiche (wie Rechnungslegung, Patientenverwaltung, Beschaffung, Labor, innerbetriebliche Logistik, Personaleinsatzplanung, OP und Pflege[419]) koordiniert, um Abstimmungsprobleme sowie Datenredundanzen zu reduzieren[420] und um beispielsweise eine zeitnahe medizinische Qualitätssicherung zu ermöglichen. Dabei werden den Mitarbeitern weitläufige Zugriffsmöglichkeiten auf Informationen anderer Subsysteme gegeben, die lediglich durch datenschutzrechtliche Bestimmungen (besonders hinsichtlich patientenbezogener Daten) begrenzt werden.[421] Zudem wird der Informationsaustausch mit anderen Gesundheitsorganisationen gefördert. Dies geschieht beispielsweise durch Vernetzung der DV-Systeme mehrerer Einrichtungen oder durch Einbettung des Krankenhausinformationssystems in ein föderatives Gesundheitsinformationssystem.[422] Daneben besteht die Möglichkeit, gemeinsam mit anderen Krankenhäusern medizinische, hygienische oder ökonomische Studien durchzuführen, oder so genannte „Open Books Cooperations" mit vergleichbaren Krankenhäusern anderer Regionen oder Staaten einzugehen[423]. Schließlich helfen Internetzugänge auf allen Abteilungen, weltweit nach Informationen zu recherchieren sowie Geschäftsprozesse elektronisch abzuwickeln.[424]

(4) Bei der krankenhausspezifischen Profilierung spielt neben dem Vernetzungs- auch der *Flexibilitätsgrad* von Informationssystemen eine Rolle. Dabei können in den Extremen starre und flexible Gestaltungs- und Anwendungsansätze unterschieden werden.

Bei starren Ansätzen werden Subsysteme nach vorgegebenen Kriterien nur mit einer bestimmten Anzahl von Standardinformationen versorgt. Zusätzliche Informationsbedürfnisse der Mitarbeiter werden nur vereinzelt berücksichtigt. Hinsichtlich rechnergestützter Systeme bedeutet dies z. B., dass die späteren Benutzer kaum oder gar nicht in deren Gestaltung einbezogen werden

---

[418] Vgl. SCHURR, Marc O./ BRUCKSCH, Michael M./ LENZ, Christian F. W. (2000), S. 638.
[419] In den meisten Krankenhäusern sind vorrangig die administrativen Bereiche rechnerunterstützt. Im ärztlichen und pflegerischen Bereich werden informationstechnische Anwendungen bislang nur vereinzelt eingesetzt. Vgl. HAAS, Peter (2000), S. 294; HAAS, Peter/ KUHN, Klaus (1997), S. 65; RICHTER, Hermann J. (1999), S. 155-156.
[420] Vgl. DÄNZER, Alfred (1997), S. 83. Allerdings ist zur Gewährleistung einer hohen Datensicherheit eine „adäquate" Redundanz des Informationssystems (z. B. durch Mehrfachspeicherung essenzieller Datenbestände in verschiedenen Subsystemen) anzustreben. Es geht hierbei letztlich also nur um die Vermeidung *unkontrollierter* Redundanzen. Vgl. MARQUARDT, Kurt et al. (1996), S. 111; SCHWANINGER, Markus (1994), S. 139.
[421] Zum Datenschutz im Krankenhaus vgl. BLOBEL, Bernd/ POMMERENING, Klaus (1997), S. 133-138; DAUB, Dieter (1999), S. 276; GEIS, Ivo/ SCHRÖDER, Jörg-Peter (1998), S. 445-447.
[422] Zu einem föderativen Gesundheitsinformationssystem vgl. HAAS, Peter (1999), S. 454-455; ZIPPERER, Manfred (2000), S. 98-104.
[423] Zur „Open Books Cooperation" zwischen den Universitätskliniken Bern und Frankfurt am Main vgl. HEBERER, Michael (1999), S. 100.
[424] Vgl. hierzu vertiefend PORSCHE, Rolf (2000), S. 214-216; SCHURR, Marc O./ BRUCKSCH, Michael M./ LENZ, Christian F. W. (2000), S. 631-641.

und/oder dass das Informationssystem keine Dialogmöglichkeiten bietet[425]. Dadurch dominieren in der Regel die technisch-funktionalistischen Aspekte.[426] Im nicht computergestützten Bereich zeichnen sich starre Systeme dadurch aus, dass keine zusätzlichen Kommunikationsmöglichkeiten – z. B. in Form von regelmäßigen Stationsbesprechungen – bestehen. Dies kann dazu führen, dass ein mangelhafter Informationsaustausch nicht erkannt oder nicht angesprochen und somit auch nicht abgestellt wird.

Am anderen Pol sind Krankenhäuser zu positionieren, deren Informationssysteme sowohl in der Gestaltung als auch in der Anwendung flexibel sind. So werden zum einen die Mitarbeiter als spätere Nutzer bereits bei der Gestaltung bzw. Auswahl von Informationssystemen sowie bei der Standortbestimmung für Computeranschlüsse einbezogen. Damit sollen die Akzeptanz erhöht und eine hohe Benutzerfreundlichkeit gewährleistet werden.[427] Zum anderen wird auf den Einsatz dialogorientierter Systeme geachtet, bei denen der Nutzer Art und Menge der Informationen weitgehend selbst bestimmen kann.[428] Die Datenbanken können dabei flexibel ergänzt und auf die jeweiligen lokalen resp. individuellen Bedürfnisse zugeschnitten werden.[429] Schließlich wird durch die Einrichtung von computergestützten Kommunikationsforen und/oder die Institutionalisierung regelmäßiger Teambesprechungen eine offene Informationskultur gefördert. Dabei können Erfahrungen mündlich ausgetauscht oder eine gemeinsame „Erfahrungsdatenbank" aufgebaut werden.[430]

Kombiniert man die beiden Extremausprägungen der Aspekte von Informationssystemen, dann lassen sich die beiden in *Abbildung 7-49* dargestellten idealtypischen Muster unterscheiden.[431] Das erste Muster kennzeichnet ein Informationssystem, das aus mehreren nicht miteinander vernetzten Modulen besteht, die die Mitarbeiter lediglich mit einer bestimmten Anzahl an Standardinformationen versorgen. Man kann hierbei von einer „*starren Informationsversorgung*" sprechen. Im zweiten Muster liegt ein integriertes Krankenhausinformationssystem vor, das von den Mitarbeitern mitgestaltet und -entwickelt wird und sich somit flexibel an die jeweiligen Informationsbedürfnisse anpassen lässt. Ein solches System kann als „*flexibles Informationsnetzwerk*" bezeichnet werden.

In dieser Dimension sind Positionierungen in Richtung der anderen beiden Eckpunkte durchaus denkbar. So kann sich beispielsweise ein von einem DV-Anbieter entwickeltes integratives Informationssystem durch seine geringe Kompatibilität mit anderen Systemen und nur schwierige

---

[425] Durch die fehlende Dialogmöglichkeit können übergreifende Prozesse ins Stocken geraten oder mehrfach ausgeführt werden. Vgl. RALFS, Dirk (2000), S. 18.
[426] Vgl. SCHWANINGER, Markus (1994), S. 113-114.
[427] Vgl. DÄNZER, Alfred (1997), S. 82; DIETRICH, Manfred/ MAISBERGER, Paul (1996), S. 136-137.
[428] Vgl. TRILL, Roland (1995), S. 33-34. Hiermit soll die „Benutzersouveränität" gesteigert bzw. gewährleistet werden. Vgl. SCHWANINGER, Markus (1994), S. 147.
[429] Vgl. RALFS, Dirk (2000), S. 19; SCHWANINGER, Markus (1994), S. 136.
[430] ⇒ Zu diesen mitarbeiterorientierten Aspekten vgl. auch die Profilierungsmöglichkeiten im Rahmen der Personalmanagementsysteme auf *S. 282-286*.
[431] Zu konzeptionellen und theoretischen Ansätzen auf dem Gebiet der Informationssysteme vgl. SCHWANINGER, Markus (1994), S. 118-126.

Erweiterbarkeit als relativ starr herausstellen.[432] Andererseits können die einzelnen nicht miteinander vernetzten Informationssysteme verschiedener Abteilungen flexibel ausgestaltet sein, indem die Mitarbeiter aktiv in deren Ausgestaltung und Entwicklung einbezogen werden.

Abbildung 7-49: Informationssysteme

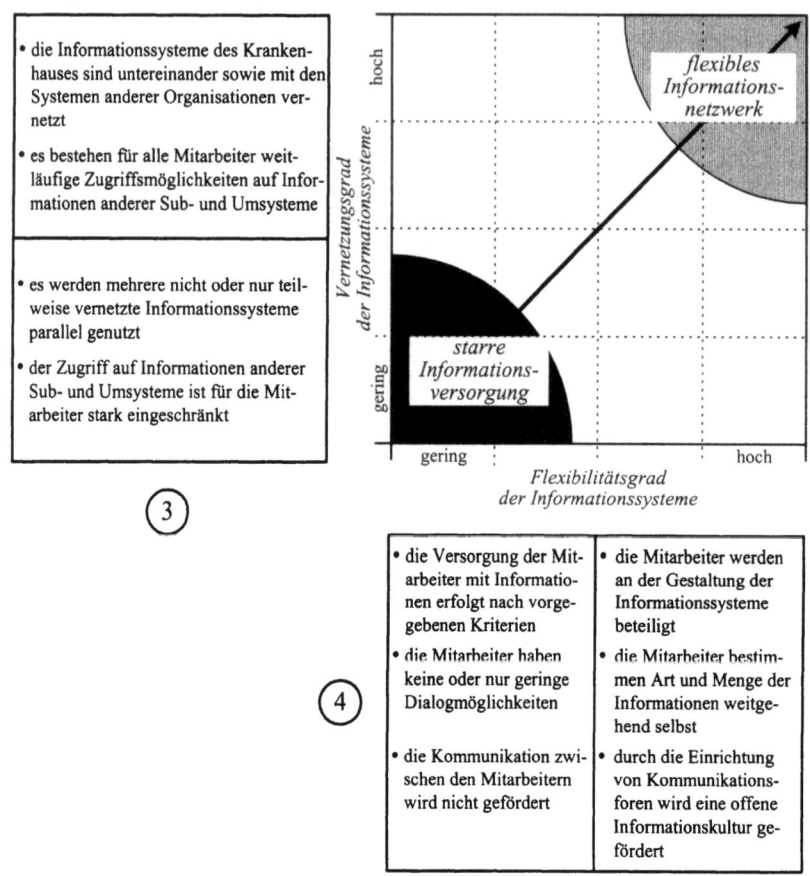

Eigene Darstellung.

III Personalmanagementsysteme

Ähnlich dem Informationssystem, ist auch das Personalmanagementsystem für die Strategieausrichtung und Organisationsstrukturen des Krankenhauses sowie für die Verhaltensbeeinflussung der Organisationsmitglieder von elementarer Bedeutung. Zudem zeichnet es sich – wie zuvor das Informationssystem – durch die Kombination mehrerer Subsysteme aus. Die Übergänge zwi-

---

[432] Vgl. KESSLER, Wilhelm (1995), S. 152.

schen diesen Teilsystemen, die in der nachfolgenden Übersicht vorgestellt werden, sind fließend; daher können ihre Funktionen nicht immer eindeutig zugeordnet werden:[433]

- *Personalplanungssysteme*, mit deren Hilfe der Personalbedarf des Krankenhauses in quantitativer, qualitativer, zeitlicher und örtlicher Hinsicht ermittelt werden kann (z. B. Methoden der quantitativen Personalbedarfsermittlung[434], Stellenbeschreibungen);

- *Personalbeschaffungs- und -freistellungssysteme*[435], die der Sicherstellung einer qualitativ und quantitativ adäquaten Ausstattung des Krankenhauses mit Humanressourcen dienen (z. B. Methoden des Personalmarketings, Beurteilungs- und Auswahlverfahren, Kündigungsverfahren);

- *Personaleinsatzsysteme*, die einen effizienten und effektiven Einsatz der Mitarbeiter gewährleisten sollen (z. B. Personaleinarbeitungsmethoden[436], Gesundheitsförderungskonzepte)[437];

- *Anreiz- und Entlohnungssysteme*, die u. a. der Mitarbeiterzufriedenheit und -motivation dienen sollen (z. B. Bonussysteme[438]);

- *Personalentwicklungssysteme*, die der Entwicklung der Humanpotenziale dienen (z. B. Aus-, Weiter- und Fortbildungssysteme[439]).

Die folgenden Skalierungen hinsichtlich *Struktur* und *Flexibilitätsgrad* des Personalmanagements[440] können auch für jedes Subsystem separat aufgestellt und gegebenenfalls weiter differenziert werden.[441]

(5) Die *Struktur* des Personalmanagementsystems kann einerseits durch eine Vielzahl unzusammenhängender Maßnahmen und Verfahren gekennzeichnet sein und andererseits durch ein kohärentes Konzept.

---

[433] Vgl. SCHWANINGER, Markus (1994), S. 150; vgl. vertiefend THOMMEN, Jean-Paul (1996c), S. 41-127.

[434] Siehe hierzu auch die „Verordnung über Maßstäbe und Grundsätze für den Personalbedarf in der stationären Psychiatrie" (Psychiatrie-Personalverordnung – Psych-PV) und die „Regelung über Maßstäbe und Grundsätze für den Personalbedarf in der stationären Krankenpflege" (Pflege-Personalregelung – PPR). Die PPR ist zwar zum 1. Januar 1997 aufgehoben worden, deren Inhalte werden aber in vielen Krankenhäusern auf freiwilliger Basis weiterhin angewandt. Vgl. TUSCHEN, Karl Heinz/ QUAAS, Michael (2001), S. 69.

[435] Unter *Personalfreistellung* wird sowohl die Beendigung als auch die Änderung bestehender Arbeitsverhältnisse subsumiert. Zu Letzterem zählen die Versetzung und die Arbeitszeitverkürzung. Vgl. THOMMEN, Jean-Paul (1996c), S. 125-127.

[436] Zur Einführung neuer Mitarbeiter im Krankenhaus vgl. MAYERHOFER, Helene (1996), S. 94-113.

[437] ⇔ Auf Personaleinsatzsysteme wird hier nicht vertieft eingegangen, da diese Thematik bereits im Rahmen der ersten Dimension der Organisationsstrukturen unter dem Aspekt *„Ausrichtung der Aufbau- und Ablauforganisation"* auf *S. 260-261* behandelt worden ist. Zudem wurde auf Gesundheitsförderungsmaßnahmen bereits in *Abschnitt 6.3.3* ausführlich eingegangen.

[438] Vgl. CONRAD, Hans-Joachim (1999), S. 65-69.

[439] Zur Weiter- und Fortbildung der Krankenhausmitarbeiter vgl. beispielsweise HERRLER, Michael (1999), S. 839-853.

[440] Hierbei wurde von der Dimensionierung SCHWANINGERs abgewichen, da die von ihm aufgeführten Aspekte in ähnlicher Weise im Rahmen des Moduls *„Strategisches Problemlösungsverhalten im Krankenhaus"* behandelt werden.

[441] Eine solche Differenzierung führt BLEICHER beispielsweise für *strategische Anreizsysteme* durch, hinsichtlich der er wiederum jeweils acht Profilierungsaspekte unterscheidet. Vgl. hierzu BLEICHER, Knut (1992), insbesondere S. 29-37.

Im ersten Fall werden außer einigen standardisierten Arbeitsprozessen – wie der Personalaktenführung, der Lohn- und Gehaltsabrechnung – nur isolierte Aktionen durchgeführt. So werden Personalbeschaffungsmaßnahmen in der Regel erst dann eingeleitet, wenn eine Stelle neu zu besetzen ist. Weiter- und Fortbildungsmaßnahmen werden nicht regelmäßig und/oder nur für bestimmte Berufsgruppen oder Hierarchieebenen ermöglicht.

Das Personalmanagementsystem kann sich aber auch durch mittel- bis langfristige Planungen auszeichnen. Kündigungen lösen dann z. B. ein eingespieltes Wiederbesetzungsverfahren aus, und Personalentwicklungsmaßnahmen werden für die gesamte Belegschaft kontinuierlich koordiniert.[442]

(6) Als zweiter Aspekt wird hier – wie bei den Informationssystemen – der *Flexibilitätsgrad* herangezogen. In den Extremen kann sich danach der Einsatz von Personalmanagementsystemen starr nach stellenorientierten Vorgaben richten oder flexibel an den Kontext anpassen.

Eine *starres* Personalmanagementsystem zeichnet sich dadurch aus, dass jeder Stelle ein klares Profil zugeordnet ist. Bei der Besetzung stellt sich die Frage, ob potenzielle Mitarbeiter der *Stellenanforderung* gerecht werden. Arbeitszeiten und Einsatzpläne werden von der Personalabteilung bzw. der Stationsleitung vorgegeben; die Mitarbeiter erhalten nur ein bedingtes Mitspracherecht. Auch Vergütung, Weiterbildungs- und Aufstiegsmöglichkeiten orientieren sich weniger an den Leistungen und Erwartungen der Mitarbeiter als an der Art der Stelle sowie der Länge der Organisationszugehörigkeit. Erfüllt ein Mitarbeiter die vorgegebenen Anforderungen nicht, so wird als Ausweg in der Regel die Kündigung gesehen, es sei denn, der Mitarbeiter „passt" auf das Profil einer anderen vakanten Stelle. Der Vorteil eines solchen stellenorientierten Personalmanagements liegt in der hohen Transparenz und der einfacheren Verwaltung des Systems. Nachteilig ist die entpersonalisierte Ausgestaltung des Systems, bei der individuelle Problemlagen kaum oder gar nicht beachtet werden.

Ein *flexibles*, kontextorientiertes Personalmanagementsystem berücksichtigt die gegebenen Humanpotenziale. Damit werden die Stellenbeschreibungen durch die Kompetenzen und Charaktere der Mitarbeiter geprägt. Hierbei stellt sich die Frage, ob die Stellen den *Anforderungen der Mitarbeiter* gerecht werden.[443] Arbeitszeiten und -inhalte, Anreizsysteme sowie Weiter- und Fortbildungsmaßnahmen werden von den persönlichen Wünschen und Entwicklungszielen der Mitarbeiter maßgeblich beeinflusst.[444] Dabei können modulare, flexible Angebote für die Mitarbeiter geschaffen werden, die zu einer individuellen Ausgestaltung der Arbeitsverhältnisse füh-

---

[442] Vgl. DAHLGAARD, Knut (1995), S. 152. Zu einem Konzept der Führungskräfteentwicklung vgl. DAHLGAARD, Knut/ BUSSCHE, Hendrik van den (1996), S. 568-574.

[443] ⇔ Zur Anforderungsangemessenheit der Arbeitszeitstrukturen, -inhalte und -organisation sowie der Zusammenarbeit und des Arbeitsumfeldes vgl. *Abschnitt 6.3.3, Punkt (B) b)*.

[444] Hierfür bieten sich strukturierte Mitarbeitergespräche an, die regelmäßig durchgeführt werden. Vgl. RIEDEL, Wolfgang/ ZELL, Ulrich (1996), S. 34-36.

ren.⁴⁴⁵ Da aber z. B. in den patientennahen Bereichen eine 24-stündige Personalbereitschaft notwendig und die Grundlage der meisten Vergütungssysteme in Krankenhäusern der BAT ist, sind einem solchen System enge Grenzen gesetzt.⁴⁴⁶ Hinsichtlich der Personalfreistellungen gibt es in einem flexiblen Personalmanagementsystem mehrere Alternativen. So wird beispielsweise vor Aussprache von Kündigungen zunächst nach Möglichkeiten gesucht, das bestehende Arbeitsverhältnis zu verändern. Hierbei besteht allerdings die Gefahr, dass Stellen nur deshalb neu geschaffen werden, um Mitarbeiter weiterbeschäftigen zu können, die an ihrem Arbeitsplatz nicht mehr die geforderte Leistung erbringen.⁴⁴⁷

Kombiniert man die beiden Extremausprägungen, dann können die in *Abbildung 7-50* dargestellten idealtypischen Muster unterschieden werden.⁴⁴⁸ Auf der einen Seite ist eine vornehmlich reaktive Personalarbeit mit einem stellenorientierten Personalmanagement verbunden. Da die Mitarbeiter weder in die Personaleinsatzplanung noch in die Ausgestaltung der Anreiz- und Vergütungssysteme aktiv einbezogen werden, und zudem keine kontinuierliche Personalentwicklung stattfindet, kann diese Ausprägung als *„Personalverwaltung"* bezeichnet werden. Auf der anderen Seite erhält man durch die Kombination der Extremausprägungen ein Personalmanagementsystem, das auf einem umfassenden Konzept basiert sowie den Mitarbeitern eine große Bandbreite von Mitspracherechten einräumt. In einem solchen System werden nicht nur personale, sondern zugleich interpersonale und organisationale Ziele berücksichtigt. So wird beispielsweise neben dem individuellen auch das organisationale Lernen gefördert. Daher kann hierbei von einer *„Personal- und Organisationsentwicklung"* gesprochen werden.⁴⁴⁹

In dieser Dimension sind Positionierungen in der Nähe der beiden anderen Ecken durchaus möglich. So kann beispielsweise die Personal- (und Organisations-)abteilung ein umfassendes Personalmanagementkonzept entwickeln, das sich weniger an den Bedürfnissen der Mitarbeiter als an den Anforderungen der Stellen orientiert.⁴⁵⁰ Umgekehrt kann die Personalabteilung auch gemeinsam mit den Betroffenen individuelle Arbeitsgestaltungsmaßnahmen durchführen oder Weiter- und Fortbildungsprogramme erstellen, die speziell auf einzelne Mitarbeiter oder Gruppen ausgerichtet sind. Hierbei ist z. B. an Krankenhäuser zu denken, die sich einseitig der (personenorientierten) Führungskräfteentwicklung widmen.

---

[445] In diesem Zusammenhang spricht man von „Cafeteria-Systemen". Vgl. SCHWANINGER, Markus (1994), S. 183-184. Zum „Cafeteria-System" im Bereich der Vergütung von Führungskräften vgl. BLEICHER, Knut (1992), S. 35.

[446] Vgl. TRILL, Roland (1996), S. 182-183; 204.

[447] Vgl. TRILL, Roland (1996), S. 204.

[448] Zu konzeptionellen und theoretischen Ansätzen auf dem Gebiet der Personalmanagementsysteme vgl. SCHWANINGER, Markus (1994), S. 157-164.

[449] Vgl. DAHLGAARD, Knut (1995), S. 153-154; GROSSMANN, Ralph (1993b), S. 312-316; GÜNTERT, Bernhard J. (1994), S. 21-22.

[450] Solche Konzepte lassen sich durch rechnerbasierte Informationssysteme weit besser unterstützen als personenorientierte. Zur Einführung des Personalmanagementsystems SAP R/3 HR in einem Universitätsklinikum vgl. beispielsweise DUSSLER, Marc/ MICHEL-GLÖCKLER, Rudolf (1999), S. 167-186.

Abbildung 7-50: Personalmanagementsysteme

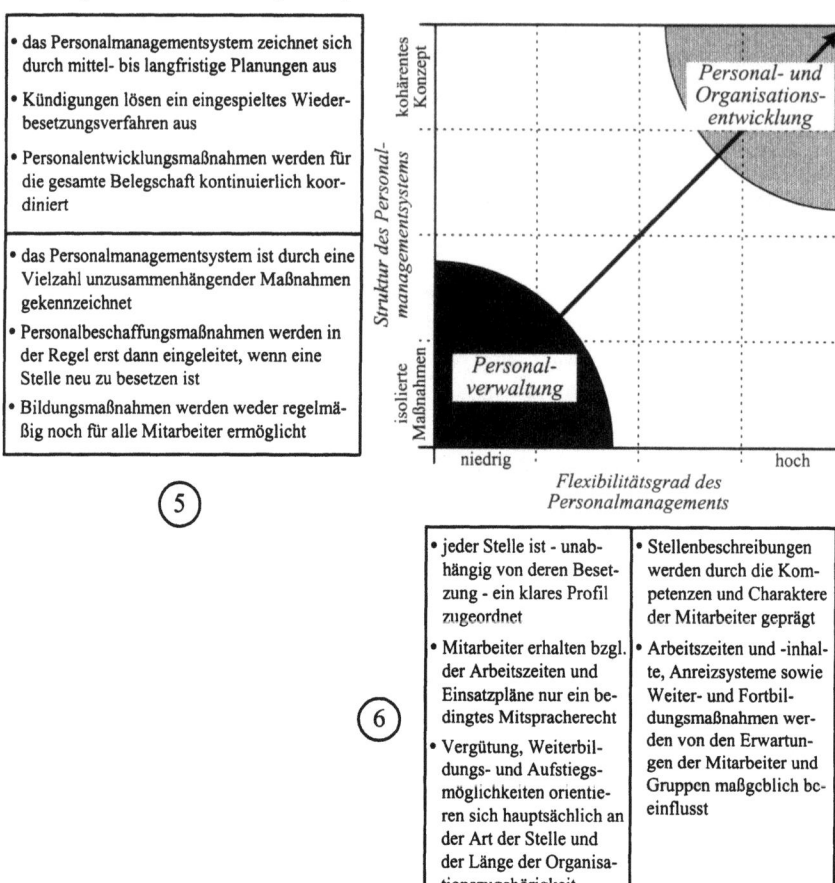

Eigene Darstellung.

IV Wertmanagementsysteme

Bei den Wertmanagementsystemen stehen das Investitions- und Finanzmanagement, vor allem aber das interne und externe Rechnungswesen im Mittelpunkt der Betrachtung. Diese Bereiche werden in der Regel als „Rechnungssysteme" bezeichnet. Sie stellen den verschiedenen Anspruchsgruppen Legitimations- und Handlungsgrundlagen bereit. Da diese Grundlagen nicht nur rechnerischer, sondern auch verbaler oder grafischer Art sein können und vor allem der Unterstützung des Managements dienen, wird hierfür der Oberbegriff „Wertmanagementsysteme" eingeführt.[451]

---

[451] Vgl. SCHWANINGER, Markus (1994), S. 194-196, 213.

Der enge Zusammenhang zwischen den verschiedenen Managementsystemen wird auch im Rahmen dieser Dimension deutlich. So stellt die Informationstechnologie das wohl wichtigste Werkzeug der Rechnungssysteme dar. Außerdem sind, wie am Beispiel der Plankostenrechnung offensichtlich wird, die Übergänge zwischen Wertmanagementsystemen und Zielfindungs-, Planungs- und Kontrollsystemen fließend. Umgekehrt versorgen die Wertmanagementsysteme die übrigen Führungssysteme mit Informationen zu logistischen Transaktionen (wie Material-, Energie- und Geldflüssen) sowie mit Entscheidungs- und Gestaltungshilfen bei diversen Managementproblemen.[452] Dabei bestimmen die Systeme maßgeblich, worauf sich die Aufmerksamkeit des Managements konzentriert: „Wir sprechen nicht nur über das, was wir sehen, sondern wir sehen vorwiegend das, worüber wir sprechen (können)."[453] So besteht bei Rechnungssystemen, die nur wenige Informationsbereiche abdecken können, die Gefahr, wesentliche Daten und Argumente unberücksichtigt zu lassen. Zudem sollten sich die Führungskräfte stets bewusst sein, dass sie das Krankenhaus auf der Grundlage von Wertmanagementsystemen lenken, die immer nur Teile der „Wirklichkeit" abbilden und dies jeweils aus einer begrenzten Perspektive.

In den vergangenen Jahren kamen die Instrumente der Rechnungslegung auch in Krankenhäusern verstärkt zur Anwendung. Dies hat wohl in erster Linie rechtliche Ursachen. So gibt es im Krankenhaussektor nicht nur zum externen Rechnungswesen klare Vorschriften, sondern auch zur sonst nahezu regelungsfreien Kosten- und Leistungsrechnung.[454] Daneben erfordert insbesondere die Bundespflegesatzverordnung (zumindest implizit) den konsequenten Einsatz von Rechnungssystemen. Hinsichtlich der Profilierungsmöglichkeiten wird davon ausgegangen, dass alle Krankenhäuser der Erfüllung dieser gesetzlichen Vorgaben Genüge leisten.

Die Wertmanagementsysteme lassen sich nun hinsichtlich ihres *Adressatenkreises* und ihrer *Informationsausprägungen* unterscheiden.

(7) Wertmanagementsysteme können in den Extremen ausschließlich an den Interessen der Führungskräfte oder an den Interessen aller Anspruchsgruppen ausgerichtet sein.[455]

Im ersten Fall dienen die Rechnungssysteme des Krankenhauses als rechtliche Legitimationsgrundlage für die Krankenkassen und Länder. Dabei werden Daten, die über die gesetzlichen Mindestvorschriften hinausgehen, kaum bekannt gegeben. Außerdem stellen die Wertmanagementsysteme eine Entscheidungsgrundlage für die Führungskräfte der oberen Managementebene dar. Weder die Mitarbeiter noch andere Anspruchsgruppen erhalten weitergehende Informationen.

Im zweiten Fall wird versucht, eine umfassende Transparenz hinsichtlich krankenhausbetrieblicher Vorgänge, ihrer Ergebnisse und Konsequenzen zu schaffen. Die hierfür erforderlichen Informationen können dabei für die spezifischen Zielgruppen bedarfsorientiert aufbereitet werden.

---

[452] Vgl. SCHWANINGER, Markus (1994), S. 196-197.
[453] SCHWANINGER, Markus (1994), S. 221.
[454] ⇔ Vgl. hierzu *Abschnitt 5.2*.
[455] Vgl. SCHWANINGER, Markus (1994), S. 198.

So erhalten nicht nur die Mitglieder der Krankenhausleitung und die Abteilungsleiter Einblick in diverse Rechnungssysteme, sondern auch weitere Anspruchsgruppen.

(8) Neben dem Adressatenkreis von Wertmanagementsystemen sind Menge und vor allem Art der bereitzustellenden Informationen von Interesse. Diese können ein- oder mehrdimensional ausgestaltet sein.

Eine eindimensionale Ausgestaltung bedeutet, dass hauptsächlich finanzwirtschaftliche Kennzahlen sowie Kosten und Erlöse erfasst werden. Externe Effekte werden dann durch das Wertmanagementsystem nicht abgebildet.

In der mehrdimensionalen Ausgestaltung beschränken sich die Wertmanagementsysteme nicht nur auf quantitative Größen, sondern versuchen auch qualitative Werte abzubilden. Dabei werden umfassende Kosten-Nutzen-Funktionen erstellt, die neben ökonomischen auch soziale und ökologische Aspekte berücksichtigen.[456]

Kombiniert man die beiden Extremausprägungen, dann lassen sich wiederum zwei idealtypische Muster unterscheiden, die in *Abbildung 7-51* dargestellt sind. Auf der einen Seite steht das *„klassische Krankenhausrechnungswesen"*, das sich an der Einhaltung der gesetzlichen Mindestvorschriften orientiert und darüber hinaus lediglich die Führungskräfte mit finanzwirtschaftlichen und kostenrechnerischen Zahlen versorgt. Auf der anderen Seite wird das Rechnungswesen zu einem *„ganzheitlichen Wertmanagement"* ausgebaut, das vielfältige Informationen für in- und externe Stakeholder zielgruppenspezifisch zur Verfügung stellt.[457]

In dieser Dimension sind Positionierungen in der Nähe der beiden anderen Ecken des Quadrates durchaus möglich. So kann das Wertmanagementsystem eines Krankenhauses rein ökonomische Informationen liefern, diese aber zielgerichtet den einzelnen Anspruchsgruppen zur Verfügung stellen. Ebenso kann es umfassende Informationen zu ökonomischen, sozialen und ökologischen Aspekten generieren, die jedoch ausschließlich für die Führungskräfte bestimmt sind.

---

[456] Zur Ökobilanz im Krankenhaus vgl. beispielsweise HAUBROCK, Manfred (1997b), S. 289.

[457] Zu konzeptionellen und theoretischen Ansätzen auf dem Gebiet der Wertmanagementsysteme vgl. SCHWANINGER, Markus (1994), S. 205-213.

Abbildung 7-51: Wertmanagementsysteme

- es wird versucht, eine umfassende Transparenz hinsichtlich der krankenhausbetrieblichen Vorgänge, ihrer Ergebnisse und Konsequenzen zu schaffen
- die Informationen werden für die spezifischen Zielgruppen bedarfsorientiert aufbereitet

---

- nach außen werden Daten, die über die gesetzlichen Mindestvorschriften hinausgehen, kaum bekannt gegeben
- die Wertmanagementsysteme stellen eine Entscheidungsgrundlage für die Führungskräfte der oberen Managementebene dar

Adressatenkreis der Wertmanagementsysteme (vielseitig / einseitig)

ganzheitliches Wertmanagement

klassisches Krankenhausrechnungswesen

Informationsausprägungen der Wertmanagementsysteme (eindimensional / mehrdimensional)

⑦

⑧

- es werden hauptsächlich finanzwirtschaftliche Kennzahlen sowie Kosten und Erlöse erfasst
- externe Effekte werden durch das Wertmanagementsystem nicht abgebildet

- es werden nicht nur quantitative, sondern auch qualitative Größen abgebildet
- mithilfe umfassender Kosten-Nutzen-Funktionen werden ökonomische, soziale und ökologische Aspekte berücksichtigt

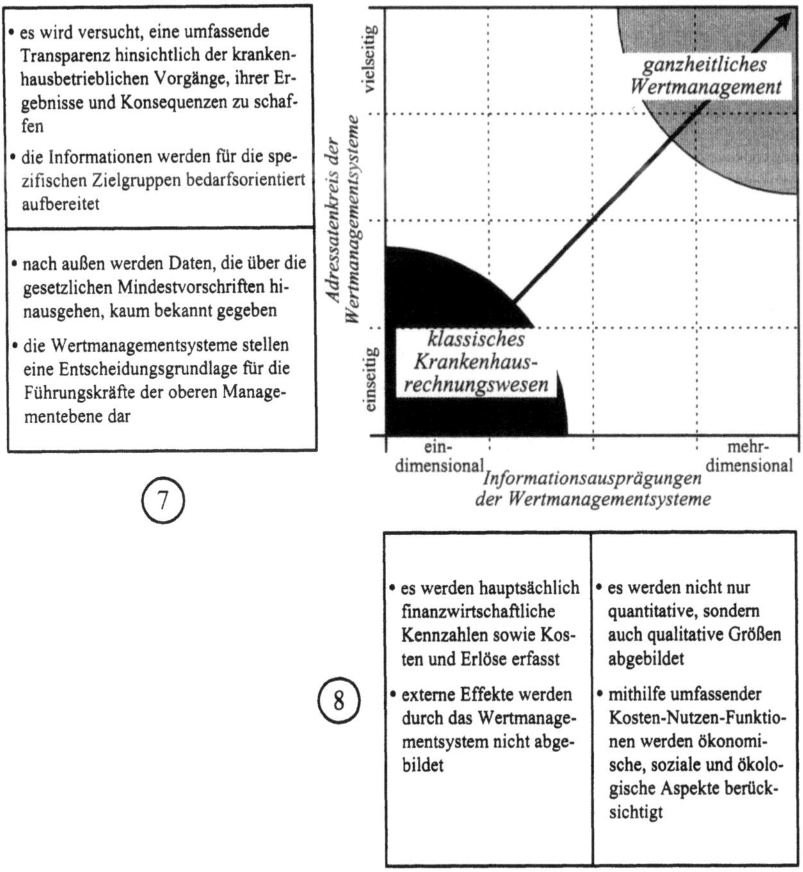

Eigene Darstellung in Anlehnung an SCHWANINGER, Markus (1994), S. 200.

7.3.4.3 Gesamtzusammenhang der Profilierung strategischer Managementsysteme

Die hier betrachteten acht Muster der Profilierung strategischer Managementsysteme können – wie *Abbildung 7-52* verdeutlicht – zu einem integrierten Konzept zusammengefasst werden. Dabei lassen sich zwei typische Grundmuster unterscheiden: *stabilitätsorientierte Managementsysteme* (dargestellt durch den inneren Kreis) und *veränderungsorientierte Managementsysteme* (dargestellt durch die äußeren Teilkreise).

Dominieren in einem Krankenhaus *stabilitätsorientierte Managementsysteme*, dann liegt ein weitgehend starres Regelwerk vor. Dies bedeutet, dass Ziele nur selten überarbeitet werden und der Ablauf der Planungs- und Kontrollverfahren einheitlich definiert ist. Daneben ist auch die Informationsversorgung der Mitarbeiter stark begrenzt und erfolgt nach vorgegebenen Kriterien. Außerdem ist jeder Stelle ein klares Profil zugeordnet. Die Rechnungssysteme orientieren sich in diesem idealtypischen Muster primär an den gesetzlichen Vorgaben; ein darüber hinausgehendes

Informationsrecht wird allein dem Management zugestanden. Um dieses starre System aufrechterhalten zu können, wird den Mitarbeitern ein nur eingeschränktes Mitspracherecht eingeräumt; Planung und Kontrolle erfolgen „top-down".[458]

Das zweite idealtypische Muster zeichnet sich durch *veränderungsorientierte Managementsysteme* aus. Hierbei überwiegt die Auffassung, dass nicht alle Veränderungen des Umfelds und Modifikationserfordernisse der Managementsysteme vom Topmanagement erkannt werden können. Daher werden den Mitarbeitern weite Informations- und Gestaltungsmöglichkeiten eingeräumt sowie deren Kompetenzen durch umfassende Personalentwicklungsmaßnahmen gefördert. Sie werden an den Zielfindungs-, Planungs- und Kontrollprozessen, der Gestaltung der Informationssysteme sowie der Ausgestaltung ihrer Arbeitsplätze beteiligt, wobei ihnen umfassende Daten zur Verfügung gestellt werden.[459]

Abbildung 7-52: Profil der Managementsysteme

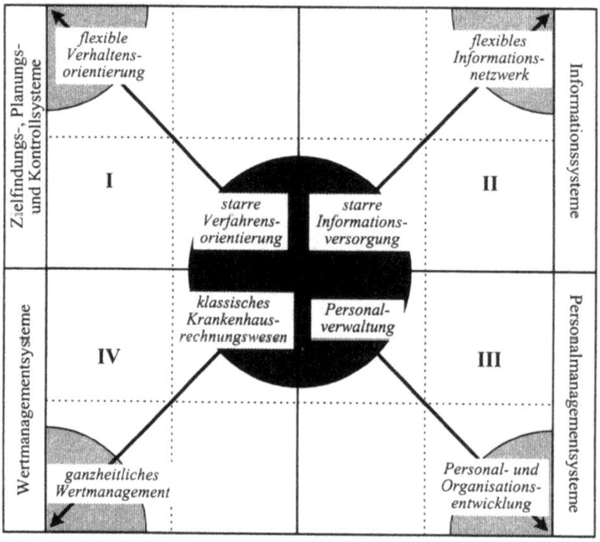

Eigene Darstellung in Anlehnung an SCHWANINGER, Markus (1994), S. 283.

Während Managementsysteme – als bewusst gestaltete formale Regelwerke – verhaltens*beeinflussende* Funktionen haben[460], geht es im nächsten Modul darum, wie sich die Organisationsmitglieder von Krankenhäusern beim Erkennen und Lösen strategischer Probleme verhalten (sollen).

---

[458] Vgl. hierzu auch SCHWANINGER, Markus (1994), S. 281-283.
[459] Vgl. hierzu auch SCHWANINGER, Markus (1994), S. 284-286.
[460] Vgl. SCHWANINGER, Markus (1994), S. 16.

7.3.5 Strategisches Problemlösungsverhalten im Krankenhaus

7.3.5.1 Aspekte strategischen Problemlösungsverhaltens

Das strategische Problemlösungsverhalten im Krankenhaus stellt eine Kombination – nicht die Summe – des Problemlösungsverhaltens seiner Organisationsmitglieder dar. Demnach liefern Beweggründe und Intentionen des Verhaltens einzelner Mitarbeiter sowie einzelner Gruppen wichtige Erkenntnisse für das Verständnis von Handlungen im Krankenhaus.[461] Bevor auf für diese Arbeit relevante Aspekte des Individual- und Gruppenverhaltens in Krankenhäusern näher eingegangen wird, ist zunächst das Verständnis strategischen Problemlösungsverhaltens zu erläutern sowie eine Abgrenzung zu anderen Modulen des Krankenhausmanagementkonzeptes vorzunehmen.

Strategische Probleme sind dann gegeben, wenn bestimmte längerfristige Ziele angestrebt werden, die Wege der Zielerreichung aber unbekannt oder blockiert sind.[462] Ein Problemlösungsprozess wird nun dadurch eingeleitet, dass eine bestimmte Situation als Problem *wahrgenommen* wird. Diese auf den ersten Blick trivial erscheinende Aussage soll herausstellen, dass es letztlich nicht Instrumente sind, die Strategieentwicklungen auslösen, sondern Menschen mit ihren Perzeptionen, Erwartungen und Präferenzen[463]. Allerdings können die Wahrnehmungsfähigkeit sowie das Problembewusstsein durch eine spezifische Ausgestaltung der Managementsysteme und Organisationsstrukturen erhöht werden.

Die Verknüpfung mit dem Modul „Strategische Programme" soll anhand des idealtypischen Ablaufs eines strategischen Problemlösungsprozesses herausgestellt werden, in dem – neben der initiierenden Problemwahrnehmung – folgende Phasen unterschieden werden können:

(1) Problemdefinition,
(2) Bildung und Bewertung strategischer Programmoptionen,
(3) Auswahl einer Strategie,
(4) Umsetzung der Strategie sowie
(5) Kontrolle der Strategieumsetzung.

In der Realität wird dieser Prozess allerdings durch eine Vielzahl von Rückkopplungen und Einzelproblemlösungen überlagert.[464]

Das Problemlösungsverhalten zielt nun auf die Entwicklung strategischer Programme (Phasen (1) bis (3)), auf deren Konkretisierung mithilfe von Aufträgen (Unterstützung der Phase (4)) sowie auf eine Kontrolle der Strategieumsetzung (Phase (5)). Diese Wechselwirkung zwischen den beiden Modulen ist insofern von Bedeutung, als die Entwickler strategischer Pläne nicht mit den

---

[461] Vgl. STAEHLE, Wolfgang H. (1994a), S. 148, 246.
[462] Operative Probleme richten sich dagegen auf kurzfristige Ziele und normative Probleme auf die Konsensfindung in Wert- und Grundsatzfragen. Vgl. STAEHLE, Wolfgang H. (1994a), S. 274; ULRICH, Peter/ FLURI, Edgar (1995), S. 21-23.
[463] Vgl. BLEICHER, Knut (1999), S. 377.
[464] Vgl. STAEHLE, Wolfgang H. (1994a), S. 275-276.

Personen übereinstimmen müssen, die diese Pläne in Form von Aufträgen konkretisieren, und erst recht nicht mit jenen, die für die Realisierung der Aufträge zuständig sind[465]. Darüber hinaus stellt sich noch die Frage, wer die Umsetzung kontrolliert.

Der konkrete Ablauf von Problemlösungsprozessen ist im Rahmen dieses Moduls weniger von Interesse. Im Mittelpunkt des Interesses stehen vielmehr die Fragen, *welche* Organisationsmitglieder in die einzelnen Phasen *wie* integriert werden (Führungsverhalten), in welcher Weise die *Lernfähigkeit* für zukünftiges Verhalten verbessert werden soll, und wie sich das jeweilige Verhalten *begründet*. Demnach sind hier vor allem die folgenden Aspekte mit den jeweiligen Extremausprägungen von Bedeutung:[466]

I *Führungsverhalten*
   (1) geringer vs. hoher Partizipationsgrad
   (2) individuelle vs. gruppenorientierte Ausrichtung des Führungsverhaltens

II *Lernverhalten*
   (3) individueller vs. gruppenorientierter Bezug der Lernprozesse
   (4) Verhaltensentwicklung durch erhaltendes vs. veränderndes Lernen

III *Verhaltensbegründung*
   (5) formale vs. personale Begründung von Autorität
   (6) Misstrauens- vs. Vertrauensverhältnis

Die Interdependenzen zwischen den einzelnen Dimensionen werden in *Abbildung 7-53* verdeutlicht.

In dem hier vorzustellenden Profilierungsraster kann auch das aktuelle und intendierte Problemlösungsverhalten *einzelner Gruppen* im Krankenhaus erfasst werden, sodass eine Vergleichsmöglichkeit besteht.[467] Allerdings gestaltet sich die Positionierung in diesem Modul nicht nur auf Krankenhaus-, sondern auch auf Gruppenebene als schwierig. So unterscheiden sich die Verhaltensweisen verschiedener Organisations- bzw. Gruppenmitglieder voneinander, und darüber hinaus lassen sich auch einzelne Personen in der Regel nicht einem klaren Verhaltensmuster zuordnen. So kann beispielsweise eine Führungskraft gegenüber verschiedenen Mitarbeitern unter-

---

[465] Die operative Umsetzung konkreter Aufträge wird im Gegensatz zur operativen Entwicklung der Strategien nicht in diesem Modul behandelt. ⇨ Vgl. hierzu *Abschnitt 7.4.2*.
[466] Zu den folgenden sechs Punkten vgl. die von BLEICHER, Knut (1999), S. 391-404, aufgeführten acht Aspekte erwerbswirtschaftlicher Unternehmen. Die Dimension „Rollenverhalten" wurde hier nicht berücksichtigt, da sie keine „neuen" Profilierungsmöglichkeiten liefert. Die beiden hierzu von BLEICHER aufgeführten Ausprägungen wurden bereits in anderen Modulen behandelt (was teilweise auf die abweichende Einteilung des Moduls „Strategische Managementsysteme" zurückzuführen ist) bzw. werden als zusätzliche Aspekte innerhalb der anderen Dimensionen dieses Moduls erörtert. Daneben wurde die Reihenfolge der Bearbeitung geändert: Die Dimension „Lernverhalten" wurde vor die Dimension „Verhaltensbegründung" gezogen, da Letztere auch eine Begründung des Lernverhaltens einschließt. Zudem wurde der zweite Aspekt der Dimension „Verhaltensbegründung" durch einen anderen ersetzt. ⇨ Vgl. hierzu *Fußnote 488* auf *S. 298*.
[467] Vgl. BLEICHER, Knut (1999), S. 405.

schiedliche Führungsstile an den Tag legen.[468] Demnach geht es im Rahmen dieses Moduls vor allem um Tendenzaussagen.

Abbildung 7-53: Zusammenhang der Dimensionen strategischen Problemlösungsverhaltens

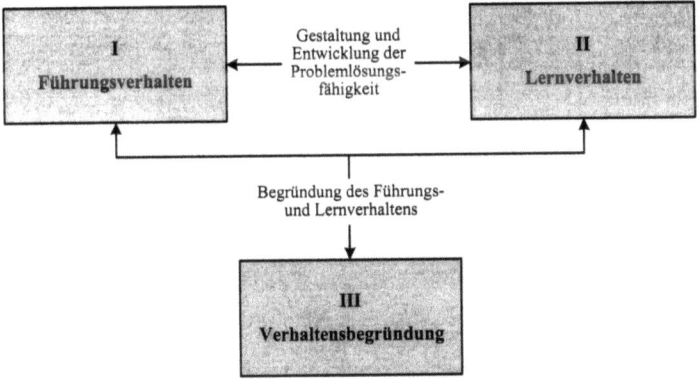

Eigene Darstellung.

7.3.5.2 Profilierung strategischen Problemlösungsverhaltens

I   Führungsverhalten

Das Führungsverhalten spielt im Rahmen strategischen Problemlösungsverhaltens eine herausragende Rolle. Hinsichtlich der Profilierungsmöglichkeiten in dieser Dimension ist vor allem von Bedeutung, in welcher Art und Weise die Mitarbeiter in strategische Problemlösungsprozesse involviert werden.

(1) Zunächst sollen die Charakteristika eines geringen und eines hohen *Partizipationsgrades* erörtert werden. Unter Partizipationsgrad ist hier das Ausmaß der Beteiligung von Organisationsmitgliedern an strategischen Entscheidungsprozessen zu verstehen.[469]

Bei einem geringen Partizipationsgrad treffen Führungskräfte Entscheidungen zumeist ohne Einbeziehung der Mitarbeiter und kontrollieren deren Einhaltung. Dies kann dazu führen, dass „selbst bei Mitarbeitern, die sich mit dem institutionellen Sinn des Krankenhauses identifizieren", Leistungsbereitschaft und Zufriedenheit zurückgehen.[470] Allerdings kann durch solche Einzelentscheidungen der Entscheidungsprozess häufig verkürzt werden, da keine weiteren Abstimmungen notwendig sind.

Das Management kann die Mitarbeiter jedoch auch aktiv in die strategischen Entscheidungsprozesse einbeziehen, um ihre Bedürfnisse und Erwartungen adäquat zu berücksichtigen sowie eine

---

[468] Vgl. STEYRER, Johannes (1996), S. 227, 229.
[469] Vgl. STAEHLE, Wolfgang H. (1994a), S. 508.
[470] Vgl. EICHHORN, Siegfried (1995b), S. 374-376, Zitat auf S. 374.

möglichst hohe Entfaltung ihrer Potenziale zu ermöglichen. Außerdem überprüfen die Führungskräfte die Zieleinhaltung gemeinsam mit den Mitarbeitern.[471]

(2) Das strategische Führungsverhalten im Krankenhaus kann zudem zwischen den Extremen einer Individual- und einer Gruppenorientierung eingeordnet werden.

Im ersten Fall dominiert eine *individuenorientierte* Personalentwicklung. Aufgabenstellungen und Ziele werden auf die Persönlichkeit des jeweiligen Organisationsmitgliedes zugeschnitten. Arbeitsinhalten wird dabei ein größerer Stellenwert zugeordnet als sozialen Interaktionsprozessen.[472]

Ein *gruppenorientiertes* Führungsverhalten ist insbesondere auf die Stärkung der Gruppenintegration ausgerichtet. Dabei versuchen Führungskräfte, die Beziehungen zum gesamten Team zu pflegen sowie die Kooperationsfähigkeit der Gruppenmitglieder zu fördern. Es werden vornehmlich Gruppenziele vereinbart, und auch die Beurteilung richtet sich nach dem Ergebnis der Gruppenleistung.[473]

Die beiden Extremausprägungen können – wie in *Abbildung 7-54* grafisch dargestellt – zu zwei idealtypischen Mustern verbunden werden. Auf der einen Seite werden vor allem die individuellen Leistungsbeiträge betont, die einseitig vom Management koordiniert werden; den Mitarbeitern werden hierbei kaum Partizipationsmöglichkeiten eingeräumt. Daher kann von einem *„patriarchalischen Führungsverhalten"* gesprochen werden. Auf der anderen Seite ergibt sich das Muster eines *„kooperativen Führungsverhaltens"*. Dabei vereinbaren die Führungskräfte gemeinsam mit den Mitarbeitern Gruppenziele. Sowohl hinsichtlich des Prozesses der Zielerreichung als auch bei dessen Kontrolle genießen die Teams weitgehende Freiheiten.[474]

In dieser Dimension erscheint eine krankenhausspezifische Positionierung in größerem Abstand von der Diagonalen lediglich in einer Richtung denkbar. So kann ein individuenorientiertes Führungsverhalten durchaus mit einer weitgehenden Mitarbeiterbeteiligung vereinbart werden. Allerdings besteht die Gefahr, dass die vielen Individualziele mit den Zielen des Krankenhausmanagements konfligieren und/oder die Belange bestimmter Mitarbeiter stärker berücksichtigt werden als die anderer. Dominiert dagegen ein gruppenorientiertes Führungsverhalten, dann können zwar die Gruppenziele vom Management vorgegeben werden, aber innerhalb des Teams besteht noch weitgehende Gestaltungsfreiheit. Die Autonomie der Gruppe kann dabei also lediglich durch restriktive Vorgaben eingeschränkt werden.

---

[471] Vgl. EICHHORN, Siegfried (1995b), S. 374-375.
[472] Vgl. BLEICHER, Knut (1999), S. 394-395.
[473] Vgl. BLEICHER, Knut (1999), S. 394-395; ULRICH, Peter/ FLURI, Edgar (1995), S. 226-228.
[474] Vgl. BLEICHER, Knut (1999), S. 394-395.

Theoretische Gestaltung des Krankenhausmanagementkonzeptes

Abbildung 7-54: Führungsverhalten

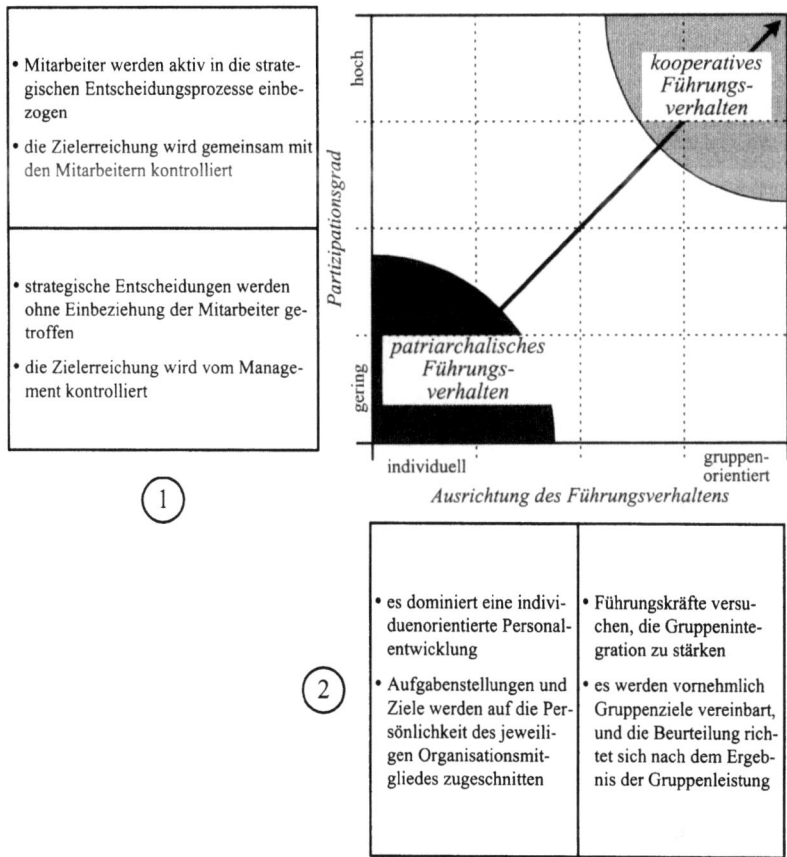

Eigene Darstellung in Anlehnung an BLEICHER, Knut (1999), S. 395.

II Lernverhalten

In strategischer Sicht ist Lernen auf die Entwicklung von Problemlösungsfähigkeiten sowie auf die Verbesserung der Lernfähigkeit („lernen zu lernen") ausgerichtet.[475] Bei einer krankenhausspezifischen Profilierung ist hierbei von Interesse, auf *wen* sich die Lernprozesse in erster Linie *beziehen* (Individuum oder Gruppe) und *was* die Lernprozesse vorrangig *bewirken* sollen (Vertiefung oder Erweiterung von Lerninhalten und -methoden). Die jeweiligen Ausprägungen dieser Aspekte müssen sich nicht widersprechen, sondern können oder sollen sich sogar ergänzen. So bilden individuelle Lernvorgänge die Grundlage jeglicher kollektiver Lernprozesse[476], und neues

---

[475] Vgl. BATESON, Gregory (1994), S. 228-232; BLEICHER, Knut (1999), S. 381, 400-401.

[476] Hierbei ist zu beachten, dass individuelle Lernprozesse zwar eine notwendige, aber keine hinreichende Bedingung für die Erklärung und Gestaltung kollektiver Lernvorgänge sind. Vgl. etwa HEIMERL-WAGNER, Peter/ EBNER, Heinz (1996), S. 384; REBER, Gerhard (1992), Sp. 1244.

Wissen muss vertieft werden, damit es sinnvoll zur Anwendung gelangen kann. Für die krankenhausspezifische Positionierung ist demnach die jeweilige *Schwerpunktsetzung* von Bedeutung – und dabei vor allem die Differenz zwischen Ist und Soll[477].

(3) Beim ersten Aspekt geht es um die Frage, ob in einem Krankenhaus das Gewicht stärker auf individuelle oder auf kollektive Lernprozesse gelegt wird bzw. gelegt werden soll.

Individuelle Lernvorgänge sind zumeist auf die Stärkung fachlicher Kompetenzen und Förderung technischer Fertigkeiten gerichtet. Die Organisationsmitglieder lernen hauptsächlich durch die eigene Ausübung bestimmter Tätigkeiten, Lesen von Fachliteratur sowie Teilnahme an Fort- und Weiterbildungsmaßnahmen.

Liegt der Fokus dagegen eher auf der Entwicklung *kollektiven Lernens*, dann werden verstärkt Kommunikationsmöglichkeiten mit Kollegen, Vorgesetzten, Patienten sowie sonstigen Bezugsgruppen wahrgenommen. Die Stärkung sozialer und kommunikativer Kompetenzen steht hierbei im Vordergrund. Dementsprechend werden vermehrt Seminare besucht, die eine Verbesserung der Kooperations- und Konfliktfähigkeit der Teilnehmer zum Ziel haben.[478]

(4) Die *Verhaltensentwicklung* (als zweiter Aspekt der Dimension „Lernverhalten") kann strategisch durch erhaltendes oder veränderndes Lernen erfolgen. Zu den Lerninhalten zählen dabei sowohl Fertigkeiten und Wissen als auch Werthaltungen und Wahrnehmungsmuster. Entscheidend sind aber weniger die Lerninhalte als die Verhaltensweisen, die durch die Lernprozesse ausgelöst werden.[479]

Sofern *erhaltendes Lernverhalten* im Krankenhaus dominiert, werden Wissensbestände sowie Wertvorstellungen bei den Mitarbeitern gefestigt. Dies kommt dem Wunsch nach Sicherheit entgegen und kann sich positiv auf das Selbstbewusstsein der Organisationsmitglieder auswirken. Je dynamischer aber die Umwelt ist, desto weniger eignet sich dieses Lernverhalten. So wird hauptsächlich im Rahmen bestehender Denkmuster gelernt, was dazu führt, dass Werte und Normen nicht hinterfragt sowie Probleme nur einseitig von den Mitarbeitern wahrgenommen werden.[480]

Veränderndes Lernverhalten zeichnet sich dadurch aus, dass Werte und Normen sowie gewohnte Problemlösungswege, subjektive Wahrnehmungsmuster und auch das bisherige Lernverhalten immer wieder kritisch hinterfragt werden. Zudem werden gegebene Wissensbestände infrage gestellt und überholtes Wissen bewusst *verlernt*[481]. Ein solches Lernverhalten setzt voraus, dass Unsicherheit und Instabilität als gegebene Faktoren akzeptiert werden.[482] Eine Positionierung in dem Spannungsfeld zwischen erhaltendem und veränderndem Lernverhalten wird dadurch erschwert, dass nicht nur die Denk- und Verhaltensmuster von Gruppe zu Gruppe und von Person

---

[477] Vgl. BLEICHER, Knut (1999), S. 401.
[478] Vgl. BLEICHER, Knut (1999), S. 402.
[479] Vgl. BLEICHER, Knut (1999), S. 401.
[480] Vgl. BLEICHER, Knut (1999), S. 401-402; vgl. auch BELLABARBA, Julia (1996), S. 15-16, 19.
[481] Zu organisationalem Verlernen vgl. THOMMEN, Jean-Paul (1996d), S. 247-270.
[482] Vgl. BLEICHER, Knut (1999), S. 402-403.

zu Person variieren, sondern auch eine Person hinsichtlich verschiedener Lerninhalte beide Extremausprägungen in sich vereinen kann. Dabei ist beispielsweise an einen Arzt zu denken, der seine medizinischen Kenntnisse stets kritisch reflektiert und gegebenenfalls erweitert, dessen Führungsstil aber auf einem reduktionistischen Menschenbild aufbaut, das von ihm nicht hinterfragt wird.

Verbindet man die beiden Extremausprägungen, dann lassen sich – wie in *Abbildung 7-55* dargestellt – zwei idealtypische Muster unterscheiden. Dominiert das *„erhaltende Individuallernen"*, dann soll die Problemlösungsfähigkeit vor allem dadurch gesteigert werden, dass die Mitarbeiter in individuellen Lernprozessen ihre Wissensbestände festigen. Im Gegensatz dazu kann von einem *„verändernden Gruppenlernen"* gesprochen werden, wenn durch kollektive Lernprozesse ein kritisches, qualitativ erweiterndes Lernverhalten angestrebt wird.[483]

Abbildung 7-55: Lernverhalten

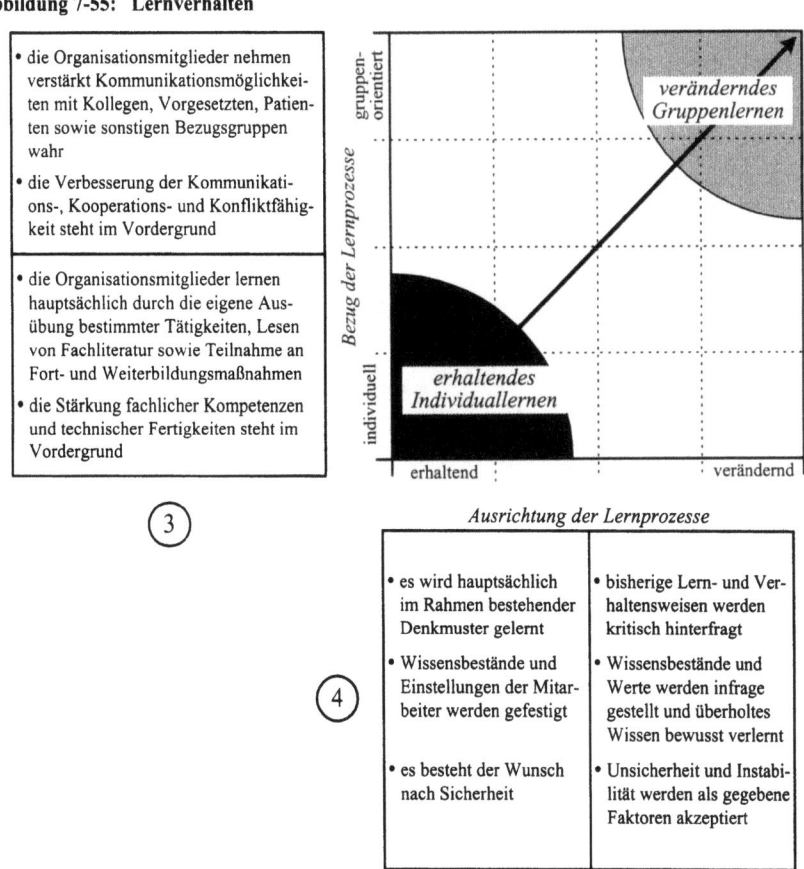

Eigene Darstellung in Anlehnung an BLEICHER, Knut (1999), S. 402.

---

[483] Vgl. BLEICHER, Knut (1999), S. 403.

Die Positionierungsmöglichkeiten sind in dieser Dimension weit gestreut. So kann beispielsweise bei kollektiven Lernprozessen ein Konformitätsdruck aufgebaut werden, der dazu führt, dass abweichende Lern- und Verhaltensmuster unerwünscht werden.[484] Aber auch starke Subkulturen, die sich durch ein homogenes Werte- und Normenverständnis auszeichnen[485], können zu einem einseitig ausgerichteten Lernverhalten ihrer Mitglieder führen. Es ist jedoch ebenso denkbar, dass einzelne Mitarbeiter Lerninhalte und -methoden ohne soziale Interaktionsprozesse ständig kritisch hinterfragen. Hierbei taucht allerdings das Problem begrenzter individueller Wahrnehmungsfähigkeit auf.

III Verhaltensbegründung

Das Führungs- und Lernverhalten bedarf letztlich einer Begründung, die geeignet ist, die angestrebte strategische Verhaltensentwicklung zu fördern.[486] Hierbei spielt Macht eine entscheidende Rolle, da es zumeist die Machthaber sind, die den Anstoß für organisations- oder gruppenweite Verhaltensänderungen geben. Zu den Machthabern zählen nicht nur die Führungskräfte, sondern alle Mitarbeiter, die über knappe Ressourcen verfügen – wie bestimmte Kompetenzen und Informationen. Somit kommt den Machtverhältnissen sowohl in Führungs- als auch in Lernsituationen eine hohe Bedeutung zu. In dieser Dimension ist nun von Interesse, wie sich das Verhalten der Machtunterworfenen begründet.[487] Dabei ist entscheidend, worauf die Autorität der Machthaber basiert und ob Vertrauen zwischen Machtunterworfenen und Machthabern besteht.[488]

(5) Die *Grundlage der Autorität* kann in den Extremen rein *formaler* oder rein *personaler* Natur sein.

Im ersten Fall ist die Autorität an die Position gebunden, die eine Person im Krankenhaus einnimmt (Amtsautorität). Der Umfang des Machtbereiches hängt dabei von der Stellung in der Hierarchie sowie von der Bedeutung der Position im Rahmen der organisatorischen Aufgabenerfüllung ab.[489]

Im zweiten Fall beruht die Autorität auf bestimmten persönlichen Eigenschaften. Eine Person kann z. B. dann Autorität erlangen, wenn sie sich durch herausragenden Sachverstand, strategi-

---

[484] Zu diesem Phänomen, das auch als „Groupthink" bezeichnet wird, vgl. EISENFÜHR, Franz/ WEBER, Martin (1999), S. 312.

[485] ⇔ Vgl. *Abschnitt 7.2.5*, insbesondere Dimension „*III Stärke der Krankenhauskultur*" (S. 236-238).

[486] Vgl. BLEICHER, Knut (1999), S. 392.

[487] Durch die Begriffe „Machthaber" und „Machtunterworfener" soll eine Dualität aufgezeigt werden, die nicht mit den Bezeichnungen „Führungskraft" und „Mitarbeiter" gleichzusetzen ist. Zu den Machtbegriffen vgl. STAEHLE, Wolfgang H. (1994a), S. 378.

[488] In dieser Dimension wird von BLEICHERs Einteilung insofern abgewichen, als dass beide Aspekte aus den Machtverhältnissen im Krankenhaus abgeleitet und keine unterschiedlichen Betrachtungsperspektiven hergestellt werden. BLEICHER führt neben den Autoritätsformen den Delegationsgrad (bzw. die Größe des Verantwortungsbereiches der Mitarbeiter) als zweiten Aspekt an. Damit wird die Autoritätsbegründung aus Sicht der Mitarbeiter und die Delegationsbegründung aus Sicht der Führungskräfte vorgenommen. Vgl. BLEICHER, Knut (1999), S. 398-399.

[489] Vgl. STAEHLE, Wolfgang H. (1994a), S. 378.

sche Fähigkeiten oder besondere soziale Kompetenz auszeichnet, wenn sie über Informationen verfügt, die von anderen Organisationsmitgliedern geschätzt werden, oder wenn sie eine charismatische Ausstrahlung besitzt.[490]

(6) Neben der Autoritätsfrage ist bei der Verhaltensbegründung auch die *Vertrauenshaltung* von Bedeutung, die Machtunterworfene gegenüber den Machthabern einnehmen.

Haben die Machtunterworfenen beispielsweise den Eindruck, dass ihnen bewusst wichtige Informationen vorenthalten oder falsche Informationen übermittelt werden, dann formt sich ein *Misstrauensverhältnis* heraus. Dies kann auch dann der Fall sein, wenn die Machtunterworfenen den Machthabern die notwendige Kompetenz absprechen oder ihnen eigennütziges Verhalten unterstellen.

Ein *Vertrauensverhältnis* liegt vor, wenn die Machtunterworfenen der Auffassung sind, dass die Machthaber um gutes und gerechtes Handeln bemüht sind. Vertrauen kann sich z. B. durch die Gutgläubigkeit von Mitarbeitern einstellen („blindes Vertrauen"), worauf jedoch in der Regel kein dauerhaftes Vertrauensverhältnis aufgebaut werden kann. Hierfür ist vielmehr notwendig, dass die Machthaber ihr Handeln zumindest begründen und mit den Betroffenen im Dialog stehen.

Verbindet man die beiden Extremausprägungen, dann lassen sich zwei typische Muster unterscheiden, die in *Abbildung 7-56* grafisch hervorgehoben sind. Auf der einen Seite ist ein ausgeprägtes Misstrauensverhältnis mit einer institutionell begründeten Autorität verknüpft. Die Machtunterworfenen misstrauen danach den Handlungen der Personen, die nur qua Position über Machtmittel verfügen. Dieses Muster kann als *„institutionell begründetes Misstrauensverhältnis"* bezeichnet werden. Beruht die Autorität der Machthaber dagegen auf persönlichen Eigenschaften und vertrauen die Machtunterworfenen den Entscheidungen der Machthaber, dann kann von einem *„persönlichen Vertrauensverhältnis"* gesprochen werden.

In dieser Dimension sind größere Abweichungen von der Diagonalen möglich. So können Mitarbeiter beispielsweise zu Personen, die aufgrund fachlicher Kompetenz über eine gewisse Autorität verfügen, eine misstrauische Haltung aufbauen, wenn sie der Ansicht sind, von ihnen bewusst falsch oder unzureichend informiert zu werden. Umgekehrt kann auch eine institutionell begründete Autorität mit einer Vertrauenshaltung in Verbindung gebracht werden. Dies ist z. B. dann der Fall, wenn Mitarbeiter formale Machtgrundlagen akzeptieren, weil sie von der Ehrlichkeit und dem guten Willen der Machthaber überzeugt sind.

---

[490] Vgl. BLEICHER, Knut (1999), S. 398; STAEHLE, Wolfgang H. (1994a), S. 378.

Abbildung 7-56: Verhaltensbegründung

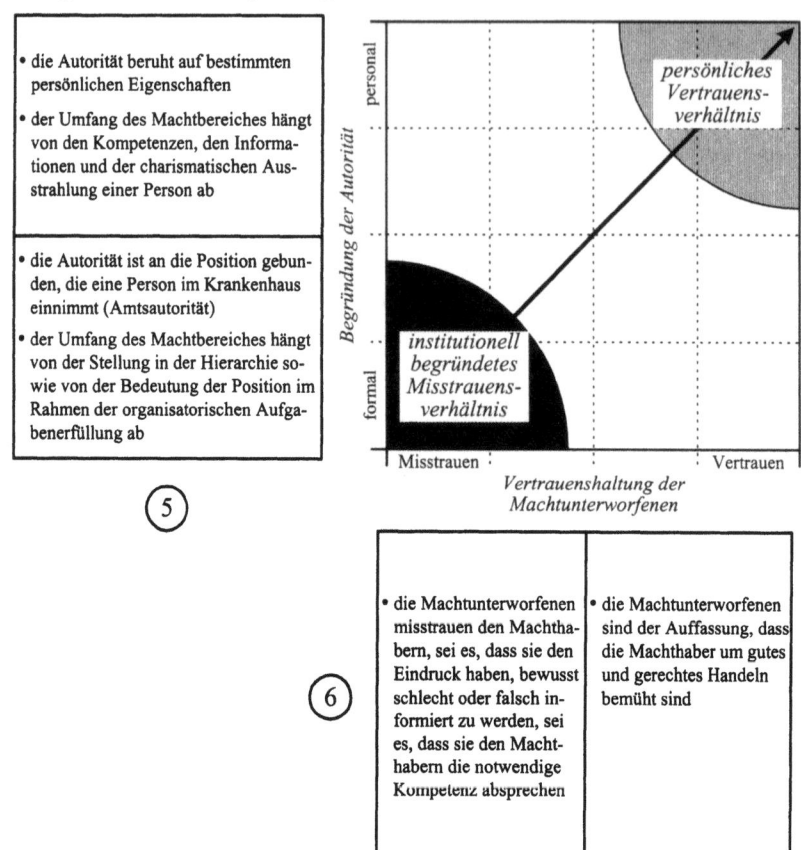

Eigene Darstellung in Anlehnung an BLEICHER, Knut (1999), S. 400.

7.3.5.3 Gesamtzusammenhang der Profilierung strategischen Problemlösungsverhaltens

Die sechs Muster der Profilierung strategischen Problemlösungsverhaltens können, wie in *Abbildung 7-57* dargestellt, zu einem integrierten Konzept zusammengefügt werden. Hierbei lassen sich zwei typische Grundmuster unterscheiden: ein *direktives Problemlösungsverhalten* (dargestellt durch den inneren Kreis) und ein *kollektives Problemlösungsverhalten* (dargestellt durch die äußeren Teilkreise), zwischen denen jeweils eine krankenhausspezifische Positionierung stattfinden kann.

Von einem *direktiven Problemlösungsverhalten* im Krankenhaus kann dann gesprochen werden, wenn soziale Interaktionen weitgehend geregelt sowie auf ein notwendiges Maß eingeschränkt werden sollen. Führungskräfte, die qua Amt über ein Machtpotenzial verfügen, fördern hierbei weder kollektive Problemlösungs- und Lernprozesse, noch beziehen sie Mitarbeiter in Entscheidungsprozesse ein. So zeichnet sich das Verhältnis zwischen den Organisationsmitgliedern durch eine gegenseitige Misstrauenshaltung aus, die u. a. dazu führt, dass größeren Veränderungen im Rahmen von Problemlösungs- und Lernprozessen skeptisch begegnet wird.

Charakteristisch für ein *kollektives Problemlösungsverhalten* ist vor allem ein weitgehendes Vertrauensverhältnis zwischen den Organisationsmitgliedern. Dies wird durch einen partizipativen und gruppenorientierten Führungsstil sowie kollektive Lernprozesse gefördert. Zudem dominiert die Auffassung, dass Autorität weniger auf Positionen als auf persönlichen Eigenschaften beruht. So sollen sich die Mitarbeiter entsprechend ihrer fachlichen und sozialen Kompetenzen in strategische Problemlösungsprozesse einbringen können. Da hierbei stets das bessere Argument entscheidend sein sollte, werden herkömmliche Problemlösungswege und aktuelle Wissensbestände permanent infrage gestellt und gegebenenfalls überarbeitet bzw. verändert.

Abbildung 7-57: **Profil des strategischen Problemlösungsverhaltens**

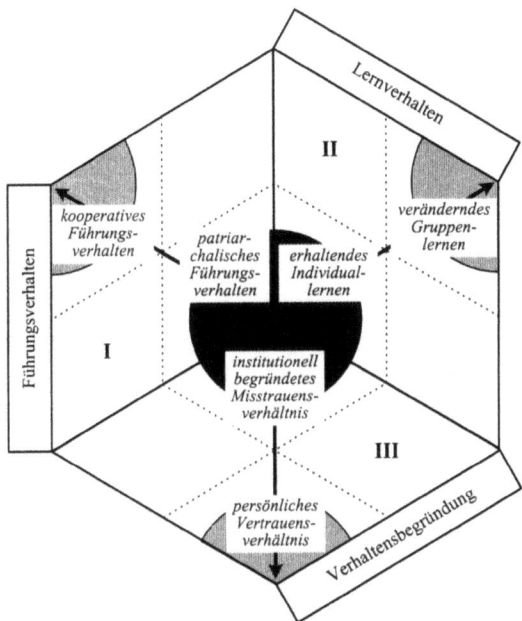

Eigene Darstellung.

Nach der Darstellung der konzeptionell geprägten normativen sowie strategischen Managementdimensionen geht es im folgenden Abschnitt um deren operative Umsetzung.

7.4 Operatives Krankenhausmanagement

7.4.1 Die drei Module der operativen Managementebene

Der Übergang vom strategischen zum operativen Management ist ebenso wie der vom normativen zum strategischen fließend. Die gedankliche Trennung dieser Ebenen dient in erster Linie dazu, die Darstellung des Konstrukts „Krankenhausmanagement" zu vereinfachen. Dabei darf aber nicht übersehen werden, dass sich zwischen den einzelnen Managementdimensionen vielfältige Rückkopplungsprozesse vollziehen. So sind einerseits konzeptionelle Vorgaben normativer und strategischer Art wegweisend für operative Dispositionen.[491] Andererseits können sich aber unplanbare oder schlichtweg nicht antizipierte Ereignisse als Hindernisse für die Vorgabenrealisierung erweisen, sodass Strategien oder gar konstitutive Wertvorstellungen des Krankenhauses überdacht und gegebenenfalls überarbeitet werden müssen.[492]

Im Gegensatz zum normativen und strategischen Management geht es auf der operativen Ebene nicht mehr um die langfristige Rahmengestaltung, sondern um den kurzfristigen *Vollzug* situativen Führungsgeschehens bzw. um die Realisierung normativer und strategischer Vorgaben.[493] Aus diesem Grund werden in diesem Abschnitt auch keine Profilierungsmöglichkeiten hinsichtlich verschiedener Managementaspekte aufgeführt.[494] Es sollen vielmehr die Interdependenzen zwischen den Managementebenen sowie die allgemeine Bedeutung des operativen Managements hervorgehoben werden. Bevor nun näher auf die drei operativen Managementmodule eingegangen wird[495], sollen diese zunächst mit ihren wesentlichen Beziehungen zu den anderen Managementmodulen skizziert werden.

Im Mittelpunkt des operativen Krankenhausmanagements stehen konkrete *Aufträge*, mit deren Hilfe krankenhauspolitische Missionen und strategische Programme möglichst effizient umgesetzt werden sollen. Durch Aufträge werden Prozesse ausgelöst, die in spezifische *Prozessstrukturen* eingebettet sind und über *Dispositionssysteme* gesteuert werden. Die Gestaltung dieser Strukturen und Systeme ist vor allem von den Vorgaben abhängig, die sich aus den jeweiligen Profilen der Krankenhausverfassung, der Organisationsstrukturen und der strategischen Managementsysteme ergeben. Zudem sind die Ausgestaltung der strukturellen Umsetzungshilfen sowie die Art der Aufträge mit dem *Leistungs- und Kooperationsverhalten* der Organisationsmitglieder zu harmonisieren; schließlich erfolgt hierüber der Vollzug operativer Handlungen. Damit das Krankenhaus in die gewünschte Richtung gelenkt werden kann, ist eine angemessene interne sowie externe Kooperation und Kommunikation herzustellen. Dieser Prozess wird wiederum

---

[491] ⇨ Vgl. hierzu auch *Abbildung 7-58* auf *S. 303*.
[492] Vgl. BLEICHER, Knut (1999), S. 74, 436-437.
[493] Vgl. BLEICHER, Knut (1999), S. 74.
[494] Dies schließt nicht die Möglichkeit aus, auch operative Klassifikationsraster zu erarbeiten. Allerdings kann dies besser krankenhaus*spezifisch* erfolgen, weil so stets der konkrete Anwendungskontext berücksichtigen werden kann.
[495] BLEICHER behandelt die operative Managementebene, ohne auf die einzelnen Module separat einzugehen. Vgl. BLEICHER, Knut (1999), S. 435-454.

stark durch das strategische Problemlösungsverhalten sowie durch die formierte Krankenhauskultur und -philosophie geprägt.

Abbildung 7-58 zeigt die Stellung der operativen Ebene im Krankenhausmanagementkonzept sowie die Zuordnung der Managementfunktionen „Gestaltung", „Lenkung" und „Entwicklung" zu den einzelnen Managementebenen grafisch auf. Hierbei muss allerdings angemerkt werden, dass eine solche Zuordnung der Managementfunktionen auf die Managementebenen nur aus einer Gesamtsicht erfolgen kann. Gestaltung, Lenkung und Entwicklung finden – der Definition aus *Abschnitt 2.1.1* folgend – auf allen Managementebenen statt; die Lenkung kann jedoch „als traditionelle Kernaufgabe operativen Managements" angesehen werden.[496] Dabei wird deutlich, dass letztlich durch die operative Lenkung die Impulse gegeben werden, die notwendig sind, um die konzeptionelle Gestaltung in Einzelmaßnahmen umzusetzen und damit Einfluss auf die Krankenhausentwicklung auszuüben.[497]

Abbildung 7-58: Die operative Ebene im Krankenhausmanagementkonzept

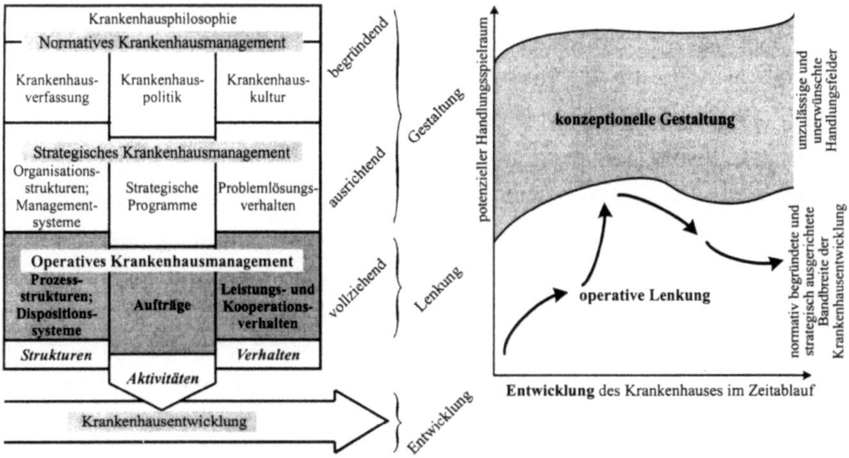

Eigene Darstellung in Anlehnung an BLEICHER, Knut (1999), S. 155.

Analog der Vorgehensweise in den beiden anderen Managementebenen wird nun zunächst das aktivitätsbezogene Modul „Aufträge" erörtert, danach das strukturelle Modul „Prozessstrukturen und Dispositionssysteme" und schließlich das verhaltensbezogene Modul „Leistungs- und Kooperationsverhalten".

---

[496] Vgl. BLEICHER, Knut (1999), S. 154-156, 447-448, Zitat auf S. 439.
[497] Vgl. BLEICHER, Knut (1999), S. 439.

7.4.2 Aufträge im Krankenhaus

Aufträge stellen den Kern operativen Krankenhausmanagements dar. Dabei ist der Auftragsbegriff in einem weiten Sinne zu verstehen. So fallen hierunter nicht nur Aufträge externer Kunden, sondern auch interne Aufträge, die z. B. von einer Krankenhausabteilung an eine andere erteilt werden.[498] Zudem muss ein Auftrag nicht zwangsläufig von einer anderen Person, Abteilung oder Institution vergeben werden; man kann sich auch selbst einen konkreten Auftrag erteilen. Nur durch dieses weite Auftragsverständnis kann auch eine Führungsart wie die delegative Führung erfasst werden, nach der die Mitarbeiter innerhalb eines vereinbarten Handlungsspielraumes Entscheidungen selbstständig treffen.[499] Des Weiteren können Aufträge danach unterschieden werden, ob sie aus einem strategischen Programm abgeleitet, aus dem Alltagsgeschäft heraus vergeben oder durch bestimmte unvorhersehbare Zwischenfälle ausgelöst werden.

Auf die unterschiedlichen Auslösungsfaktoren und Folgehandlungen soll anhand eines idealtypischen operativen Problemlösungsprozesses eingegangen werden. Hierbei können analog zum strategischen Problemlösungsprozess[500] folgende Phasen unterschieden werden:

(1) Problemerkennung und -definition,

(2) Bildung und Bewertung von Alternativen,

(3) Auswahl einer Alternative (= Auftrag[501]),

(4) Auftragsumsetzung sowie

(5) Kontrolle der Auftragsumsetzung.

In der Praxis sind operative Problemlösungsprozesse durch eine Vielzahl von Rückkopplungen überlagert. Zwar wird ein Auftrag stets durch die Wahrnehmung eines operativen Problems ausgelöst, aber es folgt nicht auf jede Problemerkennung auch ein Auftrag. Des Weiteren können die ersten drei Phasen zusammengefasst werden, wenn ein Problem bereits in Auftragsform vorliegt, das heißt, in Phase (4) nur noch zwischen Annahme und Ablehnung eines Auftrags zu entscheiden ist. Schließlich können bei einem Notfall häufig die einzelnen Phasen nicht ausführlich bearbeitet werden, sodass auf die Problemerkennung direkt eine Reaktion erfolgt, die bereits als Auftragsumsetzung zu bezeichnen ist.

Je nach Ort der Auftragsveranlassung können externe und interne Aufträge unterschieden werden. Zu *externen* Aufträgen zählen beispielsweise Einweisungen von Patienten, die Erstellung von Arztbriefen für einweisende Ärzte oder Budgetverhandlungen mit Krankenkassen. Nach dem hier zugrunde gelegten Begriffsverständnis ist dabei nicht entscheidend, wer die jeweiligen Aufträge erteilt, sondern durch wen sie veranlasst werden. So zählen Maßnahmen der Öffentlichkeitsarbeit auch dann zu externen Aufträgen, wenn sie keine reine Reaktion auf gesellschaftliche Anfragen darstellen, sondern aus einem normativen Kommunikationsverständnis oder einer

---

[498] Vgl. BRAUN, Günther E. (1998), S. 26.
[499] Zur delegativen Führung vgl. WUNDERER, Rolf/ ARX, Sabina von (1998), S. 199.
[500] ⇔ Vgl. *Abschnitt 7.3.5.1.*
[501] Lediglich die Wahl der Unterlassungsalternative stellt keinen Auftrag dar.

offensiven Marketingstrategie abgeleitet werden und der Befriedigung latenter Informationsbedürfnisse dienen. Ein *interner* Auftrag kann etwa von einer bettenführenden Abteilung an das Labor (z. B. Blutuntersuchung), vom Verwaltungsleiter an die Controllingabteilung (z. B. Erstellung einer Investitionsrechnung) oder von einem Arzt an sich selbst (z. B. Notfallbehandlung eines Patienten[502]) erteilt werden.

Durch einen Auftrag wird also ein konkreter *Prozess* ausgelöst. Am Anfang dieses Prozesses steht die Frage, ob der Auftrag überhaupt angenommen werden soll – und falls ja, von wem. Demnach kann der Auftrag als ein Kommunikationsmedium verstanden werden, das dazu dient, Absichten mit Entscheidungen zu verbinden. Wird der Auftrag angenommen, dann kann der Prozess fortgeführt, das heißt mit der Realisierung begonnen werden. Allerdings ist der Auftrag während der gesamten Prozessdauer immer wieder zu überprüfen, gegebenenfalls zu konkretisieren oder gar zu modifizieren.[503]

In Krankenhäusern laufen täglich diverse Prozesse nebeneinander ab. Auf der operativen Ebene des Krankenhausmanagementkonzeptes sind dabei nicht die konkreten Ausführungsaktivitäten von Bedeutung, sondern die allgemeinen Möglichkeiten des Managements, eine effiziente Leistungserbringung zu fördern. Innerhalb des Moduls „Aufträge im Krankenhaus" geht es um die *Art der Auftragsgestaltung*, von der der Verlauf sowie die Koordination der einzelnen Prozesse in entscheidendem Maße abhängen. Dabei spielen der Konkretisierungsgrad, die Flexibilität sowie das Ausmaß der Berücksichtigung von Interdependenzen eine wesentliche Rolle[504]:

- Ein hoher Konkretisierungsgrad verschafft den Auftragnehmern Klarheit, lässt ihnen aber bei der Umsetzung weniger Freiheiten.
- Eine flexible Ausgestaltung der Aufträge ermöglicht permanente Anpassungen, kommt aber nicht dem Wunsch nach Stabilität und Sicherheit nach.
- Die Berücksichtigung vieler Interdependenzen zwischen den Prozessen trägt zur Vermeidung unnötiger Redundanzen bei, verlängert aber in der Regel den Prozess der Entscheidungsfindung.

Da alle Ausprägungen mit Vor- und Nachteilen verbunden sind, ist bei der Auftragsgestaltung stets der Kontext näher zu betrachten. Zu berücksichtigen sind etwa die Bedeutung, Dringlichkeit und Dauer der Aufträge sowie die Einhaltung normativer und strategischer Vorgaben. Außerdem sollte man bei der Auftragsdefinition darauf achten, dass sie als Sollvorstellung den Ausgangspunkt für die Umsetzungskontrolle darstellt.

Wie die beiden nächsten Abschnitte zeigen, hat das Management nicht nur die Möglichkeit, Aufträge unterschiedlich zu gestalten, sondern es kann zudem durch strukturelle und verhaltensbezogene Maßnahmen Einfluss auf die Leistungserbringung ausüben.

---

[502] Nach dem Verständnis dieser Arbeit fällt die therapeutische Behandlung von Patienten unter die Kategorie *interner* Aufträge, da Patienten in dem Zeitraum, in dem sie sich im Krankenhaus befinden, als interne Anspruchsgruppe betrachtet werden. ⇨ Vgl. *Abschnitt 5.3.3*.
[503] Vgl. GROSSMANN, Ralph (1993a), S. 52-53.
[504] ⇨ Zudem ist der jeweilige Partizipationsgrad bei der Formulierung der Aufträge zu berücksichtigen, auf den aber erst im Rahmen des Moduls „Leistungs- und Kooperationsverhalten" *(Abschnitt 7.4.4)* eingegangen wird.

7.4.3 Prozessstrukturen und Dispositionssysteme im Krankenhaus

In diesem Modul stehen die strukturelle Gestaltung, Koordination und Kontrolle von Krankenhausprozessen im Vordergrund. Welche Möglichkeiten dem Management dabei potenziell zur Verfügung stehen, ist abhängig von der Art der Aufträge, durch die letztlich die Prozesse in Gang gesetzt werden. Hierbei können – wie in *Abbildung 7-59* auf S. *307* dargestellt – geplante, nicht planbare und nur zeitlich nicht planbare Einzelaufträge sowie regelmäßig anfallende Aufträge unterschieden werden. Die Übergänge zwischen diesen Auftragsarten sind fließend.

Bei *regelmäßig anfallenden* Aufträgen gleicher oder ähnlicher Art können bereits auf strategischer Ebene klare Prozessstrukturen festgelegt werden. Dementsprechend ist die Ablauforganisation vieler diagnostischer, therapeutischer, pflegerischer und sonstiger Leistungsprozesse im Krankenhaus weitgehend planbar[505], sie muss jedoch im operativen Bereich stets noch an die situativen Bedingungen angepasst werden. So führen Störungen und Komplikationen im Prozessablauf zu „spontanen" Einzelaufträgen. Sind solche Zwischenfälle prinzipiell vorhersehbar, jedoch im *Zeitpunkt nicht festlegbar*, dann können im Rahmen eines Risikomanagements präventiv Dispositionssysteme entwickelt werden (wie Notfallprogramme im OP, Katastrophenpläne etc.).[506] Bei *nicht antizipierbaren* Aufträgen bzw. Ereignissen hängt der weitere Prozessverlauf vor allem von der verbleibenden Zeit für die Auftragserfüllung ab. Dabei stellt sich die Frage, ob der Auftrag umgehend erledigt werden muss oder ob noch ausreichend Zeit bleibt, den Prozess präzise zu planen. Hinsichtlich des ersten Falles ist es Aufgabe des Managements, sich selbst und die Mitarbeiter bestmöglich auf angemessenes Reagieren in unbekannten Situationen vorzubereiten.[507] Im zweiten Fall können Prozessstrukturen und Dispositionssysteme aufgebaut werden, die die Auftragserledigung – im Rahmen der relativ dauerhaften Organisationsstrukturen – regeln. Diese *geplanten* Einzelaufträge können sich auf kurz- oder längerfristige Projekte beziehen. Beispielsweise ist eine Operation, die nicht in den Routinebereich fällt[508], ein kurzfristiges Projekt. Dagegen ist die Organisation von Fortbildungsmaßnahmen, in denen Mitarbeiter in einem Zeitraum von zweieinhalb Jahren auf das neue Krankenhausentgeltsystem vorbereitet werden, als langfristiges Projekt aufzufassen.[509]

---

[505] ⇔ Zur Ablauforganisation vgl. *Abschnitt 7.3.3.1.* Zur Darstellung verschiedener Leistungsprozesse im Krankenhaus vgl. SIDAMGROTZKI, Edgar (1994), S. 263-270.

[506] Zu präventiven Ansätzen des Risikomanagements im Krankenhaus vgl. WIEDENSOHLER, Ralph (2000), S. 1165-1167.

[507] Dies kann z. B. durch die Teilnahme an Seminaren in „kreativem Denken" oder durch „Simulationsspiele" erfolgen. Allerdings sind solche Maßnahmen eher dem Modul „Strategisches Problemlösungsverhalten" zuzuordnen. ⇔ Vgl. *Abschnitt 7.3.5.*

[508] Routineoperationen gelten als regelmäßig anfallende Aufträge.

[509] Der Übergang zu Personalentwicklungsmaßnahmen im Rahmen strategischer Managementsysteme ist hierbei wieder fließend.

Theoretische Gestaltung des Krankenhausmanagementkonzeptes 307

Abbildung 7-59: Auftragsarten und strukturelle Möglichkeiten

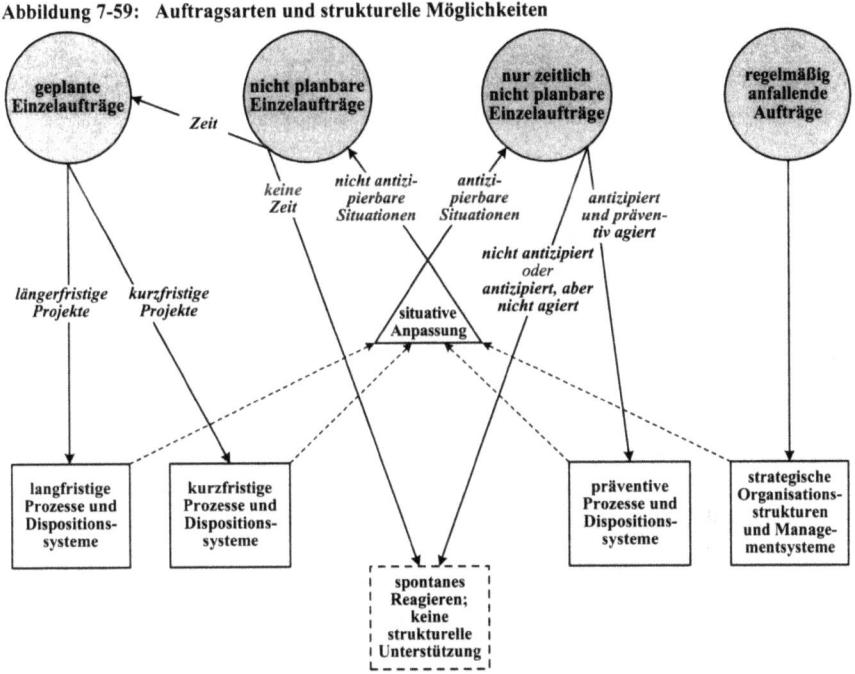

Eigene Darstellung.

Die Inhalte der Rechtecke in *Abbildung 7-59* zeigen, dass die Bereiche des strategischen und operativen Managements ineinander übergehen: Neben den Organisationsstrukturen und Managementsystemen können die langfristigen Prozesse und Dispositionssysteme der strategischen Ebene zugeordnet werden. Die strukturellen Möglichkeiten im operativen Bereich beschränken sich auf die Erarbeitung kurzfristiger Prozessstrukturen und Dispositionssysteme. Eine klare Zuordnung von Projekten in den kurz- oder langfristigen Bereich ist jedoch häufig nicht möglich. Die präventiven Dispositionssysteme wurden in der Abbildung hinsichtlich ihrer zeitlichen Ausrichtung nicht weiter unterschieden. Kurzfristige präventive Dispositionssysteme wären demnach der operativen, langfristige der strategischen Ebene zuzuordnen. Allerdings sind auch hier die Übergänge fließend. Daher wird in den folgenden Ausführungen nicht zwischen lang- und kurzfristigen Prozessstrukturen und Dispositionssystemen differenziert.

Prozessstrukturen und Dispositionssysteme können als Fortsetzung oder Konkretisierung der strategischen Managementsysteme und Organisationsstrukturen aufgefasst werden. Sie dienen der zeitlichen und räumlichen Prozessgestaltung, der Koordination parallel ablaufender Prozesse sowie der Prozesskontrolle. Zudem sollen sie gewährleisten, dass die für die Leistungsprozesse notwendigen Ressourcen zur richtigen Zeit, am richtigen Ort, in der richtigen Menge und Qualität sowie möglichst kostengünstig bereitgestellt werden. Zu den Ressourcen zählen Personal,

Informationen, Know-how, Technologien, Materialien, Energien, Finanzen, Gebäude und Räume.[510]

7.4.4 Leistungs- und Kooperationsverhalten im Krankenhaus

Im Rahmen des operativen Krankenhausmanagements kommt dem Leistungs- und Kooperationsverhalten eine besondere Bedeutung zu, da normative und strategische Vorhaben nur dann umgesetzt werden können, wenn die dafür notwendige Leistungs- und Kooperationsbereitschaft sowie -fähigkeit bei der überwiegenden Mehrheit der beteiligten Personen vorhanden ist. Dabei ist nicht nur das Verhalten der Führungskräfte und Mitarbeiter ausschlaggebend, sondern – aufgrund der vielen beiderseitig personenbezogenen Krankenhausleistungen – auch das Verhalten der Patienten.

Innerhalb dieses Managementmoduls spielt das *operative Führungsverhalten* eine wesentliche Rolle, weil davon maßgeblich die Art der Auftragsgestaltung, der Einsatz struktureller Maßnahmen, das Betriebsklima sowie die Leistungs- und Kooperationsbereitschaft der Mitarbeiter bei der Auftragsrealisierung abhängen. Zudem hat das Mitarbeiterverhalten Auswirkungen auf das Verhalten der Patienten. Im Fokus operativen Führungsverhaltens steht daher die *Förderung der Leistungs- und Kooperationsbereitschaft sowie -fähigkeit* der Mitarbeiter. Wie diese Potenziale gefördert werden (sollen), ist abhängig von der Ausprägung der Krankenhauskultur und des strategischen Problemlösungsverhaltens sowie vom jeweiligen Kontext. Dabei sind u. a. folgende Aspekte relevant:

- das *Vorleben* geforderter Verhaltensweisen seitens des Managements,
- der *Partizipationsgrad* bei der Auftragsformulierung und Gestaltung der Prozessstrukturen,
- die Machtbeziehungen zwischen Vorgesetzten und Untergebenen und vor allem der *Machteinsatz*,
- die *Förderung von Kontakt- und Kommunikationsmöglichkeiten* innerhalb der Mitarbeiterschaft sowie zwischen Mitarbeitern und Patienten,
- der *Umgang mit Konflikten* und
- die *Stärkung der Kompetenzen* der Mitarbeiter (Fach-, Selbst- und Sozialkompetenz).

Im Folgenden wird auf die Krankenhausentwicklung eingegangen, die den dynamischen Aspekt betont. Zwar ist diese Entwicklungsdimension bereits implizit in den dargestellten Managementmodulen behandelt worden, doch sind aus einer explizit dynamischen Betrachtung weitere Erkenntnisfortschritte zu erwarten.

---

[510] Zum operativen Ressourcenmanagement vgl. vertiefend SIDAMGROTZKI, Edgar (1994), S. 223-261.

7.5 Krankenhausentwicklung

7.5.1 Grundlagen der Krankenhausentwicklung

Der Begriff „Krankenhausentwicklung" umfasst hier die in einem Krankenhaus im Zeitablauf erfolgenden Veränderungsprozesse. Die Krankenhausentwicklung ist einerseits als Ergebnis des täglichen Handelns der Organisationsmitglieder zu interpretieren *(realisierte Krankenhausentwicklung)* und andererseits als Objekt der aktiven Gestaltung und Lenkung, um die gesteckten Ziele zu erreichen *(intendierte Krankenhausentwicklung)*. Bei Abweichungen zwischen realisierter und intendierter Krankenhausentwicklung ist es Aufgabe des Managements, auf Entwicklungsrichtung und/oder -geschwindigkeit korrigierend Einfluss zu nehmen. Dabei kann es – wie in *Abbildung 7-60* angedeutet – notwendig sein, auf allen Managementebenen Veränderungen vorzunehmen.[511]

Abbildung 7-60: Realisierte und intendierte Krankenhausentwicklung

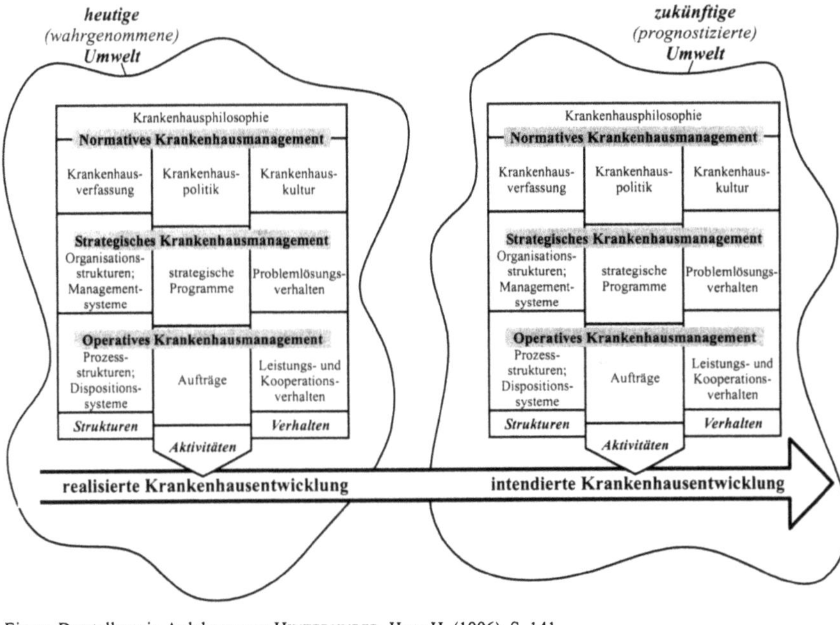

Eigene Darstellung in Anlehnung an HINTERHUBER, Hans H. (1996), S. 141.

Die Möglichkeiten einer konzeptionellen Unterstützung der Krankenhausentwicklung sind aufgrund der situationsspezifischen In- und Umweltausprägungen sowie der krankenhausindividuellen Ziele begrenzt. In den Wirtschaftswissenschaften ist jedoch die Auffassung weit verbreitet, dass Institutionen gewisse Entwicklungsphasen durchlaufen, in denen typische Phänomene auftreten. Diese Annahmen sind mehrfach empirisch bestätigt worden und führten zu zahlreichen

---

[511] Vgl. PÜMPIN, Cuno/ PRANGE, Jürgen (1991), S. 15, 22-23.

Unternehmensentwicklungskonzepten[512], aus denen phasenspezifische Empfehlungen abgeleitet werden können. Allerdings sind diese Lebenszykluskonzepte vorrangig auf gewinnorientierte Unternehmen ausgerichtet. Ein vergleichbares Konzept für bedarfsorientierte Krankenhäuser existiert bislang nicht. Daher soll im nächsten Abschnitt analysiert werden, inwieweit die Aussagen von Unternehmensentwicklungs- oder anderer Lebenszykluskonzepte auf den Krankenhaussektor übertragbar sind bzw. für das Krankenhausmanagementkonzept nutzbar gemacht werden können.

7.5.2 Zum Nutzen von Lebenszyklusbetrachtungen im Rahmen des Krankenhausmanagementkonzeptes

Das Konzept des Lebenszyklus hat seinen Ursprung in der Biologie und Anthropologie. Danach beschreibt ein Lebenszyklus die von einzelnen Lebewesen oder ganzen Populationen typischerweise durchlaufenen Entwicklungsphasen, die sich jeweils durch bestimmte Merkmalskombinationen auszeichnen.[513] Die Idee des Lebenszyklus ist in modifizierter Form auf nicht biologische Systeme übertragen worden, so z. B. in der wirtschaftswissenschaftlichen Literatur auf Produkte, Technologien, Branchen, Nutzenpotenziale und Unternehmen.[514] BLEICHER und PÜMPIN/ PRANGE stellen im Rahmen des St. Galler Ansatzes jeweils ein *Unternehmensentwicklungskonzept* vor. In beiden Konzepten werden die spezifischen Aspekte der Unternehmensentwicklung anhand eines idealtypischen Phasenverlaufs erörtert.[515]

Sowohl das Konzept von BLEICHER als auch das von PÜMPIN/ PRANGE sind zum größten Teil nicht auf bedarfsorientierte Krankenhäuser übertragbar. Beispielsweise werden folgende Phänomene als typisch für die (in beiden Konzepten angeführte) Pionierphase genannt: geringer Umsatz, schmales Produktprogramm, niedrige Komplexität der Führungsaufgabe, geringer Spezialisierungsgrad der Mitarbeiter, überragende Stellung des Gründers im Unternehmen.[516] Diese Merkmalsausprägungen werden bei einem neu gegründeten öffentlichen oder freigemeinnützigen Krankenhaus kaum zu beobachten sein, da der Versorgungsauftrag[517] bereits einen gewissen Leistungsumfang, eine bestimmte Anzahl an Betten und damit indirekt auch den Umfang der –

---

[512] Vgl. hierzu und zu einem Überblick über Unternehmensentwicklungskonzepte PÜMPIN, Cuno/ PRANGE, Jürgen (1991), S. 43-78; vgl. auch STAEHLE, Wolfgang H. (1994a), S. 551-557.

[513] Beim Menschen können beispielsweise Embryonal-, Säuglings-, Kindheits-, Jugend-, Erwachsenen- und Altersstadium unterschieden werden. Vgl. PÜMPIN, Cuno/ PRANGE, Jürgen (1991), S. 23; vgl. auch STAEHLE, Wolfgang H. (1994a), S. 172-173.

[514] Vgl. hierzu sowie zu weiteren Literaturverweisen PÜMPIN, Cuno/ PRANGE, Jürgen (1991), S. 23-41.

[515] PÜMPIN/ PRANGE unterscheiden in ihrem Unternehmensentwicklungsmodell eine Pionier-, Wachstums-, Reife- und Wendephase. BLEICHER teilt die Unternehmensentwicklung in eine Pionier-, Markterschließungs-, Diversifikations-, Akquisitions-, Kooperations- und Restrukturierungsphase ein. Während die erste, zweite und letzte Phase weitgehend vergleichbar mit der Pionier-, Wachstums- und Wendephase des Unternehmensentwicklungsmodells von PÜMPIN/ PRANGE sind, können die Diversifikations-, Akquisitions- und Kooperationsphase nicht klar der Reifephase zugeordnet werden, da sie auch typische Merkmale der Wachstumsphase aufweisen. Vgl. BLEICHER, Knut (1999), S. 516-553; PÜMPIN, Cuno/ PRANGE, Jürgen (1991), S. 83-136.

[516] Vgl. BLEICHER, Knut (1999), S. 517, 524-525; PÜMPIN, Cuno/ PRANGE, Jürgen (1991), S. 87-88.

[517] Nach der in *Abschnitt 5.1* vorgenommenen Abgrenzung werden in der vorliegenden Untersuchung nur Krankenhäuser mit Versorgungsauftrag berücksichtigt.

zum Teil hoch spezialisierten – Mitarbeiterschaft vorgibt. Somit kann zu keinem Zeitpunkt von einer geringen Komplexität der Führungsaufgabe die Rede sein. Auch expansive Erweiterungen des Produktportfolios und Internationalisierungstendenzen, durch die sich die Wachstums- bzw. Akquisitionsphase in gewinnorientierten Unternehmen auszeichnet[518], sind in öffentlichen und freigemeinnützigen Krankenhäusern nur vereinzelt anzutreffen. Da andere Unternehmensentwicklungsmodelle ähnliche Phasenverläufe aufzeigen[519] und bislang noch keine umfassende empirische Studie zur Entwicklung von Krankenhäusern vorliegt, können hier keine idealtypischen Verläufe für eine phasenspezifische Profilierung des Managementhandelns im Krankenhaus entwickelt werden.[520]

Da die Unternehmens- bzw. Krankenhausentwicklung auch als eine „Sequenz der Ausschöpfung von *Nutzenpotenzialen*" interpretiert werden kann[521], wird im Folgenden der bewusste Umgang mit der Dynamik von Nutzenpotenzialen thematisiert. Zuvor sollen jedoch einige Potenziale, die für Krankenhäuser von Bedeutung sind, erläutert werden. Zur Systematisierung lassen sich folgende Kategorien unterscheiden: Markt(beziehungs)-, Human-, Technologie- und Verfügungspotenziale.[522] Die Grenzen zwischen diesen Potenzialen sind fließend.[523] Zudem ist – wie in *Abbildung 7-61* illustriert – eine Harmonisierung der einzelnen Nutzenpotenziale erforderlich, da sie sich gegenseitig verstärken oder abschwächen können. Inwieweit ein solcher Abgleich gelingt, ist wiederum abhängig von der quantitativen und qualitativen Ausgestaltung des *Managementpotenzials*, das diesbezüglich den Charakter eines „Meta-Potenzials" annimmt.[524]

Markt(beziehungs)potenziale beschreiben die aktuellen und zukünftigen Möglichkeiten, die sich auf dem Beschaffungs-, inklusive Arbeitsmarkt und dem Absatzmarkt sowie durch die Zusammenarbeit mit anderen Organisationen ergeben.[525]

Humanpotenziale können weiter in Know-how-, Verhaltens- und Gesundheitspotenziale unterteilt werden. Hierunter werden z. B. Möglichkeiten zur effizienz- oder effektivitätssteigernden Verwertung des Wissens und Könnens, zur Steigerung der Motivation, Lern- und Kooperationsfähigkeit sowie zur Gesundheitsprävention, -erhaltung und -wiederherstellung der Mitarbeiter und Patienten verstanden.[526]

---

[518] Vgl. BLEICHER, Knut (1999), S. 542; PÜMPIN, Cuno/ PRANGE, Jürgen (1991), S. 98.

[519] Vgl. PERICH, Robert (1993), S. 379-382; PÜMPIN, Cuno/ PRANGE, Jürgen (1991), S. 79-82; STAEHLE, Wolfgang H. (1994a), S. 551-555.

[520] Zu einer phasenspezifischen Profilierung des Managementhandelns *gewinnorientierter* Unternehmen vgl. BLEICHER, Knut (1999), S. 561-563; PÜMPIN, Cuno/ PRANGE, Jürgen (1991), S. 137-233.

[521] Vgl. PÜMPIN, Cuno/ PRANGE, Jürgen (1991), S. 135-136, Zitat auf S. 135 [andere Hervorhebung im Original]; vgl. auch BLEICHER, Knut (1999), S. 473, 485.

[522] Vgl. BLEICHER, Knut (1994a), S. 221.

[523] So können beispielsweise Möglichkeiten zur Rekrutierung neuer Arbeitskräfte unter (externe) Humanpotenziale oder – wie in dieser Arbeit – unter (Arbeits-)Marktpotenziale subsumiert werden. Diese vier Kategorien normativer und strategischer Nutzenpotenziale sind jedoch klar von operativen Erfolgspotenzialen abzugrenzen, die der internen Erschließung von Ressourcen und der Nutzung von Fähigkeiten dienen.

[524] Vgl. BLEICHER, Knut (1999), S. 470.

[525] Vgl. BLEICHER, Knut (1999), S. 467-469; PÜMPIN, Cuno/ PRANGE, Jürgen (1991), S. 36.

[526] Vgl. BLEICHER, Knut (1994a), S. 222-223; BLEICHER, Knut (1999), S. 469; PÜMPIN, Cuno/ PRANGE, Jürgen (1991), S. 37.

Abbildung 7-61: Gesamtzusammenhang des Managements der Potenzialentwicklung

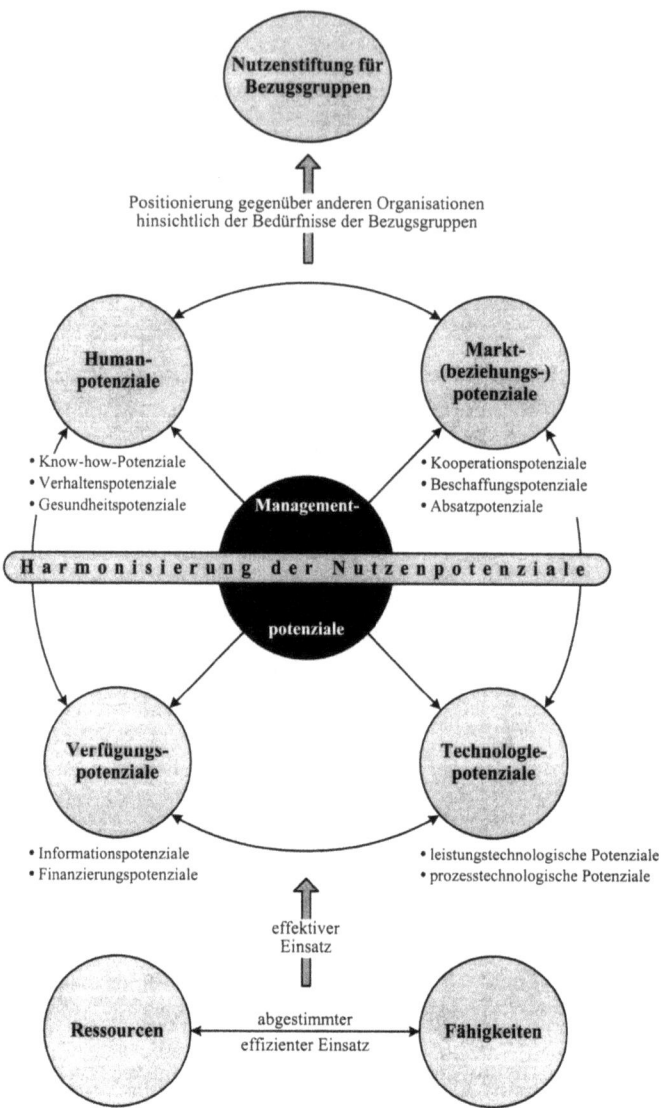

Eigene Darstellung in Anlehnung an BLEICHER, Knut (1994a), S. 221; BLEICHER, Knut (1999), S. 474.

Technologiepotenziale kennzeichnen zum einen die Fähigkeiten, neue Leistungsarten oder -prozesse zu gestalten und zu entwickeln, und zum anderen die Möglichkeiten, neue Technologien zur Kreation neuer oder modifizierter Leistungen und Leistungsprozesse einzusetzen.[527]

---

[527] Vgl. BLEICHER, Knut (1999), S. 466-467; PÜMPIN, Cuno/ PRANGE, Jürgen (1991), S. 36.

Verfügungspotenziale bestimmen den Möglichkeitsraum für Markt-, Human- und Technologiepotenziale. Dabei sind Informations- und Finanzierungspotenziale zu unterscheiden. Erstere zeichnen sich durch die Zugriffsfähigkeit und Aktualität situationsbezogener und szenarischer Informationen aus. Finanzierungspotenziale beinhalten sowohl die Fähigkeiten zur Mittelbeschaffung am Kapitalmarkt als auch die sich daraus eröffnenden Restrukturierungs- und Akquisitionsmöglichkeiten.[528]

Lebenszykluskonzepte sehen in der Regel vor, dass die Entwicklung einzelner Nutzenpotenziale auf einer idealtypischen Verlaufskurve bestimmt wird, wie sie beispielhaft in *Abbildung 7-62* dargestellt ist.[529]

Abbildung 7-62: Lebenszyklus von Nutzenpotenzialen

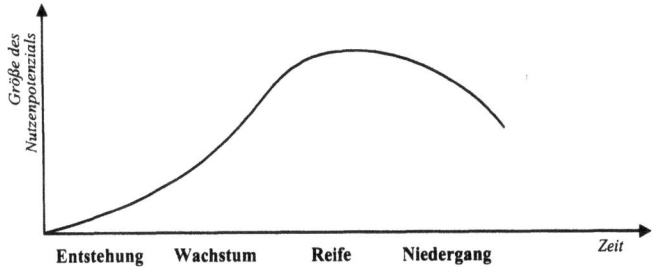

Quelle: PÜMPIN, Cuno (1990), S. 59.

Bei der Bestimmung der momentanen Entwicklungsphase[530] und Festlegung des angestrebten Entwicklungsverlaufes einzelner Nutzenpotenziale stellen sich zumindest zwei Probleme. Erstens kann davon ausgegangen werden, dass viele Krankenhäuser bereits damit überfordert sind, die vorhandenen fachlichen und sozialen Kompetenzen ihrer Mitarbeiter zu benennen. Die Abschätzung bzw. Positionierung bestehender und zukünftiger Potenziale wird sich noch schwieriger gestalten. Zweitens können die bisherige und zukünftig erwartete Entwicklungsrichtung vom idealtypischen Kurvenverlauf abweichen, der zwar für einzelne Nutzenpotenziale empirisch nachweisbar ist, aber keiner Gesetzmäßigkeit folgt. Dies bedeutet beispielsweise, dass nicht jedes Nutzenpotenzial alle Phasen durchlaufen muss und ein Rückfall in frühere Entwicklungsstufen möglich ist.[531] Demzufolge eignen sich Lebenszykluskonzepte nicht zur Prognose. Dennoch scheint es plausibel zu sein, aus den empirisch nachgewiesenen Verläufen zumindest den Schluss zu ziehen, dass bei unverändertem Produktionsprogramm, starrem Einsatz der gleichen Managementinstrumente oder Festhalten an „bewährten" Technologien der Erfolg langfristig nachlassen wird.[532] Allgemein kann daraus geschlossen werden, dass der Fokussierung auf dynamische Prozesse der Erschließung, Entwicklung, Ausschöpfung und Ersetzung von Nutzenpotenzialen ein

---

[528] Vgl. BLEICHER, Knut (1994a), S. 223; vgl. auch PÜMPIN, Cuno/ PRANGE, Jürgen (1991), S. 35-37.
[529] Vgl. PÜMPIN, Cuno/ PRANGE, Jürgen (1991), S. 235.
[530] Zur Beschreibung der in *Abbildung 7-62* dargestellten vier Phasen vgl. PÜMPIN, Cuno (1990), S. 57-60.
[531] Vgl. PÜMPIN, Cuno (1990), S. 56-57; PÜMPIN, Cuno/ PRANGE, Jürgen (1991), S. 81-82.
[532] Vgl. STAEHLE, Wolfgang H. (1994a), S. 613.

höherer Stellenwert einzuräumen ist als der Schwerpunktlegung auf eine statische Betrachtung.[533]

7.5.3 Profilierung in Abhängigkeit der Lebenszyklen von Nutzenpotenzialen im Krankenhaus

Unter Berücksichtigung der im vorherigen Abschnitt aufgestellten Thesen kann das Management nun versuchen, auf der Basis *eigener* Erfahrungen und Prognosen die Entwicklung der beschriebenen und/oder weiterer Nutzenpotenziale des Krankenhauses und seiner Teilbereiche in Diagrammen abzubilden. Diese Vorgehensweise erscheint sinnvoller als das starre Zugrundelegen idealtypischer Kurvenverläufe, da die Unternehmensdynamik „prinzipiell ein ausgesprochen *individuelles Phänomen* verkörpert"[534]. In *Abbildung 7-63* werden drei beispielhafte Ausschnitte der Entwicklung von Nutzenpotenzialen dargestellt.

Abbildung 7-63: Beispielhafte Entwicklungsverläufe von Nutzenpotenzialen

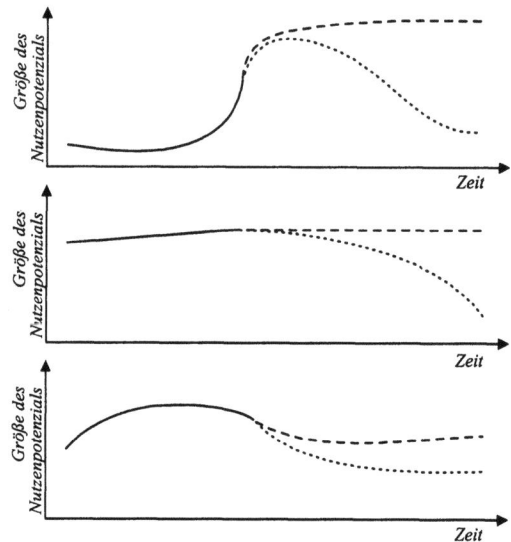

Eigene Darstellung.

In der Abbildung kennzeichnen *durchgezogene* Linien die in der Vergangenheit wahrgenommene Entwicklung, *gepunktete* Linien die bei Beibehaltung des Verhaltensmusters für die Zukunft prognostizierte Entwicklung und *gestrichelte* Linien die angestrebte Entwicklung einzelner Nutzenpotenziale. Durch Letztere wird hervorgehoben, dass Entwicklungsverläufe bewusst (aller-

---

[533] Vgl. PERICH, Robert (1993), S. 486.
[534] PERICH, Robert (1993), S. 489.

dings nur in bestimmten Grenzen) beeinflusst werden können.⁵³⁵ Die in der Vergangenheit wahrgenommene Entwicklung von Nutzenpotenzialen wird im Folgenden auch als „Istdynamik" und die angestrebte Entwicklung als „Solldynamik" bezeichnet.⁵³⁶

Der Vorzug dieser Darstellungsweise liegt vor allem in der Möglichkeit, die *Dynamik* der Nutzenpotenzialentwicklung zu *veranschaulichen*. Zudem kann die Erstellung solcher Abbildungen dem Management helfen,

- Probleme frühzeitig wahrzunehmen (z. B. Nutzenpotenziale, deren Entwicklung rückläufig ist),

- die Bedeutung von Problemen besser einzuschätzen (z. B. die dramatische Kombination mehrerer rückläufiger Nutzenpotenziale oder die Relativierung der Niedergangsphase eines Potenzials durch die Entstehungs- oder Wachstumsphasen anderer Potenziale),

- den Blick dafür zu schärfen, dass sich die Schwerpunkte der Managementaktivitäten stets nach der jeweiligen Entwicklungsphase zu richten haben⁵³⁷ und damit

- eine phasenspezifische Sollprofilierung der einzelnen Managementdimensionen vorzunehmen (z. B. die Veränderung strategischer Programme auf Basis der aktuellen Positionierungen der Nutzenpotenziale).

Hinsichtlich des letzten Punktes werden hier jedoch keine Aussagen der Art getroffen, dass sich bei bestimmten Entwicklungsverläufen von Nutzenpotenzialen die Sollprofilierung aller strategischen Dimensionen in eine Richtung entwickeln sollte. Solche allgemeinen Empfehlungen können und sollen aufgrund der jeweils einmaligen Kombination von Entwicklungsverläufen verschiedener Nutzenpotenziale und der unterschiedlichen Wahrnehmungsmuster nicht gegeben werden. Somit stellen die Lebenszyklusbetrachtungen hier – im Gegensatz zu den Unternehmensentwicklungsmodellen von PÜMPIN/ PRANGE und BLEICHER – *weniger ein inhaltliches als ein grafisches Hilfsinstrument* dar.⁵³⁸ Wie dieses Instrument im Rahmen der praktischen Umsetzung des Krankenhausmanagementkonzeptes angewandt werden kann, wird in *Abschnitt 8.1* erörtert.

---

⁵³⁵ Hierin liegt auch der wesentliche Unterschied zum Determinismus biologischer Lebenszykluskonzepte. So stellt beispielsweise das physische Ende für Nutzenpotenziale oder Unternehmen – im Gegensatz zu Lebewesen – kein unausweichliches Faktum dar. Vgl. PÜMPIN, Cuno/ PRANGE, Jürgen (1991), S. 42-43; STAEHLE, Wolfgang H. (1994a), S. 612-613.

⁵³⁶ Zu ähnlichen Bezeichnungen vgl. GOMEZ, Peter/ ZIMMERMANN, Tim (1997), S. 218, 221, 231, 237.

⁵³⁷ Neigen sich z. B. mehrere Nutzenpotenziale zum Rückgang, dann steht tendenziell die Erschließung neuer Potenziale im Vordergrund; befinden sich dagegen Nutzenpotenziale in der Wachstumsphase, dann wird der Fokus auf deren rasche multiplikative Ausschöpfung gerichtet. Vgl. PÜMPIN, Cuno/ PRANGE, Jürgen (1991), S. 247-248; vgl. auch STAEHLE, Wolfgang H. (1994a), S. 613.

⁵³⁸ Zu inhaltlichen Empfehlungen bzw. phasenspezifischen Sollprofilierungen der strategischen Managementdimensionen vgl. beispielsweise BLEICHER, Knut (1999), S. 525-526, 529-530, 536-537, 543, 547-548.

7.6 Integration der einzelnen Dimensionen zu einem Krankenhausmanagementkonzept

Die *Abschnitte 7.2* bis *7.5* sollen einen differenzierten Überblick über die Dimensionen des Krankenhausmanagementkonzeptes vermitteln. Dabei dienen der formale Ordnungsrahmen, der sich vor allem durch die Einteilung in die dargestellten Managementmodule auszeichnet, sowie die angewandte Profilmethodik einer *Strukturierung der Denk- und Dialogprozesse* des Managements.[539] Das Krankenhausmanagementkonzept soll aber nicht nur eine systematische, sondern auch eine *systemische* Unterstützung für die Führungskräfte eines Krankenhauses darstellen. Hierfür ist der Fokus auf das facettenreiche Konstrukt der *Integration* zu legen.

Im Rahmen der formalen Struktur des Krankenhausmanagementkonzeptes kann zwischen intramodularer, horizontaler, vertikaler und dynamischer Integration unterschieden werden. In *intramodularer* Sicht sind die Interdependenzen innerhalb eines Moduls, in *horizontaler* Sicht die Interdependenzen zwischen den Modulen einer Managementebene und in *vertikaler* Sicht die Interdependenzen zwischen den Modulen einer (struktur-, aktivitäts- oder verhaltensbezogenen) Säule zu berücksichtigen. Diese Wechselbeziehungen sind zusätzlich, wie *Abbildung 7-64* auf *S. 317* zeigt, im Rahmen einer *dynamischen* Integration mit der Krankenhausentwicklung bzw. der Entwicklung der Nutzenpotenziale des Krankenhauses abzugleichen.

In den *Abschnitten 7.2* bis *7.4* wurden die intramodularen, vor allem aber die abstrakteren horizontalen, vertikalen und dynamischen Interdependenzen *nur ansatzweise* aufgezeigt. Dies liegt daran, dass die jeweiligen Zusammenhänge nicht immer in gleicher Weise bestehen, sondern stark vom jeweiligen Kontext abhängen. Je nach Umweltsituation, -entwicklung und Kombination der spezifischen Krankenhausabsichten verändern sich neben den Profilen auch die Beziehungen zwischen den einzelnen Managementdimensionen. Darüber hinaus sind situationsorientiert und krankenhausspezifisch einzelne Skalen oder sogar ganze Module zu überarbeiten, damit das Konzept dem Krankenhausmanagement eine effektive Unterstützung gewährleisten kann. Diese Aspekte sind hier insofern von großer Bedeutung, als in den meisten Fällen ein vom jeweiligen Kontext unabhängiges Konzept nicht erfolgreich sein wird.[540] Schließlich gibt es nur „wenige allgemeine (also bedingungsfreie) Regeln [...], aufgrund deren man sein Handeln einrichten kann".[541]

Im folgenden Kapitel wird eine Heuristik vorgestellt, die helfen soll, das Krankenhausmanagementkonzept praktisch anzuwenden und eine umfassende *kontextuelle* Integration zu ermöglichen. Dabei kommt auch der *kommunikativen* Integration eine wesentliche Bedeutung zu. So sollten – unter Berücksichtigung der intramodularen, horizontalen, vertikalen und dynamischen Zusammenhänge – die Betroffenen verstärkt in die Managementprozesse einbezogen werden, um unterschiedliche Problemwahrnehmungen und Lösungspräferenzen abgleichen zu können.

---

[539] Vgl. BLEICHER, Knut (1994a), S. 50-51.
[540] Zwar wird durch die Dekonditionalisierung das Planen erleichtert, jedoch nicht das Handeln. Vgl. DÖRNER, Dietrich (2000), S. 253.
[541] Vgl. hierzu DÖRNER, Dietrich (2000), S. 139-144, 298-299, Zitat auf S. 140.

Theoretische Gestaltung des Krankenhausmanagementkonzeptes 317

Abbildung 7-64: Wechselbeziehungen im Krankenhausmanagementkonzept

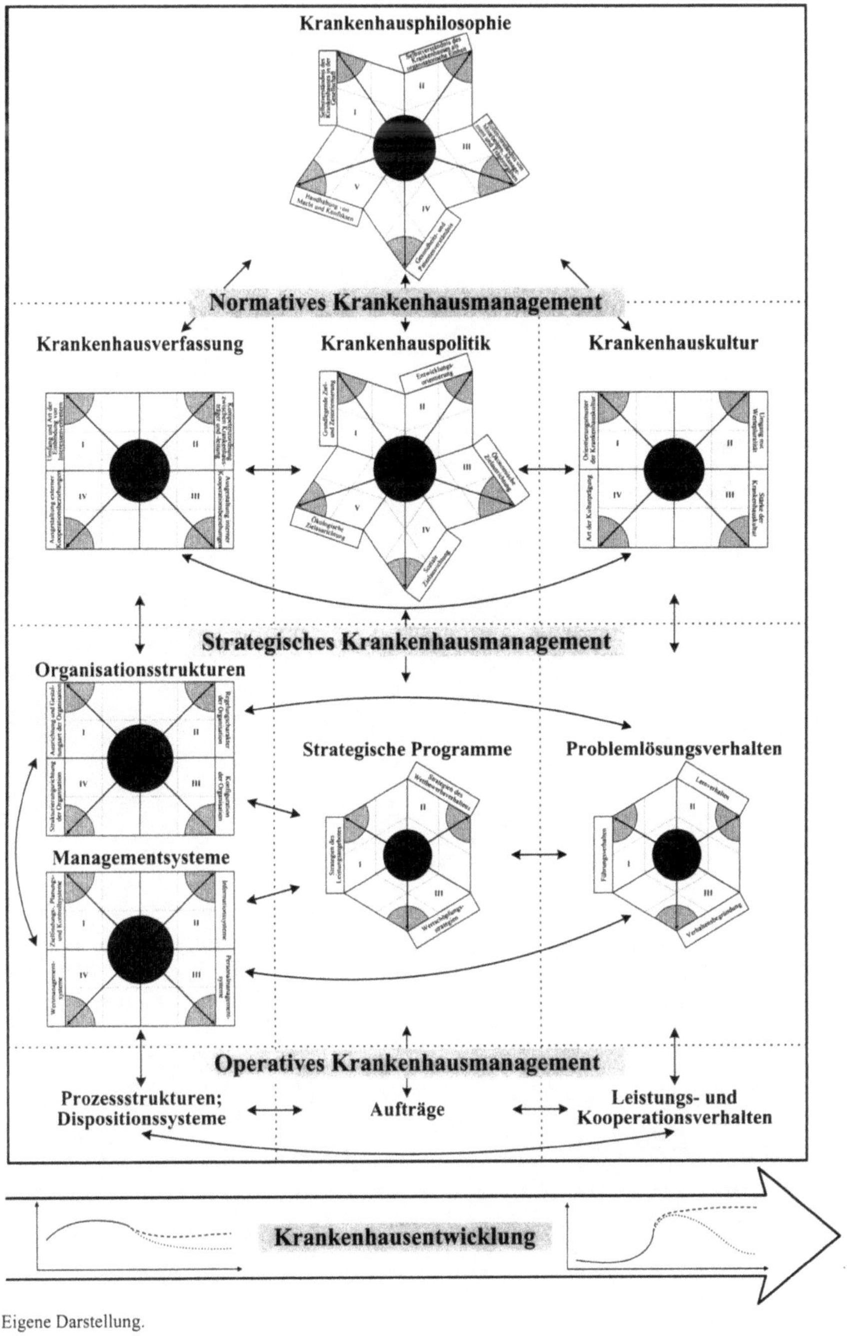

Eigene Darstellung.

8 Praktische Anwendung des Konzeptes „Menschenorientiertes Krankenhausmanagement"

8.1 Methodische Unterstützung der Anwendung des Konzeptes „Menschenorientiertes Krankenhausmanagement"

8.1.1 Ausgangspunkt: eine konzeptspezifische Problemlösungsmethodik

In diesem Abschnitt wird eine Methodik vorgestellt, die die Führungskräfte eines Krankenhauses bei der Entwicklung und Einführung eines Managementkonzeptes unterstützen soll. Die hierzu entwickelte Heuristik kann allerdings nicht jedem Krankenhausmanagement uneingeschränkt empfohlen werden. So muss das Management zumindest eine Voraussetzung erfüllen, damit die Methodik effektiv eingesetzt werden kann: Es sollte allgemein und insbesondere bei der Umsetzung des Krankenhausmanagementkonzeptes an einer weitgehenden *Beteiligung der Betroffenen* interessiert sein. Dies bedeutet, dass die Führungskräfte entweder bereits ein partizipativ-kooperatives Verhalten an den Tag legen und dieses auch beibehalten bzw. ausbauen möchten oder ein solches Verhalten zukünftig anstreben. Erfüllt das Management diese Bedingung nicht, ist es also beispielsweise eher an einem autoritären oder patriarchalischen Führungsstil interessiert, dann wird es wohl kaum eine weitgehende Partizipation der Mitarbeiter bei der Entwicklung eines Managementkonzeptes dulden. In einem solchen Fall müsste die Methodik modifiziert oder eine andere Methodik entwickelt werden, ohne dass zwangsläufig Änderungen am Krankenhausmanagementkonzept, wie es in *Kapitel 7* dargestellt wurde, notwendig würden.

Eine solche Einschränkung wird innerhalb des St. Galler Ansatzes, in dem ebenfalls die Bedeutung einer *partizipativen* Entwicklung des Managementkonzeptes betont wird[1], *nicht gemacht.*[2] Wenngleich jede Methodik an die spezifischen Kontexte der jeweiligen Institution anzupassen ist, so erscheint die hier getroffene Einschränkung doch notwendig, um grundlegenden Missverständnissen vorzubeugen. Dies wird bereits mit dem Titel dieses Kapitels angestrebt, wenn vom Konzept *„Menschenorientiertes* Krankenhausmanagement" die Rede ist. Das Adjektiv „menschenorientiert" wurde gewählt, da die Partizipation der Betroffenen[3] auch im Mittelpunkt des Ansatzes einer Menschenorientierung steht.

Sind diese grundlegenden Voraussetzungen erfüllt, dann ist zu entscheiden, in welcher Weise das Krankenhausmanagementkonzept eingesetzt werden soll. Dabei ist von Bedeutung, ob das

---

[1] Vgl. etwa BLEICHER, Knut (1999), S. 602, 604-607; GOMEZ, Peter/ ZIMMERMANN, Tim (1997), S. 240; BLEICHER, Knut (1994a), S. 462; SCHWANINGER, Markus (1994), S. 300-301.

[2] Dies ist insofern von Bedeutung, als dass einige der methodischen Empfehlungen des St. Galler Management-Konzeptes mit bestimmten Unternehmens- bzw. Management-Sollprofilen (wie etwa der Extremausprägung „Ökonomisch-technokratisches Machertum" in der managementphilosophischen Dimension „Rollenverständnis von Management und Mitarbeitern") nicht vereinbart werden können. Vgl. BLEICHER, Knut (1994a), S. 89.

[3] Hierzu zählen nicht allein die Mitarbeiter, sondern auch Patienten sowie externe Anspruchsgruppen des Krankenhauses.

Konzept erstmalig oder bereits wiederholt zum Einsatz kommt und ob alle Managementdimensionen gleichgewichtig berücksichtigt oder Schwerpunkte gesetzt werden sollen.[4]

Wenngleich die Möglichkeit besteht, das Konzept unterschiedlich einzusetzen, so ist doch eine „einfache" Anwendung nicht Erfolg versprechend. Statt nur Istprofile zu ermitteln, Sollprofile festzulegen und daraus die Notwendigkeit von Veränderungen der Nutzenpotenziale abzuleiten, erscheint es aussichtsreicher zu sein, eine rein konzeptorientierte Heuristik mit einer allgemeinen Problemlösungsmethodik zu verbinden. Eine solch *konzeptspezifische Problemlösungsmethodik* kann dann als Orientierungshilfe bei der Entwicklung und Einführung des Konzeptes „Menschenorientiertes Krankenhausmanagement" dienen.

Die hier entwickelte Heuristik basiert vor allem auf der von GOMEZ, PROBST und ULRICH entwickelten ganzheitlichen Problemlösungsmethodik[5] sowie den Empfehlungen BLEICHERS zur Entwicklung eines integrierten Managementkonzeptes[6]. Die Heuristik ist durch folgende Schritte gekennzeichnet:[7]

(1) Problemabgrenzung und Zielbestimmung,

(2) Analyse und Diagnose der Problemsituation,

(3) Erarbeitung der Gestaltungs- und Lenkungsmöglichkeiten,

(4) Entwicklung, Beurteilung und Auswahl von Problemlösungsalternativen,

(5) Umsetzung und Überwachung der Problemlösung.

Da das Krankenhausmanagementkonzept mehrere Einsatzmöglichkeiten bietet und eine Fokussierung auf die Profile der Managementdimensionen und die Entwicklungsverläufe der Nutzenpotenziale zu kurz greifen würde, sind über das *konzeptbezogene Handeln* hinaus zwei weitere Dimensionen durchgehend zu berücksichtigen: Mithilfe der Dimension des *vernetzten Denkens* sollen auch die Aspekte eines Problemlösungsprozesses erfasst werden, die durch das Krankenhausmanagementkonzept nicht abbildbar sind. Zudem kommt der Dimension des *persönlichen Überzeugens* hohe Bedeutung zu, da der Erfolg eines Problemlösungsprozesses maßgeblich von den Verhaltensweisen beteiligter sowie von der Einstellung betroffener Personen abhängt. *Abbildung 8-1* stellt noch einmal die Schritte und Prozessfelder der konzeptspezifischen Problemlösungsmethodik grafisch dar.

---

[4] Auf diese Aspekte wird bei der Beschreibung der einzelnen Schritte der Problemlösungsmethodik näher eingegangen.

[5] Hierbei wird vor allem auf ULRICH, Hans/ PROBST, Gilbert J. B. (1995) und GOMEZ, Peter/ PROBST, Gilbert J. B. (1997) Bezug genommen.

[6] Vgl. insbesondere BLEICHER, Knut (1999), S. 576-611; vgl. auch BLEICHER, Knut (1994a), S. 461-493.

[7] Vgl. insbesondere GOMEZ, Peter/ PROBST, Gilbert J. B. (1997), S. 27; vgl. auch GOMEZ, Peter/ ZIMMERMANN, Tim (1997), S. 211; ULRICH, Hans/ PROBST, Gilbert J. B. (1995), S. 114, 233-234.

Abbildung 8-1: Schritte der konzeptspezifischen Problemlösungsmethodik

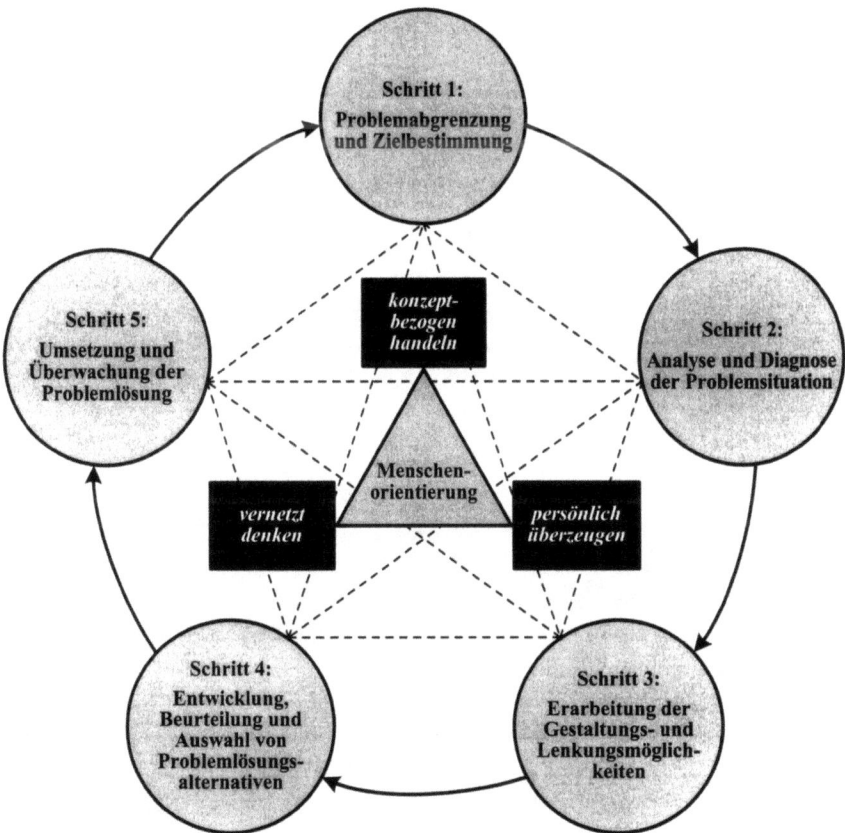

Eigene Darstellung in Anlehnung an GOMEZ, Peter/ PROBST, Gilbert J. B. (1997), S. 27.

Diese fünf Schritte kennzeichnen die Abfolge eines *idealtypischen* Problemlösungsprozesses. Da sich das vernetzte Denken nicht nur auf die Lösung *eines* Problems, sondern auch auf die Verbindung mehrerer Problemlösungsprozesse bezieht, muss die Methodik selbst ein *Kreislauf* sein. Nun tauchen neue Probleme nicht erst nach der Lösung eines „alten" Problems auf, sondern können jederzeit entstehen, sei es, dass sie durch den Prozess selbst, sei es, dass sie durch eine Kontextveränderung ausgelöst werden. Daher ist realiter nicht von einem sequenziellen, sondern von einem *iterativen* Ablauf der einzelnen Phasen auszugehen.[8] So wird häufig erst in der Analysephase oder bei der Entwicklung von Problemlösungsalternativen deutlich, dass die im ersten Schritt festgelegten Ziele nicht hinreichend klar formuliert wurden. Außerdem sind bei Schwie-

---

[8] Vgl. GOMEZ, Peter/ PROBST, Gilbert J. B. (1997), S. 30.

rigkeiten in der Umsetzungsphase des Öfteren Maßnahmen neu zu planen oder andere Alternativen zu entwickeln.[9]

Im Folgenden wird versucht, eine Feinstruktur der konzeptspezifischen Problemlösungsmethodik zu entwickeln. Dabei werden die wesentlichen Aspekte unter Berücksichtigung der drei Prozessfelder „Vernetzt denken", „Konzeptbezogen handeln" und „Persönlich überzeugen" herausgearbeitet. Da die Prozessfelder in der Regel parallel bearbeitet werden, ist eine klare Zuordnung einzelner Aspekte zu den phasenspezifischen Prozessfeldern nur eingeschränkt möglich. So sollte man *beim* konzeptbezogenen Handeln stets vernetzt denken und persönliche Überzeugungsarbeit leisten.

Die tabellarische Darstellung der Feinstruktur in *Abbildung 8-2* wurde aus Gründen der besseren Übersichtlichkeit gewählt.[10] Sie soll nicht über die vielfältigen Verknüpfungen hinwegtäuschen, die zwischen den Schritten und Prozessfeldern der Problemlösungsmethodik bestehen. Letztlich ist nicht die genaue Zuordnung einzelner Aspekte zu den Methodikschritten und Prozessfeldern von oberster Bedeutung, sondern eine umfassende Behandlung des „richtigen" Problems.

Die Methodik, die in den nächsten Abschnitten näher erläutert wird, erhebt nicht den Anspruch, vollständig und für jedes komplexe Problem direkt anwendbar zu sein.[11] Sie soll als Orientierungshilfe bei der Gestaltung von Problemlösungsprozessen *unter Anwendung des Krankenhausmanagementkonzeptes* dienen, sodass ein Schwerpunkt auch auf die Dimension des konzeptbezogenen Handelns gelegt wird. Erfahrungen, die das Krankenhausmanagement bei früheren Problemlösungen gesammelt hat, werden hierbei nicht obsolet. Es sollte aber stets geprüft werden, inwieweit die Möglichkeit besteht, den Ablauf bisheriger Problemlösungsprozesse durch Übernahme einiger Aspekte der hier vorgeschlagenen Methodik zu verbessern. Dies kann bedeuten, dass die alte Vorgehensweise prinzipiell beibehalten, aber um bestimmte Aspekte der konzeptspezifischen Problemlösungsmethodik erweitert wird, oder dass die vorgestellte Methodik übernommen, jedoch auf der Basis eigener Erfahrungen modifiziert wird. Eine „1 : 1-Übernahme" ist explizit nicht zu empfehlen, da die Gefahr besteht, die Heuristik als Algorithmus misszuverstehen, bei dem lediglich die verschiedene Schritte situationsangepasst abzuarbeiten sind. Vielmehr ist neben dem jeweiligen Problem stets auch die angewandte Problemlösungsmethodik kritisch zu hinterfragen.

---

[9] Vgl. hierzu auch DÖRNER, Dietrich (2000), S. 72-73. Die häufig notwendigen Vor- und Rücksprünge zwischen den Schritten sind in *Abbildung 8-1* durch die gestrichelten Verbindungslinien angedeutet.
[10] Vgl. auch GOMEZ, Peter/ PROBST, Gilbert J. B. (1997), S. 31.
[11] Für die Lösung *einfacher* Probleme ist die vorgestellte Methodik nicht geeignet, da sie zu zeitaufwändig ist. Hierfür bieten sich andere Vorgehensweisen an. Zur Unterscheidung einfacher, komplizierter und komplexer Probleme vgl. GOMEZ, Peter/ PROBST, Gilbert J. B. (1997), S. 13-23; ULRICH, Hans/ PROBST, Gilbert J. B. (1995), S. 106-113.

Abbildung 8-2: Feinstruktur der konzeptspezifischen Problemlösungsmethodik

Schritte der Methodik \ Prozessfelder	vernetzt denken	konzeptbezogen handeln	persönlich überzeugen
Schritt 1: Problemabgrenzung und Zielbestimmung	• Problem aus verschiedenen Perspektiven abgrenzen • Bezugssystem festlegen • Betroffene ermitteln	• zu Beteiligende auswählen und in die Konzeptmethodik einführen • Grobziele festlegen • Art der Konzeptanwendung vereinbaren	• sich engagiert und glaubwürdig verhalten • Notwendigkeit für Veränderungen aufzeigen • auch Nichtbeteiligte informieren
Schritt 2: Analyse und Diagnose der Problemsituation	• Netzwerk aufbauen • Wirkungsrichtungen und -intensitäten ermitteln • grobe zeitliche Wirkungsverläufe ermitteln	• Istprofile ermitteln und mit vorhergehenden Profilen vergleichen • Istdynamik aufzeichnen und mit bisheriger Solldynamik vergleichen • Konsistenz der Istprofile und -dynamik überprüfen	• selbstkritisch analysieren • Verständnis für die Spannungsfelder des Managements erzeugen • bewusste Auseinandersetzung mit Paradoxien fördern
Schritt 3: Erarbeitung der Gestaltungs- und Lenkungsmöglichkeiten	• Rahmenbedingungen aufzeichnen • Szenarien entwickeln und durchspielen • Lenkungsoptionen identifizieren	• Sollprofile und Zielindikatoren festlegen • Sollprofile harmonisieren • Solldynamik der Nutzenpotenziale bestimmen	• Ziele verdeutlichen • Möglichkeiten und Grenzen aufzeigen
Schritt 4: Entwicklung, Beurteilung und Auswahl von Problemlösungsalternativen	• Ideensuchraum erweitern • Alternativen erarbeiten und auf prinzipielle Realisierbarkeit überprüfen • Maßnahmen inhaltlich sowie zeitlich festlegen und aufeinander abstimmen	• Alternativen anhand der Modulprofile sowie der Entwicklung der Nutzenpotenziale beurteilen und auswählen	• kreative Vorschläge fördern • den Dialog mit Anspruchsgruppen suchen • Entschlusskraft zeigen
Schritt 5: Umsetzung und Überwachung der Problemlösung	• Modifikationserfordernisse rechtzeitig erkennen • Lernprozesse auslösen und unterstützen	• Entwicklungsprozesse in den Profilen und Lebenszyklen erfassen • Erreichungsgrad der Sollprofile und -dynamik kontrollieren • gegebenenfalls Sollprofile und -dynamik überarbeiten	• über Umsetzung informieren • regelmäßige Kommunikationsmöglichkeiten schaffen • Vorbild sein und Anreize setzen

Eigene Darstellung in Anlehnung an GOMEZ, Peter/ PROBST, Gilbert J. B. (1997), S. 28-29.

8.1.2 Schritt 1: Problemabgrenzung und Zielbestimmung

Der Auslöser für die Anwendung des Krankenhausmanagementkonzeptes kann eine im Kontext aufgetretene Schwierigkeit sein oder die krankenhausinterne Absicht, das Management neu auszurichten. In beiden Fällen muss zunächst das eigentliche *Problem* herausgearbeitet werden, das darin besteht, nach Möglichkeiten zur Überwindung der Differenz zwischen Ist- und Sollzustand zu suchen[12]. Schließlich stellen Schwierigkeiten zumeist Symptome tiefer liegender Probleme dar.[13] Ebenso sollte dem Wunsch nach Veränderung, der in der Regel anfänglich nur unpräzise vorliegt, eine konkrete Problemformulierung folgen.[14]

Liegt weder eine Schwierigkeit noch eine Veränderungsabsicht vor, so schließt dies nicht die Existenz von Problemen aus. Häufig werden Probleme gar nicht als solche wahrgenommen, da sie nur schleichend entstehen[15] oder lediglich aus bestimmten Blickwinkeln erkennbar sind. Wenngleich bei der Beschreibung des ersten Schrittes davon ausgegangen wird, dass ein Problemlösungsprozess bereits ausgelöst wurde, so soll doch die gesamte konzeptspezifische Problemlösungsmethodik auch dazu beitragen, *neue* Probleme frühzeitig zu identifizieren.

Die Prozesse, die charakteristisch für den Schritt der Problemabgrenzung und Zielbestimmung sind, werden zunächst in *Abbildung 8-3* skizziert und im Anschluss näher beschrieben. Dabei stellt das Prozessfeld des vernetzten Denkens den logischen Ausgangspunkt dar[16], von dem aus das konzeptorientierte Handeln eingeleitet wird. Schließlich wird die Notwendigkeit erörtert, durch persönliches Beispiel zu überzeugen. Diese Bearbeitungsreihenfolge wird auch bei den nachfolgenden Schritten eingehalten, wenngleich die Prozessfelder *in praxi* parallel, in anderer Reihenfolge und/oder iterativ ablaufen können.

Abbildung 8-3:   Schritt 1: Problemabgrenzung und Zielbestimmung

vernetzt denken	konzeptbezogen handeln	persönlich überzeugen
• Problem aus verschiedenen Perspektiven abgrenzen • Bezugssystem festlegen • Betroffene ermitteln	• zu Beteiligende auswählen und in die Konzeptmethodik einführen • Grobziele festlegen • Art der Konzeptanwendung vereinbaren	• sich engagiert und glaubwürdig verhalten • Notwendigkeit für Veränderungen aufzeigen • auch Nichtbeteiligte informieren

Eigene Darstellung.

Vernetzt denken

Ausgehend von der Erkenntnis des radikalen Konstruktivismus, dass sich jeder Mensch seine Wirklichkeit selbst konstruiert, muss das Problem aus möglichst vielen Perspektiven betrachtet werden. Man erhält dadurch zwar keine Gewissheit, alle Aspekte adäquat berücksichtigt zu ha-

---

[12] Vgl. STAEHLE, Wolfgang H. (1994a), S. 274.
[13] Dies ist vergleichbar mit einem körperlichen Schmerz, der häufig „nur" ein Krankheitszeichen darstellt.
[14] Vgl. GOMEZ, Peter/ PROBST, Gilbert J. B. (1997), S. 38; GOMEZ, Peter/ ZIMMERMANN, Tim (1997), S. 211-213.
[15] Zur Verdeutlichung der „schleichenden Problemwahrnehmung" kann die *Parabel des gekochten Frosches* herangezogen werden: Wird ein Frosch in einen Topf kochenden Wassers geworfen, dann wird er mit aller Kraft versuchen, seinem Schicksal zu entrinnen. Legt man ihn hingegen in einen Topf mit kaltem Wasser und bringt dieses langsam zum Kochen, so wird er keine Anstalten machen, den Topf zu verlassen, bis er tot ist. Der Grund liegt darin, dass der Frosch beim langsamen Erhitzen des Wassers keine deutliche Temperaturzunahme registriert und sich somit nicht veranlasst sieht, sein Verhalten zu ändern. Den Schock des Eintauchens in kochendes Wasser nimmt er hingegen als massive Veränderung der Situation wahr, und er wird versuchen, diese Katastrophe abzuwenden. Vgl. GOMEZ, Peter/ PROBST, Gilbert J. B. (1997), S. 37.
[16] Vgl. GOMEZ, Peter/ PROBST, Gilbert J. B. (1997), S. 39.

ben, jedoch ein differenzierteres Bild der Problemsituation. Für eine strukturierte Vorgehensweise bietet es sich an, das Problem aus Sicht verschiedener Umweltdimensionen und Anspruchsgruppen zu beleuchten. Hierbei kann z. B. auf die Einteilung der Krankenhausum- und -inwelt, wie sie in den *Abschnitten 4.3* und *5.3.3* vorgenommen wurde, zurückgegriffen werden. Ein Problem könnte danach

- aus ökologischer, soziokultureller, rechtlich-politischer, ökonomischer und technologischer Perspektive,
- hinsichtlich der Standpunkte potenzieller Patienten, potenzieller Mitarbeiter, des Staates, der Krankenversicherungen und Verbände, anderer Anbieter von Gesundheitsleistungen, der Zulieferer, Fremdkapitalgeber und Versicherungen sowie der Öffentlichkeit,
- aus Sicht des Trägers, der Führungskräfte aus verschiedenen Bereichen und Hierarchieebenen, der Mitarbeiter (z. B. untergliedert nach Berufsgruppe, Alter und Geschlecht) sowie der Patienten (z. B. untergliedert nach Schwere der Krankheit, voraussichtlicher Verweildauer und Alter)

beurteilt werden.

Außerdem ist das *Bezugssystem* näher zu spezifizieren, also der Frage nachzugehen, ob sich das Problem auf das gesamte Krankenhaus, eine Klinik, eine Station oder eine Mitarbeitergruppe bezieht.[17] Eng damit verbunden ist die Frage, welche Personengruppen primär von dem Problem betroffen sind. Hinsichtlich beider Fragestellungen können die Erkenntnisse, die man aus einer mehrdimensionalen Betrachtung gewonnen hat, hilfreich sein, da in der Regel das Ausmaß und die verschiedenen Dimensionen eines Problems anfangs nicht einfach zu bestimmen sind.

Konzeptbezogen handeln

Nachdem man ermittelt hat, wer zu den Betroffenen zählt, gilt es, diese zu Beteiligten zu machen. Allerdings stößt man hierbei auf ein praktisches Umsetzungsproblem, da nicht alle Betroffenen aktiv in den Problemlösungsprozess einbezogen werden können (oder wollen). Somit ist eine Auswahl zu treffen, bei der vor allem die Fähigkeiten und Möglichkeiten einer Person bzw. Personengruppe, den Problemlösungsprozess positiv zu beeinflussen, zu beurteilen sind. Neben den fachlichen, methodischen und sozialen Kompetenzen einzelner Krankenhausmitarbeiter oder auch externer Anspruchsgruppen ist dabei der Gruppenzusammensetzung ein besonderes Augenmerk zu widmen.[18]

Je nachdem, inwieweit die ausgewählten Personen bereits früher mit dem Krankenhausmanagementkonzept gearbeitet haben, sind ihnen zunächst innerhalb eines Workshops Idee, Struktur

---

[17] Vgl. BLEICHER, Knut (1999), S. 583.
[18] Handelt es sich um eine völlig neuartige, komplexe Problemsituation, so wird vermutlich in den meisten Fällen eine heterogene Gruppe, die sich aus Personen unterschiedlicher Ausbildung, unterschiedlichen Geschlechts und unterschiedlicher Hierarchieebenen zusammensetzt, über ein höheres Innovations- und Kreativitätspotenzial verfügen als beispielsweise eine Gruppe ausschließlich männlicher Chefärzte. Inwieweit das Potenzial tatsächlich ausgeschöpft werden kann, ist allerdings von weiteren Faktoren abhängig – wie gegenseitige Akzeptanz als gleichberechtigte Teammitglieder und ähnliche Arbeitseinstellung. ⇨ Hierauf wird in *Abschnitt 8.2.4* noch eingegangen.

und Vorgehensweise des Konzeptes zu erläutern.[19] Außerdem kann der Workshop dafür genutzt werden, das Konzept kritisch hinterfragen zu lassen und Verbesserungsvorschläge der Teilnehmer einzuarbeiten. Allerdings werden sich kontextbezogene Schwächen des Konzeptes gewöhnlich erst im Rahmen seiner Anwendung offenbaren.

Neben der Partizipation betroffener Mitarbeiter und anderer Anspruchsgruppen ist daran zu denken, bereits für diesen ersten Schritt externe Berater oder Moderatoren heranzuziehen. Eine solche Entscheidung ist u. a. von den methodischen und didaktischen Fähigkeiten des Managements, der Erfassungsfähigkeit sowie Kooperations- und Lernbereitschaft der Beteiligten abhängig. Zwar spielen hierbei auch Art und Ausmaß des Problems eine Rolle, doch stellt die Einbeziehung externer Beratung selbst bei größeren Veränderungsvorhaben keine unabdingbare Erfolgsvoraussetzung dar.[20]

Nachdem die Teilnehmer ausgewählt wurden, sind in einem nächsten Schritt die Ziele gemeinsam festzulegen. Allerdings sollten zu Beginn eines komplexen Problemlösungsprozesses keine detaillierten Ziele formuliert werden, da das Problemwissen zumeist noch rudimentär ist und die Gefahr besteht, mögliche Lösungen von vornherein auszuschließen. Somit sind in diesem Schritt lediglich die *Grobziele* der einzelnen Anspruchsgruppen festzuhalten. Darüber hinaus kann eine gemeinsame *Zielrichtung* vereinbart werden, die im Laufe des Problemlösungsprozesses zu konkretisieren und fallweise auch zu modifizieren ist.[21] Wenngleich stets Interessendifferenzen bestehen werden, sollte zumindest hinsichtlich der Zielrichtung ein Konsens erzielt werden, da dies für die Effizienz und Effektivität des Prozesses von großer Bedeutung ist: Wer eine Zielrichtung nicht akzeptieren kann, wird in der Regel weniger engagiert, eventuell sogar kontraproduktiv arbeiten.[22]

Basierend auf den allgemeinen Zielvorstellungen der Beteiligten kann eine erste Stellungnahme zum methodischen Vorgehen abgegeben werden. Dabei ist von Interesse, in welchem Ausmaß die Profile welcher Managementmodule überarbeitet und in welcher Art die Entwicklungsrichtungen der Nutzenpotenziale beeinflusst werden sollen. In dieser Phase des Problemlösungsprozesses können hierzu zwar noch keine konkreten Angaben gemacht, wohl aber Überlegungen angestellt werden, welchen Modulen und Nutzenpotenzialen eine besondere Problembedeutung zukommt. So ist es beispielsweise nicht notwendig, stets die Profile *aller* Module zu überarbeiten. Die Intensität der Beschäftigung mit den einzelnen Konzeptbestandteilen ist davon abhängig, wann die letzte Ist- und Sollprofilierung vorgenommen wurde, bzw. ob das Krankenhausmanagementkonzept überhaupt schon einmal angewandt wurde.

---

[19] Vgl. BLEICHER, Knut (1999), S. 608.
[20] Vgl. ORENDI, Bennina (1993), S. 159.
[21] Vgl. GOMEZ, Peter/ PROBST, Gilbert J. B. (1997), S. 54.
[22] In der Praxis ist allerdings davon auszugehen, dass aufgrund der verschiedenen Interessenlagen auch hinsichtlich der Ziel*richtung* nicht immer breite Übereinstimmung hergestellt werden kann. Auf die Problematik konkurrierender Zielsetzungen und die daraus entstehenden Dilemmasituationen wird im Prozessfeld „Persönlich überzeugen" des zweiten Schrittes eingegangen. ⇨ Vgl. *S. 341*.

Auch wenn das Konzept erstmalig zum Einsatz kommt, sind verschiedene Vorgehensweisen vorstellbar. So kann bereits für alle Module ein Ist- und Sollprofil entwickelt werden, um eine umfassende Ausgangsbasis zu schaffen. Daneben besteht die Möglichkeit, zunächst anhand eines Moduls und einiger Nutzenpotenziale die Anwendung der konzeptspezifischen Problemlösungsmethodik zu üben. Dabei sind zwar auch die integrativen Beziehungen der einzelnen Managementdimensionen zu berücksichtigen, jedoch mit einer starken Fokussierung auf das „Schwerpunktmodul".[23]

Persönlich überzeugen

Die Beteiligung von Betroffenen am Problemlösungsprozess ist zwar häufig eine notwendige, aber in der Regel keine hinreichende Voraussetzung für eine effektive Prozessgestaltung. Daneben ist von Bedeutung, ob sich die Beteiligten mit dem Prozess *identifizieren*[24]. Eine Identifikation ist nun nicht zu erzwingen, jedoch können durch engagiertes und glaubwürdiges Verhalten seitens des Managements hierfür wichtige Grundlagen gelegt werden. So gilt es vor allem, den Beteiligten die Notwendigkeit für Veränderungen aufzuzeigen, sie gegebenenfalls bereits auf einen tief greifenden und zeitaufwändigen Innovationsprozess vorzubereiten[25] sowie sie „für die Sache" zu begeistern. Zudem sollte sich das Management selbst vorbildlich verhalten, indem es z. B. eigennützige Ziele hinter das Gesamtinteresse zurückstellt.

Des Weiteren ist zu entscheiden, inwieweit auch nicht aktiv Beteiligte über den Stand des Problemlösungsprozesses informiert werden sollen. Zwar können und sollen nicht alle Anspruchsgruppen alle Einzelheiten jedes Problems mitgeteilt bekommen, es kann jedoch in mehrfacher Weise sinnvoll sein, gezielt Dialogsituationen zu schaffen. So können frühzeitige Stellungnahmen dazu beitragen, Akzeptanzwiderstände abzubauen oder gar nicht erst aufkommen zu lassen. Zudem verfügen Mitarbeiter, die erst in spätere Phasen des Problemlösungsprozesses einbezogen werden, dann bereits über grundlegende Informationen. Schließlich können Betroffene durch solche Kommunikationsmöglichkeiten leichter dazu bewegt werden, sich durch Vorschläge an der Problemabgrenzung und Zielbestimmung zu beteiligen.

8.1.3 Schritt 2: Analyse und Diagnose der Problemsituation

Nach der Problemabgrenzung und ersten Zielausrichtung ist die Problemsituation zu analysieren und auf Schwachstellen hin zu diagnostizieren. Je komplexer ein Problem ist, desto wichtiger wird es, kein zu enges Zeitfenster für die Analyse- und Diagnosephase vorzusehen, da deren

---

[23] Zu einer solchen Vorgehensweise hinsichtlich des Moduls „Organisationsstrukturen" vgl. GOMEZ, Peter/ ZIMMERMANN, Tim (1997). Hierbei besteht allerdings die Gefahr, die vielfältigen Interdependenzen zwischen den verschiedenen Managementaspekten nur oberflächlich zu betrachten. Statt einer präsituativen Gestaltung und Integration der anderen Modulprofile bleibt dann oftmals nur eine reaktive Anpassung durch koordinative Maßnahmen. Vgl. BLEICHER, Knut (1994a), S. 463-464.

[24] Vgl. GOMEZ, Peter/ PROBST, Gilbert J. B. (1997), S. 57.

[25] Die Entwicklung und Einführung eines Krankenhausmanagementkonzeptes stellt einen solchen tief greifenden Innovationsprozess dar. Vgl. BLEICHER, Knut (1999), S. 600.

Ergebnisse die Effektivität des Problemlösungsprozesses maßgeblich beeinflussen.[26] Zudem sollte versucht werden, von einem reinen Ursache-Wirkungs-Denken abzukommen und in Kreisläufen zu denken, da dies auch den tatsächlichen unternehmerischen Gegebenheiten entspricht.[27] Zur Visualisierung eines solchen Denkens eignet sich die Netzwerktechnik, die mit den Instrumenten der Profilmethodik und Lebenszyklusbetrachtung verknüpft werden kann. *Abbildung 8-4* gibt einen Überblick über die Feinstruktur des zweiten Schrittes der konzeptspezifischen Problemlösungsmethodik.

Abbildung 8-4: Schritt 2: Analyse und Diagnose der Problemsituation

vernetzt denken	*konzeptbezogen handeln*	*persönlich überzeugen*
• Netzwerk aufbauen • Wirkungsrichtungen und -intensitäten ermitteln • grobe zeitliche Wirkungsverläufe ermitteln	• Istprofile ermitteln und mit vorhergehenden Profilen vergleichen • Istdynamik aufzeichnen und mit bisheriger Solldynamik vergleichen • Konsistenz der Istprofile und -dynamik überprüfen	• selbstkritisch analysieren • Verständnis für die Spannungsfelder des Managements erzeugen • bewusste Auseinandersetzung mit Paradoxien fördern

Eigene Darstellung.

Vernetzt denken

Bevor mit der konzeptbezogenen Analyse begonnen wird, ist die Problemsituation in ihren Zusammenhängen zu erfassen. Wird nicht das System betrachtet, in welches der jeweilige Missstand eingebettet ist, dann „gerät man leicht in die Gefahr, nur die Symptome zu kurieren und nicht die eigentlichen Wurzeln des Übels"[28]. Zur Verdeutlichung der Interdependenzen eines Systems kann ein Netzwerk dienen. Der Vorteil der Netzwerktechnik liegt vor allem darin, dass die komplexen Zusammenhänge schrittweise und verständlich entwickelt werden können und das Netzwerk in allen Verfahrensschritten als Diskussionsgrundlage genutzt werden kann. Nachteilig ist jedoch, dass Außenstehende größere Netzwerke nur schwer nachvollziehen können[29]. Diese Kritik ist jedoch nicht überzubewerten, da die Instrumentarien der Netzwerktechnik *primär* Problemlösern, die an der Entwicklung der Netzwerke beteiligt sind, helfen sollen, ein umfassendes Verständnis für die Zusammenhänge der jeweiligen Problemsituation zu erlangen. Daher sollten Netzwerke auch nicht unreflektiert übernommen werden.[30]

So kommt dem Prozess der Entwicklung eines Netzwerkes eine mindestens ebenso hohe Bedeu-

---

[26] Vgl. etwa THIEDE, Justus A. (1999), S. 14. Unter *Analyse* wird hier die systematische Untersuchung der Problemsituation verstanden, unter *Diagnose* die auf der Analyse aufbauende Beurteilung der Problemsituation hinsichtlich spezifischer Kriterien.

[27] Vgl. GOMEZ, Peter/ PROBST, Gilbert J. B. (1997), S. 71.

[28] DÖRNER, Dietrich (2000), S. 109.

[29] Vgl. VESTER, Frederic (1990), S. 46.

[30] Nachdem ein Netzwerk eigenständig entwickelt worden ist, können allerdings zum Vergleich bzw. zur Kontrolle andere erfolgreich eingesetzte Netzwerke herangezogen werden.

tung zu wie den dabei schriftlich festgehaltenen Resultaten. Das in der folgenden *Abbildung 8-5* dargestellte, von GÜNTERT/ SAGMEISTER entwickelte Netzwerk[31] soll demnach in erster Linie zur Verdeutlichung der Netzwerk*technik* dienen.

Abbildung 8-5: Netzwerk eines Krankenhauses

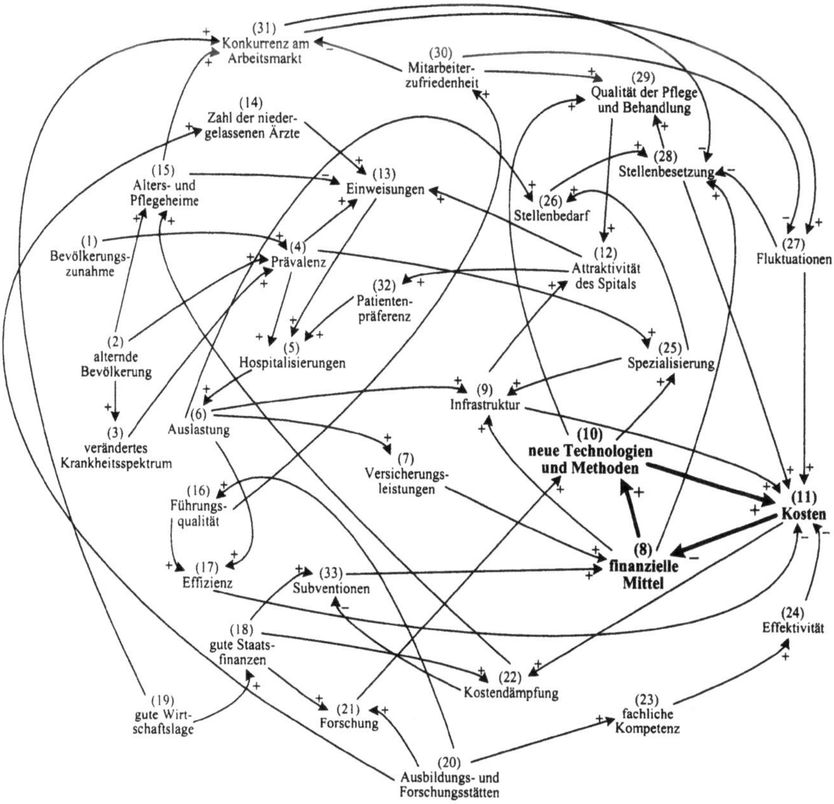

Quelle: GÜNTERT, Bernhard J./ SAGMEISTER, Markus (1989), S. 98.

Als Ausgangspunkt für den Aufbau eines Netzwerkes bietet es sich an, die im ersten Problemlösungsschritt ermittelten Ziele zu verwenden. Während dort aber verschiedene Sichtweisen berücksichtigt wurden, soll in diesem Schritt zunächst *eine* Perspektive in den Mittelpunkt gestellt werden. So könnte beispielsweise aus kostenorientierter Sicht und ausgehend von der Zielsetzung, den Innovationsgrad zu steigern, folgender Wirkungskreislauf als Basis dienen: Neue Technologien und Methoden (10) verursachen in der Regel zusätzliche Kosten (11). Dadurch stehen zumeist weniger finanzielle Mittel (8) zur Anschaffung neuer Technologien (10) zur Ver-

---

[31] Das Netzwerk wurde als Unterstützung für die Entwicklung eines Krankenhausleitbildes entwickelt. Vgl. GÜNTERT, Bernhard J./ SAGMEISTER, Markus (1989). Demnach sind die aufgezeigten Interdependenzen recht allgemeiner Natur. So vernachlässigt dieses Netzwerk beispielsweise *zeitlich* bedingte Wirkungsverläufe. ⇨ Vgl. hierzu *S. 332-333.*

fügung.³² Ausgehend von diesem Kreislauf, der in *Abbildung 8-5* durch fetten Druck hervorgehoben ist, kann dann das gesamte Netzwerk aufgebaut werden. Dabei stellt sich die Frage, welche Faktoren die drei zuerst genannten Variablen direkt oder indirekt beeinflussen oder von ihnen direkt oder indirekt beeinflusst werden.

In dem dargestellten Netzwerk sind bislang lediglich die *Wirkungsrichtungen* angegeben. Das Pluszeichen kennzeichnet dabei eine verstärkende Wirkung (je mehr vom einen, desto mehr vom anderen, bzw. je weniger ..., desto weniger ...), das Minuszeichen eine dämpfende Wirkung (je mehr ..., desto weniger, bzw. je weniger ..., desto mehr).³³ Darüber hinaus ist von Interesse, wie intensiv sich die einzelnen Faktoren gegenseitig beeinflussen. Nun sind die *Wirkungsintensitäten* nicht immer quantifizierbar; allerdings kann in der Regel angegeben werden, ob die Intensität 1 = schwach, 2 = mittel oder 3 = stark ist.³⁴ Diese Zahlen können entweder an die Pfeile geschrieben oder in einer Einflussmatrix, wie sie in *Abbildung 8-6* ausschnittsweise dargestellt ist, festgehalten werden.³⁵

Abbildung 8-6: Ausschnitt einer Einflussmatrix

Wirkung von \ auf	1	2	3	4	5	6	7	8	9	10	..	.. 33	Aktivsumme
1 Bevölkerungszunahme	0	1	1	3	2	1	1	1	0	0	.	. 0	12
2 Bevölkerungsüberalterung	0	0	3	3	1	1	1	1	0	0	.	. 0	16
3 Verändertes Krankheitsspektrum	0	0	0	3	1	0	0	0	0	1	.	. 0	7
4 Prävalenz	0	0	0	0	3	2	1	1	0	0	.	. 0	16
5 Hospitalisierungen	0	0	0	0	0	3	3	3	1	0	.	. 0	12
6 Auslastung	0	0	0	0	0	0	3	3	3	0	.	. 0	16
7 Versicherungsleistungen	0	0	0	0	0	0	0	3	1	1	.	. 0	7
8 Finanzielle Mittel	0	0	0	0	0	0	0	0	3	3	.	. 0	13
9 Infrastruktur	0	0	0	0	0	0	0	0	0	0	.	. 0	11
10 Neue Technologien und Methoden	0	0	0	0	0	0	0	0	0	0	.	. 0	15
.. ...	.	.	.	.	.	.	.	.	.	.	.	.	
.. ...	.	.	.	.	.	.	.	.	.	.	.	.	
33 Subventionen	0	0	0	0	0	0	0	3	1	0	.	. 0	5
Passivsumme	0	1	4	9	17	11	14	28	14	13	.	. 8	

Quelle: GÜNTERT, Bernhard J./ SAGMEISTER, Markus (1989), S. 100.

Da es stets unterschiedliche Einschätzungen hinsichtlich der Wirkungsweisen einzelner Variablen geben wird, sollte man die Einflussmatrix von mehreren Gruppen unabhängig voneinander ausfüllen lassen. Im Anschluss daran kann dann über eventuelle Abweichungen diskutiert werden. Nach VESTER sind die meisten Diskrepanzen auf unterschiedliche Interpretationen der Variablen zurückzuführen, sodass häufig nicht nur Wirkungsintensitäten neu bewertet, sondern auch Variablen neu definiert werden müssen.³⁶

---

³² Vgl. GÜNTERT, Bernhard J./ SAGMEISTER, Markus (1989), S. 99.
³³ Vgl. GOMEZ, Peter/ PROBST, Gilbert J. B. (1997), S. 72.
³⁴ Wenn präzisere Angaben zu den Intensitäten gemacht werden können, dann sollte die Zahlenskala dementsprechend angepasst werden.
³⁵ Vgl. GOMEZ, Peter/ PROBST, Gilbert J. B. (1997), S. 75, 85-87. Darüber hinaus besteht die Möglichkeit, die Pfeile je nach Intensität unterschiedlich fett oder verschiedenfarbig einzuzeichnen.
³⁶ Vgl. VESTER, Frederic (1990), S. 37-38.

Die Zeilensumme stellt jeweils einen Indikator für die relative Einflussnahme, die Spaltensumme einen Indikator für die relative Beeinflussbarkeit eines Faktors dar. Auf der Basis dieser Matrix lassen sich die Faktoren – wie in *Abbildung 8-7* dargestellt – in vier Kategorien einteilen, die deren jeweilige Bedeutung für das Krankenhaus aufzeigen.

Abbildung 8-7: Kategorisierung von Einflussfaktoren

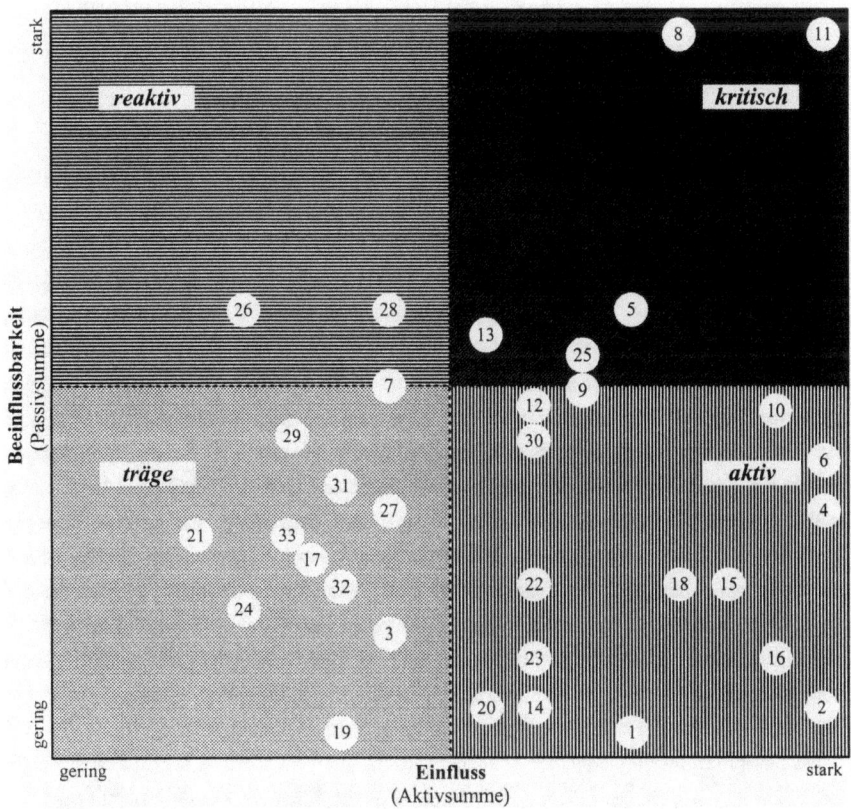

1 Bevölkerungszunahme	12 Attraktivität	23 Fachliche Kompetenz
2 Bevölkerungsüberalterung	13 Einweisungen	24 Effektivität
3 Verändertes Krankheitsspektrum	14 Anzahl niedergelassener Ärzte	25 Spezialisierung
4 Prävalenz	15 Anzahl der Alters- und Pflegeheime	26 Stellenbedarf
5 Hospitalisierungen	16 Führungsqualität	27 Fluktuation
6 Auslastung	17 Effizienz	28 Stellenbesetzung
7 Versicherungsleistungen	18 Staatsfinanzen	29 Qualität von Behandlung und Pflege
8 Finanzielle Mittel	19 Gute Wirtschaftslage	30 Mitarbeiterzufriedenheit
9 Infrastruktur	20 Ausbildungs- und Forschungsstätten	31 Konkurrenz am Arbeitsmarkt
10 Neue Technologien und Methoden	21 Forschung	32 Patientenpräferenz
11 Kosten	22 Kostendämpfung	33 Subventionen

Eigene Darstellung in Anlehnung an GOMEZ, Peter/ PROBST, Gilbert J. B. (1997), S. 88; GÜNTERT, Bernhard J./ SAGMEISTER, Markus (1989), S. 100.

Aktive Faktoren beeinflussen andere Größen relativ stark, werden aber selbst nur relativ schwach beeinflusst. Sie eignen sich am besten für Lenkungseingriffe, da sie die größte Hebelwirkung und den größten Multiplikatoreffekt erzielen. Allerdings ist vorher zu prüfen, inwieweit das Krankenhaus auf diese Faktoren überhaupt Einfluss ausüben kann. Letztlich müssen einige aktive Elemente als gegeben bzw. als nicht oder kaum veränderbar hingenommen werden; sie sind aber insofern zu beachten, als von ihnen viele Folgewirkungen ausgehen können.[37] *Kritische* Größen beeinflussen stark und werden stark beeinflusst, sodass ihre Veränderungen Kettenreaktionen auslösen. *Reaktive* Faktoren üben nur relativ geringen Einfluss auf andere Größen aus, werden aber stark beeinflusst und können daher wichtige Indikatoren für die zukünftige Entwicklung der Problemsituation darstellen[38]. *Träge* Elemente beeinflussen kaum und werden kaum beeinflusst. Sie spielen demnach eine eher untergeordnete Rolle.[39]

Die Grundvoraussetzung, um die genannten Schlussfolgerungen aus der Kategorisierung der Einflussfaktoren ziehen zu können, ist eine umfassende und sorgfältig erstellte Analyse, die zudem permanent kritisch zu hinterfragen ist. Die Anwendung der beschriebenen Instrumente ist nicht zielführend, wenn sich die Problemlöser für den Aufbau des Netzwerkes und die Erstellung der Einflussmatrix nur ungenügend Zeit nehmen. Dann besteht nämlich die Gefahr, dass die Ergebnisse einer „falschen" oder unzureichenden Analyse als Basis für die spätere Planung herangezogen werden. Dieses Risiko ist nicht zu unterschätzen, da schriftlich und in Zahlen festgehaltene Resultate oftmals ernster genommen werden als verbal geäußerte Überlegungen – unabhängig davon, wie sie zustande gekommen sind. Aber auch bei einer ausführlichen Analyse sollte man sich stets der Subjektivität ihres Zustandekommens bewusst sein. Bei der Einflussmatrix besteht vor allem das Problem der Mehrfachzählungen und dem der Einfachheit halber unterstellten linearen Wirkungsverlauf zwischen zwei Größen. Demzufolge sind bei einer Kategorisierung stets die Positionierungen der Einflussfaktoren kritisch zu überprüfen. Hierbei ist z. B. die Wirkungsrichtung und -intensität zwischen zwei Elementen im Zeitablauf zu untersuchen.[40] So kann beispielsweise der Einsatz neuer Technologien kurzfristig zu höheren Kosten führen, langfristig aber die Kosten senken helfen. Im Rahmen einer Feinanalyse ist daraufhin gegebenenfalls das gesamte Netzwerk zu überarbeiten. Da dies in der Regel sehr zeitaufwändig ist, sollte eine Feinanalyse der einzelnen Wirkungsverläufe nicht unbedingt in dieser Phase des Problemlösungsprozesses vorgenommen werden, „sondern in einem späteren Schritt gezielt für jene Beziehungen, die für in Betracht gezogene Eingriffe in die Situation besonders wichtig sind"[41].

Gleichwohl sollte bereits in diesem Schritt versucht werden, die groben zeitlichen Wirkungsverläufe zwischen den einzelnen Größen zu berücksichtigen. Dabei sind etwa kurz-, mittel- und langfristige Wirkungsverläufe zu unterscheiden, die durch verschiedenfarbige Pfeile gekennzeichnet werden können. Je nach Problemstellung sind die drei Zeiträume unterschiedlich zu definieren (z. B. kurzfristig: bis zu einem Jahr, mittelfristig: ein bis fünf Jahre, langfristig: mehr

---

[37] ⇨ Zur Identifikation der Lenkungsoptionen vgl. Schritt 3 *(Abschnitt 8.1.4)*.
[38] DÖRNER bezeichnet sie daher auch als *Indikatorvariablen*. Vgl. DÖRNER, Dietrich (2000), S. 112.
[39] Vgl. GOMEZ, Peter/ PROBST, Gilbert J. B. (1997), S. 88-89.
[40] Vgl. GOMEZ, Peter/ PROBST, Gilbert J. B. (1997), S. 89; vgl. auch hierzu, aber insbesondere zu nichtlinearen Wirkungsverläufen ULRICH, Hans/ PROBST, Gilbert J. B. (1995), S. 150-155.
[41] ULRICH, Hans/ PROBST, Gilbert J. B. (1995), S. 153.

als fünf Jahre). Durch eine solche oder ähnliche Berücksichtigung des Zeitfaktors kann das Risiko einer großen Unterschätzung zeitlicher Abhängigkeiten eingegrenzt werden. Während die zeitlichen Wirkungen zwischen zwei Größen häufig noch gut nachvollzogen werden können, ist das Zeitverhalten eines gesamten Netzwerkes intuitiv nicht einfach oder gar nicht erfassbar.[42]

Die dargestellten Instrumente der Netzwerktechnik sollen vor allem helfen, ein umfassendes Verständnis für die vielen Wechselwirkungen zwischen den Faktoren zu entwickeln.[43]

Konzeptbezogen handeln

Ausgehend von den durch die Netzwerkdarstellung erarbeiteten Grundzusammenhängen ist in diesem Prozessfeld „Konzeptbezogen handeln" zunächst zu überprüfen, inwieweit andere als im Schritt 1 der Problemlösungsmethodik herausgefundene oder zusätzliche „Schwerpunktmodule und -nutzenpotenziale" zu berücksichtigen sind. Danach kann mit der Ermittlung der jeweiligen *Istprofile* sowie der Aufzeichnung der bisherigen Entwicklung der Nutzenpotenziale *(Istdynamik)* begonnen werden. Den Problemlösern bieten sich hierbei – u. a. abhängig von der Anzahl (neu) zu ermittelnder Modulprofile – unterschiedliche Formen des Umgangs mit dem Krankenhausmanagementkonzept an:

(1) Das Problemlösungsteam kann für die Erarbeitung der Istprofile und -dynamik zunächst in kleinere Gruppen aufgeteilt werden. Danach behandelt jede Gruppe jeweils nur ein Modul, eine Ebene oder alle Module *eines* Bezugssystems bzw. nur die Entwicklung bestimmter Nutzenpotenziale. Hierbei kann es je nach Problemumfang Sinn machen, zusätzliche Personen in den Problemlösungsprozess aufzunehmen.[44]

(2) Unabhängig davon, ob die Problemlösungsgruppe weiter unterteilt wird oder nicht, stehen im weiteren Verlauf mehrere Vorgehensweisen zur Auswahl:
  - Jede Person kann zunächst in *Eigenreflexion* Positionierungen vornehmen, die dann mit den Ergebnissen der anderen Gruppenmitglieder verglichen und im Dialog zu einer konsensorientierten Lösung zusammengefügt werden.
  - Daneben besteht die Möglichkeit, Istprofile und Istdynamik *gemeinsam* zu erarbeiten.
  - Außerdem können *Mischformen* der beiden Prozessstrukturen zur Anwendung kommen. Danach werden beispielsweise die Istprofile zunächst in Eigenreflexion ermittelt, die Istdynamik aber direkt im Dialog mit den anderen Gruppenmitgliedern.

(3) Zur gruppenorientierten Erarbeitung der verschiedenen Istprofile und Aufzeichnung der bisherigen Entwicklungsverläufe der Nutzenpotenziale sind zumindest drei Vorgehensweisen denkbar:[45]

---

[42] Vgl. GOMEZ, Peter/ PROBST, Gilbert J. B. (1997), S. 74-75, 84-85; ULRICH, Hans/ PROBST, Gilbert J. B. (1995), S. 155-158.
[43] Vgl. hierzu auch VESTER, Frederic (1990), S. 38-40.
[44] Nachteilig wäre hierbei, dass die zusätzlich Beteiligten zunächst in die Methodik eingewiesen werden müssten, sofern sie sie nicht aus einem früheren Problemlösungsprozess kennen.
[45] Zu diesen Formen der Gruppenarbeit vgl. BLEICHER, Knut (1999), S. 608-609.

- Mehrere Kleingruppen arbeiten parallel am gleichen Analyseschritt und vergleichen später ihre Resultate.
- Jede Gruppe stellt nur Profile für ihren Arbeitsbereich auf. Diese werden dann in der Gesamtgruppe mit den Profilen der anderen Bezugssysteme abgeglichen.
- Die Gruppen bearbeiten gleichzeitig unterschiedliche Module, unterschiedliche Managementebenen oder unterschiedliche Nutzenpotenziale. Dies kann auch jeweils für mehrere Bezugssysteme geschehen. Schließlich sind die Ergebnisse wiederum in einer Gruppendiskussion zu einem konsistenten Konzept zusammenzufügen.

(4) Im Rahmen des *dialogischen Umgangs mit dem Konzept* können je nach Intensität des steuernden Eingriffs drei Formen unterschieden werden, die untereinander wiederum zu kombinieren sind:[46]

- So besteht die Möglichkeit, einer oder mehreren Personen, die nicht der Problemlösungsgruppe angehören, eine so genannte „*Schattenrolle*" zukommen zu lassen. Diese Rolle, die als eine Art „Fremdreflexion" der Gedanken und Vorstellungen der Gruppenmitglieder dient, kann von externen Beratern, Mitgliedern des Trägerorgans oder sonstigen Personen, die in einem Vertrauensverhältnis zum Krankenhaus stehen, übernommen werden.
- Der Dialog unter Einschaltung von internen oder externen *Moderatoren* gilt als „das wohl üblichste Verfahren eines Umgangs mit Managementkonzepten"[47]. Hierbei sollen ein oder mehrere Moderatoren für einen fairen, geordneten und zielorientierten Diskussionsablauf sorgen.
- Im Extrem der *Selbststeuerung* wird auf die Rolle des Moderators gänzlich verzichtet. Dieses Verfahren scheint aber höchstens für Kleingruppen geeignet, deren Ergebnisse dann in einem moderierten Dialog überarbeitet und mit den Resultaten der anderen Gruppen abgeglichen werden.

Die dargestellten Möglichkeiten der Gruppenzusammensetzung und der Aufgabenverteilung lassen sich auch auf die weiteren Schritte der Problemlösungsmethodik übertragen.

Im Folgenden wird auf die konzeptspezifische Analyse und Diagnose der Problemsituation eingegangen, bei der Istprofile und Istdynamik jeweils anhand eines Beispiels ermittelt und beurteilt werden. Zur Bestimmung des Istprofils einer Managementdimension bietet es sich an, zunächst die beiden Aspekte der Dimension einzeln zu skalieren.[48] Auf jeder Skala müssen die Problemlöser den Istzustand eines Managementaspektes einschätzen. Die Skala hat dabei zwei Voraussetzungen zu erfüllen: Sie sollte auf der einen Seite ausreichend differenziert sein, um unterschiedliche Auffassungen wiedergeben zu können. Auf der anderen Seite sollte sie aber Positionierungen nicht durch eine zu feine Untergliederung unnötig erschweren. Hier wird dem Beispiel

---

[46] Zu diesen Formen des dialogischen Umgangs vgl. BLEICHER, Knut (1999), S. 604-607.
[47] BLEICHER, Knut (1999), S. 605.
[48] Vgl. BLEICHER, Knut (1999), S. 584.

von SAATY gefolgt, der in einem ähnlichen Zusammenhang eine *neunstufige Skala* vorgeschlagen hat.[49]

Anhand der krankenhauspolitischen Dimension „Grundlegende Ziel- und Zeitorientierung" soll eine Istprofilierung exemplarisch durchgeführt werden. Es wird davon ausgegangen, dass vier Personen vor und nach einer gemeinsamen Diskussion jeweils unabhängig voneinander ihre Einschätzung des Istzustandes abgeben sollen. Auf der in *Abbildung 8-8* dargestellten Skala sind die unterschiedlichen Positionierungen für den Aspekt „Grundlegende Zielorientierung" festgehalten. Dabei entspricht der Skalenwert „1" der Extremausprägung „einseitiges Streben nach Erfüllung des Versorgungsauftrages" und der Skalenwert „9" der Extremausprägung „umfassende Berücksichtigung der Interessen der verschiedenen Anspruchsgruppen".[50]

Abbildung 8-8: **Beispiel für eine mögliche Istskalierung des krankenhauspolitischen Aspektes „Grundlegende Zielorientierung"**

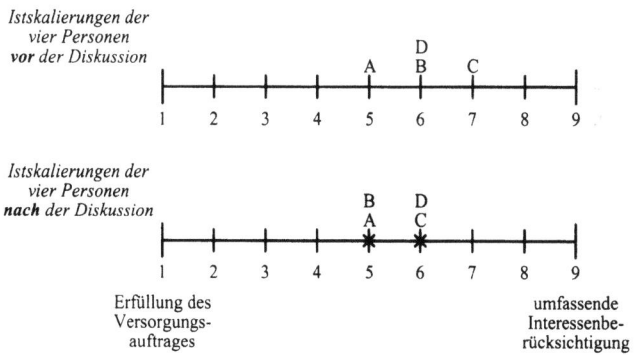

Eigene Darstellung.

Aus der Abbildung wird ersichtlich, dass sich die Personen A und D auch nach der Diskussion in ihrer Einschätzung bestätigt fühlen, die Personen B und C jedoch eine Änderung ihrer Positionierung vorgenommen haben. Die Kreuze in der unteren Skala zeigen die jeweils höchste und die jeweils niedrigste Positionierung an. Wenngleich auch hier keine allgemeine Empfehlung gegeben werden kann, so erscheint es doch sinnvoll, bei Abweichungen von mehr als zwei Skalenwerten den Dialog erneut aufzunehmen, um die Wahrnehmungsdifferenzen zu verringern. Eine *vollständige* Übereinstimmung kann nicht immer erreicht werden und ist auch nicht in jedem Falle erstrebenswert: Ausgehend von den unterschiedlichen Einstellungen und Perzeptionen der Beteiligten *kann* Übereinstimmung – ohne den Einsatz formaler Machtmittel – nicht immer er-

---

[49] SAATY empfiehlt diese Einteilung im Rahmen des von ihm entwickelten „Analytic Hierarchy Process", einem Verfahren zur Problemanalyse und Entscheidungsunterstützung. Er begründet dies u. a. damit, dass viele Personen überfordert sind, Aspekte differenzierter zu beurteilen. Vgl. SAATY, Thomas L. (1996), S. 53-64.

[50] Die in *Kapitel 7* gemachten Aussagen zu den Extremausprägungen der einzelnen Aspekte sollen es dabei den Anwendern des Konzeptes erleichtern, Profilierungen vorzunehmen. Für die anderen Skalenwerte bietet das Konzept jedoch keine Beschreibungen, da es kaum möglich sein dürfte, den vielfältigen Praxissituationen mittels einer solchen Konkretisierung gerecht zu werden. Vgl. BLEICHER, Knut (1999), S. 584.

reicht werden. Will man den Konformitätsdruck vermeiden, der bei Gruppenentscheidungen häufig zu beobachten ist[51], dann *sollte* eine vollständige Übereinstimmung nicht als das wesentliche Ziel angesteuert werden.

Im nächsten Schritt skalieren die Problemlöser den Aspekt „Zielorientierung", vergleichen das Ergebnis mit den Einschätzungen aus der Skalierung des ersten Aspektes und können dann das Istprofil in der krankenhauspolitischen Dimension „Grundlegende Ziel- und Zeitorientierung" abbilden. Je größer das in *Abbildung 8-9* als Viereck dargestellte Profil ist, umso größere Wahrnehmungsdifferenzen liegen vor.

Abbildung 8-9: Bestimmung des Istprofils am Beispiel der krankenhauspolitischen Dimension „Grundlegende Ziel- und Zeitorientierung"

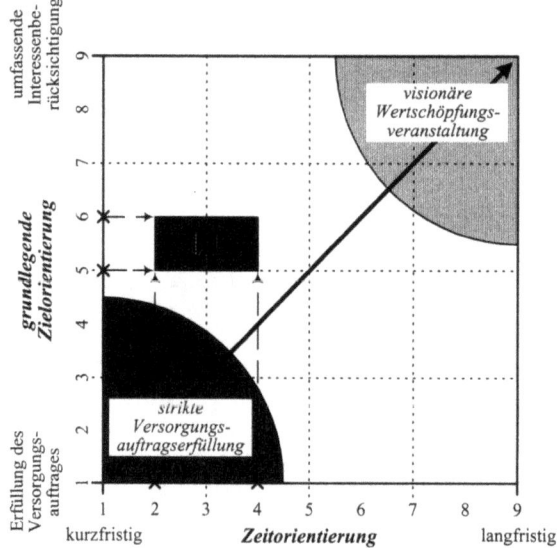

Eigene Darstellung.

Sofern schon einmal Ist- und Sollprofil der bearbeiteten Dimension bestimmt wurden, besteht nun die Möglichkeit, diese Werte mit den neuen Einschätzungen zu vergleichen. Wurden frühere Profile von *anderen* Personen(gruppen) festgelegt, dann hat ein solcher Vergleich aufgrund der individuell unterschiedlichen Perzeptionen allerdings nur eine sehr bedingte Aussagekraft. In *Abbildung 8-10* sind das frühere Istprofil als schwarz umrandetes Viereck und das frühere Sollprofil als schwarz umrandetes Oval dargestellt. Auch die Größen dieser geometrischen Figuren hängen von den jeweiligen Wahrnehmungsdifferenzen ab.[52]

---

[51] Vgl. EISENFÜHR, Franz/ WEBER, Martin (1999), S. 312.
[52] Sofern ein Problemlöser an vorhergehenden Profilierungen beteiligt war, kann auch ein *individueller* Vergleich angestellt werden.

Abbildung 8-10: Vergleich des Istprofils mit dem vorhergehenden Ist- und Sollprofil am Beispiel der krankenhauspolitischen Dimension „Grundlegende Ziel- und Zeitorientierung"

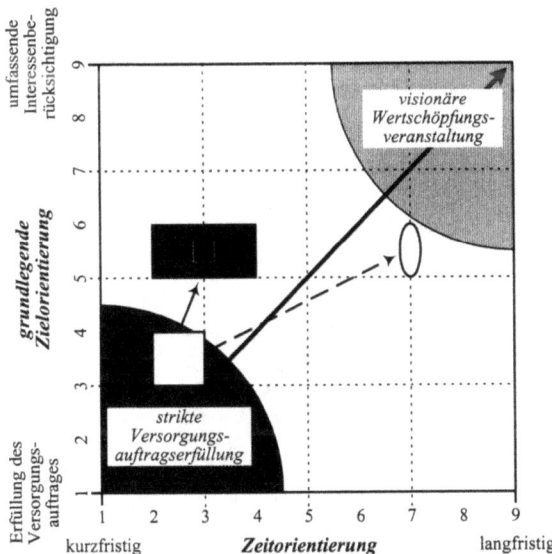

Eigene Darstellung.

Aus der Abbildung geht hervor, dass in der Wahrnehmung der Beteiligten hinsichtlich des Aspektes der grundlegenden Zielorientierung das Soll erreicht wurde, hinsichtlich der Zeitorientierung aber keine oder nur eine geringe positive Veränderung stattgefunden hat.

Mit den nachfolgend zu beschreibenden Schritten wird der integrative Charakter der konzeptspezifischen Problemlösungsmethodik betont. Dabei gilt es, die Istprofile der unterschiedlichen Managementdimensionen gegenüberzustellen und auf ihre Konsistenz zu überprüfen. Dies kann einerseits zu einer Revidierung einzelner Profile führen, wenn die Problemlöser im Rahmen der mehrdimensionalen Betrachtung zu der Erkenntnis gelangen, zuvor Sachverhalte falsch eingeschätzt zu haben. Andererseits können hierbei aber auch bereits Schwachstellen des Istzustandes offenbart werden.

Zunächst werden die einzelnen Profile zu einem „Modulprofil" zusammengefasst. *Abbildung 8-11* zeigt beispielhaft die fünf Profileinschätzungen der Krankenhauspolitik auf. Dabei wird aus Gründen der Übersichtlichkeit von den unterschiedlichen Wahrnehmungsdifferenzen abstrahiert und das „durchschnittliche" Istprofil durch kleine, miteinander verbundene Quadrate dargestellt.

Abbildung 8-11: „Dimensionbezogenes" Istprofil eines Moduls am Beispiel der Krankenhauspolitik

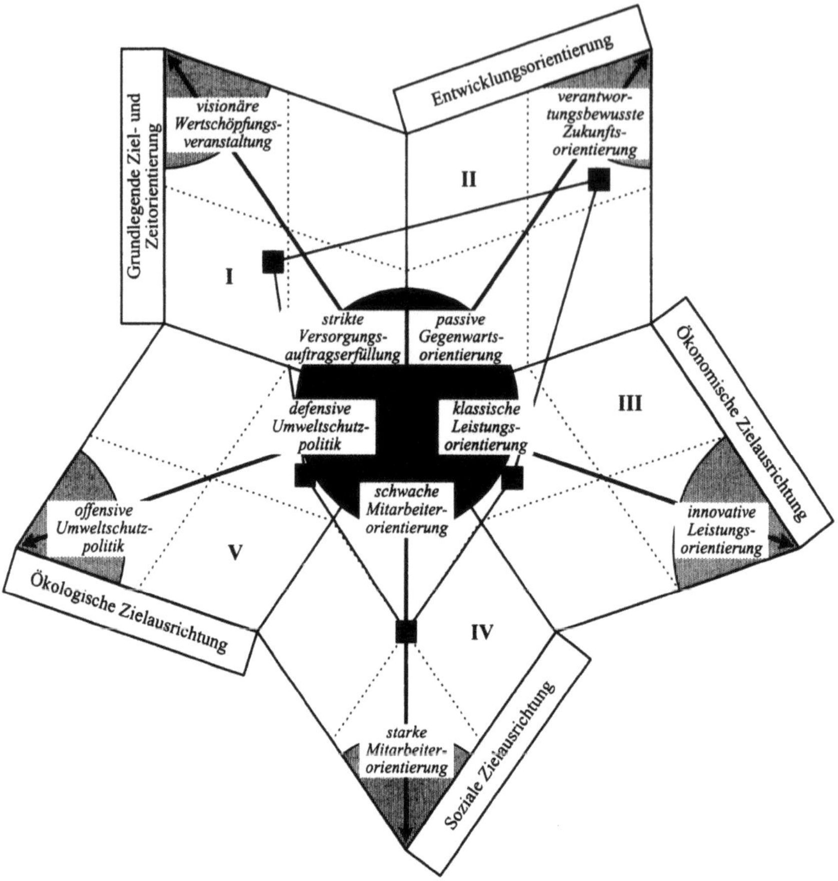

Eigene Darstellung.

Da die Positionierungen in dieser Darstellung (insbesondere bei Modulen mit weniger oder mehr als vier Dimensionen) nicht immer sofort ersichtlich sind, bietet sich eine andere Illustrationsform an. Hierbei werden die *Aspekt*skalierungen in der Gesamtdarstellung eines Moduls nicht zu *Dimensions*profilen zusammengefasst, sondern – wie aus *Abbildung 8-12* ersichtlich – einzeln aufgeführt.[53]

Diese Abbildung kann dabei helfen, das wahrgenommene krankenhauspolitische Istprofil auf seine Konsistenz hin zu überprüfen. Hinsichtlich der dargestellten Positionierungen könnten sich die Problemlöser beispielsweise die Frage stellen, inwieweit das zumeist nur reaktive Umwelt-

---

[53] Zu dieser Darstellungsart vgl. etwa BLEICHER, Knut (1992), S. 36.

bewusstsein bei der Abfallbehandlung im Einklang zu der eher prospektiven Verantwortungsübernahme steht.

Abbildung 8-12: „Aspektbezogenes" Istprofil eines Moduls am Beispiel der Krankenhauspolitik

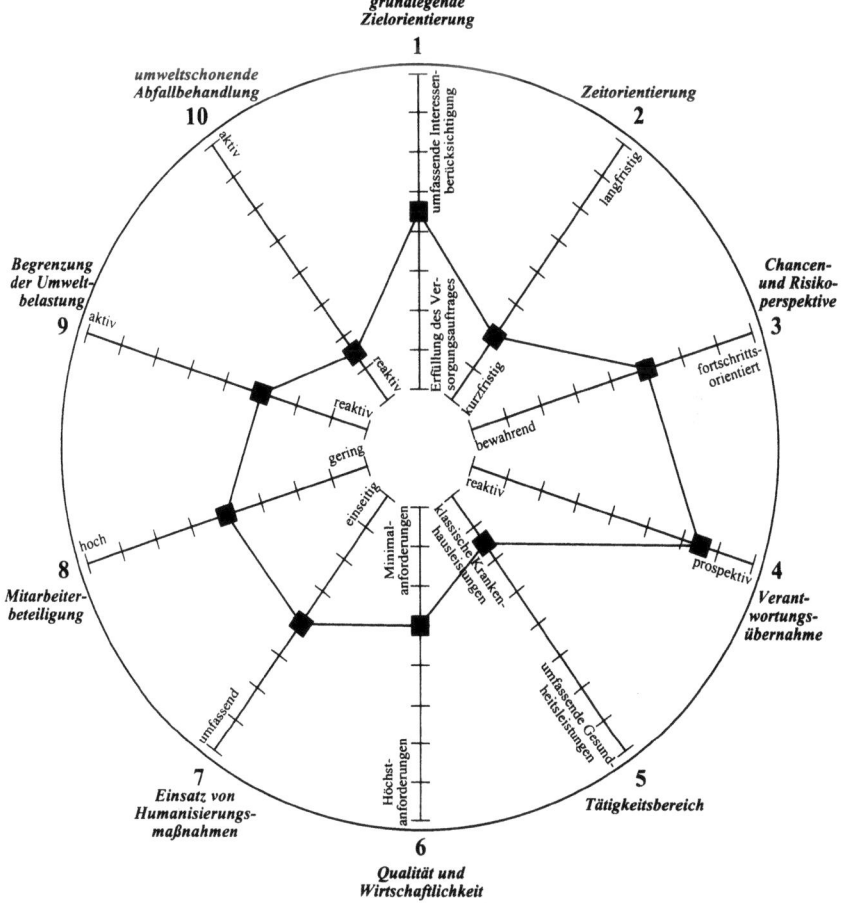

Eigene Darstellung.

Da die Krankenhauspolitik nur ein Modul unter vielen darstellt, ist zusätzlich die Konsistenz zwischen dem krankenhauspolitischen Profil und den Profilen der anderen Module zu überprüfen. Wollte man nun aber alle Aspekte im Paarvergleich untersuchen, dann wären damit bereits auf normativer und strategischer Ebene 2 016 Vergleiche[54] verbunden. Hinzu käme noch die Berücksichtigung vernetzter Beziehungen zwischen den Aspekten, die im Paarvergleich nicht

---

[54] Hierbei handelt es sich um eine Kombination ohne Wiederholung jeweils zweier der 36 normativen und 28 strategischen Managementaspekte: $C_2^{64} = \binom{64}{2} = 2\,016$.

oder nur indirekt erfolgt, sowie der Abgleich mit den operativen Managementaspekten. Da Problemlösungen stets unter Zeitdruck erfolgen, müssen Mittel und Wege gefunden werden, den Umfang einer solchen Konsistenzüberprüfung einzuschränken. Eine Möglichkeit besteht darin, sechs Gruppen zu bilden, die jeweils drei bis fünf Module nach Inkonsistenzen untersuchen: Die ersten drei Gruppen beschäftigen sich jeweils mit den Modulen einer Managementebene (normatives, strategisches, operatives Management), die anderen jeweils mit den Modulen einer Säule (Aktivitäten, Strukturen, Verhalten)[55]. Der Nachteil einer solchen Vorgehensweise besteht darin, dass Zusammenhänge zwischen Modulen, die weder eine horizontale noch eine vertikale Ebene gemeinsam haben (wie etwa Krankenhauskultur und strategische Managementsysteme), nicht explizit berücksichtigt werden. Durch diese Methode kann aber die Wahrscheinlichkeit, Inkonsistenzen zu übersehen, reduziert werden; eine eingehendere Überprüfung im Sinne eines „Komplettvergleiches" wird dann vermutlich nur noch mit stark abnehmendem Grenznutzen verbunden sein. Somit kommt diesem Verfahren aufgrund seiner einfacheren Durchführbarkeit besondere Bedeutung zu. Außerdem ist davon auszugehen, dass mit zunehmendem Aufwand auch die Bereitschaft der Beteiligten sinkt, eine solch umfassende Prozedur durchzuführen.

Nach der Ermittlung und Kontrolle der Istprofile können in einem nächsten Schritt die Entwicklungen der Nutzenpotenziale aufgezeichnet und mit den bislang angestrebten Entwicklungen verglichen werden. In *Abbildung 8-13* sind der tatsächliche Verlauf eines Nutzenpotenzials (bis t_0) als durchgezogene Linie und der (seit t_{-1}) angestrebte Verlauf als gestrichelte Linie dargestellt.

Abbildung 8-13: Tatsächliche vs. bislang angestrebte Entwicklung eines Nutzenpotenzials

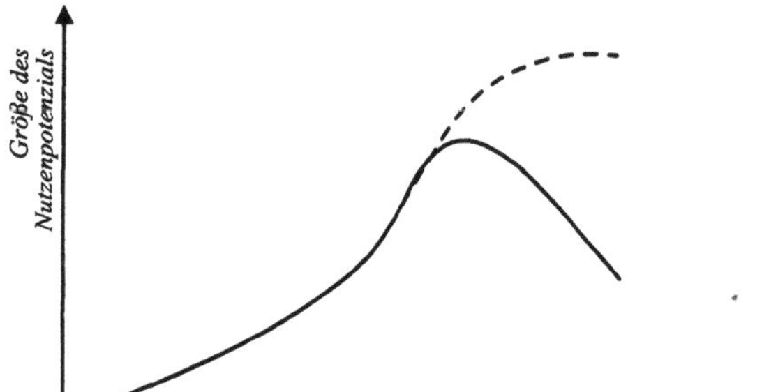

Eigene Darstellung.

Bei der Darstellung der Entwicklungsverläufe der Nutzenpotenziale, zu denen stets eine kurze verbale Erläuterung hinzugefügt werden sollte, geht es nicht um eine exakte Verlaufsabbildung, sondern vor allem um die Feststellung sich abzeichnender Tendenzen. Analog zu den Istprofilen sind auch die verschiedenen Nutzenpotenzial-Lebenszyklen auf ihre Konsistenz zu überprüfen, um bereits erste Schlussfolgerungen zur Ausschöpfung und Weiterentwicklung der Nutzenpotenziale ziehen zu können.

---

[55] Bei der Überprüfung der Module einer Säule erscheint es sinnvoll, auch krankenhausphilosophische Aspekte einzubeziehen, da sie die obersten Werte des Krankenhauses wiedergeben.

Persönlich überzeugen

Die Ausführungen der beiden vorhergehenden Prozessfelder haben die Notwendigkeit integrativen Denkens und Handelns bei der Analyse und Diagnose von Problemsituationen hervorgehoben. Es stellt sich nun die Frage, wie auf persönlich überzeugende Art für ein solches Analyseverhalten „geworben" werden kann.[56]

Ein wesentlicher Punkt ist hierbei die *selbstkritische* Analyse des Managements. Nur wenn das Management bereit ist, eigene Fehler und Unzulänglichkeiten einzugestehen, kann es dies auch von seinen Mitarbeitern erwarten. Ziel sollte sein, eine Atmosphäre im Krankenhaus zu schaffen, in der konstruktiv mit bisherigen Schwächen umgegangen und an der zukünftigen Vermeidung ihrer Ursachen gearbeitet wird. Je aufrichtiger Probleme analysiert und diagnostiziert werden, umso eher eignen sich die daraus hervorgegangenen Ergebnisse als Basis für eine effektive Problemlösung. Wenngleich diese Schlussfolgerung auf den ersten Blick vernünftig oder logisch erscheint, so spricht doch in der Praxis zumindest ein Aspekt dagegen. Vom Management wird in der Regel nicht nur glaubwürdiges, sondern auch selbstsicheres Verhalten erwartet. Je nach Ausprägung der Krankenhauskultur und des strategischen Problemlösungsverhaltens kann das Eingeständnis eigener Fehler entweder als Stärke oder aber als Schwäche ausgelegt werden. Im letzten Fall kann ein Vertrauensverlust auftreten, der gegebenenfalls ein abnehmendes Engagement der Mitarbeiter zur Folge hat.[57] In diesem Zusammenhang ist zu beachten, dass die Entwicklung zu einer offenen Informationskultur oftmals mit einem langwierigen Lernprozess verbunden ist und nicht problemlos „von heute auf morgen" erfolgen kann.

Inwieweit Krankenhausmitarbeiter bereit sind einzugestehen, zur Entstehung einer Problemsituation selbst beigetragen zu haben, hängt nicht nur von den krankenhausspezifischen Verhaltensprofilen ab. Ein solches Eingeständnis fällt nämlich auch dann tendenziell einfacher, wenn es sich um ein Problem handelt, dessen Komplexität allen Beteiligten bewusst ist. Somit kann es zu einer wesentlichen Aufgabe der Führungskräfte werden, Mitarbeiter hinsichtlich des Erkennens komplexer Strukturen zu sensibilisieren und ein Verständnis für die Spannungsfelder des Managements zu erzeugen. Hierfür eignet sich insbesondere die Erstellung von Netzwerken, da so allen Beteiligten bestehende Dilemmata verdeutlicht werden können. Um damit nicht Frustrationseffekte auszulösen, sollte schon im Rahmen der Analyse- und Diagnosephase eine bewusste Auseinandersetzung mit auftretenden Paradoxien erfolgen.[58] So können beispielsweise vermeintliche Schwachstellen des Krankenhauses als unvermeidbare Auswirkungen der Verfolgung konkurrierender Ziele herausgestellt werden. Dies kann wiederum zur Formulierung neuer Zielsetzungen oder zu einer neuen Zielgewichtung führen. Mit zunehmendem Verständnis für die viel-

---

[56] Vgl. GOMEZ, Peter/ PROBST, Gilbert J. B. (1997), S. 98.
[57] Außerdem besteht die Möglichkeit, dass selbstkritisches Analysieren nicht nur von anderen Personen negativ ausgelegt wird, sondern auch für die jeweilige Person negative Effekte nach sich zieht: „Selbstreflexion kann auch stören und unsicher machen". DÖRNER, Dietrich (2000), S. 302. Die Berücksichtigung dieser Möglichkeit sollte jedoch nicht dazu führen, prinzipiell weniger selbstkritisch zu sein, da eine solche Empfehlung allenfalls personenspezifisch gegeben werden kann.
[58] Vgl. GOMEZ, Peter/ PROBST, Gilbert J. B. (1997), S. 101-103.

fältigen Wechselbeziehungen einer Problemsituation wird vermutlich auch die Akzeptanz steigen, eigene Ansprüche zurückzustellen, die der Verfolgung anderer wichtiger Ziele entgegenstehen.

8.1.4 Schritt 3: Erarbeitung der Gestaltungs- und Lenkungsmöglichkeiten

In diesem Schritt geht es darum, Möglichkeiten sowie Grenzen der Gestaltung und Lenkung herauszuarbeiten, um realistische Ziele setzen und vermitteln zu können. *Abbildung 8-14* gibt einen Überblick über die Struktur dieses Abschnittes.

Abbildung 8-14:   Schritt 3: Erarbeitung der Gestaltungs- und Lenkungsmöglichkeiten

vernetzt denken	*konzeptbezogen handeln*	*persönlich überzeugen*
• Rahmenbedingungen aufzeichnen • Szenarien entwickeln und durchspielen • Lenkungsoptionen identifizieren	• Sollprofile und Zielindikatoren festlegen • Sollprofile harmonisieren • Solldynamik der Nutzenpotenziale bestimmen	• Ziele verdeutlichen • Möglichkeiten und Grenzen aufzeigen

Eigene Darstellung.

Vernetzt denken

Einem Netzwerk, wie es in Schritt 2 dargestellt wurde, ist nicht direkt zu entnehmen, welche Faktoren in einem Krankenhaus beeinflusst werden können und welche nicht. Das Wissen um Lenkungsmöglichkeiten und -grenzen ist jedoch eine Grundvoraussetzung für die Planung und Durchführung effektiver Maßnahmen. So stellen die lenkbaren Variablen den Ausgangspunkt für die Entwicklung von Problemlösungsalternativen dar, bei der jedoch stets die nicht lenkbaren Größen zu berücksichtigen sind.[59] Letztere können auch als *Rahmenbedingungen* bezeichnet werden, zu denen vor allem Faktoren der allgemeinen Krankenhausumwelt zählen, wie gesellschaftlicher Wertewandel, gesetzliche Vorgaben, gesamtwirtschaftliche und technologische Entwicklung.[60] Daneben sind aber auch einige der krankenhausspezifischen Umweltfaktoren nicht oder nur bedingt beeinflussbar, so z. B. das Entgeltsystem, der Arbeitsmarkt für Krankenhauspersonal und das Verhalten anderer Gesundheitsorganisationen.[61]

Nicht lenkbare Größen sind zunächst in ihrem *momentan wahrgenommenen Zustand* festzuhalten.[62] Da sie sich im Zeitablauf verändern, sollte zudem die *zukünftig erwartete Entwicklung* dieser Faktoren aufgezeichnet werden. Solche Antizipationen sind jedoch durch Unsicherheit und Subjektivität gekennzeichnet, die jeweils nicht ausgeschaltet werden können. Durch eine Analy-

---

[59]   Vgl. GOMEZ, Peter/ PROBST, Gilbert J. B. (1997), S. 116-117.
[60]   ⇔ Zur allgemeinen Krankenhausumwelt vgl. *Abschnitt 4.3.2*.
[61]   ⇔ Zu krankenhausspezifischen Umweltfaktoren vgl. *Abschnitt 4.3.3*.
[62]   In einem Netzwerk können nicht lenkbare Größen beispielsweise durch eine bestimmte Farbe oder Einrahmung hervorgehoben werden. Vgl. GOMEZ, Peter/ PROBST, Gilbert J. B. (1997), S. 117-121.

se der weiteren Entwicklung relevanter Rahmenbedingungen können jedoch Risiken besser eingeschätzt und Entscheidungen besser begründet werden.[63]

Eine vertiefte Auseinandersetzung sollte überdies eine Betrachtung der Umweltentwicklungen aus verschiedenen Perspektiven beinhalten. So kann beispielsweise ein pessimistisches und ein optimistisches Szenario sowie ein so genanntes „Grundszenario" entwickelt werden, um den antizipierten Entwicklungsrahmen nicht zu sehr einzuschränken. Das Grundszenario stellt zukünftige Umweltkonstellationen dar, die von den Problemlösern unter „normalen" Bedingungen erwartet werden.[64] Würde lediglich dieses Szenario entwickelt, so bestünde erhöhte Gefahr, nur solche Informationen zu sammeln und zu berücksichtigen, die den eigenen Hypothesen entsprechen.[65] Das Szenario wäre also sehr stark von der momentanen Einstellung der Problemlöser abhängig. Werden aber zusätzlich ein pessimistisches und ein optimistisches Szenario entwickelt, so können bei einem Vergleich mit dem Grundszenario subjektiv geprägte Antizipationen, die nur unzureichend begründbar sind, leichter aufgedeckt werden. Außerdem kann mit der Ausarbeitung pessimistischer und optimistischer Szenarien die Wahrscheinlichkeit gesenkt werden, mögliche Richtungs- und Geschwindigkeitsänderungen von Entwicklungen zu vernachlässigen und statt dessen lediglich bereits beobachtbare Trends linear fortzuschreiben.[66]

Nach der Ermittlung der Rahmenbedingungen sind die Lenkungsoptionen des Krankenhausmanagements zu identifizieren. Dabei ist zu beachten, dass nicht alle Faktoren im gleichen Ausmaß und auf jeder Ebene (Krankenhaus, Station, Pflegegruppe) beeinflussbar sind. Daher sind die Gestaltungs- und Lenkungsmöglichkeiten differenziert herauszuarbeiten. Ein besonderes Interesse kommt in diesem Rahmen der Erschließung von Lenkungsoptionen zu, die bislang nicht bestehen und/oder konkurrierenden Krankenhäusern nicht zur Verfügung stehen.[67] Solche Möglichkeiten können z. B. durch Kooperationen mit anderen Gesundheitsorganisationen geschaffen werden, wobei Kooperationsverträge bei entsprechender Ausgestaltung auch zu Einschränkungen der Lenkungsmöglichkeiten führen können.

Als Fazit für dieses Prozessfeld ist festzuhalten, dass vernetztes Denken nicht nur die gegebenen Rahmenbedingungen und Lenkungsoptionen einbeziehen sollte, sondern auch zukünftige Entwicklungen und Opportunitäten. Darauf aufbauend können die Zielvorstellungen, die im nächsten Prozessfeld zu erarbeiten sind, besser begründet werden.

---

[63] Vgl. GOMEZ, Peter/ PROBST, Gilbert J. B. (1997), S. 136.
[64] Zur Szenariotechnik vgl. vertiefend GOMEZ, Peter/ PROBST, Gilbert J. B. (1997), S. 126-141.
[65] Zur hypothesengerechten Informationsauswahl vgl. DÖRNER, Dietrich (2000), S. 134-135.
[66] Vgl. DÖRNER, Dietrich (2000), S. 160-161.
[67] Vgl. GOMEZ, Peter/ PROBST, Gilbert J. B. (1997), S. 121-124.

Konzeptbezogen handeln

Analog zur Ermittlung der Istprofile sind hier die *Sollprofile* der einzelnen Managementaspekte festzulegen.[68] Dabei können die gleichen Formen des Umgangs mit dem Krankenhausmanagementkonzept unterschieden werden, wie sie in Schritt 2 beschrieben wurden. So besteht die Möglichkeit, unterschiedlich viele Gruppen einzusetzen und unterschiedliche Bearbeitungsweisen anzuwenden.[69] Im folgenden Beispiel wird wiederum davon ausgegangen, dass vier Personen ein Sollprofil bestimmen. Für jeden Managementaspekt werden die jeweils höchste und niedrigste Sollpositionierung – in der Darstellung eines Ovals bzw. Kreises – festgehalten und, wie exemplarisch in *Abbildung 8-15* aufgezeigt, dem jeweiligen Istprofil gegenübergestellt. Die jeweiligen Positionierungen auf den Skalen sind dabei nicht so bedeutend wie der Konsens über die angestrebte Entwicklungs*richtung*. Sind sich z. B. alle Beteiligten darüber einig, dass die Sollposition rechts oberhalb von der Istposition liegt, dann stimmen sie überein, dass Veränderungsbedarf in eine bestimmte Richtung besteht.

Abbildung 8-15: Ist- und Sollprofil am Beispiel der krankenhauspolitischen Dimension „Grundlegende Ziel- und Zeitorientierung"

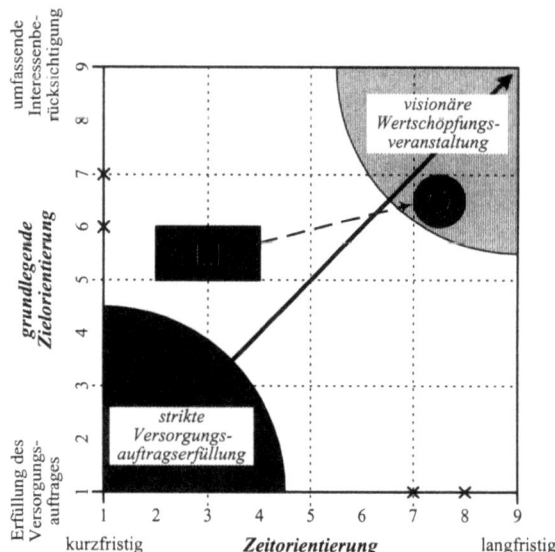

Eigene Darstellung.

---

[68] Die Ist- und Sollprofilierung kann auch in einem Schritt erfolgen; zu dieser Vorgehensweise vgl. BLEICHER, Knut (1999), S. 584-588. Der Vorteil besteht darin, dass Ermittlung von Istprofilen und Festlegung von Sollprofilen einzelner Managementdimensionen nicht zeitlich auseinander gerissen werden. Sofern man sich allerdings noch keine Gedanken über die zukünftigen Rahmenbedingungen und Lenkungsoptionen gemacht hat, besteht die Gefahr, unrealistische Sollprofile zu bestimmen.

[69] ⇐ Vgl. *S. 333-334.*

Da durch ein solches Klassifikationsraster lediglich eine grobe Bestimmung der Sollvorstellungen ermöglicht wird, sind zusätzlich *Zielindikatoren* und deren intendierte Ausprägungen festzulegen. So können Maßnahmen zielgerichteter geplant und der Problemlösungsfortschritt besser überwacht werden.[70] In der hier exemplarisch betrachteten krankenhauspolitischen Dimension „Grundlegende Ziel- und Zeitorientierung" fungieren die Ziele selbst als Zielindikatoren. Hierzu können beispielsweise die Anzahl der Anspruchsgruppen, deren Interessen explizit in den obersten Krankenhauszielen Berücksichtigung finden, oder die Anzahl langfristiger Ziele herangezogen werden. Neben diesen quantitativen Werten sollten zudem qualitative Werte als Indikatoren einbezogen werden, wie z. B. die Gewichtung der einzelnen Ziele.

Um die Konsistenz der einzelnen Aspektskalierungen eines Moduls überprüfen zu können, werden sie zu einem Modulprofil „Soll" zusammengefasst. Bei dieser *intramodularen Harmonisierung*[71] sollen Unstimmigkeiten hinsichtlich der Zielvorstellungen aufgedeckt werden. Im Anschluss daran sind die Sollprofile den jeweiligen Istprofilen gegenüberzustellen. In *Abbildung 8-16* ist das Sollprofil durch kleine Kreise dargestellt, die mit gestrichelten Linien verbunden sind.

Aus den Soll-Ist-Differenzen kann der Veränderungsbedarf abgeleitet werden. Die Größe der Abweichungen kann zwar als erstes Kriterium für die Dringlichkeit bestimmter Aktionen gewertet werden, muss aber stets genauer betrachtet werden, da die Skaleneinteilung und deren unterschiedliche Wahrnehmung dazu führen können, dass sich selbst massive Veränderungsnotwendigkeiten in einer nur kleinen Abweichung äußern. Außerdem ist darauf zu achten, dass Aspekte, bei denen keine oder nur geringe Soll-Ist-Abweichungen existieren, nicht vollständig vernachlässigt werden. Schließlich werden bei veränderten Kontextbedingungen in der Regel auch zur Erhaltung des Status quo modifizierte Maßnahmen notwendig.

Neben der intramodularen kommt der *vertikalen und horizontalen Harmonisierung* eine hohe Bedeutung zu. Dabei sind die Sollprofile der verschiedenen Module abzugleichen, wobei auch hier das Problem besteht, dass die Anzahl prinzipiell zu berücksichtigender Interdependenzen sehr groß ist.[72] Analog zu der in Schritt 2 beschriebenen Vorgehensweise können wieder sechs Gruppen gebildet werden, die jeweils die Sollprofile von drei bis fünf Modulen miteinander vergleichen. Wenngleich auf diese Weise einige Widersprüchlichkeiten nicht direkt aufgedeckt werden können, so wird doch die Wahrscheinlichkeit für das Auftreten von Inkonsistenzen reduziert.

---

[70] Vgl. ULRICH, Hans/ PROBST, Gilbert J. B. (1995), S. 186-187.
[71] BLEICHER spricht in diesem Zusammenhang von der „Harmonisierung eines Moduls [...] zu einem Basis-‚fit'". BLEICHER, Knut (1999), S. 589.
[72] ⇦ Vgl. *S. 339.*

Abbildung 8-16: Ist- und Sollprofil eines Moduls am Beispiel der Krankenhauspolitik

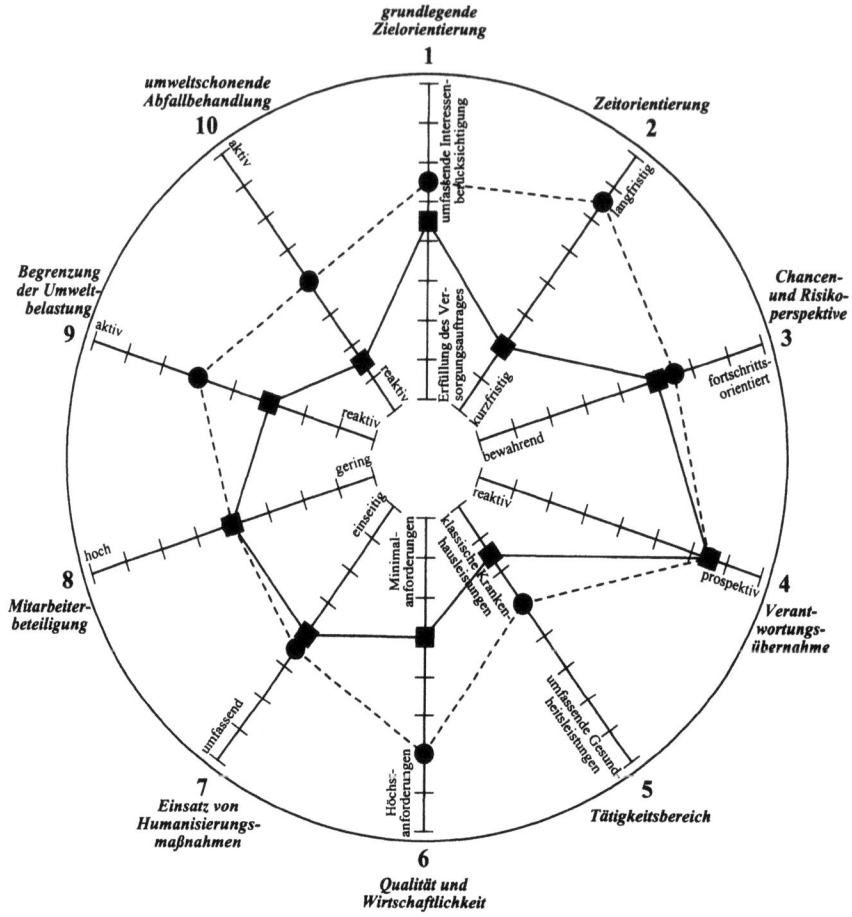

Eigene Darstellung.

Ausgehend von den jeweiligen Sollprofilen kann die *Solldynamik* der Nutzenpotenziale bestimmt werden. Hierzu sollten neben der Aufzeichnung bisheriger und intendierter Entwicklungslinien, wie sie beispielhaft in *Abbildung 8-17* skizziert sind, kurze Kommentare zur Weiterentwicklung der jeweiligen Nutzenpotenziale hinzugefügt werden.

Auch die intendierten Entwicklungsverläufe der Nutzenpotenziale sind aufeinander abzustimmen. Da nicht alle Nutzenpotenziale gleichzeitig *intensiv* bearbeitet und entwickelt werden können, hilft die Skizzierung der angestrebten Lebenszyklen, bei der Entwicklung von Problemlösungsalternativen Schwerpunkte zu setzen.

Abbildung 8-17: **Bisherige und angestrebte Entwicklung eines Nutzenpotenzials**

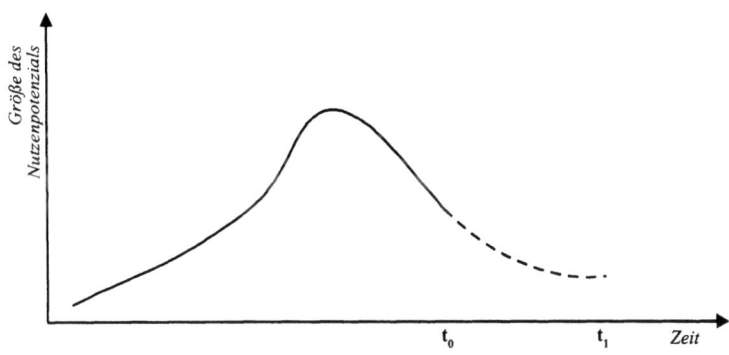

Eigene Darstellung.

Persönlich überzeugen

Die Abbildungen der verschiedenen Sollprofile und der Solldynamik dienen u. a. dazu, Transparenz zu schaffen. Von diesen Intentionen ausgehend, sind aber zusätzlich Ziele zu formulieren, die nicht nur den Beteiligten des Problemlösungsprozesses, sondern auch sonstigen Betroffenen die konkreten Absichten des Krankenhausmanagements verdeutlichen. Des Weiteren sollten den Mitarbeitern die Kriterien dargelegt werden, an denen sie gemessen und beurteilt werden. Sind Mitarbeitern diese Kriterien nicht bekannt, so fehlt ihnen eine wichtige Möglichkeit, ihr Verhalten orientieren und kontrollieren sowie sich selbst motivieren zu können.[73]

Bei der Erarbeitung der Gestaltungs- und Lenkungsmöglichkeiten könnte der Eindruck entstehen, dass allein „der gute Wille" ausreicht, um die gesetzten Ziele zu erreichen. Demnach ist es Aufgabe des Managements, auch ein Bewusstsein für die Grenzen der Machbarkeit zu schaffen, „nicht um zu frustrieren und zu resignieren, sondern um das Geschehen besser verständlich zu machen"[74]. Somit kann zumindest die Anzahl jener Enttäuschungen reduziert werden, die aus unrealistischen Einschätzungen der Situation und der gegebenen Möglichkeiten entstehen.[75]

8.1.5 Schritt 4: Entwicklung, Beurteilung und Auswahl von Problemlösungsalternativen

Nachdem die nicht beeinflussbaren Rahmenbedingungen und lenkbare Faktoren erarbeitet sowie die Sollzustände bestimmt wurden, ist in einem nächsten Schritt der *Weg* zur Zielerreichung festzulegen. Hierfür sind Erfolg versprechende Alternativen zu entwickeln und miteinander zu vergleichen. Schließlich ist die Alternative auszuwählen, die für die Problemlösung am geeig-

---

[73] Vgl. GOMEZ, Peter/ PROBST, Gilbert J. B. (1997), S. 155.
[74] GOMEZ, Peter/ PROBST, Gilbert J. B. (1997), S. 154.
[75] Vgl. GOMEZ, Peter/ PROBST, Gilbert J. B. (1997), S. 154-155.

netsten erscheint.⁷⁶ *Abbildung 8-18* zeigt die Strukturierung dieses vierten Schrittes der konzeptspezifischen Problemlösungsmethodik auf.

Abbildung 8-18: Schritt 4: Entwicklung, Beurteilung und Auswahl von Problemlösungsalternativen

vernetzt denken	konzeptbezogen handeln	persönlich überzeugen
• Ideensuchraum erweitern • Alternativen erarbeiten und auf prinzipielle Realisierbarkeit überprüfen • Maßnahmen inhaltlich sowie zeitlich festlegen und aufeinander abstimmen	• Alternativen anhand der Modulprofile sowie der Entwicklung der Nutzenpotenziale beurteilen und auswählen	• kreative Vorschläge fördern • den Dialog mit Anspruchsgruppen suchen • Entschlusskraft zeigen

Eigene Darstellung.

Vernetzt denken

Für die spezifische Erarbeitung von Problemlösungsalternativen kann lediglich in beschränktem Maße methodische Hilfe gegeben werden, da eine solche Erarbeitung stets situationsadäquat sowie auf Basis der zuvor erarbeiteten Szenarien erfolgen muss. Durch die starke Abhängigkeit vom Kontext wird die Suche nach Alternativen zu einem innovativen Prozess, der häufig kreatives Denken jenseits der gewohnten Denkschemata erfordert.⁷⁷ Dabei sollte versucht werden, den Ideensuchraum über den eigenen Erfahrungsschatz hinaus zu erweitern. Eine Möglichkeit besteht darin, Problemlösungsansätze anderer Teile der Organisation, anderer Krankenhäuser oder Unternehmen anderer Branchen zu betrachten. Auch dann, wenn weder die Möglichkeit besteht, an detaillierte Informationen zu gelangen⁷⁸, noch die grundsätzliche Vergleichbarkeit der verschiedenen Problemsituationen gewährleistet ist, können über eine abteilungsübergreifende Betrachtung neue Ideen aufgezeigt werden. Diese Ideen können weiterentwickelt werden, wobei sie an die jeweilige Situation sowie die krankenhausspezifische Problematik anzupassen sind.

Unabhängig davon, wie letztlich Ideen gesammelt werden, sind diese im Anschluss an den Prozess der Alternativensuche unter Rückgriff auf das verfügbare Wissen auf ihre prinzipielle Realisierbarkeit zu überprüfen.⁷⁹ Das Management hat die Rahmenbedingungen dabei so zu gestalten, dass diese „Phase der Konfrontation von Ideen mit Wissen" effektiv durchgeführt werden

---

[76] Vgl. ULRICH, Hans/ PROBST, Gilbert J. B. (1995), S. 195.
[77] Vgl. ULRICH, Hans/ PROBST, Gilbert J. B. (1995), S. 199.
[78] Die Schwierigkeit, an detaillierte Aufzeichnungen zu gelangen, liegt zum einen darin begründet, dass andere Organisationen in der Regel nur begrenzt bzw. für eine Gegenleistung bereit sind, Informationen zur Verfügung zu stellen. Zum anderen ist davon auszugehen, dass häufig der Ablauf von Problemlösungsprozessen nicht schriftlich niedergelegt wird. Vgl. ADAM, Dietrich (2000), S. 109-110.
[79] Einer *differenzierten* Beurteilung wird lediglich eine kleine Anzahl favorisierter Alternativen unterzogen. ⇨ Vgl. hierzu das Prozessfeld „Konzeptbezogen handeln", S. 349-358.

kann.[80] Um die grundsätzliche Durchführbarkeit besser einschätzen zu können, ist es hilfreich, bereits im Zuge der Alternativenerarbeitung die wesentlichen Maßnahmen, die mit der Realisierung der jeweiligen Problemlösungsmöglichkeit verbunden sind, grob festzulegen. Neben der inhaltlichen Gestaltung kommen dabei insbesondere der zeitlichen Abfolge einzelner Maßnahmen sowie der Abstimmung mit sonstigen Tätigkeiten und der Änderungsfähigkeit des Krankenhauses substanzielle Bedeutung zu.[81]

Nach der Wahl einer Alternative kann und sollte schließlich eine *präzise* Maßnahmenplanung vorgenommen werden. Je nach Art und Bedeutung des Problems ist eine ähnliche Planung auch für Alternativstrategien zu erarbeiten, auf die dann zurückgegriffen wird, wenn statt des erwarteten Grundszenarios eine andere Entwicklung eintritt.[82] Konkretisierungsgrad, aber auch Anzahl und Art der erforderlichen Maßnahmen sollten sich an der Komplexität der jeweiligen Problemsituation ausrichten. Um die Eigenschaften des Systems berücksichtigen zu können, in das mittels der gewählten Alternative eingegriffen werden soll, ist es sinnvoll, das Netzwerk und die Einflussmatrix heranzuziehen, die in Schritt 2 erarbeitet wurden. So können teilweise ineffektive Maßnahmen vermieden und Synergieeffekte genutzt werden.[83]

Bevor in Schritt 5 auf die Umsetzung und Überwachung der Problemlösung eingegangen wird, soll zunächst im folgenden Prozessfeld „Konzeptbezogen handeln" ein mögliches Verfahren zur Bewertung der verschiedenen Alternativen vorgestellt werden. Darüber hinaus wird im Prozessfeld „Persönlich überzeugen" die Gestaltung von Rahmenbedingungen erörtert, die eine effektive und effiziente Alternativengenerierung, -beurteilung und -auswahl unterstützen.

Konzeptbezogen handeln

Die Problemlösungsalternativen, die prinzipiell geeignet erscheinen, sind einer differenzierten Beurteilung zu unterziehen, auf deren Basis die Entscheidung für eine Alternative erfolgt. Hierfür kann das so genannte Punktbewertungsverfahren herangezogen werden[84], für das eine Vielzahl unterschiedlicher Ausgestaltungs- und praktischer Anwendungsmöglichkeiten existiert.[85] Der Nutzen dieses Verfahrens hängt von den verfolgten Zielen sowie der Art der Anwendung ab. Ein inadäquater Einsatz des Verfahrens bedeutet Ressourcenverschwendung und kann darüber hinaus sogar kontraproduktive Folgen haben. Aus diesem Grund wird das hier entwickelte *konzeptspezifische Punktbewertungsverfahren* nicht nur in seiner Grundidee und seinem wesentli-

---

[80] Vgl. ULRICH, Hans/ PROBST, Gilbert J. B. (1995), S. 199-202, Zitat auf S. 200. Da hierbei dem Führungsstil des Managements eine wesentliche Bedeutung zukommt, wird dieser Aspekt im Prozessfeld „Persönlich überzeugen" eingehender behandelt. ⇨ Vgl. *S. 358-359.*

[81] Vgl. ULRICH, Hans/ PROBST, Gilbert J. B. (1995), S. 209.

[82] Vgl. ULRICH, Hans/ PROBST, Gilbert J. B. (1995), S. 208.

[83] GOMEZ/ PROBST haben so genannte *Lenkungsregeln* für Unternehmen entwickelt, deren Einhaltung dazu beitragen soll, besonders wirkungsvolle Eingriffe in Problemsituationen vornehmen zu können. Vgl. GOMEZ, Peter/ PROBST, Gilbert J. B. (1997), S. 171-174; ULRICH, Hans/ PROBST, Gilbert J. B. (1995), S. 210-219.

[84] Das Punktbewertungsverfahren wird auch als Scoring-Modell oder Nutzwertanalyse bezeichnet.

[85] Vgl. beispielsweise EISENFÜHR, Franz/ WEBER, Martin (1999), S. 147-149; SCHNEEWEIß, Christoph (1991), S. 122-124; 148-156.

chen Aufbau erläutert, sondern im Rahmen einer kritischen Betrachtung auch eingehender beschrieben. Zudem soll die Vorgehensweise anhand eines Beispiels verdeutlicht werden.

Ziel des konzeptspezifischen Punktbewertungsverfahrens ist es, die Beteiligten dabei zu unterstützen, *die erarbeiteten Problemlösungsalternativen hinsichtlich der Kriterien des Krankenhausmanagementkonzeptes zu beurteilen*. Dabei interessiert vor allem, inwieweit die einzelnen Problemlösungsalternativen mit den Profilen des Krankenhauses vereinbar sind. So sollte abgeschätzt werden, ob bzw. in welchem Ausmaß die Umsetzung einer Alternative zu einer Annäherung an das jeweilige Sollprofil führt. Außerdem ist darauf zu achten, dass die geplanten Maßnahmen mit der momentanen Situation, d. h. den Istprofilen harmonieren. Je nach Art und Bedeutung des Problems können als Kriterien

- nur die Modulprofile,
- die Modulprofile inklusive der Aspektprofile ausgewählter Module[86] oder
- alle Aspektprofile des Krankenhausmanagementkonzeptes

verwandt werden. Des Weiteren besteht die Möglichkeit, einige oder alle Nutzenpotenzialentwicklungen als Kriterien anzuführen.[87] *Abbildung 8-19* zeigt eine exemplarische Tabelle zur Beurteilung von Problemlösungsalternativen anhand der Modulprofile und Nutzenpotenzialentwicklungen.

---

[86] ⇨ Vgl. hierzu *Abbildung 8-20*, in der die Berücksichtigung eines solchen Kriterienmix beispielhaft dargestellt ist.

[87] Die Kriterien können zusätzlich noch jeweils nach Ist- und Sollprofil bzw. Ist- und Solldynamik differenziert werden.

Praktische Anwendung des Konzeptes „Menschenorientiertes Krankenhausmanagement" 351

Abbildung 8-19: Konzeptspezifische Beurteilung von Problemlösungsalternativen

Problemlösungsalternativen			Alternative A		Alternative B		Alternative C	
Modulprofile resp. Nutzenpotenzialentwicklungen		rel. Bedeutung (B)	Vereinbarkeit (V)	B * V	Vereinbarkeit (V)	B * V	Vereinbarkeit (V)	B * V
Normatives Krankenhausmanagement	Krankenhausphilosophie							
	Krankenhauspolitik							
	Krankenhausverfassung							
	Krankenhauskultur							
Strategisches Krankenhausmanagement	Strategische Programme							
	Organisationsstrukturen							
	Strategische Managementsysteme							
	Strategisches Problemlösungsverhalten							
Operatives Krankenhausmanagement	Aufträge							
	Prozessstrukturen und Dispositionssysteme							
	Leistungs- und Kooperationsverhalten							
Beurteilung hinsichtlich der Modulprofile			$\Sigma(B \cdot V_A)$ ▶		$\Sigma(B \cdot V_B)$ ▶		$\Sigma(B \cdot V_C)$ ▶	
Krankenhausentwicklung	Nutzenpotenzial 1							
	Nutzenpotenzial 2							
	Nutzenpotenzial 3							
	...							
	Nutzenpotenzial n							
Beurteilung hinsichtlich der Nutzenpotenzialentwicklungen			$\Sigma(B \cdot V_A)$ ▶		$\Sigma(B \cdot V_B)$ ▶		$\Sigma(B \cdot V_C)$ ▶	

relative Bedeutung (B)
    5 – sehr hohe Bedeutung
    4 – hohe Bedeutung
    3 – durchschnittliche Bedeutung
    2 – geringe Bedeutung
    1 – sehr geringe Bedeutung
    0 – keine Bedeutung

Vereinbarkeit (V)
    5 – sehr gut vereinbar
    4 – gut vereinbar
    3 – weitgehend vereinbar
    2 – eingeschränkt vereinbar
    1 – kaum vereinbar
    0 – nicht vereinbar

Eigene Darstellung.

In der Abbildung ist ein Vorschlag zur Punktbewertung angeführt, nach dem die Profile und Nutzenpotenzialentwicklungen sowohl hinsichtlich ihrer *relativen Bedeutung (B)* für die jeweilige Problemsituation als auch hinsichtlich ihrer *Vereinbarkeit (V)* mit den einzelnen Alternativen in sechs Stufen eingeteilt werden können.[88] Analog zur Vorgehensweise der meisten Punktbewertungsverfahren wird zunächst die relative Bedeutung der Profile und Nutzenpotenzialentwicklungen ermittelt.[89] Daraufhin werden alle Alternativen hinsichtlich ihrer Vereinbarkeit mit den einzelnen Kriterien untersucht und entsprechende V-Werte bestimmt, die dann mit dem jeweiligen Bedeutungswert zu gewichten sind. Schließlich kann anhand der jeweiligen Summe der gewichteten V-Werte eine erste Beurteilung der Alternativen vorgenommen werden.

Der Beurteilungsprozess ist jedoch an dieser Stelle selbst dann nicht abzubrechen, wenn eine Alternative sowohl hinsichtlich der Profile als auch hinsichtlich der Nutzenpotenzialentwicklungen die höchsten Werte aufweist. Der Grund liegt darin, dass das Punktbewertungsverfahren nicht als eine Entscheidungsregel zu interpretieren ist, die eine optimale Lösung liefert, sondern als entscheidungs*unterstützendes* Verfahren. Da hier – ähnlich wie bei der Netzwerktechnik – die Gefahr besteht, die in Zahlen festgehaltenen Resultate unreflektiert als Entscheidungsgrundlage zu verwenden, sollen im Folgenden Möglichkeiten einer differenzierten, kritischen Anwendung des Punktbewertungsverfahrens aufgezeigt werden.

Zunächst wird die gegenseitige Abhängigkeit der einzelnen Kriterien und Bewertungen erörtert: Im oben beschriebenen Ablauf des Punktbewertungsverfahrens werden B- und V-Werte unabhängig voneinander ermittelt. Damit wird implizit unterstellt, dass mögliche Ausprägungen der V-Werte die Bestimmung der B-Werte nicht beeinflussen. Diese Bedingung ist jedoch häufig nicht erfüllt. Beispielsweise können Problemlösende bereits eine eingeschränkte Vereinbarkeit der Alternativen mit der Krankenhauskultur (V = 2) als schlichtweg inakzeptabel beurteilen, während sie einer sehr guten (V = 5) im Vergleich zu einer weitgehenden Vereinbarkeit (V = 3) nur einen geringfügigen Zusatznutzen zuschreiben. Zur Lösung dieser Problematik bietet es sich an, die Bedeutung einzelner Kriterien intervallabhängig, d. h. je nach Ausprägung der V-Werte zu variieren oder die V-Werte der Tabelle im Nachhinein einzeln zu beurteilen. Letztere Vorgehensweise hat den Vorteil, dass jene Alternativen direkt ausgeschlossen werden können, die mit einzelnen Kriterien nicht oder nur bedingt vereinbar sind.[90] Neben der höchsten Gesamtpunktzahl können auch die Häufigkeit der Bewertung mit niedrigen Ziffern und die Standardabweichungen der V-Werte und/oder der gewichteten V-Werte[91] als zusätzliche Entscheidungskrite-

---

[88] Diese Bewertungsstufen sollten vom Krankenhaus selbst festgelegt und präzisierend kommentiert werden, um größere Interpretationsdifferenzen zwischen den Anwendern des Verfahrens zu vermeiden.

[89] Vgl. etwa EISENFÜHR, Franz/ WEBER, Martin (1999), S. 116. Es ist zu betonen, dass die Kriterien hier stets *relativ zum betrachteten Problem* gewichtet werden. So wird tendenziell jenen Modul- oder Aspektprofilen bzw. Nutzenpotenzialentwicklungen eine höhere Bedeutung beigemessen, deren Soll-Ist-Differenzen den Ausschlag für die Entwicklung der jeweiligen Problemlösungsalternativen gegeben haben (⇔ vgl. *Schritt 3*, insbesondere *S. 345*). Der Wert Null („keine Bedeutung") wird bei der Gesamtbetrachtung einzelner *Module* kaum eine Rolle spielen, da die vielfältigen Interdependenzen zwischen den einzelnen Managementdimensionen eine neutrale Beziehung zu einzelnen Maßnahmen nahezu ausschließen. Allerdings kann bei einer differenzierteren Betrachtung, in der einzelne Management*aspekte* berücksichtigt werden, auch diese Ziffer vergeben werden.

[90] Des Weiteren können auf der Basis ungenügender V-Werte Modifikationen an den Alternativen vorgenommen werden.

[91] Berechnet man die Standardabweichung der *gewichteten* Werte, dann werden die Abweichungen jener Kriterien stärker berücksichtigt, die von höherer Bedeutung für die Problemsituation sind. Es kann jedoch ebenso von Interesse sein, vom jeweiligen Bedeutungsgrad zu abstrahieren, da eventuell auch bei weniger bedeutenden Kriterien eine stark eingeschränkte Vereinbarkeit unerwünscht ist.

rien herangezogen werden.[92]

Ein systeminhärenter Nachteil des konzeptspezifischen Punktbewertungsverfahrens ist die Tatsache, dass sich die einzelnen Managementaspekte aufgrund ihrer vielen Interdependenzen teilweise inhaltlich überschneiden. Dies kann jedoch insofern berücksichtigt werden, als partiell redundante Kriterien schwächer gewichtet werden und somit einen niedrigeren B-Wert erhalten.[93] Im Übrigen sollte den Ergebnissen keine höhere Bedeutung beigemessen werden als dem eigentlichen Prozess der Punktbewertung. Die prinzipielle Eignung oder Nichteignung einer Alternative kann in der Regel bereits während des Bewertungsprozesses festgestellt werden, ohne hierfür die Summe der Einzelbeurteilungen berechnen zu müssen.

Das *konzeptspezifische* Punktbewertungsverfahren hat gegenüber anderen Scoring-Modellen den Vorteil, dass es durch die umfassende und systematische Vorgabe an Beurteilungskriterien das Risiko vermindert, *ausschließlich* jene Aspekte zu berücksichtigen, deren Relevanz in der jeweiligen Problemsituation gerade offensichtlich ist. Zwar können stets umfassende Checklisten herangezogen werden, doch haben diese häufig den Nachteil, dass sie nicht den jeweiligen Ist- und Sollzustand des Krankenhauses berücksichtigen. Letzteres ermöglicht das konzeptspezifische Punktbewertungsverfahren, indem es nicht die einzelnen Module oder Aspekte, sondern die jeweiligen *krankenhausspezifischen Profilausprägungen* als Kriterien heranzieht.[94]

Trotz der Möglichkeit, Problemlösungsalternativen umfassend zu beurteilen, kann die Erfassung *aller* relevanten Kriterien nie gewährleistet werden. Aus diesem Grund sollten die durch das Krankenhausmanagementkonzept vorgegebenen Aspekte je nach Problemlage durch weitere Kriterien ergänzt werden.[95] Darüber hinaus sind zur Beurteilung der Alternativen stets zusätzliche, z. B. quantitative Methoden – wie die Verfahren der Investitions- und Plankostenrechnung[96] – heranzuziehen.

---

[92] Je nach Einstellung der Beteiligten kann eine Alternative aufgrund einer niedrigeren oder höheren Standardabweichung einer anderen Alternativen mit höherer Punktzahl vorgezogen werden. Es ist anzunehmen, dass zumindest konsensorientierte Problemlöser hinsichtlich dieses Beurteilungsverfahrens niedrigere Standardabweichungen vorziehen. Dies ist damit zu begründen, dass Alternativen, die mit nahezu allen Kriterien gut oder weitgehend vereinbar sind, tendenziell weniger Widerspruch erfahren als solche, die zwar mit einigen Kriterien sehr gut, mit anderen dafür aber kaum oder nur eingeschränkt vereinbar sind. Zudem nimmt der Erklärungsbedarf gegenüber Nichtbeteiligten mit steigender Standardabweichung zu. Dies gilt allerdings nur unter der Voraussetzung einer offenen und selbstkritischen Kommunikation im Krankenhaus. Werden die Vorzüge einer Alternative übermäßig betont, dann können Personen, die sich kaum mit dem Problem auseinandergesetzt haben, leichter überzeugt bzw. überredet werden.
[93] So könnten beispielsweise der B-Wert des krankenhausphilosophischen Aspektes „Legitimitätsbegründung" und der des krankenhauspolitischen Aspektes „Grundlegende Zielorientierung" jeweils halbiert werden, da diese Aspekte nahezu identisch sind. In *Abschnitt 7.2* wurden sie aufgrund ihrer unterschiedlichen Bedeutung in Kombination mit den anderen Aspekten der jeweiligen Dimension in dieser Art aufgeführt.
[94] Dabei gilt, dass sich die Modul- bzw. Aspektprofile umso eher zur Beurteilung von Problemlösungsalternativen eignen, je stärker das Managementkonzept an das jeweilige Krankenhaus angepasst wird.
[95] Werden für das konzeptspezifische Punktbewertungsverfahren zusätzliche Kriterien herangezogen, so sollte überprüft werden, inwieweit es sinnvoll ist, diese Aspekte auch in Form zusätzlicher *Skalen* im Krankenhausmanagementkonzept zu etablieren.
[96] Vgl. beispielsweise OLFERT, Klaus (1995), S. 135-217; SCHWEITZER, Marcell/ KÜPPER, Hans-Ulrich (1998), S. 211-547.

Im Folgenden soll anhand eines Beispiels, das bewusst allgemein gehalten wird, der Beurteilungsprozess verdeutlicht werden: Anknüpfend an die zuvor dargestellten Schritte wird das krankenhauspolitische Ist- und Sollprofil, das in *Abbildung 8-16* skizziert wurde[97], als „Auslöser" für die Alternativengenerierung angesehen. So wird hinsichtlich der Soll-Ist-Differenzen bei der ökologischen Zielausrichtung (Aspekte 9 und 10) überlegt, welche Maßnahmen im Krankenhaus ergriffen werden können. Drei Alternativen kommen in die engere Auswahl:

A. Ein großer Teil des krankenhausbetrieblichen Umweltmanagements, inklusive der Energieversorgung, wird im Rahmen eines *Betreibermodells* an ein externes Dienstleistungsunternehmen übertragen. Das Krankenhaus zahlt hierfür jährlich einen festen Betrag.

B. Es wird ein *eigenes Umweltmanagementkonzept* entwickelt, das u. a. die Einstellung eines zweiten Umweltbeauftragten und den Kauf einer neuen Energieversorgungsanlage vorsieht.

C. Da andere Projekte höhere Priorität genießen, werden nur kleinere Umweltschutzmaßnahmen geplant; ansonsten soll der *Status quo* gewahrt bleiben.

In *Abbildung 8-20* wird beispielhaft gezeigt, welche Bewertung hinsichtlich der krankenhauspolitischen Aspektprofile, des Modulprofils „Organisationsstrukturen" und zweier Nutzenpotenzialentwicklungen vorgenommen wurde. Da die Bewertungsskala für die relative Bedeutung der Profile hier auf *Module* ausgerichtet ist, werden die Werte für die separat berücksichtigten Aspektprofile durch die Anzahl der Aspekte des jeweiligen Moduls geteilt. Somit erhält z. B. der als sehr bedeutend eingeschätzte krankenhauspolitische Aspekt 1 „Grundlegende Zielorientierung" den Wert B = 5/10 = 0,5; dem Aspekt 5 „Tätigkeitsbereich" wird dagegen nur eine sehr geringe Bedeutung B = 1/10 = 0,1 zugeschrieben.[98]

Je komplexer ein Problem ist und je höher die Bedeutung der Problemlösung eingeschätzt wird, desto mehr Aspekte sollten einer separaten Betrachtung unterzogen werden. So wäre die Bedeutung des Moduls „Krankenhauspolitik" in diesem Beispiel wohl tendenziell mit B = 5 bewertet worden, während die differenziertere Betrachtung lediglich zu einer Einschätzung von B = 3,9 kommt.[99] Umgekehrte Bewertungsverschiebungen sind ebenso denkbar.[100] Zwar ist eine separate Betrachtung aller Managementaspekte mit einem höheren Aufwand verbunden, jedoch wird das Verständnis für die integrativen Zusammenhänge dadurch stärker gefördert. Zudem können hier *am konkreten Fall* eventuelle Inkonsistenzen zwischen den einzelnen Profilen aufgedeckt werden, die in den Schritten 2 und 3 der Problemlösungsmethodik nicht erkannt wurden bzw. noch nicht erkannt werden konnten.

---

[97] ⇔ Vgl. *S. 346*.

[98] Sollen die Aspekte *aller* Module separat betrachtet werden, dann kann die Bewertung durchgängig mit ganzen Zahlen erfolgen. In beiden Fällen ist zu beachten, dass die jeweiligen Einschätzungen nur für die Problemsituation „ungenügender Umweltschutz" gelten.

[99] ⇨ Vgl. *Abbildung 8-20*.

[100] Vgl. EISENFÜHR, Franz/ WEBER, Martin (1999), S. 141-142.

Praktische Anwendung des Konzeptes „Menschenorientiertes Krankenhausmanagement" 355

Abbildung 8-20: Beispiel einer konzeptspezifischen Beurteilung von Problemlösungsalternativen

	Problemlösungsalternativen		rel. Bedeutung (B)	Alternative A: Betreibermodell		Alternative B: eigenes Konzept		Alternative C: Status quo	
	Modulprofile resp. Nutzenpotenzialentwicklungen			Vereinbarkeit (V)	B * V	Vereinbarkeit (V)	B * V	Vereinbarkeit (V)	B * V
Normatives Krankenhausmanagement / Krankenhauspolitik	*Krankenhausphilosophie*		...	...	...	...	...	...	...
	1	grundlegende Zielorientierung	0,5	4	2,0	5	2,5	2	1,0
	2	Zeitorientierung	0,5	5	2,5	5	2,5	1	0,5
	3	Chancen- und Risikoperspektive	0,4	3	1,2	5	2,0	0	0,0
	4	Verantwortungsübernahme	0,5	3	1,5	4	2,0	3	1,5
	5	Tätigkeitsbereich	0,1	4	0,4	2	0,2	3	0,3
	6	Qualität und Wirtschaftlichkeit	0,4	5	2,0	5	2,0	2	0,8
	7	Einsatz von Humanisierungsmaßnahmen	0,3	3	0,9	4	1,2	3	0,9
	8	Mitarbeiterbeteiligung	0,2	3	0,6	4	0,8	3	0,6
	9	Begrenzung der Umweltbelastung	0,5	5	2,5	5	2,5	2	1,0
	10	umweltschonende Abfallbehandlung	0,5	5	2,5	5	2,5	0	0,0
	gesamt		3,9		16,1		18,2		6,6
Strategisches Krankenhausmanagement	*Krankenhausverfassung*		...	...	...	...	...	...	...
	Krankenhauskultur		...	...	...	...	...	...	...
	Strategische Programme		...	...	...	...	...	...	...
	Organisationsstrukturen		3	4	12	2	6	5	15
	Strategische Managementsysteme		...	...	...	...	...	...	...
	Strategisches Problemlösungsverhalten		...	...	...	...	...	...	...
...	...		...	...	...	...	...	...	...
	Beurteilung hinsichtlich der Modulprofile			$\Sigma(B \cdot V_A)$	103	$\Sigma(B \cdot V_B)$	118	$\Sigma(B \cdot V_C)$	76
	Standardabweichung			0,89	2,05	0,99	3,12	1,40	3,98
Krankenhausentwicklung	Know-how-Potenzial im Umweltschutzbereich		5	3	15	5	25	1	5
	Finanzierungspotenzial		4	5	20	1	4	4	16
	...		...	...	...	...	...	...	...
	Beurteilung hinsichtlich der Nutzenpotenzialentwicklungen			$\Sigma(B \cdot V_A)$	102	$\Sigma(B \cdot V_B)$	104	$\Sigma(B \cdot V_C)$	78
	Standardabweichung			1,61	2,70	2,17	4,41	1,34	2,65

Eigene Darstellung.

Zur Verdeutlichung der Bewertungsansätze in *Abbildung 8-20* sollen exemplarisch die V-Werte der drei Alternativen hinsichtlich des krankenhauspolitischen Aspektes 1 „Grundlegende Zielorientierung" und des Moduls „Organisationsstrukturen" erläutert werden.

Aus dem Ist- und Sollprofil des Aspektes „Grundlegende Zielorientierung" ergibt sich, dass das Krankenhaus zukünftig eine umfassendere Interessenberücksichtigung anstrebt.[101] Das Problemlösungsteam glaubt, vor allem mithilfe eines Betreibermodells (Alternative A) oder eines eigenen Umweltmanagementkonzeptes (Alternative B) dieser Intention gerecht werden zu können:

- Alternative A wird als „gut vereinbar" eingeschätzt (V = 4). Das Team ist der Ansicht, dass die Umweltschutzmaßnahmen des Betreibers einen Beitrag zur Steigerung gesellschaftlicher Lebensqualität leisten und somit z. B. auch die Interessen der Anwohner und Mitarbeiter stärker berücksichtigt werden.

- Alternative B ist nach Meinung der Problemlösenden sehr gut mit dem Aspektprofil zu vereinbaren (V = 5). Diese bessere Bewertung wird damit begründet, dass die Umweltschutzmaßnahmen durch ein *eigenes* Konzept systematischer durchgeführt und somit die Ansprüche der Stakeholder zielorientierter befriedigt werden können.

- Alternative C wird schließlich als nur eingeschränkt vereinbar mit dem Ist- und Sollprofil des Aspektes beurteilt (V = 2). Der Grund wird darin gesehen, dass durch die Wahrung des Status quo nicht die intendierte stärkere Berücksichtigung der Anspruchsgruppen erfolgt. Bei steigenden Ansprüchen der Stakeholder kann im Gegenteil ein stagnierender Einsatz von Umweltschutzmaßnahmen dazu führen, dass sich der *relative* Beitrag des Krankenhauses zur Steigerung der gesellschaftlichen Lebensqualität verringert.

Die Bewertungen der Alternativen im Hinblick auf die gegebene und angestrebte Organisationsstruktur des Krankenhauses fallen deutlich anders aus:

- Unter der Annahme, dass im Beispielkrankenhaus Ist- und Sollprofil der Organisationsstrukturen nahe beieinander liegen, erscheint die „Status quo-Alternative" C als besonders geeignet (V = 5).

- Da das Problemlösungsteam mit dem Betreibermodell nur geringfügige Veränderungen der Organisationsstrukturen in Verbindung bringt, wird Alternative A als gut vereinbar mit dem realisierten und intendierten Profil beurteilt (V = 4).

- Mit Alternative B sind größere Modifikationen der Organisationsstrukturen verbunden. Daher erscheint ein eigenes Umweltmanagementkonzept als nur eingeschränkt vereinbar mit dem organisationsstrukturellen Profil (V = 2).

Um differenziertere Beurteilungen vornehmen zu können, könnte hier überlegt werden, auch die einzelnen Aspekte dieses Moduls separat zu bewerten.

---

[101] Dem durchschnittlichen Istprofil von 5,5 steht auf der neunstufigen Skala ein durchschnittliches Sollprofil von 6,5 gegenüber. ⇔ Vgl. *Abbildung 8-15* auf *S. 344*.

Im Folgenden sollen die V-Werte der Alternativen hinsichtlich der *Nutzenpotenziale* kommentiert werden. Auch hier fließt nicht der allgemeine Inhalt eines Nutzenpotenzials in die Beurteilung ein, sondern dessen *krankenhausspezifischer* Entwicklungsverlauf.

Abbildung 8-21: Beispiel zweier Nutzenpotenzialentwicklungen

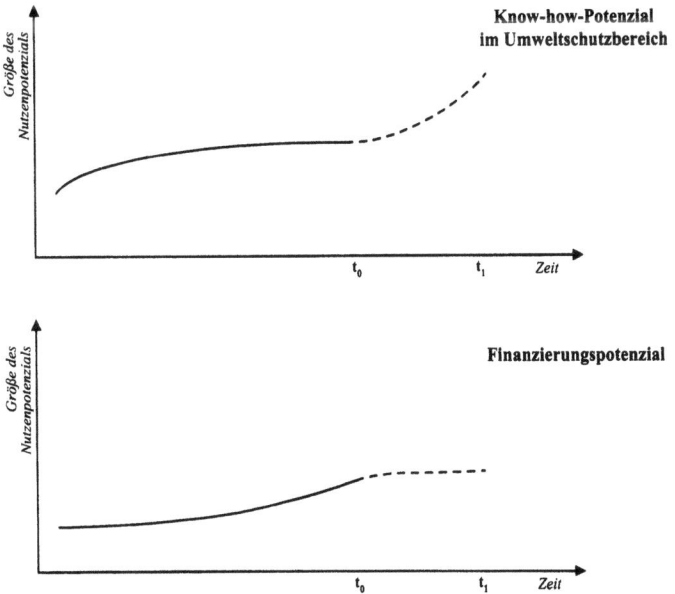

Eigene Darstellung.

Auf die in *Abbildung 8-21* zuerst skizzierte Nutzenpotenzialentwicklung wird nun exemplarisch eingegangen: Aus dem Verlauf der Ist- und Sollentwicklungskurve des Know-how-Potenzials im Umweltschutzbereich kann entnommen werden, dass eine Stagnation auf dem momentan erreichten Niveau als zukünftig nicht (mehr) ausreichend empfunden wird. Daher ist Alternative C mit der intendierten Entwicklung kaum vereinbar (V = 1). Geht man davon aus, dass das Problemlösungsteam einem *internen* Know-how-Potenzial[102] eine größere Bedeutung zuschreibt als dem Know-how, das der Betreiber potenziell zur Verfügung stellt, dann wird die angestrebte Entwicklungslinie durch Alternative B wesentlich besser verfolgt (V = 5) als durch Alternative A (V = 3).

Als Fazit des beispielhaft aufgeführten Punktbewertungsverfahrens ist festzuhalten, dass Alternative C am wenigsten geeignet erscheint. Durch die Bewertung der krankenhauspolitischen Aspekte 3 und 10 mit jeweils null Punkten wird diese negative Beurteilung noch bekräftigt.[103] Die

---

[102] Unter internem Know-how-Potenzial ist hier das Know-how-Potenzial der Krankenhausmitarbeiter zu verstehen.
[103] Bei einer Gesamtbetrachtung des Moduls „Krankenhauspolitik" wäre diese Unvereinbarkeit eventuell nicht aufgefallen, was wiederum für eine durchgängige Betrachtung der Managementaspekte aller Module spricht.

Entscheidung zwischen den beiden anderen Alternativen fällt nicht so leicht, da die punktorientierte Beurteilung knapp für Alternative B spricht, Alternative A aber eine niedrigere Standardabweichung aufweist. Um zu einer differenzierteren Einschätzung zu gelangen, sollten einzelne Werte der Tabelle separat beurteilt sowie weitere Bewertungsverfahren herangezogen werden. Bevor eine Entscheidung zwischen den beiden Alternativen getroffen wird, ist außerdem zu überlegen, ob die Alternativen dergestalt modifiziert werden können, dass sie besser mit den einzelnen Managementprofilen zu vereinbaren sind. Somit kann das konzeptspezifische Punktbewertungsverfahren – im Sinne des iterativen Prozessgedankens – auch den Ausgangspunkt für eine Erarbeitung neuer, besser geeigneter Alternativen bilden.

Persönlich überzeugen

Um einen weiten Teil des Spektrums möglicher Problemlösungswege ausschöpfen zu können, sollte das Management kreative Vorschläge fördern. So können z. B. Querdenker bewusst unterstützt, Anregungen der Mitarbeiter tabufrei gesammelt und neue Perspektiven durch Einladung Außenstehender eingebracht werden.[104] Dabei sollten zum einen Problemlösungsteams in die Lage versetzt werden, *eigenständig* eine Vielzahl von Ideen zu entwickeln. Hierfür bietet sich beispielsweise das so genannte *Brainstorming* an, bei dem die Diskutanten spontan Ideen äußern, die zunächst ungeachtet ihrer Plausibilität und Praktikabilität gesammelt werden. Im Anschluss werden die Ideen strukturiert und hinsichtlich ihrer Umsetzbarkeit beurteilt.[105] Zum anderen sollte versucht werden, das kreative Potenzial *anderer* interner sowie externer Anspruchsgruppen des Krankenhauses bewusst zu nutzen. Hierfür können z. B. einzelne Personen passiv – durch Einreichung schriftlich formulierter Vorschläge – oder aktiv in das Brainstorming-Verfahren integriert werden.

Eine Einbeziehung weiterer Personen in Problemlösungsprozesse des Krankenhauses muss sich jedoch nicht notwendigerweise auf zuvor definierte Probleme beschränken, sondern kann auch durch Einrichtung eines *betrieblichen Vorschlagswesens* erfolgen.[106] Dabei haben die Mitarbeiter die Möglichkeit, permanent Verbesserungsvorschläge einzureichen, die geprüft sowie gegebenenfalls umgesetzt und prämiert werden.[107] Neben der Erhöhung des Ideenpotenzials bietet das Instrument des betrieblichen Vorschlagswesens breite Partizipationsmöglichkeiten, die zu einer erhöhten Motivation der Mitarbeiter führen sollen.[108] Außerdem kann ein Anstoß zur stärke-

---

[104] Vgl. GOMEZ, Peter/ PROBST, Gilbert J. B. (1997), S. 157.
[105] Zu Brainstorming und anderen Suchverfahren vgl. GOMEZ, Peter/ PROBST, Gilbert J. B. (1997), S. 141-145.
[106] Einige Krankenhäuser haben bereits gute Erfahrungen mit der Einrichtung eines betrieblichen Vorschlagswesens gesammelt. Vgl. etwa CONRAD, Hans-Joachim (1999), S. 121-123; KÜHN, Hans (1998), S. 552-553; MÜLLER, Brigitte/ MÜNCH, Eckhard/ BADURA, Bernhard (1997), S. 198-199. Zur systematischen Einführung eines betrieblichen Vorschlagswesens im Krankenhaus vgl. SCHMIDT, Heinz P. (1996), S. 163-167; vgl. auch EICHHORN, Siegfried (1997), S. 200-203.
[107] Die Höhe der Prämie kann sich z. B. nach dem Einspar- oder qualitativen Verbesserungspotenzial des Vorschlags richten. Vgl. KÜHN, Hans (1998), S. 552-553; SCHMIDT, Heinz P. (1996), S. 166. Es besteht jedoch auch die Möglichkeit, jeden Vorschlag gleichmäßig oder nach der Anzahl der Beteiligten zu bewerten, die Prämien in einem „Topf" zu sammeln und am Jahresende gleichmäßig an alle Mitarbeiter auszuschütten. Vgl. hierzu GOMEZ, Peter/ PROBST, Gilbert J. B. (1997), S. 259-261.
[108] Zur Motivations- und Anreizfunktion des betrieblichen Vorschlagswesens vgl. STEIH, Marco (1995), S. 56-70.

ren Reflexion der eigenen Tätigkeit gegeben werden. Allerdings sind auch negative Wirkungen denkbar: Wird nur ein Bruchteil der Anregungen realisiert und zudem nicht erläutert, warum bestimmte Vorschläge unberücksichtigt bleiben, kann das Instrument zu Frustrationen bei engagierten Mitarbeitern führen. Desgleichen sollte bei der Umsetzung transparent gemacht werden, um wessen Idee es sich handelt, da die Etablierung eines Vorschlagswesens den Eindruck erwecken kann, dass Führungsaufgaben nicht ausreichend wahrgenommen werden und/oder sich das Management lediglich „mit fremden Federn schmücken" möchte. Eine solche Denkweise wird vor allem in Krankenhäusern zu beobachten sein, in denen Mitarbeiter nachgeordneter Ebenen kaum in Entscheidungsprozesse involviert werden.[109]

Neben der Beteiligung verschiedener Personen durch Vorschläge sollte – insbesondere bei Entscheidungen größeren Ausmaßes – der Dialog mit betroffenen Anspruchsgruppen aktiv gesucht werden. Dies bedeutet u. a., dass gemeinsam Problemlösungsmöglichkeiten diskutiert werden, bevor eine Alternative gewählt wird.[110]

Wenngleich im Rahmen der konzeptspezifischen Problemlösungsmethodik betont wurde, dass legitime Interessen und relevante Aspekte *umfassend* zu berücksichtigen sind, so hat das Management doch darauf zu achten, dass Entscheidungen nicht permanent aufgeschoben werden. Nach einer intensiven Phase, in der ausreichend Informationen gesammelt, verarbeitet und bewertet werden, sollte das Management letztlich *Entschlusskraft zeigen*, indem es über die Alternativen abstimmen lässt.[111] Ein Aufschieben der Entscheidung bietet zwar die Möglichkeit, weitere Informationen zu sammeln, kann aber auch zu neuen Problemsituationen führen.

8.1.6 Schritt 5: Umsetzung und Überwachung der Problemlösung

In diesem letzten Schritt der konzeptspezifischen Problemlösungsmethodik, dessen Feinstruktur in *Abbildung 8-22* dargestellt ist, geht es um die Umsetzung der gewählten Alternative und um die Kontrolle des Problemlösungsprozesses.

Abbildung 8-22: Schritt 5: Umsetzung und Überwachung der Problemlösung

vernetzt denken	konzeptbezogen handeln	persönlich überzeugen
• Modifikationserfordernisse rechtzeitig erkennen • Lernprozesse auslösen und unterstützen	• Entwicklungsprozesse in den Profilen und Lebenszyklen erfassen • Erreichungsgrad der Sollprofile und -dynamik kontrollieren • gegebenenfalls Sollprofile und -dynamik überarbeiten	• über Umsetzung informieren • regelmäßige Kommunikationsmöglichkeiten schaffen • Vorbild sein und Anreize setzen

Eigene Darstellung.

---

[109] Vgl. CONRAD, Hans-Joachim (1999), S. 123.
[110] Vgl. GOMEZ, Peter/ PROBST, Gilbert J. B. (1997), S. 189-192; vgl. auch THOMMEN, Jean-Paul (1996a), S. 56-60.
[111] Auch bei selbstorganisierenden Prozessen muss in der Regel das zeitliche Ende des Entscheidungsprozesses von außen (durch Fremdorganisation) vorgegeben werden. Vgl. KNYPHAUSEN-AUFSEß, Dodo zu (1995), S. 341-342.

Vernetzt denken

Wie für die Erarbeitung von Problemlösungsmöglichkeiten gilt auch für die Umsetzung von Alternativen, dass Empfehlungen aufgrund der unterschiedlichen Kontextbedingungen nicht generalisierbar sind. Daher sollen hier lediglich Aspekte angesprochen werden, die für die Realisierung einer Problemlösung von wesentlicher Bedeutung sind, in der Praxis aber häufig nicht ausreichend berücksichtigt werden.

In Schritt 1 wurde darauf hingewiesen, dass aus pragmatischen Gründen nicht alle von einer Problemsituation betroffenen Personen in die ersten vier Phasen des Problemlösungsprozesses einbezogen werden können.[112] Aus diesem Grund ist darauf zu achten, dass bislang nicht oder lediglich bedingt involvierte Personen über den geplanten Problemlösungsprozess informiert werden. Da es hierbei nicht nur darum geht, die bevorstehenden Maßnahmen sachlich zu erläutern, sondern bei den Betroffenen auch Verständnis für deren Notwendigkeit zu gewinnen[113], wird auf diesen Aspekt im Prozessfeld „Persönlich überzeugen" näher eingegangen.[114]

Bei der Alternativenumsetzung ist weiterhin zu beachten, dass nur in den seltensten Fällen alle Maßnahmen vollständig „nach Plan" durchgeführt werden können.[115] Dies kann einerseits auf nicht vorhersehbare Entwicklungen zurückzuführen sein, sich andererseits aber auch als Folge fehlerhafter Planung ergeben.[116] Unabhängig davon, warum ein Ereignis nicht antizipiert wird, ist es von wesentlicher Bedeutung, auf eine Kontextveränderung rechtzeitig und adäquat zu reagieren. Um dies zu ermöglichen, sollte bereits bei der Planformulierung beachtet werden, dass nicht zu viele Restriktionen gesetzt werden. Statt Maßnahmen zeitlich und inhaltlich minutiös vorzugeben, sollte den Mitarbeitern Raum gelassen werden, ihre Zeiteinteilung flexibler vornehmen und notwendige inhaltliche Modifikationen selbstständig ausüben zu können. Damit die Beteiligten in der Lage sind, die Maßnahmen nicht nur sinnvoll zu überarbeiten, sondern auch an veränderte Gegebenheiten anzupassen, benötigen sie ein umfangreiches Verständnis für die Problemsituation. Daher ist darauf zu achten, dass sie neben ihren Umsetzungs- und Überarbeitungsaktivitäten die Zeit und Energie haben, den Problemlösungsprozess kritisch zu reflektieren und daraus für zukünftige Problemstellungen zu lernen. Zudem sollte das Management Lernprozesse aktiv unterstützen, indem es z. B. regelmäßig Feedback-Gespräche mit den Mitarbeitern führt.[117]

Neben diesen mitarbeiterorientierten Maßnahmen müssen auch Instrumente zur Verfügung gestellt werden, mit deren Hilfe der Problemlösungsprozess überwacht werden kann, denn nicht jede Planabweichung ist sofort und ohne weiteres erkennbar. Daher bietet es sich an, ein Frühwarnsystem zu entwickeln, das vor allem solche Zielindikatoren beobachtet[118], deren Abwei-

---

[112] ⇔ Vgl. *S. 325*.
[113] Vgl. GOMEZ, Peter/ PROBST, Gilbert J. B. (1997), S. 218.
[114] ⇨ Vgl. *S. 363-364*.
[115] Vgl. GOMEZ, Peter/ PROBST, Gilbert J. B. (1997), S. 199.
[116] Vgl. ULRICH, Hans/ PROBST, Gilbert J. B. (1995), S. 223.
[117] Vgl. hierzu vertiefend GOMEZ, Peter/ PROBST, Gilbert J. B. (1997), S. 214-218, 257-259; ULRICH, Hans/ PROBST, Gilbert J. B. (1995), S. 226-227.
[118] ⇔ Zu Zielindikatoren vgl. *S. 345*.

chungen *frühzeitig* eine wesentliche Veränderung der Problemsituation ankündigen.[119] Allerdings sollten grundsätzlich Fortschritte bei der Umsetzung kontinuierlich erfasst und mit den Sollvorstellungen abgeglichen werden. Im folgenden Prozessfeld wird ein solches Vorgehen *konzeptspezifisch* erarbeitet.

Konzeptbezogen handeln

Nachdem in den vorhergehenden Schritten Istprofile und -dynamik erarbeitet, Sollprofile und -dynamik festgelegt sowie darauf basierend Alternativen entwickelt, beurteilt und ausgewählt wurden, sind nun die Entwicklungen der Aspektprofile und der Nutzenpotenziale bei der Umsetzung der Alternativen zu erfassen.[120] Die Vorgehensweise ist prinzipiell die gleiche, wie sie bereits in den Schritten 2 und 3 dargestellt wurde: Für jeden Managementaspekt bzw. jedes Nutzenpotenzial wird der jeweilige Istzustand aktualisiert und mit dem Sollzustand verglichen. Je nach Entwicklung der einzelnen Profile, Nutzenpotenziale und Umweltfaktoren ist zudem daran zu denken, auch die Sollwerte an die gegebenen Bedingungen anzupassen. In *Abbildung 8-23* ist dies am Beispiel der krankenhauspolitischen Dimension „Grundlegende Ziel- und Zeitorientierung" dargestellt. Dabei sind die vorhergehenden Ist- und Sollprofile durch ein schwarz umrandetes Rechteck bzw. einen schwarz umrandeten Kreis gekennzeichnet, die aktuellen Profile durch entsprechende dunkelgrau schattierte geometrische Figuren.

Abbildung 8-23: Überarbeitung des Ist- und Sollprofils am Beispiel der krankenhauspolitischen Dimension „Grundlegende Ziel- und Zeitorientierung"

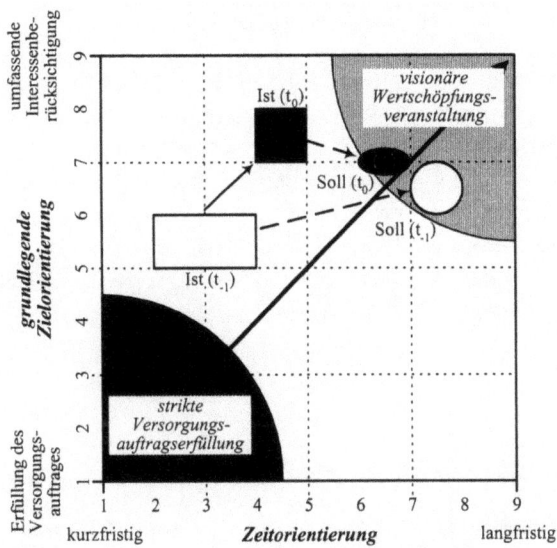

Eigene Darstellung.

---

[119] Vgl. ULRICH, Hans/ PROBST, Gilbert J. B. (1995), S. 226.
[120] Neben der Entwicklung dieser Kriterien sollte auch die Entwicklung weiterer (problemspezifischer) Aspekte kontrolliert werden, die durch das Krankenhausmanagementkonzept nicht abgedeckt sind.

Aus der Abbildung geht hervor, dass die Beteiligten eine klare Veränderung des Istprofils dieser Dimension zu erkennen glauben und eine Modifikation des Sollprofils für erforderlich halten. Der Aspekt „Grundlegende Zielorientierung" erhielt bei der letzten Bewertung den durchschnittlichen Skalenwert 5,5. Der in t_{-1} angestrebte Skalenwert von 6,5 zeigt auf, dass sich das Problemlösungsteam eine umfassendere Interessenberücksichtigung erwünschte. Bei der aktuellen Bewertung wird der Aspekt durchschnittlich mit 7,5 bewertet. Hieraus und aus dem nun einheitlich angestrebten Skalenwert 7 können verschiedene Schlussfolgerungen gezogen werden: Diejenigen, die zuvor einen Skalenwert von 6 als wünschenswert empfunden haben, sind aufgrund veränderter Umweltbedingungen[121] oder geänderter Einschätzungen jetzt der Auffassung, dass der Wert 7 den angestrebten Zustand besser widerspiegele. Zumindest ein Mitglied des Problemlösungsteams ist der Meinung, dass nun wieder ein etwas stärkerer Fokus auf die Hauptaufgabe des Krankenhauses, nämlich die Erfüllung des Versorgungsauftrages gelegt werden sollte. Dies ist daraus zu schließen, dass alle den Skalenwert 7 anstreben, aber wenigstens eine Person das Istprofil des Aspektes „Grundlegende Zielorientierung" mit dem Wert 8 versieht. Auch hinsichtlich des Aspektes „Zeitorientierung" wurde der Sollwert nicht erreicht. Hierbei glauben allerdings einige Mitglieder des Problemlösungsteams erkannt zu haben, dass die vorherige Zielsetzung nicht (mehr) angemessen oder realistisch ist.

Im Weiteren sind die einzelnen überarbeiteten Aspektprofile wieder zu Modulprofilen zusammenzufassen. *Abbildung 8-24* zeigt dies beispielhaft für das Modul „Krankenhauspolitik". Dabei sind die aktuellen Ist- und Sollprofile schwarz, die vorherigen Profile[122] – soweit sie sich von den aktuellen unterscheiden – grau umrandet eingezeichnet.

Nachdem alle Profile sowie Nutzenpotenzialentwicklungen überarbeitet wurden[123], können aus den Soll-Ist-Abweichungen wiederum Problemsituationen verdeutlicht und daraus neue Problemlösungsprozesse entwickelt werden. Hierbei ist zu beachten, dass aus den Profilveränderungen nicht direkt geschlossen werden kann, ob die eine oder andere Maßnahme für die Veränderung verantwortlich war, da die verschiedenen Profile stets von mehreren Maßnahmen sowie veränderten Umweltfaktoren und Wahrnehmungen beeinflusst werden. Der Überarbeitungsvorgang sollte schließlich regelmäßig durchgeführt und von einer Ablaufbeschreibung der verschiedenen Problemlösungsprozesse begleitet werden.[124]

---

[121] Zuvor könnte ein höherer Skalenwert z. B. als nicht realistisch (wenngleich wünschenswert) eingeschätzt worden sein.

[122] ⇔ Diese Ist- und Sollprofile stimmen mit denen von *Abbildung 8-16* (auf *S. 346*) überein.

[123] Auf die Überarbeitung der Nutzenpotenzialentwicklungen wird an dieser Stelle nicht noch einmal explizit eingegangen, da die Vorgehensweise die gleiche ist, wie sie bereits in den Schritten 2 und 3 beschrieben wurde. ⇔ Vgl. *S. 340, 346*.

[124] Dabei wird es nicht immer notwendig sein, alle Profile und Nutzenpotenzialentwicklungen zu überarbeiten, da z. B. davon auszugehen ist, dass sich die normativen Modulprofile langsamer verändern als die strategischen und operativen. Die Länge des Zeitraumes zwischen zwei Überarbeitungen ist u. a. abhängig von der Dauer und Art der jeweils laufenden Projekte.

Abbildung 8-24: Überarbeitung des Ist- und Sollprofils eines Moduls am Beispiel der Krankenhauspolitik

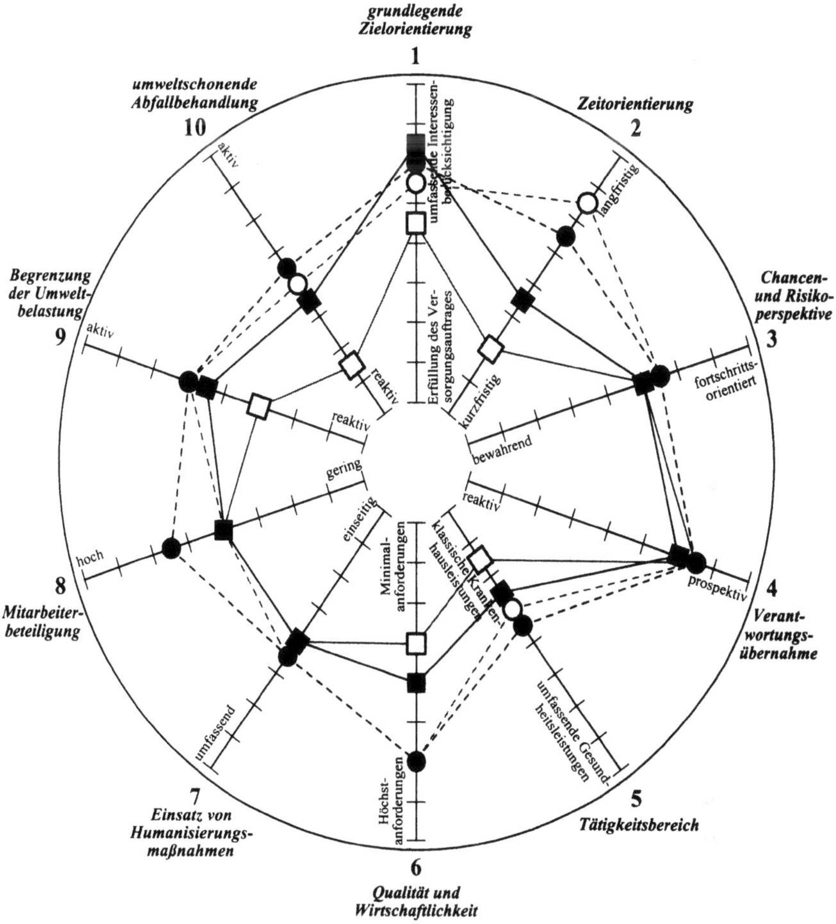

Eigene Darstellung.

Persönlich überzeugen

Da der Problemlösungsprozess nicht nur Konsequenzen für die an ihm beteiligten Personen hat, sind auch jene Personengruppen, die von der Realisierung der geplanten Maßnahmen betroffen oder gar an der Umsetzung beteiligt sind, ausreichend zu informieren. Dies bedeutet, dass ihnen zielgruppenorientiert Ziel, Methodik sowie Art und Zeitpunkt der Maßnahmen des geplanten Problemlösungsprozesses verständlich gemacht werden. Dabei ist darauf zu achten, dass eine solche Simulation in einer anschaulichen Weise – etwa durch grafische Unterstützung – erfolgt. Zudem sollten alle an der Umsetzung Beteiligten die Möglichkeit erhalten, auf die Informationen jederzeit zugreifen und Kritik üben zu können. Nur bei einem ausreichenden und differenzierten Verständnis für Problemsituation, Lösungsweg und Ziele kann davon ausgegangen werden, dass die Mitarbeiter auch bei nicht antizipierten Ereignissen dazu in der Lage sind, adäquat zu reagieren.[125] Zudem ist bei den meisten Fällen anzunehmen, dass mit zunehmendem Problemverständnis auch die Wahrscheinlichkeit dafür steigt, dass Mitarbeiter sinnvolle Verbesserungsvorschläge machen sowie ihre Problemlösungsfähigkeit allgemein verbessern können.

Der Verständigungsprozess zwischen den Personen, die an den ersten vier Schritten des Problemlösungsprozesses beteiligt waren, und denen, die erst in die Umsetzung aktiv einbezogen werden, ist nicht mit der Erläuterung des Prozesses und seiner Ziele abgeschlossen. Es sollten vielmehr *regelmäßig* Kommunikationsmöglichkeiten geschaffen werden, in denen sich die Beteiligten über den Stand des Projektes und eventuelle Modifikationserfordernisse austauschen können. Schließlich ist ein zielgerichtetes Zusammenwirken aller Beteiligten bei Realisierung einer Problemlösung permanent von Belang. Projektfortgang und Ideen sollten in den Kommunikationsforen stets kritisch beurteilt werden (können). Dies bedeutet u. a., dass der Qualität des Arguments eine höhere Bedeutung zukommt als der hierarchischen Position des Argumentierenden.

Sowohl hinsichtlich der Kontrolle als auch hinsichtlich der Umsetzung der Problemlösung kommt insbesondere dem Management und den Entwicklern des Prozesses die Aufgabe zu, *vorbildlich* zu agieren. Sind diese Personen nicht engagiert und selbstkritisch, dann kann dies negative Auswirkungen auf die Motivation aller am Problemlösungsprozess Beteiligten haben. Neben der Vorbildfunktion kommt dem Management auch die Aufgabe zu, weitere leistungs- und verhaltensorientierte Anreize zu setzen[126], die die Beteiligten motivieren, einerseits zielgerichtet zu arbeiten, andererseits ihre Tätigkeiten stets kritisch zu reflektieren[127].

8.1.7 Kritische Beurteilung der konzeptspezifischen Problemlösungsmethodik

Nachdem die einzelnen Schritte der konzeptspezifischen Problemlösungsmethodik dargestellt wurden, soll nun die Methodik einer kritischen Beurteilung unterzogen werden. Dabei sind vor allem die Vor- und Nachteile der Methodik hinsichtlich der Kriterien Aufwand und Komplexität zu erörtern.

Der Aufwand, der mit der Anwendung der konzeptspezifischen Problemlösungsmethodik verbunden ist, ist relativ hoch. In erster Linie ist hierbei der *zeitliche Aufwand* zu nennen. So sind den Beteiligten – zumindest bei der ersten Anwendung der konzeptspezifischen Problemlösungsmethodik – Idee, Struktur und Vorgehensweise des Krankenhausmanagementkonzeptes zu erläutern. Daneben ist zu beachten, dass das „Denken in Netzwerken und iterativen Prozessen" nicht von heute auf morgen erlernt werden kann, sondern einen langwierigen Prozess darstellt.[128] Auch die Erstellung von Netzwerken und Einflussmatrizen sowie die Anwendung des konzeptspezifischen Punktbewertungsverfahrens benötigen relativ viel Zeit. Zudem ist der zeitliche

---

[125] Vgl. GOMEZ, Peter/ PROBST, Gilbert J. B. (1997), S. 208, 218.
[126] Zu Anreizsystemen im Krankenhaus vgl. MÖLLER, Johannes/ SCHRÖDER, Jörg-Peter (1997), S. 206-208.
[127] ⇔ Zu letzterem Punkt bzw. ethisch orientierten Anreizsystemen vgl. *Abschnitt 6.3.4.*
[128] Vgl. ULRICH, Hans/ PROBST, Gilbert J. B. (1995), S. 235-236.

Aufwand für die Anwendung weiterer Techniken und Beurteilungsverfahren, die zur Ergänzung der vorgestellten Problemlösungsmethodik herangezogen werden sollten[129], zu berücksichtigen.

Aufgrund der verstärkten Gruppenarbeit, die im Rahmen der konzeptspezifischen Problemlösungsmethodik gefordert wird, sollte auch der *Koordinationsaufwand* nicht unterschätzt werden. Durch die unregelmäßigen Arbeitszeiten vieler Krankenhausmitarbeiter kann es beispielsweise zu Schwierigkeiten bei der Terminabsprache kommen. Schließlich ist mit der Problemlösungsmethodik ein *finanzieller Aufwand* verbunden, der nur schwer einzuschätzen ist, da für einen umfassenden Vergleich zumeist die Daten fehlen. Es ist jedoch zu berücksichtigen, dass insbesondere bei erstmaliger Anwendung der Methodik eine Unterstützung durch einen externen Berater, Trainer oder Moderator nahezu unabdingbar ist.

Diese negativen Aspekte sind jedoch zu relativieren. So kann davon ausgegangen werden, dass bei wiederholter Anwendung der Methodik der zusätzliche zeitliche Aufwand abnimmt. Je mehr sich das Krankenhausmanagementkonzept als Orientierungshilfe etabliert und je häufiger die einzelnen Techniken der Problemlösungsmethodik angewandt werden, desto schneller kann man sich zukünftig mit dem eigentlichen Problem und dessen Lösung beschäftigen. Unabhängig davon impliziert die konzeptspezifische Problemlösungsmethodik jedoch einen relativ hohen Zeitaufwand für die Modellierung und Interpretation der Problemsituation. In der Praxis misst man dieser Phase, die den drei ersten Schritten der Problemlösungsmethodik entspricht, häufig ein geringeres Gewicht bei und schreitet schneller zur Entscheidungs- und Umsetzungsphase fort (Schritte 4 und 5).[130] Dem erhöhten Zeitaufwand für die ersten Schritte steht jedoch ein tendenziell niedrigerer Zeitaufwand für die Umsetzung der Problemlösung gegenüber: Zum einen kann in der Regel von einer größeren Unterstützung der Umsetzungsmaßnahmen ausgegangen werden, wenn bereits mehrere Personen in den Problemlösungsprozess involviert waren.[131] Zum anderen ist die Wahrscheinlichkeit größer, auf nicht vorhergesehene Ereignisse sinnvoll zu reagieren, wenn die Problemsituation zuvor intensiv analysiert worden ist.[132] Bei einem geringen Verständnis für die Problemsituation besteht nämlich die erhöhte Gefahr, ein reines „Reparaturdienstverhalten" an den Tag zu legen: „Man löst eben die Probleme, die gerade anstehen [...], die irgendwie besonders auffällig erscheinen oder [...] für die man zufällig Lösungsmethoden zur Hand hat."[133]

In vielen Situationen ist allerdings ein solches „muddling through" immer noch besser als die Alternative des Nichtstuns.[134] So besteht beispielsweise bei übertriebener Befolgung des iterativen Prozessgedankens die Gefahr, die Entscheidung permanent vor sich herzuschieben, da ständig in frühere Phasen zurückgesprungen wird, um Planungsdaten zu konkretisieren. Einen Erklä-

---

[129] ⇔ Vgl. S. 353.
[130] Vgl. DÖRNER, Dietrich (2000), S. 289-290; ULRICH, Hans/ PROBST, Gilbert J. B. (1995), S. 233-234.
[131] Vgl. GÜNTERT, Bernhard J. (1994), S. 33.
[132] Vgl. ULRICH, Hans/ PROBST, Gilbert J. B. (1995), S. 234-235.
[133] DÖRNER, Dietrich (2000), S. 88-89. Vgl. hierzu weiter DÖRNER, Dietrich (2000), S. 88-96; VESTER, Frederic (1990), S. 16.
[134] Vgl. MACHARZINA, Klaus (1999), S. 159, 460; STAEHLE, Wolfgang H. (1994a), S. 496-498.

rungsansatz für dieses Phänomen sieht DÖRNER in der „positiven Rückkopplung" zwischen Informationsausmaß und subjektiver Unsicherheit: „Je mehr man weiß, desto mehr weiß man auch, was man nicht weiß."[135] Im Extremfall kann der zunehmende Verdacht, die Problemsituation niemals vollständig überblicken zu können, zur Entscheidungsverweigerung führen.[136]

Wenngleich die dargestellten Gefahren genauer Planungen nicht zu unterschätzen sind, sollte doch auch der Nutzen berücksichtigt werden, den eine intensivere Problemanalyse für die Bewältigung *zukünftig* auftretender Probleme haben kann. So werden bestimmte Zusammenhänge und Konfliktquellen erarbeitet, die später situationsangepasst als Grundlage für weitere Problemlösungsprozesse dienen können. Die Anwendung der konzeptspezifischen Problemlösungsmethodik kann sich darüber hinaus auch vorteilhaft auf die zukünftige Problemlösungskompetenz des gesamten Krankenhauses auswirken. Die Voraussetzung hierfür ist, dass die Entwicklung eines Krankenhausmanagementkonzeptes sowie die umfangreiche Beschäftigung mit Problemsituationen und Lösungsmöglichkeiten nicht als reine, wenngleich notwendige Belastung interpretiert, sondern zudem als Lernprozess gestaltet werden. Der „Problemlösungsprozess bietet sich als Wissensgenerator par excellence an"[137], da es um reale Probleme des eigenen Krankenhauses und nicht um fiktive Fragestellungen oder Fallstudien anderer Institutionen (wie in Weiterbildungsseminaren) geht. So sollten neben der Problemlösungs- bzw. Methodenkompetenz auch andere Kompetenzen der Beteiligten bewusst gefördert werden: z. B. die soziale Kompetenz durch Gruppenarbeit und Schaffung regelmäßiger Kommunikationsmöglichkeiten, die Fachkompetenz durch „Fortbildungsexkurse" im Rahmen des Problemlösungsprozesses, die Selbstkompetenz durch verantwortliches Handeln und Ausweitung der Handlungsspielräume.

Gegen eine bewusste „Erweiterung" der Problemlösungsprozesse zu Lernprozessen kann allerdings die damit einhergehende Komplexitätserhöhung sprechen. Dieser Aspekt ist insofern von Bedeutung, als die konzeptspezifische Problemlösungsmethodik bereits durch eine relativ *hohe Komplexität* gekennzeichnet ist: Diese manifestiert sich vor allem in der Vielzahl von Managementaspekten, Nutzenpotenzialentwicklungen und sonstigen Kriterien, die berücksichtigt, mit ihren vielfältigen Vernetzungen dargestellt und zudem einer dynamischen Betrachtung unterzogen werden sollen. Die Komplexität zeigt sich auch darin, dass die Methodik keinen sequenziellen, sondern einen iterativen Ablauf der einzelnen Phasen bzw. Schritte unterstellt. Somit muss situationsabhängig entschieden werden, wann in frühere Phasen des Problemlösungsprozesses zurückgeschritten werden soll, um beispielsweise die Zielsetzung zu überarbeiten, weitere Informationen zu sammeln oder neue Alternativen zu entwickeln.

Durch die hohe Komplexität kann die Akzeptanz der Methodik seitens der potenziellen Anwender beeinträchtigt werden. Daher gilt es, einerseits den Anwendungsspielraum der Methodik zu verdeutlichen und andererseits auf die partielle Notwendigkeit komplexitätserhöhender Maß-

---

[135] DÖRNER, Dietrich (2000), S. 145.
[136] Vgl. DÖRNER, Dietrich (2000), S. 249.
[137] GOMEZ, Peter/ PROBST, Gilbert J. B. (1997), S. 271.

nahmen hinzuweisen.[138] So erhebt die konzeptspezifische Problemlösungsmethodik nicht den Anspruch, für *alle* Problemsituationen adäquate Hilfestellungen geben zu können; sie ist explizit zur Unterstützung der Lösung *komplexer* Probleme entwickelt worden. Da sich der Komplexitätsgrad einer Methodik an der Art der Problemsituation orientieren sollte, ist eine relativ hohe Komplexität nicht *per se* als negativ einzustufen. Bei sich verändernden Umfeldbedingungen können nämlich komplexitätsreduzierende Maßnahmen dazu führen, dass notwendige Verhaltenswechsel durch eingeschränkte Handlungsspielräume verhindert werden.[139] Eine Methodik, die für jedes Problem die gleichen Verhaltensweisen vorgibt, birgt demnach die Gefahr in sich, dass die einzelnen Prozessschritte lediglich abgearbeitet werden, ohne die jeweiligen Kontextbedingungen und unterschiedlichen Wahrnehmungsmöglichkeiten ausreichend zu beachten.

Die konzeptspezifische Problemlösungsmethodik bietet dagegen die Möglichkeit, Spezifika des jeweiligen Krankenhauses durchgängig zu berücksichtigen und die Kommunikation über verschiedenartige Perzeptionen zu unterstützen: Durch das Prozessfeld „Konzeptbezogen handeln" wird für jede Phase des Problemlösungsprozesses der Bezug zu den krankenhausspezifischen Profilen und Nutzenpotenzialentwicklungen hergestellt. Daneben können die starke Betonung der Gruppenarbeit[140] und die prozessbegleitende Förderung von Kommunikationsmöglichkeiten helfen, die Wahrnehmungsdifferenzen zwischen Beteiligten und Betroffenen zu reduzieren. Hinzu kommt, dass mit der Untergliederung des Krankenhausmanagementkonzeptes in Ebenen, Module, Dimensionen und Aspekte die Möglichkeit geschaffen wird, zunächst Systemzusammenhänge geringeren Komplexitätsgrades (wie denen einer Management*dimension*) zu erarbeiten, um dann Systembeziehungen höherer Komplexität (wie denen einer Management*ebene*) zu untersuchen.[141]

Für eine erhöhte Komplexität der konzeptspezifischen Problemlösungsmethodik spricht außerdem, dass die Methodik eine verbesserte Abstimmung zwischen den einzelnen Bezugssystemen des Krankenhauses und den Aspekten der verschiedenen Managementebenen bzw. -säulen ermöglicht. So kann beispielsweise jede Problemlösungsalternative auf ihre Vereinbarkeit mit den Aspektprofilen aller Managementmodule überprüft werden. Dies wirkt insbesondere der in der Praxis häufig zu beobachtenden Vernachlässigung strategischer und normativer Aspekte entgegen.[142]

Als Fazit ist festzuhalten, dass die Nachteile vor allem dann relativiert werden können, wenn die zu bearbeitenden Probleme von *hoher Bedeutung* für das Krankenhaus sind und sich durch *hohe Komplexität* auszeichnen.

---

[138] Die Verwendung komplexitäts*reduzierender* Instrumente sollte ebenso in integrativer Weise unterstützt werden.
[139] Vgl. BLEICHER, Knut (1999), S. 34.
[140] Ebenso wie die Profile und Nutzenpotenzialentwicklungen in Teams festgelegt werden sollen, sind auch Netzwerke und Einflussmatrizen sowie Alternativen gruppenweise zu entwickeln bzw. zu beurteilen.
[141] Vgl. BLEICHER, Knut (1999), S. 581.
[142] Vgl. SCHWANINGER, Markus (1994), S. 52-53.

Im folgenden Abschnitt wird die Anwendung des Konzeptes „Menschenorientiertes Krankenhausmanagement" anhand der *Entwicklung eines Leitbildes* exemplarisch erläutert. Für die Auswahl der Leitbildentwicklung sprechen mehrere Gründe:

1. Die Entwicklung eines Leitbildes ist ein *komplexes Projekt*, dem in der Regel eine *hohe Bedeutung* beigemessen wird. Somit erscheint die Leitbildentwicklung geeignet, anhand der konzeptspezifischen Problemlösungsmethodik erarbeitet werden zu können.

2. Wie bereits im Rahmen der konzeptspezifischen Problemlösungsmethodik erwähnt, sollten – trotz der relativ umfassenden Berücksichtigung unterschiedlicher Faktoren – stets *weitere Managementinstrumente*, wie z. B. die Leitbildentwicklung, zur Anwendung gelangen.

3. Im Mittelpunkt des Ansatzes einer Menschenorientierung *(Kapitel 6)* steht das *normative Management*, auf das auch bei der theoretischen Gestaltung des Krankenhausmanagementkonzeptes *(Kapitel 7)* ein Schwerpunkt gesetzt wurde. Mit der Leitbildentwicklung wird nun ein Managementinstrument zur Verfügung gestellt, das in erster Linie der normativen Ebene zugeordnet werden kann.[143]

4. Schließlich ist in den letzten Jahren in der Unternehmenspraxis ein *wachsendes Interesse* an Leitbildern festzustellen[144], mit der Folge, dass diesem Instrument auch im Krankenhausbereich verstärkte Aufmerksamkeit gewidmet wird. Die erhöhte Beachtung von Leitbildern als Instrument des Krankenhausmanagements geht zum einen aus der Vielzahl von Beiträgen hervor, die zu dieser Thematik in den letzten Jahren erschienen sind.[145] Zum anderen lässt die zentrale Position, die Leitbildern des Öfteren auf Krankenhaus-Homepages zukommt[146], darauf schließen, dass die Bedeutung dieses Instruments als relativ hoch eingeschätzt wird.[147] Daraus kann allerdings nicht auf den Stellenwert geschlossen werden, den Krankenhäuser, die (noch) kein Leitbild entwickelt haben, diesem Managementinstrument beimessen. Zudem sind kaum Aussagen über den Verbreitungsgrad von Krankenhausleitbildern in Deutschland zu machen, da hierzu keine empirische Studie existiert.

---

[143] ⇨ Auf die Einordnung von Leitbildern in Managementebenen wird in *Abschnitt 8.2.1* eingegangen.

[144] Das wachsende Interesse manifestiert sich in einer zunehmenden Zahl an Unternehmen, die über ein Leitbild verfügen. Dies geht aus verschiedenen Studien hervor: So betrug noch 1973 der Anteil an Unternehmen mit einem Leitbild 33,5 %, während im Jahre 1998 bereits 85 % angaben, ein Leitbild erarbeitet zu haben. Vgl. GABELE, Eduard/ KRETSCHMER, Helmut (1983), S. 716-717; GRÜNIG, Rudolf (1988), S. 254-255; HOFFMANN, Friedrich (1989b), S. 171; KPMG (1999), S. 12.

[145] Vgl. etwa ASSELMEYER, Herbert/ WAGNER, Erwin (1997), S. 150-164; EHRHARDT, Helmut/ RÖHRßEN, Thomas (1996), S. 59-73; FASNACHT, René/ GOOD, Martin (1999), S. 90-94; GORSCHLÜTER, Petra (1999), S. 44-83; GRANDJEAN, Josef (1997), S. 165-173; GÜNTERT, Bernhard J./ SAGMEISTER, Markus (1989), S. 89-107; MÜHLBAUER, Bernd H. (1997b), S. 251-270; SAGMEISTER, Markus (1993), S. 142-158; SUDY, Reinhard A. (1994a), S. 99-137; SUDY, Reinhard A. (1994b), S. 277-309; SUDY, Reinhard A. (1999), S. 85-89; WEINBRENNER, Hartmut (1997), S. 495-499; ZWIERLEIN, Eduard (1997), S. 139-149.

[146] Vgl. etwa ALLGEMEINES KRANKENHAUS WIEN (AKH) (2000); KRANKENHAUSGEMEINSCHAFT DES KIRCHENKREISES HERNE (2001); ST. ELISABETH-STIFTUNG, DERNBACH (2001).

[147] GÜNTERT/ BERGER fordern sogar die Leitbilderstellung als *Verpflichtung* für jedes Krankenhaus. Vgl. GÜNTERT, Bernhard J./ BERGER, Daniel H. (1994), S. 268. Diese Forderung widerspricht jedoch dem Verständnis dieses Managementinstrumentes als Maßnahme einer *freiwilligen Selbstverpflichtung*.

8.2 Leitbildentwicklung als Beispiel einer Anwendung des Konzeptes „Menschenorientiertes Krankenhausmanagement"

8.2.1 Zum Begriff des Leitbildes

Die Schwierigkeit, die praktische Relevanz von Krankenhausleitbildern einzuschätzen, liegt nicht nur im Mangel an empirischen Daten begründet, sondern auch darin, dass weder in Theorie noch Praxis ein einheitliches Verständnis über Inhalte und Funktionen von Leitbildern herrscht. Da sich die genannten Aspekte teilweise aus dem Begriffsverständnis ableiten lassen, soll der Terminus „Leitbild" zunächst näher untersucht werden. Der Begriff des Leitbildes bzw. Unternehmensleitbildes hat sich in der Managementliteratur der letzten Jahre weitgehend gegenüber dem Begriff „Unternehmensgrundsätze" durchgesetzt, der zumeist synonym verwandt wird[148]. Dies hat jedoch kaum zur Homogenisierung der Begriffsauffassungen beigetragen. Die verschiedenen Leitbilddefinitionen widersprechen sich zwar in der Regel nicht, setzen aber häufig unterschiedliche Akzente. In *Abbildung 8-25* sind mehrere Begriffsverständnisse aufgeführt, die im Anschluss kommentiert und durch eine eigene Definition ergänzt werden sollen.

Abbildung 8-25: Leitbilddefinitionen

Quelle	Leitbilddefinition
BLEICHER, Knut (1994b), S. 5, 21, 52.	schriftliche Fixierung der Unternehmens- und Managementphilosophie als realistisches Idealbild eines fließenden Zukunftsfits von Umwelt- und Unternehmensentwicklung
DILL, Peter/ HÜGLER, Gert (1997), S. 164-165.	schriftliche Niederlegung grenzziehender, richtungsweisender und orientierungsgebender Richtlinien als Ausdrucksform „gewünschter Unternehmenskulturen"
GRÜNIG, Rudolf (1988), S. 254.	jener Teil der Unternehmenspolitik, der die Grundvorstellung für die zukünftige Entwicklung wiedergibt
HINTERHUBER, Hans H. (1996), S. 43, 99.	schriftlich festgehaltener Teil der Unternehmenspolitik (als Gesamtheit der Unternehmensgrundsätze)
KIRSCH, Werner (1997), S. 292; KIRSCH, Werner/ KNYPHAUSEN, Dodo zu (1988), S. 490.	explizite Formulierung der zentralen Maximen des unternehmenspolitischen Rahmenkonzeptes
MACHARZINA, Klaus (1999), S. 176.	Ansammlung allgemeiner Zwecke, Ziele, Potenziale und Verhaltensweisen, die sowohl für Mitarbeiter als auch für Führungskräfte gegenüber allen Anspruchsgruppen gelten
SCHELLENBERG, Aldo C. (1992), S. 277.	schriftliche Formulierung der Unternehmensphilosophie, die als höchste Aggregationsstufe der Zielformulierung, als leitender Gedanke (Vision), den Input für die Formulierung der Unternehmenspolitik bildet
STEINMANN, Horst/ SCHREYÖGG, Georg (2000), S. 628.	Formulierung kultureller Orientierungsmuster
ULRICH, Peter/ FLURI, Edgar (1995), S. 54.	schriftliche Formulierung des obersten Wertsystems des Managements

Eigene Darstellung.

---

[148] Vgl. etwa GABELE, Eduard/ KRETSCHMER, Helmut (1983), S. 716; KIPPES, Stephan (1993), S. 184. Zum Teil werden auch Begriffe wie „Mission", „Unternehmensphilosophie" und „Unternehmensverfassung" synonym zu „(Unternehmens-)Leitbild" verwandt. Vgl. GRÜNIG, Rudolf (1988), S. 254; HOPFENBECK, Waldemar (2000), S. 763. Da diese Begriffe im Rahmen des St. Galler Management-Konzeptes deutlich voneinander abgegrenzt sind, wird diesem Sprachgebrauch explizit nicht gefolgt.

Aus den verschiedenen Leitbilddefinitionen geht hervor, dass eine klare Zuordnung zu einem der vier normativen Managementmodule nicht möglich bzw. nicht sinnvoll ist. Dies liegt einerseits an dem unterschiedlichen Verständnis der Termini Unternehmensphilosophie, -politik, -verfassung und -kultur und andererseits an der „Mehrfachverwendung" des Leitbildbegriffes.[149] So unterscheidet beispielsweise BLEICHER zwischen unternehmensphilosophischen und unternehmenspolitischen Leitbildern. Letztere definiert er als Dokumentationsmöglichkeit genereller Zielsetzungen und Verhaltensanweisungen.[150] Auch ULRICH/ FLURI sehen in einer schriftlichen Formulierung unternehmenspolitischer Grundsätze eine *Ergänzung* zum (unternehmensphilosophischen) Leitbild.[151]

Trotz der unterschiedlichen Leitbilddefinitionen und Zuordnungen zu den Managementmodulen können einige Gemeinsamkeiten hinsichtlich des Begriffsverständnisses festgehalten werden. So verbinden die meisten Autoren den Leitbildbegriff mit einer *schriftlichen Ausformulierung* von Grundsätzen.[152] Außerdem werden Leitbilder zumeist klar der *normativen* Managementebene zugeordnet.[153] Eine weitere Übereinstimmung besteht darin, dass dem Leitbild stets *mehrere Funktionen* zugeschrieben werden.[154] Diese können in der Regel aus den möglichen Inhalten von Leitbildern abgeleitet werden.[155]

Da die in *Abschnitt 7.2* dargestellten Aspekte des normativen Managements als eine Art *Themenkatalog für Krankenhausleitbilder* herangezogen werden können[156], werden mögliche Leit-

---

[149] Darüber hinaus ist zu beachten, dass in der Regel mehrfache Zielsetzungen mit der Entwicklung eines Leitbildes verbunden werden und die Ziele sich häufig nicht nur auf ein Managementmodul beziehen. ⇨ Vgl. hierzu *Abschnitt 8.2.2*.

[150] Vgl. BLEICHER, Knut (1994b), S. 21-26, 35-40. BLEICHER zeigt darüber hinaus die Möglichkeit auf, auch strategische Programme, Strukturgrundsätze der Unternehmensverfassung, Organisation und Managementsysteme sowie Verhaltensgrundsätze für die unternehmenskulturgeprägte Führung und Koordination in (gesonderten) „Leitbildern" niederzulegen. Vgl. BLEICHER, Knut (1994b), S. 40-49. Zur besseren begrifflichen Trennung wird in der vorliegenden Arbeit jedoch bei *strategischen* Aussagen der Begriff des Leitbildes vermieden.

[151] Vgl. ULRICH, Peter/ FLURI, Edgar (1995), S. 92-93.

[152] KIRSCH betont diesen Aspekt, indem er das Leitbild als *formuliertes* Rahmenkonzept bezeichnet, wobei auch ohne Formulierung immer ein *formiertes* (im Zuge der Entwicklung des Unternehmens gewachsenes) Rahmenkonzept vorliegt. Vgl. KIRSCH, Werner (1997), S. 292. Die schriftliche Fixierung kann dabei helfen, die Transparenz der wesentlichen Unternehmensgrundsätze zu erhöhen, eine andere Art von Verbindlichkeit zu schaffen sowie eine neue Dimension der Außendarstellung zu etablieren. Vgl. BLEICHER, Knut (1999), S. 95; LANGMANN, Hans Joachim (1992), S. 848; ULRICH, Peter/ FLURI, Edgar (1995), S. 54, 90-93.

[153] Strategische Aspekte können insbesondere dann nicht in ein Unternehmensleitbild einfließen, wenn sie vertraulich zu behandeln sind und nur einen bestimmten Bereich des Unternehmens betreffen. Vgl. hierzu auch BLEICHER, Knut (1994b), S. 21.

[154] Vgl. etwa GABELE, Eduard/ KRETSCHMER, Helmut (1983), S. 717-719; HOPFENBECK, Waldemar (2000), S. 763-765; KIPPES, Stephan (1993), S. 184; SCHELLENBERG, Aldo C. (1992), S. 278-279. ⇨ Die verschiedenen Funktionen von Leitbildern werden in *Abschnitt 8.2.2* näher erläutert.

[155] Zu Leitbildinhalten finden sich in der Literatur zahlreiche Themenkataloge. Vgl. allgemein EHRHARDT, Helmut/ RÖHRßEN, Thomas (1996), S. 66; GABELE, Eduard/ KRETSCHMER, Helmut (1983), S. 719-723; GRÜNIG, Rudolf (1988), S. 257; SCHELLENBERG, Aldo C. (1992), S. 277-278; ULRICH, Peter/ FLURI, Edgar (1995), S. 94-95; WEINBRENNER, Hartmut (1997), S. 495. Zu krankenhausspezifischen Leitbildinhalten vgl. ASSELMEYER, Herbert/ WAGNER, Erwin (1997), S. 156. Darüber hinaus kommt auch dem Erstellungsprozess eine funktionelle Bedeutung zu. ⇨ Vgl. *Abschnitt 8.2.4*.

[156] ⇨ Inwieweit ein solcher Katalog als Hilfestellung zur Erarbeitung eines Leitbildes dienen kann und sollte, wird in *Abschnitt 8.2.4.4* (Schritt 3) näher erläutert.

bildinhalte in der folgenden *Arbeitsdefinition* nur ansatzweise angeführt: Ein Krankenhausleitbild formuliert das Selbstverständnis sowie die grundlegenden Überzeugungen und Ziele eines Krankenhauses, definiert die Verantwortung gegenüber den verschiedenen Anspruchsgruppen, benennt die für Management und Mitarbeiter verbindlich geltenden Verhaltensweisen, entwirft also – als Ausdruck unternehmerischer Eigenverantwortung – ein „realistisches Idealbild" des Krankenhauses.[157] Demzufolge ist das Krankenhausleitbild als *schriftliche Ausformulierung der wesentlichen Grundsätze normativen Krankenhausmanagements* zu verstehen.

8.2.2 Funktionen von Leitbildern

Aus der begrifflichen Einordnung von Leitbildern ergeben sich bereits implizit die Ziele, die mit einer Leitbildentwicklung verfolgt werden. Idealerweise erfüllt ein Leitbild gleichzeitig eine Orientierungs-, Motivations-, Legitimations- und Entwicklungsfunktion und trägt zur Steigerung der Reputation bei. Im Folgenden werden diese Leitbildfunktionen der Reihe nach erläutert, ohne dabei zu verkennen, dass die Übergänge zwischen den Funktionsarten fließend sind.

Leitbilder sollten für alle Anspruchsgruppen eine *Orientierungsfunktion* ausüben. So können sie beispielsweise als Ausgangspunkt bzw. Rahmen für konkrete Strategien dienen. Werden alle strategischen Programme aus dem Leitbild abgeleitet bzw. mit dem Leitbild abgeglichen[158], dann sinkt tendenziell die Gefahr, dass Teilstrategien schlecht abgestimmt oder sogar nicht miteinander zu vereinbaren sind. Zudem wird den grundlegenden Wertvorstellungen und Zielen des Krankenhauses bei der strategischen Planung einzelner Abteilungen ein größeres Gewicht beigemessen.[159] Darüber hinaus stellen Leitbilder – vor allem in chancen- und risikoreichen Grenzsituationen – ein Instrument zur Verbesserung der Entscheidungskoordination dar.[160] So können Alternativen, die mit dem Krankenhausleitbild nicht in Einklang zu bringen sind, von vornherein ausgeschlossen werden.[161] Das Leitbild fungiert hierbei als Filter und kann somit zur Komplexitätsreduktion beitragen. Zudem besteht durch den formulierten Verhaltensrahmen die Möglichkeit, Konflikte fairer und transparenter zu handhaben.

Da ein Leitbild die grundlegenden Werte und Ziele des Krankenhauses verdeutlicht, kann es – insbesondere in dynamischen Zeiten und Krisensituationen[162] – auch für Mitarbeiter als Orientie-

---

[157] Vgl. BLEICHER, Knut (1994b), S. 21; KPMG (1999), S. 10; MÜHLBAUER, Bernd H. (1997b), S. 254; ULRICH, Peter/ FLURI, Edgar (1995), S. 54.

[158] Dies bedeutet nicht, dass sich stets ein deduktives Vorgehen vom Allgemeinen (dem Leitbild) zum Speziellen (der Strategie) anbietet. Solange kein Leitbild existiert, ist „der beste Zeitpunkt für die Entstehung eines tragfähigen definitiven Management-Konzeptes [...] oft erst dann gegeben [...], wenn über die in Angriff zu nehmenden Strategien Konsens besteht." SCHWANINGER, Markus (1994), S. 105.

[159] Vgl. GABELE, Eduard/ KRETSCHMER, Helmut (1983), S. 719.

[160] Vgl. ACHTERHOLT, Gertrud (1988), S. 186; GABELE, Eduard/ KRETSCHMER, Helmut (1986), S. 143-144; GRÜNIG, Rudolf (1988), S. 254-255; HODEL, Markus (1998), S. 129.

[161] Vgl. HINTERHUBER, Hans H. (1996), S. 109.

[162] Vgl. hierzu z. B. LANGMANN, Hans Joachim (1992), S. 850; WEINBRENNER, Hartmut (1997), S. 497.

rungshilfe dienen.¹⁶³ Außerdem stellt es einen Bezugspunkt für Dialoge zwischen allen internen Anspruchsgruppen dar.¹⁶⁴ Darüber hinaus vermag ein Leitbild auch für externe Anspruchsgruppen ein erstes Selektionskriterium darzustellen. Wenn die Wert- und Zielvorstellungen des Krankenhauses nicht mit den eigenen zu vereinbaren sind, scheidet das Krankenhaus als potenzieller Anbieter, Abnehmer bzw. Partner sofort aus. Umgekehrt kann die Entscheidung zur Kontaktaufnahme mit dem Krankenhaus erleichtert oder sogar forciert werden, wenn dessen Grundwerte weitgehend mit den eigenen übereinstimmen.¹⁶⁵ Somit vermag ein Leitbild eine wichtige Rolle etwa bei der Gewinnung und Auswahl von Personal zu spielen: Potenzielle Bewerber können – bei (auf-)richtiger Selbsteinschätzung – schon im Vorhinein ihre Affinität zum Krankenhaus abschätzen. Die Personalabteilung wiederum kann und sollte die Grundsätze des Leitbildes als erstes und wichtigstes Auswahlkriterium heranziehen. Durch eine solch offene Kommunikation kann späteren Enttäuschungen wirksam vorgebeugt werden – vorausgesetzt, das Leitbild wird tatsächlich gelebt.

Neben der Orientierungsfunktion übt das Leitbild auch eine *Motivationsfunktion* aus. Indem es beispielsweise die anspruchsvollen und bedeutenden Gesundheitsdienstleistungen im Krankenhaus verdeutlicht, kann es einen Beitrag zur Sinngebung der täglich verrichteten Arbeit leisten und damit zu einer erhöhten Identifikation der Mitarbeiter mit „ihrem" Krankenhaus führen.¹⁶⁶ Auch die Veranschaulichung der Zukunftsvisionen im Leitbild kann motivationssteigernd wirken.¹⁶⁷ Dies gilt umso mehr, wenn beim Entwicklungsprozess des Leitbildes Mitarbeiter aus allen Hierarchiestufen und Berufsgruppen der Organisation einbezogen werden.¹⁶⁸

Das Leitbild erfüllt insofern eine *Legitimationsfunktion*, als es zum einen über das Handeln in der Gesundheitsorganisation aufklärt und zum anderen bewusst gewählte Verhaltensweisen nach außen wie nach innen begründet.¹⁶⁹ Daneben soll es dafür sorgen, dass auch im Wandel die Kontinuität von Grundvorstellungen gewahrt bleibt.¹⁷⁰ Hiermit kann ein Image aufgebaut werden, das aber wiederum den Tatsachen entsprechen muss. Die Begründung des Leitbildes befreit es von einem ihm möglicherweise anhaftenden reinen Vorschriftcharakter für das Verhalten der

---

¹⁶³ Vgl. GRÜNIG, Rudolf (1988), S. 254; KIPPES, Stephan (1993), S. 184. Der Versorgungsauftrag bietet dagegen für die Mitarbeiter und insbesondere für die patientenfernen Bereiche zu wenig Orientierungsmöglichkeit. Vgl. MÜLLER, Brigitte/ MÜNCH, Eckhard/ BADURA, Bernhard (1997), S. 64-65.

¹⁶⁴ Vgl. BLEICHER, Knut (1994b), S. 5.

¹⁶⁵ Bezüglich potenzieller Partner des Krankenhauses kann hierbei von einer erhöhten *Kooperationsbereitschaft* gesprochen werden. Vgl. THOMMEN, Jean-Paul (1996a), S. 55.

¹⁶⁶ Der Wert einer erfolgreichen Sinnvermittlung kann durch folgende fiktive Aussagen veranschaulicht werden: Drei Reinigungskräfte werden zu ihrer Tätigkeit befragt, die sie im Krankenhaus ausüben. Die Erste antwortet: „Ich putze dort." Die Zweite sagt: „Ich putze dort, um die Hygiene zu erhalten." Die Dritte erklärt: „Ich putze dort, um die Hygiene zu erhalten und leiste damit einen Beitrag zur Gesundheitsförderung der Patienten und Mitarbeiter im Krankenhaus." Zu einem ähnlichen Beispiel vgl. HINTERHUBER, Hans H. (1997), S. 236. Mit einem Krankenhausleitbild sollte die Intention verfolgt werden, dass jeder Mitarbeiter seinen Beitrag zur Zielerreichung kennt.

¹⁶⁷ Vgl. KIPPES, Stephan (1993), S. 184.

¹⁶⁸ ⇨ Vgl. hierzu *Abschnitt 8.2.4.2*.

¹⁶⁹ Vgl. HODEL, Markus (1998), S. 117; KIPPES, Stephan (1993), S. 184.

¹⁷⁰ Vgl. ASSELMEYER, Herbert/ WAGNER, Erwin (1997), S. 153.

Mitarbeiter und des Managements. Für externe Anspruchsgruppen können durch eine Leitbildformulierung Missinterpretationen von Verhaltensweisen reduziert werden.

Des Weiteren ist der hier als *Entwicklungsfunktion* bezeichnete Zweck von Leitbildern nicht zu vernachlässigen. Darunter ist zu verstehen, dass einerseits mit der Aufstellung von Leitbildern eine Harmonisierung der zukünftigen Krankenhausentwicklung mit der Umweltentwicklung angestrebt wird, und andererseits schon durch den Erstellungsprozess von Leitbildern eine (geplante) Transformation der Krankenhauskultur angestoßen werden kann.[171] Insbesondere bei letzterem Aspekt ist von Bedeutung, dass das Leitbild von einer heterogen zusammengesetzten Gruppe entwickelt wird und alle Mitarbeiter das Leitbild tragen.[172] Die Intention ist, mögliche Zielkonflikte von vornherein zu vermeiden, eventuell festgefahrene Konflikte zwischen den verschiedenen Berufsgruppen aufzulockern[173] und gegebenenfalls sogar die Grundauffassung der gesamten Belegschaft im Sinne einer *unité de doctrine* zu harmonisieren[174]. Dabei sollte allerdings nicht nach dem kleinsten gemeinsamen Nenner gesucht werden. „Wenn sich [...] jede Verhaltensweise bei ausreichendem Abstraktionsvermögen als durch das Leitbild gedeckt wiederfinden [lässt], kann die Orientierungswirkung, die durch das Leitbild angestrebt wird, offensichtlich nicht allzu groß sein."[175] Des Weiteren können ein erhöhtes Problemverständnis für unternehmerisches Handeln sowie die Hebung oder zumindest Sicherung der gelebten moralischen Standards Ziele der Leitbilderstellung darstellen.[176]

Schließlich kann das Leitbild zur *Reputationssteigerung* des Krankenhauses eingesetzt werden. Dabei ist jedoch darauf zu achten, dass die Veröffentlichung des Leitbildes nicht zu einer reinen Werbemaßnahme degeneriert und „nur wohlklingende, aber folgenlose Bekenntnisse abgegeben werden"[177]. Vielmehr sollten glaubwürdige Informationen zu Selbstverständnis und angestrebten Entwicklungen des Krankenhauses geliefert werden. Hiervon ausgehend kann eine Reputationssteigerung bereits dadurch erzielt werden, dass die Bereitschaft des Managements (an-)erkannt wird, die obersten Werte und Ziele des Krankenhauses transparent zu machen und damit eine freiwillige Selbstbeschränkung vorzunehmen.[178]

Damit ein Leitbild die dargestellten Funktionen tatsächlich ausüben und der Prozess der Leitbildentwicklung Erfolg versprechend begonnen, durchgeführt und abgeschlossen werden kann, müssen einige Voraussetzungen erfüllt sein. Hierauf wird in den beiden folgenden Abschnitten eingegangen.

---

[171] Vgl. BLEICHER, Knut (1994b), S. 21.
[172] ⇨ Auf die Bedeutung des Entwicklungsprozesses von Leitbildern wird in *Abschnitt 8.2.4* näher eingegangen.
[173] Vgl. GÜNTERT, Bernhard J. (1994), S. 28-29; SAGMEISTER, Markus (1993), S. 156.
[174] Vgl. ADAM, Dietrich (1996), S. 14; GRÜNIG, Rudolf (1988), S. 255; THOMMEN, Jean-Paul (1996a), S. 83.
[175] BLEICHER, Knut (1994b), S. 5.
[176] Vgl. WEINBRENNER, Hartmut (1997), S. 498.
[177] ULRICH, Peter/ FLURI, Edgar (1995), S. 54.
[178] Vgl. MACHARZINA, Klaus (1999), S. 177.

8.2.3 Voraussetzungen einer Leitbildentwicklung

Dem Prozess der Leitbildentwicklung geht stets ein anderer Problemlösungsprozess voraus, nämlich jener, der zur Entscheidung führte, ein Leitbild zu entwickeln. Die Ursachen bzw. Probleme, die letztlich in eine solche Entscheidung münden, können unterschiedlicher Natur sein und den Prozess der Leitbildentwicklung maßgeblich beeinflussen. Statt im Detail auf denkbare ursächliche Problemsituationen und -lösungsprozesse einzugehen[179], werden in diesem Abschnitt die Voraussetzungen vorgestellt, die vor Beginn einer Leitbildentwicklung erfüllt sein sollten. Hierzu zählen die Klärung des Handlungsbedarfs, die Bereitschaft, Anforderungen einzuhalten, die an Leitbilder gestellt werden, und die Berücksichtigung potenzieller Konsequenzen.

In der Regel ist die Erstellung (oder Überarbeitung) eines Leitbildes nur dann sinnvoll, wenn ein „klarer Anlass" vorliegt, weil dann von einer ausreichenden Motivation ausgegangen werden kann. Mangelndes Interesse der Beteiligten führt nahezu zwangsläufig zum Scheitern eines solchen Prozesses.[180] Zunächst stellt sich also die Frage, warum überhaupt ein Leitbild entwickelt werden soll, bzw. inwiefern Handlungsbedarf für ein solches Managementinstrument besteht.

Handlungsbedarf kann aus einem langfristigen, eher schleichenden Entwicklungsprozess hervorgehen, durch eine vollständig neue Umweltsituation (ausgelöst z. B. durch eine Gesetzesänderung) oder durch eine Umgestaltung der bisherigen Unternehmenspolitik (beispielsweise aufgrund einer anstehenden Fusion) entstehen. Während beim ersten Fall die Schwierigkeit darin liegt, die Problemlage überhaupt zu erkennen und „richtig" zu deuten, können die beiden anderen Fälle grundlegende Veränderungen erfordern, die häufig mit großem Risiko verbunden sind.[181] Doch gerade hier liegt auch die Chance, mithilfe einer Leitbildentwicklung einen „Rahmen für Neues" zu schaffen.

Wenn Handlungsbedarf festgestellt worden ist, gilt es zu überprüfen, inwieweit mit der Leitbildentwicklung ein adäquates Instrument gefunden wurde, das nicht nur für die gegebene Problemsituation geeignet erscheint, sondern auch mit den Einstellungen des Managements zu vereinbaren ist. In der folgenden *Abbildung 8-26* werden daher die grundsätzlichen Anforderungen formuliert, denen ein Leitbild zur Erfüllung der in *Abschnitt 8.2.2* aufgeführten Funktionen genügen sollte.

---

[179] So ist beispielsweise vorstellbar, dass zur Bewältigung der jeweiligen Problemsituation neben der Leitbildentwicklung noch weitere Alternativen zur Auswahl standen, wie beispielsweise die Inspruchnahme einer Unternehmensberatung zur Generierung einer Problemlösung.

[180] Vgl. ACHTERHOLT, Gertrud (1988), S. 194; SCHEIN, Edgar H. (1995), S. 134.

[181] Vgl. BLEICHER, Knut (1994b), S. 69.

Abbildung 8-26: Anforderungen an Leitbilder

inhaltliche Anforderungen	
• Glaubwürdigkeit	Die beschreibenden Aussagen müssen der *Wahrheit* entsprechen, die Ziel- bzw. Zukunftsvorstellungen *realisierbar* sein.
• langfristige Ausrichtung	Das Leitbild ist langfristig auszurichten, da häufige Änderungen zu einer Verunsicherung der Mitarbeiter führen können. Allerdings kann ein Leitbild auch veralten, weshalb es sich krankenhausinternen und -externen Veränderungen anpassen lassen muss.
• Allgemeingültigkeit	Das Leitbild soll grundsätzliche Belange betreffen und sich nicht auf bestimmte Einzelfälle beziehen. Es ähnelt in dieser Hinsicht einem Gesetzestext.
• Wesentlichkeit	Bedeutendes und Grundsätzliches zukünftigen Krankenhausgeschehens sollen beeinflusst werden und nicht Nebensächlichkeiten, die das Gesamtverhalten des Krankenhauses nur unwesentlich betreffen.
• Überprüfbarkeit	Die Grundsätze sind so zu formulieren, dass bezüglich verschiedener Entscheidungen, Verhaltensweisen und Äußerungen in der Praxis eine Einhaltung oder Nichteinhaltung des Leitbildes festgestellt werden kann.
formale Anforderungen	
• Klarheit	Das Leitbild ist möglichst *prägnant* und *verständlich* zu formulieren, um die Einprägsamkeit zu fördern und Missinterpretationen vorzubeugen.
• ausreichende Konsistenz	Das Leitbild sollte ein System aufeinander abgestimmter Grundsätze darstellen. Im Falle möglicher Zielkonflikte sind diese realistisch zu beurteilen.
prozessuale Anforderungen	
• partizipative Erarbeitung	Das Leitbild sollte weder extern entwickelt noch vom Management vorgegeben, sondern möglichst in einer heterogen zusammengesetzten Gruppe erarbeitet werden.
• umfassende Kommunikation	Das Leitbild ist nach seiner Verabschiedung nicht nur einmalig, sondern regelmäßig allen Anspruchsgruppen mitzuteilen.
• Umsetzung	Die Grundsätze sind vom Management vorzuleben und für einzelne Bereiche und Tätigkeiten zu konkretisieren.
• Einklagbarkeit	Da die Wirkung ungewiss ist, wenn aus den Leitsätzen reine Appelle werden, sind Kontrollmöglichkeiten sowie Anreiz- und Sanktionssysteme zu entwickeln.
• Offenheit für Kritik	Das kritische Hinterfragen der Leitsätze sollte nicht nur ermöglicht, sondern auch gefördert werden – mit der Folge, dass das Leitbild gegebenenfalls überarbeitet werden muss.

Eigene Darstellung in Anlehnung an ASSELMEYER, Herbert/ WAGNER, Erwin (1997), S. 161; BLEICHER, Knut (1994a), S. 512-519; GRÜNIG, Rudolf (1988), S. 254; HINTERHUBER, Hans H. (1996), S. 107-108; KIPPES, Stephan (1993), S. 186-187; SCHELLENBERG, Aldo C. (1992), S. 279; ULRICH, Peter/ FLURI, Edgar (1995), S. 92-93; WEINBRENNER, Hartmut (1997), S. 495-499.

Die inhaltliche, formale und prozessuale Qualität eines Leitbildes entscheidet darüber, ob es die ihm zugedachte Leitfunktion im Krankenhausalltag erfüllt, ein wirkungsloses „Schubladen-Dasein" fristet oder sogar negative Konsequenzen hervorruft, die bei Verzicht auf eine schriftliche Fixierung eventuell gar nicht aufgetreten wären. Wenn auf die Bekanntgabe des Leitbildes beispielsweise kein entsprechendes Handeln folgt, können – aufgrund der Differenz zwischen

Anspruch und Wirklichkeit – die (möglichen) Anfangserfolge recht schnell stagnieren oder sogar zu einer *verstärkten Resignation und Frustration* der Mitarbeiter führen.[182]

Das Management sollte sich auch darüber im Klaren sein, dass die im Leitbild selbst geschaffenen Bindungen sogar eine eigene *rechtliche Außenwirkung* (Haftungsrecht) entfalten können.[183] Dies ist aber weniger als Plädoyer für einen Verzicht zur Leitbildentwicklung aufzufassen als für eine Unterlassung leichtfertiger Versprechungen: „Ein Weniger an wohlgesetzten Worten kann ein Mehr an Glaubwürdigkeit bedeuten."[184]

Zudem sollte man sich bewusst machen, dass – aufgrund der Schwierigkeit einer Harmonisierung *aller* Interessen und Ziele – eine Leitbilderstellung für manche Betroffene im Extremfall zu so tief greifenden Veränderungen führen kann, dass sogar mit Kündigungen zu rechnen ist.[185] Insbesondere Chefärzte, die bislang recht autonom agieren konnten, können sich durch ein Leitbild eingeschränkt fühlen.[186] Inwieweit sich solch drastische Folgen für die weitere Entwicklung eines Krankenhauses positiv oder negativ auswirken, kann nicht pauschal konstatiert werden.

Auch dem eigentlichen Prozess der Leitbild*erstellung* kommt aufgrund möglicher Konsequenzen eine hohe Bedeutung zu. So können z. B. durch die Zusammenarbeit verschiedener Hierarchieebenen und Abteilungen wertvolle bereichsüberschreitende Beziehungen aufgebaut werden, die dem Abbau von Vorurteilen dienen sowie die Kommunikations- und Kooperationsbereitschaft für zukünftige Problemstellungen erhöhen.[187] Wenn allerdings schon im Rahmen des Erstellungsprozesses kein offener Meinungsaustausch zustande kommt, dann ist der Erfolg der Leitbildentwicklung zweifelhaft.

8.2.4 Prozess der Leitbildentwicklung in Krankenhäusern

8.2.4.1 *Leitbildentwicklung anhand der konzeptspezifischen Problemlösungsmethodik*

Sind die Voraussetzungen erfüllt und ist die Entscheidung, ein Leitbild zu entwickeln, getroffen, kann die Erarbeitung des Leitbildes erfolgen. Diese Phase kann als eigenständiger, neuer Problemlösungsprozess betrachtet und – in Anlehnung an die konzeptspezifische Problemlösungsmethodik – in fünf Schritte unterteilt werden, die in der folgenden *Abbildung 8-27* dargestellt sind.

---

[182] Vgl. ULRICH, Peter/ FLURI, Edgar (1995), S. 93; WEINBRENNER, Hartmut (1997), S. 496.
[183] Vgl. LANGMANN, Hans Joachim (1992), S. 852.
[184] LANGMANN, Hans Joachim (1992), S. 852.
[185] Vgl. FASNACHT, René/ GOOD, Martin (1999), S. 93.
[186] Vgl. GÜNTERT, Bernhard J./ SAGMEISTER, Markus (1989), S. 94.
[187] Vgl. SAGMEISTER, Markus (1993), S. 157. Vgl. auch BLEICHER, Knut (1994b), S. 65; DILL, Peter/ HÜGLER, Gert (1997), S. 166-172; SCHELLENBERG, Aldo C. (1992), S. 348.

Abbildung 8-27: Schritte eines idealtypischen Leitbilderstellungsprozesses bei Anwendung der konzeptspezifischen Problemlösungsmethodik

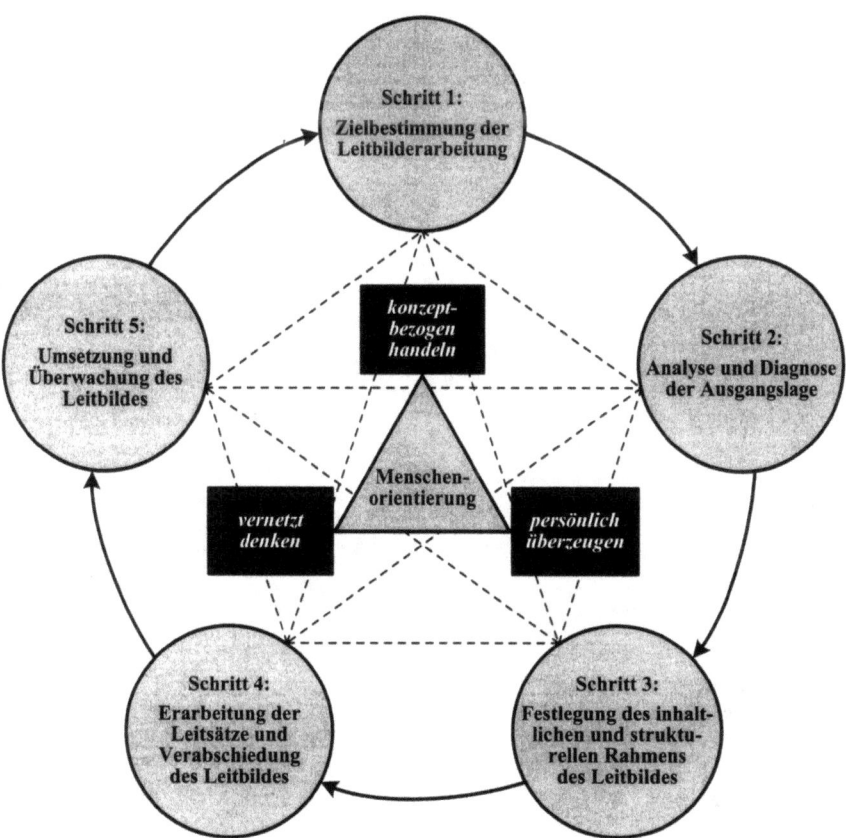

Eigene Darstellung.

Auch für die Leitbilderarbeitung kann eine Feinstruktur entwickelt werden. Diese orientiert sich an den Inhalten der konzeptspezifischen Problemlösungsmethodik, sieht aber einige Modifikationen vor, die in *Abbildung 8-28* kursiv hervorgehoben sind.[188]

---

[188] Daneben können auch Aspekte, die nicht kursiv hervorgehoben sind, eine leitbildorientierte Anpassung erforderlich machen. ⇨ Vgl. hierzu die Ausführungen in den *Abschnitten 8.2.4.2 - 8.2.4.6*.

Abbildung 8-28: Idealtypischer Prozess zur Entwicklung eines Krankenhausleitbildes anhand der konzeptspezifischen Problemlösungsmethodik

Schritte der Methodik \ Prozessfelder	*vernetzt denken*	*konzeptbezogen handeln*	*persönlich überzeugen*
Schritt 1: *Zielbestimmung der Leitbilderarbeitung*	• *Geltungsbereich des Leitbildes festlegen (z. B. Trägergemeinschaft, Krankenhaus, Abteilung, Berufsgruppe)* • *Adressatenkreis bestimmen (Mitarbeiter, Patienten, Zulieferer etc.)* • *Ziele festlegen, die mit der Leitbilderarbeitung verfolgt werden sollen*	• zu Beteiligende auswählen und in die Konzeptmethodik sowie Leitbilderarbeitung einführen • keinen Mitarbeiter zur Teilnahme zwingen • Art der Konzeptanwendung vereinbaren	• sich engagiert und glaubwürdig verhalten • *auf Zweck und Dauer der Leitbilderarbeitung hinweisen* • *Verhaltensregeln für die Leitbilderarbeitung aufstellen* • auch Nichtbeteiligte informieren
Schritt 2: *Analyse und Diagnose der Ausgangslage*	• Netzwerk aufbauen • Wirkungsrichtungen und -intensitäten ermitteln • grobe zeitliche Wirkungsverläufe ermitteln	• Istprofile ermitteln und mit vorhergehenden Profilen vergleichen • Istdynamik aufzeichnen und mit bisheriger Solldynamik vergleichen • Konsistenz der Istprofile und -dynamik überprüfen	• selbstkritisch analysieren • Verständnis für die Spannungsfelder des Managements erzeugen • bewusste Auseinandersetzung mit Paradoxien fördern
Schritt 3: *Festlegung des inhaltlichen und strukturellen Rahmens des Leitbildes*	• Gestaltungs- und Lenkungsmöglichkeiten erarbeiten • *mögliche Inhalte diskutieren und inhaltliche Schwerpunkte setzen* • *Struktur und Umfang des Leitbildes bestimmen* • *Bearbeitungsreihenfolge festlegen*	• Sollprofile und Zielindikatoren festlegen • Sollprofile harmonisieren • Solldynamik der Nutzenpotenziale bestimmen	• *Ziele der Leitbilderarbeitung* verdeutlichen • *Ideen sammeln*
Schritt 4: *Erarbeitung der Leitsätze und Verabschiedung des Leitbildes*	• Ideensuchraum erweitern • *Leitsätze inhaltlich und sprachlich abstimmen* • *Möglichkeiten zur Kontrolle der Einhaltung und Konkretisierung der Leitsätze erörtern*	• *Ist- und Sollprofile auf ihre prinzipielle Eignung für die Leitbilderarbeitung überprüfen* • *Leitsätze auf Basis ausgewählter normativer Aspektprofile erarbeiten*	• *Leitsätze eingehend diskutieren* • den Dialog mit Anspruchsgruppen suchen • Entschlusskraft zeigen (Leitbild verabschieden)
Schritt 5: *Umsetzung und Überwachung des Leitbildes*	• Leitsätze konkretisieren • *Kontrollmöglichkeiten sowie Anreiz- und Sanktionssysteme entwickeln*	• Entwicklungsprozesse in den Profilen und Lebenszyklen erfassen • Erreichungsgrad *des Leitbildes, der Sollprofile und -dynamik kontrollieren* • gegebenenfalls *Leitbild* bzw. Sollprofile und -dynamik überarbeiten	• Leitbild umfassend und regelmäßig allen Anspruchsgruppen mitteilen • kritische Diskussion über das Leitbild ermöglichen und unterstützen • Verhaltensleitlinien vorleben

Eigene Darstellung.

Auch diese spezifizierte Methodik erhebt nicht den Anspruch, alle Aspekte zu berücksichtigen und eine Vorgehensweise darzulegen, die den Bedingungen jedes Krankenhauses gerecht wird. Sie soll als Orientierungshilfe bei der Entwicklung eines Krankenhausleitbildes dienen, wobei wiederum das Krankenhausmanagementkonzept zur Anwendung gelangen soll.

8.2.4.2 Schritt 1: Zielbestimmung der Leitbilderarbeitung

Im ersten Schritt des Prozesses zur Entwicklung eines Krankenhausleitbildes wird – entgegen der Vorgehensweise der konzeptspezifischen Problemlösungsmethodik – keine (erneute) Problemabgrenzung vorgenommen. Stattdessen soll lediglich auf die Bestimmung der Ziele eingegangen werden, unter der Annahme, dass der Problemlösungsprozess, der zur Entscheidung führte, ein Leitbild zu entwickeln, bereits abgeschlossen ist.[189] Somit wird davon ausgegangen, dass in einem Krankenhaus bislang kein (adäquates) Leitbild existiert. *Abbildung 8-29* gibt einen Überblick über die Feinstruktur des ersten Schrittes.

Abbildung 8-29: Schritt 1: Zielbestimmung der Leitbilderarbeitung

vernetzt denken	konzeptbezogen handeln	persönlich überzeugen
• Geltungsbereich des Leitbildes festlegen (z. B. Trägergemeinschaft, Krankenhaus, Abteilung, Berufsgruppe) • Adressatenkreis bestimmen (Mitarbeiter, Patienten, Zulieferer etc.) • Ziele festlegen, die mit der Leitbilderarbeitung verfolgt werden sollen	• zu Beteiligende auswählen und in die Konzeptmethodik sowie Leitbilderarbeitung einführen • keinen Mitarbeiter zur Teilnahme zwingen • Art der Konzeptanwendung vereinbaren	• sich engagiert und glaubwürdig verhalten • auf Zweck und Dauer der Leitbilderarbeitung hinweisen • Verhaltensregeln für die Leitbilderarbeitung aufstellen • auch Nichtbeteiligte informieren

Eigene Darstellung.

Vernetzt denken

Wenngleich bei den folgenden Ausführungen von der Entwicklung eines Krankenhausleitbildes ausgegangen wird, so kann die Heuristik doch auch auf die Erarbeitung über- oder untergeordneter Leitbilder bzw. Leitlinien übertragen werden. Aus diesem Grund sollte am Anfang des Prozesses die Frage geklärt werden, auf wen sich das Leitbild beziehen soll, sei es auf eine Trägergemeinschaft, ein einzelnes Krankenhaus, eine Abteilung bzw. Station oder eine Berufsgruppe innerhalb des Krankenhauses.[190] Dabei ist stets zu beachten, dass die Leitlinien bestimmter Teilbereiche aufeinander abgestimmt werden. Es spricht nichts dagegen, dass sich z. B. eine Abteilung Leitlinien erarbeitet, ohne dass bereits ein für alle Bereiche verbindliches Krankenhausleit-

---

[189] ⇐ Vgl. *Abschnitt 8.2.3*.
[190] Darüber hinaus ist eine vergleichbare Vorgehensweise auch für die Erstellung eines Verbandsleitbildes vorstellbar, etwa für den Verband der Universitätskliniken Deutschlands (VUD), den Katholischen Krankenhausverband Deutschlands e. V. (KKVD) oder den Bundesverband Deutscher Privatkrankenanstalten e. V. (BDPK).

bild existiert. Allerdings sollten die Grundaussagen mit der formierten Philosophie des Krankenhauses bzw. Trägers vereinbar sein und anderen Bereichsleitlinien nicht widersprechen.[191]

Zur deutlicheren Abgrenzung wird unter *Leitbild* stets das des Krankenhauses oder des übergeordneten Trägers verstanden, während die Grundsätze, die nur für einen spezifischen Teil des Krankenhauses gelten, als *Leitlinien* bezeichnet werden.[192] Diese Leitlinien können für bestimmte Hierarchieebenen (z. B. Führungsgrundsätze), Berufsgruppen (z. B. medizinische Leitlinien oder Pflegekonzepte[193]), Leistungsfaktoren (z. B. Qualitätspolitik oder Umweltleitlinien[194]) oder auch Managementebenen (Grundsätze der Organisationsstrukturen und Managementsysteme, Strategiepapiere oder Verhaltensgrundsätze[195]) formuliert werden. Dabei kann es teilweise sinnvoll sein, diese explizit *nicht* in das (Kern-)Leitbild des Krankenhauses einfließen zu lassen, um zum einen seine Einprägsamkeit nicht zu erschweren und zum anderen den Adressatenkreis nicht einzuschränken. Idealerweise stellen die spezifischen Leitlinien eine Konkretisierung einzelner Grundsätze des Leitbildes dar.[196]

Mit der Festlegung des Geltungsbereiches ist bereits eine Definition des Adressatenkreises verbunden. Bei einem Krankenhausleitbild, das prinzipiell für alle Anspruchsgruppen des Krankenhauses bestimmt ist, können jedoch gezielt einzelne Stakeholder in unterschiedlicher Gewichtung angesprochen werden. So beziehen sich in der Praxis zumeist einige Grundsätze auf Patienten, Mitarbeiter und Management. Ob aber beispielsweise externe Anspruchsgruppen – wie niedergelassene Ärzte, Zulieferer oder Krankenversicherungen – jeweils individuell angesprochen werden, ist abhängig von den Zielen, die mit der Leitbilderarbeitung verfolgt werden.

Die allgemeinen Ziele bzw. Funktionen von Leitbildern sind bereits in *Abschnitt 8.2.2* erläutert worden. Im Rahmen des ersten Schrittes der Leitbilderarbeitung geht es nun um die Festlegung von Schwerpunkten. Dieser Vorgang sollte vom Krankenhausdirektorium, das in der Regel den Prozess einer Leitbilderarbeitung initiiert, nicht allein vorgenommen werden. Auf die Einbeziehung von Mitarbeitern in die Leitbildentwicklung wird im nächsten Prozessfeld eingegangen.

Konzeptbezogen handeln

Oberster Grundsatz der Leitbildentwicklung sollte sein, dass die Erarbeitung keine Dienstleistung ist, die fremdvergeben werden kann. Die Konsequenz ist, dass selbst ein schlecht formuliertes, aber krankenhausintern erarbeitetes Leitbild jedem Leitbild vorzuziehen ist, das von einer anderen Gesundheitsorganisation kopiert oder von einem externen Berater erarbeitet wurde. Wenn das Leitbild tatsächlich das Selbstverständnis des Krankenhauses zum Ausdruck bringen soll, dann kommt der Authentizität des Leitbildes stets eine höhere Bedeutung zu als einem gut

---

[191] Vgl. KIPPES, Stephan (1993), S. 184-185; LANGMANN, Hans Joachim (1992), S. 850.
[192] Vgl. hierzu auch EHRHARDT, Helmut/ RÖHRßEN, Thomas (1996), S. 64.
[193] Vgl. z. B. EVANGELISCHES KRANKENHAUS OLDENBURG (2001); MARTIN-LUTHER-KRANKENHAUS, BERLIN (2001).
[194] Vgl. z. B. die Umweltleitlinien des KLINIKUMs KAUFBEUREN-OSTALLGÄU (1999).
[195] Vgl. hierzu BLEICHER, Knut (1994b), S. 35, 40-49.
[196] ⇨ Vgl. hierzu *Abschnitt 8.2.4.6*.

klingenden Grundsatzkatalog.[197] Diese Aussage wird noch dadurch bekräftigt, dass dem Erarbeitungsprozess häufig eine vergleichbar große Bedeutung beigemessen wird wie dem fertigen Dokument.[198]

Die Entscheidung für eine *interne* Erarbeitung des Leitbildes lässt jedoch die Frage offen, welche und wie viele Personen(gruppen) des Krankenhauses in den Erstellungsprozess einbezogen werden sollen. Eine Möglichkeit ist, nur die Trägerorgane oder das Krankenhausdirektorium einzubeziehen. Der Vorteil bestünde darin, dass hierbei Abstimmungen tendenziell leichter und schneller erfolgen können als bei Gruppen, die sich aus Personen unterschiedlicher Hierarchieebenen zusammensetzen. Dem steht allerdings die Akzeptanzproblematik dieses Vorgehens gegenüber. Zum einen werden in einem so entstandenen Leitbild primär die Bedürfnisse und Erwartungen eines kleinen, für die Gesamtorganisation nicht repräsentativen Personenkreises berücksichtigt, zum anderen bleibt ein erhebliches im Krankenhaus angesammeltes Erfahrungswissen ungenutzt.[199] Dieses Top-down-Vorgehen kann dazu führen, dass das Leitbild als Diktat der Krankenhausleitung und somit als zusätzlicher Funktionszwang erlebt wird.[200]

Ein reines Bottom-up-Vorgehen mit zahlreichen Beteiligten aus den unterschiedlichen Hierarchieebenen hat den Vorteil, dass aufgrund der breiten Beteiligung der Mitarbeiterschaft von einer weitgehenden Identifizierung mit den Grundsätzen ausgegangen werden kann. Dieses Vorgehen ist jedoch extrem zeitintensiv, was wiederum zu Akzeptanzproblemen führen kann, weil diesmal der Erstellungsprozess an sich in Zweifel gezogen wird.[201]

Die meisten Autoren plädieren daher für eine bezüglich der Hierarchieebenen, Berufs- und Altersgruppen näherungsweise *repräsentativ zusammengesetzte Projektgruppe*.[202] Damit kann der Zeitaufwand reduziert werden, ohne auf die Vorteile einer partizipativen Vorgehensweise vollständig verzichten zu müssen. Hierzu gehört vor allem, dass die Beteiligten zugleich zum Sender und Empfänger der im Leitbild verkörperten Botschaften werden.[203] Durch die Mitarbeit in einer Leitbildgruppe wird eine stärkere Identifizierung mit den Grundsätzen gefördert, die Eigenverantwortung gestärkt sowie für Zukunftsthemen sensibilisiert und damit ein Beitrag zur Schmäle-

---

[197] Vgl. HINTERHUBER, Hans H. (1996), S. 101.
[198] Vgl. etwa BLEICHER, Knut (1994b), S. 65; DILL, Peter/ HÜGLER, Gert (1997), S. 166; GABELE, Eduard/ KRETSCHMER, Helmut (1983), S. 723.
[199] Vgl. DILL, Peter/ HÜGLER, Gert (1997), S. 167; GABELE, Eduard/ KRETSCHMER, Helmut (1986), S. 104-107.
[200] Vgl. KIPPES, Stephan (1993), S. 185; ULRICH, Peter (1984), S. 317-318. Selbst wenn sich die Mitarbeiter mit den vorgegebenen Zielen und Werten *verbal* identifizieren, besteht doch die Gefahr, dass die Leitsätze in der Praxis Leerformeln bleiben, also nicht internalisiert werden. Vgl. KLOOS, Sr. M. Basina (1993), S. 160.
[201] Vgl. KIPPES, Stephan (1993), S. 186.
[202] Vgl. beispielsweise BLEICHER, Knut (1994b), S. 6; KIPPES, Stephan (1993), S. 186; ULRICH, Peter/ FLURI, Edgar (1995), S. 92; WEINBRENNER, Hartmut (1997), S. 495, 499. Zu einer angemessenen Teilnehmerzahl werden in der Regel keine Aussagen gemacht. In der Praxis wird zumeist von zehn bis zwanzig Personen gesprochen. Vgl. etwa GRANDJEAN, Josef (1997), S. 166; KLINIKUM DER FRIEDRICH-ALEXANDER-UNIVERSITÄT ERLANGEN-NÜRNBERG (2000); LANDESKRANKENHAUS ROHRBACH (2001). Allerdings sind solche Angaben zur Projektgruppengröße, ohne dass die Intensität der Teilnahme dokumentiert wird, mit Vorsicht zu interpretieren. Beispielsweise erwähnt HELBIG, dass an dem Entwicklungsprozess des Leitbildes der Henriettenstiftung Hannover von 1984 bis 1991 über 200 Mitarbeiter beteiligt waren. Vgl. HELBIG, Wolfgang (1993), S. 149.
[203] Vgl. BLEICHER, Knut (1994b), S. 11.

rung des Misstrauens vor Neuem geleistet. Zudem können der Umgang mit Konflikten sowie die Kommunikation über Hierarchieebenen und Ressortgrenzen hinweg verbessert werden.[204] Darüber hinaus bietet eine heterogen zusammengesetzte Gruppe ein größeres Innovations- und Kreativitätspotenzial.[205]

Bei der Zusammenstellung der Projektgruppe ist darauf zu achten, dass die Teilnahme auf *freiwilliger* Basis erfolgt, da dies in der Regel eine höhere Motivation impliziert.[206] Erklären sich mehr Personen zur Mitarbeit bereit als benötigt werden, dann haben die Initiatoren das Problem der Teilnehmerauswahl, bei der vor allem auf die Heterogenität der Gruppe Wert zu legen ist. Diejenigen, die nicht ausgewählt wurden, sollten beim nächsten Projekt bevorzugt berücksichtigt werden. Je nach Situation kann es sich aber auch als sinnvoll erweisen, die Gruppe mit wechselnden Teilnehmern zu besetzen, insbesondere um andere bzw. neue Blickweisen kennen zu lernen.[207] Dabei ist zu beachten, dass auch Mitarbeiter, die erst in einer späteren Phase in die Leitbildentwicklung aktiv einbezogen werden, ebenso in die Konzeptmethodik und die Grundsätze der Leitbilderarbeitung eingeführt werden.[208] Die Anzahl der in den einzelnen Projektphasen beteiligten Mitglieder hat zudem Auswirkungen auf die Art der Konzeptanwendung, über die sich das Team noch zu einigen hat.[209]

Neben der Beteiligung von Mitarbeitern wird zumeist empfohlen, einen externen Moderator hinzuzuziehen. Dieser soll für eine effektive Kommunikation sorgen und allgemeine Informationen zu Inhalt, Form und Implementierung eines Leitbildes bereitstellen, aber möglichst keinen sachlichen Input liefern.[210]

Persönlich überzeugen

Wenngleich Mitarbeiter aller Hierarchieebenen in den Leitbilderstellungsprozess einbezogen werden sollten, so kommt doch dem Topmanagement eine besondere Bedeutung zu. Es muss den Prozess aktiv fördern, um die Wichtigkeit des Projektes zu verdeutlichen sowie der Erwartung gerecht zu werden, dass speziell das Management die Leitbildinhalte umsetzt bzw. vorlebt.[211] Außerdem hat es die Aufgabe, die Mitarbeiter für das Leitbildprojekt zu begeistern. So sollte vor

---

[204] Vgl. FASNACHT, René/ GOOD, Martin (1999), S. 92; WEINBRENNER, Hartmut (1997), S. 497-498. Zu den Vorteilen partizipativer Führung vgl. auch BADURA, Bernhard/ MÜNCH, Eckhard/ RITTER, Wolfgang (1997), S. 29, 35; ORENDI, Bennina (1993), S. 145, 148.

[205] Vgl. BEHNKE, Andrea (2001), S. 80; WEINBRENNER, Hartmut (1997), S. 498.

[206] Hinzu kommt, dass die Projektsitzungen zum Teil, in manchen Krankenhäusern sogar ausschließlich, außerhalb der „regulären" Arbeitszeiten stattfinden.

[207] Vgl. KIPPES, Stephan (1993), S. 186.

[208] Bei der Einführung in die Grundsätze der Leitbilderarbeitung sind insbesondere die *Anforderungen* anzusprechen, die an Leitbilder gestellt werden. ⇔ Vgl. *Abbildung 8-26* auf *S. 375*.

[209] ⇔ Zur Einführung in die Konzeptmethodik und Vereinbarung der Art der Konzeptanwendung vgl. *S. 326*.

[210] Vgl. GÜNTERT, Bernhard/ SAGMEISTER, Markus (1989), S. 95; KIPPES, Stephan (1993), S. 186. Die Forderung von SCHEIN, dass ein Berater bzw. Moderator im Rahmen der Kulturanalyse eines Unternehmens seine Tätigkeit „als Hilfestellung in einem Prozess verstehen und sich so wenig wie möglich als Experte für die Kultur einer bestimmten Gruppe betrachten [sollte]" (SCHEIN, Edgar H. (1995), S. 133 [Zitat angepasst an die neue deutsche Rechtschreibung]), kann demnach auch auf die Leitbildentwicklung übertragen werden.

[211] Vgl. ACHTERHOLT, Gertrud (1988), S. 63; WEINBRENNER, Hartmut (1997), S. 495, 499.

allem die Chance betont werden, Ziele des Krankenhauses selbst mitentwickeln zu können. Andererseits sollte aber auch auf mögliche Barrieren des Leitbildprojektes sowie auf seine langfristige Ausrichtung hingewiesen werden. So ist der Zeitraum bis zur Verabschiedung der ersten Leitbildversion nicht zu unterschätzen. In der Praxis werden hierfür durchschnittlich zwei bis drei Jahre veranschlagt.[212] Der Erfolg eines Leitbildes ist zudem stark von der Bereitschaft der Mitarbeiter abhängig, die Grundsätze stetig umzusetzen, worauf entsprechend verwiesen werden muss.

Bevor mit dem eigentlichen Prozess der Leitbildentwicklung begonnen wird, sollte sich die Gruppe zunächst über Verhaltensregeln *bei* der Erarbeitung eines Leitbildes einigen und diese möglichst schriftlich festhalten. Nur so kann die Basis für einen demokratischen und effektiven Meinungsaustausch gelegt werden. Schließlich führt die repräsentative Zusammensetzung einer Gruppe erst dann zu einem größeren Nutzen, wenn tatsächlich auch alle Teilnehmer gleichberechtigt zu Wort kommen.[213]

Um Transparenz und Offenheit zu schaffen, sollten die Anspruchsgruppen, die nicht aktiv an der Leitbilderstellung des Krankenhauses mitwirken, regelmäßig über die Arbeit der Projektgruppe informiert werden. Dies gilt in erster Linie für die internen Anspruchsgruppen, aber auch für wichtige externe Partner des Krankenhauses.[214] Ein „Mehr" an (fundierter) Information bedeutet häufig auch ein „Mehr" an Akzeptanz. Zudem kann eine Mitarbeit (bislang) Nichtbeteiligter ermöglicht werden, indem man ihnen ein Vorschlagsrecht einräumt.

8.2.4.3 Schritt 2: Analyse und Diagnose der Ausgangslage

Nachdem die Vorbereitungen zur Leitbilderarbeitung getroffen worden sind und eine erste Zielausrichtung stattgefunden hat, sollte eine Analyse und Diagnose der Ausgangslage des Krankenhauses erfolgen. Die Strukturierung der einzelnen Prozessfelder dieses zweiten Schrittes der konzeptspezifischen Problemlösungsmethodik kann ohne leitbildspezifische Modifikationen erfolgen, wie *Abbildung 8-30* zeigt.

---

[212] Vgl. beispielsweise ASSELMEYER, Herbert/ WAGNER, Erwin (1997), S. 160; GRANDJEAN, Josef (1997), S. 166-168; MÜHLBAUER, Bernd H. (1997b), S. 266; THURN UND TAXIS, Karl Ferdinand von (1993), S. 192.

[213] Nun kann nicht davon ausgegangen werden, dass alle Mitarbeiter unabhängig von ihrer hierarchischen Stellung und Berufszugehörigkeit ihre Meinung frei äußern. Daher könnte z. B. festgelegt werden, dass zu den verschiedenen Themen stets die Mitarbeiter unterer Hierarchieebenen als Erstes zu Wort kommen, damit sie weniger durch die Wortbeiträge ihrer Vorgesetzten beeinflusst werden.

[214] Vgl. WEINBRENNER, Hartmut (1997), S. 496.

Abbildung 8-30: Schritt 2: Analyse und Diagnose der Ausgangslage

vernetzt denken	konzeptbezogen handeln	persönlich überzeugen
• Netzwerk aufbauen • Wirkungsrichtungen und -intensitäten ermitteln • grobe zeitliche Wirkungsverläufe ermitteln	• Istprofile ermitteln und mit vorhergehenden Profilen vergleichen • Istdynamik aufzeichnen und mit bisheriger Solldynamik vergleichen • Konsistenz der Istprofile und -dynamik überprüfen	• selbstkritisch analysieren • Verständnis für die Spannungsfelder des Managements erzeugen • bewusste Auseinandersetzung mit Paradoxien fördern

Eigene Darstellung.

Vernetzt denken

Der Einsatz der Netzwerktechnik hat sich auch für den Prozess der Leitbildentwicklung im Gesundheitswesen bewährt.[215] Es können hierfür die gleichen Instrumente zum Einsatz gelangen, wie sie bereits in *Abschnitt 8.1.3* dargestellt wurden. Da bei der Nutzung der Instrumente stets eine kontextspezifische Anpassung erforderlich ist, wird an dieser Stelle auf eine weitere Erläuterung verzichtet.

Konzeptbezogen handeln

Auch hinsichtlich der Ermittlung der Istprofile und -dynamik kann größtenteils auf *Abschnitt 8.1.3* verwiesen werden. Für die Leitbildentwicklung wird der Schwerpunkt auf die Aspektprofile der *normativen* Managementebene gelegt. Die bipolar angelegten Spannungsreihen der normativen Managementaspekte ermöglichen nicht nur eine Ist- und Sollpositionierung des eigenen Krankenhauses, sondern können auch (in Schritt 4) bei der Erarbeitung von Leitsätzen hilfreich sein.[216] Dies bedeutet allerdings nicht, dass die anderen Module unberücksichtigt bleiben sollen, da z. B. Inkonsistenzen zwischen strategischen und normativen Istprofilen von großem Interesse sind. Schließlich ist es Aufgabe des Krankenhausleitbildes, über seine Orientierungsfunktion zur ganzheitlichen Integration der einzelnen Teilsysteme des Krankenhauses beizutragen.[217]

Persönlich überzeugen

Eine differenzierte und selbstkritische Analyse ist Grundvoraussetzung für die Erarbeitung eines Leitbildes, das vielseitige Funktionen ausüben soll. Wird ein Leitbild auf der Basis einer verfälscht dargestellten Ausgangslage entwickelt, dann nimmt sein Nutzen ab, und es kann sogar zu kontraproduktiven Entwicklungen führen. So können aus einer unkritischen oder unehrlichen Analyse irreale Wunschvorstellungen resultieren. Eine weitere mögliche Folge wäre die Bagatel-

---

[215] Vgl. hierzu GÜNTERT, Bernhard J./ SAGMEISTER, Markus (1989), S. 97-107.
[216] Vgl. BLEICHER, Knut (1994b), S. 26.
[217] Vgl. BLEICHER, Knut (1994b), S. 13.

lisierung notwendiger Veränderungsprozesse, die sich darin zeigen kann, dass bedeutende Aspekte im Leitbild unerwähnt bleiben.[218]

Mithilfe einer kritischen und differenzierten Analyse kann zudem die Komplexität einer Leitbilderarbeitung demonstriert werden. So ist zu zeigen, dass es nicht um die Formulierung wohlklingender Sätze geht, sondern um die Wiedergabe eines realistischen Selbstverständnisses des Krankenhauses. Da dies kein trivialer Vorgang ist, sind nicht begründbare Sollvorstellungen aufgrund gegebener Tatsachen häufig nicht erreichbar.

8.2.4.4 Schritt 3: Festlegung des inhaltlichen und strukturellen Rahmens des Leitbildes

Nach Analyse und Diagnose der Ausgangslage sollten in Schritt 3 zukünftige Entwicklungen antizipiert werden, um darauf aufbauend konkretere Ziele zu formulieren. In Abhängigkeit von diesen Zielen können die inhaltlichen Schwerpunkte sowie Struktur und ungefährer Umfang des Leitbildes festgelegt werden. *Abbildung 8-31* gibt einen Überblick über die wesentlichen Aspekte dieses Schrittes und hebt wiederum in kursiver Schrift die Modifikationen gegenüber der konzeptspezifischen Problemlösungsmethodik hervor.

Abbildung 8-31: Schritt 3: Festlegung des inhaltlichen und strukturellen Rahmens des Leitbildes

vernetzt denken	konzeptbezogen handeln	persönlich überzeugen
• Gestaltungs- und Lenkungsmöglichkeiten erarbeiten	• Sollprofile und Zielindikatoren festlegen	• Ziele *der Leitbilderarbeitung* verdeutlichen
• *mögliche Inhalte diskutieren und inhaltliche Schwerpunkte setzen*	• Sollprofile harmonisieren	• *Ideen sammeln*
• *Struktur und Umfang des Leitbildes bestimmen*	• Solldynamik der Nutzenpotenziale bestimmen	
• *Bearbeitungsreihenfolge festlegen*		

Eigene Darstellung.

Vernetzt denken

Bevor inhaltliche und strukturelle Überlegungen zur Leitbildausgestaltung angestellt werden, sollten zunächst einige „Vorarbeiten" geleistet werden. So sind die momentan wahrgenommenen und zukünftig zu erwartenden Rahmenbedingungen des Krankenhauses aufzuzeichnen sowie verschiedene Szenarien zu entwickeln und durchzuspielen. Auf der Basis dieser Simulationen ist dann zu klären, welche Gestaltungs- und Lenkungsmöglichkeiten für das Krankenhaus bestehen.[219] Dabei ist insbesondere zu eruieren, inwieweit die als lenkbar erachteten Faktoren durch

---

[218] Vgl. BLEICHER, Knut (1994b), S. 22.
[219] ⇔ Vgl. hierzu das gesamte Prozessfeld „Vernetzt denken" des Schrittes 3 der konzeptspezifischen Problemlösungsmethodik auf *S. 342-343*.

die Entwicklung und Umsetzung eines *Leitbildes* beeinflusst werden können. Hiervon ausgehend sind im nachfolgenden Prozessfeld „Konzeptbezogen handeln" realistische Zielsetzungen zu erarbeiten.

Sind die Lenkungsoptionen identifiziert und die Sollvorstellungen festgelegt, dann können *mögliche Inhalte* des Krankenhausleitbildes diskutiert werden. Hierbei ist zu klären, inwieweit neben allgemeinen Aussagen zu Zielen und Werten des Krankenhauses auch aufgabenspezifische Absichtserklärungen – z. B. zu Beschaffung, Finanzierung oder Forschung und Entwicklung – gemacht werden sollen. Zudem können adressatspezifische Aussagen formuliert werden, indem beispielsweise auf das intendierte Verhältnis zu bestimmten Anspruchsgruppen eingegangen wird.[220] Bei der Themenauswahl sollte *zunächst* noch keine vorgefertigte Checkliste vorgelegt werden. Es erscheint sinnvoller, vorerst die Teilnehmer – beispielsweise mithilfe einer Visualisierungstechnik wie dem Mind Mapping[221] – relativ unbeeinflusst ihre individuellen Prioritäten benennen zu lassen. Erst nachdem diese erfasst sind, kann dann anhand einer Checkliste überprüft werden, ob wesentliche Aspekte übersehen wurden. Die möglichen Leitbildinhalte sind schließlich hinsichtlich ihrer Bedeutung zu beurteilen, um *Schwerpunkte* zu setzen. Parallel sollten die Mitglieder der Leitbildgruppe den ungefähren *Umfang* sowie die *Struktur* des Leitbildes festlegen.[222] Weil Leitbilder immer etwas „Unternehmensindividuelles" darstellen, kann kein Standardkonzept für die Struktur empfohlen werden. Daher soll mit dem folgenden Überblick über den Aufbau von Krankenhausleitbildern lediglich aufgezeigt werden, auf welche strukturellen Aspekte zu achten ist.

Viele Krankenhäuser verfügen über einen mehr oder weniger griffigen Slogan, der als *Leitidee* fungieren soll und auf den sich idealerweise alle weiteren Grundsätze beziehen. Zumeist ist die Aussage einer solchen Leitidee allerdings zu allgemein, als dass sie eine tatsächliche Leitfunktion für die Organisationsmitglieder ausüben könnte. Daher werden Slogans wohl primär als Marketinginstrument eingesetzt. Man muss jedoch feststellen, dass sich die Leitideen von Krankenhäusern häufig kaum voneinander unterscheiden und somit zumindest der Aspekt einer bewussten Differenzierung gegenüber anderen Gesundheitsorganisationen wenig Beachtung findet. Die folgenden Leitideen von Krankenhäusern sollen dies beispielhaft verdeutlichen:

- *„Im Mittelpunkt unseres Denkens und Handelns steht der Mensch."*[223]
- *„Der Mensch steht im Mittelpunkt unserer Arbeit."*[224]
- *„Der ganze Mensch ist Mittelpunkt."*[225]

---

[220] Zu der Einteilung möglicher Leitbildthemen in allgemeine, aufgaben- und adressatspezifische Aussagen vgl. GRÜNIG, Rudolf (1988), S. 256-257.

[221] Unter *Mind Mapping* versteht man „eine multidimensionale, assoziative, fantasievolle und farbige, kartografische Aufzeichnung von Informationen." HODEL, Markus (1998), S. 147 [Zitat angepasst an die neue deutsche Rechtschreibung]. Zum Mind Mapping vgl. vertiefend HODEL, Markus (1998), S. 133-232.

[222] Vgl. GRÜNIG, Rudolf (1988), S. 258.

[223] ST. VINZENZ-KRANKENHAUS DÜSSELDORF (2001), o. S.

[224] KRANKENHAUS MÜNCHEN-SCHWABING (2001), o. S.

[225] ST. JOSEFSHOSPITAL UERDINGEN (2001), o. S.

Da der Wettbewerb zwischen Krankenhäusern häufig auf regional sehr begrenzter Ebene stattfindet, kommt es vorrangig darauf an, dass man sich erfolgreich gegenüber *direkten* Konkurrenten abgrenzt.[226] Neben einer möglichst einprägsamen Leitidee kann ein Leitbild auch visualisiert werden, beispielsweise durch ein einprägsames Logo.[227]

Um dem Leitbild auch in semantischer Sicht einen konstitutiven Charakter zu verleihen, wird des Öfteren eine *Präambel* vorangestellt, in der entweder die wesentlichen Grundsätze des Leitbildes aufgeführt oder die Funktionen des Leitbildes erläutert werden.[228] Gerade der letzte Punkt ist krankenhausintern insofern sinnvoll, als damit jedem neuen Mitarbeiter neben den Inhalten zugleich auch der Sinn und Zweck des Leitbildes aufgezeigt werden kann.[229]

Wichtiger als Leitidee und Präambel ist aber das *Leitbild* selbst. Die Meinungen darüber, wie konkret ein Leitbild formuliert werden sollte, weichen stark voneinander ab. Während einige die Auffassung vertreten, dass die Sätze möglichst kurz und prägnant zu sein haben, legen andere Wert darauf, dass die Aussagen näher erläutert werden, damit sie nicht zu vage bleiben. Zwar fordert die Mehrheit eine Konkretisierung des Leitbildes, jedoch wird bisweilen vorgeschlagen, diese *separat* vorzunehmen.[230] In einigen Leitbildern wird dem jeweiligen Grundsatz ein prägnanter Leitsatz vorangestellt, der in den darauf folgenden Sätzen präzisiert und erläutert wird.[231] Nachdem Inhalte und Struktur des Leitbildes weitgehend festgelegt worden sind, ist die Bearbeitungsreihenfolge zu bestimmen.[232]

Konzeptbezogen handeln

Hinsichtlich des Prozessfeldes „Konzeptbezogen handeln" wird wiederum auf die Ausführungen in *Abschnitt 8.1.4* verwiesen. Allerdings kann ein Schwerpunkt auf die *normativen* Aspektprofile gelegt werden, da diese als Basis für die Entwicklung der Leitsätze dienen.[233] Analog zu Schritt 2 gilt jedoch, dass bei einer Vernachlässigung der Sollprofilierung strategischer und operativer Aspekte die Wahrscheinlichkeit steigt, Inkonsistenzen zwischen den Sollprofilen zu übersehen.

---

[226] Inwieweit dies mittels vorhandener Leitideen geschieht, müsste empirisch noch untersucht werden.
[227] Vgl. hierzu SELBACH, Ralf (1995), S. 530-531.
[228] Vgl. KIPPES, Stephan (1993), S. 185.
[229] Beispielhaft kann die Präambel des Leitbildes des Städtischen Krankenhauses Salzgitter angeführt werden: „Unser Gesundheitssystem wird ständig neuen Anforderungen ausgesetzt: Auf der einen Seite stehen Erwartungen an eine optimale Gesundheitsversorgung, andererseits werden Fragen nach Wirtschaftlichkeit gestellt. In diesem Spannungsfeld wollen wir uns stets neu orientieren, um gemeinsam zum Wohle der Patienten arbeiten zu können. Das folgende Leitbild ist unser Handlungsrahmen: [...]" STÄDTISCHES KRANKENHAUS SALZGITTER (1999), o. S.
[230] ⇨ Vgl. hierzu das Prozessfeld „Vernetzt denken" der Schritte 4 und 5.
[231] Vgl. etwa KLINIKUM NÜRNBERG (1999). HELBIG schlägt vor, das Leitbild durch ein *Stichwortverzeichnis* zu ergänzen, indem wichtige Begriffe wie Barmherzigkeit, Würde des Menschen, Begleitung Sterbender und Kostendeckung behandelt werden. Vgl. HELBIG, Wolfgang (1993), S. 150-151.
[232] Dabei ist z. B. zu klären, ob die Gruppe in mehrere Kleingruppen aufgeteilt werden soll, um eine parallele Erarbeitung verschiedener Leitsätze zu ermöglichen.
[233] ⇨ Vgl. *Abschnitt 8.2.4.5*.

Persönlich überzeugen

Bevor zur Phase der Erarbeitung einzelner Leitsätze übergegangen wird, sollten nochmals die Ziele der Leitbilderstellung verdeutlicht werden. So sind die Beteiligten dahingehend zu sensibilisieren, dass sie sich bei der Formulierung der Leitsätze stets der Funktionen bewusst sind, die das Leitbild erfüllen soll. Dies bedeutet auch, dass der zeitliche Aufwand für die Leitbilderarbeitung nicht zu eng kalkuliert wird. Um nun aber die vorgesehene Dauer des Entwicklungsprozesses nicht zu einem demotivierenden Faktor werden zu lassen, sollte versucht werden, alle Ideen, die im Verlauf der Leitbilderstellung aufkommen, schriftlich niederzulegen. Einige der Ideen können dann bereits vor Verabschiedung des Leitbildes umgesetzt werden, z. B. kleinere Projekte, die parallel zum Leitbildentwicklungsprozess bearbeitet werden.

8.2.4.5 Schritt 4: Erarbeitung der Leitsätze und Verabschiedung des Leitbildes

In Schritt 4 steht die Erarbeitung der Leitsätze im Vordergrund. Dieser Prozess sollte durch verstärkte Diskussionen vor allem innerhalb der Leitbildgruppe, aber auch zwischen den Beteiligten und wichtigen Anspruchsgruppen geprägt sein, sodass nach Verabschiedung des Leitbildes von einer breiten Zustimmung ausgegangen werden kann. In der folgenden *Abbildung 8-32* wird ein Überblick über die Feinstruktur der wesentlichen Aspekte dieses Schrittes gegeben.

Abbildung 8-32: Schritt 4: Erarbeitung der Leitsätze und Verabschiedung des Leitbildes

vernetzt denken	konzeptbezogen handeln	persönlich überzeugen
• Ideensuchraum erweitern • *Leitsätze inhaltlich und sprachlich abstimmen* • *Möglichkeiten zur Kontrolle der Einhaltung und Konkretisierung der Leitsätze erörtern*	• *Ist- und Sollprofile auf ihre prinzipielle Eignung für die Leitbilderarbeitung überprüfen* • *Leitsätze auf Basis ausgewählter normativer Aspektprofile erarbeiten*	• *Leitsätze eingehend diskutieren* • den Dialog mit Anspruchsgruppen suchen • Entschlusskraft zeigen *(Leitbild verabschieden)*

Eigene Darstellung.

Vernetzt denken

Wie im folgenden Prozessfeld „Konzeptbezogen handeln" gezeigt wird, können die Leitsätze auf der Basis normativer Sollprofile erarbeitet werden. Hierbei besteht jedoch die Gefahr, die Aspektprofile des Krankenhausmanagementkonzeptes als „abzuhakende" Checkliste misszuverstehen. Es sollten vielmehr stets auch weitere, als bedeutend eingestufte Aspekte gesammelt werden.[234] Dies gilt umso mehr, je weniger Personen an der Erarbeitung der einzelnen Dimensionen des Krankenhausmanagementkonzeptes teilgenommen haben und je weniger Aspekte auf den jeweils krankenhausspezifischen Kontext angepasst wurden.

---

[234] Hierbei ist wiederum zu überlegen, inwieweit diese zusätzlichen Aspekte in das Managementkonzept des jeweiligen Krankenhauses eingebaut werden können bzw. sollen.

Nachdem die Kerngedanken des Leitbildes weitgehend erarbeitet worden sind, müssen die Leitsätze inhaltlich und sprachlich aufeinander abgestimmt werden.[235] Dabei sind vor allem die formalen Anforderungen einzuhalten.[236] So ist das Leitbild prägnant und verständlich, möglichst in der „Sprache der Mitarbeiter" zu formulieren, damit auch die Personen, die nicht an der Leitbilderarbeitung mitgewirkt haben, die Leitsätze problemlos auf ihren Arbeitsalltag beziehen können.[237] Zudem ist darauf zu achten, dass keine Widersprüche zwischen den Leitsätzen bestehen und mögliche Zielkonflikte explizit herausgestellt und beurteilt werden.

Im Rahmen der Leitbilderarbeitung ist außerdem zu eruieren, inwieweit Möglichkeiten bestehen, die Einhaltung der Leitsätze zu kontrollieren und Konkretisierungen vorzunehmen. So können erste Einschätzungen zur Praktikabilität des Leitbildes gegeben werden. Fällt es den Mitgliedern der Leitbildgruppe schwer, Maßnahmen zur Kontrolle oder Konkretisierung der Leitsätze zu finden, dann müssen die Leitsätze einer erneuten Überprüfung unterzogen werden.

Konzeptbezogen handeln

Das Krankenhausmanagementkonzept kann bei der Erarbeitung der einzelnen Grundsätze behilflich sein. So können einige normative Aspektprofile, die von der Leitbildgruppe ausgewählt werden, als Basis für die Formulierung der Leitsätze dienen.[238] Diese Vorgehensweise erscheint allerdings nur dann sinnvoll, wenn die Mitglieder der Leitbildgruppe die Profile selbst erarbeitet haben bzw. sie sich mit den Profilen, die bereits früher entwickelt wurden, identifizieren können. Ist Letzteres nicht der Fall, dann sollten die Profile gemeinsam mit jenen Personen überarbeitet werden, die sie erstellt haben. Für den Fall, dass die Leitbildgruppe wichtige Aspekte im Krankenhausmanagementkonzept vermisst, sollte die Leitbilderarbeitung dafür genutzt werden, einzelne Managementdimensionen zu ergänzen oder zu modifizieren. Unabhängig davon, wer eine Positionierung des Krankenhauses vorgenommen hat, muss gewährleistet sein, dass die Istprofile selbstkritisch ermittelt wurden. Werden die deskriptiven Aussagen eines Leitbildes als falsch angesehen, dann kann dies dysfunktionale Folgen haben und Misstrauen hervorrufen.[239] Daher kommt der Glaubwürdigkeit der Leitsätze eine herausragende Bedeutung zu.[240]

Neben den beschreibenden Aussagen werden in Leitbildern stets Ziel- bzw. Zukunftsvorstellungen der Organisation zum Ausdruck gebracht. Diese sollten weder zu ehrgeizig noch zu allgemein formuliert werden, denn Absichten stellen nur dann eine Herausforderung und somit *Leit*-Funktion dar, wenn sie als erreichbar eingestuft werden und durch sie ein Impuls gegeben wird,

---

[235] Diese Arbeit ist insbesondere dann nicht zu unterschätzen, wenn die Leitsätze themenspezifisch in verschiedenen Kleingruppen erarbeitet wurden.
[236] ⇔ Vgl. *Abbildung 8-26* auf S. 375.
[237] Vgl. KLOOS, M. Basina (1993), S. 161-162. Hierbei ist auch an eine Übersetzung des Leitbildes in die verschiedenen Muttersprachen der Mitarbeiter zu denken.
[238] Vgl. BLEICHER, Knut (1994a), S. 506-509; BLEICHER, Knut (1994b), S. 26-33, 36-37, 67.
[239] ⇔ Zu weiteren negativen Konsequenzen vgl. *Abschnitt 8.2.3*. Vgl. auch BLEICHER, Knut (1994b), S. 22, 68.
[240] Aus diesem Grund wurde die Glaubwürdigkeit bei den „Anforderungen an Leitbilder" an erster Stelle angeführt.
⇔ Vgl. *Abbildung 8-26* auf S. 375. Vgl. auch THOMMEN, Jean-Paul (1996a), S. 42-44.

aktiv an der Zielerreichung zu arbeiten. Daher sind die Sollprofile, wenn sie als Basis für die Erarbeitung der Leitsätze dienen sollen, herausfordernd festzulegen.

Da in der Regel nicht alle normativen Managementaspekte in ein Krankenhausleitbild einfließen sollen, sind die Aspekte einer gewichtenden Beurteilung zu unterziehen. Hierzu kann das Schema des in *Abschnitt 8.1.5* vorgestellten konzeptspezifischen Punktbewertungsverfahrens herangezogen werden. Dabei ist zunächst die Bedeutung normativer Aspektprofile für die Leitbildentwicklung zu ermitteln. Da keine Alternativen vorliegen, sondern im Gegenteil diese aus den Aspektprofilen entwickelt werden sollen, wird als zweiter Faktor nicht die Vereinbarkeit herangezogen, sondern die Differenz zwischen Soll- und Istprofil der einzelnen Aspekte. Es wird davon ausgegangen, dass mit höherer Soll-Ist-Differenz tendenziell auch die Notwendigkeit steigt, mithilfe eines Leitbildes auf eine Reduzierung der Differenz hinzuwirken. Dies bedeutet zwar nicht, dass bei einer Übereinstimmung von Soll- und Istprofil kein Handlungsbedarf besteht, jedoch erscheint dieser bei höheren Differenzen größer. *Abbildung 8-33* gibt eine beispielhafte Bewertung normativer Aspektprofile, die als Basis für die Erarbeitung eines Krankenhausleitbildes dienen kann.

Aus der Abbildung geht hervor, dass im Unterschied zum Punktbewertungsverfahren keine Gesamtbeurteilung erfolgt, sondern lediglich die einzelnen Bewertungspunkte der Aspektprofile miteinander verglichen werden. Dabei interessiert in erster Linie, inwieweit die einzelnen Aspekte für die *Leitbildentwicklung* von Bedeutung sind. Als Regel könnte beispielsweise formuliert werden, dass alle Aspektprofile mit einem B-Wert von 4 oder 5 in das Leitbild einfließen müssen.[241] Die Soll-Ist-Differenz der Profile resp. das Produkt aus relativer Bedeutung und Soll-Ist-Differenz können als weitere Auswahlkriterien herangezogen werden. In *Abbildung 8-33*, die lediglich als Beispiel dienen soll, sind die wesentlich erachteten Aspekte fett gedruckt. Dabei wurden all jene Aspekte erfasst, denen hinsichtlich der Leitbildentwicklung eine hohe bis sehr hohe Bedeutung zuerkannt wird (B ≥ 4) oder die eine Gesamtbewertung von mindestens sechs Punkten erzielt haben (B * D ≥ 6). Die Festlegung dieser Werte ist wiederum von jeder Leitbildgruppe selbst vorzunehmen. Um später die Einhaltung des Leitbildes einfacher überprüfen zu können[242], sollte überdies die Zuordnung der Leitsätze zu den zugrunde liegenden Managementaspekten schriftlich festgehalten werden.

---

[241] Die Beurteilungen können auch bei der Bestimmung der Reihenfolge der einzelnen Leitsätze behilflich sein.
[242] ⇨ Vgl. *Abschnitt 8.2.4.6*, insbesondere *S. 394*.

Abbildung 8-33: Beispielhafte Bewertung normativer Aspektprofile hinsichtlich der Entwicklung eines Krankenhausleitbildes

	normative Aspektprofile	rel. Bedeutung (B)	Soll-Ist-Differenz (D)	B * D
Krankenhaus-philosophie	1 Legitimationsbegründung	5	1	5
	2 Verantwortungsverständnis	5	0,5	2,5
	3 Zweckbestimmung	3	1,5	4,5
	4 Systemverständnis	3	3	9
	5 Menschenbild	5	0,5	2,5
	6 Führungsverständnis	4	1	4
	7 Behandlungsverständnis	5	1,5	7,5
	8 Patientenumgang	5	2	10
	9 Ordnungsphilosophie	3	1	3
	10 Konflikthandhabung	4	2,5	10
Krankenhaus-politik	1 grundlegende Zielorientierung	5	1	5
	2 Zeitorientierung	3	4,5	13,5
	3 Chancen- und Risikoperspektive	4	0,5	2
	4 Verantwortungsübernahme	5	0	0
	5 Tätigkeitsbereich	5	1,5	7,5
	6 Qualität und Wirtschaftlichkeit	5	3	15
	7 Einsatz von Humanisierungsmaßnahmen	4	0,5	2
	8 Mitarbeiterbeteiligung	5	0	0
	9 Begrenzung der Umweltbelastung	5	2	10
	10 umweltschonende Abfallbehandlung	4	2,5	10
Krankenhaus-verfassung	1 Einbindung von Interessenvertretern	5	2	10
	2 Art des Interessenausgleichs	4	1	4
	3 Art der Krankenhausführung	2	2,5	5
	4 Überwachungsverständnis der Trägerorgane	2	4,5	9
	5 Intensität der Zusammenarbeit	4	1,5	6
	6 Art der Beeinflussung interner Kooperationsbeziehungen	4	2,5	10
	7 Beeinflussung externer Kooperationsbeziehungen	3	0,5	1,5
	8 Konflikthandhabung in externen Kooperationsbeziehungen	2	1	2
Krankenhaus-kultur	1 Offenheit	4	2	8
	2 Wandlungsbereitschaft	5	3,5	17,5
	3 Beziehung der Krankenhauskultur zu den Subkulturen	3	1	3
	4 Beziehung zwischen den Subkulturen	1	0,5	0,5
	5 Verbreitungsgrad	3	2	6
	6 Verankerungsgrad	2	1,5	3
	7 kulturelles Führungsverständnis	4	1	4
	8 Ausmaß der Reflexion der Kultur	5	3	15

Eigene Darstellung.

Persönlich überzeugen

Um bei der Verabschiedung eine breite Zustimmung zu erreichen, sind die erarbeiteten Leitsätze, deren Reihenfolge und Darstellungsform umfassend und kritisch zu diskutieren. An der Diskussion sollten nicht nur die Mitglieder der Projektgruppe teilnehmen, sondern auch andere Krankenhausmitarbeiter, Vertreter des Trägers sowie eventuell Vertreter wichtiger externer Anspruchsgruppen. Falls es noch Unstimmigkeiten oder Verbesserungsvorschläge gibt, muss der Entwurf überarbeitet und anschließend erneut diskutiert werden. Bei ausreichender Konsensfähigkeit kann das Leitbild schließlich gemeinsam mit der Trägerschaft verabschiedet werden.

8.2.4.6 Schritt 5: Umsetzung und Überwachung des Leitbildes

Mit der Verabschiedung des Leitbildtextes ist der Prozess der Leitbildentwicklung allerdings noch nicht abgeschlossen. Schließlich müssen die formulierten Grundsätze im Krankenhausalltag umgesetzt und ihre Einhaltung überwacht werden. Die Feinstruktur dieses Schrittes wird in *Abbildung 8-34* verdeutlicht.

Abbildung 8-34: Schritt 5: Umsetzung und Überwachung des Leitbildes

vernetzt denken	konzeptbezogen handeln	persönlich überzeugen
• Leitsätze konkretisieren • Kontrollmöglichkeiten sowie Anreiz- und Sanktionssysteme entwickeln	• Entwicklungsprozesse in den Profilen und Lebenszyklen erfassen • Erreichungsgrad *des Leitbildes* der Sollprofile und -dynamik kontrollieren • gegebenenfalls *Leitbild bzw.* Sollprofile und -dynamik überarbeiten	• Leitbild umfassend und regelmäßig allen Anspruchsgruppen mitteilen • kritische Diskussion über das Leitbild ermöglichen und unterstützen • Verhaltensleitlinien vorleben

Eigene Darstellung.

Vernetzt denken

Damit das Leitbild nicht „in einer Schublade landet", sondern im Krankenhausalltag „gelebt" wird, ist ein klares Programm zur Umsetzung des Leitbildes zu entwickeln. Dabei ist es sinnvoll, das Leitbild für einzelne Bereiche des Krankenhauses weiter zu konkretisieren. Exemplarisch kann hierzu die Konkretisierung eines Leitbildgrundsatzes der Steiermärkischen Krankenanstaltengesellschaft mbH (KAGes) angeführt werden:

- „*Leitbild:*
  Wir halten Aus- und Weiterbildung und unsere persönliche Entwicklung für unbedingt notwendig, um die Herausforderungen der Zeit erkennen zu können und um unseren Aufgaben von heute und morgen gewachsen zu sein.

- *strategische Hauptaussage:*
  Eine umfassende betriebliche und private Personalentwicklung ist wesentliche Grundlage für den Erfolg der KAGes.

- *Leitprogramm:*
  Weitere Umsetzung der Personalentwicklungskonzepte mit besonderer Berücksichtigung des Managements von Veränderungen und von Verfahren für professionelle Führungskräfteauswahl bzw. -nachwuchsförderung.

- *Aktivitäten:*
  - *Förderprogramme für Führungskräftenachwuchs (Stationsleitungen, Oberschwestern, Pflegedirektoren, Betriebsdirektoren),*
  - *Qualifizierungsprogramme für Projektleiter, Führungskräfte und Schlüsselpersonen der mittleren Ebene,*
  - *Intensivierung der Einführung neuer Mitarbeiter.*"[243]

---

[243] SUDY, Reinhard A. (1999), S. 89.

Eine weitere Möglichkeit der Konkretisierung stellt die Entwicklung von Standards dar, z. B. für die Aufnahme, die seelsorgerische Betreuung und die Betreuung der Angehörigen.[244] Diese Richtlinien sind wiederum partizipativ zu erarbeiten. Schließlich kann es zu kontraproduktiven Folgen kommen, wenn versucht wird, ein von Mitarbeitern mitentwickeltes Leitbild mit einem autoritären Führungsstil durchzusetzen.[245]

Um den Grad der Zielerreichung und die Einhaltung der Verhaltensgrundsätze kontrollieren zu können, sind Möglichkeiten der Überwachung zu entwickeln. Hierfür kann beispielsweise ein Team gebildet werden, das regelmäßig – etwa zwei- bis viermal im Jahr – die Realisierung des Leitbildes überprüft und diskutiert.[246] Dieses Team muss nicht zwangsläufig mit der früheren Leitbildgruppe übereinstimmen, sollte sich aber hinsichtlich der Hierarchiestufen, Berufs- und Altersgruppen des Krankenhauses repräsentativ zusammensetzen. Um nicht nur die eigenen Wahrnehmungen zu verarbeiten, sollte die Gruppe wenigstens einmal jährlich eine Mitarbeiter- und Kundenbefragung durchführen. In Anlehnung an die Idee eines Ethik-Komitees[247] sollten darüber hinaus einzelne Personen des Teams als permanente Ansprechpartner für Fragen zum Leitbild zur Verfügung stehen.

Ergänzend zur Institutionalisierung einer solchen Leitbildgruppe schlagen ASSELMEYER und WAGNER vor, dem Beispiel eines amerikanischen Unternehmens zu folgen und eine Kultur „gegenseitiger Werksbesuche" zu entwickeln. Danach überprüft ein ausgewähltes Team regelmäßig die Leitbildanwendung in einem anderen Krankenhaus des gleichen Trägers. Die Eindrücke des Teams werden in einer offenen, aber fairen Weise an die betreffenden Personen weitergeleitet, sodass diese selbst ihre Schlüsse daraus ziehen können. Werden die Erfahrungen, die ein Team bei solchen Besuchen sammelt, selbstkritisch reflektiert, dann können sie sich auch positiv auf die Leitbildumsetzung im eigenen Krankenhaus auswirken.[248]

Da nicht alle Verstöße gegen das Leitbild von einer Supervisions-Gruppe festgestellt werden können, sind weitere Kontrollmöglichkeiten zu schaffen. So kann beispielsweise ein Ombudsmann ernannt werden, der als Ansprechpartner für Beschwerden über die Missachtung von Grundsätzen fungiert.[249] Seine primäre Aufgabe besteht darin, „schlichtend zu wirken und einen

---

[244] Vgl. NIERHOFF, Günther/ KÜHNEL, Ulrike (1996), S. 127, 130.
[245] Vgl. ACHTERHOLT, Gertrud (1988), S. 94.
[246] Vgl. THURN UND TAXIS, Karl Ferdinand von (1993), S. 193.
[247] So ist z. B. in manchen Krankenhäusern bei Transplantationen die *Einberufung* eines Ethik-Komitees obligatorisch, was nicht bedeutet, dass die Voten des Komitees, dem auch Externe (z. B. Juristen) angehören können, befolgt werden müssen. Die Bewegung der klinischen Ethik-Komitees kam 1976 mit dem Fall der im Koma liegenden Karen N. Quinlan in Gang: Der oberste Gerichtshof des Staates New Jersey forderte, dass das Krankenhaus und die Familie den Rat eines Ethik-Komitees zur Beantwortung der Frage einholen sollten, ob die Apparate abgeschaltet werden dürften oder nicht. Den informell arbeitenden Ethik-Komitees wurde damit erstmalig höchstrichterliche Bedeutung zuerkannt. Vgl. DEUTSCHER EVANGELISCHER KRANKENHAUSVERBAND E. V./ KATHOLISCHER KRANKENHAUSVERBAND DEUTSCHLANDS E. V. (1997), S. 14-15.
[248] Im Rahmen einer Leitbildstudie in einem mittelgroßen Krankenhaus konnte zu dieser Methodik gegenseitiger Besuche eine positive Resonanz seitens der Führungskräfte festgestellt werden. Vgl. ASSELMEYER, Herbert/ WAGNER, Erwin (1997), S. 163.
[249] Vgl. BLEICHER, Knut (1994a), S. 518-519.

Prozess zu initiieren, der zu einer befriedigenden Lösung des Problems führt."[250] Der Ombudsmann ist in erster Linie für Beschwerden der Krankenhausmitarbeiter zuständig, kann aber auch eine Anlaufstelle für andere Anspruchsgruppen des Krankenhauses darstellen.[251]

Um der Leitbildkontrolle jederzeit sichtbare Konsequenzen folgen zu lassen, sollten schließlich Anreiz- und Sanktionssysteme entwickelt werden, mit denen die Einhaltung oder Nichteinhaltung des Leitbildes belohnt bzw. sanktioniert, vor allem aber mitgeteilt wird. Hierzu zählen beispielsweise Gratifikationen, Aufstiegschancen, Versetzungen, Abmahnungen, Entlassungen, Schulungen, Gespräche und Personal- inkl. Vorgesetztenbeurteilungen.[252] Damit der Stellenwert des Leitbildes auch für neue Mitarbeiter ersichtlich wird, sollte das Leitbild dem Arbeitsvertrag beigelegt werden.[253] Zudem kann ein so genanntes „Patensystem" eingerichtet werden, „bei dem ein bereits eingearbeitetes (und sozialisiertes) Organisationsmitglied dem neuen Mitarbeiter bei grundsätzlichen Fragestellungen und insbesondere bei Wertfragen sowie bei der Integration in die Organisation hilfreich zur Seite steht"[254].

Konzeptbezogen handeln

Im vorausgehenden Prozessfeld „Vernetzt denken" wurde darauf hingewiesen, dass ein Leitbildteam in regelmäßigen Sitzungen die Entwicklungen der Leitbildumsetzung überprüfen und diskutieren sollte. Die Art und Weise, *wie* dies geschehen kann, wurde jedoch noch nicht behandelt. Eine Möglichkeit besteht darin, das Leitbild parallel zur Kontrolle der Sollprofile des Krankenhausmanagementkonzeptes zu überprüfen. Dies ist allerdings nur dann möglich und sinnvoll, wenn die einzelnen Leitsätze bereits auf der Basis normativer Aspektprofile erarbeitet wurden. Der Vorteil einer parallelen Überprüfung besteht darin, dass das Krankenhausmanagementkonzept mit den Extremausprägungen der einzelnen Managementaspekte differenzierte Profilierungsmöglichkeiten bietet. Der *Grad* der Zielerreichung eines Leitsatzes kann aber nur schwer beurteilt werden. Dies gilt insbesondere für die Aussagen, die einen intendierten Zustand beschreiben, ohne dass der Istzustand im Leitbild festgehalten wird. Des Weiteren können die aus den Leitsätzen abgeleiteten strategischen Programme und operativen Maßnahmen anhand der strategischen und operativen Profile sowie der Nutzenpotenzialentwicklungen kontrolliert werden.

Persönlich überzeugen

In dem Prozessfeld „Persönlich überzeugen" des fünften Schrittes der Leitbildentwicklung geht es in erster Linie um die Aufgabe des Krankenhausmanagements, aktiv eine kritische Leitbildumsetzung zu unterstützen. Damit das Leitbild von allen Mitarbeitern „gelebt" werden kann, ist

---

[250] THOMMEN, Jean-Paul (1996a), S. 93.
[251] Vgl. THOMMEN, Jean-Paul (1996a), S. 93.
[252] Vgl. ASSELMEYER, Herbert/ WAGNER, Erwin (1997), S. 161; KPMG (1999), S. 18; WEINBRENNER, Hartmut (1997), S. 497, 499.
[253] Vgl. GÄRTNER, Heribert W. (1994), S. 150, 161; THURN UND TAXIS, Karl Ferdinand von (1992), S. 143.
[254] DILL, Peter/ HÜGLER, Gert (1997), S. 199.

es zunächst im gesamten Krankenhaus zu verbreiten. Dies geschieht sinnvollerweise nicht nur einmalig nach Abschluss des Erstellungsprozesses, beispielsweise durch Präsentation in einer Betriebsversammlung[255], sondern sollte eine immer wiederkehrende Aufgabe des Managements sein. Ein Aushang des Leitbildes an verschiedenen Stellen des Krankenhauses sowie seine Bekanntgabe in Prospekten können zur Verbreitung des Leitbildes beitragen.[256] Eine gute Möglichkeit, den Kommunikationsprozess nicht zu einer einmaligen Angelegenheit werden zu lassen, ist die Einrichtung einer Rubrik „Leitbild" in der Krankenhauszeitschrift.[257] Dort kann in einer laufenden Diskussion über Umsetzungsmaßnahmen des Leitbildes berichtet werden. Des Weiteren kann versucht werden, auf einem so genannten „Informationsmarkt" die Mitarbeiter gruppenweise an Informationsständen über die verschiedenen Themenblöcke des Leitbildes zu informieren. Neben der Informationsmöglichkeit besteht hierbei auch die Chance, Fragen zu stellen und Inhalte sowie Umsetzungsmöglichkeiten des Leitbildes zu diskutieren.[258]

Da das Leitbild nicht ausschließlich zur internen Kommunikation gedacht ist, sind Maßnahmen zu entwickeln, um auch externe Anspruchsgruppen zu informieren. So bietet es sich an, das Leitbild auf der Internet-Homepage des Krankenhauses vorzustellen.[259] Soweit dies nicht in einer Präambel geschieht, sollten auf der Seite auch Informationen zum Leitbildentwicklungsprozess gegeben werden.[260] Wichtige Partner des Krankenhauses, wie niedergelassene Ärzte, Lieferanten und Krankenversicherungen, sollten direkt oder mit Verweis auf die Homepage informiert werden. Darüber hinaus können Pressemitteilungen in den regionalen Tageszeitungen zur Verbreitung des Leitbildes genutzt werden. Hinsichtlich der Informationsmaßnahmen ist jedoch darauf zu achten, dass keine „Informationsflut" erfolgt, sondern gezielte Präsentationen stattfinden[261].

Wenngleich einer Leitbildverabschiedung in der Regel viele konzentrierte Dialoge vorausgehen, so bleibt ein Leitbild doch stets kritisch hinterfragbar. Um das Leitbild – wie in *Abbildung 8-35* angedeutet – zu einem „lebendigen Papier" werden zu lassen, sollte das Management kritische Diskussionen über das Leitbild sowie seine Kommunikations- und Kontrollmechanismen nicht nur ermöglichen, sondern auch fördern. Schließlich können Umweltveränderungen, Werteverschiebungen oder neue unternehmenspolitische Vorgaben eine Überarbeitung des Leitbildes er-

---

[255] Vgl. ACHTERHOLT, Gertrud (1988), S. 93.
[256] Zu personellen und strukturellen Maßnahmen zur Diffusion von Leitbildern vgl. GABELE, Eduard/ KRETSCHMER, Helmut (1986), S. 121-139. Vgl. in einem ähnlichen Zusammenhang die bei THOMMEN, Jean-Paul (1996a), S. 78-96, aufgeführten institutionellen Maßnahmen zur Implementierung einer Glaubwürdigkeitsstrategie.
[257] Sofern das Krankenhaus noch nicht über eine entsprechende Zeitschrift verfügt, wäre die Überlegung angebracht, ein solches Medium einzuführen.
[258] Diese Möglichkeit ist zwar prinzipiell auch im Rahmen einer Betriebsversammlung gegeben, jedoch schrecken einige Mitarbeiter davor zurück, Fragen vor einem großen Auditorium zu stellen. Vgl. GÄRTNER, Heribert W. (1994), S. 150.
[259] Ist das Krankenhaus noch nicht mit einer eigenen Seite im Internet vertreten, so kann die Leitbildentwicklung als Anlass genommen werden, dieses Online-Medium für die Präsentation des Krankenhauses zu nutzen.
[260] Dabei kann z. B. erwähnt werden, wer an der Leitbilderarbeitung beteiligt war, wie viel Zeit der Prozess in Anspruch nahm und wie einzelne Leitsätze entstanden sind.
[261] Vgl. ASSELMEYER, Herbert/ WAGNER, Erwin (1997), S. 161.

forderlich machen.²⁶² Allerdings sollte ein sorgsam erstelltes Leitbild ein einigermaßen stabiles Wertegerüst darstellen.

Abbildung 8-35: Leitbildentwicklungsprozess

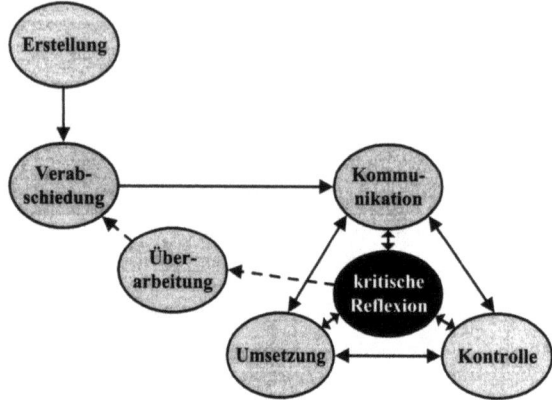

Eigene Darstellung.

Eine „gute" Formulierung des Leitbildes ist weitgehend nutzlos, wenn die Grundsätze im Krankenhausalltag nicht umgesetzt werden. DEAL/ KENNEDY betonen in diesem Zusammenhang, dass Menschen zwar daran *interessiert* sein mögen, welche Wertvorstellungen andere Personen haben, *überzeugt* würden sie aber nur vom tatsächlichen Handeln ihrer Mitmenschen.²⁶³ Führungskräfte stellen häufig entscheidende Identifikationsfiguren für die Mitarbeiter dar, auch wenn sie des Öfteren Gegenstand von Kritik sind. Ihrem Handeln kommt somit Vorbildcharakter zu: Verhalten sich die Führungskräfte nicht leitbildkonform, dann sinkt auch die Wahrscheinlichkeit, dass die Mitarbeiter die formulierten Grundsätze einhalten.²⁶⁴

8.2.5 Kritische Beurteilung einer konzeptbezogenen Leitbildentwicklung in Krankenhäusern

In diesem Abschnitt soll zunächst die Entwicklung von Krankenhausleitbildern allgemein und dann unter Zugrundelegung der konzeptspezifischen Problemlösungsmethodik beurteilt werden. Wesentlicher Nachteil einer Leitbildentwicklung ist der hohe zeitliche Aufwand.²⁶⁵ Zum einen müssen sich die Mitglieder der Leitbildgruppe zumeist außerhalb ihrer Arbeitszeit treffen, was mit einer zusätzlichen zeitlichen Belastung sowie einem erhöhten Koordinationsaufwand einhergeht.²⁶⁶ Zum anderen kann die durchschnittliche Projektdauer von zwei bis drei Jahren demoti-

---

[262] Vgl. BLEICHER, Knut (1994a), S. 519; KIPPES, Stephan (1993), S. 187.
[263] Vgl. DEAL, Terrence/ KENNEDY, Allan (1987), S. 198.
[264] GÄRTNER bezeichnet die Führungskräfte im Krankenhaus als „personalisierte Sinnträger". Vgl. GÄRTNER, Heribert W. (1994), S. 179.
[265] Vgl. FASNACHT, René/ GOOD, Martin (1999), S. 94; SAGMEISTER, Markus (1993), S. 157.
[266] ⇔ Vgl. hierzu auch die Anmerkungen in *Abschnitt 8.1.7*.

vierend wirken. So stellt sich die Frage, ob ein solcher Aufwand für ein Projekt lohnt, dessen Erfolg häufig erst in einigen Jahren erkennbar wird und der zudem höchst unsicher ist. Hierauf kann keine pauschale Antwort gegeben werden, da die Wirkung eines Leitbildes sehr stark von der Art seiner Erstellung und Umsetzung abhängt.

Werden die inhaltlichen, formalen und prozessualen Anforderungen einer Leitbildentwicklung nicht oder nur teilweise erfüllt, dann verringern sich die Erfolgschancen, und es kann sogar zu kontraproduktiven Wirkungen kommen.[267] Der Aufwand rechtfertigt sich aber in der Regel dann, wenn die Voraussetzungen für eine Leitbildentwicklung erfüllt sind. Schließlich kann ein solches Leitbild – wie in *Abschnitt 8.2.2* dargestellt – mehrere Funktionen gleichzeitig erfüllen.[268]

Neben dem allgemeinen Nutzen einer Leitbildentwicklung soll noch der Nutzen beurteilt werden, der hierbei einer Anwendung der konzeptspezifischen Problemlösungsmethodik zukommt. Zunächst ist von Vorteil, dass die Methodik als Strukturierungsgrundlage für einen umfassenden Leitbildentwicklungsprozess dienen kann. Durch den permanenten Bezug zum Krankenhausmanagementkonzept wird zudem die Gefahr reduziert, das Leitbild zu einseitig zu entwickeln. Allerdings ist dies vor allem dann mit einem erhöhten Zeitaufwand verbunden, wenn für das Krankenhaus noch kein Managementkonzept entwickelt wurde. Doch gerade die Leitbildentwicklung bietet sich zur Einführung eines Krankenhausmanagementkonzeptes an, weil über die zahlreichen Diskussionen im Rahmen des Leitbildentwicklungsprozesses die Managementaspekte gezielt auf den krankenhausspezifischen Kontext ausgerichtet werden können.

---

[267] ⇔ Vgl. *Abschnitt 8.2.3.*
[268] Das Leitbild kann ordnend, koordinierend, integrierend, motivierend, sinnvermittelnd, legitimierend, impulsgebend, innovationsfördernd und reputationssteigernd wirken. Vgl. auch SCHELLENBERG, Aldo C. (1992), S. 278-279.

9 Schlussbetrachtung

Hauptziel dieser Arbeit ist es, einen Beitrag für die *betriebswirtschaftliche Forschung und Lehre* zu einer systematischen Auseinandersetzung mit dem Erkenntnisobjekt „Management von (bedarfsorientierten) Krankenhäusern" zu leisten sowie ein Orientierungsraster für die *Praxis* zu entwickeln, mit dessen Hilfe die Gesamtzusammenhänge des Krankenhausmanagements im situationsspezifischen Kontext konsequent berücksichtigt werden können. Angesichts der abschnitts- oder kapitelweisen Zusammenfassungen[1], der Darstellungen von Interdependenzen zwischen Managementaspekten eines Moduls[2] und Managementmodulen[3] sowie der kritischen Beurteilungen der vorgestellten Methodiken[4] kann an dieser Stelle auf eine detaillierte Wiederholung der Erkenntnisse verzichtet werden. Stattdessen bietet es sich an, einige Schlussfolgerungen für Theorie und Praxis des Krankenhausmanagements aufzuzeigen, die sich aus einer Reflexion der vorliegenden Arbeit ergeben. Wenngleich die Übergänge fließend sind, wird hier versucht, zwischen managementtheoretischen und managementpraktischen Schlussfolgerungen zu unterscheiden.

Managementtheoretische Schlussfolgerungen

a) Verstärkte Beschäftigung mit integrierten Ansätzen

In *Kapitel 2* wird darauf hingewiesen, dass dem Krankenhausmanagement in der betriebswirtschaftlichen Forschung immer noch eine eher untergeordnete Bedeutung zukommt. Dabei bestehen nicht nur Defizite bezüglich der wissenschaftlichen Bearbeitung funktionaler Probleme des Krankenhausmanagements, sondern es fehlt auch ein handhabbares Instrumentarium, das eine Integration der vielfältigen Facetten des komplexen Erkenntnisobjekts „Krankenhausmanagement" ermöglicht. Mit der vorliegenden Arbeit wurde versucht, ein solches Instrument zu entwickeln. Das Konzept „Menschenorientiertes Krankenhausmanagement" soll neben seiner potenziellen Funktion als „Integrationsbasis" allerdings auch dazu beitragen, eine verstärkte Auseinandersetzung mit integrierten Ansätzen in der wissenschaftlichen Gemeinschaft anzustoßen. In diesem Zusammenhang kann der hier entwickelte Ansatz ergänzt und verbessert oder einem kritischen Vergleich mit anderen Konzepten ausgesetzt werden.

b) Definitionen im Bereich des Managements von Gesundheitsorganisationen

In der betriebswirtschaftlichen Literatur zum Krankenhauswesen wird einigen Begriffen, die durchaus konstitutiven Charakter für das Erkenntnisobjekt „Krankenhausmanagement" besitzen, wenig Aufmerksamkeit gewidmet. Aus diesem Grund werden in den *Kapiteln 3* und *4* Vorschlä-

---

[1] ⇦ Vgl. die *Abschnitte 4.2.7, 4.3.2.7, 4.3.3.8, 5.4* und *6.4* sowie die *Abbildungen 5-2, 8-2* und *8-28*.
[2] ⇦ Vgl. die *Abschnitte 7.2.2.3, 7.2.3.3, 7.2.4.3, 7.2.5.3, 7.3.2.3, 7.3.3.3, 7.3.4.3* und *7.3.5.3*.
[3] ⇦ Vgl. *Abschnitt 7.6*.
[4] ⇦ Vgl. die *Abschnitte 8.1.7* und *8.2.5*.

ge entwickelt, wie die Begriffe
- Gesundheit, Gesundheitsgut und Gesundheitsleistung,
- Gesundheit, Krankheit und Erkrankung,
- Gesundheitsorganisation, -zentrum und Krankenhaus sowie
- Gesundheitssystem, -wesen und -markt

sinnvoll voneinander abgegrenzt werden können. Diese Vorschläge dienen nicht nur als Basis für die vorliegende Arbeit, sondern sollen zugleich einen Anstoß für eine noch ausstehende Definitionsdiskussion im Bereich des Managements von Gesundheitsorganisationen geben.

c) Mensch im Mittelpunkt

In *Kapitel 3* werden Gesundheitsorganisationen als von Menschen geschaffene und getragene soziotechnische Systeme definiert, die in den gesamtgesellschaftlichen Rahmen eingebunden sind und der unmittelbaren Befriedigung menschlicher Gesundheitsbedürfnisse dienen. *Kapitel 5* stellt heraus, dass in Gesundheitsorganisationen vor allem beiderseitig personenbezogene Dienstleistungen erbracht werden, bei denen es um eines der bedeutendsten (individuellen) Güter des Menschen geht: die Gesundheit. Die hohe Relevanz zwischenmenschlicher Interaktionen wird zudem im (in *Kapitel 6* entwickelten) „Ansatz einer Menschenorientierung in Gesundheitsorganisationen" hervorgehoben. Diese Aussagen verdichten sich zu der Annahme, dass der *Mensch* die *zentrale Stelle innerhalb einer „Managementlehre für Gesundheitsorganisationen"* einnehmen muss. Dabei ist es nicht ausreichend, nur auf den besonderen Stellenwert des Menschen zu verweisen, dieser muss sich auch in den Empfehlungen der Ansätze widerspiegeln.

d) Systemische Unterstützung

Das St. Galler Management-Konzept, das in *Kapitel 2* vorgestellt und in *Kapitel 7* auf den Krankenhausbereich angepasst wird, stellt eines der umfassendsten Managementkonzepte dar und ist bereits auf verschiedene Bereiche übertragen worden. Allerdings beschränken sich die meisten Autoren auf eine Übernahme bzw. Anpassung des *formalen Ordnungsrahmens* und einen Hinweis auf die Notwendigkeit einer integrativen Betrachtung der einzelnen Managementmodule. Sie geben dabei in der Regel keine Hilfe zur integrativen Konzipierung von Lösungsansätzen, wie sie die *Profilmethodik* darstellt.[5] Dadurch kann zwar eine (durchaus wünschenswerte) *systematische*, aber keine (vielleicht noch hilfreichere) *systemische* Unterstützung für das Manage-

---

[5] Für den Krankenhausbereich vgl. BRAUN, Günther E. (1999b), S. 6-14; MORRA, Francesco (1996), S. 184-189; SIDAMGROTZKI, Edgar (1994), S. 43-337. In vereinzelten Beiträgen werden zumindest einige wenige Profile dargestellt, allerdings zumeist nur oberflächlich erläutert. So hat KASPAR das St. Galler Management-Konzept als Grundlage für ein Lehrbuch zum Management von Verkehrsunternehmen herangezogen. Er hat dabei Profile für die normativen Module „Unternehmenspolitik", „-verfassung" und „-kultur" entwickelt, nicht aber für die Unternehmensphilosophie und die strategischen Module. Vgl. KASPAR, Claude (1998), S. 25-29, 36-38, 43-48. KUNERT hat die Profilmethodik des St. Galler Management-Konzeptes auf die Gestaltung struktureller Voraussetzungen für Innovationen (speziell in Großbanken) angewandt und dabei acht Aspekte unterschieden und im Profilraster dargestellt. Vgl. KUNERT, Karsten Karl Klaus (1993), S. 257, 273-283, 308-310. Darüber hinaus hat BLEICHER selbst die Profilmethodik für die Darstellung von acht Extremausprägungen strategischer Anreizsysteme benutzt. Vgl. BLEICHER, Knut (1992), insbesondere S. 35-37.

ment erfolgen. Letzteres wird in der vorliegenden Arbeit mit einer ausführlichen Darstellung der einzelnen Aspektprofile und der Entwicklung einer konzeptspezifischen Problemlösungsmethodik angegangen.

e) *Weiterentwicklung des St. Galler Management-Konzeptes*

Im Rahmen der Erarbeitung des Krankenhausmanagementkonzeptes in *Kapitel 7* und der konzeptspezifischen Problemlösungsmethodik in *Kapitel 8* wird das St. Galler Management-Konzept nicht nur auf das Erfahrungsobjekt „bedarfsorientiertes Krankenhaus" angepasst, sondern auch an vielen Stellen kritisiert und entsprechend modifiziert. Hiermit soll ein Beitrag zu einer generellen (nicht nur krankenhausspezifischen) Weiterentwicklung dieses Konzeptes geleistet werden. Im Folgenden wird ein Überblick über die wesentlichen Änderungen des St. Galler Management-Konzeptes gegeben, die in dieser Arbeit vorgenommen wurden oder die in nachfolgenden Untersuchungen in Erwägung zu ziehen sind:

e_1) *Formaler Ordnungsrahmen*

Der formale Ordnungsrahmen des St. Galler Ansatzes wird für das hier entwickelte Krankenhausmanagementkonzept bis auf zwei Ausnahmen übernommen: Da die *Krankenhaus- resp. Managementphilosophie* ebenso wie die Unternehmenspolitik, -verfassung und -kultur an dem Kriterium der gesellschaftlichen Legitimität unternehmerischen Handelns gemessen wird[6], wird sie der normativen Ebene und nicht – wie im St. Galler Ansatz – einer darüber liegenden „normativ-philosophischen" Ebene zugeordnet. Die *Krankenhaus- resp. Unternehmensentwicklung* wird nicht – wie bei BLEICHER und PÜMPIN/ PRANGE – anhand eines idealtypischen Phasenverlaufs dargestellt. Der Grund liegt darin, dass keine empirischen Untersuchungen zu Lebenszyklen von Krankenhäusern existieren und sich die „typischen" Phasenverläufe gewinnorientierter Unternehmen nicht auf bedarfsorientierte Krankenhäuser übertragen lassen. Darüber hinaus ist jedoch zu überlegen, ob bei der Unternehmensentwicklung im St. Galler Management-Konzept nicht generell statt der lebenszyklustheoretischen Projektionen ein stärkeres Gewicht auf andere dynamische Aspekte[7] gelegt werden sollte. Schließlich stellt die Unternehmensdynamik „ein ausgesprochen *individuelles Phänomen*"[8] dar, das nur ansatzweise anhand eines idealtypischen Kurvenverlaufes berücksichtigt werden kann.

e_2) *Anzahl der Skalen pro Managementmodul*

Der *strikten Aufteilung* von jeweils acht Skalen pro Managementmodul wird in dieser Arbeit nicht gefolgt, da eine „vorgegebene" Zahl den Suchprozess nach relevanten Aspekten eines integrierten Managements unnötig beeinflusst.

---

[6] „In der Unternehmungsphilosophie drückt sich letztlich die *gesellschaftliche Verantwortung der Unternehmung* aus, die ihrem Handeln *Legitimität* verleiht." BLEICHER, Knut (1994a), S. 59. „Die für eine Unternehmungs- und Managementphilosophie zentralen Wertfragen verbinden sich mit der *Verantwortung*, die intern und im Verhalten Dritten gegenüber praktiziert wird." BLEICHER, Knut (1994a), S. 72.

[7] Vgl. hierzu etwa PERICH, Robert (1993), S. 301-481.

[8] PERICH, Robert (1993), S. 489.

e₃) Einteilung der Managementmodule und Darstellung der Managementaspekte

Hinsichtlich der Einteilung der Module und der Darstellung einzelner Managementaspekte werden in der vorliegenden Arbeit einige *inhaltliche Modifikationen* vorgenommen, die zu einem großen Teil nicht krankenhausspezifischer, sondern genereller Art sind. Auf diese Änderungen ist jeweils bei der Vorstellung der einzelnen Aspekte mit ihren Extremausprägungen zu Beginn der Beschreibung eines Moduls hingewiesen worden.[9]

e₄) Methodische Vorgehensweise

Die größten Unterschiede zwischen dem Konzept „Menschenorientiertes Krankenhausmanagement" und dem St. Galler Management-Konzept bestehen in den Empfehlungen zur methodischen Vorgehensweise bei der Einführung und Entwicklung des Konzeptes. So wird hier eine rein konzeptorientierte Heuristik, wie sie von BLEICHER vorgeschlagen wird, mit einer allgemeinen Problemlösungsmethodik verbunden. Dadurch kann zum einen dem potenziellen Anwender eine verbesserte methodische Unterstützung gegeben werden. Zum anderen werden dadurch weitere Anwendungsmöglichkeiten des Konzeptes aufgezeigt, womit die Attraktivität einer Konzepteinführung in der Praxis gesteigert werden kann. Neben diesen Vorschlägen zu einer *erweiterten* Konzeptanwendung werden auch Empfehlungen formuliert, die auf deutliche *Veränderungen* am Vorgehensmuster des St. Galler Management-Konzeptes hinauslaufen. Dies betrifft insbesondere die Schlussfolgerungen, die aus unterschiedlichen Profilierungen innerhalb einer Managementdimension gezogen werden können. BLEICHER geht hierbei nur am Rande auf die unterschiedlichen Wahrnehmungen potenzieller Konzeptanwender ein. Daher wird im Rahmen der konzeptspezifischen Problemlösungsmethodik versucht, die potenziellen Folgen differierender Perzeptionen konsequent zu berücksichtigen.[10]

e₅) Weitere Modulprofile

Eine interessante Weiterentwicklung des St. Galler Management-Konzeptes bestünde in einer Erarbeitung *operativer* Modulprofile. Als erste Grundlage können hierfür die in *Abschnitt 7.4* herausgearbeiteten Polaritäten dienen. Zudem hat KUNERT am Beispiel der Gestaltung struktureller Voraussetzungen für Innovationen gezeigt, dass die Profilmethodik des St. Galler Management-Konzeptes auch für *unternehmensübergreifende Vergleiche* herangezogen werden kann.[11] Vor allem auf strategischer Ebene sollten dann weitere Profile erarbeitet werden, die sich für einen Betriebsvergleich eignen.

---

[9] ⇔ Zu inhaltlichen Änderungen *allgemeiner* Art vgl. insbesondere die *Abschnitte 7.2.4.1*, *7.2.5.1* und *7.3.4.1*.

[10] ⇔ Zu den einzelnen Kritikpunkten am Vorgehensmuster des St. Galler Management-Konzeptes vgl. *Abschnitt 7.1.3*; zur hier vorgenommenen differenzierteren Vorgehensweise vgl. insbesondere die Anmerkungen im Prozessfeld „Konzeptbezogen handeln" der einzelnen Schritte der Problemlösungsmethodik, die in *Abschnitt 8.1* vorgestellt wird.

[11] KUNERT hat Profilierungsmöglichkeiten hinsichtlich der F&E-Strukturen erarbeitet und eine Positionierung verschiedener, von ihm untersuchter Bankinstitute vorgenommen. Vgl. KUNERT, Karsten Karl Klaus (1993), S. 273-283.

e₆) Entwicklung integrierter Teilkonzepte

SEGHEZZI bemängelt die unzureichende begriffliche, strukturelle und instrumentelle Abstimmung zwischen den Einzelkonzepten, die in der Praxis eingesetzt werden, wie Total Quality Management, Just-in-Time und Lean Management. Er macht dabei den Vorschlag, aus dem St. Galler Ansatz *Teilkonzepte* für die Faktoren Zeit, Qualität und Kosten sowie für Funktionen – wie Controlling, Logistik, Leistungserstellung und Marketing – abzuleiten und weiterzuentwickeln. Durch diese deduktive Vorgehensweise kann der Abstimmungsaufwand zwischen einzelnen Teilkonzepten reduziert werden.[12] SEGHEZZI beschränkt sich in seiner Untersuchung vornehmlich auf den Faktor Qualität und das Teilkonzept des Qualitätsmanagements, hebt aber hervor, dass ein analoges Vorgehen ebenso für die anderen Faktoren und Funktionen möglich ist.[13] Hierzu besteht also noch weiterer Forschungsbedarf, auch hinsichtlich der Entwicklung integrierter Teilkonzepte für einzelne Branchen.

f) Empirische Überprüfung

Der Nutzen des Konzeptes „Menschenorientiertes Krankenhausmanagement" ist noch empirisch zu überprüfen. So sollten in einer möglichst langfristig ausgerichteten Studie die Einführung und Entwicklung des Konzeptes in mehreren Krankenhäusern wissenschaftlich begleitet werden. Auch hinsichtlich der Leitbildentwicklung in Krankenhäusern wäre es von Interesse, über die wenigen vorliegenden Erfahrungsberichte hinaus umfangreiche empirische Ergebnisse zu sammeln.

Managementpraktische Schlussfolgerungen

g) Möglichkeiten der Komplexitätsbewältigung und des Umgangs mit differierenden Perzeptionen

Durch die Betonung der hohen Komplexität des Krankenhauses und seiner Umwelt (in den *Kapiteln 4* und *5*) und der unterschiedlichen Wahrnehmungsmöglichkeiten von Situationen und Verhaltensweisen (in *Kapitel 6*) soll die „unvermeidliche Selektivität"[14] menschlichen Denkens und Handelns hervorgehoben werden. Da diese Bewusstmachung der eigenen Grenzen ein resignierendes Verhalten zur Folge haben kann, werden in der vorliegenden Arbeit auch Möglichkeiten der Komplexitätsbewältigung und des Umgangs mit differierenden Perzeptionen aufgezeigt. So sollen der in *Kapitel 7* entwickelte Ordnungsrahmen und die in *Kapitel 8* erarbeiteten methodischen Empfehlungen das Management eines Krankenhauses in mehrfacher Weise unterstützen:

- Die praktizierten und intendierten Methoden und Maßnahmen des Managements können hinsichtlich Legitimität, Effektivität und Effizienz kritisch beurteilt werden.

---

[12] Vgl. SEGHEZZI, Hans Dieter (1994), S. 65-81.
[13] Vgl. SEGHEZZI, Hans Dieter (1994), S. 71, 80-81.
[14] ULRICH, Peter (1984), S. 306.

- Es kann eine gezielte und strukturierte Auseinandersetzung mit einer Vielzahl von Managementaspekten erfolgen.
- Es werden Wege aufgezeigt, komplexe Situationen zu bewältigen und aus den Problemlösungsprozessen zu lernen.
- Durch eine weitgehende Beteiligung der Betroffenen und die Herausbildung von Kommunikationsmöglichkeiten können Wahrnehmungsdifferenzen zumindest teilweise aufgedeckt und Akzeptanzwiderstände reduziert werden.

h) Langfristige und mehrdimensionale Ausrichtung

In *Kapitel 4* werden die hohe Dynamik und Komplexität der Krankenhausumwelt sowie der große Kosten- und Leistungsdruck, den die verschiedenen externen Anspruchsgruppen auf das Krankenhaus ausüben, dargestellt. Der wachsende Handlungsdruck, der damit verbunden ist, kann zu Lösungsansätzen verleiten, die kurzfristig ausgerichtet sind und sich primär an ökonomischen Aspekten orientieren. Durch die Etablierung eines integrierten Managementkonzeptes kann ein Krankenhaus in die Lage versetzt werden, in einer längerfristigen Ausrichtung neben ökonomischen *konsequent* auch soziale und ökologische Aspekte zu berücksichtigen.

i) Bereitschaft der Mitarbeiter

Das Konzept „Menschenorientiertes Krankenhausmanagement" geht von einer Führungsphilosophie aus, die ein partizipativ-kooperatives Verhalten in den Vordergrund stellt. Der Erfolg eines praktischen Einsatzes des Konzeptes ist daher maßgeblich von der *Fähigkeit* und vor allem der *Bereitschaft* der Krankenhausmitarbeiter abhängig, eine solche Philosophie in praktisches Handeln umzusetzen. Dabei kommt den Führungskräften in ihrer Vorbildfunktion eine herausragende Rolle zu.

j) Individuelle und kontextspezifische Anpassung

Ebenso wie man „eine Operationstechnik nicht ausschließlich durch theoretisches Studium erlernen kann"[15], kann die Lektüre dieser Arbeit nur als *Ergänzung zur eigenen Managementerfahrung* dienen. Durch das Konzept „Menschenorientiertes Krankenhausmanagement" können das Problembewusstsein geschärft und Zusammenhänge der vielfältigen Facetten des Krankenhausmanagements verdeutlicht werden. Eine erfolgreiche Anwendung des Konzeptes ist aber nur dann möglich, wenn die Notwendigkeit der Anpassung an den spezifischen Kontext des jeweiligen Krankenhauses erkannt und dementsprechend gehandelt wird.

---

[15] FRECH, Monika (1996), S. 287.

Literaturverzeichnis

A

ACHTERHOLT, Gertrud (1988): *Corporate Identity: In zehn Arbeitsschritten die eigene Identität finden und umsetzen*, Wiesbaden.

ACKERKNECHT, Erwin H. (1992): *Geschichte der Medizin*, 7. Aufl. (überarbeitet und ergänzt von MURKEN, Axel Hinrich), Stuttgart.

ADAM, Dietrich (2000): *Thesenpapier zu generellen Problemen von Betriebsvergleichen*, in: EIFF, Wilfried von (Hrsg.): Krankenhausbetriebsvergleich, Berlin, S. 103-111.

ADAMS, Hans-Anton (1997): *Die Stellung des Ärztlichen Direktors zwischen Gesamtverantwortung und Interessenvertretung*, in: ZWIERLEIN, Eduard (Hrsg.): Klinikmanagement: Erfolgsstrategien für die Zukunft, München - Wien - Baltimore, S. 342-354.

AKADEMIE FÜR ETHIK IN DER MEDIZIN E. V., GÖTTINGEN/ STÄDTISCHES KLINIKUM BRAUNSCHWEIG (Hrsg.) (1999): *Patientenverfügung, Betreuungsverfügung und Vorsorgevollmacht: Möglichkeiten der Patientenselbstbestimmung am Lebensende*, <http://www.aem-online.de/main.htm>, Erscheinungsdatum: 20. 02. 1999, Abrufdatum: 23. 11. 2000.

ALBERT, Franz-Werner (1997): *Betriebsleitung – eine ärztliche Aufgabe*, in: ZWIERLEIN, Eduard (Hrsg.): Klinikmanagement: Erfolgsstrategien für die Zukunft, München - Wien - Baltimore, S. 355-368.

ALBRECHT, Harro (2000): *Der Arzt als Artist: Hamburgs Krankenhäuser bereiten sich auf den Wettbewerb vor. Die Chronik einer harten Sanierung*, in: DIE ZEIT, 55. Jg., Nr. 36, 31. 08. 2000, S. 30.

ALLEKOTTE, Heinz (1970): *Die Ausgabenentwicklung der gesetzlichen Krankenversicherung*, in: SCHREIBER, Wilfrid/ ALLEKOTTE, Heinz (Hrsg.): Kostenexplosion in der gesetzlichen Krankenversicherung?, Köln, S. 9-17.

ALLGEMEINES KRANKENHAUS WIEN (AKH) (2000): *AKH – Die menschliche Größe*, <http://www.health.magwien.gv.at/welt/kavw/akh/das%20akh/leitbild.htm>, Erscheinungsdatum: 21. 04. 2000, Abrufdatum: 18. 08. 2001.

ANDERSEN, Hanfried H. (1992): *Themenschwerpunkte und Forschungsfelder der Gesundheitsökonomie. Einführung und Überblick*, in: ANDERSEN, Hanfried H./ HENKE, Klaus-Dirk/ SCHULENBURG, J.-Matthias Graf v. d. (Hrsg.): Basiswissen Gesundheitsökonomie, Bd. 1: Einführende Texte, Berlin, S. 13-37.

ANDREAS, Heike (1994): *Problemgeschichte der Gesundheitsökonomik in der Bundesrepublik Deutschland: die ökonomische Steuerung von Angebot und Nachfrage im Gesundheitswesen von der Kostenexplosion bis zum Gesundheitsstrukturgesetz*, Diss. (Universität Köln, 1994), Köln.

AOK-BUNDESVERBAND (Hrsg.) (1994): *System der sozialen Sicherung in der Bundesrepublik Deutschland*, 9. Aufl., Bonn.

ARNOLD, **Michael (1993)**: *Die Rolle des Akutkrankenhauses im Versorgungssystem der Zukunft*, in: BADURA, Bernhard/ FEUERSTEIN, Günter/ SCHOTT, Thomas (Hrsg.): System Krankenhaus: Arbeit, Technik und Patientenorientierung, München, S. 15-27.

ARNOLD, **Michael (1998)**: *Das Krankenhaus der Zukunft unter krankenhausfeindlichen Bedingungen*, in: das Krankenhaus, 90. Jg., Nr. 5/98, S. 252-256.

ARNOLD, **Michael (2001)**: *Die Zukunft des Akutkrankenhauses*, in: ARNOLD, Michael/ LITSCH, Martin/ SCHELLSCHMIDT, Henner (Hrsg.): Krankenhaus-Report 2000 – Schwerpunkt: Vergütungsreform mit DRGs, Stuttgart - New York, S. 3-12.

ARTHUR ANDERSEN **(Hrsg.) (2000)**: *Krankenhaus 2015: Wege aus dem Paragraphendschungel*, o. O.

ASSELMEYER, **Herbert/ WAGNER, Erwin (1997)**: *Unternehmensphilosophie und Leitbildentwicklung*, in: ZWIERLEIN, Eduard (Hrsg.): Klinikmanagement: Erfolgsstrategien für die Zukunft, München - Wien - Baltimore, S. 150-164.

ATTESLANDER, **Peter (1995)**: *The Patient as a Commodity? - Human Limits to Rationalization in the Health Sector*, in: IGSF (Hrsg.): Bericht über die Tagung zur Beurteilung von Produktivität, Effizienz, Effektivität und Qualität von Gesundheitssystemen (Kiel, 22.-25. November 1994), Würzburg, S. 125-144.

ATTESLANDER, **Peter (1996)**: *Der Patient ist mehr als nur Kostenfaktor: Gedanken zum Versicherten als Leitbild von Strukturreformen – aus der Sicht eines Medizinsoziologen*, in: IGSF (Hrsg.): Der Versicherte als Leitbild von Strukturreformen der gesetzlichen Krankenversicherung (Tagungsbericht – Eltville, 20.-21. Oktober 1995), Kiel, S. 9-20.

AUER-RIZZI, **Werner (1998)**: *Entscheidungsprozesse in Gruppen: Kognitive und soziale Verzerrungstendenzen*, Diss. (Universität Linz, 1998), Wiesbaden.

B

BADER, **Wolfgang (1994)**: *Neues Menschenbild für die Ökonomie: Interdisziplinäre Fundierung neuer Menschenbilder aus ökonomischer Sicht*, Diss. (Universität Stuttgart, 1994), Ludwigsburg - Berlin.

BADURA, **Bernhard (1993a)**: *Gesundheitsförderung durch Arbeits- und Organisationsgestaltung – Die Sicht des Gesundheitswissenschaftlers*, in: PELIKAN, Jürgen M./ DEMMER, Hildegard/ HURRELMANN, Klaus (Hrsg.): Gesundheitsförderung durch Organisationsentwicklung: Konzepte, Strategien, Projekte für Betriebe, Krankenhäuser und Schulen, Weinheim - München, S. 20-33.

BADURA, **Bernhard (1993b)**: *Systemgestaltung im Gesundheitswesen: das Beispiel Krankenhaus*, in: BADURA, Bernhard/ FEUERSTEIN, Günter/ SCHOTT, Thomas (Hrsg.): System Krankenhaus: Arbeit, Technik und Patientenorientierung, München, S. 28-40.

BADURA, **Bernhard (1994)**: *Gesundheitspolitik im Zeitalter chronischer Krankheiten*, in: MEIER, Jürgen (Hrsg.): Das moderne Krankenhaus: Managen statt Verwalten, Neuwied - Kriftel - Berlin, S. 95-115.

BADURA, Bernhard/ FEUERSTEIN, Günter (1994): *Systemgestaltung im Gesundheitswesen*, Weinheim.

BADURA, Bernhard/ FEUERSTEIN, Günter/ SCHOTT, Thomas (Hrsg.) (1993): *System Krankenhaus: Arbeit, Technik und Patientenorientierung*, Weinheim - München.

BADURA, Bernhard/ MÜNCH, Eckhard/ RITTER, Wolfgang (1997): *Partnerschaftliche Unternehmenskultur und betriebliche Gesundheitspolitik: Fehlzeiten durch Motivationsverlust?*, Gütersloh.

BÄHR, Katja/ ACKERN, Klaus van (1999): *Kundenorientierung als Strategiefaktor für das Krankenhaus*, in: das Krankenhaus, 91. Jg., Nr. 4/99, S. 217-222.

BANDT, Martin (1990*): Menschenbild und Wissenschaft: Eine philosophische Wortmeldung*, Berlin.

BANK, Barbara/ KAHLEN, Rudolf/ STOLL, Thomas (1996): *Der Weg in die Zwei-Klassen-Medizin*, in: Capital, 35. Jg., Nr. 3/96, S. 156-158.

BARTHOLOMEYCZIK, Sabine (1993): *Arbeitssituation und Arbeitsbelastung beim Pflegepersonal im Krankenhaus*, in: BADURA, Bernhard/ FEUERSTEIN, Günter/ SCHOTT, Thomas (Hrsg.): System Krankenhaus: Arbeit, Technik und Patientenorientierung, München, S. 83-99.

BATESON, Gregory (1994): *Ökologie des Geistes: anthropologische, psychologische, biologische und epistemologische Perspektiven*, 5. Aufl., Frankfurt am Main.

BAUER, Franz (1965): *Geschichte der Krankenpflege: Handbuch der Entstehung und Entwicklung der Krankenpflege von der Frühzeit bis zur Gegenwart*, Kulmbach.

BAUM, Georg (1999): *Zuwachsbegrenzung mit Leistungsorientierung: Das Gesetz zur Stärkung der Solidarität in der GKV*, in: f&w, 16. Jg., Nr. 1/99, S. 10-12.

BAUMANN, Manfred/ ZELL, Ulrich (1992): *Die Arbeitssituation in der stationären Krankenpflege: Ausgewählte Ergebnisse einer Befragung in Krankenhäusern*, in: PROGNOS (Hrsg.): Auf dem Weg aus der Pflegekrise? Neue Ideen und Lösungsansätze in der Krankenpflege, Berlin, S. 41-65.

BEA, Franz Xaver/ HAAS, Jürgen (1995): *Strategisches Management*, Stuttgart - Jena.

BECKER, Gary S. (1993): *Der ökonomische Ansatz zur Erklärung menschlichen Verhaltens*, übersetzt von Monika und Viktor VANBERG, 2. Aufl., Tübingen.

BEHNAM, Michael (1998): *Strategische Unternehmensplanung und ethische Reflexion*, Diss. (Universität Frankfurt am Main, 1997), Sternenfels - Berlin.

BEHNKE, Andrea (2001): *Bunt gemischt zum Erfolg: Unternehmen setzen zunehmend auf „diversity management"*, in: DIE ZEIT, Nr. 23, 31. 05. 2001, S. 80.

BELLABARBA, Julia (1997): *Zum Konzept der Unternehmenskultur in Krankenhäusern*, in: HOEFERT, Hans-Wolfgang (Hrsg.): Führung und Management im Krankenhaus, Göttingen, S. 99-108.

BELLABARBA, Julia/ SCHNAPPAUF, Delf (Hrsg.) (1996): *Organisationsentwicklung im Krankenhaus*, Göttingen - Stuttgart.

BENKER, Matthias (2001): *Wünsche und Erwartungen älterer Menschen an das Krankenhaus: Eine Studie aus dem Kreiskrankenhaus Heidenheim zeigt, wie sich Patienten über 65 Jahre Entlassung und Nachsorge vorstellen*, in: f&w, 18. Jg., Nr. 3/01, S. 282-283.

BENZ, Egon (1993): *Alle an einem Strang: Krankenhausmanagement aus der Sicht der Mitarbeitervertretung*, in: JESCHKE, Horst A. (Hrsg.): Krankenhausmanagement zwischen Frustration und Erfolg, Kulmbach, S. 212-222.

BERCHTHOLD, Peter/ GREULICH, Andreas/ LÖFFEL, Niklaus (1999): *Disease Management — für die Schweiz ein Weg in die richtige Richtung*, in: f&w, 16. Jg., Nr. 5/99, S. 452-456.

BERENS, Wolfgang/ KARLOWITSCH, Martin/ MERTES, Martin (2000): *Die Balanced Scorecard als Controllinginstrument in Non-Profit-Organisationen*, in: Controlling, 12. Jg., Nr. 1/00, S. 23-28.

BERGHÖFER, Peter (1995): *Profit-Center als Organisationsform im Krankenhaus*, in: BULLINGER, Hans-Jörg (Hrsg.): Management im Krankenhaus der Zukunft: Organisation und Anwendungssysteme, Stuttgart, S. 183-213.

BERGMANN, Alexander (1996): *Einige grundsätzliche Überlegungen zum Thema der menschenorientierten Führung*, in: STAFFELBACH, Bruno/ WEHRLI, Hans Peter (Hrsg.): Markt- und menschenorientierte Unternehmensführung, Bern - Stuttgart - Wien, S. 137-150.

BERGMANN, Karl Otto (1996): *Die Organisation des Krankenhauses unter haftungsrechtlichen Gesichtspunkten*, in: das Krankenhaus, 88. Jg., Nr. 5/96, S. 238-244.

BESKE, Fritz (1999): *Das Wesentliche vom Unwesentlichen scheiden – Die Evolution des Gesundheitswesens: Selbstbeteiligung, Wettbewerb und mündige Patienten*, in: f&w, 16. Jg., Nr. 3/99, S. 216-221.

BESKE, Fritz (2000): *Es gibt keine Krankenhausplanung nach Patentrezept: Der Wettbewerb um Preis und Qualität entscheidet die Zukunft*, in: f&w, 17. Jg., Nr. 3/00, S. 302-304.

BETHLEHEM GESUNDHEITSZENTRUM (2001): *Philosophie*, <http://www.bethlehem.de/bereich1/index.htm>, Abrufdatum: 08. 07. 2001.

BIERVERT, Bernd (1991): *Menschenbilder in der ökonomischen Theoriebildung: Historisch-genetische Grundzüge*, in: BIERVERT, Bernd/ HELD, Martin (Hrsg.): Das Menschenbild der ökonomischen Theorie: zur Natur des Menschen, Frankfurt am Main - New York, S. 42-55.

BIETA, Volker (2000): *How to Win the Games in Hospital Management: Prozeßkostenmanagement als Spielregelsystem der Prozeßoptimierung*, in: BFuP, 52. Jg., Nr. 4/00, S. 399-416.

BISCHOFBERGER, Claus/ JUNGE, Beate/ WILLE, Gert (1998): *Große Anforderungen an den Betriebsbeauftragten für Abfall: Erfahrungen mit dem neuen Kreislaufwirtschafts- und Abfallgesetz*, in: f&w, 15. Jg., Nr. 3/98, S. 242-246.

BLECH, Jörg (1996): *Chirurgie im Cyberspace: Noch wird am Plastikbauch geübt, doch bald soll der Mensch nach allen Regeln der Technik behandelt werden – Der Robodoc als Chirurg, die Fernoperation auf dem Schlachtfeld: Im Operationssaal der Zukunft scheint alles möglich*, in: DIE ZEIT, 51. Jg., Nr. 48, 22. 11. 1996, S. 33.

BLECH, Jörg (1998): *Die heimliche Selektion*, in: DIE ZEIT, 53. Jg., Nr. 8, 12. 02. 1998, S. 27.

BLEICHER, Knut (1991): *Organisation: Strategien – Strukturen - Kulturen*, 2., vollständig neu bearbeitete und erweiterte Aufl., Wiesbaden.

BLEICHER, Knut (1992): *Strategische Anreizsysteme: flexible Vergütungssysteme für Führungskräfte*, Stuttgart - Zürich.

BLEICHER, Knut (1994a): *Normatives Management: Politik, Verfassung und Philosophie des Unternehmens*, St. Galler Management-Konzept Bd. 5, Frankfurt am Main - New York.

BLEICHER, Knut (1994b): *Leitbilder: Orientierungsrahmen für eine integrative Managementphilosophie*, 2. Aufl., Stuttgart.

BLEICHER, Knut (1994c): *Betriebswirtschaftslehre – Disziplinäre Lehre vom Wirtschaften in und zwischen Betrieben oder interdisziplinäre Wissenschaft vom Management*, in: WUNDERER, Rolf (Hrsg.): Betriebswirtschaftslehre als Management- und Führungslehre, 3., überarbeitete und ergänzte Aufl., Stuttgart, S. 91-119.

BLEICHER, Knut (1999): *Das Konzept Integriertes Management: Visionen – Missionen – Programme*, St. Galler Management-Konzept Bd. 1, 5., revidierte und erweiterte Aufl., Frankfurt am Main - New York.

BLOBEL, Bernd/ POMMERENING, Klaus (1997): *Datenschutz und Datensicherheit: Anforderungen, Probleme und Lösungskonzepte*, in: f&w, 14. Jg., Nr. 2/97, S. 133-138.

BLUM, Reinhard (1991): *Die Zukunft des Homo oeconomicus*, in: BIERVERT, Bernd/ HELD, Martin (Hrsg.): Das Menschenbild der ökonomischen Theorie: zur Natur des Menschen, Frankfurt am Main - New York, S. 111-131.

BLUM, Wolfgang (2000): *Dr. Cybermed: Gesundheitsportale beraten im Internet*, in: DIE ZEIT, 55. Jg., Nr. 47, 16. 11. 2000, S. 43.

BOESE, Jürgen/ DEUTSCH, Christian (1997): *Letztendlich geht es um die Verbesserung der Qualität: Das Arbeitsbild des Arztes wird sich durch die Telemedizin verändern*, in: ku-Special, Nr. 11 – 8/97: Telemedizin, S. 8-12.

BOESE, Jürgen/ WIGAND, Alrun (1997): *Erfolgsfaktor Krankenhausinformatik: Aufgaben und Bedeutung der EDV-Abteilung im Krankenhaus*, in: das Krankenhaus, 89. Jg., Nr. 2/97, S. 74-80.

BORN, Andreas (2001): *Die Patienten wollen informiert werden – Ergebnisse einer repräsentativen Patientenbefragung: Qualität von Pflege und Medizin gilt als selbstverständlich*, in: f&w, 18. Jg., Nr. 3/01, S. 276-279.

BORSI, Gabriele M. (1994): *Das Krankenhaus als lernende Organisation: zum Management von individuellen, teambezogenen und organisatorischen Lernprozessen*, Heidelberg.

BORSI, Gabriele M. (1997): *Gesundheitsförderliche Arbeitsgestaltung im Krankenhaus*, in: ZWIERLEIN, Eduard (Hrsg.): Klinikmanagement: Erfolgsstrategien für die Zukunft, München - Wien - Baltimore, S. 420-430.

BRAUN, Bernhard/ KÜHN, Hagen/ REINERS, Hartmut (1998): *Das Märchen von der Kostenexplosion: populäre Irrtümer zur Gesundheitspolitik*, Frankfurt am Main.

BRAUN, Günther E. (1997): *Schlüsselkunden-Management und ABC-Analyse*, in: f&w, 14. Jg., Nr. 5/97, S. 398-404.

BRAUN, Günther E. (1998): *Konzept des integrierten Krankenhausmanagements: Krankenhäuser auf dem Weg zu einer umfassenden Managementorientierung*, in: zfo, 67. Jg., Nr. 1/98, S. 23-28.

BRAUN, Günther E. (1999a): *Vorwort des Herausgebers*, in: BRAUN, Günther E. (Hrsg.): Handbuch Krankenhausmanagement: Bausteine für eine moderne Krankenhausführung, Stuttgart, S. VII-X.

BRAUN, Günther E. (1999b): *Konzept des integrierten Krankenhausmanagements: Grundlagen und Aufbau des Handbuches*, in: BRAUN, Günther E. (Hrsg.): Handbuch Krankenhausmanagement: Bausteine für eine moderne Krankenhausführung, Stuttgart, S. 3-18.

BREßLEIN, Susann (1999): *Kooperation zwischen Gesetzlichen Krankenkassen und Krankenhäusern – Grundsätzliche Perspektiven aus dem Blickwinkel des Krankenhauses*, in: BRAUN, Günther E. (Hrsg.): Handbuch Krankenhausmanagement: Bausteine für eine moderne Krankenhausführung, Stuttgart, S. 155-170.

BRETTEL, Malte (1997): *Gestaltung der Führung im Krankenhaus*, Diss. (Wissenschaftliche Hochschule für Unternehmensführung Koblenz, 1996), Wiesbaden.

BRETZKE, Wolf-Rüdiger (1984): *Homo oeconomicus – Wiederbelebungsversuche an einen Totgesagten*, in: wisu, 13. Jg., Nr. 2/84, S. 19-23.

BREYER, Friedrich/ ZWEIFEL, Peter (1997): *Gesundheitsökonomie*, 2., überarbeitete und erweiterte Aufl., Berlin et al.

BROLL, Gisela/ BROLL, Hartwig/ LEHR, Andreas (1999): *Vom Vorschaltgesetz zur Strukturreform: Zwischenbilanz und Perspektiven rot-grüner Reformpolitik*, in: das Krankenhaus, 91. Jg., Nr. 1/99, S. 4-7.

BRONNER, Rolf (1992): *Verantwortung*, in: FRESE, Erich (Hrsg.): Handwörterbuch der Organisation, 3., völlig neu gestaltete Aufl., Stuttgart, Sp. 2503-2513.

BRUCKENBERGER, Ernst (1997): *Krankenhausplanung vor und nach dem GSG*, in: das Krankenhaus, 89. Jg., Nr. 5/97, S. 238-244.

BRUCKENBERGER, Ernst (1998): *Planung und Wettbewerb: Das Angebot im Gesundheitsmarkt formiert sich neu – Das Krankenhaus agiert nicht allein*, in: f&w, 15. Jg., Nr. 5/98, S. 421-424.

BRUDERMANNS, Roland (1995): *Fühlt sich der Patient im Krankenhaus als Kunde? – Eine Befragung im Katharinen-Hospital Willich*, in: ku, 64. Jg., Nr. 6/95, S. 522-528.

BRUNNER, Helmut/ LAUTERBACH, Karl W. (1999): *Managed Care in den USA – Konzepte und Bedeutung für Krankenhäuser*, in: BRAUN, Günther E. (Hrsg.): Handbuch Krankenhausmanagement: Bausteine für eine moderne Krankenhausführung, Stuttgart, S. 109-130.

BUCHHOLZ, Werner (1993): *Krankenhäuser im Wettbewerb: Effizienz entscheidet über das Verbleiben am Markt*, in: JESCHKE, Horst A. (Hrsg.): Krankenhausmanagement zwischen Frustration und Erfolg, Kulmbach, S. 20-37.

BÜCHNER, Johannes-Jürgen (1996): *Das Klinikum Minden auf dem Weg zum Gesundheitszentrum*, in: das Krankenhaus, 88. Jg., Nr. 2/96, S. 66-71.

BUCK, Renée (1997): *Substitutionspotentiale von stationären Leistungen*, in: ARNOLD, Michael/ PAFFRATH, Dieter (Hrsg.): Krankenhaus-Report '97 – Schwerpunkt: Sektorübergreifende Versorgung (Aktuelle Beiträge, Trends und Statistiken), Stuttgart et al., S. 99-112.

BÜHLER, Silvia (1998): *Perspektiven für eine integrierte Gesundheitsversorgung – Integration, Kooperation und Humanität*, in: KOOPERATIONSSTELLE HOCHSCHULEN/ GEWERKSCHAFTEN AN DER CARL VON OSSIETZKY-UNIVERSITÄT OLDENBURG (Hrsg.): Wege zum Gesundheitszentrum: Beiträge einer Fachtagung der ÖTV und der Kooperationsstelle, Oldenburg, S. 19-27.

BUNDESÄRZTEKAMMER (1998): *(Muster-)Weiterbildungsordnung*, <http://www.bundesaerzte kammer.de/30/Weiterbildung/05MWBO/index.html>, Erscheinungsdatum: 01. 01. 1998, Abrufdatum: 07. 08. 2001.

BUNDESÄRZTEKAMMER (1999a): *Entwurf einer „Charta der Patientenrechte"*, <http://www. bundesaerztekammer.de/>, Erscheinungsdatum: 30. 09. 1999, Abrufdatum: 21. 08. 2000.

BUNDESÄRZTEKAMMER (1999b): *Handreichungen für Ärzte zum Umgang mit Patientenverfügungen*, <http://www.bundesaerztekammer.de/>, Erscheinungsdatum: 29. 10. 1999, Abrufdatum: 21. 08. 2000.

BUNDESÄRZTEKAMMER (2000): *Ergebnisse der Ärztestatistik der Bundesrepublik Deutschland zum 31. Dezember 2000: Struktur der Ärzteschaft 2000*, <http://www.bundesaerztekammer.de/ 30/Aerztestatistik/05Stat2000/Abbildung_1.pdf>, Erscheinungsdatum: 31. 12. 2000, Abrufdatum: 18. 08. 2001.

BUNDESMINISTERIUM FÜR GESUNDHEIT (Hrsg.) (2000): *Statistisches Taschenbuch Gesundheit 2000*, <http://www.bmgesundheit.de/themen/gkv/taschenbuch/start.htm>, Erscheinungsjahr: 2000, Abrufdatum: 18. 08. 2001.

BURGER, Christina (1997): *Marktversagen bei Gesundheitsgütern: Ein Überblick mit besonderer Berücksichtigung der medizinischen Prävention*, in: Jahrbuch für Wirtschaftswissenschaften, 48. Jg., S. 89-112.

BUSCH, Rainer/ DÖGL, Rudolf/ UNGER, Fritz (1997): *Integriertes Marketing: Strategie, Organisation, Instrumente*, 2., überarbeitete Aufl., Wiesbaden.

BUSE, Henning R. (2000): *Geeignete Rechtsformen für kommunale Krankenhäuser*, Diss. (Universität Berlin, 1998), Köln et al.

BÜSSING, André (1993): *Analyse von Qualifikationsanforderungen in der Krankenpflege: Eine vergleichende Untersuchung zwischen Psychiatrischem und Allgemeinkrankenhaus*, in: BADURA, Bernhard/ FEUERSTEIN, Günter/ SCHOTT, Thomas (Hrsg.): System Krankenhaus: Arbeit, Technik und Patientenorientierung, München, S. 100-121.

C

CAPRA, Fritjof (1996a): *Wendezeit: Bausteine für ein neues Weltbild*, 5. Aufl., München.

CAPRA, Fritjof (1996b): *Lebensnetz: Ein neues Verständnis der lebendigen Welt*, Berlin et al.

CHALMERS, Alan F. (1994): *Wege der Wissenschaft: Einführung in die Wissenschaftstheorie*, herausgegeben und übersetzt von Niels BERGEMANN und Jochen PRÜMPER, 3., durchgesehene Aufl., Berlin et al.

CHMIELEWICZ, Klaus (1994): *Forschungskonzeptionen der Wirtschaftswissenschaft*, 3., unveränderte Aufl., Stuttgart.

CHRIST, Claudia (2000): *Ärztenetzwerke: Ein Krankenhaus öffnet den Niedergelassenen Tür und Tor*, in: f&w, 17. Jg., Nr. 1/00, S. 18-20.

CHROBOK, Reiner (1993): *Ganzheitlich ausgerichtete organisatorische Systemgestaltung*, in: zfo, 62. Jg., Nr. 6/93, S. 384-390.

CLADE, Harald (2000): *Verstärktes Werben um ausländische Patienten*, in: f&w, 17. Jg., Nr. 5/00, S. 492-493.

CONRAD, Hans-Joachim (1997): *Anforderungen an ein leistungsfähiges Krankenhausmanagement: Profit-Center-Steuerung durch dreistufige Deckungsbeitragsrechnung*, in: das Krankenhaus, 89. Jg., Nr. 10/97, S. 607-612.

CONRAD, Hans-Joachim (1999): *Innovationen im Krankenhaus: Praxisbeispiel Universitätsklinikum Marburg*, Stuttgart - Berlin - Köln.

CORDES, Walter (1981): *Die Führung des Krankenhauses – eine unternehmerische Aufgabe im sozialen Bereich*, in: zfbf, 33. Jg., Nr. 12/81, S. 1066-1078.

D

DAHLGAARD, Knut (1995): *Personalarbeit und Personalentwicklung im Krankenhaus: Probleme und Perspektiven*, in: f&w, 12. Jg., Nr. 2/95, S. 150-157.

DAHLGAARD, Knut/ BUSSCHE, Hendrik van den (1996): *Führungskräftenachwuchs finden und fördern: Erste Erfahrungen eines Hamburger Modellprojekts*, in: f&w, 13. Jg., Nr. 6/96, S. 568-574.

DAHRENDORF, Ralf (1974): *Homo sociologicus – Ein Versuch zur Geschichte, Bedeutung und Kritik der Kategorie der sozialen Rolle*, 14. Aufl., Opladen.

DAMKOWSKI, Wulf/ PRECHT, Claus (1996): *Konzepte und Strategien für das Krankenhausmanagement*, in: das Krankenhaus, 88. Jg., Nr. 12/96, S. 611-614.

DANIEL, Elisabeth et al. (1993): *Gesundheitsförderung als Strategie für Pflegereform und Stationsreorganisation – Beispiele aus dem Wiener WHO-Modellprojekt „Gesundheit und Krankenhaus"*, in: PELIKAN, Jürgen M./ DEMMER, Hildegard/ HURRELMANN, Klaus (Hrsg.): Gesundheitsförderung durch Organisationsentwicklung: Konzepte, Strategien und Projekte für Betriebe, Krankenhäuser und Schulen, Weinheim - München, S. 223-240.

DÄNZER, Alfred (1997): *Informationstechnologie im Krankenhaus*, in: das Krankenhaus, 89. Jg., Nr. 2/97, S. 81-86.

DAUB, Dieter (1999): *Kooperation statt Konfrontation – Allgemeine Modelle der Zusammenarbeit des ambulanten und stationären Sektors und konkrete Modelle der Kontaktpflege des Krankenhauses mit niedergelassenen Ärzten*, in: BRAUN, Günther E. (Hrsg.): Handbuch

Krankenhausmanagement: Bausteine für eine moderne Krankenhausführung, Stuttgart, S. 269-289.

DEAL, Terrence/ KENNEDY, Allan (1987): *Unternehmenserfolg durch Unternehmenskultur*, herausgegeben und eingeleitet von Albert BRUER, Bonn.

DEGENHARDT, Jörg (1998): *Struktur- und Führungswandel im Krankenhaus: Emotionen als Wegweiser zur Veränderung*, Stuttgart - Berlin - Köln.

DEPPE, Hans-Ulrich (1987): *Krankheit ist ohne Politik nicht heilbar*, Frankfurt am Main.

DEPPE, Hans-Ulrich (1997): *Wettbewerb im Krankenhaus – droht eine Polarisierung der Krankenversorgung? Patientenversorgung zwischen betriebswirtschaftlicher und gesamtwirtschaftlicher Rationalität*, in: das Krankenhaus, 89. Jg., Nr. 9/97, S. 527-530.

DER BUNDESMINISTER FÜR GESUNDHEIT (Hrsg.) (1997): *Daten des Gesundheitswesens: Ausgabe 1997*, Baden-Baden.

DEUTSCHER EVANGELISCHER KRANKENHAUSVERBAND E. V./ KATHOLISCHER KRANKENHAUSVERBAND DEUTSCHLANDS E. V. (Hrsg.) (1997): *Ethik-Komitee im Krankenhaus*, Freiburg.

DÉZSY, Josef (1987): *Kostenprobleme im Krankenhaus: abnehmende Kosten-Nutzeneffizienz im Krankenhaus unter besonderer Berücksichtigung der Pflege von chronisch Kranken und Pflegefällen*, Spardorf.

DÉZSY, Josef/ SCHWANZER, Hans (1993): *Einführung in das Krankenanstaltenmanagement: Der Betrieb Krankenhaus und seine Stellung im Gesundheitssystem*, Wien - New York.

DIAKONISSENKRANKENHAUS KARLSRUHE-RÜPPURR (1999): *Leitbild*, <http://www.diak-ka.de/about/index.html>, Abrufdatum: 19. 08. 1999.

DIETEL, Bernhard (1997): *Unternehmenskultur: eine Herausforderung für die Theorie der Unternehmung?*, in: HEINEN, Edmund/ FANK, Matthias (Hrsg.): Unternehmenskultur: Perspektiven für Wissenschaft und Praxis, 2., bearbeitete und erweiterte Aufl., München - Wien, S. 211-237.

DIETRICH, Manfred/ MAISBERGER, Paul (1996): *Vom Host zum KIS: Innovative EDV-Lösungen in einem Berliner und einem Münchner Krankenhaus*, in: das Krankenhaus, 88. Jg., Nr. 3/96, S. 135-137.

DIETZEL, Gottfried (1997): *Gesundheitstelematik in Deutschland und Europa – Der Einstieg der Informationsgesellschaft ins Gesundheitswesen: Projekte auf europäischer und internationaler Ebene zeigen Entwicklungslinien auf*, in: ku-Special, Nr. 11 – 8/97: Telemedizin, S. 2-5.

DILL, Peter/ HÜGLER, Gert (1997): *Unternehmenskultur und Führung betriebswirtschaftlicher Organisationen – Ansatzpunkte für ein kulturbewusstes Management*, in: HEINEN, Edmund/ FANK, Matthias (Hrsg.): Unternehmenskultur: Perspektiven für Wissenschaft und Praxis, 2., bearbeitete und erweiterte Aufl., München - Wien, S. 141-209.

DKG (1998): *Positionen der DKG zur Weiterentwicklung im Gesundheitswesen*, in: das Krankenhaus, 90. Jg., Nr. 4/98, S. 170-172.

DKG-FACHAUSSCHUß FÜR KRANKENHAUSFINANZIERUNG (1997): *Das Krankenhaus: Wirtschaftsfaktor mit Wirtschaftlichkeitsreserven? - Anmerkungen der DKG zum Sondergutachten 1996*, in: das Krankenhaus, 89. Jg., Nr. 2/97, S. 87-91.

DOMSCH, Michel (1992): *Personalmanagement in den 90er Jahren*, in: ARBEITSGRUPPE DES STUDIENGANGES „BETRIEBSWIRTSCHAFT IN EINRICHTUNGEN DES GESUNDHEITSWESENS (BIG)" (Hrsg.): Personalmanagement: Zentrale Fragen und zukünftige Herausforderung für das Krankenhaus, Osnabrück, S. 11-39.

DORMAYER, H.-Jürgen/ KETTERN, Thomas (1997): *Kulturkonzepte in der allgemeinen Kulturforschung – Grundlage konzeptioneller Überlegungen zur Unternehmenskultur*, in: HEINEN, Edmund/ FANK, Matthias (Hrsg.): Unternehmenskultur: Perspektiven für Wissenschaft und Praxis, 2., bearbeitete und erweiterte Aufl., München - Wien, S. 49-66.

DÖRNER, Dietrich (2000): *Die Logik des Mißlingens: Strategisches Denken in komplexen Situationen*, 13. Aufl., Reinbek bei Hamburg.

DUCKETT, Stephen J. (2001): *Das australische AR-DRG-Klassifikationssystem für den Krankenhausbereich*, in: ARNOLD, Michael/ LITSCH, Martin/ SCHELLSCHMIDT, Henner (Hrsg.): Krankenhaus-Report 2000 – Schwerpunkt: Vergütungsreform mit DRGs, Stuttgart - New York, S. 67-74.

DULLINGER, Florian (1996): *Krankenhaus-Management im Spannungsfeld zwischen Patientenorientierung und Rationalisierung: Probleme und Gestaltungsmöglichkeiten des Business Reengineering in der Krankenhaus-Praxis*, 2. Aufl., München.

DUSSLER, Marc/ MICHEL-GLÖCKLER, Rudolf (1999): *Die Einführung des Personalmanagementsystems SAP R/3 HR in der Personalverwaltung des Universitätsklinikums Ulm*, in: ZfB-Ergänzungsheft Nr. 5/99: Krankenhausmanagement (Schriftleitung: ALBACH, Horst/ BACKES-GELLNER, Uschi), Wiesbaden, S. 167-186.

DYLLICK, Thomas (1991): *Management der Umweltbeziehungen: Öffentliche Auseinandersetzungen als Herausforderung*, Nachdruck der 1. Aufl., Habil.-Schr. (Hochschule für Wirtschafts- und Sozialwissenschaften St. Gallen, 1988), Wiesbaden.

E

EBERLE, Gudrun (1997): *Bleibt uns die soziale Krankenversicherung erhalten?: von der Bismarck'schen Konzeption zur 3. Stufe der Gesundheitsreform*, Sankt Augustin.

EBERT, Wilhelm (1987): *Ganzheit und Erziehung: Skizzen zum pädagogischen Menschenbild*, Trostberg.

EDER, Anselm (1990): *Risikofaktor Einsamkeit: Theorien und Materialien zu einem systemischen Gesundheitsbegriff*, Wien - New York.

EHLERS, Alexander P. F./ MÜNKER, Jens-Uwe (2001): *Ein staatlicher Patientenvertreter brächte viele Vorteile: Voraussetzung ist jedoch, dass diese Vertretung unabhängig und weisungsfrei ist*, in: f&w, 18. Jg., Nr. 3/01, S. 301-302.

EHRHARDT, Helmut/ RÖHRßEN, Thomas (1996): *Leitbild und Unternehmenskultur im Krankenhaus*, in: ADAM, Dietrich (Hrsg.): Krankenhausmanagement, Wiesbaden, S. 59-73.

EICHHORN, Siegfried (1979): *Betriebswirtschaftliche Ansätze zu einer Theorie des Krankenhauses*, in: ZfB, 49. Jg., Nr. 3/79, S. 173-191.

EICHHORN, Siegfried (1991): *Krankenhausmanagement: Gegenwärtige Situation und Perspektiven*, in: DBW, 51. Jg., Nr. 4/91, S. 455-465.

EICHHORN, Siegfried (1993a): *Patientenorientierte Krankenhausorganisation*, in: BADURA, Bernhard/ FEUERSTEIN, Günter/ SCHOTT, Thomas (Hrsg.): System Krankenhaus: Arbeit, Technik und Patientenorientierung, München, S. 241-253.

EICHHORN, Siegfried (1993b): *Einführung: Ausgangssituation und Fragestellung des Symposiums*, in: EICHHORN, Siegfried (Hrsg.): Leitung und Leistung im Krankenhaus: Führungsorganisation aus Sicht des Krankenhausträgers; ein Symposium der Bertelsmann Stiftung, 24.-25. September 1991, Gütersloh, S. 9-16.

EICHHORN, Siegfried (1995a): *Stand und Perspektiven der Ordnungspolitik in der Krankenhauswirtschaft*, in: EICHHORN, Siegfried/ SCHMIDT-RETTIG, Barbara (Hrsg.): Krankenhausmanagement im Werte- und Strukturwandel: Handlungsempfehlungen für die Praxis, Stuttgart - Berlin - Köln, S. 1-33.

EICHHORN, Siegfried (1995b): *Organisations-, Führungs- und Finanzverantwortung des Krankenhausmanagements*, in: EICHHORN, Siegfried/ SCHMIDT-RETTIG, Barbara (Hrsg.): Krankenhausmanagement im Werte- und Strukturwandel: Handlungsempfehlungen für die Praxis, Stuttgart - Berlin - Köln, S. 369-376.

EICHHORN, Siegfried (1996): *Managementaufgaben im Gesundheitszentrum im Bereich von Führung und Organisation*, in: VKD (Hrsg.) (1996): Generalthema: Der Mensch im künftigen Gesundheitszentrum, Mülheim/Ruhr, S. 201-210.

EICHHORN, Siegfried (1997): *Integratives Qualitätsmanagement im Krankenhaus: Konzeption und Methoden eines qualitäts- und kostenintegrierten Krankenhausmanagements*, Stuttgart - Berlin - Köln.

EICHHORN, Siegfried/ LAMPERT, Heinz (1988): *Vorwort*, in: EICHHORN, Siegfried/ LAMPERT, Heinz (Hrsg.): Ziele und Aufgaben der freigemeinnützigen Krankenhäuser, Gerlingen, S. 9-10.

EICHHORN, Siegfried/ SCHMIDT-RETTIG, Barbara (Hrsg.) (1999): *Profitcenter und Prozeßorientierung: Optimierung von Budget, Arbeitsprozessen und Qualität*, Stuttgart - Berlin - Köln.

EIFF, Wilfried von (1993): *Management-Informations-Systeme im Krankenhaus: Informatik und Organisation in der Krankenhaus-Wertschöpfungskette*, Diss. (Universität Gießen, 1992), Gießen.

EIFF, Wilfried von (1995a): *Management im Krankenhaus: Möglichkeiten eines Problemlösungstransfers zwischen Industrie und Gesundheitswesen*, in: f&w, 12. Jg., Nr. 2/95, S. 190.

EIFF, Wilfried von (1995b): *Krankenhaus-Organisator: Trendstudie zu Anforderungen und Perspektiven eines Berufsbildes*, in: zfo, 64. Jg., Nr. 6/95, S. 366-372.

EIFF, Wilfried von (1997): *Das Krankenhaus als Gesundheitszentrum: Leistungsangebot und Managementaufgaben – Ein Marketing-Gag oder Wegweiser für die Zukunft?*, in: ku-Special, Nr. 10 – 5/97: Das Krankenhaus als Gesundheitszentrum, S. 2-8.

EIFF, Wilfried von (1998): *Kundenbindung durch Logistikmanagement: Prozeßorientierte Logistik verändert die Krankenhausbeschaffung*, in: das Krankenhaus, 90. Jg., Nr. 10/98, S. 593-596.

EIFF, Wilfried von (2000a): *Controlling als Führungsaufgabe*, in: EIFF, Wilfried von (Hrsg.): Krankenhausbetriebsvergleich, Neuwied - Kriftel - Berlin, S. 3-19.

EIFF, Wilfried von (2000b): *Führen durch Vergleichen: Zweck, Struktur und Informationswert eines entscheidungsorientierten Betriebsvergleichs*, in: EIFF, Wilfried von (Hrsg.): Krankenhausbetriebsvergleich, Neuwied - Kriftel - Berlin, S. 23-68.

EIFF, Wilfried von/ GOEDEREIS, Klaus (1997): *Einkaufs- und Logistikmanagement: Trendstudie verdeutlicht Stand und Perspektiven*, in: f&w, 14. Jg., Nr. 1/97, S. 23-27.

EISENBERG, John M./ GLICK, Henry/ KOFFER, Harris (o. J.): *Pharmacoeconomics: Economic Evaluation of Pharmaceuticals*, in: STROM, Brian L. (Hrsg.): Pharmacoepidemiology, New York et al., S. 325-350.

EISENFÜHR, Franz/ WEBER, Martin (1999): *Rationales Entscheiden*, 3., neu bearbeitete und erweiterte Aufl., Berlin et al.

ENSTE, Ulrich/ GOUTHIER, Matthias (2000): *Integrierte Leistungsketten und Patienten-Empowerment: Neue Konzepte für mehr Patientenorientierung im Krankenhaus*, in: f&w, 17. Jg., Nr. 4/00, S. 378-380.

EVANGELISCHES DIAKONIEKRANKENHAUS FREIBURG IM BREISGAU (2000): *Leitbild*, <http://www.diak-fr.de/Leitbild/leitbild.html>, Abrufdatum: 17. 08. 2000.

EVANGELISCHES KRANKENHAUS OLDENBURG (2001): *Pflegephilosophie*, <http://www.evangelischeskrankenhaus.de/ev/pflege/philosophie.html>, Abrufdatum: 26. 06. 2001.

F

FACHWÖRTERBUCH DER MEDIZIN (1984): *über 22.000 Stichwörter – Anatomische Nomenklatur – Terminologische Grundlagen – Anatomische Farbtafeln*, Herrsching.

FANK, Matthias (1997): *Ansatzpunkte für eine Abgrenzung des Begriffs Unternehmenskultur anhand der Betrachtung verschiedener Kulturebenen und Konzepte der Organisationstheorie*, in: HEINEN, Edmund/ FANK, Matthias (Hrsg.): Unternehmenskultur: Perspektiven für Wissenschaft und Praxis, 2., bearbeitete und erweiterte Aufl., München - Wien, S. 239-262.

FASNACHT, René/ GOOD, Martin (1999): *Neuorganisation der Spitex Basel: Erfahrungsbericht über den Neuorganisationsprozess der Spitex-Dienstleistungen in Basel*, in: zfo, 68. Jg., Nr. 2/99, S. 90-94.

FEUERSTEIN, Günter (1993): *Systemintegration und Versorgungsqualität: Über Schnittstellen im Behandlungsgeschehen und ihre Bedeutung für die Analyse und Gestaltung komplexer Versorgungsstrukturen*, in: BADURA, Bernhard/ FEUERSTEIN, Günter/ SCHOTT, Thomas (Hrsg.): System Krankenhaus: Arbeit, Technik und Patientenorientierung, München, S. 41-67.

FEUERSTEIN, Günter/ BADURA, Bernhard (1991): *Patientenorientierung durch Gesundheitsförderung im Krankenhaus: Zur Technisierung, Organisationsentwicklung, Arbeitsbelastung und Humanität im modernen Medizinbetrieb*, Düsseldorf.

FIELD, Richard H. G. (1995): *Self-Fulfilling Prophecy im Führungsprozeß*, in: KIESER, Alfred/ REBER, Gerhard/ WUNDERER, Rolf (Hrsg.): Handwörterbuch der Führung, 2., neu gestaltete und ergänzte Aufl., Stuttgart, Sp. 1918-1927.

FISCHER, Alfons (1965a): *Geschichte des deutschen Gesundheitswesens, Bd. I: Vom Gesundheitswesen der alten Deutschen zur Zeit ihres Anschlusses an die Weltkultur bis zum Preußischen Medizinaledikt (Die ersten 17 Jahrhunderte unserer Zeitrechnung)*, Hildesheim.

FISCHER, Alfons (1965b): *Geschichte des deutschen Gesundheitswesens, Bd. II: Von den Anfängen der hygienischen Ortsbeschreibung bis zur Gründung des Reichsgesundheitsamtes (Das 18. und 19. Jahrhundert)*, Hildesheim.

FISCHER, Dieter (1988): *Marktstruktur und Marktverhalten in der Krankenhauswirtschaft*, Diss. (Universität Erlangen - Nürnberg, 1988), Spardorf.

FISCHER, Wolfram (2001): *Grundzüge von DRG-Systemen*, in: ARNOLD, Michael/ LITSCH, Martin/ SCHELLSCHMIDT, Henner (Hrsg.): Krankenhaus-Report 2000 – Schwerpunkt: Vergütungsreform mit DRGs, Stuttgart - New York, S. 13-31.

FITNESS2000 OPTIFIT-CENTRUM (2001): *Fitness und Wellness auf 2500 qm*, <http://www.optifit-centrum.de/frame.htm>, Abrufdatum: 11. 07. 2001.

FLEßA, Steffen (1998): *Die Weltgesundheitsorganisation (WHO)*, in: wisu, 27. Jg., Nr. 8-9/98, S. 894-896.

FOERSTER, Heinz von (1999): *Das Konstruieren einer Wirklichkeit*, in: WATZLAWICK, Paul (Hrsg.): Die erfundene Wirklichkeit: Wie wissen wir, was wir zu wissen glauben? Beiträge zum Konstruktivismus, 11. Aufl., München - Zürich, S. 39-60.

FOLKHARD, Waltraud (1999): *Umweltmanagement am Klinikum der Universität Heidelberg*, in: WETTLAUFFER, Ingrid/ SCHIMMELPFENG, Lutz/ PFAFF-SCHLEY, Herbert (Hrsg.): KrankenhausManagement für Qualität und Umwelt: Umsetzung von Normen, Modell und Verordnung in der Praxis, Taunusstein, S. 77-87.

FRANCKE, Robert (1989): *Rechtsfragen der Planung, Finanzierung und Organisation von Krankenhäusern*, in: DEPPE, Hans-Ulrich et al. (Hrsg.): Das Krankenhaus: Kosten, Technik oder humane Versorgung, Frankfurt am Main - New York, S. 41-63.

FRECH, Monika (1996): *Gruppen- und Teamarbeit in Gesundheitsorganisationen*, in: HEIMERL-WAGNER, Peter/ KÖCK, Christian (Hrsg.): Management in Gesundheitsorganisationen: Strategien, Qualität, Wandel, Wien, S. 234-291.

FREEMAN, R. Edward (1984): *Strategic Management. A Stakeholder Approach*, Boston et al.

FREUDENBERG, Ulrich (1995): *Beitragssatzstabilität in der gesetzlichen Krankenversicherung: Zur rechtlichen Relevanz einer politischen Zielvorgabe*, Diss. (Universität Bonn, 1994), Baden-Baden.

FRITZ, **Elke (1998)**: *Organisationsentwicklung: Lohnt sich das? Erfahrungen aus einer Klinik in NRW*, in: f&w, 15. Jg., Nr. 5/98, S. 414-416.

FUCHS, **Christoph (1992)**: *Probleme der Makro- und Mikroallokation*, in: MOHR, Jürgen/ SCHUBERT, Christoph (Hrsg.): Ethik der Gesundheitsökonomie, Berlin et al., S. 67-77.

FÜLLBRANDT, **Walter (1992)**: *Wie sind die Zielkonflikte zwischen Ökonomie und Humanität im Krankenhaus zu lösen? – Aus der Sicht der Krankenhausträger*, in: GDK (Hrsg.): Das Krankenhaus – modernes Dienstleistungsunternehmen mit humanitärem Auftrag, Berlin et al., S. 95-100.

G

GABELE, **Eduard/ KRETSCHMER, Helmut (1983)**: *Unternehmensgrundsätze als Instrument der Unternehmensführung*, in: zfbf, 35. Jg., Nr. 8/83, S. 716-726.

GABELE, **Eduard/ KRETSCHMER, Helmut (1986)**: *Unternehmensgrundsätze: Empirische Erhebungen und praktische Erfahrungsberichte zur Konzeption, Einrichtung und Wirkungsweise eines modernen Führungsinstrumentes*, Zürich.

GÄLWEILER, **Aloys (1987)**: *Strategische Unternehmensführung*, Frankfurt am Main – New York.

GARBRECHT, **Manfred/ GREINER, Manfred/ WIRNITZER, Bruno (1997)**: *Ein Ansatz, um Qualität und Wirtschaftlichkeit zukunftsorientiert zu sichern – München-Neuperlach: Bisher eindeutig positive Ergebnisse*, in: ku-Special, Nr. 10 – 5/97: Das Krankenhaus als Gesundheitszentrum, S. 18-21.

GÄRTNER, **Heribert W. (1994)**: *Zwischen Management und Nächstenliebe: zur Identität des kirchlichen Krankenhauses*, Diss. (Universität Freiburg (Breisgau), 1993), Mainz.

GAUGLER, **Eduard (1994)**: *Zur Weiterentwicklung der Betriebswirtschaftslehre als Management- und Führungslehre*, in: WUNDERER, Rolf (Hrsg.): Betriebswirtschaftslehre als Management- und Führungslehre, 3., überarbeitete und ergänzte Aufl., Stuttgart, S. 251-264.

GEIS, **Ivo/ SCHRÖDER, Jörg-Peter (1998)**: *Die Ressource Information wird auch in der Medizin zum Wettbewerbsfaktor: Über die Risiken und Nebenwirkungen der Telemedizin unter Beachtung der ärztlichen Schweigepflicht und des Datenschutzes*, in: f&w, 15. Jg., Nr. 5/98, S. 445-447.

GEORGE, **Wolfgang (2000)**: *Mit Event-Marketing und Fundraising die Einnahmen steigern: Die Zielgruppen müssen speziell angesprochen werden*, in: f&w, 17. Jg., Nr. 2/00, S. 164-166.

GERBER, **Ines/ ROTERING, Christian (2001)**: *Ambulante Fallpauschalen: Ergebnisse eines Modellversuchs in Schleswig-Holstein*, in: ARNOLD, Michael/ LITSCH, Martin/ SCHELLSCHMIDT, Henner (Hrsg.): Krankenhaus-Report 2000 – Schwerpunkt: Vergütungsreform mit DRGs, Stuttgart - New York, S. 349-376.

GERDELMANN, **Werner (1995)**: *Voraussetzungen für mehr Wettbewerb im Krankenhaus: Sicht der Krankenkassen*, in: f&w, 12. Jg., Nr. 4/95, S. 374-377.

GERSTE, **Bettina (1997)**: *Verlagerungspotentiale im Krankenhaus – Eine statistische Annäherung*, in: ARNOLD, Michael/ PAFFRATH, Dieter (Hrsg.): Krankenhaus-Report '97 – Schwerpunkt: Sektorübergreifende Versorgung (Aktuelle Beiträge, Trends und Statistiken), Stuttgart et al., S. 223-234.

GERSTE, **Bettina (2001)**: *Operationshäufigkeit in Krankenhäusern 1996-1999*, in: ARNOLD, Michael/ LITSCH, Martin/ SCHELLSCHMIDT, Henner (Hrsg.): Krankenhaus-Report 2000 – Schwerpunkt: Vergütungsreform mit DRGs, Stuttgart - New York, S. 415-424.

GERSTE, **Ronald D. (1996)**: *„Gentleman, dies ist kein Humbug!": Das war der bedeutungsvollste Satz der Medizingeschichte – nach der ersten Operation unter Narkose*, in: DIE ZEIT, 51. Jg., Nr. 43, 18. 10. 1996, S. 17-20.

GESUNDHEITSZENTRUM EVANGELISCHES STIFT ST. MARTIN, KOBLENZ **(2001)**: *Im Team für Ihre Gesundheit*, <http://www.gzstift.de/stift.htm>, Abrufdatum: 10. 07. 2001.

GETSCHMANN, **Dirk (1992)**: *„Unternehmenskultur" – Bemerkungen zum Handelswert eines Begriffes*, in: zfo, 61. Jg., Nr. 5/92, S. 299-303.

GILBERT, **Dirk Ulrich (1998)**: *Konfliktmanagement in international tätigen Unternehmen: Ein diskursethischer Ansatz zur Regelung von Konflikten im interkulturellen Management*, Diss. (Universität Frankfurt am Main, 1997), Sternenfels - Berlin.

GIRSCHNER, **Walter (1990)**: *Theorie sozialer Organisationen: eine Einführung in Funktionen und Perspektiven von Arbeit und Organisation in der gesellschaftlich-ökologischen Krise*, Weinheim - München.

GITTER, **Wolfgang (1993)**: *Rechtsform des Krankenhauses*, in: EICHHORN, Siegfried (Hrsg.): Leitung und Leistung im Krankenhaus: Führungsorganisation aus Sicht des Krankenhausträgers; ein Symposium der Bertelsmann Stiftung, 24.-25. September 1991, Gütersloh, S. 80-87.

GLASERSFELD, **Ernst von (1999)**: *Einführung in den radikalen Konstruktivismus*, in: WATZLAWICK, Paul (Hrsg.): Die erfundene Wirklichkeit – Wie wissen wir, was wir zu wissen glauben? Beiträge zum Konstruktivismus, 11. Aufl., München - Zürich.

GLASMACHER, **Christian/ SCHMIDT, Wolfgang (1997)**: *Krankenhaus-Stimmungsbarometer*, in: f&w, 14. Jg., Nr. 3/97, S. 230-232.

GÖBEL, **Elisabeth (1992)**: *Das Management der sozialen Verantwortung*, Diss. (Universität Tübingen, 1991), Berlin.

GÖBEL, **Elisabeth (1993)**: *Selbstorganisation – Ende oder Grundlage rationaler Organisationsgestaltung*, in: zfo, 62. Jg., Nr. 6/93, S. 391-395.

GODO, **Ilse/ HILDEBRANDT, Helmut/ MURSA, Wolfgang (1993)**: *Auf dem Weg zum Gesundheitshaus – erste Schritte eines evangelischen Krankenhauses zu einem Pilotkrankenhaus im WHO-Netzwerk „Health Promoting Hospitals"*, in: PELIKAN, Jürgen M./ DEMMER, Hildegard/ HURRELMANN, Klaus (Hrsg.): Gesundheitsförderung durch Organisationsentwicklung: Konzepte, Strategien und Projekte für Betriebe, Krankenhäuser und Schulen, Weinheim - München, S. 241-255.

GOLL, **Eberhard (1992)**: *Universitätsklinika als Untersuchungsobjekte*, in: BUCHHOLZ, Werner/ EICHHORN, Peter (Hrsg.): Wirtschaftliche Führung von Krankenhäusern: Schwachstellen und Lösungsansätze am Beispiel von Universitätsklinika, Baden-Baden, S. 21-46.

GOMEZ, Peter/ PROBST, Gilbert J. B. (1997): *Die Praxis des ganzheitlichen Problemlösens: vernetzt denken, unternehmerisch handeln, persönlich überzeugen*, 2., überarbeitete Aufl., Bern - Stuttgart - Wien.

GOMEZ, Peter/ ZIMMERMANN, Tim (1997): *Unternehmensorganisation: Profile, Dynamik, Methodik*, St. Galler Management-Konzept Bd. 3, 3. Aufl., Frankfurt am Main – New York.

GORSCHLÜTER, Petra (1999): *Das Krankenhaus der Zukunft: integriertes Qualitätsmanagement zur Verbesserung von Effektivität und Effizienz*, Diss. (Universität Münster (Westfalen), 1998), Stuttgart - Berlin - Köln.

GÖTZNER, Till (1995): *Entscheidungsorientiertes Kostenmanagement im Krankenhaus: Bereitstellung entscheidungsrelevanter Informationen zur Planung, Steuerung und Kontrolle*, in: ku, 64. Jg., Nr. 3/95, S. 205-212.

GOUTHIER, Matthias/ ENSTE, Ulrich/ MÜLLER-KEITEL, Martina (2000): *Information ist eine Hol- und Bringschuld: Integrierte Kommunikation für Krankenhäuser*, in: ku, 69. Jg., Nr. 7/00, S. 571-574.

GRAF, Volker (1998): *Vom Krankenhaus zum Gesundheitszentrum: Das Klinikum Ludwigshafen – Die Umwandlung aus Sicht der Verwaltung*, in: KOOPERATIONSSTELLE HOCHSCHULEN/ GEWERKSCHAFTEN AN DER CARL VON OSSIETZKY-UNIVERSITÄT OLDENBURG (Hrsg.): Wege zum Gesundheitszentrum: Beiträge einer Fachtagung der ÖTV und der Kooperationsstelle, Oldenburg, S. 45-53.

GRAF, Volker/ HALDIMANN, Christian U./ SCHELLHAMMER, Thomas (1997): *Über Umwege sicherer ans Ziel: Logistikkosten gesenkt, Leistungsqualität verbessert – Das Fallbeispiel: Klinikum Ludwigshafen am Rhein*, ku, 66. Jg., Nr. 11/97, S. 884-890.

GRAF-BAUMANN, Toni (1992): *Lebensqualität: gesundheitsökonomische Folgerungen*, in: MOHR, Jürgen/ SCHUBERT, Christoph (Hrsg.): Ethik der Gesundheitsökonomie, Berlin et al., S. 11-16.

GRANDJEAN, Josef (1997): *Der Prozeß der Leitbildentwicklung und -umsetzung am Beispiel der St.-Elisabeth-Stiftung in Dernbach*, in: ZWIERLEIN, Eduard (Hrsg.): Klinikmanagement: Erfolgsstrategien für die Zukunft, München - Wien - Baltimore, S. 165-173.

GREINER, Manfred (1999): *Erfahrungen mit der Umsetzung des Öko-Audits im Krankenhaus München-Neuperlach*, in: WETTLAUFFER, Ingrid/ SCHIMMELPFENG, Lutz/ PFAFF-SCHLEY, Herbert (Hrsg.): KrankenhausManagement für Qualität und Umwelt: Umsetzung von Normen, Modell und Verordnung in der Praxis, Taunusstein, S. 33-42.

GROHS, Bernd/ UEDELHOFEN, Klaus W. (1998): *Telematik im Gesundheitswesen: Telemedizin braucht Kompatibilität*, in: f&w, 15. Jg., Nr. 2/98, S. 92-96.

GRÖNEMEYER, Dietrich H. W. (1997): *Mikro-Therapie und High-Tech für eine sanfte und ökologische Medizin: Von „made in Germany" zu „med in Germany"*, in: das Krankenhaus, 89. Jg., Nr. 6/97, S. 326-334.

GROSSMANN, Ralph (1993a): *Gesundheitsförderung durch Organisationsentwicklung – Organisationsentwicklung durch Projektmanagement*, in: PELIKAN, Jürgen M./ DEMMER, Hildegard/ HURRELMANN, Klaus (Hrsg.): Gesundheitsförderung durch Organisationsentwicklung:

Konzepte, Strategien, Projekte für Betriebe, Krankenhäuser und Schulen, Weinheim - München, S. 43-60.

GROSSMANN, Ralph (1993b): *Leitungsfunktionen und Organisationsentwicklung im Krankenhaus*, in: BADURA, Bernhard/ FEUERSTEIN, Günter/ SCHOTT, Thomas (Hrsg.): System Krankenhaus: Arbeit, Technik und Patientenorientierung, München, S. 301-321.

GRUNDBÖCK, Alice/ NOWAK, Peter/ PELIKAN, Jürgen M. (Hrsg.) (1997): *Gesundheitsförderung – eine Strategie für Krankenhäuser im Umbruch: Projekte aus Österreich und Deutschland*, Wien.

GRÜNIG, Rudolf (1988): *Unternehmensleitbilder: Grundzüge eines Verfahrens zur Erarbeitung und Revision*, in: zfo, 57. Jg., Nr. 4/88, S. 254-260.

GÜNTERT, Bernhard J. (1994): *Ganzheitliches Denken – eine Problemlösungs- und Kommunikationsmethodik zur Managemententwicklung im Krankenhaus*, in: Österreichische Krankenhaus-Zeitung, 35. Jg., Sonderfolge Krankenhausmanagement, S. 20-34.

GÜNTERT, Bernhard J./ BERGER, Daniel H. (1994): *Versorgungsaufträge – ein Instrument des normativen Managements im Krankenhaus – Erfahrungen aus der Schweiz*, in: HAUKE, Eugen (Hrsg.): Leistungsorientierte Planung im Krankenhaus: ein partizipativer Ansatz für die Praxis, Wien, S. 253-276.

GÜNTERT, Bernhard J./ SAGMEISTER, Markus (1989): *Vernetztes Denken bei der Entwicklung eines Leitbildes für die Krankenhausführung*, in: PROBST, Gilbert J. B./ GOMEZ, Peter (Hrsg.): Vernetztes Denken – Unternehmen ganzheitlich führen, Wiesbaden, S. 89-107.

GÜRKAN, Irmtraut (1999): *Profit-Center im Krankenhaus am Beispiel des Universitätsklinikums Frankfurt/Main*, in: BRAUN, Günther E. (Hrsg.): Handbuch Krankenhausmanagement: Bausteine für eine moderne Krankenhausführung, Stuttgart, S. 525-551.

GUSERL, Richard/ HOFMANN, Michael (1976): *Das Harzburger Modell – Idee und Wirklichkeit und Alternative zum Harzburger Modell*, 2., erweiterte Aufl., Wiesbaden.

GUSSMANN, Bernd/ BREIT, Claus (1997): *Ansatzpunkte für eine Theorie der Unternehmenskultur*, in: HEINEN, Edmund/ FANK, Matthias (Hrsg.): Unternehmenskultur: Perspektiven für Wissenschaft und Praxis, 2., bearbeitete und erweiterte Aufl., München - Wien, S. 107-139.

H

HAAS, Peter (1999): *Krankenhausinformationssysteme als strategischer Erfolgsfaktor unseres Gesundheitswesens*, in: das Krankenhaus, 91. Jg., Nr. 7/99, S. 450-455.

HAAS, Peter (2000): *IT-gestütztes Behandlungsmanagement*, in: das Krankenhaus, 92. Jg., Nr. 4/00, S. 294-299.

HAAS, Peter/ KUHN, Klaus (1997): *Informationsverarbeitung im Krankenhaus: Strategische Relevanz der Informationstechnologie*, in: das Krankenhaus, 89. Jg., Nr. 2/97, S. 65-73.

HAGMANN, Hartmut/ NERLINGER, Thomas (1998): *Verschlafen die Krankenhäuser die Entwicklung im ambulanten Sektor? – Ein Plädoyer für die sektorenübergreifende Vernetzung mit Hilfe von Managed-Care-Techniken*, in: f&w, 15. Jg., Nr. 3/98, S. 214-218.

HAHN, Dietger (1996): *PuK: Planung und Kontrolle, Planungs- und Kontrollsysteme, Planungs- und Kontrollrechnung; Controllingkonzepte; Unternehmungsbeispiele*, 5., überarbeitete und erweiterte Aufl., Wiesbaden.

HAMMER, Ilka (1996): *Lebensqualität: Ein patientenorientierter Ansatz zur Neuorientierung des Gesundheitswesens*, in: FAZ, Nr. 268, 16. 11. 1996, S. B 7.

HARTWIG, Rudolf (1993): *„Gruppendiskussion"*, in: EICHHORN, Siegfried (Hrsg.): Leitung und Leistung im Krankenhaus: Führungsorganisation aus Sicht des Krankenhausträgers; ein Symposium der Bertelsmann Stiftung, 24.-25. September 1991, Gütersloh, S. 55-56.

HATZACK, Alice et al. (2000): *„Darf's ein bisschen mehr sein?"* – Ergebnisse einer Patientenbefragung zum Thema „Zusätzliche Serviceleistungen im Krankenhaus", in: f&w, 17. Jg., Nr. 4/00, S. 375-377.

HAUBROCK, Manfred (1997a): *Makro- und mikroökonomische Aspekte des Krankenhauses*, in: ZWIERLEIN, Eduard (Hrsg.): Klinikmanagement: Erfolgsstrategien für die Zukunft, München - Wien - Baltimore, S. 26-40.

HAUBROCK, Manfred (1997b): *Ökobilanzierung im Krankenhaus: Durch Abfallwirtschaft Abfälle vermeiden und vermindern*, in: f&w, 14. Jg., Nr. 3/97, S. 288-295.

HAUBROCK, Manfred/ PETERS, Sönke H. F. (1994): *Gesundheit, Gesellschaft und Ökonomie*, in: PETERS, Sönke H. F./ SCHÄR, Walter (Hrsg.): Betriebswirtschaft und Management im Krankenhaus, Berlin, S. 13-40.

HAUBROCK, Manfred/ SCHÄR, Walter (1992a): *Gesundheit, Gesellschaft und Ökonomie, 1. Lehrbrief zu den Grundlagen der Gesundheitsökonomie*, Dresden.

HAUBROCK, Manfred/ SCHÄR, Walter (1992b): *Krankenhausbetriebswirtschaft, 6. Lehrbrief zu den Grundlagen der Gesundheitsökonomie*, Dresden.

HAUSCHILDT, Jürgen (1995): *Verantwortung*, in: KIESER, Alfred/ REBER, Gerhard/ WUNDERER, Rolf (Hrsg.): Handwörterbuch der Führung, 2., neu gestaltete und ergänzte Aufl., Stuttgart, Sp. 2097-2106.

HEBERER, Michael (1999): *Management-Herausforderungen und -Lösungen in Kliniken der Schweiz*, in: BRAUN, Günther E. (Hrsg.): Handbuch Krankenhausmanagement: Bausteine für eine moderne Krankenhausführung, Stuttgart, S. 81-106.

HEICAPELL, Rüdiger (2000): *Das Netz der Mündigen: Gesundheitsinformationen aus dem Internet nützen Patienten und Ärzten*, in: DIE ZEIT, 55. Jg., Nr. 47, 16. 11. 2000, S. 43.

HEIDENBERGER, Kurt (1990): *Quantitative Modelle für das Strategische Management: Strukturierungspotential und konkrete Verwendungsideen, aufgezeigt anhand ausgewählter Probleme der Gesundheitswirtschaft*, Habil.-Schr. (Universität Erlangen-Nürnberg, 1989), Berlin et al.

HEIMERL-WAGNER, Peter (1996a): *Organisationsbilder und Managementkonzeptionen in Gesundheitsinstitutionen*, in: HEIMERL-WAGNER, Peter/ KÖCK, Christian (Hrsg.): Management in Gesundheitsorganisationen: Strategien, Qualität, Wandel, Wien, S. 102-124.

HEIMERL-WAGNER, Peter (1996b): *Organisation in Gesundheitsinstitutionen*, in: HEIMERL-WAGNER, Peter/ KÖCK, Christian (Hrsg.): Management in Gesundheitsorganisationen: Strategien, Qualität, Wandel, Wien, S. 127-186.

HEIMERL-WAGNER, Peter / KÖCK, Christian (Hrsg.) (1996): *Management in Gesundheitsorganisationen: Strategien, Qualität, Wandel*, Wien.

HEINEN, Edmund (1997): *Unternehmenskultur als Gegenstand der Betriebswirtschaftslehre*, in: HEINEN, Edmund/ FANK, Matthias (Hrsg.): Unternehmenskultur: Perspektiven für Wissenschaft und Praxis, 2., bearbeitete und erweiterte Aufl., München - Wien, S. 1-48.

HEINEN, Edmund/ DILL, Peter (1990): *Unternehmenskultur aus betriebswirtschaftlicher Sicht*, in: SIMON, Hermann (Hrsg.): Herausforderung Unternehmenskultur, Stuttgart, S. 12-24.

HEINZ, Ingo (1992): *Kostensteigerungen im Gesundheitswesen durch Luftverunreinigungen*, in: ZfU, 15. Jg., Nr. 1/92, S. 45-58.

HEITMEYER, Wilhelm (2000): *„Der Staat will nichts wissen": Ursachen des Rechtsextremismus und das riskante Verhalten der Mitte – ein ZEIT-Gespräch mit dem Bielefelder Sozialwissenschaftler Wilhelm Heitmeyer*, in: DIE ZEIT, 55. Jg., Nr. 35, 24. 08. 2000, S. 6-7.

HELBIG, Wolfgang (1993): *Krankenhausphilosophie – Leitbilder/Führungskonzepte und -richtlinien*, in: EICHHORN, Siegfried (Hrsg.): Leitung und Leistung im Krankenhaus: Führungsorganisation aus Sicht des Krankenhausträgers; ein Symposium der Bertelsmann Stiftung, 24.-25. September 1991, Gütersloh, S. 127-154.

HELD, Martin (1991): *„Die Ökonomik hat kein Menschenbild" – Institutionen, Normen, Menschenbild*, in: BIERVERT, Bernd/ HELD, Martin (Hrsg.): Das Menschenbild der ökonomischen Theorie: zur Natur des Menschen, Frankfurt am Main - New York, S. 10-41.

HELMIG, Bernd/ DIETRICH, Martin (2001): *Qualität von Krankenhausleistungen und Kundenbeziehungen: Das Beispiel „Ambulante Krankenhausbehandlung von Kindern"*, in: DBW, 61. Jg., Nr. 3/01, S. 319-334.

HELMIG, Bernd/ TSCHEULIN, Dieter K. (1998): *Krankenhausmanagement in der deutschsprachigen betriebswirtschaftlichen Forschung im internationalen Vergleich: Eine Bestandsaufnahme*, in: ZfB, 68. Jg., Nr. 1/98, S. 83-110.

HENKE, Klaus-Dirk/ GÖPFFARTH, Dirk (1997): *Das Krankenhaus im System der Gesundheitsversorgung*, Berlin.

HENTZE, Joachim/ KEHRES, Erich (1995): *Kosten- und Leistungsrechnung in Krankenhäusern: Systematische Einführung*, 3., neu bearbeitete Aufl., Stuttgart - Berlin - Köln.

HERDER-DORNEICH, Philipp (1994): *Ökonomische Theorie des Gesundheitswesens: Problemgeschichte, Problembereiche, Theoretische Grundlagen*, Baden-Baden.

HERDER-DORNEICH, Philipp/ WASEM, Jürgen (1986): *Krankenhausökonomik zwischen Humanität und Wirtschaftlichkeit*, Baden-Baden.

HERRLER, Michael (1999): *Interne und externe Fort- und Weiterbildung für Krankenhausmitarbeiter*, in: BRAUN, Günther E. (Hrsg.): Handbuch Krankenhausmanagement: Bausteine für eine moderne Krankenhausführung, Stuttgart, S. 839-853.

HERSCHBACH, Peter (1993): *Arbeitssituation und Arbeitsbelastung bei Ärzten und Ärztinnen im Krankenhaus*, in: BADURA, Bernhard/ FEUERSTEIN, Günter/ SCHOTT, Thomas (Hrsg.): System Krankenhaus: Arbeit, Technik und Patientenorientierung, München, S. 122-136.

HESCH, Gerhard (1997): *Das Menschenbild neuer Organisationsformen: Mitarbeiter und Manager im Unternehmen der Zukunft*, Diss. (Technische Universität München, 1996), Wiesbaden.

HESS, Rainer/ QUASDORF, Ingrid (2001): *Aufgaben und Organisation ärztlicher Körperschaften und Verbände*, <http://www.kbv.de/publikationen/hefte.htm>, Erscheinungsmonat: April 2001, Abrufdatum: 07. 08. 2001.

HEYMANN, Max (1996): *Ist der Einkauf im Krankenhaus zur Reform fähig? Die Macht des Faktischen erstickt den Mut zu Visionen*, in: f&w, 13. Jg., Nr. 5/96, S. 446-451.

HILDEBRAND, Rolf (1995): *Benchmarking*, in: f&w, 12. Jg., Nr. 3/95, S. 244-250.

HILDEBRANDT, Helmut/ RIPPMANN, Konrad/ SEIPEL, Peter (2000): *Integrierte Versorgung: So führt sie zum Erfolg – Wer seine Wettbewerbsposition nicht prüft, gerät rasch in Gefahr*, in: f&w, 17. Jg., Nr. 4/00, S. 390-394.

HILL, Wilhelm (1994): *Betriebswirtschaftslehre als Managementlehre*, in: WUNDERER, Rolf (Hrsg.): Betriebswirtschaftslehre als Management- und Führungslehre, 3., überarbeitete und ergänzte Aufl., Stuttgart, S. 121-140.

HINTERHUBER, Hans H. (1996): *Strategische Unternehmungsführung I – Strategisches Denken: Vision, Unternehmenspolitik, Strategie*, 6., neu bearbeitete und erweiterte Aufl., Berlin - New York.

HINTERHUBER, Hans H. (1997): *Strategische Unternehmungsführung II – Strategisches Handeln: Direktiven, Organisation, Umsetzung, Unternehmungskultur, Strategisches Controlling, Strategische Führungskompetenz*, 6., völlig neu bearbeitete Aufl., Berlin - New York.

HOBERG, Rolf (1999): *Kooperation zwischen Gesetzlichen Krankenkassen und Krankenhäusern – Praktische Erfahrungen und Perspektiven aus dem Blickwinkel der AOK Baden-Württemberg*, in: BRAUN, Günther E. (Hrsg.): Handbuch Krankenhausmanagement: Bausteine für eine moderne Krankenhausführung, Stuttgart, S. 145-154.

HODEL, Markus (1998): *Organisationales Lernen und Qualitätsmanagement: eine Fallstudie zur Erarbeitung und Implementation eines visualisierten Qualitätsleitbildes*, Diss. (Hochschule für Wirtschafts-, Rechts- und Sozialwissenschaften St. Gallen, 1995), Frankfurt am Main et al.

HOEFERT, Hans-Wolfgang (1996): *Vorwort der Herausgeber der Reihe „Organisation und Medizin"*, in: BELLABARBA, Julia/ SCHNAPPAUF, Delf (Hrsg.): Organisationsentwicklung im Krankenhaus, Göttingen - Stuttgart, S. 5-8.

HOEFERT, Hans-Wolfgang (1997): *Psychologische Merkmale von Management und Führung in Krankenhäusern und Kliniken*, in: HOEFERT, Hans-Wolfgang (Hrsg.): Führung und Management im Krankenhaus, Göttingen, S. 23-48.

HOFER, Marianne (1987): *Patientenbezogene Krankenhausorganisation*, Berlin et al.

HOFFMANN, Friedrich (1989a): *Erfassung, Bewertung und Gestaltung von Unternehmungskulturen: Von der Kulturtheorie zu einem anwendungsorientierten Ansatz*, in: zfo, 58. Jg., Nr. 3/89, S. 168-173.

HOFFMANN, Friedrich (1989b): *Unternehmungs- und Führungsgrundsätze: Ergebnisse einer empirischen Untersuchung*, in: zfbf, 41. Jg., Nr. 3/89, S. 167-185.

HOFFMANN, Hermann (1996): *Die Stellung des leitenden Arztes im deutschen Krankenhaus*, in: das Krankenhaus, 88. Jg., Nr. 10/96, S. 502-508.

HOFFMANN, Josef (1999): *Personalkosten reduzieren statt Mitarbeiter entlassen: Viele Wege führen in der Summe zum Erfolg*, in: f&w, 16. Jg., Nr. 6/99, S. 522-524.

HOFFMANN, Ute et al. (1982): *Gruppenpraxis und Gesundheitszentrum: neue Modelle medizinischer und psychosozialer Versorgung*, Frankfurt am Main - New York.

HÖHN, Reinhard (1986): *Führungsbrevier der Wirtschaft*, unter Mitarbeit von Gisela BÖHME, 12., gegenüber der 11. unveränderte Aufl., Bad Harzburg.

HOLLER, Albert (1985): *Das Finanzierungssystem nach dem Krankenhausfinanzierungsgesetz (KHG) und Fragen der Versorgungseffizienz*, in: FERBER, Christian von et al. (Hrsg.): Kosten und Effizienz im Gesundheitswesen, Gedenkschrift für Ulrich Geissler, München, S. 153-171.

HOPFENBECK, Waldemar (2000): *Allgemeine Betriebswirtschafts- und Managementlehre: das Unternehmen im Spannungsfeld zwischen ökonomischen, sozialen und ökologischen Interessen*, 13., vollständig überarbeitete und erweiterte Aufl., Landsberg/ Lech.

HORAK, Christian (1995): *Controlling in Nonprofit-Organisationen*, 2. Aufl., Diss. (Wirtschaftsuniversität Wien, 1992), Wiesbaden.

HÜLLEMANN, Klaus-Diethart (1993): *Das Krankenhaus St. Irmingard in Prien am Chiemsee*, in: PELIKAN, Jürgen M./ DEMMER, Hildegard/ HURRELMANN, Klaus (Hrsg.): Gesundheitsförderung durch Organisationsentwicklung: Konzepte, Strategien und Projekte für Betriebe, Krankenhäuser und Schulen, Weinheim - München, S. 256-266.

HULLMANN, Harald (1996): *Zur Gestaltung von Gesundheitszentren – Umweltgestaltung*, in: VKD (Hrsg.): Generalthema: Der Mensch im künftigen Gesundheitszentrum, Mülheim/ Ruhr, S. 144-148.

I

INGRUBER, Horst (1994): *Krankenhausbetriebslehre: Grundlagen für modernes Krankenhausmanagement*, Wien.

INGRUBER, Horst (1999): *Management-Herausforderungen und -Lösungen in österreichischen Spitälern*, in: BRAUN, Günther E. (Hrsg.): Handbuch Krankenhausmanagement: Bausteine für eine moderne Krankenhausführung, Stuttgart, S. 63-80.

ISENMANN, Ralf (1997): *Ökologisches Management: Konzept, Gestaltungsprinzipien und Umsetzung*, in: ZWIERLEIN, Eduard (Hrsg.): Klinikmanagement: Erfolgsstrategien für die Zukunft, München - Wien - Baltimore, S. 508-521.

ISENMANN, Ralf/ BERGES, Markus (1997): *Müll im Krankenhaus: Neue Herausforderung Abfallwirtschaft*, in: ZWIERLEIN, Eduard (Hrsg.): Klinikmanagement: Erfolgsstrategien für die Zukunft, München - Wien - Baltimore, S. 522-535.

J

JAHN, Erwin et al. (1973): *Die Gesundheitssicherung in der Bundesrepublik Deutschland: Analyse und Vorschläge zur Reform*, 3., durchgesehene Aufl., Köln.

JANIK, Walter/ ZIMMERMANN, Gabriela (1998): *Integrieren statt Parallelisieren: Wie viele Managementsysteme verträgt ein Unternehmen?*, in: QZ, 43. Jg., Nr. 3/98, S. 277-279.

JANISCH, Monika (1993): *Das strategische Anspruchsgruppenmanagement: vom Shareholder Value zum Stakeholder Value*, Diss. (Hochschule für Wirtschafts-, Rechts- und Sozialwissenschaften St. Gallen, 1992), Bern - Stuttgart - Wien.

JANISCHOWSKI, Axel J. F./ SCHNEIDER, Stephan (1999): *Strategische Planung – Eine immer wichtiger werdende Aufgabe für das Krankenhausmanagement*, in: ZfB-Ergänzungsheft Nr. 5/99: Krankenhausmanagement (Schriftleitung: ALBACH, Horst/ BACKES-GELLNER, Uschi), Wiesbaden, S. 27-49.

JANOSITZ, Paul (2000): *Operationsroboter – Überblick und Perspektiven*, in: das Krankenhaus, 92. Jg., Nr. 5/00, S. 383-390.

JESCHKE, Horst A. (1995): *Marketing als Instrument der Existenzsicherung im Krankenhausmarkt*, in: EICHHORN, Siegfried/ SCHMIDT-RETTIG, Barbara (Hrsg.): Krankenhausmanagement im Werte- und Strukturwandel: Handlungsempfehlungen für die Praxis, Stuttgart - Berlin - Köln, S. 435-448.

JESCHKE, Horst A./ GLIEMANN, Marlies (1993): *Management statt Verwaltung: Der Apfel „Unternehmen Krankenhaus" hängt überreif am Baum der Erkenntnis*, in: JESCHKE, Horst A. (Hrsg.): Krankenhausmanagement zwischen Frustration und Erfolg, Kulmbach, S. 38-47.

JESCHKE, Horst A./ HAILER, Bettina (1994): *Das Gesundheitsstrukturgesetz 1993: Auswirkungen auf den Krankenhausbetrieb*, Basel.

JESCHKE, Wolfgang (1992): *Managementmodelle: Ein kritischer Vergleich*, Diss. (Universität München, 1992), Herrsching.

JETTER, Dieter (1976): *Das Krankenhaus: Geschichte und Gliederung*, in: BLOHMKE, Maria et al. (Hrsg.): Handbuch der Sozialmedizin, Bd. III: Sozialmedizin in der Praxis, Stuttgart.

JETTER, Dieter (1986): *Das europäische Hospital: Von der Spätantike bis 1800*, Köln.

JOHN, Jürgen/ ARNHOLD, Thomas/ WOHLMANNSTETTER, Victor (1992): *Computer und Pflegearbeit: Erwartungen und erste Erfahrungen*, in: PROGNOS (Hrsg.): Auf dem Weg aus der Pflegekrise?: Neue Ideen und Lösungsansätze in der Krankenpflege, Berlin, S. 127-163.

JOHN, Jürgen/ WOHLMANNSTETTER, Victor/ LANIG, Jörg (1992): *Entwicklungsstand und -perspektiven rechnergestützter Informations- und Kommunikationssysteme in der stationären Krankenpflege*, in: PROGNOS (Hrsg.): Auf dem Weg aus der Pflegekrise?: Neue Ideen und Lösungsansätze in der Krankenpflege, Berlin, S. 89-125.

JONAS, Hans (1984): *Das Prinzip Verantwortung: Versuch einer Ethik für die technologische Zivilisation*, Frankfurt am Main.

K

KALTENBACH, Tobias (1993): *Qualitätsmanagement im Krankenhaus: Qualitäts- und Effizienzsteigerung auf der Grundlage des Total-quality-Management*, 2. Aufl., Diss. (Universität Köln, 1990), Melsungen.

KÄMMERER, Wolfgang (1999): *Kooperation der Dr.-Horst-Schmidt-Kliniken GmbH (HSK), Wiesbaden, mit einem Pharmaunternehmen am Beispiel »Imipenem«*, in: BRAUN, Günther E. (Hrsg.): Handbuch Krankenhausmanagement: Bausteine für eine moderne Krankenhausführung, Stuttgart, S. 309-327.

KAMPE, Dieter M. (1998): *Sind Krankenhausinformationssysteme vergleichbar? Auswahl und Entscheidung beim Kauf von Informationssystemen*, in: das Krankenhaus, 90. Jg., Nr. 11/98, S. 674-677.

KAMPE, Dieter M./ KRACHT, Peter J. (1989): *Management im Krankenhaus*, Berlin – New York.

KAPPLER, Ekkehard (1992): *Menschenbilder*, in: GAUGLER, Eduard/ WEBER, Wolfgang (Hrsg.): Handwörterbuch des Personalwesens, 2., neu bearbeitete und ergänzte Aufl., Stuttgart, Sp. 1324-1342.

KASPAR, Claude (1998): *Management der Verkehrsunternehmungen*, München - Wien.

KASSENÄRZTLICHE BUNDESVEREINIGUNG (KBV) (Hrsg.) (1996): *Vernetzte Praxen und flexible Vertragsformen – Weiterentwicklung der ambulanten Versorgung*, KBV Kontext Nr. 3 (Broschüre), Köln.

KAUFMANN, Wolfgang (1995): *Handlungshinweise zur Kalkulation der Kosten und Erlöse für vor- und nachstationäre Behandlung sowie ambulantes Operieren*, in: EICHHORN, Siegfried/ SCHMIDT-RETTIG, Barbara (Hrsg.): Krankenhausmanagement im Werte- und Strukturwandel: Handlungsempfehlungen für die Praxis, Stuttgart - Berlin - Köln, S. 186-194.

KENNTEMICH, Rainer (1998): *Alternative Finanzierungsquellen für Investitionen*, in: f&w, 15. Jg., Nr. 1/98, S. 66-71.

KERBER S. J., Walter (1991): *Homo oeconomicus: Zur Rechtfertigung eines umstrittenen Begriffs*, in: BIERVERT, Bernd/ HELD, Martin (Hrsg.): Das Menschenbild der ökonomischen Theorie: zur Natur des Menschen, Frankfurt am Main - New York, S. 56-75.

KESSLER, Wilhelm (1995): *Wandel der Informationstechnologie im Krankenhaus am Beispiel der Saarbrücker Winterbergkliniken gGmbH*, in: KÖHLER-FROST, Wilfried (Hrsg.): Unternehmen Krankenhaus: Organisation und Informationsverarbeitung als strategische Erfolgsfaktoren eines marktorientierten Krankenhausmanagements, Berlin, S. 147-178.

KICKBUSCH, Ilona (1993): *Vorwort*, in: PELIKAN, Jürgen M./ DEMMER, Hildegard/ HURRELMANN, Klaus (Hrsg.) (1993): Gesundheitsförderung durch Organisationsentwicklung: Konzepte, Strategien und Projekte für Betriebe, Krankenhäuser und Schulen, Weinheim - München, S. 9-12.

KIESCHOWEIT, Jürgen (1998): *Die Erschließung von Wirtschaftlichkeitspotentialen durch ganzheitliches Logistikmanagement im Krankenhaus*, in: das Krankenhaus, 90. Jg., Nr. 1/98, S. 18-21.

KIESER, Alfred (1994): *Fremdorganisation, Selbstorganisation und evolutionäres Management*, in: zfbf, 46. Jg., Nr. 3/94, S. 199-228.

KIESER, Alfred (1995): *Managementlehre und Taylorismus*, in: KIESER, Alfred (Hrsg.): Organisationstheorien, 2., überarbeitete Aufl., Stuttgart - Berlin - Köln, S. 57-89.

KIPPES, Stephan (1993): *Der Leitbilderstellungsprozeß: Weichenstellung für Erfolg oder Mißerfolg von Unternehmensleitbildern*, in: zfo, 62. Jg., Nr. 3/93, S. 184-188.

KIRSCH, Werner (1997): *Strategisches Management: Die geplante Evolution von Unternehmen*, München.

KIRSCH, Werner/ KNYPHAUSEN, Dodo zu (1988): *Unternehmen und Gesellschaft. Die „Standortbestimmung" des Unternehmens als Problem eines Strategischen Managements*, in: DBW, 48. Jg., Nr. 4/88, S. 489-507.

KLAS, Christian (2000): *Gestaltungsmöglichkeiten im Gesundheitswesen*, Diss. (European Business School, Oestrich-Winkel, 1999), Wiesbaden.

KLINIKUM DER FRIEDRICH-ALEXANDER-UNIVERSITÄT ERLANGEN-NÜRNBERG (2000): *Leitbild*, <http://www.uni-erlangen.de/docs/FAUWWW/Klinikum/info/leitbild.htm>, Erscheinungsdatum: 08. 07. 2000, Abrufdatum: 27. 06. 2001.

KLINIKUM KAUFBEUREN-OSTALLGÄU (1999): *Umwelt-Leitlinien des Klinikums*, <http://www.klinikum-kaufbeuren-ostallgaeu.de>, Abrufdatum: 19. 08. 1999.

KLINIKUM NÜRNBERG (1999): *Leitbild*, <http://klinikum.nuernberg.de/1_01_leitbild.html>, Erscheinungsdatum: 15. 04. 1999, Abrufdatum: 19. 08. 2001.

KLOOS, Sr. M. Basina (1993): *Stellungnahme zum Beitrag von Wolfgang Helbig: „Krankenhausphilosophie – Leitbilder/Führungskonzepte und -richtlinien" aus Sicht der Krankenhauspraxis*, in: EICHHORN, Siegfried (Hrsg.): Leitung und Leistung im Krankenhaus: Führungsorganisation aus Sicht des Krankenhausträgers; ein Symposium der Bertelsmann Stiftung, 24.-25. September 1991, Gütersloh, S. 160-176.

KNYPHAUSEN-AUFSEß, Dodo zu (1995): *Theorie der strategischen Unternehmensführung: State of the Art und neue Perspektiven*, Habil.-Schr. (Universität München, 1994), Wiesbaden.

KOCH, Bernd (2000): *Die Partnerschaft mit der Industrie sichert der Klinik die Zukunft: Facilitymanagement am Beispiel des Gesundheitszentrums Ev. Stift St. Martin, Koblenz*, in: f&w, 17. Jg., Nr. 1/00, S. 38-39.

KÖCK, Christian (1996): *Qualitätsmanagement als Weg zur Organisationsveränderung im Krankenhaus*, in: BELLABARBA, Julia/ SCHNAPPAUF, Delf (Hrsg.): Organisationsentwicklung im Krankenhaus, Göttingen - Stuttgart, S. 39-54.

KÖHLER-FROST, **Wilfried (1995)**: *Einführung*, in: KÖHLER-FROST, Wilfried (Hrsg.): Unternehmen Krankenhaus: Organisation und Informationsverarbeitung als strategische Erfolgsfaktoren eines marktorientierten Krankenhausmanagements, Berlin, S. 11-22.

KÖHRER, **Dietmar (1991)**: *Gesetzliche Krankenversicherung und Krankenhäuser: Treffpunkt Pflegesatzverhandlung: Eine Untersuchung zur wirtschaftlicheren Betriebsführung von Krankenhäusern*, Baden-Baden.

KOLBECK, **Christoph/ NICOLAI, Alexander (1996)**: *Von der Organisation der Kultur zur Kultur der Organisation: kritische Perspektiven eines neueren systemtheoretischen Modells*, Marburg.

KONGREGATION DER BARMHERZIGEN SCHWESTERN VOM HL. VINZENZ VON PAUL IN HILDESHEIM **(Hrsg.) (1999)**: *Leitbild der Krankenhäuser der Kongregation der Barmherzigen Schwestern vom hl. Vinzenz von Paul in Hildesheim*, <http://home.t-online.de/home/St._Elisabeth-Krankenhaus/>, Abrufdatum: 19. 08. 1999.

KOOPERATIONSSTELLE HOCHSCHULEN/ GEWERKSCHAFTEN AN DER CARL VON OSSIETZKY-UNIVERSITÄT OLDENBURG **(Hrsg.) (1998)**: *Wege zum Gesundheitszentrum: Beiträge einer Fachtagung der ÖTV und der Kooperationsstelle*, Oldenburg.

KOTLER, **Philip/ BLIEMEL, Friedhelm (1995)**: *Marketing-Management: Analyse, Planung, Umsetzung und Steuerung*, 8., vollständig neu bearbeitete und erweiterte Aufl., Stuttgart.

KPMG **(1999)**: *Unternehmensleitbilder in deutschen Unternehmen: Eine Untersuchung von KPMG in Zusammenarbeit mit dem Lehrstuhl für Unternehmensführung an der Universität Erlangen-Nürnberg*, Frankfurt am Main.

KRAFT, **Udo (1998)**: *Problematik der Abfallentsorgung in den Krankenhäusern: Hinweise zur Implementierung einer optimierten Entsorgungslogistik*, in: das Krankenhaus, 90. Jg., Nr. 11/98, S. 683-686.

KRAJIC, **Karl/ PELIKAN, Jürgen M./ LOBNIG, Hubert (1996)**: *Das Internationale Netzwerk Gesundheitsfördernder Krankenhäuser*, in: BELLABARBA, Julia/ SCHNAPPAUF, Delf (Hrsg.): Organisationsentwicklung im Krankenhaus, Göttingen - Stuttgart, S. 55-62.

KRÄMER, **Walter (1989)**: *Die Krankheit des Gesundheitswesens – Die Fortschrittsfalle der modernen Medizin*, 2. Aufl., Frankfurt am Main.

KRÄMER, **Walter (1992)**: *Bedarf, Nachfrage und Inanspruchnahme von Gesundheitsleistungen*, in: ANDERSEN, Hanfried H./ HENKE, Klaus-Dirk/ SCHULENBURG, J.-Matthias Graf v. d. (Hrsg.): Basiswissen Gesundheitsökonomie, Bd. 1: Einführende Texte, Berlin, S. 63-82.

KRANKENHAUS MÜNCHEN SCHWABING **(2001)**: *Leitsatz*, <http://www.kms.mhn.de/Allgemein/default.htm>, Abrufdatum: 14. 07. 2001.

KRANKENHAUSGEMEINSCHAFT DES KIRCHENKREISES HERNE **(2001)**: *Leitlinien*, <http://www.evk-herne.de/cr/cr_default.html>, Erscheinungsdatum: 19. 02. 2001, Abrufdatum: 08. 07. 2001.

KRAUSKOPF, **Dieter (1995)**: *Einführung*, in: SGB V – Gesetzliche Krankenversicherung, 4., überarbeitete Aufl. (erschienen im dtv), München, S. IX-XX.

KREIKEBAUM, **Hartmut (1992)**: *Humanisierung*, in: FRESE, Erich (Hrsg.): Handwörterbuch der Organisation, 3., völlig neu gestaltete Aufl., Stuttgart, Sp. 816-826.

KREIKEBAUM, **Hartmut (1997)**: *Strategische Unternehmensplanung*, 6., überarbeitete und erweiterte Aufl., Stuttgart - Berlin - Köln.

KREILKAMP, **Edgar (1987)**: *Strategisches Management und Marketing: Markt- und Wettbewerbsanalyse, strategische Frühaufklärung, Portfolio-Management*, Berlin - New York.

KRINGS, **Achim et al. (1999)**: *Alternative Arbeitszeitmodelle und die Qualität der Patientenversorgung – eine empirische Studie auf chirurgischen Intensivstationen*, in: ZfB-Ergänzungsheft Nr. 5/99: Krankenhausmanagement (Schriftleitung: ALBACH, Horst/ BACKES-GELLNER, Uschi), Wiesbaden, S. 125-146.

KRÖGER, **Joachim (1999)**: *Der Krankenhausbetriebsvergleich als Führungsinstrument im Krankenhaus*, in: BFuP, 51. Jg., Nr. 5/99: Der Krankenhausvergleich zwischen Anspruch und Wirklichkeit, S. 477-486.

KU **(Hrsg.) (2001)**: *ku-Studienführer*, <http://www.klinikmarkt.de/Fachzeitschriften/ku_neu/startframe.htm>, Abrufdatum: 29. 07. 2001.

KUCK, **Hartmut (1999)**: *Neue Rolle der Ärzte im Krankenhaus, insbesondere der leitenden Ärzte*, in: BRAUN, Günther E. (Hrsg.): Handbuch Krankenhausmanagement: Bausteine für eine moderne Krankenhausführung, Stuttgart, S. 759-779.

KUHLMANN, **Ellen (2000)**: *Barmherzige Lügen: Was erzählen Krankenhausärzte ihren Patienten, wenn das Geld nicht reicht?*, in: DIE ZEIT, 55. Jg., Nr. 36, 31. 08. 2000, S. 33.

KÜHN, **Hans (1998)**: *Betrieblicher Ideenwettbewerb zahlt sich aus: Verbesserungsvorschläge sind ein Gewinn für Krankenhäuser und Mitarbeiter – Beispiele aus der Uniklinik Münster*, in: f&w, 15. Jg., Nr. 6/98, S. 552-553.

KUNERT, **Karsten Karl Klaus (1993)**: *Organisatorische Ansätze zur innovativen und wirtschaftlichen Nutzung neuer Technologien bei Grossbanken*, Diss. (Eidgenössische Technische Hochschule Zürich, 1993), o. O. (Mikrofiche).

KÜSTER, **Jörg (1993)**: *Maxileistung zum Minitarif: Zwischen Kosteneingrenzung und gesellschaftlichen Erwartungen – aus der Sicht eines leitenden Arztes*, in: JESCHKE, Horst A. (Hrsg.): Krankenhausmanagement zwischen Frustration und Erfolg, Kulmbach, S. 48-65.

L

LANDESKRANKENHAUS ROHRBACH **(2001)**: *Unser Leitbild*, <http://www.lkh-rohrbach.at/wir/leitbild.htm>, Abrufdatum: 27. 06. 2001.

LANGMANN, **Hans Joachim (1992)**: *Entwicklung und Umsetzung des Unternehmensleitbildes bei Merck*, in: zfbf, 44. Jg., Nr. 9/92, S. 847-853.

LASKEWITZ, **Elisabeth/ KLINGENBURG, Friedhelm (1997)**: *Organisations-Entwicklung im Krankenhaus: Einleitung struktureller Veränderungen und Begleitung ihrer Umsetzung*, in: zfo, 66. Jg., Nr. 1/97, S. 38-42.

LEWITZKA-REITNER, **Hans-Jürgen (1987)**: *Dr. Reitners großes Gesundheitslexikon mit über 5.000 Stichwörtern*, Niedernhausen/Ts.

LILGE, **Hans-Georg (1981)**: *Menschenbilder als Führungsgrundlage*, in: ZO, 50. Jg., Nr. 1/81, S. 14-22.

LOHFERT, **Christoph (1992)**: *Patientenbezogene Ablaufsteuerung*, in: GESELLSCHAFT DEUTSCHER KRANKENHAUSTAG MBH (GDK) (Hrsg.): Das Krankenhaus – modernes Dienstleistungsunternehmen mit humanitärem Auftrag, Berlin et al., S. 419-435.

LOHMANN, **Heinz (2000)**: *Wirtschaftlicher Erfolg ist die Grundvoraussetzung für eine humane, qualitätsvolle Patientenversorgung: Der LBK Hamburg macht sich FIT für die Zukunft*, in: f&w, 17. Jg., Nr. 1/00, S. 59-61.

LOHMANN, **Heinz/ SEIDEL-KWENN, Brunhilde (1999)**: *Das Konzept des strategischen Marketing und der strategischen Planung*, in: BRAUN, Günther E. (Hrsg.): Handbuch Krankenhausmanagement: Bausteine für eine moderne Krankenhausführung, Stuttgart, S. 367-385.

LORENZ, **Franz (1997)**: *Vom Krankenhaus zum Gesundheitszentrum*, in: ZWIERLEIN, Eduard (Hrsg.): Klinikmanagement: Erfolgsstrategien für die Zukunft, München - Wien - Baltimore, S. 626-639.

LORENZ-KRAUSE, **Regina/ ZELL, Ulrich (1992)**: *Umsetzungschancen ganzheitlicher Pflegesysteme*, in: PROGNOS (Hrsg.): Auf dem Weg aus der Pflegekrise? Neue Ideen und Lösungsansätze in der Krankenpflege, Berlin, S. 67-87.

LOYDL, **Martin/ HAAS, Frieder (1999)**: *Konzeption eines integrativen Klinik-Kostenrechnungssystems*, in: das Krankenhaus, 91. Jg., Nr. 10/99, S. 661-664.

LUHMANN, **Niklas (1996)**: *Soziale Systeme: Grundriß einer allgemeinen Theorie*, 6. Aufl., Frankfurt am Main.

LUHMANN, **Rainer (1997)**: *Notwendigkeit von Gesundheitssystemforschung für Krankenhäuser*, in: HALLAUER, Johannes F. (Hrsg.): Erwartungen an die Gesundheitssystemforschung zum Jahr 2000 – Festschrift zum 75. Geburtstag von Professor Dr. med. Fritz Beske, MPH, Würzburg, S. 64-68.

LÜNGEN, **Markus (1999)**: *Der Krankenhausbetriebsvergleich in Budgetverhandlungen – Möglichkeiten und Grenzen der derzeitigen Methodik*, in: BFuP, 51. Jg., Nr. 5/99: Der Krankenhausvergleich zwischen Anspruch und Wirklichkeit, S. 487-498.

LÜTH, **Paul (1980)**: *Wörterbuch zur medizinischen Soziologie*, Stuttgart.

M

MAAS, **Hans-Jürgen (1997)**: *Kein „arztfreier Raum" in der Krankenpflege*, in: das Krankenhaus, 89. Jg., Nr. 1/97, S. 27-28.

MACHARZINA, **Klaus (1999)**: *Unternehmensführung: Das internationale Managementwissen, Konzepte – Methoden – Praxis*, 3., aktualisierte und erweiterte Aufl., Wiesbaden.

MALERI, **Rudolf (1991)**: *Grundlagen der Dienstleistungsproduktion*, 2., völlig neu bearbeitete und erweiterte Aufl., Berlin et al.

MALIK, Fredmund (1981): *Management-Systeme*, Bern.

MALIK, Fredmund (1994): *Management – eine unverstandene, aber entscheidende Funktion*, in: Österreichische Krankenhaus-Zeitung, 35. Jg., Sonderfolge Krankenhausmanagement, S. 3-10.

MANNEBACH, Hermann (1993): *High-Tech Medizin versus Patientenorientierung: von der Diagnose zur Therapie*, in: BADURA, Bernhard/ FEUERSTEIN, Günter/ SCHOTT, Thomas (Hrsg.): System Krankenhaus: Arbeit, Technik und Patientenorientierung, München, S. 185-190.

MARBURGER BUND (Hrsg.) (1994): *Programm des Marburger Bundes „Zukunft für Patienten und Ärzte"*, verabschiedet von der 85. Hauptversammlung des Marburger Bundes im Mai 1994 in Köln, als Fortschreibung des Programms von 1987, Köln.

MARQUARDT, Kurt et al. (1996): *Ein effizientes Krankenhausinformationssystem (KIS) am Beispiel des Klinikum der Justus-Liebig-Universität Gießen*, in: das Krankenhaus, 88. Jg., Nr. 3/96, S. 106-114.

MARR, Rainer (1993): *Betrieb und Umwelt*, in: BITZ, Michael et al. (Hrsg.): Vahlens Kompendium der Betriebswirtschaftslehre, Bd. 1, 3., überarbeitete und erweiterte Aufl., München, S. 47-114.

MARTIN-LUTHER-KRANKENHAUS, BERLIN (2001): *Das Pflegeleitbild*, <http://www.mlk-berlin.de/med_abt/pflege/pflege_leitbild.htm>, Abrufdatum: 26. 06. 2001.

MAYER, Elmar/ WALTER, Beowulf/ BELLINGEN, Klaus (Hrsg.) (1997): *Vom Krankenhaus zum Medizinischen Leistungszentrum (MLZ): Ambulante und stationäre Patientenversorgung der Zukunft*, Stuttgart - Köln.

MAYERHOFER, Helene (1996): *Einführung neuer Mitarbeiterinnen und Mitarbeiter im Krankenhaus*, in: MÜLLER, Matthias (Hrsg.): Personal-Management im „Unternehmen" Krankenhaus, Wien, S. 94-113.

MCGREGOR, Douglas (1986): *Der Mensch im Unternehmen*, Hamburg.

MEDER, Gerald/ MÜNCH, Eugen (1999): *Private Krankenhäuser der Akutversorgung – Modell für öffentliche Kliniken? – Darstellung am Beispiel des Klinikums Meiningen in Thüringen*, in: BRAUN, Günther E. (Hrsg.): Handbuch Krankenhausmanagement: Bausteine für eine moderne Krankenhausführung, Stuttgart, S. 235-254.

MEFFERT, Heribert (1998): *Marketing: Grundlagen marktorientierter Unternehmensführung: Konzepte – Instrumente – Praxisbeispiele*, 8., vollständig neu bearbeitete und erweiterte Aufl., Wiesbaden.

MEIER, Jürgen (1997): *Social Management im Krankenhaus und Altenheim: Ethisch orientierte Kooperation von Verwaltung, ärztlichem Dienst und Pflege*, Renningen-Malmsheim.

MEIER, Jürgen (Hrsg.) (1994): *Das moderne Krankenhaus: Managen statt Verwalten*, Neuwied - Kriftel - Berlin.

MEINBERG, Eckhard (1988): *Das Menschenbild der modernen Erziehungswissenschaft*, Darmstadt.

MEIN-GESUNDHEITSZENTRUM (2001): *Mein-GesundheitsZentrum.de*, <http://www.meingesundheitszentrum.de/home_mehr_info.htm>, Abrufdatum: 11. 07. 2001.

MERSCHBÄCHER, Günter (1999): *Instrumente der strategischen Planung*, in: BRAUN, Günther E. (Hrsg.): Handbuch Krankenhausmanagement: Bausteine für eine moderne Krankenhausführung, Stuttgart, S. 387-417.

MEURER, Uta (1998): *„Die Krankenhäuser müssen ihre Leistungen selbst darstellen, bevor andere es für sie tun" — Der mündige Patient verlangt nach verläßlichen Krankenhaus- und Arztvergleichen; 7. Neubiberger Krankenhausforum*, in: f&w, 15. Jg., Nr. 4/98, S. 310-313.

MEYER-PRIES, Dierk (1992): *Anforderungen und Erwartungen an das Personalmanagement aus der Sicht von Krankenhausträger und Krankenhausleitung*, in: ARBEITSGRUPPE DES STUDIENGANGES „BETRIEBSWIRTSCHAFT IN EINRICHTUNGEN DES GESUNDHEITSWESENS (BIG)" (Hrsg.): Personalmanagement: Zentrale Fragen und zukünftige Herausforderung für das Krankenhaus, Osnabrück, S. 87-97.

MINTZBERG, Henry (1976): *Planning on the left side and managing on the right: Which hemisphere of one's brain is better developed may determine whether a person ought to be planner or manager*, in: Harvard Business Review, No. July-August 1976, S. 49-58.

MIS, Ulrich (1996): *Controlling im Krankenhaus: Betriebswirtschaftliche Aspekte des krankenhausspezifischen Kosten- und Leistungsmanagements*, in: RIEPER, Bernd/ WITTE, Thomas/ BERENS, Wolfgang (Hrsg.): Betriebswirtschaftliches Controlling: Planung — Entscheidung — Organisation, Wiesbaden, S. 167-188.

MOHN, Reinhard (1993): *Managementaufgaben des Krankenhausträgers*, in: EICHHORN, Siegfried (Hrsg.): Leitung und Leistung im Krankenhaus: Führungsorganisation aus Sicht des Krankenhausträgers; ein Symposium der Bertelsmann Stiftung, 24.-25. September 1991, Gütersloh, S. 23-29.

MOHR, Paul (2000): *Das „Stuttgarter Modell" sichert die Leistungsfähigkeit der radiologischen Abteilung: Wie ein Krankenhaus mit Hilfe eines Beraters, einer europaweiten Ausschreibung und eines Medizintechnikherstellers zu einem kalkulierbaren Preis seine Technik auf den neuesten Stand bringt*, in: f&w, 17. Jg., Nr. 5/00, S. 506-512.

MOLL, Stephan (1997): *Können Chefärzte leitende Angestellte sein? Vom „Halbgott in Weiß" zum „Manager in Weiß"*, in: das Krankenhaus, 89. Jg., Nr. 6/97, S. 316-324.

MÖLLER, Johannes/ SCHRÖDER, Jörg-Peter (1997): *Das Modulare Konzept für Qualität im Krankenhaus („Heidelberger Modell")*, in: ZWIERLEIN, Eduard (Hrsg.): Klinikmanagement: Erfolgsstrategien für die Zukunft, München — Wien — Baltimore, S. 195-210.

MORRA, Francesco (1996): *Wirkungsorientiertes Krankenhausmanagement: Ein Führungshandbuch*, Diss. (Hochschule für Wirtschafts-, Rechts- und Sozialwissenschaften St. Gallen, 1995), Bern — Stuttgart — Wien.

MOSER, Gerhard (1994): *Blick auf zu den Sternen — Vergiß die Steine nicht*, in: HAUKE, Eugen (Hrsg.): Das Krankenhaus zwischen Anspruch und Wirklichkeit: Möglichkeiten, Zukunftsaussichten und Grenzen, Wien, S. 15-34.

MOST, Edgar/ JOHNE, Magrit (1998): *Die private Finanzierung verhilft auch dem öffentlichen Krankenhaus zum Erfolg: Was eine Großbank über die Krankenhausfinanzierung denkt*, in: f&w, 15. Jg., Nr. 6/98, S. 466-470.

MUGGLER, Paul (1988): *Panorama der Medizingeschichte*, St. Gallen - Stuttgart.

MÜHLBAUER, Bernd H. (1997a): *Vernetzungstendenzen im Krankenhausmanagement*, in: MÜHLBAUER, Bernd H. (Hrsg.): Krankenhausmanagement im Gesundheitsnetzwerk: Rationalisierung, Total Quality Management, Managed Care, Stadtbergen, S. 45-54.

MÜHLBAUER, Bernd H. (1997b): *Führung und Leitbildentwicklung im TQM*, in: MÜHLBAUER, Bernd H. (Hrsg.): Krankenhausmanagement im Gesundheitsnetzwerk: Rationalisierung, Total Quality Management, Managed Care, Stadtbergen, S. 251-270.

MÜHLBAUER, Bernd H./ REINARDT, Jürgen/ SÜLLWOLD, Gundula (1993): *Qualitätszirkel als Methode zur selbstbestimmten Arbeitsgestaltung: Erste Ergebnisse eines Modellprojekts*, in: BADURA, Bernhard/ FEUERSTEIN, Günter/ SCHOTT, Thomas (Hrsg.): System Krankenhaus: Arbeit, Technik und Patientenorientierung, München, S. 337-357.

MÜHLBAUER, Bernd H./ WADSACK, Ronald (1997a): *Rationalisierung der Führungs- und Organisationsstrukturen*, in: MÜHLBAUER, Bernd H. (Hrsg.): Krankenhausmanagement im Gesundheitsnetzwerk: Rationalisierung, Total Quality Management, Managed Care, Stadtbergen, S. 57-66.

MÜHLBAUER, Bernd H./ WADSACK, Ronald (1997b): *Formen der Rationalisierung im Krankenhaus*, in: MÜHLBAUER, Bernd H. (Hrsg.): Krankenhausmanagement im Gesundheitsnetzwerk: Rationalisierung, Total Quality Management, Managed Care, Stadtbergen, S. 67-85.

MÜHLENKAMP, Holger (1995): *Größen- und Verbundvorteile in der Verwaltung der gesetzlichen Krankenversicherung*, in: ZfB, 65. Jg., Nr. 3/95, S. 287-308.

MÜLLER, Brigitte/ MÜNCH, Eckhard (1993): *Gesundheitszirkel als Beteiligungs- und Gestaltungsmodell*, in: BADURA, Bernhard/ FEUERSTEIN, Günter/ SCHOTT, Thomas (Hrsg.): System Krankenhaus: Arbeit, Technik und Patientenorientierung, München, S. 322-336.

MÜLLER, Brigitte/ MÜNCH, Eckhard/ BADURA, Bernhard (1997): *Gesundheitsförderliche Organisationsgestaltung im Krankenhaus: Entwicklung und Evaluation von Gesundheitszirkeln als Beteiligungs- und Interventionsmodell*, Weinheim - München.

MÜLLER, Hubertus (1996): *Die Stellung des Arztes im künftigen Gesundheitszentrum aus Sicht der Krankenhausverwaltung*, in: VKD (Hrsg.) (1996): Generalthema: Der Mensch im künftigen Gesundheitszentrum, Mülheim/Ruhr, S. 149-153.

MÜLLER, Klaus (1996): *Allgemeine Systemtheorie: Geschichte, Methodologie und sozialwissenschaftliche Heuristik eines Wissenschaftsprogramms*, Opladen.

MÜLLER, Matthias (1996): *Leistungsförderliche Arbeitsgestaltung im Pflegebereich der Krankenhäuser*, in: MÜLLER, Matthias (Hrsg.): Personal-Management im „Unternehmen" Krankenhaus, Wien, S. 134-152.

MÜLLER-BELLINGRODT, Thomas (1999): *Zur Verselbständigung von Universitätskliniken*, in: ZfB-Ergänzungsheft Nr. 5/99: Krankenhausmanagement (Schriftleitung: ALBACH, Horst/ BACKES-GELLNER, Uschi), Wiesbaden, S. 1-10.

MÜLLER-MUNDT, Gabriele (1993): *Zum Spannungsfeld von Technikorientierung und psychosozialem Handlungsbedarf in der klinischen Kardiologie*, in: BADURA, Bernhard/ FEUERSTEIN, Günter/ SCHOTT, Thomas (Hrsg.): System Krankenhaus: Arbeit, Technik und Patientenorientierung, München, S. 170-184.

MÜNCH, Eugen (1995): *Konsumgut Krankenhausdienstleistung*, in: KÖHLER-FROST, Wilfried (Hrsg.): Unternehmen Krankenhaus: Organisation und Informationsverarbeitung als strategische Erfolgsfaktoren eines marktorientierten Krankenhausmanagements, Berlin, S. 40-43.

MÜNCH, Eugen (1997): *Das flexible Krankenhaus mit wettbewerbsorientiertem Leistungsangebot: Medizinischer und wirtschaftlicher Erfolg durch Leistungsbereitschaft, Professionalität und rationales „Care Management"*, in: das Krankenhaus, 89. Jg., Nr. 8/97, S. 463-468.

MURKEN, Axel Hinrich (1971): *Die Entwicklung des Krankenhauses seit dem 19. Jahrhundert*, in: das Krankenhaus, 63. Jg., Nr. 7/71, S. 291-296.

MURKEN, Axel Hinrich (1974): *Das deutsche Allgemeine Krankenhaus im Wandel der letzten 200 Jahre*, in: das Krankenhaus, 66. Jg., Nr. 7/74, S. 300-313.

MURKEN, Axel Hinrich (1988): *Vom Armenhospital zum Großklinikum: die Geschichte des Krankenhauses vom 18. Jahrhundert bis zur Gegenwart*, Köln.

MUTTER, Christof/ MORAR, Rene/ KELLER, Christian (2001): *Marktstrategie „Gesundheitszentrum" – Ziel: Auslastung und Erträge sichern*, in: ku, 70. Jg., Nr. 6/01, S. 442-447.

N

NAEGLER, Heinz (1992): *Struktur und Organisation des Krankenhaus-Managements unter besonderer Berücksichtigung der Abgrenzung zwischen Krankenhausträger und Krankenhaus-Direktorium: Ergebnis einer empirischen Untersuchung*, Diss. (Technische Universität Berlin, 1991), Frankfurt am Main et al.

NAEGLER, Heinz (1994): *Planungsaufgaben im Krankenhaus*, in: PETERS, Sönke H. F./ SCHÄR, Walter (Hrsg.): Betriebswirtschaft und Management im Krankenhaus, Berlin, S. 162-193.

NAEGLER, Heinz/ SCHÄR, Walter (1992a): *Krankenhausbetriebswirtschaft*, 4. Lehrbrief, Dresden.

NAEGLER, Heinz/ SCHÄR, Walter (1992b): *Krankenhausbetriebswirtschaft*, 5. Lehrbrief, Dresden.

NAGEL, Gerd Arno (1997): *Ganzheitliche Medizin im Krankenhaus: Konsequenzen für Management und Führung – Ein Erfahrungsbericht*, in: HOEFERT, Hans-Wolfgang (Hrsg.): Führung und Management im Krankenhaus, Göttingen - Stuttgart, S. 185-192.

NASAROFF, Michael (2000): *Neue Einnahmequellen für Krankenhäuser: Die Angebots- und Dienstleistungserweiterung ermöglicht es Kliniken, budgetfreie Einkünfte zu erwirtschaften*, in: f&w, 17. Jg., Nr. 6/00, S. 612-615.

NASEMANN, Andrea (1998): *Grenzenloses Mißtrauen: Klagen gegen Ärzte nehmen in Deutschland zu*, in: SZ, Nr. 115, 20./21. 05 1998, S. G 6 (Beilage „Gesundheit").

NEUBAUER, Günter (1991): *Management oder Verwaltung: Die Rahmenbedingungen entscheiden! Anmerkungen zum Beitrag „Krankenhausmanagement – Gegenwärtige Situation und Perspektiven" von Siegfried Eichhorn*, in: DBW, 51. Jg., Nr. 5/91, S. 678-680.

NEUBAUER, Günter (1996): *Die Zukunft der Krankenhausfinanzierung*, in: GIEHL, Hermann/ OBERENDER, Peter (Hrsg.): Reformen im Krankenhaus: Notwendigkeit, Möglichkeiten und Grenzen, Beiträge des 3. Bayreuther Gesundheitsforums am 27. März 1996, Bayreuth, S. 23-35.

NEUBAUER, Günter (1999): *Formen der Vergütung von Krankenhäusern und deren Weiterentwicklung*, in: BRAUN, Günther E. (Hrsg.): Handbuch Krankenhausmanagement: Bausteine für eine moderne Krankenhausführung, Stuttgart, S. 19-34.

NEUBAUER, Günter (2000): *Kooperation, Fusion, Betreibergesellschaft als Wege in die Zukunft: Wer heute noch Kirchturmpolitik betreibt, wird morgen aus dem Wettbewerb gedrängt*, in: f&w, 17. Jg., Nr. 4/00, S. 382-385.

NEUBERGER, Oswald (1994): *Führen und geführt werden*, 4., verbesserte Aufl., Stuttgart.

NEUFFER, Andreas B. (1997): *Managed Care: Umsetzbarkeit des Konzeptes im deutschen Gesundheitswesen*, Diss. (Universität St. Gallen, 1997), Bayreuth.

NIERHOFF, Günther/ KÜHNEL, Ulrike (1996): *Anforderungen an die Kostenrechnung und das Controlling unter Berücksichtigung der Einflüsse durch das GSG*, in: ADAM, Dietrich (Hrsg.): Krankenhausmanagement, Wiesbaden, S. 113-132.

NOLTE, Hartmut (1997): *Erwartungen an die Gesundheitssystemforschung zum Jahr 2000 hinsichtlich der Organisation des ärztlichen Dienstes im Krankenhaus*, in: HALLAUER, Johannes F. (Hrsg.): Erwartungen an die Gesundheitssystemforschung zum Jahr 2000, Festschrift zum 75. Geburtstag von Professor Dr. med. Fritz Beske, MPH, Würzburg, S. 69-75.

NÖTHE, Martin (1999): *Umweltmanagement in Krankenhäusern: NRW fördert Verbundprojekt*, in: das Krankenhaus, 91. Jg., Nr. 3/99, S. 174-177.

NUßBAUM, Thomas (1997): *Umweltschutz und Ökonomie sind kein Widerspruch: Abfall- und Wertstoffwirtschaft im Städt. Klinikum Solingen: Erfolgsbilanz von drei Jahren*, in: ku, 66. Jg., Nr. 6/97, ku-Ökologie-Depesche, Nr. 2/97, S. 1-4.

O

O. V. (1993a): *Kompetenz-Abgrenzung: Träger und Leitung (Positionspapier)*, in: EICHHORN, Siegfried (Hrsg.): Leitung und Leistung im Krankenhaus: Führungsorganisation aus Sicht des Krankenhausträgers; ein Symposium der Bertelsmann Stiftung, 24.-25. September 1991, Gütersloh, S. 17-19.

O. V. (1993b): *Krankenhausträgerorgane: Qualifizieren der Besetzung (Positionspapier)*, in: EICHHORN, Siegfried (Hrsg.): Leitung und Leistung im Krankenhaus: Führungsorganisation aus Sicht des Krankenhausträgers; ein Symposium der Bertelsmann Stiftung, 24.-25. September 1991, Gütersloh, S. 21-22.

O. V. (1993c): *Gesundheitsförderung durch Organisationsentwicklung in Betrieben, Krankenhäusern und Schulen – Empfehlungen der Magdeburger WHO-Tagung*, in: PELIKAN, Jürgen M./ DEMMER, Hildegard/ HURRELMANN, Klaus (Hrsg.): Gesundheitsförderung durch Organisationsentwicklung: Konzepte, Strategien und Projekte für Betriebe, Krankenhäuser und Schulen, Weinheim – München, S. 388-398.

O. V. (1997): *„Auswirkungen des GSG auf die Organisation der Krankenhäuser": Studie des Fraunhofer IAO Instituts*, in: das Krankenhaus, 89. Jg., Nr. 3/97, S. 153-154.

O. V. (1998): *AOK: Ärzte sollen IGEL-Liste zurücknehmen – Überflüssig, unnütz und gefährlich*, <http://www.aok.de/bv/bundesvb/presse/tba/gesund/1095.html>, Erscheinungsdatum: 06. 04. 1998, Abrufdatum: 26. 08. 2000.

O. V. (1999a): *Banken prüfen bei der Kreditvergabe auch Umweltrisiken: Altlastenfrage steht weiterhin im Mittelpunkt/ Ein Zertifikat allein reicht nicht aus*, in: FAZ, Nr. 32, 08. 02. 1999, S. 27.

O. V. (1999b): *DKG: Unterfinanzierung der Krankenhäuser bedroht knapp 19 000 Stellen*, in: das Krankenhaus, 91. Jg., Nr. 6/97, S. 197-199.

OBERENDER, Peter O./ HACKER, Jan (1999): *Entwicklungsszenario für Krankenhäuser – „Das wettbewerbsorientierte Krankenhaus 2010"*, in: BRAUN, Günther E. (Hrsg.): Handbuch Krankenhausmanagement: Bausteine für eine moderne Krankenhausführung, Stuttgart, S. 343-365.

OBERENDER, Peter/ HEBBORN, Ansgar (1994): *Wachstumsmarkt Gesundheit: Therapie des Kosteninfarkts*, Frankfurt am Main.

OBERSCHWABEN KLINIK GGMBH (2001): *Präambel*, <http://www.oberschwaben-klinik.de/praeambel.htm>, Abrufdatum: 22. 02. 2001.

OCHSENBAUER, Christian/ KLOFAT, Bernhard (1997): *Überlegungen zur paradigmatischen Dimension der Unternehmenskulturdiskussion in der Betriebswirtschaftslehre*, in: HEINEN, Edmund/ FANK, Matthias (Hrsg.): Unternehmenskultur: Perspektiven für Wissenschaft und Praxis, 2., bearbeitete und erweiterte Aufl., München – Wien, S. 67-106.

OLFERT, Klaus (1995): *Investition*, 6., durchgelesene und aktualisierte Aufl., Ludwigshafen (Rhein).

OPPOLZER, Alfred (1995): *Organisationsentwicklung zur Gesundheitsförderung für die Mitarbeiterinnen und Mitarbeiter im Diakoniekrankenhaus Alten Eichen: erster Zwischenbericht*, Hamburg.

ORENDI, Bennina (1993): *Veränderung der Arbeitssituation im Krankenhaus: Systemisch denken und handeln*, in: BADURA, Bernhard/ FEUERSTEIN, Günter/ SCHOTT, Thomas (Hrsg.): System Krankenhaus: Arbeit, Technik und Patientenorientierung, München, S. 137-160.

ORTMANN, Günther (1995): *Formen der Produktion: Organisation und Rekursivität*, Opladen.

P

PAEGER, Axel/ KUHN, Walter (1999): *Auswirkungen von Managed-Care-Ansätzen auf Krankenhäuser*, in: BRAUN, Günther E. (Hrsg.): Handbuch Krankenhausmanagement: Bausteine für eine moderne Krankenhausführung, Stuttgart, S. 131-141.

PARTECKE, Erdmute/ SANDTNER, Hartmuth/ WURBS, Dietmar (1999): *Das Leitbild am Beispiel des Allgemeinen Krankenhauses Barmbek*, in: BRAUN, Günther E. (Hrsg.): Handbuch Krankenhausmanagement: Bausteine für eine moderne Krankenhausführung, Stuttgart, S. 173-197.

PATT, Claudia (1996): *Die strategische Planung als Komponente eines Controllingsystems im Krankenhaus: eine Untersuchung für das deutsche Krankenhauswesen*, Diss. (Universität Freiburg (Breisgau), 1995), Frankfurt am Main et al.

PEDRONI, Gabriella/ ZWEIFEL, Peter (1989): *Alter, Gesundheit, Gesundheitskosten*, Basel.

PELIKAN, Jürgen M./ DEMMER, Hildegard/ HURRELMANN, Klaus (Hrsg.) (1993): *Gesundheitsförderung durch Organisationentwicklung: Konzepte, Strategien und Projekte für Betriebe, Krankenhäuser und Schulen*, Weinheim - München.

PELIKAN, Jürgen M./ KRAJIC, Karl (1993): *Gesundheitsförderung im und durch das Krankenhaus – Konzepte und Strategien, Projekte und Netzwerke*, in: PELIKAN, Jürgen M./ DEMMER, Hildegard/ HURRELMANN, Klaus (Hrsg.): Gesundheitsförderung durch Organisationsentwicklung: Konzepte, Strategien und Projekte für Betriebe, Krankenhäuser und Schulen, Weinheim - München, S. 85-99.

PELIKAN, Jürgen M./ LOBNIG, Hubert (1993): *Gesundheitsförderung durch Organisationsentwicklung in Krankenhäusern – Einleitung*, in: PELIKAN, Jürgen M./ DEMMER, Hildegard/ HURRELMANN, Klaus (Hrsg.): Gesundheitsförderung durch Organisationsentwicklung: Konzepte, Strategien und Projekte für Betriebe, Krankenhäuser und Schulen, Weinheim - München, S. 200-203.

PELIKAN, Jürgen M./ LOBNIG, Hubert/ NOWAK, Peter (1993): *Das Wiener WHO-Modellprojekt „Gesundheit und Krankenhaus" – Konzepte, Strategien und Methoden*, in: PELIKAN, Jürgen M./ DEMMER, Hildegard/ HURRELMANN, Klaus (Hrsg.): Gesundheitsförderung durch Organisationsentwicklung: Konzepte, Strategien und Projekte für Betriebe, Krankenhäuser und Schulen, Weinheim - München, S. 204-222.

PERICH, Robert (1993): *Unternehmungsdynamik: Zur Entwicklungsfähigkeit von Organisationen aus zeitlich-dynamischer Sicht*, Diss. (Hochschule für Wirtschafts-, Rechts- und Sozialwissenschaften St. Gallen, 1992), 2., erweiterte Aufl., Bern - Stuttgart - Wien.

PETERSON, Fabian (1999): *Tagungsbericht vom 1. Norddeutschen Umwelttag: Wichtiges Signal für die Vereinbarkeit von Ökologie und Ökonomie – Rund 400 Teilnehmer beim 1. Norddeutschen Umwelttag für Krankenhäuser im Hamburger Congreßzentrum*, in: das Krankenhaus, 91. Jg., Nr. 12/99, S. 908-912.

PFAFFENBERGER, Peter (1999): *Moderne Patientendurchlauf-Organisation*, in: BRAUN, Günther E. (Hrsg.): Handbuch Krankenhausmanagement: Bausteine für eine moderne Krankenhausführung, Stuttgart, S. 601-622.

PFÖHLER, Wolfgang (1997a): *Die Zukunft unserer Krankenhäuser unter den neuen gesetzgeberischen Bedingungen*, in: das Krankenhaus, 89. Jg., Nr. 6/97, S. 299-304.

PFÖHLER, Wolfgang (1997b): *Moderne Führungsstrukturen im Krankenhaus*, in: das Krankenhaus, 89. Jg., Nr. 7/97, S. 389-391.

PFÖHLER, Wolfgang (1998a): *DKG plädiert für systemgerechte Weiterentwicklung im Gesundheitswesen (Interview)*, in: das Krankenhaus, 90. Jg., Nr. 5/98, S. 241-244.

PFÖHLER, Wolfgang (1998b): *Kooperationen durch Abstimmung von Leistungsspektren*, in: das Krankenhaus, 90. Jg., Nr. 6/98, S. 316-320.

PFÖHLER, Wolfgang (1998c): *Krankenhäuser im Wandel: Unternehmenssicherung durch Strukturprozesse und Kooperation*, in: das Krankenhaus, 90. Jg., Nr. 2/98, S. 55-59.

PFÖHLER, Wolfgang (1998d): *Positionsbestimmung der Krankenhäuser gegenüber den Herausforderungen der Zukunft*, in: das Krankenhaus, 90. Jg., Nr. 8/98, S. 433-438.

PFÖHLER, Wolfgang (1999): *Unterfinanzierung der Personalkosten im Krankenhausbereich: Offener Brief an Bundesgesundheitsministerin Andrea Fischer*, in: das Krankenhaus, 91. Jg., Nr. 6/97, S. 199-200.

PICOT, Arnold/ SCHWARTZ, Andrea (1995): *Lean-Management und prozessorientierte Organisation: Perspektiven für das Krankenhaus-Management*, in: f&w, 12. Jg., Nr. 6/95, S. 586-591.

PICOT, Arnold/ SCHWARTZ, Andrea (1997): *Benchmarking als Management-Instrument: Auch Krankenhäuser können von den Besten lernen*, in: f&w, 14. Jg., Nr. 2/97, S. 96-102.

PIETSCH-BREITFELD, Barbara (1999): *Qualitätsmanagement in Gesundheitsorganisationen: Konzept, Evaluation und Konzept der Evaluation*, Diss. (Universität Heidelberg, 1998), Sankt Augustin.

PIKSA, Rudolf (1997): *Als Dienstleistungszentrum im Gesundheitsmarkt etablieren – Viele zufriedene Patienten sichern den wirtschaftlichen Erfolg*, in: ku-Special, Nr. 10 – 5/97: Das Krankenhaus als Gesundheitszentrum, S. 13-17.

PILLATH, Jutta/ RITTER, Gabriele (1997): *Die Energiespar-Partnerschaft und ihre rechtlichen Aspekte: Auslagerung ermöglicht individuelle Lösungen in der Energieversorgung*, in: f&w, 14. Jg., Nr. 6/97, S. 506-512.

PILZ, Thomas (1998): *Anwendung des europäischen Abfallkataloges: Praktische Handhabung der Rechtsverordnungen zum Umgang mit Abfällen*, in: das Krankenhaus, 90. Jg., Nr. 11/98, S. 678-682.

PILZ, Thomas (1999): *Strukturwandel im Gesundheitswesen – jetzt auch Öko-Audit für Krankenhäuser?*, in: WETTLAUFFER, Ingrid/ SCHIMMELPFENG, Lutz/ PFAFF-SCHLEY, Herbert (Hrsg.): KrankenhausManagement für Qualität und Umwelt: Umsetzung von Normen, Modell und Verordnung in der Praxis, Taunusstein, S. 21-32.

PJETA, Otto (1994): *Patientenwürde*, in: HAUKE, Eugen (Hrsg.): Das Krankenhaus zwischen Anspruch und Wirklichkeit: Möglichkeiten, Zukunftsaussichten und Grenzen, Wien, S. 228-231.

POMP, Horst/ HACKELBERG, Ronald (1999): *Ökologie/Umweltschutz im Krankenhaus*, in: BRAUN, Günther E. (Hrsg.): Handbuch Krankenhausmanagement: Bausteine für eine moderne Krankenhausführung, Stuttgart, S. 911-927.

POPPER, Karl R. (1994): *Logik der Forschung*, 10., verbesserte und vermehrte Aufl., Tübingen.

PORSCHE, Rolf (2000): *E-Business: Eine strategische Chance für das Krankenhaus – Das Informationszeitalter wird die Krankenhäuser grundlegend verändern*, in: f&w, 17. Jg., Nr. 3/00, S. 214-216.

PORTER, Michael E. (1995): *Wettbewerbsstrategie (Competitive strategy): Methoden zur Analyse von Branchen und Konkurrenten*, 8. Aufl., Frankfurt am Main - New York.

PREIßLER, Reinhold/ SCHEMANN, Margit (2000): *Outsourcing medizinischer Leistungsbereiche: Checkliste zur Klärung rechtlicher und wirtschaftlicher Entscheidungsgrundlagen*, in: f&w, 17. Jg., Nr. 2/00, S. 168-170.

PREUß, Olaf Friedrich (1996): *Kosten- und Deckungsbeitragsmanagement im Krankenhaus unter besonderer Berücksichtigung von Fallpauschalen und Sonderentgelten*, Diss. (Technische Universität Berlin, 1996), Frankfurt am Main et al.

PROBST, Gilbert J. B. (1992): *Selbstorganisation*, in: FRESE, Erich (Hrsg.): Handwörterbuch der Organisation, 3., völlig neu gestaltete Aufl., Stuttgart, Sp. 2255-2269.

PROBST, Gilbert J. B./ GOMEZ, Peter (1989): *Die Methodik des vernetzten Denkens zur Lösung komplexer Probleme*, in: PROBST, Gilbert J. B./ GOMEZ, Peter (Hrsg.): Vernetztes Denken: Unternehmen ganzheitlich führen, Wiesbaden, S. 1-18.

PSCZOLLA, Matthias (1996): *Projekt 6: Organisations- und Kulturentwicklung im Krankenhaus: Bilanz eines Ärztlichen Direktors*, in: BELLABARBA, Julia/ SCHNAPPAUF, Delf (Hrsg.): Organisationsentwicklung im Krankenhaus, Göttingen - Stuttgart, S. 169-178.

PÜMPIN, Cuno (1990): *Das Dynamik-Prinzip: Zukunftsorientierungen für Unternehmer und Manager*, 2. Aufl., Düsseldorf - Wien - New York.

PÜMPIN, Cuno/ PRANGE, Jürgen (1991): *Management der Unternehmensentwicklung: phasengerechte Führung und der Umgang mit Krisen*, St. Galler Management-Konzept Bd. 2, Frankfurt am Main - New York.

PÜMPIN, Cuno/ KOBI, Jean-Marcel/ WÜTHRICH, Hans A. (1985): *Unternehmenskultur*, Bern.

R

RAFFÉE, Hans (1974): *Grundprobleme der Betriebswirtschaftslehre*, Göttingen.

RAFFÉE, Hans (1993): *Gegenstand, Methoden und Konzepte der Betriebswirtschaftslehre*, in: BITZ, Michael et al. (Hrsg.): Vahlens Kompendium der Betriebswirtschaftslehre, Bd. 1, 3., überarbeitete und erweiterte Aufl., München, S. 1-46.

RALFS, Dirk (2000): *Die treibende Kraft: Das Workflow-Management-System im Krankenhaus*, in: ku-Special, Nr. 17 – 2/00: EDV, S. 17-21.

RAUH, Wolf Dirk (1997): *Der Patientenplatz als individuelles Territorium: Die Entwicklung verläuft parallel mit der des Hotelzimmers*, in: ku, 66. Jg., Nr. 6/97, S. 482-485.

RAUSCH, Roland (1984): *Die freigemeinnützigen Krankenhäuser in der Bundesrepublik Deutschland – Entwicklung, Lage, Leistungen und Zukunftsaussichten*, Gerlingen.

RAUSCH, Roland (1988): *Das Selbstverständnis freigemeinnütziger Krankenhäuser und gesellschaftliche Erwartungen – Ergebnisse einer Studie*, in: EICHHORN, Siegfried/ LAMPERT, Heinz (Hrsg.): Ziele und Aufgaben der freigemeinnützigen Krankenhäuser, Gerlingen, S. 87-125.

REBER, Gerhard (1992): *Organisationales Lernen*, in: FRESE, Erich (Hrsg.): Handwörterbuch der Organisation, 3., völlig neu gestaltete Aufl., Stuttgart, Sp. 1240-1255.

REBSCHER, Herbert/ WALZIK, Eva (1998): *Finanzierungsoptionen aus Sicht der Ersatzkassen*, in: WILLE, Eberhard/ ALBRING, Manfred (Hrsg.): Reformoptionen im Gesundheitswesen: Bad Orber Gespräche über kontroverse Themen im Gesundheitswesen 7.-8.11.1997, Frankfurt am Main et al., S. 40-58.

REDEKER, Konrad (1997): *Hemmnisse und Perspektiven für ein wettbewerbsorientiertes Krankenhaus aus rechtlicher Sicht*, in: das Krankenhaus, 89. Jg., Nr. 7/97, S. 394-397.

REIBNITZ, Christine von (1996): *Veränderte Umfeldbedingungen erfordern strategische Planung: Wie Strategien für ein Krankenhaus entwickelt werden*, in: f&w, 13. Jg., Nr. 6/96, S. 544-549.

REICHELT, Monika (1981): *Das Gesundheitszentrum Gropiusstadt: Ein Modellversuch der ambulanten medizinischen Versorgung der Bevölkerung durch eine gemeinsame Niederlassung von Ärzten verschiedener Fachrichtungen zusammen mit paramedizinischen Einrichtungen*, Berlin.

RICHARD, Sabine (1993): *Qualitätssicherung und technologischer Wandel im Gesundheitswesen – Eine institutionenökonomische Analyse*, Diss. (Universität Hohenheim, 1993), Baden-Baden.

RICHTER, Hermann J. (1999): *Entwicklungsstand von Krankenhaus-Informationssystemen: Ergebnisse einer empirischen Studie*, in: f&w, 16. Jg., Nr. 2/99, S. 154-157.

RICHTER, Holger (1997): *Pro und Contra Profit-Center im Krankenhaus: Eine sinnvolle Managementalternative?*, in: das Krankenhaus, 89. Jg., Nr. 1/97, S. 16-21.

RIED, Walter/ WILLE, Eberhard (1997): *Methodische Aspekte der Bewertung von Gesundheitsleistungen*, in: BFuP, 49. Jg., Nr. 2/97: Gesundheitsökonomie – Herausforderung zur interdisziplinären Zusammenarbeit, S. 123-142.

RIEDEL, Wolfgang/ STEININGER, Siegfried (1992): *Der Arbeitsmarkt für Krankenpflegeberufe: Bestimmungsfaktoren, zukünftige Entwicklungen und Lösungsansätze*, in: PROGNOS (Hrsg.): Auf dem Weg aus der Pflegekrise?: Neue Ideen und Lösungsansätze in der Krankenpflege, Berlin, S. 17-40.

RIEDEL, Wolfgang/ ZELL, Ulrich (1996): *Personalversorgung des Krankenhauses in der Zukunft*, in: BELLABARBA, Julia/ SCHNAPPAUF, Delf (Hrsg.): Organisationsentwicklung im Krankenhaus, Göttingen - Stuttgart, S. 25-38.

RIEGE, Fritz (1993): *Gesundheitspolitik in Deutschland: aktuelle Bilanz und Ausblick*, Berlin.

ROBBERS, Jörg (1998): *Kann das Krankenhaus seine Zukunft noch aus eigener Kraft gestalten?*, in: das Krankenhaus, 90. Jg., Nr. 10/98, S. 570-575.

ROBERT BOSCH STIFTUNG (Hrsg.) (1987): *Krankenhausfinanzierung in der Selbstverwaltung: Vorschläge zu einer Neuordnung der Organisation und Finanzierung der Krankenhausversorgung (Kommissionsbericht)*, Gerlingen.

ROCHELL, Bernhard et al. (2000): *Einigung auf Australisch – Die Selbstverwaltung entscheidet sich für das AR-DRG-System*, in: das Krankenhaus, 92. Jg., Nr. 8/00, S. 605-610.

ROCHELL, Bernhard/ ROEDER, Norbert (2001): *DRG-basierte Entgeltsysteme in Europa*, in: ARNOLD, Michael/ LITSCH, Martin/ SCHELLSCHMIDT, Henner (Hrsg.): Krankenhaus-Report 2000 – Schwerpunkt: Vergütungsreform mit DRGs, Stuttgart - New York, S. 49-65.

RÖPER, Burkhardt (1979): *Zur Marketing-Politik gemeinwirtschaftlicher Unternehmen*, in: ZfB, 49. Jg., Nr. 8/79, S. 753-760.

ROSENBERG, Peter (1975): *Möglichkeiten der Reform des Gesundheitswesens in der Bundesrepublik Deutschland*, Göttingen.

ROSENSTIEL, Lutz von (1995): *Wertewandel*, in: KIESER, Alfred/ REBER, Gerhard/ WUNDERER, Rolf (Hrsg.): Handwörterbuch der Führung, 2., neu gestaltete und ergänzte Aufl., Stuttgart, Sp. 2175-2189.

ROSSELS, Hans (1992): *Anforderungen und Erwartungen an das Personalmanagement aus der Sicht von Krankenhausträger und Krankenhausleitung*, in: ARBEITSGRUPPE DES STUDIENGANGES „BETRIEBSWIRTSCHAFT IN EINRICHTUNGEN DES GESUNDHEITSWESENS (BIG)" (Hrsg.): Personalmanagement: Zentrale Fragen und zukünftige Herausforderung für das Krankenhaus, Osnabrück, S. 117-124.

ROTE KREUZ KRANKENHAUS, BREMEN (2001): *Unser Leitbild: Wie wir denken, wer wir sind*, <http://roteskreuzkrankenhaus.de/rk/html/index_frame.html>, Abrufdatum: 14. 07. 2001.

RÜCK, Reinhard/ LESSACHER, Martin (1997): *Vom Verwalter zum Gestalter: Das Profil zukünftiger Krankenhausmanager*, in: PERSONAL, 49. Jg., Nr. 11/97, S. 583-585.

RÜHLI, Edwin (1988): *Unternehmungsführung und Unternehmungspolitik*, Bd. 2, 2., überarbeitete Aufl., Bern - Stuttgart - Wien.

RÜHLI, Edwin (1993): *Unternehmungsführung und Unternehmungspolitik*, Bd. 3, Bern - Stuttgart - Wien.

RÜHLI, Edwin (1994): *Das Corporate-Culture-Konzept als Herausforderung für die Führungslehre*, in: WUNDERER, Rolf (Hrsg.): Betriebswirtschaftslehre als Management- und Führungslehre, 3., überarbeitete und ergänzte Aufl., Stuttgart, S. 337-352.

RÜHLI, Edwin (1995a): *Führungsmodelle*, in: KIESER, Alfred/ REBER, Gerhard/ WUNDERER, Rolf (Hrsg.): Handwörterbuch der Führung, 2., neu gestaltete und ergänzte Aufl., Stuttgart, Sp. 760-772.

RÜHLI, Edwin (1995b): *Führungstechniken*, in: KIESER, Alfred/ REBER, Gerhard/ WUNDERER, Rolf (Hrsg.): Handwörterbuch der Führung, 2., neu gestaltete und ergänzte Aufl., Stuttgart, Sp. 839-846.

RÜHLI, Edwin (1996): *Unternehmungsführung und Unternehmungspolitik*, Bd. 1, 3., vollständig überarbeitete und erweiterte Aufl., Bern - Stuttgart - Wien.

RÜSCHMANN, Hans-Heinrich (1986): *Verflechtungsanalyse des Gesundheitswesens als Planungs- und Entscheidungshilfe – Methodik und Konzeption*, in: IGSF (Hrsg.): Verflechtungsanalyse des Gesundheitswesens in der Bundesrepublik Deutschland, Kiel, S. 1-43.

RÜSCHMANN, Hans-Heinrich/ ROTH, Andrea/ KRAUSS, Christian (2000): *In die Praxis-Netze müssen auch die regionalen Krankenhäuser eingewoben sein: Ergebnisse einer wissenschaftlichen Begleitung Vernetzter Praxen in Schleswig-Holstein*, in: f&w, 17. Jg., Nr. 1/00, S. 22-29.

RYCHLIK, Reinhard (1995): *Stellenwert und Notwendigkeit der Pharmacoökonomie*, in: Pharm. Ind., 57. Jg., Nr. 4/95, S. 274-277.

RYCHLIK, Reinhard (1999): *Gesundheitsökonomie: Grundlagen und Praxis*, Stuttgart.

S

SAATY, Thomas L. (1996): *The Analytic Hierarchy Process: Planning, Priority Setting, Resource Allocation*, 2nd edition, Pittsburgh.

SACHS, Ilsabe (1994): *Handlungsspielräume des Krankenhausmanagements – Bestandsaufnahme und Perspektiven*, Diss. (Freie Universität Berlin, 1993), Wiesbaden.

SACHVERSTÄNDIGENRAT FÜR DIE KONZERTIERTE AKTION IM GESUNDHEITSWESEN (1995): *Gesundheitsversorgung und Krankenversicherung 2000: Mehr Ergebnisorientierung, mehr Qualität und mehr Wirtschaftlichkeit, Kurzfassung und Empfehlungen, Sondergutachten 1995*, 3., unveränderte Aufl., o. O., o. J. [Entgegen der sonstigen Zitierweise wird hier zur besseren Kennzeichnung das Bezugsjahr des Sondergutachtens als Jahresangabe gewählt.]

SACHVERSTÄNDIGENRAT FÜR DIE KONZERTIERTE AKTION IM GESUNDHEITSWESEN (1996): *Gesundheitswesen in Deutschland: Kostenfaktor und Zukunftsbranche, Bd. I: Demographie, Morbidität, Wirtschaftlichkeitsreserven und Beschäftigung, Sondergutachten 1996 – Kurzfassung*, <http://www.svr-gesundheit.de/gutacht/gutlei.htm>, Erscheinungsdatum: 22. 03. 2000, Abrufdatum: 03. 10. 2000. [Entgegen der sonstigen Zitierweise wird hier zur besseren Kennzeichnung das Bezugsjahr des Sondergutachtens als Jahresangabe gewählt.]

SACHVERSTÄNDIGENRAT FÜR DIE KONZERTIERTE AKTION IM GESUNDHEITSWESEN (1997): *Gesundheitswesen in Deutschland: Kostenfaktor und Zukunftsbranche, Bd. II: Fortschritt und Wachstumsmärkte, Finanzierung und Vergütung, Sondergutachten 1997 – Kurzfassung*, <http://www.svr-gesundheit.de/gutacht/gutlei.htm>, Erscheinungsdatum: 04. 03. 1998, Abrufdatum: 03. 10. 2000. [Entgegen der sonstigen Zitierweise wird hier zur besseren Kennzeichnung das Bezugsjahr des Sondergutachtens als Jahresangabe gewählt.]

SACHVERSTÄNDIGENRAT FÜR DIE KONZERTIERTE AKTION IM GESUNDHEITSWESEN (2000): *Bedarfsgerechtigkeit und Wirtschaftlichkeit, Bd. I: Zielbildung, Prävention, Nutzerorientierung und Partizipation; Bd. II: Qualitätsentwicklung in Medizin und Pflege, Gutachten 2000/2001 – Kurzfassung*, <http://www.svr-gesundheit.de/gutacht/gutalt/sg00.htm>, Erscheinungsmonat: Dezember 2000, Abrufdatum: 16. 07. 2001.

SACHVERSTÄNDIGENRAT FÜR DIE KONZERTIERTE AKTION IM GESUNDHEITSWESEN (2001): *Bisher erschienene Gutachten des Sachverständigenrates für die Konzertierte Aktion im Gesundheitswesen,* <http://www.svr-gesundheit.de/gutacht/gutlei.htm>, Erscheinungsdatum: 24. 07. 2001, Abrufdatum: 08. 08. 2001.

SAGMEISTER, Markus (1993): *Leitbildentwicklung für modernes Krankenhausmanagement*, in: WBO-TEAM (Hrsg.): Krankenhaus als soziales System – neue Aspekte durch: Innovations-Forschung, Organisations-Beratung, Personal-Entwicklung, Hildesheim, S. 142-158.

SANDER, Michael (1995): *Das Sinnprinzip zur Sicherung von Stabilität und Wandel: Wie soll Lean Management funktionieren?*, in: zfo, 64. Jg., Nr. 1/95, S. 35-42.

SASS, Hans-Martin (1992): *Wer trägt eigentlich die Verantwortung für die Gesundheit?*, in: MOHR, Jürgen/ SCHUBERT, Christoph (Hrsg.): Ethik der Gesundheitsökonomie, Berlin et al., S. 53-66.

SCHADEWALDT, Hans (1971): *Idee und Wirklichkeit des Krankenhauses im 19. Jahrhundert*, in: das Krankenhaus, 63. Jg., Nr. 7/71, S. 286-291.

SCHAEFFER, Doris (1993a): *Patientenorientierung und Gesundheitsförderung im Akutkrankenhaus. Erfordernisse der Organisations- und Strukturentwicklung*, in: PELIKAN, Jürgen M./ DEMMER, Hildegard/ HURRELMANN, Klaus (Hrsg.): Gesundheitsförderung durch Organisationsentwicklung: Konzepte, Strategien und Projekte für Betriebe, Krankenhäuser und Schulen, Weinheim - München, S. 267-284.

SCHAEFFER, Doris (1993b): *Integration von ambulanter und stationärer Versorgung*, in: BADURA, Bernhard/ FEUERSTEIN, Günter/ SCHOTT, Thomas (Hrsg.): System Krankenhaus: Arbeit, Technik und Patientenorientierung, München, S. 270-291.

SCHÄFER, Wolfgang/ RASCHKA-HALBERSTADT, Irmgard (1999): *Kommunale Krankenhaus-Holding – Das Beispiel Klinikum Kassel gemeinnützige GmbH (KKS)*, in: BRAUN, Günther E. (Hrsg.): Handbuch Krankenhausmanagement: Bausteine für eine moderne Krankenhausführung, Stuttgart, S. 199-214.

SCHANZ, Günther (1973): *Pluralismus in der Betriebswirtschaftslehre: Bemerkungen zu gegenwärtigen Forschungsprogrammen*, in: zfbf, 25. Jg., S. 131-154.

SCHEER, August-Wilhelm/ CHEN, Rong/ ZIMMERMANN, Volker (1996): *Prozeßmanagement im Krankenhaus*, in: ADAM, Dietrich (Hrsg.): Krankenhausmanagement, Wiesbaden, S. 75-96.

SCHEIN, Edgar H. (1980): *Organisationspsychologie*, Wiesbaden.

SCHEIN, Edgar H. (1995): *Unternehmenskultur: Ein Handbuch für Führungskräfte*, Frankfurt am Main - New York.

SCHELL, Werner (1995): *Das deutsche Gesundheitswesen von A-Z*, Stuttgart - New York.

SCHELLENBERG, Aldo C. (1992): *Durchsetzung der Unternehmungspolitik: Problemanalyse und Lösungsbeiträge aus betriebs- und verhaltenswissenschaftlicher Sicht*, Diss. (Universität Zürich, 1991), Bern - Stuttgart.

SCHELLHOFF, Thomas (1995): *Bildung, Gesundheit und Rehabilitation: Diversifikation im Krankenhauswesen am Beispiel des Bethlehem-Krankenhauses in Stolberg*, in: KÖHLER-FROST, Wilfried (Hrsg.): Unternehmen Krankenhaus: Organisation und Informationsverarbeitung als strategische Erfolgsfaktoren eines marktorientierten Krankenhausmanagements, Berlin, S. 44-52.

SCHELLHOFF, Thomas (1996): *Das Krankenhaus als Gesundheitszentrum – Konzepte und Erfahrungen aus dem Bethlehem-Krankenhaus in Stolberg*, in: das Krankenhaus, 88. Jg., Nr. 4/96, S. 162-165.

SCHELLHOFF, Thomas (1997): *Kooperation oder lieber „Eier mit Schinkenspeck"? – Dienstleistungen rund um die Gesundheit*, in: ku-Special, Nr. 10 – 5/97: Das Krankenhaus als Gesundheitszentrum, S. 9-12.

SCHERHORN, Gerhard (1991): *Autonomie und Empathie. Die Bedeutung der Freiheit für das verantwortliche Handeln: Zur Entwicklung eines neuen Menschenbildes*, in: BIERVERT, Bernd/ HELD, Martin (Hrsg.): Das Menschenbild der ökonomischen Theorie: zur Natur des Menschen, Frankfurt am Main - New York, S. 153-172.

SCHIECKEL, Horst (1946): *Entwicklung, Aufgaben und Aufbau der Deutschen Sozialversicherung*, München.

SCHIRMER, Herbert (1995): *Krankenhaus-Controlling: Zwingende Notwendigkeit oder Utopie?*, in: f&w, 12. Jg., Nr. 1/95, S. 19-30.

SCHIRMER, Silvia (1997): *Der wirtschaftliche Einsatz von Einweg- und Mehrwegartikeln in Krankenhäusern: Produkt- und standortbezogene Daten müssen berücksichtigt werden*, in: ku, 66. Jg., Nr. 8/97, S. 628-631.

SCHLÖSSER, Hans Jürgen (1992): *Das Menschenbild in der Ökonomie: Die Problematik von Menschenbildern in den Sozialwissenschaften; dargestellt am Beispiel des homo oeconomicus in der Konsumtheorie*, Köln.

SCHMALZRIEDT, Lilo (1994): *Von der Industrie lernen: Synergetische Organisation und Fraktale im Krankenhaus*, in: f&w, 11. Jg., Nr. 5/94, S. 410-412.

SCHMID, Rudolf (1999): *Überregional orientierte und große Träger- und Managementstrukturen im Krankenhausbereich: Entstehungsgründe, Formen, Gestaltungsprinzipien*, in: BRAUN, Günther E. (Hrsg.): Handbuch Krankenhausmanagement: Bausteine für eine moderne Krankenhausführung, Stuttgart, S. 215-234.

SCHMIDT, Heinz P. (1996): *Betriebliches Vorschlagswesen im Krankenhaus*, in: f&w, 13. Jg., Nr. 2/96, S. 163-167.

SCHMIDT, Klaus W. (1996): *Der Trend vom Krankheits- zum Gesundheitsdenken schafft neue Berufe*, in: FAZ, Nr. 268, 16. 11. 1996, S. B 10.

SCHMIDT-RETTIG, Barbara (1993a): *„Gruppendiskussion"*, in: EICHHORN, Siegfried (Hrsg.): Leitung und Leistung im Krankenhaus: Führungsorganisation aus Sicht des Krankenhausträgers; ein Symposium der Bertelsmann Stiftung, 24.-25. September 1991, Gütersloh, S. 58-60.

SCHMIDT-RETTIG, Barbara (1993b): *Leitungsorganisation des Krankenhauses*, in: EICHHORN, Siegfried (Hrsg.): Leitung und Leistung im Krankenhaus: Führungsorganisation aus Sicht des

Krankenhausträgers; ein Symposium der Bertelsmann Stiftung, 24.-25. September 1991, Gütersloh, S. 69-79.

SCHMIDT-RETTIG, Barbara (1995a): *Interne Budgetierung*, in: EICHHORN, Siegfried/ SCHMIDT-RETTIG, Barbara (Hrsg.): Krankenhausmanagement im Werte- und Strukturwandel: Handlungsempfehlungen für die Praxis, Stuttgart - Berlin - Köln, S. 286-298.

SCHMIDT-RETTIG, Barbara (1995b): *Funktionsorientierte Gestaltung der Krankenhausleitung*, in: EICHHORN, Siegfried/ SCHMIDT-RETTIG, Barbara (Hrsg.): Krankenhausmanagement im Werte- und Strukturwandel: Handlungsempfehlungen für die Praxis, Stuttgart - Berlin - Köln, S. 377-384.

SCHMITZ, Harald (1999): *Der Krankenhausbetriebsvergleich – Geschichte und Perspektiven*, in: BFuP, 51. Jg., Nr. 5/99: Der Krankenhausvergleich zwischen Anspruch und Wirklichkeit, S. 465-476.

SCHMITZ, Harald/ GREIßINGER, Peter (1998): *Benchmarking im Krankenhaus*, in: BFuP, 50. Jg., Nr. 4/98, S. 402-420.

SCHNEEWEIß, Christoph (1991): *Planung, Bd. 1: Systemanalytische und entscheidungstheoretische Grundlagen*, Berlin et al.

SCHNEIDER, Bernhard (1995): *Krankenhaus-Informations-System (KIS)*, in: KÖHLER-FROST, Wilfried (Hrsg.): Unternehmen Krankenhaus: Organisation und Informationsverarbeitung als strategische Erfolgsfaktoren eines marktorientierten Krankenhausmanagements, Berlin, S. 61-93.

SCHNYDER, Alphons Beat (1991): *Unternehmenskultur und Corporate Identity: Modell, Methode und Prozeß zur Erreichung einer kulturellen Identität*, in: zfo, 60. Jg., Nr. 4/91, S. 260-266.

SCHOLZ, Christian (1990): *Trugschlüsse zur Unternehmenskultur*, in: SIMON, Hermann (Hrsg.): Herausforderung Unternehmenskultur, Stuttgart, S. 25-40.

SCHOLZ, Christian (1991): *Projektkultur: Der Beitrag der Organisationskultur zum Projektmanagement*, in: zfo, 60. Jg., Nr. 3/91, S. 143-150.

SCHOLZ, Christian (1994): *Personalmanagement: informationsorientierte und verhaltenstheoretische Grundlagen*, 4., verbesserte Aufl., München.

SCHOTT, Thomas (1993): *Patienten(re)orientierung: Elemente einer Standortbestimmung*, in: BADURA, Bernhard/ FEUERSTEIN, Günter/ SCHOTT, Thomas (Hrsg.): System Krankenhaus: Arbeit, Technik und Patientenorientierung, München, S. 254-269.

SCHOTT, Thomas (1997): *Vision „Krankenhaus 2000": Patientenorientierung oder Risikoselektion?*, in: SCHULZ-NIESWANDT, Frank (Hrsg.): „Krankenhaus 2000" im Kontext institutionellen und leistungsrechtlichen Wandels: Fragmentierungen, Schnittflächeneigenschaften, Vernetzungsbedarf, Weiden - Regensburg, S. 83-99.

SCHRAPPE, Matthias (1999): *Leistungs- und Qualitätsvergleich im Krankenhaus – Zukunft des Krankenhausbetriebsvergleiches?*, in: BFuP, 51. Jg., Nr. 5/99: Der Krankenhausvergleich zwischen Anspruch und Wirklichkeit, S. 499-511.

SCHREIBER, Wilfrid/ ALLEKOTTE, Heinz (Hrsg.) (1970): *Kostenexplosion in der Gesetzlichen Krankenversicherung?*, Köln.

SCHREYÖGG, Georg (1992): *Organisationskultur*, in: FRESE, Erich (Hrsg.): Handwörterbuch der Organisation, 3., völlig neu gestaltete Aufl., Stuttgart, Sp. 1525-1537.

SCHUBERT, Wolfgang (1999): *Das erste Krankenhaus mit zertifiziertem Umweltmanagementsystem nach ISO 14001*, in: WETTLAUFFER, Ingrid/ SCHIMMELPFENG, Lutz/ PFAFF-SCHLEY, Herbert (Hrsg.): KrankenhausManagement für Qualität und Umwelt: Umsetzung von Normen, Modell und Verordnung in der Praxis, Taunusstein, S. 43-52.

SCHÜLER, Lars/ ARP, Thorsten (2000): *Betriebsgesellschaften: Der gemeinsame Weg für Krankenhaus und Industrie bringt wirtschaftliche Vorteile*, in: f&w, 17. Jg., Nr. 1/00, S. 34-37.

SCHULIN, Bertram (1999): *Einführung*, in: Sozialgesetzbuch, 25., vollständig überarbeitete Aufl. (erschienen im dtv), München, S. IX-XLIII.

SCHÜLKE, Konrad/ REUTER-HERKNER, Christiane/ BARTKOWSKI, Alexander (2001): *Vernetztes und wohnortnahes Versorgungsangebot: Möglichkeiten zur Ausweitung und Ergänzung von Gesundheitsdienstleistungen*, in: ku, 70. Jg., Nr. 6/01, S. 458-460.

SCHÜLLI, Rolf (1996): *Koordination, Vernetzung und Verzahnung am Beispiel des Gesundheitszentrums Krankenhaus*, in: das Krankenhaus, 88. Jg., Nr. 2/96, S. 63-65.

SCHULTE-SASSE, Hermann (1997): *Kooperation zwischen Ärzten und Pflegenden*, in: das Krankenhaus, 89. Jg., Nr. 1/97, S. 26-27.

SCHULZE, Marion (1997): *Profit in der Nonprofit-Organisation: ein betriebswirtschaftlicher Ansatz zur Klärung der Definitionsdiskussion*, Diss. (Universität Lüneburg, 1996), Wiesbaden.

SCHURR, Marc O./ BRUCKSCH, Michael M./ LENZ, Christian F. W. (2000): *„E" or Out im Krankenhaussektor? E-Business als Antriebsfaktor des wirtschaftlichen Erfolgs*, in: das Krankenhaus, 92. Jg., Nr. 8/00, S. 631-641.

SCHÜTZ, Rudolf-M. (1993): *Rehabilitation im Krankenhaus*, in: BADURA, Bernhard/ FEUERSTEIN, Günter/ SCHOTT, Thomas (Hrsg.): System Krankenhaus: Arbeit, Technik und Patientenorientierung, München, S. 292-297.

SCHÜTZE, Cordula/ VOLLMER, Marianne/ LEUKER, Andreas (1997): *Der Abfall besteht zur Hälfte aus Verpackungen: Durch krankenhausübergreifende Zusammenschlüsse ist das Problem in den Griff zu bekommen*, in: ku, 66. Jg., Nr. 3/97, Ökologie-Depesche (Ausgabe 1/97), S. 1-2.

SCHWAIBERGER, Maria/ HUMMEL, Peter/ JASCHKE, Dieter (1995): *Zufriedene Patienten sind die beste Werbung für ein Krankenhaus - Fragebogen tragen zur Imageverbesserung bei*, in: ku, 64. Jg., Nr. 6/95, S. 532-533.

SCHWANINGER, Markus (1989): *Zur Zukunft der systemorientierten Managementforschung*, St. Gallen.

SCHWANINGER, Markus (1994): *Managementsysteme*, St. Galler Management-Konzept Bd. 4, Frankfurt am Main - New York.

SCHWARTZ, Andrea (1997): *Informations- und Anreizprobleme im Krankenhaussektor: Eine institutionenökonomische Analyse*, Diss. (Universität München, 1996), Wiesbaden.

SCHWARZ, Christoph (1998): *Vom Krankenhaus zum Gesundheitszentrum: Das Klinikum Ludwigshafen – Umwandlung aus Sicht des Betriebsrats*, in: KOOPERATIONSSTELLE HOCHSCHULEN/ GEWERKSCHAFTEN AN DER CARL VON OSSIETZKY-UNIVERSITÄT OLDENBURG (Hrsg.): Wege zum Gesundheitszentrum: Beiträge einer Fachtagung der ÖTV und der Kooperationsstelle, Oldenburg, S. 28-44.

SCHWARZ, Gunther (1989): *Unternehmungskultur als Element des strategischen Managements*, Diss. (Universität Gießen, 1989), Berlin.

SCHWARZ, Peter (1986): *Management in Nonprofit-Organisationen*, Bern.

SCHWARZ, Reinhard (1997): *Wer nicht umdenkt, verschwindet vom Markt: Bisherige Konzepte des Gesundschrumpfens und das Bemühen um Kostendämpfung reichen in einem immer enger werdenden Markt nicht aus, das Überleben zu sichern*, in: f&w, 14. Jg., Nr. 6/97, S. 494-496.

SCHWEITZER, Marcell/ KÜPPER, Hans-Ulrich (1998): *Systeme der Kosten- und Erlösrechnung*, 7., überarbeitete und erweiterte Aufl., München.

SCHWEIZER, Gaby (2000): *Moralische Taschenrechner: Die Bioethik ist in Deutschland ein Berufsfeld mit Zukunft. Doch ihr Nutzen im Krankenhausalltag ist umstritten*, in: DIE ZEIT, 55. Jg., Nr. 47, 16. 11. 2000, S. 46.

SCHWOERER, Peter/ JELASTOPULU, Eleni (1998): *Mit vernetzten Praxen und weiteren innovativen Versorgungsstrukturen zu mehr Effizienz im Versorgungssystem*, in: EICHHORN, Siegfried/ SCHMIDT-RETTIG, Barbara (Hrsg.): Chancen und Risiken von managed care: Perspektiven der Vernetzung des Krankenhauses mit Arztpraxen, Rehabilitationskliniken und Krankenkassen, Stuttgart - Berlin - Köln, S. 86-95.

SEELOS, Hans-Jürgen (1989): *Das „digitale Krankenhaus": Chancen und Risiken der Datenverarbeitung*, in: Deutsches Ärzteblatt – Ärztliche Mitteilungen, Sonderdruck, 86. Jg., Nr. 47, 23. 11. 1989, S. 1-3.

SEELOS, Hans-Jürgen (1993a): *Die konstitutiven Merkmale der Krankenhausleistungsproduktion*, in: f&w, 10. Jg., Nr. 2/93, S. 108-116.

SEELOS, Hans-Jürgen (1993b): *Neue computergestützte Technologien im Krankenhaus*, in: f&w, 10. Jg., Nr. 3/93, S. 234-241.

SEGHEZZI, Hans Dieter (1994): *Qualitätsmanagement: Ansatz eines St. Galler Konzepts Integriertes Qualitätsmanagement*, Stuttgart - Zürich.

SEITZ, Robert (1996): *Die Pflegewissenschaft und ihre Bedeutung in Theorie und Praxis*, in: ARNOLD, Michael/ PAFFRATH, Dieter (Hrsg.): Krankenhaus-Report '96 – Schwerpunkt: Managed Care (Aktuelle Beiträge, Trends und Statistiken), Stuttgart et al., S. 171-178.

SELBACH, Ralf (1995): *Ein Logo für das Krankenhaus? Von der Kunst, unternehmerisch ein Zeichen zu setzen*, in: ku, 64. Jg., Nr. 6/95, S. 530-531.

SIDAMGROTZKI, Edgar (1994): *Kompendium des integrierten Krankenhaus-Managements*, Lengwil.

SIEBIG, Josef (1999): *Krankenhausfinanzierung – Quo vadis? Bestimmungsgründe des Finanzierungsbedarfs und Möglichkeiten der Mittelaufbringung*, in: BRAUN, Günther E. (Hrsg.):

Handbuch Krankenhausmanagement: Bausteine für eine moderne Krankenhausführung, Stuttgart, S. 35-59.

SIMON, Hermann (1990): *Unternehmenskultur – Modeerscheinung oder mehr?*, in: SIMON, Hermann (Hrsg.): Herausforderung Unternehmenskultur, Stuttgart, S. 1-11.

SIMON, Michael (1998): *Das Krankenhaus im Umbruch: Neuere Entwicklungen in der stationären Krankenversorgung im Gefolge von sektoraler Budgetierung und neuem Entgeltsystem*, Berlin.

SJURTS, Insa (1998): *Kontrolle ist gut, ist Vertrauen besser? Ökonomische Analysen zur Selbstorganisation als Leitidee neuer Organisationskonzepte*, in: DBW, 58. Jg., Nr. 3/98, S. 283-298.

SPINDLER, Karl (1999): *Kooperation mit einem Medizingerätehersteller im Röntgenbereich – Stuttgarter Modell*, in: BRAUN, Günther E. (Hrsg.): Handbuch Krankenhausmanagement: Bausteine für eine moderne Krankenhausführung, Stuttgart, S. 329-339.

SPIRA, Volkmar (1995): *Das Krankenhaus als Gesundheitszentrum: Praktische Erfahrungen im Evangelischen Krankenhaus zu Mülheim*, in: f&w, 12. Jg., Nr. 3/95, S. 260-266.

SPIRA, Volkmar (1999): *Infrastrukturverbund zwischen Krankenhäusern als Beispiel für eine horizontale Kooperation*, in: BRAUN, Günther E. (Hrsg.): Handbuch Krankenhausmanagement: Bausteine für eine moderne Krankenhausführung, Stuttgart, S. 257-267.

SPREE, Reinhard (1986): *Veränderungen des Todesursachen-Panoramas und sozio-ökonomischer Wandel – Eine Fallstudie zum „Epidemiologischen Übergang"*, in: GÄFGEN, Gérard (Hrsg.): Ökonomie des Gesundheitswesens, Berlin, S. 73-100.

ST. ELISABETH-STIFTUNG, DERNBACH (2001): *Unser Leitbild – ein christliches Gütesiegel*, <http://www.st-elisabeth.de/leitbild/leit1.htm>, Abrufdatum: 27. 06. 2001.

ST. JOSEFSHOSPITAL UERDINGEN (2001): *Grußwort*, <http://www.stjosef.de/index_a_bis_z_grusswort.htm>, Abrufdatum: 14. 07. 2001.

ST. JOSEPH-KRANKENHAUS, BERLIN (1999): *Die Ethischen Thesen des St. Joseph-Krankenhauses, Berlin*, <http://www.snafu.de/~joseph/ethik/ethfs1.html>, Abrufdatum: 04. 05. 1999.

ST. VINZENZ-KRANKENHAUS DÜSSELDORF (2001): *Unser Pflegeleitbild*, <http://www.vinzenz.com/unser_haus/vo_pflege.html>, Abrufdatum: 14. 07. 2001.

STÄDTISCHES KRANKENHAUS SALZGITTER (1999): *Leitbild*, <http://www.krankenhaus-salzgitter.de/>, Abrufdatum: 18. 08. 1999.

STAEHLE, Wolfgang H. (1994a): *Management – Eine verhaltenswissenschaftliche Perspektive*, 7. Aufl., überarbeitet von Peter CONRAD und Jörg SYDOW, München.

STAEHLE, Wolfgang H. (1994b): *Managementwissen in der Betriebswirtschaftslehre – Geschichte eines Diffusionsprozesses*, in: WUNDERER, Rolf (Hrsg.): Betriebswirtschaftslehre als Management- und Führungslehre, 3., überarbeitete und ergänzte Aufl., Stuttgart, S. 3-22.

STAIB, Ingolf/ ULSENHEIMER, Klaus/ MARTIN, Klaus (1997): *Risk-Management im Medizinischen Bereich: Haftungsschäden und -ansprüche können reduziert werden*, in: f&w, 14. Jg., Nr. 3/97, S. 246-252.

STANGE, Heino et al. (2000): *Umwelt- und Sicherheits-Check: Öko-Audit in Krankenhäusern Nordhessens auf dem Vormarsch*, in: ku, 69. Jg., Nr. 8/00, S. 686-688.

STARKE, Marie-Theres (1962): *Die Finanzierung der Krankenhausleistungen als sozial- und ordnungspolitisches Problem*, Münster Westfalen.

STATISTISCHES BUNDESAMT (Hrsg.) (2000): *Bevölkerungsentwicklung Deutschlands bis zum Jahr 2050: Ergebnisse der 9. koordinierten Bevölkerungsvorausberechnung*, <http://www.statistik-bund.de/download/veroe/bevoe.pdf>, Erscheinungsmonat: Juli 2000, Abrufdatum: 08. 08. 2001.

STATISTISCHES BUNDESAMT (Hrsg.) (2001a): *Fachserie 12, Reihe 6.1: Grunddaten der Krankenhäuser und Vorsorge- oder Rehabilitationseinrichtungen 1999*, Erscheinungsmonat: April 2001, Wiesbaden.

STATISTISCHES BUNDESAMT (Hrsg.) (2001b): *Fachserie 12, Reihe 6.2: Diagnosedaten der Krankenhauspatienten 1999*, Erscheinungsmonat: Juli 2001, Wiesbaden.

STATISTISCHES BUNDESAMT (Hrsg.) (2001c): *Fachserie 1, Reihe 1: Gebiet und Bevölkerung 1999*, Erscheinungsmonat: August 2001, Wiesbaden.

STATISTISCHES BUNDESAMT (Hrsg.) (2001d): *Volkswirtschaftliche Gesamtrechnungen – Wichtige gesamtwirtschaftliche Größen*, <http://www.statistik-bund.de/basis/d/vgr/vgrtab1.htm>, Abrufdatum: 18. 08. 2001.

STATISTISCHES BUNDESAMT (Hrsg.) (2001e): *Neue Gesundheitsausgabenrechnung: Gesundheitsausgaben 1998 nach Einrichtungen*, <http://www.statistik-bund.de/basis/d/gesu/gesutab6.htm>, Abrufdatum: 18. 08. 2001.

STEFFEN, Antje/ KUNTZ, Ludwig (1997): *Universitätsklinika im Spannungsfeld von wissenschaftlichem Auftrag und Sparzwängen: ein Vorschlag zur sachgerechten Abgrenzung der Kosten für Forschung und Lehre*, in: BFuP, 49. Jg., Nr. 2/97: Gesundheitsökonomie – Herausforderung zur interdisziplinären Zusammenarbeit, S. 101-122.

STEIGER, Rudolf (1994): *Menschenorientierte Führung: Anregungen für zivile und militärische Führungskräfte*, 8. Aufl., Frauenfeld.

STEIH, Marco (1995): *Betriebliches Vorschlagswesen in Klein- und Mittelbetrieben: Ein strategisches Konzept*, Diss. (Universität Frankfurt am Main, 1994), Ludwigsburg - Berlin.

STEINMANN, Horst/ SCHREYÖGG, Georg (2000): *Management: Grundlagen der Unternehmensführung: Konzepte – Funktionen – Fallstudien*, 5., überarbeitete Aufl., Wiesbaden.

STEYRER, Johannes (1996): *Prozesse der Führung in Gesundheitsorganisationen*, in: HEIMERL-WAGNER, Peter/ KÖCK, Christian (Hrsg.): Management in Gesundheitsorganisationen: Strategien, Qualität, Wandel, Wien, S. 187-233.

STILLFRIED, Dominik Graf von (1996): *Gesundheitssysteme im Wandel – das Dilemma zwischen Bedarfskonzept und Eigenverantwortung: medizinische Grundsicherung als Reformperspektive?; eine evolutorische Analyse*, Bayreuth.

STILLFRIED, Dominik Graf von (1997): *Managed-Care-Elemente in der Entwicklung der gesetzlichen Krankenversicherung*, in: ARNOLD, Michael/ LAUTERBACH, Karl W./ PREUß,

Klaus-Jürgen (Hrsg.): Managed Care: Ursachen, Prinzipien, Formen und Effekte, Stuttgart - New York, S. 228-251.

STILLFRIED, Dominik Graf von/ JELASTOPULU, Eleni (1997): *Zu den Hintergründen des Themas „Verzahnung zwischen ambulanter und stationärer Versorgung": Bestimmungsursachen der Schnittstellenproblematik*, in: ARNOLD, Michael/ PAFFRATH, Dieter (Hrsg.): Krankenhaus-Report '97 – Schwerpunkt: Sektorübergreifende Versorgung (Aktuelle Beiträge, Trends und Statistiken), Stuttgart et al., S. 21-34.

STOLTENBERG, Gabi/ ZASTRAU, Ralf (2001): *Prävention statt Reparaturmedizin: Erstes Zentrum für medizinisches Fitness-Training an einem Hamburger Krankenhaus*, in: ku, 70. Jg., Nr. 6/01, S. 450-452.

STRAUB, Christoph (1993): *Qualitätssicherung im Krankenhaus: Die Rolle der Patienten*, in: BADURA, Bernhard/ FEUERSTEIN, Günter/ SCHOTT, Thomas (Hrsg.): System Krankenhaus: Arbeit, Technik und Patientenorientierung, München, S. 376-389.

STRECKEL, Siegmar (1997a): *Der Trend zur GmbH – Verschlechterung der Rechtsstellung der Mitarbeiter? (Teil I): Personalrechtliche Probleme bei der Umwandlung eines kommunalen Krankenhauses in eine GmbH*, in: ku, 66. Jg., Nr. 6/97, S. 525-528.

STRECKEL, Siegmar (1999): *Arbeitszeitkonten: Eine Perspektive auch für das Krankenhaus? Auf dem Weg zur ergebnisorientierten Arbeit*, in: f&w, 16. Jg., Nr. 2/99, S. 140-144.

STREHLAU-SCHWOLL, Holger (1996): *Die Profit-Center-Konzeption: Baustein der Führungsorganisation des Krankenhauses*, in: f&w, 13. Jg., Nr. 4/96, S. 317-323.

STREHLAU-SCHWOLL, Holger (1999): *Innovatives Investitions- und Finanzmanagement*, in: BRAUN, Günther E. (Hrsg.): Handbuch Krankenhausmanagement: Bausteine für eine moderne Krankenhausführung, Stuttgart, S. 857-869.

STROTZKA, Hans (1990): *Geleitwort*, in: EDER, Anselm: Risikofaktor Einsamkeit: Theorien und Materialien zu einem systemischen Gesundheitsbegriff, Wien - New York, S. 1-6.

SUDY, Reinhard A. (1994a): *Über Visionen, Leitbild und Personalentwicklung*, in: HAUKE, Eugen (Hrsg.): Leistungsorientierte Planung im Krankenhaus: ein partizipativer Ansatz für die Praxis, Wien, S. 99-137.

SUDY, Reinhard A. (1994b): *Das Unternehmensleitbild der Stmk. Krankenanstaltenges. m. b. H.: „Menschen helfen Menschen"*, in: HAUKE, Eugen (Hrsg.): Leistungsorientierte Planung im Krankenhaus: ein partizipativer Ansatz für die Praxis, Wien, S. 277-309.

SUDY, Reinhard A. (1999): *Von der Vision zur Realität: Die Managementorientierung der steirischen Landeskrankenhäuser*, in: zfo, 68. Jg., Nr. 2/99, S. 85-89.

SWART, Enno/ BRAESEKE, Grit/ ROBRA, Bernt-Peter (2001): *Fallzahlentwicklung im stationären Sektor – Determinanten im Spiegel von AOK-Prozessdaten*, in: ARNOLD, Michael/ LITSCH, Martin/ SCHELLSCHMIDT, Henner (Hrsg.): Krankenhaus-Report 2000 – Schwerpunkt: Vergütungsreform mit DRGs, Stuttgart - New York, S. 319-331.

T

TACKE, Jürgen/ LAUTERBACH, Karl W. (1997): *Disease Management: Ein Überblick*, in: ARNOLD, Michael/ PAFFRATH, Dieter (Hrsg.): Krankenhaus-Report '97 – Schwerpunkt: Sektorübergreifende Versorgung (Aktuelle Beiträge, Trends und Statistiken), Stuttgart et al., S. 157-164.

TECKLENBURG, Andreas (1995): *Koordination der Fachabteilungen auf Krankenhausebene*, in: EICHHORN, Siegfried/ SCHMIDT-RETTIG, Barbara (Hrsg.): Krankenhausmanagement im Werte- und Strukturwandel: Handlungsempfehlungen für die Praxis, Stuttgart - Berlin - Köln, S. 385-396.

THEURL, Engelbert (1986): *Zur Erklärung der marktlichen und nichtmarktlichen Organisationsformen des Gesundheitswesens – Ansätze aus der „Neuen Institutionellen Ökonomie"*, in: GÄFGEN, Gérard (Hrsg.): Ökonomie des Gesundheitswesens, Berlin, S. 241-252.

THIEDE, Justus A. (1999): *Entwicklung und Umsetzung eines Strukturkonzeptes für Krankenhäuser unter veränderten Rahmenbedingungen im Gesundheitswesen*, in: THIEDE, Justus A./ SCHOCH, Klaus Josef/ FIEGE, Klaus-Peter: Kooperation und Fusion im Focus des Krankenhausmanagements, Melsungen, S. 11-76.

THOMMEN, Jean-Paul (1996a): *Glaubwürdigkeit: die Grundlage unternehmerischen Denkens und Handelns*, Zürich.

THOMMEN, Jean-Paul (1996b): *Betriebswirtschaftslehre, Bd. 1: Unternehmung und Umwelt, Marketing, Material- und Produktionswirtschaft*, 4. Aufl., Zürich.

THOMMEN, Jean-Paul (1996c): *Betriebswirtschaftslehre, Bd. 3: Personal, Organisation, Führung, spezielle Gebiete des Managements*, 4. Aufl., Zürich.

THOMMEN, Jean-Paul (1996d): *Organisationales Verlernen, um sich aus der Krise zu bewegen*, in: EUROPEAN BUSINESS SCHOOL SCHLOß REICHARTSHAUSEN (Hrsg.): Erfahrung – Bewegung – Strategie, Festschrift zum 25-jährigen Jubiläum der EUROPEAN BUSINESS SCHOOL Schloß Reichartshausen, Wiesbaden, S. 247-270.

THURN UND TAXIS, Karl Ferdinand von (1992): *Überlegungen eines Krankenhausträgers zu Fragen von Personalmanagement und Personalentwicklung*, in: ARBEITSGRUPPE DES STUDIENGANGES „BETRIEBSWIRTSCHAFT IN EINRICHTUNGEN DES GESUNDHEITSWESENS (BIG)" (Hrsg.): Personalmanagement: Zentrale Fragen und zukünftige Herausforderung für das Krankenhaus, Osnabrück, S. 137-150.

THURN UND TAXIS, Karl Ferdinand von (1993): *Stellungnahme zum Beitrag von Wolfgang Helbig: „Krankenhausphilosophie – Leitbilder/Führungskonzepte und -richtlinien" aus Sicht der Krankenhauspraxis*, in: EICHHORN, Siegfried (Hrsg.): Leitung und Leistung im Krankenhaus: Führungsorganisation aus Sicht des Krankenhausträgers; ein Symposium der Bertelsmann Stiftung, 24.-25. September 1991, Gütersloh, S. 182-207.

TIMMERMANN, Manfred (1994): *Vorwort*, in: SIDAMGROTZKI, Edgar: Kompendium des integrierten Krankenhaus-Managements, Lengwil, S. 13-14.

TREICHLER, Christoph (1995): *Kulturbewusste Unternehmungsführung: Entwicklung eines Problemlösungskonzepts unter besonderer Berücksichtigung der Instrumente der Erfassung, Beurteilung und Gestaltung der Unternehmungskultur*, Diss. (Universität Zürich, 1995), Bern - Stuttgart - Wien.

TRILL, Roland (1995): *Perspektiven des EDV-gestützten Controllings: Weniger Programmierkenntnisse, mehr gestalterisches Denken*, in: ku, 64. Jg., Nr. 1/95, S. 32-35.

TRILL, Roland (1996): *Krankenhaus-Management: Aktionsfelder und Erfolgspotentiale*, Neuwied - Kriftel - Berlin.

TRILL, Roland (2000): *Krankenhaus-Management: Aktionsfelder und Erfolgspotentiale*, 2., erweiterte und überarbeitete Aufl., Neuwied - Kriftel.

TUSCHEN, Karl Heinz (2000): *Das zustimmungsfreie GKV-Gesundheitsreformgesetz 2000: Verpflichtendes Qualitätsmanagement, integrierte Versorgung und DRG-orientierte Vergütung*, in: f&w, 17. Jg., Nr. 1/00, S. 6-12.

TUSCHEN, Karl Heinz (2001): *BMG setzt Anreize für Einstieg 2003: Referentenentwurf eines DRG-Einführungsgesetzes*, in: f&w, 18. Jg., Nr. 4/01, S. 334-340.

TUSCHEN, Karl Heinz/ QUAAS, Michael (2001): *Bundespflegesatzverordnung: Kommentar mit einer umfassenden Einführung in das Recht der Krankenhausfinanzierung*, 5., aktualisierte Aufl., Stuttgart - Berlin - Köln.

U

ULRICH, Hans (1984): *Management*, hrsg. von Thomas DYLLICK und Gilbert PROBST, Bern.

ULRICH, Hans (1990): *Unternehmungspolitik*, 3. Aufl., Bern - Stuttgart.

ULRICH, Hans (1994): *Von der Betriebswirtschaftslehre zur systemorientierten Managementlehre*, in: WUNDERER, Rolf (Hrsg.): Betriebswirtschaftslehre als Management- und Führungslehre, 3., überarbeitete und ergänzte Aufl., Stuttgart, S. 161-178.

ULRICH, Hans/ KRIEG, Walter (1973): *Das St. Galler Management-Modell*, in: HENTSCH, Bénédict/ MALIK, Fredmund (Hrsg.): Systemorientiertes Management, Bern - Stuttgart, S. 63-94.

ULRICH, Hans/ KRIEG, Walter (1974): *St. Galler Management-Modell*, 3. verbesserte Aufl., Bern.

ULRICH, Hans/ KRIEG, Walter/ MALIK, Fredmund (1976): *Zum Praxisbezug einer systemorientierten Betriebswirtschaftslehre*, in: ULRICH, Hans (Hrsg.): Zum Praxisbezug der Betriebswirtschaftslehre in wissenschaftstheoretischer Sicht, Bern - Stuttgart, S. 135-151.

ULRICH, Hans/ PROBST, Gilbert J. B. (1995): *Anleitung zum ganzheitlichen Denken und Handeln: Ein Brevier für Führungskräfte*, Bern et al.

ULRICH, Hans/ SIDLER, Fredy (1977): *Ein Management-Modell für die öffentliche Hand*, Bern - Stuttgart.

ULRICH, Peter (1983): *Konsensus-Management: Die zweite Dimension rationaler Unternehmensführung*, in: BFuP, 35. Jg., Nr. 1/83, S. 70-84.

ULRICH, Peter (1984): *Systemsteuerung und Kulturentwicklung: Auf der Suche nach einem ganzheitlichen Paradigma der Managementlehre*, in: Die Unternehmung, 38. Jg., Nr. 4/84, S. 303-325.

ULRICH, Peter (1987): *Wirtschaftsethik und ökonomische Rationalität: Zur Grundlegung einer Vernunftethik des Wirtschaftens*, St. Gallen.

ULRICH, Peter (1993): *Transformation der ökonomischen Vernunft: Fortschrittsperspektiven der modernen Industriegesellschaft*, 3., revidierte Aufl., Bern - Stuttgart - Wien.

ULRICH, Peter (1994): *Betriebswirtschaftslehre als praktische Sozialökonomie: Programmatische Überlegungen*, in: WUNDERER, Rolf (Hrsg.): Betriebswirtschaftslehre als Management- und Führungslehre, Stuttgart, S. 179-203.

ULRICH, Peter (1995): *Führungsethik: Ein grundrechteorientierter Ansatz*, in: THOMMEN, Jean-Paul (Hrsg.): Management-Kompetenz: Die Gestaltungsansätze des Executive MBA der Hochschule St. Gallen, Wiesbaden, S. 519-538.

ULRICH, Peter (1998): *Integrative Wirtschaftsethik: Grundlagen einer lebensdienlichen Ökonomie*, 2., durchgesehene Aufl., Bern - Stuttgart - Wien.

ULRICH, Peter/ FLURI, Edgar (1995): *Management – Eine konzentrierte Einführung*, 7., verbesserte Aufl., Bern - Stuttgart - Wien.

ULRICH, Peter/ HILL, Wilhelm (1976): *Wissenschaftstheoretische Grundlagen der Betriebswirtschaftslehre (Teil I)*, in: WiSt, 5. Jg., Nr. 7/76, S. 304-309.

ULRICH, Werner (1981): *Systemrationalität und praktische Vernunft – Gedanken zum Stand des Systemansatzes* (Einleitung des Übersetzers), in: CHURCHMAN, Charles West: Der Systemansatz und seine „Feinde", Bern - Stuttgart, S. 7-38.

ULSENHEIMER, Klaus (1997): *Neue Wege zur Organisation der Verantwortungsbereiche ärztlicher und pflegerischer Tätigkeit*, in: das Krankenhaus, 89. Jg., Nr. 1/97, S. 22-26.

UNKEL, Bernhard (1992): *Anforderungen und Erwartungen an das Personalmanagement aus der Sicht von Krankenhausträger und Krankenhausleitung – Der Ärztliche Dienst*, in: ARBEITSGRUPPE DES STUDIENGANGES „BETRIEBSWIRTSCHAFT IN EINRICHTUNGEN DES GESUNDHEITSWESENS (BIG)" (Hrsg.): Personalmanagement: Zentrale Fragen und zukünftige Herausforderung für das Krankenhaus, Osnabrück, S. 125-136.

V

VARELA, Francisco (1999): *Der kreative Zirkel – Skizzen zur Naturgeschichte der Rückbezüglichkeit*, in: WATZLAWICK, Paul (Hrsg.): Die erfundene Wirklichkeit: Wie wissen wir, was wir zu wissen glauben? Beiträge zum Konstruktivismus, 11. Aufl., München - Zürich, S. 294-309.

VEHLING, Rudolf (1996): *Gedanken über Gesundheitszentren*, in: VKD (Hrsg.) (1996): Generalthema: Der Mensch im künftigen Gesundheitszentrum, Mülheim/Ruhr, S. 132-134.

VERBAND DER LEITENDEN KRANKENHAUSÄRZTE DEUTSCHLANDS E. V. (VLK) (2001): *Wir über uns*, <http://www.vlk-online.de/>, Abrufdatum: 08. 08. 2001.

VESTER, Frederic (1990): *Ausfahrt Zukunft: Strategien für den Verkehr von morgen. Eine Systemuntersuchung*, 5. Aufl., München.

VIETHEN, Gregor (1999): *Prinzipien kontinuierlicher Qualitätsentwicklung im Gesundheitswesen*, in: WETTLAUFFER, Ingrid/ SCHIMMELPFENG, Lutz/ PFAFF-SCHLEY, Herbert (Hrsg.): KrankenhausManagement für Qualität und Umwelt: Umsetzung von Normen, Modell und Verordnung in der Praxis, Taunusstein, S. 101-110.

VISARIUS, Heiko/ NOLTE, Lutz (1997): *Computergestützte Chirurgie: Planung, Simulation, Navigation*, in: das Krankenhaus, 89. Jg., Nr. 6/97, S. 335-338.

VKD (Hrsg.) (1993): *Entscheidungsorientiertes Krankenhausmanagement*, Mülheim/Ruhr.

VKD (Hrsg.) (1996): *Generalthema: Der Mensch im künftigen Gesundheitszentrum*, Mülheim/Ruhr.

VOLLMER, Reinhard (1997): *Erneuerung der Energieversorgung zum Nulltarif: Contracting im Krankenhaus*, in: f&w, 14. Jg., Nr. 1/97, S. 61-63.

W

WAHLER, Steffen/ HILDEBRANDT, Helmut (1999): *Kooperation Krankenhaus – Pharmaindustrie: Wie können Krankenhäuser und Pharmaindustrie gemeinsam Strategien entwickeln?*, in: BRAUN, Günther E. (Hrsg.): Handbuch Krankenhausmanagement: Bausteine für eine moderne Krankenhausführung, Stuttgart, S. 291-307.

WALTER, Beowulf (1996): *Historische und kritische Betrachtungen zum Ambulanten Operieren im Krankenhaus (bis und nach 1993)*, in: MAYER, Elmar/ WALTER, Beowulf (Hrsg.): Management und Controlling im Krankenhaus, Stuttgart, S. 225-230.

WALTER, Beowulf (1997): *Wie soll das Krankenhaus im 21. Jahrhundert aussehen?*, in: MAYER, Elmar/ WALTER, Beowulf/ BELLINGEN, Klaus (Hrsg.): Vom Krankenhaus zum Medizinischen Leistungszentrum (MLZ): Ambulante und stationäre Patientenversorgung der Zukunft, Stuttgart - Köln, S. 3-13.

WASEM, Jürgen/ GÜTHER, Bernd (1998): *Das Gesundheitssystem in Deutschland: Einstellungen und Erwartungen der Bevölkerung – Eine Bestandsaufnahme*, Neuss.

WASSENER, Dietmar (1995): *Das Gesundheits-Strukturgesetz 1993 und die Organisationsreform der gesetzlichen Krankenversicherung: eine Analyse der Rahmenbedingungen und der Ausgestaltung des Risikostrukturausgleichs*, Diss. (Universität Augsburg, 1994), Frankfurt am Main et al.

WATZLAWICK, Paul (1997): *Anleitung zum Unglücklichsein*, 16. Aufl., München - Zürich.

WATZLAWICK, Paul (1999a): *Vorwort*, in: WATZLAWICK, Paul (Hrsg.): Die erfundene Wirklichkeit: Wie wissen wir, was wir zu wissen glauben? Beiträge zum Konstruktivismus, 11. Aufl., München - Zürich, S. 9-11.

WATZLAWICK, Paul (1999b): *Selbsterfüllende Prophezeiungen*, in: WATZLAWICK, Paul (Hrsg.): Die erfundene Wirklichkeit: Wie wissen wir, was wir zu wissen glauben? Beiträge zum Konstruktivismus, 11. Aufl., München - Zürich, S. 91-110.

WATZLAWICK, Paul (1999c): *Epilog*, in: WATZLAWICK, Paul (Hrsg.): Die erfundene Wirklichkeit: Wie wissen wir, was wir zu wissen glauben? Beiträge zum Konstruktivismus, 11. Aufl., München - Zürich, S. 310-315.

WATZLAWICK, Paul/ BEAVIN, Janet H./ JACKSON, Don D. (1990): *Menschliche Kommunikation: Formen, Störungen, Paradoxien*, 8., unveränderte Aufl., Bern - Stuttgart - Toronto.

WEHRLE, Thorsten/ KÜNZEL, Uwe/ KAMM, K.-F. (2000): *PACS (Picture Archiving and Communication System) senkt die Materialkosten in der Radiologie um bis zu 60 Prozent: Die Studie einer Erfolgsgeschichte des Klinikums Deggendorf*, in: f&w, 17. Jg., Nr. 5/00, S. 514-520.

WEINBRENNER, Hartmut (1997): *Identität und Wandel: Strukturveränderungen und Entwicklung eines Leitbildes*, in: das Krankenhaus, 89. Jg., Nr. 8/97, S. 495-499.

WEINERT, Ansfried B. (1984a): *Menschenbilder in Organisations- und Führungstheorien: Erste Ergebnisse einer empirischen Überprüfung*, in: ZfB, 54. Jg., Nr. 1/84, S. 30-62.

WEINERT, Ansfried B. (1984b): *Menschenbilder als Grundlagen von Führungstheorien: Analyse und Systematisierung von a priori Klassifikationen*, in: zfo, 53. Jg., Nr. 2/84, S. 117-123.

WEINERT, Ansfried B. (1995): *Menschenbilder und Führung*, in: KIESER, Alfred/ REBER, Gerhard/ WUNDERER, Rolf (Hrsg.): Handwörterbuch der Führung, 2., neu gestaltete und ergänzte Aufl., Stuttgart, Sp. 1495-1510.

WEISSKOPF, Traugott (1989): *Das Ringen um ein Menschenbild in der Pädagogik*, in: SVILAR, Maja (Hrsg.): Das heutige Menschenbild – Entwürfe und Ansätze, Bern, S. 213-233.

WELLNER, Kurt (1996): *Die Geriatrie am St. Bonifatius-Hospital, Lingen*, in: VKD (Hrsg.): Generalthema: Der Mensch im künftigen Gesundheitszentrum, Mülheim/ Ruhr, S. 129-131.

WEMMER, Ulrich/ KORCZAK, Dieter (1993): *Gesundheit in Gefahr: Daten-Report 1993/94*, Frankfurt am Main.

WENDISCH, Grit (1995): *Gesamtkonzept für ein ökologisches Krankenhausmanagement – Ziel: Verringerung der durch Kliniken verursachten Umweltbelastung*, in: ku, 64. Jg., Nr. 9/95, S. 719-721.

WERHAHN, Peter H. (1989): *Menschenbild, Gesellschaftsbild und Wissenschaftsbegriff in der neueren Betriebswirtschaftslehre: Faktortheoretischer Ansatz, entscheidungsorientierter Ansatz und Systemansatz im Vergleich*, 2. Aufl., Diss. (Hochschule für Wirtschafts- und Sozialwissenschaften St. Gallen, 1980), Bern - Stuttgart.

WESSLING, Ursula/ WIRTH, Susanne (1996): *Pflege auf dem Weg zur Wissenschaft?*, in: ARNOLD, Michael/ PAFFRATH, Dieter (Hrsg.): Krankenhaus-Report '96 – Schwerpunkt: Managed Care (Aktuelle Beiträge, Trends und Statistiken), Stuttgart et al., S. 179-189.

WESTPHAL, Eckhardt (1994): *Krankenhausmanagement aus Sicht des Rechtsträgers*, in: Österreichische Krankenhaus-Zeitung, 35. Jg., Sonderfolge Krankenhausmanagement, S. 74-77.

WESTPHAL, Jürgen (1998): *Anforderungen an ein DV-System zum Einsatz in der Abfallentsorgung*, in: das Krankenhaus, 90. Jg., Nr. 11/98, S. 687-688.

WHO (World Health Organization) (2000): *Definition of Health*, <http://www.who.int/aboutwho/en/definition.html>, Abrufdatum: 03. 10. 2000.

WIEDENSOHLER, Ralph (2000): *Fehlerquellen ausschalten, Schaden begrenzen – Risikomanagement: Mehr Sicherheit für Patienten und Krankenhäuser*, in: ku, 69. Jg., Nr. 12/00, S. 1165-1167.

WIEMEYER, Joachim (1984): *Krankenhausfinanzierung und Krankenhausplanung in der Bundesrepublik Deutschland*, Berlin.

WILHELM, Ernst/ JANISCHOWSKI, Axel J. F. (1990): *Umweltorientiertes Krankenhausmanagement: Strategien und Maßnahmen für eine größere Umweltverträglichkeit*, Berlin et al.

WILPERT, Bernhard (1989): *Menschenbild, Einstellungen, Normen und Werte*, in: ROTH, Erwin (Hrsg.): Organisationspsychologie, Göttingen – Toronto – Zürich, S. 155-185.

WINDFUHR, Astrid (1998): *Worum geht es eigentlich [bei der IGEL-Liste]?*, <http://www.ikk-nordrhein.de/NORDRHN/SPEZIAL/igelthema.htm>, Erscheinungsjahr: 1998, Abrufdatum: 26. 08. 2000.

WINTER, Andreas (1997): *Krankenhaus-Informationssysteme: Begriffsbildung und Stand der Technik*, in: ZWIERLEIN, Eduard (Hrsg.): Klinikmanagement: Erfolgsstrategien für die Zukunft, München – Wien – Baltimore, S. 536-547.

WISCHER, Robert (1996): *Zur Gestaltung von Gesundheitszentren*, in: VKD (Hrsg.) (1996): Generalthema: Der Mensch im künftigen Gesundheitszentrum, Mülheim/Ruhr, S. 122-123.

WÖHE, Günter (1996): *Einführung in die Allgemeine Betriebswirtschaftslehre*, 19., neu bearbeitete Aufl., München.

WOLLNIK, Michael (1995): *Interpretative Ansätze in der Organisationstheorie*, in: KIESER, Alfred (Hrsg.): Organisationstheorien, 2., überarbeitete Aufl., Stuttgart – Berlin – Köln, S. 303-320.

WOLTERS, Hans-Georg (1997): *Führungsteam oder Einzelkämpfer: Das Miteinander des Direktoriums prägt Arbeitsatmosphäre*, in: f&w, 14. Jg., Nr. 5/97, S. 420-426.

WÖRTERBUCH DER MEDIZIN (1995), 2. Aufl. (erschienen im dtv), München.

WUNDERER, Rolf (2000): *Führung und Zusammenarbeit: Eine unternehmerische Führungslehre*, 3., neu bearbeitete Aufl., Neuwied – Kriftel.

WUNDERER, Rolf (Hrsg.) (1994): *Betriebswirtschaftslehre als Management- und Führungslehre*, 3., überarbeitete und ergänzte Aufl., Stuttgart.

WUNDERER, Rolf/ ARX, Sabina von (1998): *Personalmanagement als Wertschöpfungs-Center: integriertes Organisations- und Personalentwicklungskonzept*, Wiesbaden.

WÜTHRICH, Hans A. (1994): *Organisationsentwicklung – Neue Ansätze der Betriebswirtschaftslehre und ihre Anwendbarkeit für das Krankenhaus-Management*, in: Österreichische Krankenhaus-Zeitung, 35. Jg., Sonderfolge Krankenhausmanagement, S. 11-14.

Z

ZDROWOMYSLAW, Norbert/ DÜRIG, Wolfgang (1997): *Gesundheitsökonomie: Einzel- und gesamtwirtschaftliche Einführung*, München - Wien.

ZELLE, Barbara (1998): *Kooperationen von Krankenhäusern im Bereich der Patientenversorgung unter besonderer Berücksichtigung der Marktstruktur*, Diss. (Universität der Bundeswehr München, 1998), Bayreuth.

ZIEGLWALNER, Stefanie (2000): *Teleradiologie: Vorschläge für eine sinnvolle Zusammenarbeit der Leistungsträger*, in: f&w, 17. Jg., Nr. 3/00, S. 286-290.

ZIENERT, Detlef (1998): *Kostensparen durch Öko-Audit*, in: f&w, 15. Jg., Nr. 5/98, S. 425-426.

ZIMMERLI, Walther Ch. (1989): *Der Mensch als Schöpfer seiner selbst – Realität und Utopie der neuen Technologien*, in: SVILAR, Maja (Hrsg.): Das heutige Menschenbild – Entwürfe und Ansätze, Bern, S. 257-277.

ZIMMERMANN, Thomas (1993): *Ein teueres Kettenglied: Das Krankenhaus – seine soziale Funktion unter Beachtung wirtschaftlicher Aspekte*, in: JESCHKE, Horst A. (Hrsg.): Krankenhausmanagement zwischen Frustration und Erfolg, Kulmbach, S. 13-19.

ZIPPERER, Manfred (1997): *Bleibt unser Krankenversicherungssystem leistungsfähig und finanzierbar?*, in: das Krankenhaus, 89. Jg., Nr. 5/97, S. 245-251.

ZIPPERER, Manfred (1998): *Weniger Staat im Krankenhausbereich – Motive und Hintergründe des Gesetzgebers*, in: das Krankenhaus, 90. Jg., Nr. 6/98, S. 321-323.

ZIPPERER, Manfred (2000): *Entwicklung einer einheitlichen Telematikplattform für das Gesundheitswesen*, in: das Krankenhaus, 92. Jg., Nr. 2/00, S. 98-104.

ZSCHACHE, Ralf (1990): *Gesunder Körper und gesunder Geist: Gesundheit als Führungsaufgabe*, in: zfo, 59. Jg., Nr. 2/90, S. 101-104.

ZVEI – ZENTRALVERBAND ELEKTROTECHNIK- UND ELEKTRONIKINDUSTRIE E. V. (1997): *So präzise wie ein Roboter arbeitet keine Chirurgenhand: Digitale Bildtechniken revolutionieren die Medizin*, in: ku-Special, Nr. 11 – 8/97: Telemedizin, S. 31-32.

ZWEIFEL, Peter/ ZYSSET-PEDRONI, Gabriella (1992): *Was ist Gesundheit und wie läßt sie sich messen?*, in: ANDERSEN, Hanfried H./ HENKE, Klaus-Dirk/ SCHULENBURG, J.-Matthias Graf v. d. (Hrsg.): Basiswissen Gesundheitsökonomie, Band I: Einführende Texte, Berlin, S. 39-62.

ZWIERLEIN, Eduard (1997): *Unternehmensphilosophie – Schlüssel zum Unternehmenserfolg*, in: ZWIERLEIN, Eduard (Hrsg.): Klinikmanagement: Erfolgsstrategien für die Zukunft, München - Wien - Baltimore, S. 139-149.

Stichwortverzeichnis

A

Abfall 203
Abfallbehandlung 204-206
Abfallbilanz 85
Abfallwirtschaftskonzept 85
Abgrenzungsverordnung 62, 113
Ablauforganisation 258-259
(⇨ siehe auch Organisationsstrukturen)
Abteilungspflegesatz 67, 71, 77
Administration 18
Aktivitäten (Säule) 23, 29, 167
Akutkrankenhaus 110
Allgemeinkrankenhaus 109, 110
Amtsautorität 298
Anlagennachweis 114
Anpassung, kontextuelle 270
Ansatz
   – ganzheitlicher 7
   – systemorientierter 7-8
Anspruchsgruppen 24
   – externe 24, 95-96, 105
   – interne 24, 121-122, 129
Anstaltskrankenhaus 110
Antisepsis 54
Arbeitsinhalte 156-158
Arbeitsorganisation 158
Arbeitsumfeld 159
Arbeitszeitstrukturen 155-156
Artefakte 225, 226
Ärzte 126
Ärztlicher Direktor 124, 126
Asepsis 78
Asklepioskult 50
Äskulap 50
Aufbauorganisation 258-259
(⇨ siehe auch Organisationsstrukturen)
Auftrag 291-292, 302-307
   – externer 304-305
   – geplanter 306-307
   – interner 305

   – nicht antizipierbarer 306-307
   – regelmäßig anfallender 306-307
   – zeitlich nicht planbarer 306-307
Autonomie 141, 162
   – beschränkte 9
Autorität 138, 298-300

B

Bedürfnisbefriedigung, unkritische .. 148
Behandlung, vor- und nachstationäre .. 70
Behandlungspflege 126
Behandlungsverständnis 183-184
Beitragsbemessungsgrenze 61
Beitragsentlastungsgesetz 72
Belegkrankenhaus 110
Benchmarking 199, 252
Berufsgruppen im Krankenhaus ... 125-127
Betreuungsverfügung 146
Betriebskosten 111, 113
Betriebswirtschaftslehre 3
Betroffenheit 211
Bevölkerungspyramide 86
Beziehungsmanagement 254
Bibliotheksmedizin 52
BISMARCK (⇨ siehe Sozialreform)
Brainstorming 358
Budgetierung
   – flexible 66-67, 76-77
   – starre 70
Bundespflegesatzverordnung
   – von 1954 60
   – von 1973 62
   – von 1986 66
   – von 1995 70

C

Chancen- und Risikoorientierung ... 194-195, 197
Charta der Patientenrechte 148-149
Chefärzte 124, 126

Compliance 118, 237
Cost shifting 102
Creative culture 231

D

Denken
- dynamisches 7
- interdisziplinäres 7
- systemisches 8-10, 316, 400
- vernetztes 7, 9
Desintegration, kulturelle 233
Diagnosis Related Groups (DRG) 75, 113
Dienstleistung, beiderseitig personen-
  bezogene 116
Dienstleistungsfabrik, medizinische 179-
  180
Dienstleistungszentrum, integriertes 109
Disease Management 220
Diskursethik 143
Dispositionssysteme 302-303, 306-307
Doctor hopping 101
Double Aging-Prozess 87
DRG (⇨ siehe Diagnosis Related Groups)
Dynamik 8-9

E

Effektivität 26, 28
Effizienz 27, 28
Eigenbetrieb 108
Eigengestaltung 271-273
Einflussfaktoren, Kategorisierung von 331
Einflussmatrix 330
Einheitskultur 229, 233
Emissionen 203
Entwicklung 10, 17-18
- demografische 86-87
Entwicklungsorientierung, krankenhaus-
  politische 194-197
Erfahrungsgut 119
Erfahrungsobjekt 3-5
Erfolgsposition 26, 28, 243, 245-246
Erfolgspotenzial 26, 245

Erkenntnisobjekt 3-5
Erkrankung 40
Ethikkodex 161
Ethik-Komitee 161, 393

F

Fachkrankenhaus 109
Fallpauschale 70
Fehlbelegung 101
Flexibilitätsgrad
- von Informationssystemen 280-282
- von Personalmanagementsystemen
  284-286
Formalisierung 261-262
Fortbildung 115
Fortschritt, medizinischer .. 56, 78, 81, 91-93
Fremdfinanzierung 103-104
Fremdgestaltung 270-272
Fremdorganisation 271-272
Führungsethik 11
- grundrechteorientierter Ansatz der .. 153,
  161
Führungsverantwortung 160-161
Führungsverhalten 293-295
- kooperatives 294-295
- operatives 308
- patriarchalisches 294-295
Führungsverständnis
- der Krankenhausleitung 214-216
- konstruktivistisches 12
- kulturelles 238-241
Funktionspflege 158

G

Ganzheit 8-9
- soziopsychosomatische 39, 140
Ganzheitlichkeit 7-8, 20
Gegenwartsorientierung, passive 196-197
Gesamtbetrag 74-75, 113
Geschäftsfelder, strategische 247-248
Geschäftsführung 123
Geschäftsordnung 208

Geschäftsverteilungsplan..........................208
Geschlossenheit, selbstreferenzielle........140
Gesetz zur Stabilisierung der Krankenhausausgaben..72
Gestaltung.. 17-18
 – konzeptionelle 303
Gesundheit
 – Bedeutung der...37
 – funktionale Definition von 38
 – systemische Definition von 39, 140
 – WHO-Definition von..................... 38-39
Gesundheitsbewusstsein...................... 41-43
Gesundheitsförderung............11, 36, 45, 155
 – ganzheitliche............................... 201-202
Gesundheitsgut..................................... 37-38
Gesundheitsleistung............................. 37-38
Gesundheitsmarkt..48
Gesundheitsnetzwerk, regionales..............46
Gesundheitsökonomie......................... 10-11
Gesundheitsorganisation.....................44, 46
 – funktionelle................................... 179-180
Gesundheitsorientierung........41-43, 183-184
Gesundheitsreform
 – erste Stufe.. 67-68
 – zweite Stufe..................................... 68-71
 – dritte Stufe....................................... 72-73
 – Gesundheitsreform 2000 74-76
Gesundheits-Reformgesetz (GRG)...... 67-68
Gesundheitsschutz...............................11, 159
Gesundheitsstrukturgesetz (GSG)........ 68-71
Gesundheitssystem............................... 47-48
Gesundheits- und Patientenverständnis
.... 182-185
Gesundheitswesen................................ 47-48
Gesundheitswissenschaft....................11, 35
Gesundheitszentrum............45-46, 109, 250
Gesundheitszustand............................. 36-38
GKV-Gesundheitsreformgesetz 2000 . 74-76
GKV-Neuordnungsgesetz
 – 1. NOG.. 72-73
 – 2. GKV-NOG................................. 72-73
GKV-Solidaritätsstärkungsgesetz 73-74
Glaubensgut..119
GmbH..108

GRG ($\Leftarrow$ siehe Gesundheits-Reformgesetz)
Groupthink..298
Grundannahmen.............................. 225-226
Grundlegende Ziel- und Zeitorientierung
.... 191-194
Grundlohn..65
Grundlohnrate..69
Grundlohnsumme..65
Grundpflege..126
Grundrechte..154
Grundszenario..343
Grundversorgung.......................................110
Gruppenlernen, veränderndes..................297
Gruppenpflege..264
GSG ($\Leftarrow$ siehe Gesundheitsstrukturgesetz)

H

Handlungsspielräume...... 158, 201, 366-367
Hartmannbund......................................57, 58
Hierarchieordnung, klare.................. 215-216
Hippokrates 50, 136
Homo oeconomicus...................................139
Hospital..49, 51
Human Relations-Bewegung....................138
Humanisierungsmaßnahmen.......... 155-160,
201-203
Humanpotenziale............................. 311-312

I

Identifikation
 – kalkulierte..237
 – natürliche...237
Identitätsentwicklung................................270
IGEL-Liste..150
Individuallernen, erhaltendes 297
Informationsasymmetrie...........................120
Informationsdefizit, beiderseitiges 119
Informationsnetzwerk, flexibles...... 281-282
Informationssymmetrie............................152
Informationssysteme............93-95, 278-282
 – integrative..280
 – isolierte....................................... 279-280

Informationsversorgung, starre 281-282
Integration 316
Integrierte Versorgung 75, 102
Interdisziplinarität 7-8, 10
Interessenausgleich......................... 211-213
– argumentativ legitimierter 212-213
– dialogischer 143
– kooperativer 220-221
Interessenberücksichtigung, Angemessenheit der............ 144
Interessenvertreter, Einbindung der 211-213
Internalisierung.. 237
Investitionskosten............................ 112-113
Istdynamik.. 315, 333
Istprofil 30, 168, 333-339

K

Kadavergehorsam.................................... 240
KAiG (⇨ siehe Konzertierte Aktion im Gesundheitswesen)
Kassenärztliche Vereinigung (KV) 58
KHBV (⇨ siehe Krankenhaus-Buchführungsverordnung)
KHG (⇨ siehe Krankenhausfinanzierungsgesetz)
KHNG (⇨ siehe Krankenhaus-Neuordnungsgesetz)
Know-how-Potenzial................ 311, 312, 357
Kommunikationsmöglichkeiten 327, 364, 366, 367
Kommunikationsräume, hierarchiefreie .. 159
Kommunikationsrechte 154, 201
Kommunikationsstruktur, symmetrische
  .... 152, 219
Kompetenzordnung zwischen Krankenhausträger und -leitung................ 213-216
Komplexität 9-10
Kompromiss, strategischer 212-213
Konflikt 185
Konflikthandhabung 185-187, 220-221
Konformitätsdruck......................... 298, 336

Konsumentenentscheidung, souveräne .. 119, 149
Konzertierte Aktion im Gesundheitswesen (KAiG)............... 64-65
Kooperationen, beherrschte............. 220-221
Kooperationsbereitschaft........................308
Kooperationsbeziehungen
– Ausgestaltung externer 219-221
– Ausgestaltung interner............... 216-219
– geschlossene, asymmetrische ... 218-219
– vielfältige, symmetrische.......... 218-219
Kooperationsprozess, lateraler 186
Kooperationsverfassung.................. 208-209
Kooperationsverhalten............................308
Koproduzent, Patient als........... 151-152, 183
Kosten- und Leistungsrechnung...... 113-114
– verbindliche Einführung der...............90
Kostenexplosion 63
Krankenbettmedizin 53
Krankenhaus.................................. 5, 44-46
– bedarfsorientiertes 4-5
– freigemeinnütziges ... 107-108, 115, 122
– gewinnorientiertes 4-5
– öffentliches 107-108, 115, 122
– privates 5, 107-108
Krankenhaus für chronisch Kranke......... 111
Krankenhaus-Buchführungsverordnung (KHBV) 90, 113-114
Krankenhausentwicklung 303, 309, 311
– intendierte 309
– realisierte 309
Krankenhausfälle, Anzahl der 128
Krankenhausfinanzierung
– duale 62, 112-113
– monistische 60
Krankenhausfinanzierungsgesetz (KHG)
– von 1972...61
– von 1982....................................... 64-65
– von 1985....................................... 65-66
– von 1993...70
– von 1997....................................... 72-73
– von 2000....................................... 75-76
Krankenhausinformationssystem 279
– integriertes 281

Krankenhaus-Kostendämpfungsgesetz ... 64-65
Krankenhauskultur 223
– geschlossene 230
– innovationsorientierte 231-232
– konventionelle 242
– lernende 242-243
– offene 230-231
– Orientierungsmuster der 230-232
– schwache 237-238
– Stärke der 236-238
– starke 237-238
– traditionsbestimmte 231-232
– vergangenheitsorientierte 231
– zukunftsorientierte 231
Krankenhausleitbild 371, 379-380
Krankenhausleitung 123-124
Krankenhausmanagement 18-19
– mittleres 124
– normatives 171-172
– oberes 123-124
– operatives 302-303
– strategisches 243-244
– unteres 125
Krankenhausmanagementkonzept
– Anforderungen 19-20
– formaler Ordnungsrahmen 167
– Grundsätze 165-166
Krankenhausmanagementphilosophie... 172-173, 180-187
Krankenhausmedizin 56
Krankenhaus-Neuordnungsgesetz (KHNG)
.... 65-66
Krankenhausorganisation
– Entwicklung der 80-81
– entwicklungsfähige 273
– stabilisierende 272-273
Krankenhausphilosophie
– im engeren Sinne 172-180
– menschenorientierte 189
– sachorientierte 188-189
Krankenhausplan 110, 112
Krankenhauspolitik 189-190

– an den Minimalanforderungen orientierte 206
– allen Anspruchsgruppen verpflichtete
.... 206
Krankenhausrechnungswesen, klassisches
.... 288-289
Krankenhausstrategie 245-246
– dynamische 257
– stabilisierende 256-257
Krankenhausträgerorgane 122-123
Krankenhaustransformation 192
Krankenhausverfassung 207-209
– geschlossene 222
– grundrechteorientierte 212-213
– machtbasierte 212-213
– offene 222-223
Krankenhausverweildauer 128
Krankenversicherungsgesetz 57
Krankenversicherungs-Kostendämpfungsgesetz (KVKG) 64
Krankenversicherungspflicht 57
Krankheit 40-41
Krankheitsorientierung 41
– patriarchalische 184
Krankheitsverständnis
– biomedizinisches 184
– funktionales 40
– naturwissenschaftliches 40-41
– systemisches 40
Kreislaufwirtschafts- und Abfallgesetz
(KrW-/AbfG) 85
Kulturbewusstsein, kritisches 240-241
Kulturebenen nach SCHEIN 225-226
Kulturenparallelität 235
Kulturfunktionalität 228
Kulturingenieur 239-241
Kulturprägung, Art der 238-241
Kulturstärke 227-228
Kulturverständnis, asymmetrisches 240-241
KV (⇔ siehe Kassenärztliche Vereinigung)
KVKG (⇔ siehe Krankenversicherungs-Kostendämpfungsgesetz)

L

Langzeitkrankenhaus 111
Lebenszykluskonzept 310-311, 313
Legitimationsdiskurs 176
Legitimität 24, 28, 142, 176, 212
Leistung, gruppenbezogene 119
Leistungsbereichsstrategie 245-246
Leistungsexplosion 63
Leistungskatalog 198
Leistungsorientierung
 – innovative 199-200
 – klassische 199-200
Leistungsprogramm 112-113, 116, 247
 – medizinisch-pflegerisches 248-249
 – nichtmedizinisches 248-249
Leistungsverhalten 308
Leistungszentrum, medizinisches 109
Leitbild
 – Anforderungen 375
 – Definitionen 369-370, 380
 – Funktionen 371-373
Leitbildentwicklung
 – idealtypischer Prozess 377-378, 396
 – Voraussetzungen 374-376
Leitidee 386
Leitlinie 380
Lenkung 10, 17
 – operative 303
Lernprozess
 – individueller 295-297
 – kollektiver 295-297
Lernverhalten 295-298
 – erhaltendes 296
 – veränderndes 296-297
Loyalität, kritische 154, 181, 240
Lückentheorie 89

M

Machertum, generalisierendes 181-182
Machthandhabung 185-187
Make or buy 255

Management 5, 17-19
 – normatives 24-25
 – operatives 27
 – strategisches 26-27
Management by Objectives 277
Managementaspekt 171
Managementdimension 171
Managementkonzept 19-20
Managementlehre 3, 10
Managementphilosophie 24, 167
Managementpotenzial 311, 312
Managementsysteme 19-20, 274
 – stabilitätsorientierte 289-290
 – strategische 26-27, 274, 306-307
 – veränderungsorientierte 290
Manager
 – als Kultivator 181
 – als Macher 181
Marburger Bund 59
Marketingverständnis 147-151
 – aufgeklärtes 151
 – klassisches 147
Marktbeziehungspotenzial 311, 312
 – Nutzung und Entwicklung 255-256
Marktordnung, partizipativ-kooperative
 186-187
Maximalversorgung 110
Mensch
 – als soziales Wesen 138
 – komplexer 137-140
 – rational-ökonomischer 138
 – sich selbst verwirklichender 138
Menschenbild 133
 – generalisierendes 180, 182
 – komplexes 180-182
 – reduktionistisches 181
Menschenbildkonzept, ganzheitliches 132,
 139-141, 162, 180-181
Menschenbildtypologien 136-139
Menschenorientierung 131-132, 162-163
Mind Mapping 386
Mission 25, 191
Misstrauensverhältnis 220
 – institutionell begründetes 299-300

Mitarbeiterbeteiligung 201-203
Mitarbeiterorientierung 153
 – schwache 202
 – starke 202
Mitarbeiterrekrutierung 98-99
Mitarbeiterverantwortung, ethische..........160
Mitverantwortung, ordnungspolitische ..162, 196
Mündigkeit 143-144

N

Netzwerktechnik....... 328-330, 333, 341-342
Nonprofit-Organisation 5
Normen... 225-226
Nutzenpotenzial....................... 193, 311-313

O

Offenheit...9
Ombudsmann.................................. 393-394
Open Books Cooperation 280
Operationszentrum 250
Operieren, ambulantes...............................70
Optionsnutzen...116
Ordnung...10
Ordnungsphilosophie......................185, 187
Organisation
 – auf Dauer 265, 266
 – auf Zeit 265, 266
 – Ausrichtung und Gestaltungsart der
 260-263
 – Konfiguration der 267-269
 – Regelungscharakter der 263-266
 – Regelungsgrad der 263-264
 – Strukturierungsrichtung der...... 270-272
Organisationsentwicklung....... 270-272, 285-286
Organisationskultur 223
 (⇨ siehe auch Unternehmenskultur)
Organisationsmodell, triales..............79, 122
Organisationsstrukturen..... 26, 258, 306-307
 – Ausrichtung der 260-263
 – Regelungsgrad der 263-264

Organverfassung.............................. 208-209
Outsourcing.............................. 103, 254-255

P

Palaststruktur................................... 265-266
Partizipationsgrad................... 293-295, 308
Partnerschaften, vertrauensbasierte....... 220-221
Patient
 – als Koproduzent der Gesundheits-
  leistung............................. 151-152, 183
 – als Kunde........................ 147-151, 183
 – als unmündiger Kranker ... 146-147, 183
Patientenfürsprecher................................147
Patientenorientierung..............................145
Patiententourismus 101
Patientenumgang 183-184
Patientenverfügung.........................146, 149
Patientenverständnis (⇨ siehe Gesundheits-
 und Patientenverständnis)
Personalentwicklung 285-286
 – gruppenorientierte 294
 – individuenorientierte 294
Personalmanagementsysteme 282-286
 – flexible.................................... 284-285
 – starre...284
Personalverwaltung 285-286
Persönlichkeitsrechte, elementare 154
Persönlichkeitstypologien 136
Perzeption (⇨ siehe Wahrnehmung)
Pflege
 – allgemeine 126
 – ganzheitliche...................................158
 – spezielle..126
Pflegedirektor 124, 127
Pflegenotstand 53, 98
Pflegepersonal 126-127
Plankrankenhaus.............................110, 112
Präambel...387
Preisfreigabeanordnung............................60
Preisstoppverordnung........................ 59-60

Problem 323-324
 – operatives............................304
 – strategisches........................291
Problemlösungsmethodik, konzeptspezifische 320-323
Problemlösungsprozess, idealtypischer...321
Problemlösungs- und Konfliktordnung,
 autoritäre................................. 186-187
Problemlösungsverhalten
 – direktives 300-301
 – kollektives 301
 – strategisches...................... 243, 291-292
Problemverhalten, strategisches 27
Profilmethodik.................... 30-33, 168-171
Programme, strategische 26, 244-246
Prophezeiung, selbst erfüllende....... 134-135
Prozessstrukturen.................... 302, 306-307
Psychologie 11
Punktbewertungsverfahren.............. 349-358

R

Radikaler Konstruktivismus 12, 141
Rationalisierungspotenziale..... 121, 255-256
Rechnungssysteme 286
Rechnungswesen
 – externes...............................114
 – internes 114
Reflexion, kritische 239-240, 396
Regelversorgung..........................110
Regiebetrieb................................108
Reichsversicherungsordnung (RVO) ..58, 59
Reputationsgut.............................119
Restbudget..................................71
Risikostrukturausgleich (RSA).................70
Rollendistanz, kritische 160, 161, 181
Rollenverantwortung.....................160, 181
Rollenverständnis 180-182
RSA (⇔ siehe Risikostrukturausgleich)
RVO (⇔ siehe Reichsversicherungsord-
 nung)

S

Sachverständigenrat für die Konzertierte
 Aktion im Gesundheitswesen...............65
Satzung..208
Schwerpunktversorgung.....................110
Selbstentwicklung, Komplexität akzeptie-
 rende 181-182
Selbstkostenanpassungsprinzip
 – leistungsorientiertes...........................71
 – strenges........................... 69-70
Selbstkostendeckungsprinzip
 – modifiziertes..............................66
 – strenges.....................................62
Selbstorganisation 271-272
Selbstreferenz..............................140
Selbstreflexion............................341
 – kritische 228, 270
Selbstverständnis des Krankenhauses
 – als organisatorische Einheit...... 177-180
 – in der Gesellschaft................... 174-177
Self-fulfilling prophecy 134-135
Sensibilisierung, ethische 161
SGB (⇔ siehe Sozialgesetzbuch)
Shareholder approach 33
Situationsanalyse, strategische 245
Situationstheorie........................138
Social responsibility 144
Social responsiveness 144
Solldynamik.......................... 315, 346-347
Sollprofil.......................... 30, 168, 344-346
Sonderentgelt....................................67
Sonderkrankenhaus 109
Sozialgesetzbuch (SGB).........................67
Sozialreform, BISMARCKsche........... 57-58
Sozialzentrum.............................250
Soziologie..11
Soziostruktur.................................262
Spitzenorgane des Krankenhauses 208
Split brain-Ansatz............................136
St. Galler Management-Modell................22
St. Galler Management-Konzept
 – formaler Ordnungsrahmen 23
 – Grundsätze........................... 22-23

Stakeholder (⇨ siehe Anspruchsgruppen)
Stakeholder approach 33
Stärke einer Kultur (⇨ siehe Kulturstärke)
Stationspflege 264
Steuerung
– hierarchische 185
– marktmäßige 185
Stiftung des öffentlichen Rechts 108
Strategien
– des Leistungsangebotes 247-251
– des Wettbewerbsverhaltens 251-253
Strategieverhalten (⇨ siehe Wettbewerbsverhalten)
Strukturen (Säule) 23, 29, 167
Subkulturen 229, 233-235
– anerkennende 234
– bekämpfende 234
Subkulturen-Kultur, divergierende .. 234-235
Symbolorientierung 261-262
Systemtheorie 7-8, 10, 11
Systemvereinbarkeit einer Kultur 227-228

T

Tages- und Nachtklinik 109
Technologiepotenzial 312
Technostruktur 262
Telemedizin 93, 117
Theorie X 138
Theorie Y 138
Toleranz 141
Trägervielfalt 56, 80

U

Überforderungen
– kognitive 157
– physische 156
– psychische 156-157
Überwachungsverständnis der Trägerorgane
 215-216
Umweltanalyse 82-83

Umweltbelastung durch Krankenhäuser
 84-85
– Begrenzung der 203-205
Umweltfaktoren
– allgemeine 83-84
– krankenhausspezifische 95-96
Umweltschutz, betrieblicher 84-85, 203
Umweltschutzpolitik
– defensive 205
– offensive 205-206
Umweltvereinbarkeit einer Kultur ... 227-228
Umweltverschmutzung 84
Uno-actu-Prinzip 116, 117
Unterforderungen, intellektuelle 157
Unternehmensentwicklung 29- 30
Unternehmensentwicklungskonzept 310
Unternehmensgrundsätze 369
Unternehmenskultur 25, 223-224
– Ebenen der 225-226
– Entwicklung einer 226-227
– flüssige 235
– Stärke einer 227-228
Unternehmensleitbild 369
Unternehmenspolitik 25, 30-33
Unternehmensverfassung 25, 208-209
– offene 222

V

Valetudinarien 50
Verankerungsgrad einer Kultur 227, 236-238
Verantwortlichkeit 141
– Dezentralisierung der 267
Verantwortung 132
– dialogische 143-144, 159-160, 176
– gesellschaftliche 142-145
– monologische 143-144, 175-176
– soziale 144
Verantwortungsübernahme
– monologische 176
– prospektive 195-197
– reaktive 195, 197

Verbreitungsgrad einer Kultur 227, 236-238
Verfahrensorientierung, starre 277-278
Verfügungspotenzial 312, 313
Verhalten (Säule) 23, 29, 167
Verhaltensbegründung 298-300
Verhaltensorientierung, flexible 277-278
Verlernen 10, 296
Vernetztheit 9
Versicherungspflichtgrenze 61
Versorgungsauftrag 89, 109-110, 112
Versorgungsauftragserfüllung
 – einsame 176-177
 – strikte 193-194
Versorgungsstufen 65, 109-110
Vertrauensgut 119
Vertrauensverhältnis 220
 – persönliches 299-300
Verwaltung 18
Verwaltungsdirektor 124, 127
Verwaltungsverständnis, klassisches 214, 216
Verweildauer (⇔ siehe Krankenhaus-verweildauer)
Vorschlagswesen, betriebliches 358-359
Vorsorgevollmacht 146, 149

W

Wahrnehmung 12, 137, 169
Wandlungsfähigkeit 139, 140
Weiterbildung 115
Weiterbildungsordnung 78
Werte 225-226
Werte- und Normendrill 238, 241
Wertepluralität, Umgang mit 233-235
Wertewandel, gesellschaftlicher 88
Wertmanagement, ganzheitliches 288-289
Wertmanagementsysteme 286-289

Wertschöpfungsautarkie 254, 256
Wertschöpfungskette 253-254
Wertschöpfungsstrategien 253-256
Wertschöpfungsveranstaltung
 – pluralistische 176-177
 – visionäre 193-194
Wertschöpfungsverbund 254-256
Wettbewerbsstrategien (⇔ siehe Strategien des Wettbewerbsverhaltens)
Wettbewerbsverhalten
 – defensives 251
 – imitatives 252
 – innovatives 252
 – offensives 251
 – proaktives 252-253
 – reaktives 252-253
WHO-Konzept „Gesundheitsfördernder Krankenhäuser" 155
Willensbekundung 146, 149
Wirtschafts- und Verwaltungsdienst 127

Z

Zeltstruktur 265-266
Zentralversorgung 110
Zielausrichtung der Krankenhauspolitik
 – ökologische 203-206
 – ökonomische 198-200
 – soziale 200-203
Zielfindungs-, Planungs- und Kontroll-systeme 275-278
Zukunftsorientierung, verantwortungsbe-wusste 196-197
Zumutbarkeit 142
Zusammenarbeit
 – Förderung der 158-159
 – kooperative 215-216
Zweckverband 108

Der Deutsche Universitäts-Verlag
Ein Unternehmen der Fachverlagsgruppe BertelsmannSpringer

Der Deutsche Universitäts-Verlag wurde 1968 gegründet und 1988 durch die Wissenschaftsverlage Dr. Th. Gabler Verlag, Verlag Vieweg und Westdeutscher Verlag aktiviert. Der DUV bietet hervorragenden jüngeren Wissenschaftlern ein Forum, die Ergebnisse ihrer Arbeit der interessierten Fachöffentlichkeit vorzustellen. Das Programm steht vor allem solchen Arbeiten offen, deren Qualität durch eine sehr gute Note ausgewiesen ist. Jedes Manuskript wird vom Verlag zusätzlich auf seine Vermarktungschancen hin überprüft.

Durch die umfassenden Vertriebs- und Marketingaktivitäten, die in enger Kooperation mit den Schwesterverlagen Gabler, Vieweg und Westdeutscher Verlag erfolgen, erreichen wir die breite Information aller Fachinstitute, -bibliotheken, -zeitschriften und den interessierten Praktiker. Den Autoren bieten wir dabei günstige Konditionen, die jeweils individuell vertraglich vereinbart werden.

Der DUV publiziert ein wissenschaftliches Monographienprogramm in den Fachdisziplinen

Wirtschaftswissenschaft   Psychologie
Informatik   Literaturwissenschaft
Kognitionswissenschaft   Sprachwissenschaft
Sozialwissenschaft

www.duv.de

Änderungen vorbehalten.

Deutscher Universitäts-Verlag
Abraham-Lincoln-Str. 46
65189 Wiesbaden

MIX
Papier aus verantwortungsvollen Quellen
Paper from responsible sources
FSC® C105338

If you have any concerns about our products,
you can contact us on
ProductSafety@springernature.com

In case Publisher is established outside the EU,
the EU authorized representative is:
**Springer Nature Customer Service Center GmbH
Europaplatz 3, 69115 Heidelberg, Germany**

Printed by Libri Plureos GmbH
in Hamburg, Germany